心理學
PSYCHOLOGY

郭靜晃博士／等著

第1章　緒論：科學的心理學

作者：郭靜晃
學歷：美國俄亥俄州立大學家庭關係與人類發展博士
現任：中國文化大學青少年兒童福利學系副教授兼系主任

第2章　人類發展

作者：李淑娟
學歷：日本國立東京學藝大學教育學碩士
現任：國立空中大學生活應用科學系講師

第3章　意識

作者：曾端眞
學歷：國立台灣師範大學教育心理與輔導博士
現任：國立台北師範學院初教系副教授

第4章　學習

作者：陳淑琦
學歷：中國文化大學兒童福利研究所碩士
現任：中國文化大學青少年兒童福利學系講師

第5章　記憶與遺忘

作者：王淑芬
學歷：東吳大學社會學研究所
現任：行政院研考會專員中國文化大學青少年兒童福利學系兼任講師

第6章　動機

作者：張惠芬
學歷：中國文化大學兒童福利研究所碩士
現任：中國文化大學青少年兒童福利學系講師

第7章　壓力

作者：繆敏志
學歷：國立政治大學教育博士
現任：中國文化大學企業管理學系副教授

第8章　智力

作者：陳淑琦
學歷：中國文化大學兒童福利研究所碩士
現任：中國文化大學青少年兒童福利學系講師

第9章　人格

作者：繆敏志
學歷：國立政治大學教育博士
現任：中國文化大學企業管理學系副教授

第10章　心理測驗

作者：黃志成
學歷：美國紐約州立大學教育碩士
現任：中國文化大學青少年兒童福利學系副教授

第11章　利社會行為

作者：彭淑華
學歷：美國凱斯西儲大學社會福利博士
現任：中國文化大學青少年兒童福利學系副教授

第12章　人際溝通

作者：呂素美
學歷：中國文化大學兒童福利研究所碩士
現任：學前教育月刊主編
　　　中國文化大學青少年兒童福利學系兼任講師

第13章　人類性行為

作者：簡維政
學歷：中國文化大學兒童福利研究所碩士
現任：中國文化大學青少年兒童福利學系講師

第14章　心理異常

作者：曾端眞
學歷：國立台灣師範大學教育心理與輔導博士
現任：國立台北師範學院初教系副教授

第15章　心理異常的治療

作者：曾端眞
學歷：國立台灣師範大學教育心理與輔導博士
現任：國立台北師範學院初教系副教授

第16章　犯罪行為

作者：徐錦鋒
學歷：中國文化大學兒童福利研究所碩士
現任：台灣板橋地方法院主任觀護人
　　　中國文化大學青少年兒童福利學系兼任講師

第17章　生涯規劃

作者：黃志成
學歷：美國紐約州立大學教育碩士
現任：中國文化大學青少年兒童福利學系副教授

第18章　死亡與哀傷

作者：張英陣
學歷：美國凱斯西儲大學社會福利博士
現任：東吳大學社會工作學系副教授

郭　序

　　心理學是一門以科學爲基礎的學科，又與其他行爲科學，如：哲學、精神醫學、社會學、生理學、文化人類學、管理學等息息相關，要使個人主修的領域能加以得心應手的應用，心理學基本知識的了解是非常重要的。研讀心理學更可以助人了解人性、領悟人生。

　　心理學的目標有五：(1)敍述，(2)詮釋，(3)預測，(4)控制及(5)提高人類生活的品質或素質。尤以第五個目標更爲重要。除了了解人類的問題，進而應用科學研究的結果來幫助人類解決問題。因此，心理學的目的乃在於了解自己，進而提昇發揮人類潛能，使人更有自信、愛心來幫助個人生活的成長及提高生活的品質。

　　中國文化大學創立於一九六二年。創辦人張其昀先生曾任教育部長，爲著名史地學家，對中國哲學思學，亦多貢獻。本校校名乃先總統　蔣公所建議，其含意深遠，不僅在傳承中國文化之道統，更欲融合西方科技與社會科學之精華。

　　中國文化大學是一綜合性大學，共有文、理、法、商、工、農、外語、新聞暨傳播、藝術、及環境設計等十個學院，日間部五十二系，夜間部十六系，學系之多，全國第一，爲一完整之綜合大學。研究所有十個博士學程，二十八個碩士學程，學生人數共二萬一千餘人。由於本校沒有獨立的心理系，所以心理學課程由所學最爲相近的青少年兒童福利系來擔任排定課程及安排老師的工作，加上近年來各系安排心理學爲其通識課程的學科，爲求本系同仁們在所分派各系的心理學課程有統一的教材，撰寫「心理學」一書便成爲本系同仁們的心願。本書除了介紹心理學的理論外，也加諸了本土化的研究結果，針對心理學的領域再做一深入淺出的說明。

　　本書在內容上採取學術與實用相並重的原則。共分爲：緒論、人類發展、意識、學習、記憶與遺忘、動機、壓力、智力、人格、心理測驗、利社會行爲、人際溝通、人類性行爲、心理異常、心理異常的治療、犯罪行

為、生涯規劃及死亡與哀傷十八章。本書之撰寫係之專長分工，由本系同仁對以上各章節本諸其平常教學心得負責撰寫。本系同仁於教授心理學之課程皆有數年之經驗。本書寫作過程悉賴同仁全體同心參予，共同討論後的心血結晶。

雖然本書為鑽研人類行為歷程的教科書，又因顧及教學上的需要，而有此書之付梓。唯恐本書作者才疏學淺，恐有疏誤之處，尚祈專研心理學的先進不吝指正。

最後，特別感謝揚智文化事業股份有限公司葉忠賢先生對本系出版此書的熱心支持。又多承揚智文化事業股份有限公司賴筱彌小姐對文字的校對及編輯，由於她辛苦地與各作者們的聯繫、協調下，本書才能得以順利出版。

郭靜晃　謹識
於中國文化大學、華岡

目 錄

心理學
PSYCHOLOGY

笛卡兒（René Descartes）

被稱為現代哲學之父。用人類推理和知
覺經驗來判斷世界的自然現象。主張二
元論（dualism）認為人類身體與心智
可以互動與交流。

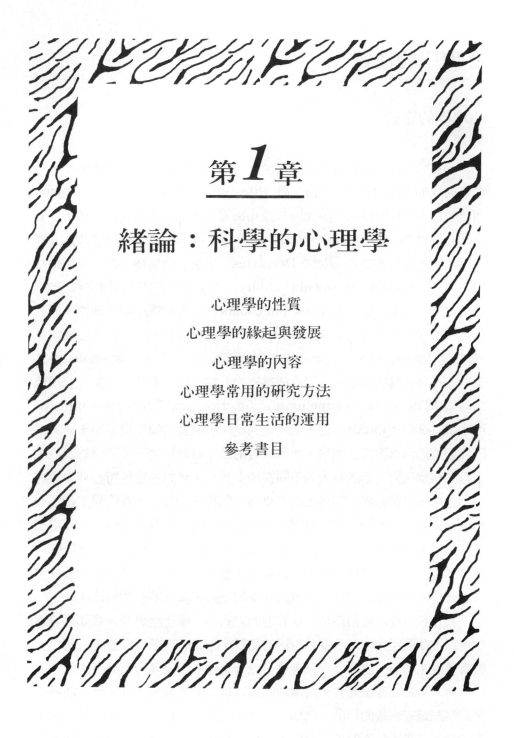

第 *1* 章

緒論：科學的心理學

心理學的性質

心理學的定義

　　心理學一詞，英文爲psychology，乃由希臘文之psyche與logos二字所合併而成的。psyche一字係指生命（life）、靈魂（soul）、或精神（spirit）而言。在十七世紀以前，psyche被泛指爲靈魂，直到十七世紀之後，才有人把它解釋爲心靈（mind），解釋上的差異乃是由於時代的變遷及哲人觀點所致。現代哲學之父（René Descartes）更視心理學爲人的心靈活動狀態；亦是一種心理能力（mental ability）。logos一字原爲希臘文，新柏拉圖學派的哲學家（neoplatonist philosophers）解釋爲以某種理性發展的道理或文字判斷之學科或研究。psyche與logos二字，前者表示心靈或精神，後者表示研究或學科（study）；合之即爲心靈之研究（psychology），此乃心理學的最初界定，亦可直譯爲研究人類心靈之本性、功能、及現象的科學（The science of the nature, function, and phenomenon of the human soul or mind）。從十七世紀到現在，雖然這個學科名稱未變，但因其研究的內涵與方法改變，新的定義則爲：心理學是一研究行爲及心理歷程的科學研究。兩者最大的不同在於：其一，舊的界定是將心理學視爲一門哲學，而新的界定則指出心理學爲一門科學；其二，舊的界定認爲心理學是研究心靈的一門學科，而新的界定指的是行爲（behavior）。行爲又可分爲思考（thought）；情感（feeling）及行動（action）。因此，新的心理學界定乃是著重於探究人類行爲原因的歷程。然而，心理學家對於探索人類行爲原因歷程的概念，也會因背景的不同，而有不同的看法。

　　心理學也可以被指爲是一種思考的方式——廣泛地思考人類如何適應環境以及如何互動，以改進其生活的品質。因此心理學可以說是一門根植於哲學、生物學、生理學、社會學、以及文化人類學等所匯集而成的一門行爲科學。就心理學而言，所謂的行爲乃是指個體表現於外，而且能被直接觀察記錄或測量的活動。例如，打字、工作、走路、心跳、旅遊、閱讀等活動，這些活動不但可以藉由外顯行爲直接觀察，而且可以利用儀器：

錄音機、錄影機、計時器、量尺等工具來記錄並加以分析處理。但是，行為不只限於直接觀察的外顯活動，更包括了以語文與非語文為線索的活動，進而間接推知內在的心理活動或心理歷程。基於此對行為的廣義定義，則一個人的思考、恐懼、做夢、知覺、態度等，也都符合行為的定義。而這定義有別於前者，皆不是直接的外顯活動。我們只能看見人在旅遊時閱讀，走路、或購買物品，但我們卻看不出其活動背後的內在動機，也只能藉由他們所表現於外的活動，來推測他們的內在。再者，個體所感受到的知覺、思考或感受，如果不能透過個體主動陳訴，他人就不得而知。心理學不僅研究人類的外顯活動，而且也兼顧個體的內在歷程，這種「內外兼顧」的探討，可能對個體行為所代表的意義有更深的瞭解。心理學家所觀察的行為，雖然是具體的例子，然而，他們真正所期望推論或發現的乃是一普遍性（generalized）的行為法則，並能放諸四海而皆準，且用以說明不同事件之間的關聯性。行為的法則乃是敘述個體在某些明確的情境下，可能會呈現某種行為的原則。當我們能在不同的角度或情境下，重複地加以測試，並能證實其相關性的存在，此即可成為一種通則，不然，只是一種假說（assumption）或假設（hypothesis）而已。

　　瞭解個體內在的心理歷程，常是心理學家想要推測的，他們常藉由當事者自身主觀的自我陳述（self－report）──包括以口頭及語言形式來陳述其個人的經驗以及感受，並進而推論。此種方式等於是當事者自己體驗及觀察自己的內在世界，並不能由外人告知，只有個人自己才會瞭解此一獨特的內在世界。這種由個體將自己所知道的意識（consciousness）或意識過程（conscious process）陳述出來的方法，是謂內省法（introspection）。因此，內省法一直是心理學家用來研究內在心理歷程的傳統方法。此種方法研究的結果，常會因研究者背景出身的不同，而對心理過程的觀念及定義略有差異，此外個體在陳述事件及事實時，假使有隱瞞或誤導情形，也可能使研究的可信度令人存疑或存在若干爭議。因此，依循一定規則（即標準化程序──指在施行測驗、面談、調查和實驗時運用相同或一致性步驟的技術。研究者要事先計劃好以完全相同的方式，對待和觀察每一位受試者，然後記錄他們的行為，如此一來，整個實驗或搜集資料的條件與情境，對每一位受試者來說，才是一致的。）來進行研究、搜集資料、並針對所獲得的資料，以一系統性的方法加以分析，得到證據並推論其結

果。此一有系統地尋找與自然事件間可信訊息的過程，即是科學方法，也是一搜集和解釋證據的普遍程序。此一程序限制了錯誤的根源並產生可信的結論。心理學被認為是一門科學，就是因為它遵循科學的方法來針對人類行為加以探索。

科學與科學方法

科學（science）最基本的解釋是有組織及有系統的知識。「組織」與「系統」此兩個條件是成為科學的必要條件，但並非充分條件；凡屬科學，必是有系統及有組織的知識，然而有組織、有系統的知識，卻未必就能稱為科學。例如，坐火車時所使用的精細時刻表或字典本身的內容，皆可視為有組織，有系統的知識，但其本身卻是非科學的。既然以上通俗的定義不能確切地說明科學的定義，那麼我們必須進一步另行尋找適當的解釋。

廣義而言，科學乃是經由系統化的實徵性（empirical）研究方法所獲得有組織、有系統的知識。其研究對象包羅萬象；可以研究天文或物理的現象、社會或文化的現象、動植物或個人行為的現象；也可研究群性行為。因此，不管其研究的對象或現象如何，只要其方法是有系統的實徵性方法，那麼研究所獲得有組織的知識，即可算是科學。

科學，並非專指有系統的實徵性研究方法所獲得的最後知識（final or finished knowledge）或完備科學（finished science）的觀念。其實，任何一領域的科學，是沒有所謂的完備知識。例如，即使是可信度很高的「牛頓定理」或「J粒子是物理學的最小單位」皆有可能（事實亦然）被推翻。對於任何一門學科，其知識都是漸進的，蛻變的，而且也不是靜態的（static）、靜止的或終止的（finished）；相對地，一切的知識都只是暫時性的（tentative）或是相對性的。

換言之，科學乃是一運用系統方法來處理問題，發現事實真象並進而探索其原理原則的學問與知識，而這種知識並不是一成不變的永久知識。科學在此定義下，包括了三項要素：問題，方法，目的。科學的產生是始於等待解決的問題，解決問題需要適當的方法。當我們面臨一些未能澄清或解答的事件，心中可能會有一些疑問，而我們要去尋找這些問題的答案，或許我們要藉助於研究，並利用結果來助我們回答問題。在這裏，我們強

調系統的實徵方法，就是適當的方法，也就是科學的方法。在心理學中，我們希望所獲得的答案，是來自特定搜集證據的方式。在心理學中的科學研究，乃是要知道行為與心智的科學。而這種特定搜集證據的方式，乃是一動態的過程，其步驟包括：建立假設，搜集資料，資料分析及邏輯的結論。

科學的目的，在於「發現事實的真象並探求其原理原則」。進一步的說，可以將這個目的分為兩個層次：其一，發現問題中事實的真象；其二，探求同類事項中之普遍性原則，以求建立精良及系統性的理論。

科學的目的

科學目的基於下列的假說：所有行為和事件都是井然有序的，而且行為與事件的背後必有其可以發現的原因。對於科學目的之進展是獲得知識和理論的發展，一種可變理論的存在可幫助科學的進展，同時可解釋許多現象，進而加以預測，甚至於可進一步地企圖加以控制。因此，對自然事件的解釋，預測、控制則為科學的主要目的。

(一)解釋

解釋（explanation）是科學的最基本目的，解釋事項要有事項的實徵知識，而科學即是可提供這種知識。事實上，唯有經過科學所處理的事件才是事實（fact），所解釋的才是真象（truth）；事實是不能任意增減的，真象是不容任意曲解的。因此，凡屬同類事項且遵循同一原理（則）表，科學家們皆可做同樣的解釋，（亦稱推論的事實）。一般而言，科學家們對於事項解釋時，可因問題的性質與需要而有「什麼（what）」，「如何（how）」與「為什麼（why）」三種解釋方式。這三種方式也可視為三個層次，代表科學家們解釋事件現象的程度。

(二)預測

是科學的第二個目的。解釋是對已發生的事實所做的說明，是一種比較消極的活動。預測（prediction）則是針對尚未發生（未來的行為現象）而言，是一種比較積極的行為。預測是科學知識的邏輯意涵（logical implication）。因為根據科學的知識或理論，經由邏輯的推論或數學的演算（統

計分析），便可導出預測。預測可分爲兩種，一爲實用性，是以實際行動爲依據，且有實際的結果；另一是研究性，是以理論的假說爲依據，採用科學研究歸納（inductive）及演繹（deductive）的邏輯方法，所衍生的科學研究假設對未來現象加以預測。這種由已知原理和條件去預測未來情況的事例，在社會科學如，社會工作、醫學、氣象學等各方面是尋常可見的。但值得注意的是，不論預測關係是如何高（最大值＋1.00，最小值－1.00），也不能代表這兩者變項之間，存在任何因果性（causality）的關係。

(三)控制

超越解釋的層次是預測，而超越預測的層次即是控制。控制（control）是科學最高層次的目的，係指科學家們根據事項變化的原理設置情況，使某種事項發生或不發生。在心理學的應用，常以實驗法（experimental method）來證明受試者行爲的改變，僅僅是因爲某些實驗情境的改變，以找出此行爲改變原因的結論。實驗方法可幫助我們找出有關因果關係結論的優點，以達成控制的目的。控制一事，有其實用上的目的，也有其理論上的目的；前者例如應用於人類日常生活之中，後者可以使科學家們對知識有更深一層的瞭解，例如說，瞭解爲什麼的解釋及預測。

科學除了具有解釋、預測及控制之目的外，其最大的特徵在於科學具有客觀性（objectivity）及驗證性（verifiability or testability）。要達到上列的目的，必須藉助於科學觀察。

科學觀察

科學觀察與個人觀察有些不同。心理學的科學觀察，正如在社會科學的其他領域，有三個基本的特性：必須是客觀的、可重複的和系統的。這些特性可以是，也可以不是你用於檢驗你自己個人理論之觀察方法的特點。

(一)客觀性

其含義是，觀察的結果準確地反映了發生的事件。它們不受觀察者預期或渴望看到的內容的不當影響。假定你想得到一個關於你的外貌是否具有吸引力的客觀評價。你不能單單詢問朋友或親戚，是否認爲你具有吸引

力。因為他們瞭解你，或許為了不想傷害你，他們可能會歪曲他們的回答。

　　一種較為客觀的方法是，將你的照片與其他隨機抽選出來的一百個人的照片混在一起。然後請其他學生把這些照片給十個不認識你的人看，請他們每個人依吸引力的大小將照片排序。或許，最後的結果你不一定喜歡，但至少你的方法是客觀的！它揭示出其他人對你是否具有吸引力的評價，且不因對你有任何感情而歪曲結果。

㈡可重複性

　　意味著其他人可以重複做該研究工作，並能像最初的研究者一樣，觀察到同樣的現象。為滿足這個要求，研究者必須仔細地確定用於實驗研究的全部程序，描述受試者的全部本質的特徵（如，年齡、性別和社會階層），並描述進行觀察的環境或情景。

㈢系統性

　　系統性（systematic）其含義是，研究是在全面的、有條理的方式下進行的。系統的觀察注重那些與變項具有基本關係相關的行為。科學研究不能在沒有聯繫的事物上等待。科學家們有一個關於基本問題的體系，對此，他們努力地依邏輯層次予以有見地的回答。

　　理論和科學觀察在科學的過程中是緊密聯繫的。理論可在重要的研究領域中指導研究。理論產生種種可被系統觀察的方式所檢驗或評估的假設。研究可以支持理論和產生對理論提出質疑的觀察結果。下一節，我們仍會再提起：研究的結果有時導致一個理論的修改，或形成一個新的理論。詳見（圖1-1）

科學方法

　　科學的方法（scientific process）使我們能創立一個知識體系。事實上它是一種發展蘊含訊息的方法，這方法有保證訊息正確的程序。整個過程可分為幾個不同的步驟。

　　科學的思想，通常始於個人有計劃地對於一個複雜的思想或觀察，進行有系統地推理。觀察者試圖弄清楚該怎樣解釋所觀察的現象，思考什麼原因導致這種結果，哪一事件是其他事件發生的原因。其結果是，人們發

展出一套相互聯繫的觀念，以說明所觀察的事實。這些觀念往往涉及如，假定、假設和預測等，最後形成理論（theory）。但理論並沒有就此終止──它是不斷發展的。

科學研究進程的第二步驟是檢驗理論。檢驗是透過實驗和觀察進行的。如果一個理論是可靠的，它將包含對於原因和結果的有效預見。在闡明理論之後，必須弄清如何檢驗它的預見是否正確，或者是否可以觀察到假設的關係。

一個理論的概念必須透過操作化（operationalize）的過程予以檢驗。換句話說，必須把一個抽象的概念轉換成為可以觀察和測量的內容。例如，如果決定測量人際吸引力，就要設想出種種人們之間表示相互吸引的方式，如，我們應能觀察到彼此吸引的人們，往往目光相向而不是相背。目光接觸的次數是說明人際吸引這一概念的一種方法，這樣它就可以被觀察和測量了。因此，目光接觸就成為人際吸引的一種操作型定義（operational definition）。

往往一個理論的建立者和檢驗者並不是同一個人。原因之一是理論家在論證其理論為正確時，可能帶有個人的侷限。科學研究的過程通常包括更多人的思想。有時，人們各持不同的觀點進行爭論，都力圖駁倒那些他們證實為錯誤的觀點。然而有些時候，兩個或更多的人同時在理論的創建、檢驗、評估的不同階段上進行他們的工作。

採用這種工作方式，學者們構成一個團體，有助於確保不是簡單地站在理論家個人偏見的基礎上來確認一個理論，例如，艾力克遜（Erik Erikson）並不是唯一檢驗他的心理社會學理論的人。研究者如，馬西亞（James Marcia,）喬瑟亞（Ruthellen Josselson,）華特曼（Alan Waterman）和歐勒夫斯基（Jacob Orlofsky）繼續研究艾力克遜有關於認同發展的假設。他們也提出了多種策略，以使艾力克遜的概念更具操作化，尤其是「個人認同VS.認同混淆的心理社會危機」這一概念。他們的工作闡明了艾力克遜的概念，而且支持許多他有關於個體認同與後來發展間之關係的觀點。

科學研究過程的最後階段涉及到實驗和理論的評估。統計學的技術幫助我們判斷一系列觀察的結果是否為偶然發生的。如果我們觀察的結果是由於偶然因素，我們就沒有理由認為任何系統原因在運作，這種結果就不能證實理論。我們可以決定做進一步的檢驗或者修正。如果觀察結果偶然

產生的可能性很低，我們就可以認爲由於某些非偶然性的因素在運作，從而導致我們所觀察到的結果。如果理論預見的結果確定發生，我們大致可以認爲我們的觀察支持了理論的解釋。雖然如此，我們仍可能有疑問，但可以透過進一步的實驗，繼續檢驗這一理論。

簡言之，科學研究的過程包括：創造理論，透過實驗檢驗它、修改它、拒絕或接受它。在理論被科學過程證實爲正確的範圍時，它幫助我們說明許多觀察材料的眞實性見（圖1-1）。

以上提出了一個適於探索心理學研究過程之基本原理的概觀。瞭解這些原理之後，你可以開始著手此一難題：試圖獲得有關於生活歷程，連續性與變化模式的系統的知識體系。同時你將遇到一些概念，它們有助於改善你在解決後續章節及其他地方中，所討論研究的重要分析性問題的能力。

科學研究最終的目的，在於明確地說明問題並爲這些問題找尋答案。人無法問答於所有的問題，甚至於最簡單的問題也無法找到答案。所以，每一科學研究皆有其限制。因此，一科學研究乃是基於研究者的目的，來回答問題。一般說來，立即的研究目的有五種：探索、描述、預測、解釋、及行動研究。

(一)探索

此一研究目的，乃在於企圖決定某一事項是否存在。例如，上心理學的課程時，坐在前面三排的學生是男性多還是女性多？如果常常眞的存在某一性別居多，那便值得加以探索（exploration）其原因。

(二)描述

此一研究目的不僅探索某一現象是否存在，更進一步清楚定義此一現象，或加以區別受試者在某一層次中，是否會造成此一現象有所差異。例如，社會學家調查就業率，常會因受試者之性別、年齡層、教育水準或子女數目不同，而加以描述此一現象（就業率）的不同。這種研究會隨時間之推移而產生改變，雖然很花費人力、物力，但是在不同時間中，還是需要加以研究。我國的政府部門，如，行政院主計處、內政部統計處等，常會針對各種不同社會現象進行大型調查研究，其目的在於能掌握資料的最新動態，對社會現象加以精確的描述（description）。心理學的研究，如，

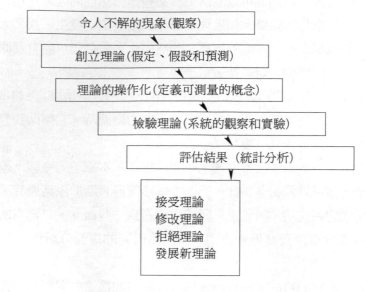

圖1-1　科學研究的過程

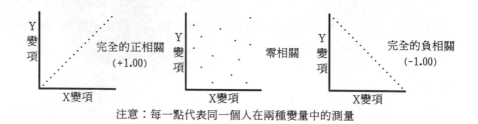

注意：每一點代表同一個人在兩種變量中的測量

圖1-2　X變項和Y變項之間的完全正相關、零相關和完全的負相關

調查身高、體重、智力，或青春期來臨的時刻等，也會對不同性別、年齡或城鄉區域來進行更細部的描述。

(三)預測

此一研究目的主要在分辨兩變項之間的關係。例如，學生的體重（x）是否可以預測其身高（y）。兩變項之間的關係可為正值（最大值＋1.00），可為負值（最小值－1.00）。這個係數即為相關係數（correlation coefficient）。其值的大小乃指已知的一個變項（如，年齡）的值，使人可去預測另一變項（如，記憶力多寡）的程度。相關係數值的範圍是從＋1.00到－1.00之間。

現以攻擊行為和學校學習成績的相關為例。如果較高的攻擊與較好的學習成績相關存在，兩個建構之間是正相關（趨向＋1.00）。當一個增加，另一個也增加。如果較高的攻擊行為與較差的學習成績相關存在，相關是負的（趨向－1.00）。當一個增加，另一個降低。如果在攻擊行為和學習成績之間沒有有規律的關聯性，則相關係數接近零。變項之間關聯的強度反映為相關是否接近零或趨向＋1.00或－1.00。（圖*1－2*）表示出一個完全的正相關、一個零相關和一個完全的負相關。

兩變項之間高的正相關或負相關僅僅表示它們之間有關聯性存在，不表示有任何因果關係存在。攻擊與較差的學習成績有密切關聯，並不意味著攻擊是兒童學習差的原因，或許學習差是兒童攻擊的原因，或者有某些其他因素可解釋攻擊和低學習成績之變異，如注意力差或對學習成功的低動機，讓攻擊和低學習成績雙方起了作用。

(四)解釋

此一研究目的乃在於檢視兩個或兩個以上現象中的因果關係。通常是用實驗方法來測定單向的、因果性的關係。在實驗中，對有些變項或變項組予以有系統的控制，而其他變項則保持恆定或加以控制干擾變項（confounding variable）。實驗者控制的變項稱為自變項（independent variable），由受試者的回答或反應確定的變項則謂之依變項（dependent variable）。

在某些實驗中，一組受試者接受一種與其他組不同的經驗或訊息〔通常稱為一個處理（treatment）〕。接受實驗者操縱的這一組叫實驗組

(experimental group)。不接受這種處理或操縱的受試組叫控制組 (control group)。這樣兩個受試組在行為上的差異,就歸因於處理的不同 (這是為組間控制,樣本為獨立)。在另一些實驗中,對單一組受試者是在其接受處理之前與之後、或在各處理之間比較其行為。同樣地,處理前和處理後行為的系統性差異則是由於實驗的安排。在這種情況中,每一個受試者都要控制自己 (這是為組內控制,樣本為相依)。

　　控制是實驗成功的關鍵。實驗者必須學會選擇參加實驗的受試者或受試組。參加者必須對於實驗情境具有相同的能力。如果這個條件不具備,就不能假定組間受試者在行為上的差異是來自不同的處理。

　　實驗者必須控制受試者呈現任務的方式,以便使下列因素不干擾受試者的行為,例如,受試者理解指示語和實驗安排的能力,對環境的適宜與熟悉程度。控制保證了受試者行為的改變確實是由於實驗操弄所造成的。

　　假定我們有興趣研究失業對兒童和不同年齡的成人的影響。我們不能 (也不想) 使某些人失去自己的工作而讓另一些人有工作。然而,我們可以比較在同樣年齡和社會階層中父母失業的孩子與父母沒失業的孩子。我們可以比較失業的和有工作的青年和成人。對一種「處理」的歸因是以實際事實的結果為依據的。科學家的任務就在於:比較這一處理——失業的經歷——的結果,說明由受試者進入此一處理組或其他組的方式對結果所帶來的限制。研究者可以比較有失業體驗和沒有失業體驗的兒童、青少年和成人,但是不能說失業是唯一可以說明在所觀察到的結果中,呈現差異的因素。在實用研究方面的例子,如,石油上漲是否影響民生消費指數的上揚,而致使其購買意願的降低。

㈤行動研究

　　此一研究目的在於解決社會問題,以改進人民生活的品質。其可能兼顧上列四個目的,並提供可以解決問題的辦法。此研究之目的較屬於應用研究,其目標乃在於尋求問題解決的答案。心理學家一直都是以提高生活素質為其重要的目標,此一研究目的不同於基礎研究,基礎研究目的在於獲得客觀的事實,再根據事實提出精確的解釋與結論,其方法則是應用上述的科學方法。因此,基礎研究的研究者在於知道答案就足夠了。心理學家所做的研究中,基礎研究多於應用研究,然而此兩種研究,同樣地發現

了許多行為原則，對社會貢獻深遠。

　　Becker及Seligman（1978）有一著名行動研究。他們注意到在秋天的晚上，即使是外面比室內還涼爽，但由於人們基於白天的酷熱，並且習慣一回家即打開冷氣，所以人們還是整天讓冷氣開著。Becker及Seligman利用實驗設計的方法，首先他們先隨機的從習慣性開冷氣的人（為母群）抽取一群人為樣本，並利用隨機分配（random assignment）原則將這一群人分為四組：

　　A：提供一溫度計可同時顯示室內、外溫度，讓受試者知道室內、外　　　　的溫度及指出他們所耗費電力的度數。

　　B：當外面溫度比室內涼爽三度以上，有紅燈顯示，以讓受試者瞭解　　　　室外比室內涼爽，提醒受試者可以打開窗戶讓空氣對流，即可使　　　　室內涼爽。

　　C：同時用溫度計及紅燈顯示（A＋B）。

　　D：當做控制組，不給予任何措施。

　　此研究經過一個月連續實施測量受試者用電度數，結果發現：受試者A及D其用電量如同平常使用般，並沒有改變。但B及C組受試者在用電度數明顯地降低約16%。但B組及C組以及A組與D組本身，兩組之比較卻沒有明顯的不同。試問你如何解釋這結果？

　　Becker及Seligman在做完此研究後，立即應用至那些習慣於浪費用電的消費者，希望以實驗研究的結果來改變人們的生活習慣。這種研究結果並不只為了驗證理論或追求知識的答案，其主要目的還是應用到人們的日常生活，以期改善人民的生活品質。

心理學的緣起與發展

　　心理學的起源乃是研究心智的活動，也就是探索人類心智內到底發生了什麼，心理學的根源是哲學與生理學，因此心理學成為一門獨立的科學的歷史很短，也不過是一百一十四年而已，是由馮德（Wilhelm Wundt, 1832－1920）於1879在德國萊比錫大學所創立的。心理學是西方的產物，考其淵源，可溯自兩千多年前的希臘時代。在這期間，隨著隸屬的範疇及研究方法之不同而有所差別。自古希臘時期至十九世紀之間，心理學隸屬於哲學的範圍，採取哲學研究方法，所以心理學的意義乃係研究人類心靈之學。哲學心理學始自於蘇格拉底（Socrates, 469－369 B.C.）、柏拉圖（Plato, 427－347 B.C.）、亞里士多德（Aristotle, 384－322 B.C.）等哲學家，歷經中世紀宗教哲學家奧古斯丁（St. Augustine 354－430）及經院哲學家阿奎那（Thomas Aquinas, 1205－1274），至文藝復興時期與之後法國哲學家笛卡兒（René Descartes, 1596－1650）。笛卡兒之後的哲學，稱為現代哲學，而笛氏本身即被封為現代哲學之父（此時已有現代生理心理學之知識背景）。從笛氏以後，哲學心理學因見解之不同，儼然可分為兩大派系的勢力，一派為官能心理學（faculty psychology）；另一派則稱為聯想心理學（association psychology）。由於兩派對哲學的觀點見解不同，因而對於心理學的解釋也存在很大的差異。

(一)官能心理學

　　此派代表人物如，班恩（J. Payne）、赫溫（J. Haven）、渥勒佛（C. ron Wolf）等人。官能心理學派學者的觀點：認為心理學係研究人類心靈的活動，而所謂心靈是單一而不可分割的，是由許多官能所組成；這些官能如記憶、感情、推理等活動，皆可代表個體心靈的活動。個體如要知道其心靈的活動，祇有從他的記憶、感情、推理等官能的表現來推知。因此，整個心理學是由人類官能的活動來瞭解官能之性質及推知個體心靈之活動。

(二)聯想心理學

　　此派代表人物如，霍布斯（T. Hobbes, 1588－1679）、柏克萊（G. Berkeley, 1685－1753）、洛克（J. Locke, 1632－ 1704）、休謨（D. Hume, 1711－1776）等人，認為心靈係由感官接受外界的刺激（stimulus），獲得的概念（idea），在類似（similarity）、對比（contrast），或接近（continguity）的條件下，互相聯結。換言之，所有心靈活動，無非是觀念聯合或聯想而成的結果。

　　綜合兩派哲學的心理學，均曾對人類的本性、本能、身體、心靈、感覺、意識等問題做為哲學上主要觀念並加以討論，然而他們在討論這些問題時，都只憑主觀的設想，一直不曾建立客觀的研究方法和系統的理論，並不能稱為科學的心理學之概念。此兩派哲學的心理學，皆認為心理學乃研究心靈活動之學，為其共同的觀點；但對於心靈活動產生方式和活動狀態之解釋，因各派的哲學觀點不同而有差異。官能心理學重理性主義（rationalism）的哲學觀點；而聯想心理學著重經驗主義（empiricalism）的觀點。官能心理學注重官能的功能，以提高心靈活動和能力，而聯想心理學則強調來自外界經驗或觀念的結合，以提高個體之心靈能力。

　　在哲學心理學的發展過程中，可以看出許多學者的投入以及力求研究科學化的努力。例如，亞里士多德根據觀念和經驗（empirical）來研究人類精神生活；十七世紀聯想心理學代表如，洛克、柏克萊等人則力主以科學方法研究心理學，其觀念更為現代行為學派所強調的「刺激─反應」間的聯結之源始。又如，笛卡兒、萊布尼茲（Leibnitz）也曾提出機械論（mechanism）的模式（model），來研究世界之現象及人類之行為，此乃現代心理學派結構論者之濫觴。

　　繼哲學心理學之後（約在十九世紀初），生物學的基礎開始蓬勃發展，如，米勒（Johannes Müller, 1801－1858），佛爾倫斯（Pierre Flourens, 1794－1867），布羅卡（Paul Broca, 1824－1890），佛力屈（Gustav Fritssch）及希茲得（Edward Hitzid），里姆赫茲（Hermann Von Helmholtz, 1821－1894）和韋伯（Ernst Weber）等，利用解剖學、實驗方法以及物理學等基礎，來解釋人類行為如何受神經系統的影響。這些學者如，布羅卡運用佛爾倫斯的解剖學方法的驗屍法（autopsy）以中風很久的病人（因中風而使他不能說話）為對象，結果發現這病人的大腦皮質（cerebral cortex）在左大腦部分受損；又如，佛力屈和希茲得在1870年用電刺激來做大腦的功能的描繪，他們以電擊方式刺激大腦的某一部位，觀察是否影響個體身體器官的行動；里姆赫茲提倡科學研究是需要客觀的調查及精確的測量，他用物理學方法來測量神經，結果發現神經速度大約每秒為90英呎（比電的速度慢）；韋伯從有關感覺的研究，認為感覺是相對的，可以加以測量。

科學心理學其起源可以溯及英國生物學家達爾文（Charles Darwin, 1809－1882）創立進化論（theory of evolution）之際。達爾文確信，不變的自然法則自始至終普遍使用，這一假設稱為均變說（uniformitarianism）。達爾文於1859發現此一機制即是物競天擇（natural selection）。同年，達氏發表的名著物種原始（the origin of species），一方面啟動了個體適應環境生存發展的心理學觀念，另一方面開啟了心理學上，遺傳與環境對個體行為影響的探討。稍後英國另一著名學者（達爾文的表弟）高爾登氏（Francis Galton, 1822－1911）其有關人類行為之個別差異的研究，對日後科學心理學的催生與發展，亦貢獻極大。

較高爾登晚出生十年的德國心理學家（Wilhelm Wundt, 1832－1920）崛起於萊比錫大學（university of Leipzig），於1879年設立最早的心理實驗室。利用科學的方法從事研究心理學，如同生理學、物理學、天文學、化學一樣地自哲學的領域跳脫出來，建立一門科學體系的心理學。從此，哲學心理學消失，成為一歷史的名詞。而馮氏因此被尊稱為科學心理學之父。科學的心理學朝著科學方法的研究方向，在這一百多年的期間，洶湧澎湃的向前推進並發揚光大，於是，正如其他科學一樣，心理學也只有在分工之後，始於專精研究。因此，在整個心理學的領域，漸漸形成了諸多門類，更形成許多派別，稱為現代心理學。心理學之定義也因各學派所強調的論點不同及創立緣起而稍有差異。其中勢力較大者有結構學派（structuralism）、功能學派（functionalism）、行為學派（behaviorism）、完形學派（Gestalt）、心理分析學派（psychoanalysis）、認知學派（cognitivism），及人本主義（humanisticism）等較具代表性。以下謹略就各學派的論點做一闡述。

Charles Darwin

　　Charles Darwin (1809－1882) 生於一個對演化論思想有著傳統信仰的知識世家。Darwin的祖父Erasmus Darwin是創立演化論的先驅之一。還在學生時代，Darwin就厭惡機械式的傳統學習模式，他喜歡長時間待在戶外，探索自然並苦思其奧秘。

　　青年時期，Darwin被送去學醫。他發覺聽課令他厭煩，而工作也同樣乏味。於是，他離開了醫學院，這使他父親極為失望。此後Darwin又被送到劍橋學神學，準備將來當牧師，但他發現，學神學比學醫更加乏味。因此，他仍舊花大量時間到戶外，探索自然。

　　1831年，機會來了，Darwin成為英國艦船獵犬號 (H. M. S. Beagle) 上的隨船博物學家，這允許他以一種從個人和職業角度均可接受的方式縱情沈迷於其愛好。船員們的任務是航行到南美洲，勘查南美洲海岸及太平洋島嶼以繪製該地區的地圖，同時還要收集、記錄該地區植物和動物的生活資料。航行從1831年持續到1836年。在這些年裏，Darwin在探索他所遇到的自然現象中顯示了無限的活力。

　　回到英國以後，Darwin專心於著手研究所收集的標本，並思考其觀察資料。他不辭勞苦地留心每一細節。二十年過去了，他漸漸形成了他自己的關於物種如何變化並發展成新的植物或動物形式的理論。然而，他一再延遲發表自己的觀點，並不斷去搜集支持其論點的實例。直到1859年，當他得知另一個博物學家Alfred Russel Wallace將要提出一個非常相似的觀點時，Darwin才不得不出版了《物種起源》(*The Origin of Species*)。

(一)結構學派

　　結構主義源自於康德 (Kant, 1724－1804) 的理性主義。理性主義主張人生而具有理性，依此理性獲取知識，理性是與生俱來的。而結構主義則是由馮德弟子提琴諾 (E. B. Tichner, 1867－1972) 等人所創。結構主義學者以化學研究的方法，對物性加以研究與合成，並推及研究人類心靈狀態 (state of mind)。例如，一杯牛奶，我們可以用化學方法加以分析為水分、醣類、蛋白質、脂肪、礦物質和鈣質、鐵質等成分，再利用物理結構方式加以合成另一物質。馮德氏的實驗心理學，主要採用內省法由受試者自陳其經驗，研究的題材主要為意識歷程，對於意識內容的解釋與分析，視為三種因素所構成，即感覺 (sensation)、意象 (image)、及情感 (affection)，此三種元素形成意識結構 (the structure of consciousness)，其中又以感覺最為重要，意象和情感則是由感覺所推衍而生的。例如，當一瓶法國香水呈現在你眼前，你可以藉由視覺欣賞瓶子的造形，藉由嗅覺品味香水的香郁，還可以藉由意象呈現男友送你此一香水的情境，並喚起你的男友愛的情感，再根據你個人過去的意識經驗，進而聯想起你那浪漫多情的男友。這就是由意識經驗所產生和構成的心靈狀態，所用的方法則是內省。馮德這種心理元素觀，經其弟子提琴諾在美國發揚光大，終於形成了所謂的結構心理學 (structural psychology) 或稱結構論 (structuralism)。此派學者曾利用內省方法研究有關於學習、動機、人格、情緒、變態行為、社會行為等，以建立心理學的原理及原則。惟結構論發展至本世紀之初，其心之結構 (the structure of mind) 的概念，並不為美國新一代學者們所滿意，然而，反對結構論者却又眾說紛紜，莫衷一是。結構論著重人類心理狀態的研究，曾一度盛行達數十年之久，但因其內省法的研究方法不夠客觀且支離破碎未成系統，因此，造成很多反對與討伐的聲浪。功能學派的學者率先發難，使爭論更加白熱化。

(二)功能學派

　　功能學派或稱功能論 (functionalism)，係由美國心理學之父詹姆斯 (W. James, 1842－1910) 及杜威 (J. Dewey, 1859－1952) 二氏所創立。功能主義源自經驗主義及進化論，反對結構主義。他們認為心理學研究，應該是人類適應環境時的心理功能，而非心理結構。此學派淵源久遠，可溯及達爾文及斯賓賽 (H. Spencer, 1820－1903) 等人之生物進化論。他們如，詹姆士、杜威、哈勒德 (Harrald)、賀福丁 (Hoffding)、安吉爾 (Angell) 等一方面受達爾文適者生存觀念影響，另一方面受當時美國實用主義哲學的影響，主張心之功能遠比心之結構來得重要。因為，個體要在環境中適應、生存，必須依靠其心理活動所產生的功能，所以心理學家不應採用獨立分析的方法來研究心之結構。此派學者重視意識歷程之運用，而不重歷程本身的目的。他們反對結構論者所採取的意識狀態分析，甚至於認為這種分析是一種靜態的研究。功能學派採取生物學觀點，認為心理活動是一變 (changing) 及動態 (dynamic) 的過程，必須從功能的觀點加以分析。因此，功能學派認為研究心理學的方法，不能僅限於意識經驗的內省分析，還要應用觀察與實驗，來瞭解有機體與外界環境間行為的統整關係，也唯有瞭解適應環境的變遷，個體方能適應生存。

　　因此，功能論者擴大心理學的研究領域，他們除了研究意識之外，也顧及個體外顯的活動，因為兩者對環境適應實具重要功能。由於功能論者注重個體對環境的適應情況，所以也重視有關個體能力與學習的研究。此外，功能論者因著重意識經驗的功能，因而對於個體學習的整個活動，給予鼓勵以擴大發展，激起了個體活動的動機，達成其目標。加上重視適應環境的能力，所以發展出個體解決問題的心理能力。就此而對統計方法、測驗方法、與學習實驗方法等更加注意，並對以後的教育心理、兒童心理及心理測驗的發展等產生較大影響。

　　功能論者雖然反對結構論者的靜態分析方法，而採取動態的統整觀點，但其學說並未脫離意識經驗狀態之假說。從心理學的發展史實來看，功能論者只做了鋪路工作，並沒有留下多大成就，待行為論興起之後，又極力反對功能論，因此，功能論便逐漸式微。

㈢行為學派

　　行為學派又稱行為論 (behaviorism)，係由美國心理學家華森 (J. B.
Watson, 1878－1958)，於1913年所創立。其立論根源於經驗主義，反對結
構論的內省方法，認為科學心理學所研究的方法，只限於以客觀的方法處
理客觀的資料，研究的主旨是「客觀中的客觀」。華森的行為論深受當時俄
國生理學家巴卜洛夫 (I. Pavlov) 制約反應的原理及物理科學嚴密的實驗
方法所影響，極力要把心理學變成自然科學之一。(關於巴卜洛夫的制約學
習將在條件化歷程與學習專章做更詳細的討論)。行為學派的學習論提出
個體由於經驗而引起相對持久之行為改變的解釋。個體之所以具有巨大的
適應環境變化的能力，其原因乃是個體已做好了學習的充分準備。更進一
步的說，行為論者認為個體行為的種種活動，皆可加以觀察，前人將意識
狀態用內省法來加以研究，是不合乎科學的；任何個體的意識活動，皆是
可被觀察的行為，且由刺激—反應 (stimulus－response) 模式所建立；所
以行為的發生是可以被預測，同時也可加以控制的。因此，行為論者認為
心理學應是研究行為之學科，而非研究意識之學科。

　　華生認為行為的科學研究可分為：外顯行為 (explicit behavior) 和
內隱行為 (implicit behavior) 兩種。外顯行為如，走路、說話、進食、
閱讀……等種種活動；內隱行為如，腺體分泌、神經活動、思考、動機……
等種種活動，二者行為皆可由他人的觀察或藉助科學儀器，加以測試得知。
在1920年代，行為學派仍為大多數學者所支持，亦可見行為學派對於心理
學的貢獻，是不可忽視。

　　行為學派的心理學有三個主要特徵：

- 強調只有由別人客觀觀察和測量記錄的行為，才是心理學所要研究
  的題材。意識是不能經由客觀觀察和測量加以記錄的，所以結構論
  者所指的意識是不屬於心理學研究的範疇。
- 構成行為基礎者是個體的反應，而某種反應的形成則是由制約學習
  過程而來。
- 個體的行為不是與生俱來的，不是遺傳的，而是個體在生活周遭環
  境中所學習的。

結構學派從靜態意識分析，重視意識結構的研究；功能學派從動態整合分析意識經驗和適應活動，兼重意識和行為；而行為學派一反過去兩派所謂的意識經驗，而視行為的研究才是研究心理學的唯一途徑。任何個體的活動皆稱為行為，所以動物與人類相同，其行為一樣建立在「刺激──反應」的模式 (model) 下，皆是可以被觀察和預測的；由於行為具有可預知性與可控制性，所以，行為學派強調學習的制約反應理論，重視後天環境的經驗與操控。

單從華森的行為論（如，排除意識研究）觀點，來看心理學未免有所侷限。不過，就現代心理學的觀點而言，其實華森在三十年代時，研究方向有所改變，不再侷限於行為只定義於可觀察及可測量的反應，而且也不再堅持刺激與反應之間關係的建立才是唯一的論點。三十年代之後如，桑戴克 (E. L. Thorndike) 及史基納 (B. F. Skinner)、班都拉 (Bandura) 等學者發展了聯結行為論，使得工具制約論及社會學習論，對於行為的定義有更新的闡述與解釋（這些理論將在條件化歷程與學習專章中加以深入介紹），而這些新行為論也當然自成一派，稱為新行為主義 (neo–behaviorism) 或稱新行為學派。

行為學派對於近代心理學的科學化，有著極大的貢獻。對於實驗心理學、心理測驗、教育心理學的發展，實具有其不可磨滅的功能。然而，新行為論的觀點主要也受後起的完形心理學所影響，完形心理學主要是反對行為論將個體行為劃分為支離破碎的元素。接下來，我們來看完形心理學的發展。

㈣完形心理學

完形心理學派 (gestalt school of psychology) 發源於德國，代表人物如，魏德邁(M. Wertheimer, 1880－1943)，苛夫卡(K. Koffka, 1886－1941)，庫勒 (W. Kohler, 1887－1967)，哥德斯登 (K. Goldstein, 1878－1965)，勒溫 (K. Lewin, 1890－ 1947) 等人於1912年時所創導和發展出來的。完形 (Gestalt) 與英文的形式 (form)、組織 (organization) 或圖形 (configuration) 的意義較為相近，比較重視知覺行為，此為結構論者所忽視的要素。完形學派旨在研究知覺與意識，目的在探究知覺意識的心理組織歷程。認為整體大於部分的總和 (the whole is greater than sum-

B. F. Skinner

Burrhus Frederic Skinner，1904年生於美國賓夕法尼亞州的薩斯奎漢納。孩提時，他喜歡從事腳踏滑板、可駕駛的牽引車和木筏一類的機械製作。他熱愛探險並與朋友沿著薩斯奎漢河盡情享受騎車和泛舟的樂趣。

Skinner曾在漢密爾頓學院學習英國文學並於1926年畢業。畢業以後，他試圖從事寫作生涯。雖然他收到了Robert Frost的一封鼓勵信，但他還是斷定自己沒有什麼重要內容可寫。

1928年，Skinner進入哈佛大學學習心理學的研究生課程。在那兒，他研究了動物的行爲。他的研究生生活是高度緊張的：

「我六點起床，在吃早飯之前一直都在唸書，然後去上課、去實驗室和圖書館，白天自由時間不超過十五分鐘，晚上一直學到九點才睡覺。我既不看電影也不看戲劇，很少去聽音樂會，幾乎沒有任何約會，而讀的書則不外是心理學和生理學。」(1967，p.398)

mation of the parts)。完形心理學者的主張，不僅反對結構論者的心理元素觀，而且也不同意行爲論者所持的刺激——反應的分析觀。他們認爲任何經驗或行爲本身是不可分解的，應從整體的觀點來看。換言之，心理活動並非加以分割或細分幾個元素所構成，個體行爲也不是單純由一些反應的累積而成。例如，12 13 14　A　B　C，中間13的符號是英文字母的B還是阿拉伯數字13，個體應從整體的完形特徵來看，才能感受其所代表的意義。又例如，你看一個人的五官分開，從個別的部分皆是完美無缺的，但是湊合在一起又會形成另外不同的意象。這種經驗是有組織的，是顧及整體面的。例如，13，又似B，又似13，五官之分開又不能形成一個人的形象。又如，同音樂的樂曲分開，只能聽到許多單獨聲音的組合，但聲音合成而成爲旋律之後，會給人一種和原來單獨的聲音有不同的感受與經驗。完形論者庫

1931年，Skinner獲得了哲學博士學位，並留在哈佛做了五年的研究人員。他的教學生涯始於明尼蘇達大學，在那兒他撰寫了《有機體的行為》(*The Behavior of Organisms*) 一書。在二次大戰期間，他是一個從事研究的科學家，為一項訓練鴿子為魚雷和炸彈導航的計劃而工作。雖然這個計劃從未應用，但Skinner卻繼續用鴿子進行了大量研究。他製作了允許鴿子做出複雜反應獨特的實驗裝置。他甚至教鴿子打乒乓球！在為古根海姆工作兩年後，Skinner當上了印第安納大學的心理系系主任。1947年，他重返哈佛，一直在那兒工作到退休。

Skinner的工作主要強調從經驗的角度探討理解行為。他為觀察到的行為及其結果之間的關係尋找有關解釋。在此過程中，他創造了許多著名的發明，包括：Skinner箱（一種用來改變、監視和記錄動物行為的儀器）、可以為嬰兒提供理想環境的溫控機械兒童床，以及用來進行逐步教學和及時強化的教學機器。除了對學習實驗做出貢獻以外，他的烏托邦小說《沃爾登第二》(*Walden Two*) (1948) 以及在《超越自由與尊嚴》(*Beyond Freedom and Dignity*) 一書中應用行為主義原則對社會所進行的批評，強有力地支持了環境在決定和控制行為中的重要作用。

勒實驗雞啄米粒整個實驗安排米粒放在深淺灰的色紙上，雞吃米的反應不是針對固定而特殊的刺激情境，而是注意其整個情境的相互關係予以反應。由此行為，完形心理學派的解釋：經驗乃集合整個過去至現在的元素，以知覺為依據，加上記憶的喚起，形成完形的認識和組織的情境。，

勒溫而的形勢場地論 (typology and field theory) 觀點，反對行為學派把人類行為視為機械論的說法，而提出行為的公式為人乘以環境的函數〔B ＝ f（P X E）〕。B指的是個體行為 (behavior)；P指的是個人 (person)；E 指的是環境 (environment)；而 f 指的是函數 (function)。所謂「人乘以環境的函數」即視人與環境為兩個獨立變項或組織；而環境的變項或組織與人的變項或組織是有所不同的；此外，人亦有其個別差異的特性，也有數量上的多寡；而環境更包括個體周遭的人、事、地、

物，隨時間不同而也有所差異。勒溫又提出心理的生活空間論，其採取拓撲學（又稱形勢幾何學）的原理闡述部分與整體的關係。完形心理學採取動力學的觀點，雖然有物理動力學的概念但其實本身構念（construct）卻不盡相同。例如，壓力系統，從動力學系統來看，乃是個體在不同疆域區域中，所呈現不平衡狀態所引起的；但物理學在空間的距離和方向，可以用數學方式或以乘積等精密公式加以測量，然而在心理學的心理空間，則深受個體經驗的影響。心理生活空間內在疆域的存在與位置，如同物理的疆域般，疆域的移動可由精神之想像，如同一個人穿越其空間而走進另一個區域。例如，軍人在軍中因其生活空間的限制，但軍人可以藉著書信，電話或其他工具與外界朋友，家人保持與社會互動或溝通，使其限制的生活空間也具有實際的社會互動的意義。

哥德斯登亦認為：有機體的行為，不僅是依其品質和空間（quality and spatial）條件，而且也需看個體當時所處的關係（context or index）來做決定。個體對於情境和特殊的完形，端賴於個體所形成的觀念（conception）所決定。

完形心理學者最初的興趣乃是以研究知覺為主，而後擴及學習、思考等複雜行為。完形學派的興起，不但使行為學派受到衝擊並促使其研究方向有所轉變，最重要的乃是因而發展出現代心理學的認知論（cognitive theory）。完形心理學對於日後的社會心理學、生態學理論、組織心理學、學習心理學、組織訓練、教育與發展、工業心理學、團體動力學、心理測驗等皆有極大的影響。

㈤精神分析論

精神分析論（psychoanalysis）源自於歐洲，主要受歐洲哲學理性主義所影響。由奧國維也納精神病科醫生佛洛伊德（S. Freud, 1856－1939）於1900年前後所創立的。其立論本質乃在於反對結構論將意識經驗分析為元素。其立論根據雖非來自一般心理學的研究，但其對日後心理學的發展影響至鉅，却超過了其他各個學派。佛氏提出潛意識（unconsciousness）、原慾、心理動力樂比多（libido）等概念，亦提出人格結構與人格發展等理論。

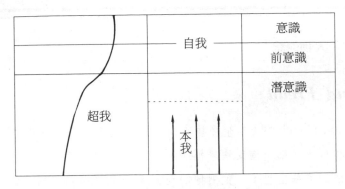

圖1-3　Freud的人格結構模型

　　佛洛伊德主要以精神病患為研究對象，其根據病患自由聯想 (free association) 或釋夢〔又稱夢的解析 (dream analysis)〕來加以分析，並自成一個體系，佛洛伊德的研究方法較屬內省法，是來自臨床觀察精神病患所獲得的結論。佛氏將心靈生活分為三部分，即意識、前意識 (precons-ciousness)、及潛意識 (unconsciousness)。意識僅伴隨知覺而生的觀念、知覺和記憶；前意識是暫時不在意識中，但可能隨時復現於意識層面，例如，個人敲一敲腦袋而突然記起的知覺；唯有潛意識是心靈中的最大部分，如個人未開發的部分潛能，（圖1-3）為人格的結構模型。

Sigmund Freud

Sigmund Freud 1856年生於捷克斯洛伐克的弗雷堡（現在的Pribor）。他的祖父和曾祖父都是猶太法學博士。Freud的一個早期記憶是，在他十九個月時，他的弟弟出生了。他對他的嬰兒弟弟充滿了強烈的怨恨。當他弟弟在八個月大夭折時，Freud對自己的憤怒感充滿了內疚。

十九世紀七十年代，Freud在維也納接受了神經病學家的訓練。他的早期研究集中於脊椎的功能、神經衝動在腦和脊髓中的傳導，以及可卡因的麻醉特性（Freud, 1963）。1882年，由於與Josef Breuer的合作，Freud的興趣由生理學轉到了心理學。Breuer和Freud創立了一種關於癔病的理論，在這種理論中，他們把某些癱瘓形式歸因於心理衝突，而不是歸因於生理損傷（Breuer & Freud, 1895／1955）。

做為一個醫生，Freud堅持對其病人進行仔細記錄，從而繼續發展了他對心理學的科學興趣。在他的許多著作中，他描述了從中衍生出其心理機能作用理論的許多案例。

Freud不朽貢獻之一是他對心理活動分布狀態的分析。Freud認為，人的心理猶如一座冰山。意識過程就像露出水面的尖端：它們僅構成心理的一小部分。我們的有意識思想轉瞬即逝，任何一個時候，我們擁有的僅是一點點思想，能量剛由一種思想或一個表象轉移，它就從意識中消失了。

Freud認為，有一個區域類似於冰山上接近水面的那部分，在這一區域裏，被注意、所指向的內容可被人意識到。他稱這一區域為前意識。前意識思想透過集中注意很容易進入意識中去。你現在也許並沒有想起你的家鄉或你喜歡的甜點。但是如果有人問起你就會很容易地回憶並談論起來。

潛意識則像冰山的其餘部分，深藏在我們看不到的水面下。它是一個巨大的、被主動排斥於意識之外的內容和過程的網絡。Freud假設，潛意識內容，這一願望、恐懼、衝動與被壓抑的記憶儲藏庫，在指導行為中發揮

1905年，Freud發表了嬰兒性慾及其與成人生活關係的理論。

他對這一論題的看法招來了人們的猛烈攻擊和非難。他的醫學同事們不能接受兒童期性慾的觀點。他們認為他對這一論題的公開演講低級而可惡。Freud沒能得到維也納大學教授的職位主要是因為這些演講和著作。甚至連Breuer，Freud長期的同事與合作者，也認為他對性慾動機的偏見令人厭惡，並因此停止了他們的交往。

Freud被排擠出醫學界，他的反應（對策）是幫助建立了國際心理分析協會。在那兒，他發展了自己的性心理理論，並向他的追隨者傳授心理分析原理。Freud非常不能容忍任何對其觀點的質疑或背離。Alfred Adler和Carl Jung在反覆試圖說服Freud按照他們的想法修正其理論失敗之後，便脫離了心理分析協會，去建立他們自己的學派。

臨近晚年，Freud像德國的Albert Einstein一樣，被迫離開了奧地利，以保護自己和家人免遭納粹迫害。在二十世紀三十年代，Freud和Einstein就他們對反猶太主義的感受進行了通信交流（Einstein & Freud, 1933／1964）。他們擁有遭受同樣形式悲慘打擊的科學家的相同經歷。

1939年，Freud在英格蘭死於癌症。他將生命的最後幾年致力於大量的寫作，這促進了其他分析家和學者對其理論的研究。

主要作用，雖然我們並不能有意識地說明它。不尋常的或非常強烈的行為，如果只根據有意識的動機來解釋則是不夠完善的。

Freud有一個剛剛結婚不久的年輕病人，他時常會忘記他妻子的名字。Freud假設，該病人在意識人覺得他愛他的妻子並認為他們在一起很幸福。Freud用忘記名字這一事實做為該病人潛意識內容的線索。他認為，病人在潛意識中對他的妻子有一種難以接受的、否定的情感。Freud推論，由於年輕人不能直接表達這種情感，因此它們便以阻止妻子名字進入其意識的方式表現出來。

在過去的三十年裏，對認知過程的學術興趣導致了對認知潛意識 (cognitive unconsciousness) 學說的重新注意，這種認知潛意識是在意識之外活動但卻對有意識的思想和行動起重要作用的心理結構和過程領域 (Kihlistrom, 1987)。研究結果越來越明白顯示，有意識的思想，正如Freud所主張的，僅能說明我們識別、分析、回憶和綜合訊息的能力的一小部分。

人類處理訊息方式的一個模型認為，人腦中有大量的處理訊息的單位或分子，它們各自致力於一個特定的任務或門類 (Gazzaniga, 1989; Rumelhart & McClelland, 1986)。一個單元的刺激可以激起某些單元並抑制其他單元。我們可以在許多單元中找到某一物體的訊息。例如，蘋果的概念可以表徵在與紅色的東西、水果、教師、健康（每日一蘋果，不用看醫生）有關的單元和其他更具特色的單元（如，對爛蘋果周圍擠滿的蜜蜂的恐懼，或者對全家外出摘蘋果或母親在廚房裏做的蘋果醬氣味的愉快記憶）之中。雖然它們大都是潛意識地出現的，但許多心理機能，包括：語言、記憶和計劃，都可以做為對呈現蘋果這一刺激的反應來發揮作用。這種腦的組織方式的觀點認為，潛意識加工起著主要作用，它伴隨著所有類型的意識活動。

Freud (1933-1964) 描述了人格的三種成分：本我、自我和超我見 (圖 1-3)。本我 (id) 是本能和衝動的源泉。它是心理能量的主要來源，而且，它是與生俱來。本我根據唯樂原則 (pleasure principle) 表現其需要：本我激發我們去尋求快樂並逃避痛苦。唯樂原則並不考慮別人的情感、社會的規範或人們之間的契約。它的法則是使衝動得到即時釋放。當你為保護自己的形象而對朋友說謊，或當你不願排隊等候而插隊時，你就是在依據唯樂原則而行事。

本我的邏輯也是夢的邏輯。這種思維稱作原始過程思維 (primary process thought)。它的特點是不關心現實的制約。在原始過程思維中不存在否定，一切都是肯定的。也無所謂時間，過去或將來都是虛無，現在就是一切。符號象徵變得更靈活。一個物體可以代表許多事物，而許多不同的物體又可以表示同樣的事物。許多男性的面孔都可以代表父親。房子既可以指房子，也可以代表一個人的母親、情人或女性的生殖器。

自我 (ego) 是針對與個人同環境的關係,有關的所有心理機能的術語。Freud認為,自我在生命最初的六或八個月便開始形成,到二或三歲時便已建立得很好。當然,大部分的變化與成長在這以後也都出現了。自我的機能包括:知覺、學習、記憶、判斷、自我察覺和語言技能。自我對來自環境的要求做出反應,並幫助個人在環境中有效地發揮作用。自我也對本我和超我的要求作出反應,並幫助個人滿足需要、達到理想和規範的標準,並建立健康的情緒平衡。

　　自我根據現實原則 (reality principle) 來運轉。在這一原則下,自我一直等到能夠發現,一個可為社會所接受的表達或滿足形式時,才去滿足本我衝動,以此來保護個人。在自我中,原始過程思維變得服從於一個更以現實為取向的過程,稱做次級過程思維(secondary process thought)。當自我成熟時,這一過程便開始發揮了支配作用。

　　次級過程思維是當我們談論思維時通常所指的一類邏輯、序列思維。它允許人們做出計劃和行動以便與環境打交道,並且允許人們以個人和社會可接受的方式獲得滿足。它能使人們延遲滿足。它透過審查計劃能否真正作用幫助人們檢驗計劃。後面的這種過程叫現實檢驗 (reality testing)。

　　超我 (superego) 包括一個人心中的道德格言——良心 (conscience)——以及個人成為道德高尚者的潛在理想——自我理想 (egoideal)。Freud的工作使他斷言,超我直到五歲或六歲時才開始形成,而且在過幾年以後才有可能牢固建立。超我為一個人的觀念,如,哪些行為是適當的、可接受的、需要追求的,以及哪些行為是不適當的、不被接受的,提供了一個很好的度量。它也規定著一個人做一個「好」人的志向和目標。

　　一個人會因不被接受的行為而在心理上受到超我的懲罰,也會因可接受的行為而受到超我的獎賞。超我在其要求上是苛刻而不現實的。超我尋求適當的行為就像本我尋求快樂一樣,都是不合邏輯且鐵面無私的。當一個兒童想要以道德上不被接受的方式去行事時,超我便透過產生焦慮和內疚感來發出警告。

　　超我是透過一種叫作認同作用 (identification) 的過程發展起來的。在愛、恐懼和敬慕的驅使下,兒童會積極地模仿他們父母的特徵,並將其父母的價值觀內化。透過認同作用,父母的價值觀變成了他們子女的理想

和志向。父母和環境中的其他人可能會提出孩子沒有把它們的內化爲超我的一部分的要求。自我既要應付本我要求，又要應付超我的已內化的要求。

自我所處的位置在於旣要試圖在環境中滿足本我衝動，又不會在超我中產生強烈的內疚感。在某種意義上說，自我旣服務於本我又服務於超我：它努力提供滿足，但提供的方式卻是個人可接受的。從另一種意義來說，自我又是人格的執行者。自我的力量決定著個人滿足他或她的需要、處理超我的要求，以及應付現實的要求的有效性。假如自我很強大，能夠在本我、超我和環境要求之間建立良好的平衡，那麼個人就會得到滿足，並從固著的內疚與無用感中解脫出來。

當本我和超我比自我強大時，個人就會被尋求快樂的強烈願望與阻止達到願望的強烈限制擾亂內心。當環境要求強烈而自我卻很弱小時，個人也許會被壓垮。在Freud的心理分析理論中，正是自我的崩潰導致了心理失常。

本我、自我和超我的大部分關係是在潛意識水平上表現出來的。在最初的幾年裏，基本驅力和原始過程思維方面在兒童的意識中是引人注目的。這是本我在意識中出現的跡象。隨著自我的漸漸強大，自我便能把本我的願望和幻想壓至潛意識，這樣個人就能照顧到外部世界的探究和要求。Freud認爲，超我多半也能在潛意識水平上作用。而他認爲，自我則旣在意識水平上也在潛意識水平上作用。

自我的大部分工作是調解本我尋求滿足的要求和超我尋求良好行爲的要求之間的衝突。這種工作是在個人意識之外進行的。當潛意識衝突快要突破意識防線時，個人便會體驗到焦慮。如果自我能有效地發揮作用，它就會把這些衝突壓入潛意識，這樣就能保護個人擺脫不愉快的情緒。自我透過指導行爲和社會交互作用，以可接受的障礙去滿足願望。

強烈的、未解決的衝突會使人處於持續的焦慮狀態並出現衝突的症狀。覺得自己的願望很「壞」，如欲傷害父母或與同胞兄弟姊妹發生性關係的潛意識願望，會使一個人體驗到焦慮而不知道其原因。未滿足的衝動會繼續尋求滿足。超我會繼續發現不被接受的衝動，於是衝突繼續在個人的意識經驗中產生焦慮。個人就會被不愉快的情緒狀態所佔據，從而難於處理日常生活的正常要求。

如果衝突持續產生焦慮，自我則會努力設法減少焦慮。防禦機轉是用來保護個人擺脫焦慮以維持有效的機能作用的。它們歪曲、替代或完全阻塞衝突的來源。它們通常是由潛意識開始行為。

人們運用的防禦機轉通常依賴於個人的年齡和他們知覺到的威脅的程度。小孩傾向於運用否定和潛抑（把思想由意識中擠出）。更多樣的防禦機轉，需要更複雜的認知，它們會在以後的發展過程中漸漸出現。在最危險的情境中，否定通常是人們最先使用的防禦方式，無論人們年齡有多大。

對Freud來說，基本的防禦機轉是潛抑：不被接受的衝動被壓入潛意識。這就好像是在潛意識和意識之間建造了一堵牆。這樣，激起焦慮的思想和情感便不能進入意識。隨著不被接受的思想和衝動越來越遠離意識，個人就會擺脫不舒服的焦慮感，並可以把剩餘的心理能量用於與人際環境和自然環境的互動。以下是一些防禦機轉的介紹：

潛抑（repression）：不被接受的願望被隔離在意識思想之外。

投射（projection）：把不被接受的願望判歸於他人。

反向作用（reaction formation）：不被接受的情感以相反的情感表現出來。

退化（regression）：人們透過恢復生活早期的有效而愉快的行為來避免面對衝突和壓力。

轉移作用（displacement）：不被接受的衝動向可接受的替代性目標發洩。

合理化（rationalization）：不被接受的情感與行動藉助於邏輯的或偽邏輯的解釋而得到辯解。

隔離（isolation）：情感與思想分離。

否定（denial）：否定一部分外部現實。

昇華（sublimation）：不被接受的願望轉變為社會可接受的行為。

根據Freud的觀點，所有的正常人在生活中的各個時候都會求助於防禦機轉。這些機轉不但會減少焦慮，而且還會產生積極的社會效果。運用隔離法的醫生也許能更有效地發揮作用，因為他們在應用其知識時能夠不受情感的妨礙。將失敗合理化的兒童會認為自己是有希望的，這能保護他們的自尊。把憤怒的感情投射到別人身上的兒童會發現，這種技術能刺激增強行為的競爭意向。

有些人傾向於更多地依賴某一種或兩種防禦技術。結果，防禦風格 (defensive style) 便成了整個人格模式的一部分。它允許人們控制環境的影響，並允許人們以與其需要相調節的方式去感受種種經歷。

然而，當防禦機轉使用過度時，則會出現更深層的心理問題。運用防禦機轉要從自我中提取能量。而用於阻止某些願望進入意識思想中去的能量並不適用於其他的生命活動。把能量用到防禦策略中去的人，也許就不能發展其他的自我機能，也不能充分使用機能。

Freud假定，最重要的人格發展發生在從嬰兒期到青春期的五個生命階段中。按照Freud的觀點，經過這段時期以後，表達與控制衝動的主要模式便建立起來了。以後的生活僅用來發現新的滿足方式和新的挫折來源。

Freud描述的階段反映了他對性慾做為驅動力的重視。Freud所用的性慾 (sexuality) 一詞含義很廣，它指的是身體快樂的整個範圍，從吸吮到性交。他也給性慾的概念附加上了積極的、有生命力的符號，它們暗示著性慾衝動給成長和更新提供了推力。他指出，在每一階段都有一個特定的身體區域有突出的性慾重要性。Freud所確定的五個階段是口腔期、肛門期、性慾期、潛伏期和生殖期。

綜觀心理分析論的最主要特徵有四：

- 其理論根據並非來自一般人行為的觀察與實驗，而是根據對精神病患診斷治療的臨床經驗。
- 不但研究個人的意識行為，而且更進一步研究個人的潛意識行為。
- 不但研究個人現在的行為，而且追溯他過去的歷史。
- 特別強調人類本能對以後行為發展的重要性，而且又把性的衝動與攻擊行為視為人類主要的本能。其理論側重於解釋個體的動機、情緒與態度等行為。

佛氏的心理分析理論與方法，不但建立了精神病學的基礎，而且對科學心理學之後的影響甚大。自此之後所形成的應用科學，受其影響者有變態心理學、心理衛生、心理諮商、人格心理學、發展心理學、社會心理學、精神醫學，此外，非學術學科如，文學、戲劇、藝術、親職教育及行銷廣告等也亦可發現其影響。

佛氏自創精神分析學派之後，其弟子亦陸續獨立門戶，如，榮格 (C. G. Jung, 1875－1961) 成立分析學派 (analytic school)；阿德勒 (A. Adler, 1870－1937) 創個人心理學派 (individual psychology)；爾後，又有荷妮 (K. Horney, 1885－1952)，佛洛姆 (E. Fromm)、艾力克遜 (E. Erikson)，蘇利文 (H. S. Sullivan , 1892－1949) 及其女兒安娜‧佛洛伊德 (A. Freud) 等創立新佛洛伊德學派 (neo－Freudian theories)。

㈥認知心理學

廣義的認知心理學 (cognitive psychology) 是對於人類知歷程的科學研究，以瑞士心理學家皮亞傑 (J. Piaget, 1896－1980) 為代表；而狹義的認知心理學則是訊息處理理論 (information processing)，主要在探討個體對刺激情境認知的過程，側重於學習過程中的記憶與遺忘。認知心理學派主要的代表人物如，皮亞傑、庫勒 (W. Köhler)、費司丁格 (L. Festinger)。現代認知心理學的研究取向有二：其一，人是一個主動的 (active) 個體，其詮釋外來訊息的系統過程是由上而下 (top－down processing) 的訊息處理方式；其二，個體的心智活動能力與新知識的吸收受制於既存的觀念與知識。認知心理學主要在解釋人的學習過程，但是有別於行為主義對學習的定義所主張刺激——反應的聯結過程。

認知 (cognition) 是經驗的組織與解釋意義的過程。解釋一個聲明、解決一個問題、綜合訊息、批判性地分析一個複雜的課題——所有這些都是認知活動。Jean Piaget的工作促進了理解認知發展的現代研究。

根據Piaget的觀點，每個有機體都在努力獲得平衡。平衡 (equilibrium) 是一種組織結構的平衡，無論它們是運動的、感覺的還是認知的。當這些結構處於平衡狀態時，它們便提供了與環境互動的有效方式。每當有機體或環境中發生變化，要求對基本結構進行修正時，它們則會陷入不平衡 (Piaget, 1978／1985)。Piaget集中研究了有機體與環境的平衡，這種平衡是透過基模和運算的形成而獲得的，而基模和運算構成了理解與分析經驗系統的邏輯結構；Piaget也著重研究了這些基模和運算本身中的平衡。

在Piaget的這一理論中，認識是獲得與再獲得平衡的一個積極過程，而不是一種恆定的狀態 (Miller, 1989)。認識是個人與環境不斷地相互作

用的結果。我們帶著過去形成的期望去探索新的情境。每一新的經驗都在某種程度上改變了原來的期望。我們理解和解釋經驗的能力隨著我們所過環境的多樣性和新穎性而不斷地變化。

Piaget假定，認知根植於嬰兒的生物能力。只要所在的環境提供充分的多樣性和對探索的支持，智力則會系統地逐步發展。在闡明Piaget理論的概念中，有三個有特殊關係的概念：基模、適應和發展階段。

Piaget和Inhelder（1969）把基模（scheme）定義爲「在相同或類似情況下透過重複而遷移或概括化行動之結構或組織」（p.4）。基模是對事件、情感，以及有關的表象、行動或思想的任何有組織、有意義的分類。Piaget喜歡用基模而不喜歡用概念這個詞，因爲基模一詞在字面上更容易與行動連在一起。

Piaget用基模一詞來討論在語言和其他符號系統尚未形成以前的嬰兒期與概念和概念網絡相對應的內容。

基模是在嬰兒期透過重複有規則的動作序列而開始形成的。嬰兒期出現兩種基模。第一種基模支配某一特定的動作，如，抓握一個撥浪鼓或吮吸一個奶瓶。第二種基模連接動作序列，如，爬上很高的椅子吃早餐，或者當父親回家時爬向門口迎接父親（Uzgiris, 1976）。嬰兒已能區辨他們熟悉的人和不熟悉的人。他們也能區辨嬉戲的聲音（如低聲細語和呀呀學語）與能夠引來照顧者的聲音（如哭喊和尖叫）。他們還能區辨他們願意吃的食物與拒絕吃的食物。這些區分表明，基模是透過心理調節過程而形成的，它隨著嬰兒與環境的各個方面的反覆相互作用而發展。人的一生在不斷地產生並改變基模。

Piaget（1936／1952）認爲，認知是一個連續發展的過程，在這一過程中，經驗的內容與變化刺激了新基模的形成。人們不斷努力以達到與環境的平衡以及自身心理結構認知成分的平衡。根據Piaget的觀點，認識是適應（adaptation）的結果，或者是已有基模爲容納每一經驗的新穎性和獨特性而逐漸改變的結果。我們可以看到，這裏所用的適應一詞與演化理論所用的適應具有相似性。Piaget擴展了適應的概念，他提出，適應導致邏輯思維能力的改變。「正是透過對事物的適應，思維構造了其自身」他說道，「而正是透過構造自身，思維組織起種種事物。」（1936／1952，pp.7－8）

Jean Piaget

　　Jean Piaget(1896－1980)年生於瑞士。像Darwin一樣,他早在童年時期就顯示出了博物學家的天才。他觀察並研究鳥、化石和貝殼,並在十歲向一家科學雜誌投了一篇關於白化病麻雀的短文。上高中時,他開始發表文章,描述軟體動物的特徵。他在這一領域的工作給人們留下了深刻的印象,為此他被請到日內瓦博物館作軟體動物收藏品的保管員。1918年,他獲得了Neuchatel大學的博士學位;他的論文就是關於Vallais的軟體動物。

　　Piaget所受的博物學家的訓練對認知心理學的最直接的結果,是他感覺到生物學原理能夠用於解釋認識的形成。而他掌握的觀察技能對他創立其理論則很適用。

　　在經過了幾年的研究以後,Piaget已能夠對指導他的研究程序和理論建設的　套問題和方法做出定義。1918年至1921年間,他在Theodore Lipps的實驗室工作,這個人的研究集中於同理心和美學。他還花了一些時間在蘇黎士附近的Eugen Bleuler的精神病診所工作,在那兒,他學會了治療精

　　適應是一個兩方面的過程,在這個過程中,已有基模的連續性與改變基模的可能性互動。適應過程的一個方面是同化(assimilation)——趨於依據已有基模解釋新經驗。同化有助於認識的連續性。例如,Karen認為在她所在的城市裏凡上私立中學的人都是勢利小人。當她遇到Gail時,Gail正讀私立中學,她預料Gail一定也是個勢利小人。在與Gail進行了五分鐘的談話後,她斷定Gail確實是一個勢利小人。從這裏我們可以看到同化:Karen根據她對讀私立中學的學生的已有基模來解釋她與Gail的交往。

　　適應過程的第二個方面是順應(accommodation)——趨於為說明物體或事件顯露出的新的方面而改變原有基模。例如,如果Karen與Gail在一起的時間更多些的話,Karen就可能會發現,Gail並不富裕,他靠獎學金讀私立中學。她和Karen事實上有許多共同的愛好。Gail相當友善並希望再次見

神病的談話技術。他曾去過巴黎大學，從而有機會在Alfred Binet的實驗室工作。Binet的實驗室實際上是一所進行智力性質研究的小學。在那兒，Piaget研究了兒童對推理測驗的反應。他發明了一種臨床訪談技術，以確定兒童怎樣獲得推理問題的答案。漸漸地，他對兒童的錯誤答案所顯露出的思維模式發生了興趣。事實上，Piaget集中研究的正是兒童是如何思維的，而不是他們知道多少。

Piaget的觀察是他關於兒童思維過程特點的早期文章的基礎。其中的一篇文章使他受到了《心理檔案》（*Psychological Archives*）編輯的注意，這位編輯為他提供了日內瓦讓—杰奎斯·盧梭（Jean－ Jacques Rousseau）學院的研究室主任的職位。在那兒，Piaget開始研究兒童的道德判斷、關於日常事件的理論以及語言。直到1923至1929年間，當Piaget對前言語期嬰兒進行實驗和系統觀察時，他才開始揭開邏輯思維發展的根本奧秘。他對自己孩子的觀察更是豐富了這項工作。

Piaget提出了許多關於認知發展、邏輯、思維史、教育以及知識理論（認識論）的研究和理論。由於Piaget的工作徹底改變了我們對人類和知識的本性和智力發展的理解，因而1969年美國心理學會授予他卓越科學貢獻獎。他繼續對兒童的認知發展本性進行研究，直到他1980年去世，享年八十三歲。

到Karen。Karen斷定，並非每個上私立中學的人都是勢利小人。她意識到她應該更深入地瞭解一個人以後再作出判斷。從這裏我們可以看到順應：Karen為了整合她得到的新的訊息，改變了她看待私立中學學生的基模。

在一生中，我們透過相互關聯的同化和順應過程逐漸獲得知識。為了得到一個新觀點，我們必須能夠把一個新的經驗、思想或事件與一些原有基模聯繫起來。我們也必須能夠改變我們的基模，以便區分新奇和熟悉的事物。一方面，我們歪曲現實以使它適合已有的認知結構。另一方面，當目前的認知結構不足以說明新的經驗時，我們就必須根據現實的需要來調整當前的認知結構。根據Piaget的觀點，具有適當差異的經驗能被順應，但是如果新經驗與我們當前的理解水平差異太大，那麼我們將不會獲得新的理解。

Piaget認為，智力遵循著有規則的、可預言的變化模式。他假定認知發展有四個階段。在每一新的階段，先前階段的能力並沒有喪失，而是被整合到了新品質的思維與認識方法中去。

　　第一階段，感覺運動智力 (sensorimotor intelligence)，始於出生，持續到大約十八個月。這一階段的特徵是形成了越來越多的複雜的感覺和運動基模，這些基模允許嬰兒組織並練習控制他們的環境。

　　第二階段，前運思思維 (preoperational thought)，在兒童學習語言時開始，大約五或六歲時結束。在這一階段，兒童透過語言、模仿、意象、象徵遊戲和象徵繪畫，形成了象徵性地表徵基模的工具。他們的認識仍與他們自己的知覺緊密聯繫在一起。

　　第三階段，具體運思思維 (concrete operational thought)，六或七歲開始，青少年早期約十一或十二歲左右結束。在這一階段，兒童開始瞭解某些因果關係的邏輯必然性。他們能夠大量使用範疇、分類系統和等級。他們解決與外界現實明顯相聯繫的問題比形成有關純哲學或抽象概念的假設更為成功。

　　認知發展的最後階段，形式運思思維 (formal operational thought)，於青少年期開始並一直橫貫成年期。這種思維的層次使個人能把許多同時相互作用的變項概念化。它使人能創造出用於問題解決的規律或規則系統。形式運思思維反映了智力的本質，科學和哲學即建立在此基礎之上。

　　認知論中有兩個著名的實驗，其中之一是由庫勒 (W. Köhler) 對猩猩的研究。他將猩猩關在籠子內，籠子外放了一串香蕉，猩猩本身用手搆不到香蕉，但在關猩猩的籠子內放了一短竹竿，籠子外放了一長竹竿。猩猩並未經過制約學習的訓練。實驗結果發現籠中的猩猩會觀察整個情境，牠以短的竹竿勾取籠外的長竹竿，再以勾取到的長竹竿來搆得香蕉，這是所謂的頓悟學習。換言之，猩猩察覺並領悟竹竿與香蕉的關係，並藉以達到問題解決的目的。

　　另一實驗是杜爾門 (E. Tolman) 將白老鼠走迷津的實驗。實驗前，未擺放任何障礙物，讓小白鼠自由在已知的空間活動以獲得食物如 (圖1—4)。實驗的過程是逐漸擺設障礙物（A及B），結果小白鼠會依照其已知的空間關係，採取其他途徑（如，擺放A障礙物時，小白鼠走No.2通道；而

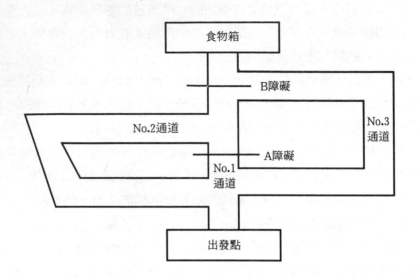

圖1-4　E. Tolman的符號完形論(sign-gestalt theory)：小白鼠走迷津實驗

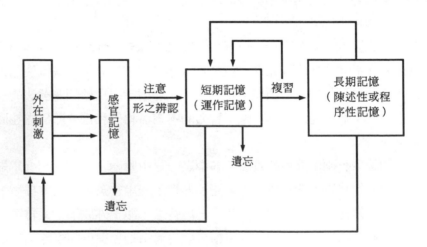

圖1-5　訊息處理中的記憶與遺忘

擺A、B障礙物時，小白鼠即走No.3通道）以取得食物。

符號完形論者認為學習個體在整個學習情境中，所學到的乃是某些符號之意義，是一種認知圖（cognitive map），而不是反應。這種潛在學習（latent learning）的模式日後被應用到組織心理學，如，企業管理的豐田式看板，生產者藉由生產線上的看板，顯示各種數字、符號、警示，使員工瞭解目前生產線上的狀況以改變行為。

另外，費司丁格在1950年代末，提出認知失調理論（cognitive dissonance theory）用以說明態度與行為之關係。認知失調是指個體擁有兩個彼此相互矛盾的認知，而產生不愉快感覺的情境（認知包括：思想、態度、信念以及對行為的知覺）。個體欲解決這種失調的方式有三：改變行為；尋求新的認知以合理化解決原先的態度與行為不一致的情形；貶低失調認知的重要性。例如，個體知道在所得稅申報書上做手腳是不對的，應該誠實申報，但是個體仍然在申報的數目上做假，並且希望財政單位不會起疑心。

訊息處理主要在闡述人類中的記憶與遺忘。例如，個體經由感官的外在刺激，如何形成感官記憶、短期記憶及長期記憶的過程，如果在記憶過程中未加以注意或加以複習，便可能產生遺忘的行為參考（圖1-5）。有關記憶與遺忘，將於後續專章中，做詳細的介紹。

認知學習的效果決定於兩因素：刺激的因素，即刺激本身具備的特性，一般而言刺激價值高，容易被認知，而刺激的價值則由稀少性、新奇性、次數、數量及變化等因素而定；個體的因素，即個體生理、心理和社會的各種特質而定。

認知論在現代心理學對於個體的學習效果、動機、情緒及在組織心理學中工作滿意感、工作動機、教育訓練、諮商心理學及學習心理學、教育心理學等的應用，並影響很大。

認知理論研究的一個重要新傾向，是提出了後設認知（metacognition）或關於思維的思維發展問題（Cole & Means, 1986; Flavell, Green & Flavell, 1989; Moore, Bryant & Furrow, 1989 ; Neisser, 1987; Ruffman & Olson, 1989; Sternberg & Smith, 1988）。個體對他們自己的推理能力的操作方式以及訊息怎樣被組織是如何認識的？這種認識是怎樣產生的？我們怎樣獲得概念的意義？我們是怎樣將現實與信仰和觀念相

區分的？我們怎樣評價我們對某一事物的認識的好壞，或什麼樣的策略會幫助我們更好地認識它？

(七)人本論

人本論 (humanistic psychology) 實爲精神分析學派與行爲主義的反動，可稱爲心理學的第三勢力。主要的人物是由美國羅吉斯 (C. Rogers, 1902－1987) 及馬斯洛 (A. Maslow, 1908－1970)。人本論者常以正常人爲研究對象，研究人類異於動物的複雜經驗。他們採用人性本善說，相信人的潛能得以自我趨向成熟與自我實現。其主張提供或改善生存環境以利人性之充分發展，而達到自我實驗的目標；爲達自我實現的目標，根本之道是滿足人類的需求。

人本論主在瞭解人格的統整，意識的經驗與個人潛能的成長。羅吉斯和馬斯洛兩者皆強調人類有基本傾向自我實現 (self－ actualization)，這種內在的朝向自我實踐並促使自我潛能得以實現的傾向，是指引及建構個體朝向正向行爲及增進自我的原動力。人本論重視整體的 (holistic)，強調人格的全部，而非分開或就片斷來加以探討；注重內在傾向 (disposition) 及個體內天生的本質，而此本質指引了行爲的方向；重視現象學 (phenome-nonological) 所強調個人的參考架構及主觀的觀點；強調此時此地(here and now)；以及重視存在觀點(existential perspective)，假定人是自由的，具有自我覺察的能力、自由與責任、承諾，可面對不確定情境的抉擇，個體具有統整性與獨特性等個人意識。

羅吉斯認爲個人是以獨特的方式去知覺外在世界，而這個知覺便形成其個人的現象場 (phenomenal field)。因此，要瞭解一個人，必先瞭解個體主觀的世界，唯有如此，才能掌握個體之心理意識與行爲。羅氏理論被應用於諮商與輔導，尤其主張來談者中心 (client－centered) 的人格理論。羅氏使得後來心理學者重新重視自我 (self) 的概念。羅氏的自我或自我概念 (self－concept) 是指個體自兒童時期區分自己內在世界與外在世界的事物時，所經驗到自己逐漸產生的一套有組織的知覺型態。這一套知覺型態是具有一致性的。而自我概念包括：眞實的我 (actual self) 及理想我 (ideal self)。眞實我是自己對自己目前的知覺或看法；理想我是自己希望成爲如何的個體。人格是否一致，則取決於眞實我與理想我之間的差距。

羅吉斯的自我與詹姆士（W. James）所認為自我經驗略有差異。詹氏的自我經驗可分為三部分：

- 物質我(the material me)，亦即自己的身體及周遭的物品；
- 社會我(the social me)，即自己對自己知覺到他人對自己的看法；
- 精神我(the spiritual me)，即監視自己內在思想及感覺的自我。

馬斯洛乃是對自我實現更加以深入研究及闡述的另一人文心理學家，他選擇一些歷史偉人做研究對象，如，傑佛遜（Thomas Jefferson）、林肯（Abraham Lincoln）、詹姆士（William James）、愛因斯坦（Albert Einstein）及羅斯福夫人（Eleanor Roosevelt）等。馬斯洛研究這些人的生活，得到一個自我實現的共同特點。馬斯洛將人的自我需求分為五個層次：生理需求，安全感需求，歸屬感需求，自我尊重需求及自我實現需求。詳見（圖9—1）p363。

人本論與佛洛伊德的立論大不相同，人本論強調存在人心中的一種建設性力量，朝向自我成長；而心理分析論強調內在的破壞性力量。心理分析論強調隱藏的潛意識，而人本論強調意識部分。除此之外，在理論、測量方法及研究上亦大異其趣。人本論也受到各方面的批評：第一，其概念是含糊且定義不清，而且測量困難，例如，何謂自我實現。第二，行為主義論認為人本論以自我為經驗及行為的來源，而忽視了外在環境對行為之影響。第三，心理分析論批評人本論只強調意識經驗，而忽略潛意識的影響。第四，人本論對人格的成長與發展的過程甚少解釋與討論，對於影響個人行為的特殊因素也未能重視。第五，人本論未能預測個人在特定環境下的特殊反應。第六，人本論過於簡化人格的複雜性，而將人格的動力簡化成自我實現的傾向，而這個論點至少只是一種假設性的建構（hypothetical construct）。人本論時至今日已深深地影響變態心理學、人格心理學、發展心理學、社會心理學、心理衛生及組織工業心理學等。除此之外，人本心理學又將其範疇擴展到科學之外，而涵蓋文學、歷史、及藝術等知識。由此，心理學這門學問顯得更完備、更嚴謹，兼顧實際與想像兩方面，並希望藉此特性，將科學與人文這二種知識領域結合在一起。

表1-1　五種心理學模式的比較

項目＼模式	心理生理的模式	心理動力的模式	行為主義的模式	認知的模式	人本主義的模式
研究的重點	腦與神經系統的歷程	潛意識的驅力、衝突	明確的外顯行為	心理歷程，語言	人類的潛能
分析的層次	微量到分子量	總量	分子量	分子量到總量	總量
主要的研究方法	研究生理與心理歷程之間的關係	把行為視為是隱藏的動機來研究	研究行為與刺激條件之間的關係	透過行為指標來研究心智歷程	研究生活型態、價值和目標
對人性的觀點	被動的與機械性的	本能所驅策的	被動反應的，可以修正的	主動性的和被動反應的	主動積極的，有無限的潛能
行為的主要決定因素	遺傳和生化歷程	遺傳和早期經驗	環境與刺激情境	刺激情境與心智歷程	潛在的自我導向

小結

　　心理學係研究個體行為之科學。個體是一有機體，具有生命與心理能力之獨立個體，如，人類、動物皆是。因為個體具有生命現象，所以行為有其發展的連續性和一致性。行為乃是具有自由意志之有機行動，如，語言行為、肢體行為、器官活動等屬之，因此，心理學乃研究人類或動作行為而言。

　　從現代心理學對心理學的看法：結構論認為心理學為研究意識經驗；行為學派認為心理學乃為研究行為之科學，而功能論及完形學派則意識與行為兩者兼俱；人本論則著重於意識及自我概念。然而對於個體行為的闡釋除上述五派觀點之外，尚須納入精神分析學調所強調的潛意識歷程，才能構成個體行為之範疇。

　　綜合現代心理學，可滋分為五大學派：詳見 **(表1－1)**

■ **行為主義**：主要偏重於學習、動機、社會行為及行為異常。代表人物為，巴卜洛夫、華森、史基納。

- **精神分析論**：主要偏重於身心發展、情緒、動機與遺忘、人格發展、行為異常及心理治療。主要人格有，佛洛伊德、安娜·佛洛伊德、艾力克遜、佛洛姆、阿德勒、榮格等。
- **人本論**：主要偏重於學習、動機、人格發展、諮商與輔導、心理治療。代表人物有，羅吉斯、馬斯洛及梅伊。
- **認知論**：主要偏重於學習、智力發展、情緒、與心理治療。代表人物有，皮亞傑、柯爾堡（Kohlberg）、布魯那（Bruner）等。
- **生理心理學派**：主要偏重於身心發展、學習、動機與行為異常。代表人物有，蓋爾（Gall）、布羅卡（Broca）等。

　　心理學研究自行科學盛行之後，也破除門戶之限，採取綜合的科際整合研究。然而，心理學的研究範疇仍有分類，例如，從研究人類行為與動物行為，而分為人類心理學及動物心理學；就研究人與人彼此之間共同相似與相異之處而言，便有普通心理學及差異心理學之別，從研究一般人類行為與少數異常人之行為，可分為常態心理學及變態心理學；若從個體年齡來分，又可分為嬰兒、兒童、青少年、成年、及老年心理學；若偏重知識的追求及實際應用的研究，則可分為理論心理學及應用心理學。

　　心理學從研究個人的方面行為為對象，其研究主題諸如，行為的生理基礎、感覺與知覺、動機、情緒、學習、記憶、思考、推理等，然而現代心理學則增加了行為的發展、個別差異與測量、人格、行為異常與心理治療、社會行為等方面，這些主題則將個人的片面行為所衍生至個人的全部行為。尤其近年來受到社會學與文化人類學發展的影響，也逐漸對群體行為產生重視。

心理學的內容

　　科學心理學發展至今為時114年，但發展領域、範圍之廣，恐怕在行為及社會科學之學科中無所項背。心理學就此發展的淵源，其學派、立論及主張之不同，而使得心理學可以細分許多門類，以及涉及許多不同研究的內容。而心理學之內容為何會有如何多？可能有兩個原因：從一方面而言，心理學採用科學方法研究人（或動物）之行為而成為一門行為科學。因為行為之複雜，所以不同心理學者用不同層面與觀點，不同的方法，對不同的對象來搜集資料。由於長期累積下來的資料廣泛又複雜，使得後繼之研究者無法力以全部接受及發揚光大，也唯有分工之後再求專精研究，逐漸會形成許多不同的門派及分類。

　　從另一方面，心理學的最大主旨是用於解決問題，並將人類行為原則應用到人類生活以求解決實際問題，並進而謀求改善人類生活的福祉。而人的生活又涉及不同層次、文化等多方面的，所以應用心理學也可分為許多門類。

　　(表1—2) 可以有系統描繪有關心理學家的專長領域與受僱的情形。從其中的百分率分布可以明顯的顯示出應用心理學家多於學術（基礎）心理學家，而且心理學的工作僱用場所則以學術場所居多。

　　心理學家由於分類的不同，對其研究的性質也略有不同，以下我們則來看看不同心理學家分類及其研究的內容：

㈠生理心理學家

　　生理心理學家（physiological psychologist）主要研究個體（包括動物）的感覺器官、神經系統（大腦）、腺體（內分泌系統）等三方面的生理功能。研究主題包括：學習、記憶、感覺過程、情緒行為、動機、性行為與睡眠。特別適用於動物實驗，因為基於研究的道德不能用人類來做實驗。

表1-2　學術心理學與應用心理學家的僱用領域

組	僱用百分率		
	專科及大學	私人單位學校體系 政府及工業界	總計
學術心理學			
認知心理學	89.3%	10.6%	216
比較心理學	66.4	33.6	77
發展心理學	84.8	14.9	854
教育心理學	78	21.2	1187
實驗心理學	75	24.6	1490
人格心理學	81.1	18.9	347
生理心理學	75.6	24.2	356
社會心理學	79.6	20	1052
應用心理學			
臨床心理學	23.3%	75.6%	9757
諮商心理學	43.5	56	2377
工程心理學	4.3	95.1	188
工業／組織心理學	39.3	65	1200
心理測量學	47.3	52.8	152
學校心理學	35.9	63.9	975

資料來源：Stapp, J., Fulcher, R., Nelson, S. D., Pallak, M. S., & Wicherski, M.(1981). The employment of recent doctorate recipients in psychology: 1975 through 1978. American Psychologist 36, pp. 1211-1254.

a. 百分率或許非達100%，因為某些填答者並未暗示其僱用領域；而百分率或已超過100%，表示填答者可能有多重選擇。
b. 總數僅包括在相關心理工作部門的全職工作人員。

(二)心理生理學家

主要以人類爲研究對象。測量人類生理反應,例如,心跳、血壓、膚電反應、肌肉拉力及電應的電流活動等。這些測量可以測出人類喚起或休閒的指數。大部分心理生理學家 (psychophysiologist) 研究壓力與情緒現象,也可用於刑事辦案所用的測謊器 (lie detector)。

(三)比較心理學家

比較心理學家 (comparative psychologist) 如同生理心理學家也是研究動物的行爲。其研究目的,一方面企圖瞭解動物本身的行爲,另方面也藉由動物行爲進而類推到人類行爲,以藉此對人類行爲也有所瞭解。例如,對動物的本能行爲、對環境的適應與學習、添加藥物的實驗反應、親子哺育行爲、交配或防禦行爲等皆是其研究的主題。

(四)實驗心理學家

實驗心理學家(experimental psychologist)利用科學實驗方法來研究人類行爲,例如,學習、知覺、動機及記憶的普遍性原則(general principle)。

(五)認知心理學家

認知心理學家 (cognitive psychologist) 研究人類與動物個體的認知行爲,諸如,像知覺、記憶、注意、及概念形成等複雜過程。主要是想到瞭解個體大腦對環境事件的功能。對個體心智,如,想像、注意過程及語言機轉等特徵的解釋尤須注意。

(六)實驗神經心理學家

實驗神經心理學家 (experimental neuropsychologist) 是認知心理學家與生理心理學家範圍的合併。其領域和認知心理學家相同,但側重與認知過程聯結的大腦反應。例如,研究大腦神經受損的個體其認知功能是如何產生及是如何受到影響的。

(七)發展心理學家

發展心理學家 (developmental psychologist) 是以全人發展 (life－span) 觀來探討個體一生的行爲變化與年齡之間關係的一門心理學。研究個體始自受孕而至死亡的發展,探討遺傳、環境、成熟、學習、個別差異、

關鍵期等變項與行為變化的關係，並進而預測或控制以瞭解人類發展的通則。依對象的不同，可分為嬰兒、幼兒、兒童、青少年、青年、中年、及老年心理學。

(八)社會心理學家

　　研究個人在社會環境中與人交往時，其行為如何產生影響。探討的現象包括人際互動、態度和意見、人際關係和情緒行為等的知覺與因果關係，例如，攻擊行為或利他行為。社會心理學家（social psychologist）研究主題有團體與個人、群眾行為、領袖與領導、態度、角色行為及性行為等。

(九)人格心理學家

　　研究人格的組成和人格的發展，並從而探求影響其組成與影響的因素。人格心理學家（personality psychologist）主要興趣在瞭解個人在適應其環境時，其行為表現的特徵。個體的行為特徵又與其能力、動機、情緒、態度、興趣、自我觀念等有關。

(十)心理計量學家

　　發展測量人類人格、智力、能力及態度的方法。心理計量學家（psychometrician）發展心理測驗。這些測量可用於個人或團體，如，學校的測驗。我們學生留學美國要參加托福及GRE考試，這些皆是由美國教育測驗學會（ETS）的心理計量學家所發展出來的。

(士)臨床心理學家

　　主旨在幫助心理失常（或心理疾病）的人。因此，臨床心理學家（clinic psychologist）常在醫院、收容所、監獄等機構內工作，運用心理學知識與方法去幫助心理失常者的自我瞭解，以改善其生活適應。較以醫師的身分，用醫藥程序來對心理失常者診斷與治療效果好。

(圭)諮商心理學家

　　諮商心理學家（counseling psychologist）主要目的在於運用人際關係協助適應困難者，能夠藉由瞭解自己進而自行解決問題。諮商心理學者並將心理學有關的方法與技術加以配合運用，對適應困難者提供客觀資料給予適當解釋與建議，並鼓勵來談者自己思考、分析，進而解決問題。

(圭)心理衛生學家

心理衛生學家 (mental－hygiene psychologist) 乃是運用心理學知識，積極的經由教育性的措施以維護人的心理健康。心理健康是目的，心理衛生是手段；心理衛生已成為社會及學校教育的一環，其目的在於促進全民的心理健康。

(圄)學習心理學家

學習心理學家 (learning psychologist) 在方法上多採用實驗方法，以瞭解個體在生活環境中隨情境的改變，觀察其行為是否亦產生改變。他們主要興趣是從學習的歷程中探求不同行為如，語文、記憶、技能等的獲得或增進。

(盍)教育心理學家

教育心理學家 (educational psychologist) 吸取了理論心理學上的行為理論及研究方法，在教育情境以學生為對象，以建立一套教學上的原理原則，進而改善教材教法，以達到促進學習的效果。

(共)工業組織心理學家

工業組織心理學家 (industrial／organizational psychologist) 主要是運用心理學上的知識與技術去解決公司或工廠由生產到消費整個過程中有關行為上的問題。主要內容可包括：工作分析、甄選與訓練、教育與發展、工業安全、工作動機、工作壓力、市場調查、廣告宣傳等問題。其內容又可細分為廣告心理學、人事心理學、管理心理學、消費心理學等更小的分類。

(古)工程心理學家

工程心理學是由工業心理學分化出來的學科。工程心理學家 (engi-neering psychologist) 所研究的問題，主要探索如何改善人與機器間的交互關係，例如，技能訓練心理歷程的瞭解、情緒緊張及疲勞因素的影響、意外事件人為因素的分析以及機械設計時，如何涉及人的因素等，均是工程心理學的範疇。

心理學常用的研究方法

　　研究心理學的方法有很多種。每一種都有它的優點和缺點，且都能使研究者集中注意於某些行爲而放棄另一些行爲作爲代價。所選擇的方法必須適合研究者所要研究的問題。這裏介紹五種常用的研究心理學的方法：觀察法、實驗法、調查與測驗法、個案法以及訪談法。

觀察法

　　在家中或在學校環境裏直接觀察兒童，是研究發展心理學的最古老的方法之一 (Kessen, 1965)。研究者利用母親的日記和觀察記錄來收集無法由其他方式來瞭解的關於親密情境的訊息。Jean Piaget在其認知理論的形成中，就受了對自己孩子的自然觀察的引導。現今有些觀察者在家庭、學校、托育中心和托兒所進行觀察。也有的觀察者請受試者（有時也包括他們的家人或朋友）一起到一個舒適的實驗室裏，以便能在更爲恒定的和可控制的物理條件下觀察行爲 (Kochanska, Kuczynski. & Radke-Yarrow, 1989)。

　　自然觀察 (naturalistic observation) 或不用任何其他的控制，對行爲做詳細觀察，提供了對在眞實環境中事物發生方式的認識。有時，觀察者進入到一種情境中去觀察各種形式的相互作用和行爲模式，以他們的現場記錄爲基礎，他們開始提出關於種種重要關係的假設，然後他們可以透過更專門的觀察，或透過控制更爲嚴格的實驗去檢驗這些假設。

　　在其他情況中，研究者用自然觀察去考察一個特殊的行爲或關係。他們可尋找各種同伴攻擊行爲的形式，社會合作的模式，或促進兩性交往的條件。在這些情況中，研究者事先確定了那些與他們的主題有關的行爲之觀察重點和觀察範圍。

　　自然觀察的優點是能夠隨時得到自然發生的反應。另一個優點是能夠讓正在發生的實際行爲啓發研究者瞭解爲何如此產生。這裏，觀察者不是設定一項特殊任務或一組問題讓受試者回答，而是檢查各種有關的行爲。

做為一種研究方法，自然觀察法也存有一些限制。第一，在究竟發生了什麼這一點上，觀察者之間常常很難取得一致意見。常常兩個或更多的觀察者對於同一情境的記錄要相互比較，以確定是否他們對該情境的評價是可靠的。當這種評分者信度（interobserver reliability）很高時，幾個人可同時進行觀察。當評分者信度低時，研究者必須確知為什麼，並透過訓練或一致性考驗來糾正存在於觀察技術中的差異。

使用觀察法的第二個困難是，有些環境中活動過於頻繁，因而很難全部都予以精確觀察。最後，如果你有興趣觀察一種特殊的行為或序列，你不能保證在實際觀察的時間範圍裏，這個目標行為一定會發生。

錄影技術為我們提供了一個獲得有效觀察的工具，它既適合實驗也適合自然觀察。錄影帶可以多次重複觀看，可以幾個觀察者一起來看錄影帶，並可隨時停止，討論他們看到了什麼。同一事件可以從不同的角度去觀察。例如，觀察者對兒童們的遊戲有興趣，可以錄下一個孩子在三、四個環境中的自由活動——可以在幼稚園、在公園、在家，和在朋友家。好幾個觀察者重複看錄影帶，每個人注意行為的一個不同方面，如，創造力，同伴交往，複雜的運動技能，或語言的應用。錄影帶不干擾兒童的行為，卻為我們提供了考察細節和重複分析的工具。

實驗法

實驗法是最適用於測定單向的、因果性的關係的方法。在實驗中，對有些變項或變項組有系統的予以控制，而其它變項則保持恆定。實驗者控制的變項叫自變項，由受試者的回答或反應確定的變項叫依變項。

實驗法具有提供有關因果關係結論的優點。如果我們能證明受試者行為的改變僅僅是因為某些實驗情境的改變，我們就可以作出實驗處理是行為改變的原因的結論。

實驗法也有其限制。我們不能確定一個受控制的實驗室情境如何應用至真實世界。在實驗室裏觀察到的行為也能在家中、在學校、在工作中觀察到嗎？透過對依戀的研究，我們知道嬰兒和幼兒在他們母親在場和不在場時行為表現是不一樣的。這個研究使我們意識到，對幼兒進行實驗研究，不讓媽媽在場所產生的幼兒的行為，與在一般情境的條件下，媽媽在場時

所能觀察到的行為，在數量、質量和結果上都存有差異。

實驗研究傾向認為事件Ａ引起反應Ｂ。可是在發展的許多領域中，是一個多方面的、相互作用的過程引起改變。請想一想大學生之間羅曼蒂克關係的發展。產生愛情仰賴於很多條件，在於兩個人在各個方面的相配或不相配。羅曼蒂克的依戀受到如，身體外貌、共同利益、表達感情的能力、才華、氣質、智慧，以及父母和朋友們的反應的影響，這裏僅僅列出了一小部分因素。每一個都對另一個人做出反應，或建立進一步的愛情和更親近的關係，或分道揚鑣。愛情關係的發展是一個複雜的過程。戀愛關係是一個系統，它的維繫和增進必須靠雙方之間不斷的交往和相互作用，以及許多其他因素，而不僅僅在於一、二個所謂的增進或妨礙浪漫式依戀的外部因素。

調查和測驗法

調查研究是從大量的參與者中收集特定的訊息的方法。如果人們是直接回答調查問題，他們必須具備讀寫能力，否則應讀出要調查的問題讓他們瞭解。調查的方法普遍地用於中學生、青少年和成人。對於嬰兒和幼兒的調查訊息，常常來自父母、保母、內科醫生、護士和其他負責滿足這些孩子們的需求的人。因此調查研究為我們提供了關於成人看待幼兒的行為和需求方式的大量知識。

調查的方法可以用來收集關於態度的訊息（你認為應當允許老師對他們的學生實行體罰嗎？）；關於現時行為和習慣的訊息（你每天花多少小時看電視？）；關於抱負的訊息（高中畢業後你想做什麼？）；關於知覺的訊息（你的父母或兒女怎樣理解你的觀點？）。

調查的問題是按標準形式準備好的，對回答通常也按事先設定好的一系列類別進行記錄。在設計很好的調查問卷中，問題陳述清楚，備有可選擇的答案，這些選擇答案不是模稜兩可或內容重複的。在大部分有影響的調查中，受試樣本是經過仔細篩選出來以代表所研究的母群體的。調查可以採用電話、通信，在教室、工作崗位或參與者的家中進行。

測驗在形式上常常與調查法很相似。他們都由種種期望人做出回答的詢問或問題所構成。通常測驗被設計用來測量一種特殊的能力或特徵。毫

無疑問，你很熟悉這種在學校中普遍進行的測驗。給你一組問題，請你做出正確的回答，或從幾個答案中選出正確答案。智力測驗和成就測驗就屬於這一類。研究者可以在進行這些測驗的同時也進行其他的測量，以便瞭解智力和社會生活、情緒與自我認識的關係。

另一些測驗是被設計用來測量各種心理建構的，例如，創造力、從眾行為、憂鬱症和外向行為。有些心理測驗是用來判斷一個人是否患有某種類型的精神疾病、學習障礙、發展能力喪失或缺陷。

為了能被使用，心理測驗必須是可信的和有效的。當對同一受試者的每次測量都能得出幾乎同樣的分數或診斷時，測驗就是可信的 (reli-able)。當然這不是說在變化發生時，測驗不能測出變化。但一個人在連續兩天中做了同一個可信的測驗，應得到兩個幾乎同樣的分數除非這之間引入了有意的訓練或干預，否則這兩個分數之間應當有正相關 (接近＋1.0)。

當測驗測得的是它們所要測量的內容時，測驗是有效的 (valid)。設計測驗的人們必須規定什麼是他們想測量的。他們也必須提供證據，證明測驗確實測量了這一建構 (Messick, 1989)。請看一下為嬰兒和幼兒設計的各種測量智力的測驗。它們的測驗結果與對青年和成年人進行的智力測驗的結果的關係不大密切 (Bayley, 1970)。換句話說，對同一個受試者在嬰兒期和長大後，進行的兩次智力測驗的相關係數往往很低 (不接近－1.0或＋1.0，而更接近於0)。或許，潛在的智力之組成在嬰兒、青少年和成人時不同。或者可能智力有相當多的發展途徑，因而成人的智力與他們嬰兒時的智力沒什麼關係。或者，也許這些嬰兒所受的測驗不是真正對廣義的有適應性的智力的測驗，而是關於感覺過程和中樞神經系統協調的測量。

調查和測驗有明顯的優點，因此廣泛地應用於對發展的研究。它們使我們可以比較較大的受試群體的反應。調查和測驗被設計用來探討相當廣泛的課題。用準備好的編碼或記分系統，許多測驗均可不費力地進行實施和評估。

這些方法也有其限制。有些測驗引起人們以前所沒有的態度，例如：你可以調查六年級學生對自己學校課程的滿意程度。在這個題目上學生們可以回答很多問題，但是他們以前可能對這些問題想也沒想過。另一個問題是，對調查問題的回答或測驗的分數，與實際行為之間有差距。孩子們可以說他們寧願讀書而不願看電視，但在實際生活中，他們大部分時間在

看電視而難得讀書。同樣，父母可以說在家裏他們允許孩子參與家庭決策，但當眞的要做某些決策時，父母們並不給予孩子們發言權。

用測驗決定學校的錄取和安置，受到嚴厲的批評 (Weinberg, 1989)。某些測驗被批評爲不公平地側重於以白種人、中等階層、歐洲文化的觀點源生的知識。而更有一些測驗被批評爲不利於第一語言不是英語的兒童。一些測驗被批評爲對不同的學習類型和綜合訊息的方式不敏感。

智力測驗受到特別的批評，因爲它們被用來決定兒童的教育安排，但是它們沒有概括全部的與社會能力和適應行爲相聯繫的心理因素。心理測驗繼續被用來研究探索各發展領域中的關係的研究。它們在學校和治療機構等環境中的應用引起了日益增多的爭論。

個案研究法

個案研究是對個人、家庭或社會群體更深入的描述。個案研究的目的僅僅是描述特定的人或群體的行爲。個案研究通常用於詳細描述個體經歷或考察一種與理論預見不一致的現象。個案研究被用於考察引起某種危機或重大決策的生活事件的後果；它們被用於記載精神障礙和治療的過程。在某些情況下它被用來闡明一個理論的結構 (Runyan, 1982)。

個案研究可以以各式各樣的訊息來源爲依據，包括：訪談、治療期間的會話、長期觀察、工作記錄、信件、日記、回憶錄、歷史文獻、與瞭解受試者的人談話，或與參加實驗的受試小組成員的談話。

有些個案研究記載了一些偉人的生活。艾力克遜 (Erik Erikson，1969) 在《甘地的眞理》中分析了莫漢達斯・甘地的生活。Erikson考察了甘地的兒童時期、少年時期和青年期，因爲它們形成了甘地的個性、他的倫理學和他富有威望的社會領袖的行爲。

另一些個案研究描述了臨床問題。佛洛依德 (Sigmund Freud) 曾用個案澄清某些精神障礙病的起因。他通過他的個案說明怎樣用精神分析的方法識別構成個人症狀的根源的衝突。在他的一個經典案例中，Freud分析了一個他稱之爲小漢斯的五歲男孩對馬有嚴重的無名恐懼症 (Freud, 1909／1955)。這個男孩的恐懼極爲強烈，甚至他拒絕走出他的房門，因爲他總想著有匹馬在街上要踢他。Freud推斷漢斯的恐懼症實際上是一種間

接地表達關於性和侵犯行為的強烈心理衝突的方式,因為這些內容在孩子有意識的思想中是不允許存在的。Freud整理了孩子的父親(一個物理學家)所保存的詳細記錄。這些記錄的許多部分被這個個案研究所引用。在Freud的指導下,小漢斯由他的父親為他治療。

個案研究也能適用於社會群體、家庭和組織。Anna Freud的最著名的案例之一,是描述一群孤兒的依戀的發展,這群孤兒在第二次世界大戰期間一起生活在集中營裏 (Freud & Dann, 1951)。該研究集中於孩子們彼此的依戀和被置於正常社會環境中維持相互聯繫感的策略。

個案研究具有描述個性生活的複雜性和獨特性的優勢。進行大樣本研究常用來驗證普遍的關係。個案研究則提供特定的個體是怎樣經歷這些關係的具體例證。有些個案描述了一個少有的不平常的經歷的細節,這種經驗顯然不適於進行大規模的研究。有時個案研究引起研究者對某一問題的注意,於是研究者可以透過其他方法繼續研究它。

個案研究被批評為不太科學。很明顯地因為它們不代表大規模群體。從一個個案去推論其他個體或群體時,必須小心謹慎。如果為個案研究提供依據的訊息,是以有偏差的或主觀的方式收集的,這研究的結果或結論可能就沒有什麼價值。最後,評論家們認為個案研究缺乏可靠性。兩個人對同一個體進行個案研究,可能對事件和事件的意義產生截然不同的觀點。

這些限制表明,為了進行符合科學觀察標準的個案研究,必須有明確的目的和收集訊息的系統方法。同時,真實的記錄,令人信服的個案材料,始終刺激著心理學領域的理論和研究。

訪談法

許多個案研究大部分是以面對面的談話為依據的。這個方法也可用於從大量的個體和從臨床治療的病人中收集資料。

訪談法可以是具高結構化的,幾乎像是一個口頭調查,或者可以是開放性的,讓受試者自由地回答一系列一般性的問題。訪談法的成功極大部分要依賴訪談者的技巧。在聽一個人回答時,要求訪談者不作評論。他們試圖通過表現出信任和理解的感情以建立與人們的融洽關係。在非結構訪

談中，訪談者可以利用這種關係去鼓勵人們對某個問題暢所欲言，和訪談者分享他們的隱私的或私人的想法。

訪談法與臨床研究有著傳統上的聯繫，它也正在成為認知和語言研究中的一個重要方法。皮亞傑（Piaget）的結構化訪談技巧（Piaget, 1929）為對概念發展的考察提供了一個模型見（**專欄**_1‧5_）。研究者試著以這個技巧問孩子問題（問：「雲彩是活的還是死的？」），然後，緊跟著問題的回答，詢問孩子是怎麼得出他或她的結論的。在其他研究中，Piaget要求兒童解決一個問題，然後請他們解釋，他們是如何得到答案的。兒童成了他或她自己概念能力的資料提供者。這個方法適合於道德發展、人際關係的發展和利社會行為的研究。訪談法有讓人們在研究的題目上發揮他們自己觀點的優點。他們可以告訴訪談者什麼對他們很重要，為什麼他們做此種而不是彼種選擇，或他們認為訪談者對問題的看法有何不妥。當然，人們也可以用他們希望訪談者看待他們的方式去表現自己。當他們這樣做時，被稱之為表現出自我表現偏誤（self－presentation bias）。

一個人的回答極易受訪談者的影響。利用微笑、點頭、皺眉或看別處，訪談者可以故意或無意地表示贊成或不贊成。在建立親密關係和影響回答之間有一條微妙的界線。

這五種研究方法的優點和缺點摘要地列在（**表**_1－3_）中。

心理學日常生活的運用

正統心理學與泡泡糖心理學

藉由前面所敍述的種種有關心理學的緣起、派別及理論主張等的探討，我們不難發現，科學的心理學，是具有三大特色的：

系統性：心理學的研究必須遵循一定的科學程序，此一藉由科學研究方法的程序，或因時間先後，或因空間位置而略有差異，然而，其研究探討的過程與程序，必是具有系統性的。

Piaget 的訪談方法

從Piaget的著作中的兩段摘錄，可以看到Piaget應用臨床談話法，追踪一個幼兒的認知推理。在第一段中Piaget探究一個五歲的兒童對夢的理解。

「夢是從哪兒來的？」——我想你睡的很香所以做夢。——「它們是來自我們自己還是來自外面？」——從外面。——「我們用什麼作夢？」——我不知道。——「用手嗎？……什麼都不用？」——是什麼都不用。——「你在床上作夢時，夢在什麼地方？」——在我床上，在毯子底下。我真的不知道。說不定在我肚子裏（！）那麼骨頭一定在那裏，所以我才看不見它。——「夢在你頭裏嗎？」——是我在夢裏，而不是它在我頭裏（！）你做夢時，你不知道你是在床上。你知道你在走。你是在夢裏。你是在床上，但你不知道你是在那裏。(1929：97－98)

下面Piaget描述一個七歲兒童對種類包含問題的理解：

你呈現給孩子一個打開的盒子，裏面裝有木製的珠子。這孩子知道它們都是木製的，因為他抓起它們，觸摸每一個，發現它是用木頭做的。大部分珠子是棕色的，一小部分是白色的。我們提的問題很簡單，它是：是棕色珠子多還是木頭珠子多？讓我們設定A為棕色珠子，B為木珠子，於

客觀性：所謂的客觀性，乃是指科學的心理學具有一不會因人而任意改變的科學特性。無論在測量工具、研究程序或是對於研究結果的解釋與推論，皆有一定的準則可依循，不會因為個人主觀的因素而任意更改或曲解。

可驗證性：科學的心理學，其研究結果或根據研究結果而建立的原則、理論，其真實性是可以加以重複驗證的。可驗證性其實與客觀性是具有連帶關係的，換言之，必須具有客觀性，才能予以他人客觀的標準，針對研究，重複驗證。

是問題簡化爲Ｂ包含Ａ。對於七歲以前年齡的兒童，這是一個非常困難的問題。孩子說道所有的珠子都是木頭的，說大部分是棕色的，小部分是白的。但如果你問他是棕色珠子多還是木珠子多，他立刻回答：「棕色珠子多，因爲只有兩、三個白珠子。」於是你說：「聽著，這不是我所問的。我不想知道是棕色珠子多還是白珠子多，我是想知道是棕色珠子多還是木珠子多？」同時，爲了使問題更簡單，我拿一個空盒子放在裝珠子的盒子邊，問道：「如果我把木珠子放到旁邊的那個盒子裏，這個盒子裏還剩幾個？」孩子回答：「沒有。沒有一個剩下，因爲它們都是木頭的。」於是我說：「如果我拿棕色珠子放在那個盒子裏，這個盒子裏還剩幾個？」孩子回答：「當然剩兩、三個白珠子了。」顯然，現在他理解這個問題了，事實是所有的珠子都是木頭的，其中有些珠子不是棕色的。於是我再一次問他：「是棕色珠子多還是木珠子多？」現在，很明顯孩子開始理解這個問題，知道確實有問題。這個問題不像他們開始想的那麼簡單。我看著他，看到他正努力地思索著。終於他斷定：「但還是棕色珠子多；如果你拿走棕色珠子，就只剩下兩、三個白珠子了。」(1963：283－299)

Source: (The attainment of invariants and reversible operations in the development of thinking,) by J. Piaget, Social Research, 30, 283－299. Reprinted by permission.

上列的特色乃是一般稱爲科學的正統心理學，主要在於知識的探討與解決日常生活的問題，進而提昇個人生活的品質。然而，一般我們所能接觸到或者是認爲的心理學似乎和這些不一樣，大眾對於學心理學的人大多劈頭就問：你會不會算命？或者根本就敬而遠之，唯恐自己被看透。就像台大心理系還沒蓋大樓之前，與地理系共同擁有一棟系館，因此就有人戲稱，那一棟樓裏不是看風水的就是算命的。雖然只是一句戲言，但也不難看出一般大眾對心理學的誤解。

綜藝節目中時常會搞一些心理測驗的小單元，來瞭解影歌星們的性

表1-3　心理學研究的五種方法的優缺點

方法	定義	優點	缺點
觀察法	行為的系統描述。	記載不斷發展中的行為；獲得自然發生，沒有實驗干預的材料。	耗費時間；需要仔細訓練觀察者；觀察者會干擾正常發生的事物。
實驗法	將其他因素保持恆定，透過改變一些條件而控制其他條件以分析其中因果關係。	可檢驗因果關係假設，可控制和分離特殊變項。	實驗室的結果不一定適合其他環境；通常只注重單向因果關係模型。
調查測驗法	針對大群體，問一些標準化問題。	可從大樣本中收集資料；不大要求訓練；非常靈活方便。	修辭和呈現問題的方式會影響回答；回答可能與行為無密切關係。測驗可能不適於學校或臨床環境。
個案研究法	對個人家庭或群體的深入描述。	注重個人經驗的複雜性和獨特性。	缺乏普遍性；結果可能帶有調查者的偏見；難以重複。
訪談法	面對面的交談每個人都可充分闡明他的或她的觀點。	提供複雜的第一手資料。	易受調查者成見的影響。

格、戀愛觀、處事態度等，這些小單元非常受歡迎，因為它可以滿足迷哥迷姐們對於心目中偶像的好奇心，透過這些好奇心的滿足來鞏固偶像的地位，我不否認其中有一些心理學理論的應用，或者說是心理學對這些現象亦有所研究，但是那些所謂的心理測驗絕對不等同於我們所要談的心理學，我們給這類心理學一個名稱，叫做泡泡糖心理學。

　　稱之為泡泡糖心理學，是因為這類的心理學內容有如泡泡糖一般，到處可見而且取得容易，剛咀嚼時，味道還不錯而且心情保持輕鬆，但是時間一久便顯得無味了。口香糖的口味與形狀雖然有許多種，而且時時有一些創新，但受限於材料與消費者喜好的考量，其廣度仍是極有限的，這也是泡泡糖心理學的特徵。

　　整體而言，泡泡糖心理學具有以下特性：

　　隨手可得：一般在市面上便可以找到，只要花少許的金錢，在任何大小文具店或書店皆可購得。

　　淺顯易懂：幾乎所有的內容都不談深奧的理論，只是一些選擇題的方式，再對每一個選項加以說明，提供選題者做為判斷的參考。

　　符合需求：泡泡糖心理學所涉及的內容，多為星座、生肖、血型、愛情、擇偶、就業等，主要是針對個人想要瞭解自己以及有利於實際生活的需求來設計。

　　富趣味性：通常在做此類測驗或者是閱讀此類內容時，心情多是輕鬆自在又帶著一點懷疑與期待，做完之後，看看結果，只對好的說明深信不疑，對於說得不夠好的部份則一笑置之，大呼不準。其目的亦不在於提供嚴肅的判斷標準，只是為了博君一笑的趣味小品。

　　經驗法則：關於其內容，多為經驗法則下的產物，或者是一種不符合科學的統計結果，因此，所有的內容都不堪驗證，相信與否皆憑自己的一念之間，相信者可能覺得非常準確，而不相信者則可能斥之為無稽之談。

　　興趣稍縱即逝：此類心理學內容及結果的類推性不高，亦即是屬於層級較低的一種解釋方式，由於應用的範圍太小，所以較具體且簡單，但是也因此不易維持長久的興趣。

爲什麼要念心理學？及如何念心理學？

從心理學的三個特色看來，仍然看不出爲何要讀心理學，當然，我們都承認社會上絕大多數的人都不懂心理學，但是卻不見得有什麼不快樂或是任何困擾產生，也就是說即使不念心理學，仍可擁有幸福快樂的生活。那麼，心理學在我們的生活中究竟扮演著什麼樣的角色呢？

增加個人的生活彈性：心理學提供的是一種統計的觀點，是一種可能性，而不是一種絕對的、單一的解答，因此學心理學的人會養成從各種角度看事情的習慣，容易接納各個不同的觀點，再以客觀的方式歸結出自己的看法，可以增加個人的視野及彈性。

不易被騙：日常生活中有許多的迷思，譬如說，面對推銷員窮追不捨以及得寸進尺時，如果你知道社會心理學中的閉門羹效應及腳在門檻裡效應，你便比較容易避免他人的攻防戰。

減少刻版印象的錯覺：一般在探討性別差異，年齡差異或幼童能力時，容易抱持一種先入爲主的觀念，認爲男強女弱、年紀大者比年紀小者有經驗或聰明、幼兒什麼都不懂等等，如果你能多瞭解心理學中的研究結果和個體發展歷程，相信你會有不同的看法的。

塑造自我形象：心理學研究的是人的現象，亦即，我們都是心理學的研究對象，心理學中探討許多關於態度形成與改變，印象整飾，人際吸引等的主題，有利於塑造自我形象時參考之用。

瞭解自我需求及他人需求：根據Maslow的需求理論，將人類的需求由低到高分成五個層次，分別爲生理需求、安全需求、愛與歸屬感的需求、自尊需求以及自我實現的需求，此外，亦有不少理論涉及人類需求的探討，這些內容對於瞭解他我的需求而言，是相當有幫助的。

增進個體敏感度：對一個心理學的學習者而言，對人抱持著無盡的興趣是必須的，因此在面對人及與人有關的情境時，都會想有更多的瞭解，亦即，他會較敏感於自己的需要，他人的需要以及周遭不斷發生的種種現象等。

提昇創造能力：由於心理學可以提供個體瞭解他人需求及情境需求的依據，而創造的目的便是要滿足需求或者是開發需求，如果再搭配上個體

的敏感度以及某些對應的技能，將可以不斷創造出有用的事物。

增加自我監控能力：從結構主義學派開始，到人本學派或認知學派，都強調透過內省的方法去瞭解行為目的、行為動機、行為方式及行為後果等內容，藉著這些努力可以使自己的行動更有效率，並且避免產生情緒性或非理性的行為，亦即，能加強自我監控的能力。

增進問題解決能力：問題解決流程及決策能力亦是心理學——尤其是認知心理學關注的重點，心理學中提供了一系列在遭遇問題時可供參考的流程，協助個體解決生活難題與決策，此外，心理學的訓練本來就有益於個體的生活適應、彈性及視野廣度，這些特性亦有利於問題的解決。

作為賺錢利器：心理學如何賺錢？除了心理學所提供的一些訓練、能力及方法之外，心理學本身亦可成為賺錢的工具。也許你會說，這樣子太銅臭味了，在此，我要強調的是，拿心理學來賺錢，賺錢並非唯一的目的，推廣心理學也是相當重要的訴求。現代人，尤其是青少年，不斷在追求個別化、個性化、特殊化，這是因為近年來社會價值觀念混淆，許多行為無所依循，許多疑惑找不到固定解答，而造成不安定感，因此，個體為了解除此種不安定感，只好將大量注意力回歸自我身上，加強自我的特殊性，而今日大眾對心理學的概念仍是懵懵懂懂，再加上心理學中對人類許多特殊性的研究，正可適時滿足其需求。但是，在此有一個前提是，必須對心理學的內涵有相當的瞭解，甚至必須有自我獨到的見解才行。

既然心理學有如此多的好處，那麼究竟要如何念心理學呢？在此提供一些簡單的步驟及重點作為參考：

先讀普通心理學：普通心理學中會介紹心理學的簡史，各種觀點，各個學派的論點、內容及代表人物，還有心理學中所有分科的內容。有助於個體進入心理學的領域。

進入心理學的分科：由於你並非心理系的學生，所以沒有必要進一步接觸所有的心理學分科，當你讀過普通心理學之後，可根據所讀科系、興趣或未來的發展方向，選擇適當的分科作進一步的研讀，例如，社會心理學、認知心理學等。

對分科中的內容作更深入的瞭解：如果你對讀完社會心理學之後，發現態度改變的主題非常有趣，或者是對你的工作有相當的幫助，此時，可以透過老師、學長或心理系的朋友，協助你尋找進一步的材料，如果你缺乏

這些資源，也可以來找我。但是有一點很重要的就是，較深入的材料多以英文寫成，對英文較差的人而言，相當吃力。

　　對理論與某些觀點的思考：當你接觸到一個理論或觀點時，盡量去思考這個理論或觀點被提出的社會背景，提出者的背景與理論的關係，理論的內容、功能及限制，理論有那些缺失或不足之處，如何改良或補充，和其它你接觸過的理論是否有任何異同處，或者有什麼關係，等等的問題。思考這些問題有助於我們對理論的充分瞭解以及組織我們的知識。

　　對不同觀點的接觸：從心理學的起源來看，便包含了許多互相不容的觀點，例如，理性主義與經驗主義的對抗，精神分析學派與行為主義學派的互相攻擊，人本學派對上述兩學派的反動，對人性善惡觀點的探究等，都因哲學觀點不同而產生許多迥異的論點，對一個心理學的學習者而言，除了選擇自己認同的哲學觀點之外亦應對其它不同的觀點有所瞭解，一方面可以培養自己多方思考的能力，另一方面亦可藉此來堅定自己的信念。

　　多經驗，多嘗試：在心理學的學習過程中，應盡可能把握機會去經驗，去嘗試各種角色或工作，因為心理學並非只是一門書桌學問，除了書本知識的探求之外，仍需要不斷地、用心地去體驗生活，尤其，心理學的許多理論與觀點都會涉及人性觀與哲學觀的思考，因此較多的生活經驗與工作經驗對心理學的學習是有幫助的。

　　常保持一顆懷疑與求真之心：任何理論都只能解釋部分的現象，亦即，一個可以說明某個現象的理論，未必可以解釋其它現象，因此，我們在接受一個理論之前，應抱持著懷疑與求真的態度，去瞭解理論的內容、功能及限制，避免對理論的過度使用。

　　至於學習心理學，要如何應用心理學呢？一般心理學家常應用心理學來

- 演講
- 帶同理心團體
- 親職教育諮專欄寫作
- 改善人際關係
- 研究
- 廣播節目

- 藝術創作
- 教學工作
- 節目製作或企劃
- 心理學寫作與翻譯
- 臨床心理師
- 公職考試
- 諮商與思理輔導實務工作
- 企業諮詢與顧問等

國內目前有設立心理系的大學及最高學歷有：

- 國立台灣大學：心理學系／心理學研究所碩士班／心理學研究所博士班
- 國立政治大學：心理學系／心理學研究所碩士班／心理學研究所博士班
- 國立師範大學：教育心理學系／教育心理與輔導研究所碩士班／教育心理與輔導研究所博士班
- 國立中正大學：心理學系／心理學研究所碩士班
- 私立輔仁大學：應用心理學系／應用心理學研究所碩士班
- 私立中原大學：心理學系／心理學研究所碩士班
- 私立東吳大學：心理學系
- 私立高雄醫學院：心理學系
- 政戰學校：心理學系

參考書目

Bayley, N.(1970). Development of mental abilities. In P.H. Mussen (ed.), *Carmichael's manual of child psychology (3rd ed. vol.1)*, New York: Wiley.

Breuer, J. & Freud, S.(1895/1955). Studies on hysteria, In. J. Strachey (ed.), *The standard edition of the complete psychological works of Sigmund Freud (Vol.2)*. London: Hogarth Press.

Cole, M., & Means, B.(1986). *Comparative studies of how people think*. Cambridge, Mass: Harvard University Press.

Einstein, A. & Freud, S.(1933/1964). Why war? In J. Strachey (ed.), *The standard edition of the complete psychological works of Sigmund Freud (Vol.2)*. London: Hogarth Press.

Flavell, J.H., Green, F.L., & Flavell, E.R.(1989). Young children ability to differentate appearance-realty and level 2 perspectives in the tactile modality. *Child Development, 60,* 201-213

Freud, S.(1909/1955). An analysis of a phobia in a five-year-old boy. In J.Strachey (ed.), *The standard edition of the complete psychological works of Sigmand Freud, (Vol.10)*, London: Hogarth Press.

Freud, S.(1933/1964). New introductory lectures on psychoanalysis. In J. Starchey (ed.). *The Standard edition of the complete psychological works of Sigmund Freud (Vol.22)*, London: Hogarth Press

Freud, S.(1963). *The cocaine papers*. Vienna and Zuricn: Dunquin Press.

Freud, S., & Dann, S.(1951). An experiment in group upbringing. In R. Eissler, A. Freud, H. Hartmann & E. Kris (eds.), *The psychoanalytic study of the child. (Vol.6),* New York: International

University Press.

Gazzaniga, M.S.(1989). Organization of the human brain. *Science, 245,* 947-952.

Rumelhart, D.E., & McClelland, J.C.(1986). *Parallel distributed processing (Vol.1).* Cambridge, Mass: MIT Press.

Kessen, W.(1965). *The child.* New York: Wiley.

Kochanska, G., Kuczynski, L. & Radke-Yarron, M.(1989). Correspondence between mothers' self-reportedhand hand and observed child-rearing practices. *Child Development, 60*(1), 56-63.

Messick, S.(1989). Meaning and values in test validation: The science and ethics of assessment: *Educational Researcher,* 18, 5-11.

Miller, P.H.(1989). *Theories of developmental psychology (2nd ed.),* New York: W.H. Freeman.

Moore, C., Bryant, D., & Furron, D.(1989). Mental terms and the development of certainty. Child Development, 60, 167-171.

Neisser, U.(1987). *Concepts and conceptual development: Ecological and intellectual factors in categorization.* New York: Cambridge University Press.

Piaget, J.(1929). *The child conception of physical causality.* New York: Harcourt, Brace.

Piaget, J.(1936). *The origins of intelligence in children.* New York: Humanities Press.

Piaget, J.(1963). The attainment of invariants and reversible operations in the development of thinking. *Social Research, 30,* 283-299.

Piaget, J. & Inhelder, B.(1969). *The psychology of the child.* New York: Basic Books.

Ruffman, R.K., & Olson, D.R.(1989). Children's ascriptions of knowledge to others. *Developmental Psychology, 25,* 601-606.

Runyan, W.M.(1982). Life *histories and psychobiography: Explanations in theory and method.* New York: Oxford.

Skinner, B.F.(1948). *Walden two*. New York: Macmillan.

Skinner, B.F.(1967) Autobiography of B.F. Skinner. In E.Borning & G.Lindzey (eds.), *History of psychology in autobiography (Vol.5, pp.387-413)* New York: Appleton-Century Crofts.

Stapp, J., Fulcher, R., Nelson, S.D., Pallak, M.S., & Wicherski, M. (1981). The employment of recent doctorate recipients in psychology: 1975 through 1978. *American Psychologist, 36,* 1211-1254.

Sternberg, R.J., & Smith, E.E.(1988). *The psychology of human thought*. New York: Cambridge University Press.

Weinberg, R.A.(1989). Intelligence and IQ: Landmark issues and great debates. *American Psychologist* (Special issues: Children and Their Development: Konwledge Base, Research Agenda, and Social Policy Application), 44(2), 98-104.

Uzgiris, I.C.(1976). The organization of sensorimotor intelligence. In M.Lewis (ed.), *Origins of intelligence: Infancy and early childhood (pp.123-164)*. New York: Plenum.

威赫姆、馮德 （Wilhelm Wundt,1832-1920）

在德國萊比錫 （Leipzig）大學創立第一
個正式研究人類心理行為的研究室，並
著書《生理心理學的原則》(Principles
of Physiological Psychology），被
後人尊稱心理學之父。

皮亞傑 (Jean Piaget,1896-1980)

與佛洛伊德號稱心理學影響最大的心理學家
。皮亞傑與比奈相似,由生物學轉到心理學。
其強調人思考的不同 ,縱其一生 ,從事兒童
認知心理學的發展,其所提出的重要概念如
認知發展論,基模及認識發生論皆影響後人
鉅大。

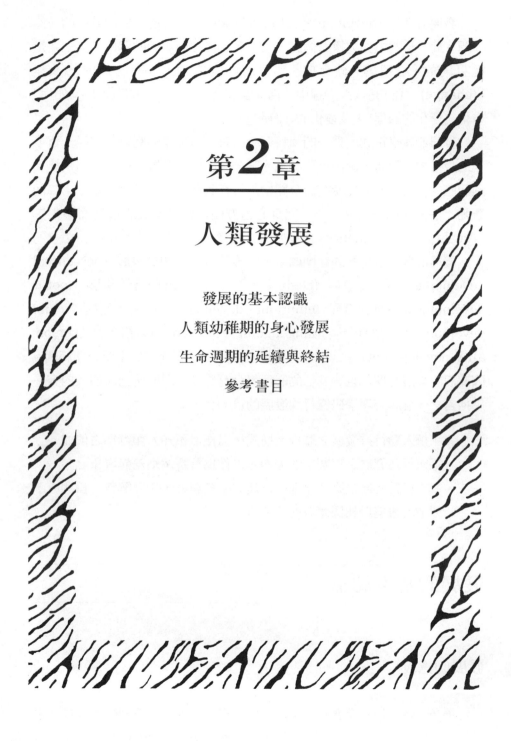

第 2 章

人類發展

發展的基本認識

人類幼稚期的身心發展

生命週期的延續與終結

參考書目

發展心理學（developmental psychology）乃屬心理學領域內的一個
學門。此一學門主要在探討個體一生中身心變化與年齡的關係。其主要是
從生理的、心理的、社會的、教育的四大方向，研究成長中的改變
（change），尤其是成長過程中「為什麼」會變化（變化的原因），「如何」
變化（變化的過程），及變化的「時間」。

　　發展心理學正式成為一門學科至今已有一百多年的歷史。在這一百多
年的歲月中，釐清了兩個重要觀點。第一個觀點：發展的研究範疇是擴展
到個體的一生，亦即從產前受孕開始，一直到個體生命結束為止。第二個
觀點：個體在成長的過程中，其身心兩方面均會隨年齡的增加而產生質
（quslity）與量（quantity）雙方面的改變。

　　發展心理學所包括的範圍頗廣，它涉及到人的知覺發展（perceptual
development），認知發展（cognitive development），動作發展（motor
development），情緒發展（emotional development），社會發展（social
development），語言發展（language development），人格發展（person-
ality development）等。而這些領域也正是所有心理學的主要分類範圍。
因此說，發展心理學也與其他的心理學具有許多共同的研究課題及內容。
總括言之，發展心理學研究行為發展的目的有三：

- 了解人類行為發展之歷程及模式，以作為預知人類行為之依據。
- 探求行為發展之相關影響因素，以作為解釋個別差異現象之參考。
- 尋求行為發展之原理原則，以建立系統理論，作為解釋、預測或改
  變成長環境以利個體發展的依據。

發展的基本認識

發展的意義

　　很多人將成長與發展兩字混用，但事實上這兩字是不同的。成長通常
是指量上的改變。而發展是指量與質雙方面的改變。Anderson指出：「發

展，不僅是身體大小的改變、或能力的增強、發展，實際上是統合許多結構與功能的複雜過程。」試想，小毛毛蟲長大後爲何不是大毛毛蟲，而轉變爲美麗的蝴蝶？小蝌蚪長大後，不是大蝌蚪，而叫做靑蛙？事實上，個體發展的歷程中，不單是大小（量）的改變，更甚者是整個結構功能（質）的改變。

皮格諾（J. J. Bigner, 1983）指出發展具有下述六種特性：

- 發展是呈持續狀態。
- 發展是有順序性的。
- 發展是具有不同層次的。
- 發展是具有不同品質的。
- 發展是與其他改變相累積而致的。
- 發展是呈現逐漸複雜化的。

除上述六點發展的特性外，發展模式尚有下述四點特性：

(一)發展模式具有可預測性

探究個體身心發展的心理學家發現，隨年齡增長，個體行爲的變化發展，因循著一定模式發展進行，而可達預測之效。如嬰兒的動作發展而言，從翻身、坐起、站立、到會走路，大致有一可循的模式。又如，語言發展而言，何時開始說話，會先說那些字，語句如何從簡單到複雜…等大致也有可依循的模式。再如；兒童遊戲的社會行爲而言，從單獨遊戲、平行遊戲、聯合遊戲、團體遊戲到合作遊戲，大致也有可循模式。人們根據這些發展模式，經分析、研究、歸納後，即可用作對個體作解釋與預測之根據。

(二)發展模式具有階段性，且每階段均具有其社會期許與潛在發展危機

發展是連續的，且具有階段性。階段的劃分，並非以年齡來區分，而是以個人行爲的生理狀況與變化來區分的。Chilman曾描述說：「有些階段是較費力且富關鍵性的。就如同螺旋梯一樣，並非每一階都一樣陡峻，有些地方必須努力攀登，有些地方則需要稍作休息。」因此，當階段適應較困難時，發展速度會減慢，當階段適應容易時，發展速度便增快。

社會團體對個體每一階段的適應都有一些期許，稱之爲社會期許（social　expectation），社會期許又可稱爲發展任務（development task)，一般而言，發展任務的出現主要是因：

- 內在身體的成熟。
- 外在社會中的文化壓力。
- 個人的價值觀與抱負，這三種力量共同作用而形成。

哈維斯特（Havighust）曾指出，當個體處於某一階段中，如能順利達成該階段發展任務時，不僅個體感到快樂，而且能順利完成下一階段工作。若個體發展受阻，除感到不快樂外，既得不到社會讚許，也有阻礙日後發展工作。

㈢發展的共同模式下有個別差異

個體在成長的過程中，因受遺傳與環境兩因素的影響，致使不同個體間在身心特徵上各有不同的現象，稱為個別差異。發展模式的建立是根據多數個體行為的共同特徵，然而，在事實上，無論是生理或心理上，不同個體的發展，都會有相當大的差異。就同年齡的兒童而言，平均身高、體重、認字能力等等，雖可找出代表該年齡的一個模式，但就個別兒童而言，有些在發展上呈現出早熟（發展年齡大於實足生理年齡），有些呈現晚熟（發展年齡低於實足年齡）現象，此即所謂個別差異。

　　註：生理年齡（chronological age），指個體自出生日算起的年齡；發展年齡（development age），指代表身心發展程度的年齡，兩種年齡愈接近或相等者，代表個體發展正常。

㈣早期發展是晚期發展的基礎

隨著科學研究證據的累積，顯示出早期發展的基礎，有持續的傾向，且會影響個體一生的態度及行為。佛洛依德（S. Freud）發現人格不適應的個案中，很多均可溯及不愉快的童年經驗。艾力克遜（E. Erikson）也提及幼兒期是一個基本信任的時期，個體若能學會看世界為一安全的、可信賴的溫暖世界，則其日後必能以這樣的觀點去看世界。懷特（White），對學前兒童作了幾年的研究後，提出出生後的前二年對個體人格模式及社會適應的建立十分重要。由上述種種研究，心理學家更加認為早期發展基礎的重要性。

影響發展的因素

發展一詞,係指個體從受精卵開始到生命終了的一連串改變歷程。在此改變歷程中,個體由簡單到複雜、由粗略到精細、由分化到統整等多方面改變,事實上這些改變均受到遺傳 (heredity)、環境 (environment)、成熟 (maturation)、學習 (learning) 四者,共同決定或影響個體行為之發展。以下將分別討論之。

㈠遺傳與環境的交互作用

所謂遺傳,是指生命之初起,父母的生、心理特徵,傳遞給子女的一種生理變化歷程。遺傳指定了下一代生理生長的規範。例如,個體之身高、膚色、身體特徵等等。

所謂環境,乃是指個體生命之初起,其生存空間中所有能對之發生影響的一切因素。依此界說,個體一生中包括了兩個環境,一為個體出生前的母體環境,一為個體出生後周遭提供生長的環境。環境對個體發展的影響亦是十分重要的。例如,不同民族文化下有不同生活習慣,甚至包括育嬰方法亦不同;又不同生長家庭提供了不同行為的模式;又個體進入社會與人接觸時,接受了不同的行為規範等,均會影響個體行為的發展。

到底決定個體發展改變的二項密切因素:遺傳與環境,孰重孰輕?自哲學心理學時代起,就有所謂天性與教養之爭。亦即盧梭 (Jean-Jacques Rousseau, 1712-78) 一派學者認為天賦遺傳或成熟決定發展;另一派洛克 (John Locke, 1632-1704) 的學者採相反看法,主張後天環境或學習才是控制發展的因素。此類爭論相沿不休,到了本世紀初科學心理學興起後,結構主義論者傾向於重視先天,行為主義論者則傾向於重視後天。近年來大家已逐漸瞭解到孰重孰輕的問題已沒有太大意義。遺傳、環境及行為的關係就如同長方形的面積與長、寬之間的關係,說不上長與寬那項因素對面積比較重要。(賴保禎、張欣戊、幸曼玲,民78),且又由於受到遺傳學發展的影響,在現代心理學上,多半心理學家們已將傳統的先天與後天之爭議問題,轉變為決定個體身心發展是由於遺傳與環境交互作用的觀點,並開始關切二者是如何交互影響,企圖澄清這兩項因素對發展的影響

機轉（mechanism）。

　　發展心理學家開始注意到，在傳統中我們常傾向於把某一因素或條件當作是決定的表示方法，似有不妥之處。因爲這種表示方法不但忽視了另一因素的制約作用，同時又無法顧及到時間及性質的變化。而相互作用論卻能反映出個體發展中遺傳和環境間相互依存、相互滲透的事實。歸納起來，可以從下述四方面說明之。

　　遺傳與環境對發展的作用是相互制約、相互依存的：即某一影響因素所起作用之大小、性質，端視另一因素而定。例如，環境對某種特性或行爲的發展是否會起作用，或是起多大作用，往往視這種特性或行爲的遺傳因素而定。如：惡劣的環境壓力下，對有些人並不會造成太大影響，但對於具有精神分裂症這種遺傳潛勢的人而言，其對環境壓力的易感性大，就很容易發病。又如，在一個高要求的學習環境中，對一個智力潛能較高的兒童而言，可使他潛能得到充分地發揮，但對一個中下智能的兒童而言，則可能會使其發展受到阻礙。概而言之，一般遺傳基因的潛能越大者，環境因素對它的影響也越大；而遺傳基因越小者，環境因素所起的作用也越小。

　　遺傳與環境的作用是相互滲透，相互轉化的：這包括了二層意義：一層意義是指環境可以影響遺傳，遺傳亦可以影響環境；一層意義是指環境中有遺傳、遺傳中有環境。從生物群體的演化發展觀之，遺傳本身就已包含著對環境適應的要求，否則無從生存。再說，遺傳與環境的影響是互相選擇的。例如，一個新生兒帶著各種不同的氣質（temperament）降臨人間，父母或教養者即須適應他的氣質，順性教養，因此我們可以說環境（成人的教養方式）中反映著，嬰幼本身的遺傳（氣質）要求。

　　遺傳與環境，對發展的相對作用是動態的，不是始終固定不變的，其在不同的階段、不同的性質的心理機能上是有所不同的：一般而言，較簡單的初級心理機能（如，動作，初級語言等），遺傳、成熟的制約力較強；而較複雜的高級心理機能（如，情感、抽象思維能力等）則受環境、學習的制約影響較強。例如，早期幼童的動作發展，如，坐、走、抓，即使缺乏訓練機會，也不致影響這些動作的發展。如，印地安人的嬰兒從小被捆背在大人背上，少有練習腿部功能機會，但1歲左右過後，放下令其行走，並未影響其行走能力的發展。又如，耳聾幼兒雖聽不到自己或周遭的語言，但在嬰兒期仍會產生牙牙學語現象。上述現象也說明了早期動作或語言的發展，

受到生物因素的強力制約。當然這不表示發展早期，環境不如遺傳重要。根據一些早期經驗的研究報告，我們發現早期，特別是發展的關鍵期 (critical period)，經驗的重要性，它往往帶有決定性的意義。即如果在環境中的豐富性或社交性被剝奪，則可能造成不可彌補的缺憾。

　　遺傳與環境間存在著作用與反作用的動力關係：這裏所提的相互作用論與會合論是不同的，因為個體會以積極主動方式作用於環境，從而創造一個適合自己的理想環境，進而再反作用於個體。亦即個體並非消極被動地等待環境的恩賜，而是採積極主動地從環境中獲益。而環境也不是靜止不變的環境，應是發展為對個體產生作用的環境。

　　總而言之，遺傳與環境，可解釋為生物因素與社會因素對個體發展的可能性與現實性間的關係。個體的生物遺傳因素設定了個體發展潛能的可能範圍，而個體的社會環境條件是控制個體在發展可能的範圍內現實的程度。唯有個體處於有利環境中，潛在的可能才能得到充分實現。大體而言，遺傳設定了個體發展潛能的極限，環境則是控制個體發揮潛能的程度。例如：遺傳決定個體的天生秉識資質的多寡，但若個體缺乏文化環境的刺激，個體的聰明才智就無從彰顯出來。又遺傳可決定個體長多高，但個體實際顯現的高度卻取決於個體的營養——環境因素。

㈡成熟與學習的交互作用

　　所謂成熟：乃指個體在趨向成熟狀態的過程中，其身心雙方所產生的變化歷程。生理成熟，包括：個體的神經系統、肌肉組織、腺體分泌等生理功能之發展歷程。心理成熟，包括：個體的智力、情緒、語言、社會能力等之發展歷程。

　　所謂學習：乃指個體經由練習或經驗後，致使其行為產生較為持久改變的歷程或結果。在個體發展歷程中，成熟與學習一直交互作用著，其兩者相互關係的影響如下：

- 成熟既是指一發展歷程，成熟的極限是很少被達成的。
- 因有學習環境的差異，而使同物種個體的發展有所不同。
- 即使有很好的學習機會，但成熟限制發展，發展是無法超越某一極限。
- 學習的刺激是讓個體發展完全的要件。

・若學習機會受到限制或剝奪，則個體將無法達成其遺傳潛能。

・最有效的學習在於成熟的適當時機。

　　一般而言，個體愈幼小，成熟因素對個體行為的支配力愈大，而後隨年齡增長，成熟因素的支配力漸弱而學習因素的支配力相對漸增。就個體行為性質而言，凡屬共同基本的行為，如行走、站立、發音等，多屬於成熟因素的支配。而屬於較複雜、較特殊的行為，如：騎腳踏車、游泳、寫字、人類語言使用等，則多受學習因素的支配。

　　西元1941年，心理學家葛賽爾與湯姆遜（Gesell & Thompson）對一對年僅46週的同卵雙生女嬰做爬台階的實驗。實驗前這兩名具備相同遺傳基因的女嬰，其爬階能力大致相同。此後實驗者每天對命名為T（training）的女嬰，做十分鐘的爬階訓練，又對另一名命名為C（control）的女嬰加以控制，令其沒有爬階的練習機會，這樣連續施行六週後，比較兩人的爬階能力，雖T的成績（26秒爬上4級台階）遠勝於C（只能將左膝置於第一階），但此後對C再加以訓練，結果在第56週時發現，兩名女嬰的爬階能力已無太大差異。此一實驗結果顯示，人類的基本動作之發展，成熟因素佔有較大的支配力量。個體在未達成熟前之練習或學習，其效果是事倍功半的。

發展是一個連續而呈階段現象的歷程

　　在個體發展歷程中，身心的改變是呈連續性或階段性？機械論（mechanistic theory）者認為身心變化是由少變多、由簡變繁的連續性改變。機體論（organismic theory）者認為，個體發展不只是量的增加，而且有質的改變，並且在其各階段中，有其階段性特徵。事實上在發展的歷程中，每一階段的改變均是無數細小的練習與改變累積而來的。如，幼兒從爬行到站立行走，在行為本質上雖邁入發展的另一階段且具有很大特徵的改變，但基本上在沒變為站立行走前，幼兒乃經過好幾星期的練習與成長。因此，整個發展歷程是兼具階段性與有連續性（continuity）的。這裏的連續性是指任何後期行為均與前期行為有關，換言之，後果均源於前因。而所謂的階段（stage）就是指某一時期中，個體在身體、心智、行為各方面

的特質顯現，有異於其它時期特質的變化。另外發展階段（developmental stage）的概念，被認爲是按一定次序出現，每一階段是下一階段發展的必要基石。

與發展階段有重大關連的概念是關鍵期。所謂關鍵期是指在發展歷程中，個體身心狀態最適於獲得某種特定行爲的最適當時期，而且該行爲的獲得對個體一生的發展，具有決定性的影響，因此稱爲關鍵期。西元1937年，奧國生物學家勞倫（Lorenz, Konrad, 1903～）發表了雛鵝的銘印（imprinting）現象後，引起人們對此現象於何時出現的問題，即關鍵期的問題開始研究。西元1927年，卡米契爾（Carmichael）發現出生就會游泳的蝌蚪，若在他們出生後立即將其置於麻醉溶劑內防止其游泳，第八天釋放後，蝌蚪仍能正常游泳，但若置於溶劑的時間超過十天以上，則蝌蚪釋出後竟喪失了游泳的行爲能力。英國動物心理學家斯堡丁（Spalding, 1954），以雛鵝做實驗發現，孵化四天後才見到活動對象的雛鵝，不但沒有印記現象，反而對活動物的接近畏懼，掉頭逃走。也有心理學家發現，狗與人的親密關係，乃是因爲狗出生後即與人相處而建立的。若把剛出生的狗或猴子隔離飼養數個月，即使稍後又讓它們與同類一起被飼養，但這些狗或猴子的一生中均有怪異行爲（Scott, 1963），不但無法在其族群中有社會性行爲，甚至對異性、對自己親生子女亦排斥。同樣關鍵期的問題也發生在人類身上。出生前後的幾個月是大腦迅速發育的時期，在這段時期內，嬰兒若得不到充裕營養，將會使心智能力永久損傷，產生不良後果。(Wurtman, 1982)

由上述幾項研究中，我們可作出這樣的結論：其一，大部份生物的早期發展，均易受到關鍵期效果（critical－period effects）的侵害。其二，關鍵期的重要性不容忽視，因個體發展到某一關鍵期時，其成熟程度恰好適合某種行爲的發展，若在此時期失去了學習機會，以後縱使有機會再學習，但該種行爲已不易建立，甚至其一生均無法彌補。

發展階段的劃分

在發展心理學上。心理學家們依據個體表現出的身心特徵爲標準，將人一生分爲數個階段。然因採用標準不同，其分段方式也不一致，一般而

言，個體發展可分為：產前期、嬰兒期、嬰幼兒期、幼兒期、學齡兒童期、青少年前期、青少年後期、成年早期、成年中期、成年晚期、老年期等十一個階段（**表2－1**）。然個體行為發展是一脈貫通，活動是終其一生呈現持續成長狀態如：智力，因此每一時期的劃分僅是科學家為便於研究而成的。

　　此外，有些心理學者基於其特殊論點，在某方面行為上劃分特別的階段。如：佛洛依德（S. Freud）以性心理發展的依據分期為：

- ・口腔期（出生至一歲）。
- ・肛門期（一歲至三歲）。
- ・性器期（三歲至六歲）。
- ・潛伏期（六歲至青春期）。
- ・生殖期（青春期至成年）（**表2－2**）。

　　皮亞傑（J. piaget）以智慧或認知結構的變化為依據，將兒童智力發展分期為：

- ・感覺動作期（出生至二歲）。
- ・前運思期（二歲至七歲）。
- ・具體運思期（七歲至十一歲）。
- ・形式運思期（十一歲以上）（**表2－3**）。

　　艾力克遜（Erik, Erikson, 1902～）精神分析學派的後繼者，艾氏結合了心理、社會因素，將人生分為八大階段：

- ・對人信任與對人不信任（出生至一歲）。
- ・活潑自動對羞愧懷疑（二歲至三歲）。
- ・積極主動對退縮內疚（三歲至六歲）。
- ・勤奮進取對自貶自卑（六歲至青春期）。
- ・自我認同對角色混淆（青年期）。
- ・友愛親密對孤獨疏離（成年早期）。
- ・精力充沛對頹廢遲滯（成年中期）。
- ・自我統合對悲觀絕望（成年晚期）（**表2－4**）。

結合上述各理論劃分發展階段的標準，雖年齡只是一個參考的數據，但劃分的關鍵年齡似乎蠻相接近（**表2－5**）這說明了這些研究在一定程度上個體心理發展某些方面的客觀規律。此外，從社會期待與教育目的觀點而言，一般認為個體發展到某一年齡階段時，其行為表現上也應符合某些標準。此種社會期待的行為標準，稱為發展任務，有關人生各期發展任務的說明，見（**表2－6**）。

發展的研究方法

㈠研究人的方法

發展心理學家常根據他們所要研究或解釋的行為，來決定選擇怎樣的研究方法。研究發展的方法有很多。各有其利弊，且每種方法都有其限制，研究者常會因集中注意於某些行為而無法顧及另一些行為。因此，所選擇的方法必須適合研究者所要研究的問題。常見研究發展的方法有：

- ·觀察法。
- ·實驗法。
- ·調查與測驗法。
- ·個案研究法。
- ·訪談法等五種。

這五種方法的定義、優點、缺點詳述於（**表1－3**）中。

㈡以時間為基礎的設計

發展心理學家不僅關心情境內的行為，同時亦關心隨時間而改變的行為。因此，發展心理學家在研究設計上必須考慮年齡取樣的因素，亦即時間的因素。在各研究中，以時間為基礎（time-base）的設計研究有下述三種：

縱貫法（longitudinal method）：所謂縱貫法，亦稱縱貫研究（longitudinal study）是指對同一個體或同一群體，就某項行為，自幼到長大做長期追蹤觀察測量。這類研究主要在從發展歷程中獲取連續性資料，藉以探求個體行為發展之模式。縱貫法的優點是，既能顧及到一般個體行為特徵

發展之趨勢，也能顧及到個別差異；亦可由此法分析成熟與學習間的關係…等。缺點則是研究時間較長，花費較多，受試者容易流失，所得結果不能類推到不同時代個體上…等。(表2-7)

　　橫斷法 (cross-sectional method)：所謂橫斷法，亦稱橫斷研究 (cross-sectional study) 就是同時對不同年齡的人作測量。其特點是在同一時間去觀察和比較不同年齡的受試組群。它並不像縱貫法般對同一群體或個人做長期追蹤。這類研究主要是探討不同年齡層的人在行為上有那些差異，亦即採用此方法的目的在搜集各階段中具有代表性的行為特徵。橫斷法的優點是使用方便、省錢、省時，可以描述不同年齡的典型特徵；缺點則是對整個發展過程只有一個大略的描述，不能用來做因果關係的推論解釋，亦不能用來考慮同一年齡團體的個別差異，且無法顧及到不同時間內文化或環境的差異。例如，同是一群10歲兒童，但生長於戰亂時的貧困兒童，必然不同於不同時代不同家庭背景環境的兒童。

　　連續法 (sequential method)：所謂連續法，亦稱橫斷連續法 (cross-sequential method)，是一種先以橫斷法開始，後再續加以縱貫法的一種綜合性研究法。也就是同時找來幾組不同年齡的受試者，然後每隔一段時期就追蹤他們的發展狀況，其目的是企圖使之兼具縱貫法與橫斷法兩種方法的優點。這種研究設計不僅可以比較不同組的受試者在相同年齡時的發展狀況，並且也可以追蹤每一組在不同時期的發展狀況。(圖2-1)

表2-1 人生全程發展的分期及主要發展特徵

時期	期間	發展主要特徵
產前期	受孕～出生	生理發展
嬰兒期	出生～2歲	感覺、知覺、運動機能的成熟,社會依附關係的建立,情緒發展,基本語言
嬰幼兒期	2歲～4歲	動作的精細化,幻想與遊戲,語言發展,自我控制
幼兒期	4歲～6歲	性別角色認同,群體遊戲,早期道德發展,入學預備
學齡兒童期	6歲～12歲	具體運思,社會技巧發展,技能學習,自我評價,團隊遊戲
青少年前期	12歲～18歲	身體成熟,形成運思,情緒發展,兩性親密關係
青少年後期	18歲～22歲	人格漸獨立,性別角色認同,內化的道德,職業選擇
成年早期	22歲～34歲	結婚,生育及養育子女,工作,生活方式
成年中期	34歲～60歲	夫妻關係培育,養育子女,職業上的經營管理
成年晚期	60歲～70歲	對自我重新評量,對新角色精力轉換,失去配偶接受個人生活,健康不足,退休,建立一種死亡觀
老年期	70歲～死亡	對老年身體變化的處置,心理歷史觀的發展,跨越未知的地帶

表2-2 佛洛伊德性心理發展階段理論(psychosexual seages)

時期	年齡	行為特徵
口腔期 (oral stage)	出生～1歲	由口腔吸吮、咀嚼等獲得快感與滿足
肛門期 (anal stage)	1歲～3歲	由大小便排洩時所生的刺激快感獲得滿足
性器期 (phallic stage)	3歲～6歲	由玩弄性器官中得到滿足
潛伏期 (latent stage)	6歲～青春期 (12、13歲)	注意力由對自己身體和父母感情,轉移到周圍事物
生殖期 (genital stage)	青春期～成年	性需求轉向相近年齡的異性,並開始有兩性生活的理想,最後達生兒育女之目標

表2-3　皮亞傑智慧、認知結構發展理論

時期	期間	行為特徵
感覺動作期 (sensorimotor stage)	出生～2歲	經由手抓、口嚐等動作與感覺，認識世界，2歲左右，物體恆存性認知能力已發展
前運思期 (preoperational stage)	2歲～7歲	使用語言符號吸收知識，也可運用簡單符號從事思考活動
具體運思期 (concrete operational stage)	7歲～11歲	能按具體事例，從事推理思考。7歲左右，已具有保留概念
形式運思期 (formal operational stage)	11歲以上	能運用抽象的、合於形式的邏輯的推理方式去思考解決問題

表2-4　艾力克遜的心理社會發展階段論(psychosocial stages)

階段年齡	心理危機（發展關鍵）	重要人際關係焦點	順利發展的結果	障礙發展的結果
出生～1歲	對人信任←→對人不信任 (trust vs. misstrust)	與母親或照顧者的相互關係	對人信賴，有安全感、有生命驅力	與人交往，焦慮不安，缺乏生命希望
1歲～3歲	活潑自動←→羞愧懷疑 (autonomy vs. shame and doubt)	父母	能自我控制，有意志力，行動有信心	行動畏首畏尾，自我懷疑
3歲～6歲	積極主動←→退縮內疚 (initiative vs. guilt)	家庭	能獨立進取，行為有目的有方向	行為畏懼退縮，無自我價值觀
6歲～青春期	勤奮進取←→自貶自卑 (industry vs. inferiority)	鄰居，學校	具有求學、待人處事的基本能力與方法	缺乏生活基本能力，充滿失敗感
青年期	自我認同←→角色混淆 (identity vs. confusion)	同儕團體，領導的模仿對象	自我觀念明確，追尋方向肯定，奉獻與忠貞情操	生活缺乏目標，時感徬徨迷失
成年早期	友愛親密←→孤獨疏離 (intimacy vs. isolation)	友誼、性、競爭、合作等的伙伴	具有親和與愛，成功地奠定感情生活與事業基礎	孤獨寂寞，無法與人親密相處
成年中期	精力充沛←→頹廢遲滯 (generativity vs. stagnation)	家庭分工與家的溫暖	富創作、生產與照顧能力，熱愛家庭，栽培後進	自憐恣縱，不顧未來
成年晚期	自我統合←→悲觀絕望 (integrity vs. despair)	人類、氣味相投者	富智慧與自制力，對生命感到滿足，有一種統合感	悔恨舊事，徒呼枉過一生

表2-5　各理論的發展階段對照表

生理年齡及分期	性心理階段 (佛洛伊德)	心理社會階段 （艾力克遜）	認知階段 （皮亞傑）
0歲　乳兒期	口腔期	信任←→不信任	感覺動作期
1歲　嬰兒期			
2歲	肛門期	活潑自動←→羞愧懷疑	
3歲　嬰幼兒期			前運思期
4歲	性器期	積極主動←→退縮內疚	
5歲	幼兒期		
6歲			
7歲　學齡兒童期	潛伏期	勤奮進取←→自貶自卑	
8歲			具體運思期
9歲			
10歲			
11歲			
12歲			形式運思期
13歲　青少年前期	兩性期	自我認同←→角色混淆	
14歲			
15歲			
16歲			
17歲			
18歲～22歲　青少年後期	※		※
22歲～34歲　成年早期	※	友愛親密←→孤獨疏離	※
34歲～60歲　成年中期	※	精力充沛←→頹廢遲滯	※
60歲～70歲　成年晚期	※		※
70歲～死亡　老年期	※	自我統合←→悲觀絕望	※

表2-6　各生活階段的發展任務

生活階段	發展任務
嬰兒期（出生至2歲）	社會依戀 感覺、知覺及運動機能的成熟 感覺運動智能與原始的因果關係推理 對物體性質的理解及範疇的建立 情緒發展
嬰幼兒期（2至4歲）	移位運動的精確化 幻想與遊戲 語言發展 自我控制
幼兒期（4至6歲）	性角色認同 早期道德發展 群體遊戲 自尊
學齡兒童期（6至12歲）	友誼 自我評價 具體運算 技能學習 團隊遊戲
青少年前期（12至18歲）	身體成熟（包括性的成熟） 形式運算（邏輯推理） 情緒發展 同伴群體成員資格 性關係
青少年後期（18歲至22歲）	對父母關係的自主 性角色認同 內化的道德 職業選擇
成年早期（22至34歲）	結婚 生育子女 工作 生活方式
成年中期（34至60歲）	夫妻關係的培育 家庭管理 養育子女 職業上的經營管理
成年晚期（60至75歲）	智慧活力的促進 對新角色和活動的精力轉換對個人生活的接受 建立一種死亡觀
老年期（75歲至死亡）	對老年身體變化的處置 心理歷史觀的發展 跨越未知的地帶

※我們考慮，發展任務的概念不適用於出生前的階段。

表2-7　縱貫法與橫斷法的優缺點

方法	定義	優點	缺點
縱貫法	1.對同一人或同一群人作長期追蹤。 2.在不同時期間衡鑑一個或多個個體所歷經的變化。	1.在觀察行為的變化及穩定性上較為敏銳。 2.可分析每個個體的發展。 3.可研究成長的增加量。 4.可分析成熟與經驗過程間的關係。 5.可研究文化及環境的改變對行為及人格之影響。	1.由於實施時間較長，通常會有研究人員更迭、追蹤，研究執行較困難。 2.實行花費較多。 3.結果資料的處理較昂貴及不方便。
橫斷法	1.觀察一群人的差異 2.可同時對不同年齡的人作測量	1.節省時間 2.實行較省錢 3.可描繪不同年齡的典型特徵	1.對整個發展過程只有一個大略的描述 2.未考慮同一年齡團體中之個別差異 3.未考慮不同時間內文化或環境的改變 4.不易發現行為發展之前因後果關係

表2-8　三個三月期中胎兒生長的主要發展

第一個三月期	第二個三月期	第三個三月期
受精	吸吮與吞嚥	神經系統成熟
羊膜的成長	偏愛甜味	吸吮與吞嚥相協調
胎盤的生成	指、趾皮膚起皺	具備調節體溫的機能
身體各部分顯現出來	頭、眼瞼、背、臂、腿上生毛	消化與吸吮更為有效率
性器官分化	對觸、味、光敏感	至第9個月末胎盤逐漸退化
形成最初的中樞神經系統	吸吮姆指	9個月大小：20英寸，約7至
開始運動	6個月大小：10英寸，約2盎司	7.5盎司
捉握反射		
巴賓斯基反射		
心跳		
3個月大小：3英寸，約0.4盎司		

資料來源：郭靜晃（民82）發展心理學

1.縱貫法：

1980年測驗	5歲	10歲	15歲	20歲	25歲	30歲	35歲	40歲	此設計可一直長期追踪下去

1980　1983　1986　1989　1992　1995　1998　2001

PS.相同受試者在不同時間接受測驗

2.橫斷法：

1980年測驗	5歲	10歲	15歲	20歲	25歲	30歲	35歲	40歲	此設計可做任何年齡階層均可

PS.不同年齡受試者在相同時間受測

3.連續法：

1980年測驗	5歲	10歲	15歲	20歲	25歲	30歲	35歲	40歲
1983年測驗	10歲	15歲	20歲	25歲	30歲	35歲	40歲	45歲
1986年測驗	15歲	20歲	25歲	30歲	35歲	40歲	45歲	50歲
1989年測驗	20歲	25歲	30歲	35歲	40歲	45歲	50歲	55歲

圖2-1　縱貫法、橫斷法、連續法的研究設計案例

人類幼稚期的身心發展

從本節起，開始討論人類自生命開始的身心發展問題。

出生前與出生後的身體發展

人類生命的開始源自於母親的卵細胞與父親的精細胞相結合的那一刹那。在受精的過程中，不但決定了個體的性別，同時也決定了個體的身心基本特徵。新生命在母體子宮內大約是280天左右。其間的各項發展詳見 (**表 2—8**)。

個體出生後，身體快速成長，尤其是身高、體重呈加速成長，直至3歲以後其增長才漸緩下來。在身體發展的歷程中，發展心理學家發現，從嬰兒期到兒童期，個體的動作發展明顯地是依循著下述三項模式發展。如 (**圖 2—2**)

頭部到尾端的發展 (cephalocaudal development)：頭部先發展，下肢後發展。

軀幹到四肢的發展 (proximodistal development)：軀幹部先發展，四肢發展在後。

整體到特殊的發展 (mass—specific development)：牽動全身的大肌肉發展在先，用於特殊技巧的小肌肉發展在後。(圖2—2)

上述三個模式可視為預測個體身體發展的三個原則。根據這三個原則，發展心理學家經由觀察發現，三歲前嬰幼兒的動作發展是如 (**圖2—3**) 般，按照一定模式與順序的。

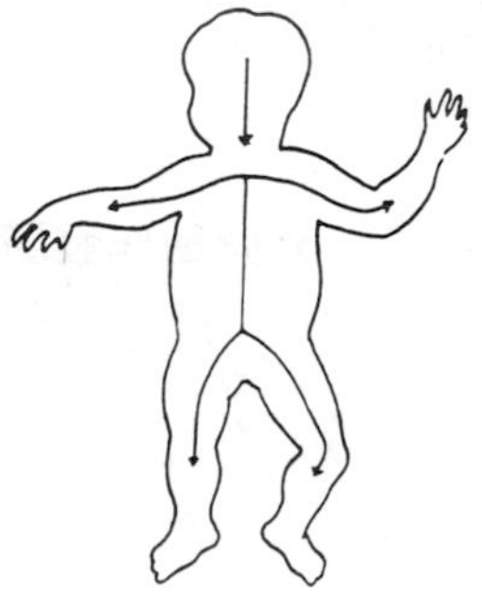

圖2-2　發展方向的模式

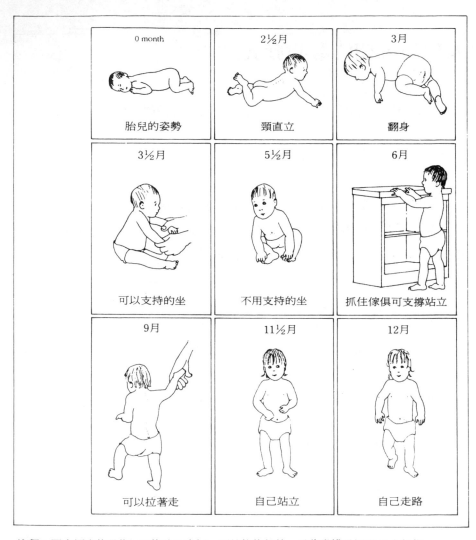

0 month 胎兒的姿勢	2½月 頸直立	3月 翻身
3½月 可以支持的坐	5½月 不用支持的坐	6月 抓住傢俱可支撐站立
9月 可以拉著走	11½月 自己站立	12月 自己走路

注釋：圖中標出的是指50%的孩子掌握一項技能的年齡。這些常模是通過六十年代使用丹佛發育檢查測驗（Denver Developmental Screening Test）建立的。
Source: Adapted from W. K. Frankenberg and J. B. Dodds, "The Denver Developmental Screening Test," Journal of Pediatrics, 71 (1967), 181-191.

圖2-3　嬰兒動作發展與位移順序

認知的發展

認知發展乃指獲得各種知識的過程，包括：個體成長中知覺、推理、想像、記憶、思考、問題解決等各方面複雜行為的發展。

㈠初生嬰兒的感覺知覺能力

各項研究實驗證明，剛出生的新生兒已具有五官感覺的功能。

視覺方面：新生兒的視神經雖尚未發展完成，但自出生起，嬰兒便會對燈光眨眼，視線會隨燈光移動，也能追隨移動的目標（Behrman & Vaughan, 1983）。

聽覺方面：人類的聽覺系統早在子宮內便開始作用，出生後短短的數小時內，新生兒便能區別某些聲音。當呈現強度不等的聲音時，嬰兒的心跳速度和身體活動會隨著聲音的強度增大而增加（Lipton, Steinschneider, & Richmond, 1963）。

味覺方面：部分味覺在子宮內就已開始發展（Mistretta & Bradley, 1977）。新生兒已能分辨甜、酸、苦、鹹。出生後兩小時，嬰兒對甜味（蔗糖）溶液的面部反應基本上是以放鬆和吸吮為特點如（圖2-4）。對酸味的反應為嘴唇嘟起，對苦味的反應是嘴巴張開，而對鹹味似乎並無特定的反應（Rosenstein & Oster, 1988）。

嗅覺方面：新生兒能分辨不同的氣味，當聞到不同的氣味時，呼吸及動作會呈現不同反應。尤其是餵母乳長大的嬰兒，他們對母親的體味特別敏感（Cernoch & Porter, 1985）。

觸覺方面：新生兒的隨意肌反應調節能力很差，但出生時已具備了各項反射性行為，以促進適應與生存。各項反射作用詳見（**表2-9**）。

知覺方面：研究顯示嬰兒天生好像就已具備社會性，他喜歡看人的臉，喜歡聽人的聲音，尤其是可以區辨母親的聲音，他不僅對母親有反應而且與母親互動。又研究發現（Martin, 1981），三個月大的嬰兒已能感受到母親情緒的變化，母親笑，嬰兒也笑，母親情緒不好，嬰兒也會有皺眉或哭的反應。

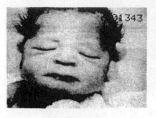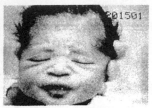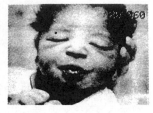

圖2-4 新生兒對甜味的面部反應

這一序列面部表情是由甜溶液引起：由最初的不愉快面部活動轉入放鬆和吸吮。

表2-9 人類嬰兒的一些反射

反射	誘發刺激	反應
促進適應與生存的反射		
吸吮反射	嘴唇和舌頭上的壓力	由嘴唇和舌頭運動產生的吮吸
瞳孔反射	微弱或明亮的光線	瞳孔的擴張與收縮
覓尋反射	輕輕觸摸面頰	頭部向觸摸方向轉動
驚跳反射	大聲的噪音	類似於摩羅反射，肘部彎曲且手指緊握
游泳反射	新生兒俯伏於水中	手臂和腿的運動
與相關物種的能力相聯繫的反射		
爬行反射	腳蹬地面	手臂和腿牽拉、頭部抬起
屈肌反射	腳底上的壓力	腿不由自主地彎曲
抓握反射	手指或手掌上的壓力	手指緊握
摩羅反射	嬰兒仰臥，頭被抬起—頭被快速放下	手臂伸展，頭向下落，手指張開，手臂在胸前交叉
彈跳反射	嬰兒直立並微微前傾	手臂前伸且腿向上縮
踏步反射	嬰兒由腋下被舉起，脫離平坦的地面	規律的踏步運動
腹壁反射	觸覺刺激	腹部肌肉不自覺地收縮
機能不詳的反射		
跟腱反射	敲擊跟腱	腓肌收縮且腳向下彎曲
巴賓斯基反射	輕柔地敲擊腳底	腳趾散開並伸展
僵直性頸反射	嬰兒仰臥，頭轉向一邊	與頭部面對的方向一致的一側手臂和腿伸展，而另一側手臂和腿則彎曲

總而言之，初生嬰兒具備了基本生存能力，它能對許多感覺刺激作出反應，進行分類整理，但環境刺激是否豐富，亦將影響日後智力與社會性的發展。

(二)智能的發展

　　研究認知發展的學者，不但證實新生兒與生俱來各項感覺與知覺能力外，他們並對孩子如何記憶，如何將經驗歸納，如何發展對未來的期望與意識等加以研究。近五十年來對心智過程如何發展的研究，首推瑞士發展心理學家皮亞傑（Jean Piaget, 1896～1980）貢獻最大。以下簡要介紹皮氏的智力發展理論與研究方法。

　　皮亞傑窮其一生心力觀察兒童的智力發展，企圖了解從嬰兒期到兒童期約十二年間，孩子如何將經由感覺所收集的具體而特殊的訊息轉換成概化而抽象的概念。亦即企圖了解孩子獲得知識的過程，及促動人類智能發展的內在動力為何？經由多年觀察，皮亞傑提出了系統的理論解釋。皮氏認為人類智力的發展是基於基模（scheme）、適應（adaptation）與平衡（equilibration）三因素交互作用的歷程。個體因失衡（disequilibrium）而欲求恢復再平衡的心理狀態，因而產生適應。適應與平衡間具有因果關係。且適應的方式有二：一為同化（assimilation），一為調適（accommodation），二者相輔相成，構成整個適應作用。按皮亞傑的解釋，個體各自均具有既有的認知經驗——稱之為基模，當個體遇到新的刺激或問題情境時，個體會將新經驗與既有基模進行核對，並產生認知作用。亦即企圖將所遇新經驗納入舊有經驗架構中。此種歷程即稱為同化。如果既有基模無法適合新經驗，無法產生同化作用，則心理上即形成失衡狀態。為了免除失衡，個體於是改變或擴大既有基模以符合新需求，適應新情境，以獲得平衡。此種歷程即稱為調適。調適乃是補充同化之不足而使認知結構改變與擴大的歷程。

　　基於上述觀點，我們可以得知：個體智能發展的歷程，乃是因為個體在適應環境歷程中，為求其本身維持平衡的心理狀態，個體不斷地經由同化作用與適應作用，不斷地改變與擴大既有認知結構。在平衡與再平衡的反覆作用下，個體認知結構才得以愈趨複雜化、精密化、內在化與抽象化。個體的智能才得以持續改變發展下去。

表2-10　感覺運動因果關係的六個階段

階段	大致年齡	特徵
1.反射	始自出生	對特定刺激的反射性反應
2.最初的習慣	始自第2週	使用反射性反應探索新的刺激
3.循環反應	始自第4個月	使用熟悉的行為達到熟悉的結果
4.手段與結果的協調	始自第8個月	精細運用動作去達到新的目標
5.新方法的嘗試	始自第11個月	矯正行為以達到目的
6.洞察	始自第18個月	手段與目的的心理的再結合

Source: Adapted form J. Piaget and B. Inhelder, The psychology of the child. (New York: Basic Books, 1969)

　　皮亞傑的認知發展理論，乃根據發展的階段性，依彼此不同特徵分為四個時期如（**表2—3**）：

　　感覺動作期（sensorimotor stage）：出生至2歲,此期嬰兒依靠各種感覺器官與肌肉動作來探知環境，並發展出認識自己與他人、自己與物體是分別存在…等許多新的認知能力。亦即嬰兒經由口、手、眼各種動作與感官協調，而使基模逐漸由外在的、簡單的、粗略的，變為內在的、複雜的、精密的。在這期間其發展特色有二：

- **感覺運動因果關係的發展**：初生嬰兒藉由各種吸吮、抓取等反射（reflex）行為，來對特定刺激作出反應。（這些反射行為是智能產生的根源。）逐漸地，因各種感覺、動作的協調統整，嬰兒便會探索新的刺激。在試驗行為與環境各層面關係的同時，也開始發現某些行為會對外在事件產生影響，進而形成初期的期望與目標，最後會發展出以新的手段來達成目標詳見（**表2—10**）。這一連串的過程在我們日常生活中常可發現實例。如，嬰兒常以吸吮行為來探索玩具、手指…等。在一次意外掉落湯匙的經驗中，他發現了扔掉湯匙可期盼一種撞擊聲出現。經反覆練習後，最後他了解扔的動作會使物體發出響聲，於是他便會使用各種方式來達到這個目標，像是丟皮球、丟玩具…等。

- **物體恆存性**（object permanence）的發展：乃指縱使是看不到物體。但仍能知道物體會一直存在。由實驗觀察中發現，在小於四個月大的嬰兒面前擺放餅乾，嬰兒會有抓取的動作，但當物體消失時（如用一本書隔斷眼前餅乾的視線），即停止抓取動作，如其已不存在一般。4至8個月的嬰兒已會尋找部份隱藏的物體。8至12個月的嬰兒才會尋找完全隱藏的物體。這表示其已具有物體恆存的概念。了解物體即使沒有直接見到時也仍然存在。

前運思期（preoperational stage）：2歲至7歲，所謂運思（operation）即是運用心智作合理思考之意。由於前一階段物體恆存性的發展，這個時期的幼兒已開始能利用語言的符號表徵從事抽象思考。2歲的孩子尚不能從事抽象的邏輯思考，6至7歲時因已具相當語言基礎，遂逐漸具備抽象思考能力。此期依兒童行為特徵，又可細分為兩時期：

- **運思前期**（preoperation phase）：2歲至4歲，特徵為自我中心（centrism），此時期幼兒對事物不能站在別人的立場來考慮，且對事物不能作客觀分析和處理。典型的三山問題（three－mountain problem）的實驗裏，皮亞傑將三座立體小山的模型給幼兒看，並向幼兒說明有一玩偶娃娃站在相對的山那邊，請幼兒選出娃娃所看到景色的照片。實驗結果發現，幼兒要到7歲左右才能正確描述，7歲以下兒童所指照片，幾乎都從他自己角度所見（piaget & Inhelder, 1948）。
- **直覺期**（intuitive phase）：4歲至7歲，特徵為直覺式推理（intuitive reasoning）。此時期幼兒的推理並不憑藉邏輯關係，常將一起發生的事件，視為因果關係。如，幼兒認為午覺會造成下午，若沒有午睡就不會有下午。另有一實驗證明了，大約7歲左右，幼兒才會逐漸了解質與量保留（conservation）不變的概念。而在這之前，幼兒對事情的推理均憑直覺判斷。實驗的過程是將二個相同形狀的杯子，在兒童面前裝入等量的水，然後再把其中一杯水倒入另一形狀不同的杯子，結果二杯水的外表有高低之分。問兒童那杯水多時，7歲以下兒童常會憑直覺有不同的回答；只有7歲兒童才會了解，無論物體形狀如何被分割被改變，都不會影響質與量的改變，而毫不猶豫的

指出二杯水是等量的 (Inhelder & Piaget, 1959; Kooistra, 1963)。

具體運思期 (concrete operational stage)：7歲至11歲，此期兒童的自我中心特徵減少，開始保留概念的發展。除上述容量保留概念（杯內水的實驗）外，其餘如，數目、長度、重量和面積等的保留概念，亦在此時期完成。此期兒童雖能從事邏輯思考，但仍須藉助具體實物的操演來運思，兒童不能運作抽象觀念。其認知行為有三種特徵：

- **能對事物分類** (classification)：能以某種特徵為分類標準，並建立分類層次。
- **有序列** (serialization) 關係的概念：能辨認並按事物特徵，把事物排成一定順序。
- **理解數學上的可逆性** (reversibility)：如果能由A大於B，而推知B小於A。

形式運思期 (formal operational stage)：11歲以上，此期行為特徵是能以抽象的、概念的、合於形式邏輯的思考方式解決問題。思考型態不再侷限於具體事物或問題，而純以抽象語言符號從事邏輯推理。遇有問題時能有系統地設定所有可能的假設，並從事假設之驗證。其對問題的思考，已能兼顧各方面的可能因素，其思考能力已具備學習科學知識的基礎，是智能發展接近成熟的時期。

語言發展

人與動物區別的最大特徵在於人類有複雜的語言行為。語言是人際間交往的基本工具。語言的發展與認知行為、社會行為與情緒發展均有密切關係。幾乎所有的語言，均包括了：

- 語音：語言的聲音符號。
- 語義：語言的表徵特性。
- 語序：語言符號的組織法則。

至於嬰兒如何從不會說話到使用各種複雜句子表達自己，其過程如下：

(一)呀呀學語期

呀呀學語期（babbling stage）約從4.5個月至9個月，剛出生的嬰兒，發音器官尚未完全成熟，會發出類似母音的聲音。到了4.5個月後，嬰兒能發出母音加子音的聲音，便開始呀呀學語。此期主要是發音練習與對他人語言的了解。語言發展則是由無意義、無目的的生理需求滿足，到有意義、有目的的心理需求滿足。

(二)單字句期

單字句期（one－word stage）約從9個月至18個月，是真正語言的開始。此期幼兒語言發展的特點為：

- 常發重疊的單音，如，奶奶、糖糖…等。
- 以物的聲音做其名稱，如，汪汪—狗，嘟嘟—汽車…等。
- 以單字表達整句的意思，如，媽媽——媽媽抱我。

(三)多字句期

約18至24個月。此期幼兒語言由單字語句漸而雙字語句進而發展為多字語句。由於是隨想隨說，不顧及語法，因此句子結構鬆散。此期幼兒只講重要的字，如，嘟嘟拿—拿車子給我，因而此期語言又稱之為電報語言（telegraphic speech）。

(四)文法期

約24至30個月，此期語言的發展是注意文法與語氣的模仿。文法結構多屬敘述句，亦漸有簡單的問句與不完整的否定句。

(五)複句期

約30至42個月，此期語言發展由簡單句到複合句，亦即能說出兩個平行的句子。其語言型態和成人越來越相似。又此期幼兒由於因果思想的萌芽，對一切不熟悉的事物都喜歡發問，故又稱為好問期。

社會發展

社會發展，乃指在個體成長過程中，因學習經驗的增加，社會行為改變的歷程。個體的社會行為，是指個體在與他人或團體交往時所表現的行為，包括：他對人對己的態度，對社會規範的認識與遵守，對做一個社會人所應具備的社會能力等。

(一)社會化歷程

人類的社會行為與其他行為一樣，是逐漸發展而來的。而個人所表現的社會行為特徵與環境中的人有密切關係。經由與人交往而建立社會行為的歷程，稱為社會化。個人必須經過社會化之後，才能變成社會的一份子。Hethering及Parke (1979)指出，社會化是指個人不斷地學習與修正自己的標準、動機、態度、技巧和行為，使其與所屬社會或同好者愈趨一致的過程。在社會化歷程 (socialization) 中，與他人建立良好關係和學習性別角色，是兩項重要發展任務。

依附關係 (attachment relationship)：依附 (attachment) 乃指人際間在情感上甚為親近，且個體與欲親近之對象親近時，會感到安全與滿足。這種親密關係，稱為依附關係。人類依附關係形成的關鍵期在初生第一年，尤其是6至9個月間對特定某人的依附最為明顯。我們可以從 (**表2－11**) 了解嬰兒社會依附發展的階段性及發展特徵。依附行為通常是指嬰兒（或幼小動物）依附母親或照顧者所表現出情感性依賴與親近的行為。舉凡孩子尋求接近父母、抗議與父母分離，以父母為安全堡壘探索陌生環境，甚至到後來以各種行為尋找父母注意與讚賞的行為等，均可視為嬰兒的依附行為。

近年來發展心理學家指出：個體是否與他人建立良好關係的基礎，乃是在於生命早期孩子和母親或照顧者，是否形成緊密情緒的依附關係而定。研究亦顯示 (Kagan & Klein, 1973)：減少緊密的依附關係，將使孩子體力、智力和社會發展減慢。換句話說，能與所愛的成人建立依附關係，乃是孩子進入健康身體和正常社會化歷程的第一步。此外，孩子通常會將依附發展，由對主要照顧者的依附，延伸到家庭其他成員；並由此學習家

圖2-5　性別概念的發展

表2-11　社會依附發展的五個序列性階段

階段	年齡	特徵
1	出生至3個月	嬰兒使用吸吮、拱鼻子、抓握、微笑、注視、擁抱和視覺追蹤來維持與照顧者的親近關係。
2	3至6個月	嬰兒對熟悉的人比對陌生人有更多的反應。
3	6至9個月	嬰兒尋求與依戀對象的身體接近與接觸。
4	9至12個月	嬰兒形成對依戀對象的內部心理表徵，包括有關照顧者對痛苦訊號的典型反應的期望。
5	12個月之後	兒童使用各種行為來影響依戀對象的行為，以滿足其安全和親近的需要。

庭成員的思考與行爲方式。由此可見，從這些早期依附的關係中，孩子們發展出適應環境社會化的能力。

性別角色（gender role）：性別乃天生決定無法改變，而性別角色却是經由社會文化之影響，慢慢修正學習來的。適當性別角色行爲的養成，有助於社會化歷程的發展。

註：在英文中sex和gender都有性別之意，但一般sex所指是以生物性特徵（如男、女性生殖器）爲主，而gender是指一種心理現象，所指的是學來與性別有關的行爲和態度。

性別角色是指在某特定社會文化中適合於性別（男性或女性）的行爲模式，有關功能與活動而言。在不同社會文化特質中，對性別角色的界定均有不同。一般兒童約在2歲至7歲間會建立性別恆定性（gender constancy）。兒童性別恆定性觀念的建立分三階段：

- **性別認定，或稱性別認同**（gender identity）：是個體開始發覺與接受自己生理上的性別，了解自己與別人是女生還是男生。
- **性別固定**（gender stability）：個體了解到自己的性別是固定的，不會再改變。
- **性別一致性**（gender consistency）：個體不僅了解自己的性別，而且在心理上也接納自己的性別。如：女生願意學習扮演女性角色；男生願意學習扮演男性角色見（圖2-5）。

兒童性別角色的社會化，是包括下述幾種學習歷程而形成的。

- **獎勵與懲罰**：兒童發現如果他們做出符合自己性別的行爲，則容易受到讚賞、獎勵；反之，若做出不符其性別的行爲，則容易遭受懲罰、排斥或嘲笑。
- **觀察與模仿**（imitation）：即使無立即的酬賞，兒童會先對同性別的母親或父親的行爲模仿，繼而模仿對象，由父母慢慢擴及教師、戲劇中偶像、歷史英雄人物等。
- **認同**（identification）：認同與模仿本質上無甚差別，而是程度上有深淺之分。認同是進一步或深一層的模仿。認同與模仿的對象均稱爲楷模（model）。當兒童達認同階段時，他們對於性別和適合性別

的行為會形成特定的信念與規範。如，女孩子穿裙子、留長髮；男孩子穿褲子、留短髮。

　　性別角色的社會化歷程從出生就開始。嬰兒出生時，男、女嬰在身高、體重、健康…等方面的差異，並不顯著；但在父母親的男女有別觀念與期待下，父母親描述自己兒子時，通常是大雄很強壯、富警覺性…等。而對女兒的描述通常是小美小巧、美麗又優雅。真的兒子一定體型高大強壯？女兒真的小巧優雅嗎？事實上，父母在為孩子命名與用形容詞描述自己孩子時，已帶有社會對男女性別的界定標準及自己對孩子的期盼。又從小父母即有意強化男女有別的觀念，在服裝、玩具、遊戲、講故事等方面均刻意地教導孩子成為一個男人或女人。等孩子稍長後，其成長環境中的老師、同輩及大眾傳播等，也都一致地暗示男性與女性世界中所應各自著重的層面。總而言之，造成不同性別角色之社會化歷程，是由於男孩和女孩在不同的心理環境下長大，而這種不同的心理環境造成他們看世界與處理問題的方式也有所不同。

(二)道德發展

　　道德 (morality)，簡單地說是個人對行為的對、錯、是、非、善、惡之信念，價值觀與判斷。道德的功能之一，乃是使個人善盡社會責任，及不干擾他人權益。嬰兒是無關道德的 (amoral)，他們既不是道德的，也不是不道德的。他們只是缺乏對人際間責任的認識。而這份認識（道德觀）的發展，正是社會化歷程的重要部份。

　　所謂道德發展，乃指在社會化過程中，個體隨年齡的增加，逐漸學到判斷是非的標準，以及按該標準去表現道德行為的歷程。以此而論，道德包括：知──即對是非善惡事理的判斷，與行──即道德理念的具體實踐，兩種層面。

　　道德發展的早期研究：有關道德發展的早期研究，主要有下述三種：

■ **道德行為** (moral behavior)：1920年代，一羣耶魯大學行為學派學者，研究6歲到14歲兒童的道德知識與道德行為之相關。他們先對兒童們進行道德知識測驗，然後再觀察在各種情境中，兒童表現誠實與否的機率。研究結果發現，道德行為幾乎與道德知識沒有相關。

且道德發展也不會因年齡增長而有較高的發展。Hartshorne & May (1928)因此也下了一個結論，道德並非穩定的特質，而只是隨著情境要求而變動的一種反應。

- **道德感**(moral feeling)：心理分析學派學者佛洛伊德 (S. Freud)，有別於行為學派學者研究道德行為本身，而將研究興趣置於道德行為的動機發展上。佛氏認為兒童會內化(internalize)某些道德原則，以形成其良心(conscience)和理想的我(ideal−self)。而大部份的道德行為表現，乃由於良心的抑制作用(受不了良心或罪惡的譴責)。

- **道德判斷** (moral judgment)：認知學派學者皮亞傑 (J. Piaget)，則企圖把道德判斷的發展與兒童認知發展聯結起來。皮氏曾嘗試以說故事的方式，與不同年齡的兒童討論某些行為的是非善惡。實驗故事的內容是描述，有一位小男孩為了要取得櫥內糖菓，而打破一隻杯子；另一男孩則是因替母親做事，不小心打破了三隻杯子。故事最後試問小朋友，那一位男孩過失較重？實驗結果發現：前運思期的孩子會認為，意外打破三隻杯子（行為結果），比故意打破一隻杯子（行為意圖）來得過失較重。因為前運思期的孩子只重行為結果，而忽略了行為的意圖。

皮亞傑將道德發展，分為二期：第一個時期為他律期 (heteronomous stage)，此期兒童對行為對錯的判斷，只重視行為後果，不考慮行為意圖；對道德的看法是遵守規範，服從權威就是對的。第二個時期是自律期 (autonomous stage)，此期兒童不再盲目服從權威，他們開始考慮當事人的動機，開始認識到道德規範的相對性。按皮亞傑的觀察，個體道德發展要達自律地步，大約是與認知發展的形式運思期同時。

柯爾保的道德階段：繼皮亞傑之後，美國哈佛大學教授柯爾保 (Lawrence Kohlberg, 1927～1987)，採認知發展取向，除承繼皮亞傑理論的基本假設，並擴展道德判斷發展的時期為三層次六階段。柯氏強調道德推理的發展，並提出每一階段道德判斷的基礎各不相同。例如，在第一階段中，個人表現出道德行為是因為避免痛苦；在第二階段中，則是因為得到酬賞參考 (**表2−12**)。柯氏的道德階段劃分，無關於特定年齡。雖較

表2-12　柯爾保道德發展階段

層次和階段	表現出道德行為的原因
Ⅰ前習俗層次（preconventional level）	
階段一：避罰服從取向 　　　　（punishment and obedience orientation）	・為避免受罰痛苦而服從規範。
階段二：相對功利取向 　　　　（instrumental relativist orientation）	・為求得到酬賞，而遵守規範。
Ⅱ習俗層次（conventioanl level）	
階段三：好孩子取向 　　　　（good-boy-nice-girl orientation）	・為了獲得接納，避免他人的不贊同 　或不悅，而遵守規範。
階段四：法律與秩序取向 　　　　（law and order orientation）	・為了遵守規則，避免犯罪而遵守規 　範。
Ⅲ後習俗層次（postconventional level）	
階段五：社會契約取向 　　　　（social contract legalistic orientation）	・為維護社區利益，促進社會福祉， 　尊重公平的判決而遵守規範。
階段六：宇宙倫理原則的取向 　　　　（universal ethical principle orientation）	・為追求正義，避免良心的苛責而遵 　守規範。

高層的道德發展，有賴於認知的成熟，但也並非達成熟階段，這些階段即自動展現（automatic unfolding）。據柯氏的推估，約只有四分之一的美國人才爬升到其道德發展階段的第四階段（Kohlberg, 1973）。

為評量一個人的道德發展，柯氏設計了一系列道德上兩難（dilemma）的測驗。例如，海太太因癌症，生命危在旦夕，經醫師診斷，須服用一獨門藥物才可治療。然而鎮上唯一出售此藥的藥房老闆又索價極高，不肯稍有通融。海先生在借貸無門，絕望之餘，乃於第二天夜裏，破窗潛入藥房偷走藥物，及時挽回妻子一命。試問海先生的作法對不對？為什麼？

在上述測驗進行時，受試者須回答當事人應該怎麼做，並說明當事人該做法的理由。研究者乃按其所持理由，將受試者分別歸屬於道德發展的階段中。從而評定受試者道德發展所達的程度。柯氏宣稱：

- 每個人的道德發展情形，均可被歸類到這些階段中的一個。
- 每個人都會以相同次序來通過這些階段，但並非每個人都能發展到最後的階段。
- 越高階段的推理越複雜，越較有包容力和理解力。
- 任何文化中都會出現相同的階段。

(三)自我概念的建立

自我的概念：所謂自我概念（self concept），係指個人對自己的看法，亦即個體在成長歷程中，逐漸理解自己是怎樣的人，在別人眼中的自己又為何。自我概念的形成有以下三個階段：

- **自我認定**（self－identity）：是指個人認定自己是誰。
- **自我評價**（self－evaluation）：是指個人對自己的價值判斷。
- **自我理想**（self－ideal）：是自我概念發展的最高階段，乃指自己希望做個什麼樣的人。大約於青春期左右才開始發展。

初生嬰兒，茫然無知，人我不分，根本無法領悟到自己的行為會對別人造成什麼影響。此時幼兒純以自我為中心，不是人我對立關係。約3歲左右，兒童社會性開始發展，兒童會對團體性遊戲發生興趣。從團體遊戲活動中，漸由別人對自己的反應而覺察到自己在團體中的地位，以及個人的優缺點為何。至六歲入學後，在學校競爭成敗的經驗中，更加深了自我價

值觀的建立。Maccoby認為兒童時期自我概念的發展是逐漸由外而內發展的。從早先的：我的名字、我住在那裏、我長得如何，到學齡期的：我喜歡什麼、我和別人的關係如何、我感覺如何。兒童期的自我概念的建立，乃根源於他人對自己的看法與評價。

　　艾力克遜的心理社會發展理論：心理分析學家艾力克遜 (Erik Erikson, 1963) 提出，心理社會階段 (psychosocial stage) 理論參考 (**表2－4**)。艾氏認為個體的自我發展，乃是在生命過程中，個體不斷與社會接觸，在經歷一連串的衝突危機 (crisis) 之後，人格統合的結果。而個體所經歷的危機可依年齡分為若干不同階段。如果人們能夠克服每一階段的危機，那麼人格就能健全順利發展。若個體無法獲致某階段的成功，則會改變接下來的發展，而發展出不成熟的人格，造成不適應的行為。

　　艾力克遜在整個生命循環中劃分出八個階段。在各階段中均有一個主要衝突危機。雖然衝突不是一次就能完全解決，它會以不同形式繼續存在著，但假若個體要想有效解決現階段的衝突，則有賴於上階段的充分解決。

　　艾力克遜的心理社會危機論 (psychosocial development) 乃是一套由出生到死亡的自我發展理論。前四個階段屬於兒童社會化歷程的一部份；後四個階段則屬於成年後的社會化歷程。雖然艾力克遜認為青少年期才是個體自我發展最重要階段，但若無兒童期的前四階段的順利發展，何來有下面四階段的自我整合？

　　以下試將嬰兒期到兒童期的各期自我發展工作，詳述如後(**表2－13**)：

- **在第一階段中**：父母若能提供嬰兒食物、溫暖和舒適的身體接觸，嬰兒會感受到父母的細心照顧，從而可以由強烈的依附關係中去建立對環境的信任。但這些生理需求如果沒有辦法得到滿足，則可能發展出不信任感，與人交往互動時，焦慮不安，進而無法充分準備下一階段的發展。

- **在第二階段中**：隨著嬰兒學走路與語言能力的增長，嬰兒探索的範圍逐漸擴大，藉由探索活動使他建立一種自主感，覺得自己具有自制的力量。尤其是2至3歲時，幼兒藉由控制大小便來形成自由意志控制行為的能力。在這段期間，若父母限制過於嚴苛如，大小便訓練要求過早或過於嚴厲，則可能導致嬰兒的羞愧與懷疑。

表2-13　嬰兒期到兒童期的自我發展過程

時期	階段	發展任務	完成後的自我型態
嬰兒期 出生～1歲	對人信任VS.對人不信任	認識自己和別人間是有差異的	我就是我現在的樣子
嬰幼兒期 1歲～3歲	活潑自動VS.羞愧懷疑	有主宰自我的權力，有控制自己的自由意願	我有我自己的意願，變成我想變成的樣子
幼兒期 3歲～6歲	積極主動VS.退縮內疚	想像自己可以變成什麼樣子	我就是我的樣子
兒童期 6歲～12歲	勤奮進取VS.自貶自卑	發展出有能力的自我	我是一位有效率的學習者

- **在第三階段中**：自我控制的意願持續影響幼兒自我的發展。又由於幼兒的活動能力、語言能力與豐富的想像力，這三種能力的發展，使得兒童會去想像各種角色，幻想其想要變成的自我。如果幼兒發展順利，則可以表現出有方向性和有目標的行為。如果這些精力或能力無法發展完全，則幼兒會成為一個缺乏自我價值感、退縮內疚的個體。

- **在第四階段中**：兒童進入小學學習，由於前一階段的持續影響，使兒童有動機去探索社會上的知識。而學校系統化知識的提供，更強化了兒童學習的精神。此階段若發展順利，兒童可以開始與同學有所競爭和合作，並表現出有方向性和目標的行為。若發展不順利，則會感覺自卑，缺乏自信心及缺乏自我價值感。

生命週期的延續與終結

　　兒童期之後，人類面臨了教育、職業、伴侶、婚姻家庭和休閒活動等多重選擇，致使生命邁入新的旅程。在這一節中，我們將討論從青少年期起到老年期間，所面臨的問題及需發展的任務。

青少年期的生心理發展

　　在心理學上對青少年期（adolescence）的界定，原則上不以年齡為根據。而是以個別的生理、心理、社會三方面發展的程度為標準。通常青少年期是指開始於個體性器官成熟的思春期（puberty），而止於心智與社會發展成熟的這段時期。這個時期，青少年開始體驗到身高衝刺，生殖系統發展至成熟，第二性徵出現，年齡約在十二至二十一歲間。此期男、女性在生理上有：

- 主性徵與次性徵顯現。
- 身體各部的發育不均衡（如，長手先於長臂，長脚先於長腿…等，與嬰兒期身體發展之軀幹到四肢的發展原則不同。）。
- 早熟、晚熟對男女兩性的不同影響等問題。

　　思春期的發育至少在三方面會影響心理和社會的發展（Clausen, 1975）。第一，身體發育會改變一個人的完成任務的實際能力（actual ability to perform task）。例如，青少年前期人們比兒童時高且強壯，有更好的協調性和耐力。第二，身體發育會改變一個人被他人所看待的方式（way in which one is perceived by others）。例如，青少年前期孩子們已不再像兒童那樣被認為傻傻的，而是令人覺得比幼兒期來得具威脅性。第三，身體發育會影響青少年看待自己的方式（way is which adolesconts perceive themselves）。身體變化會使他們覺得自己更像成人，否則（如果其結果令人失望的話）會使其成人期身分難於被人接受。

青少年期個體在是非判斷上，已具有了成人法制觀念的基礎。另在認知能力上已發展到形式運思期階段（均於本章第二節中提及）。美國心理學家霍爾（G. S. Hall）將青少年期視為一段風暴與緊張的時期，暗示著青少年所遭遇的各種適應上的問題與困擾。哈維斯特（Havighurst, 1972）將青少年期（13－18歲）的發展任務分為：

- 身體器官與情緒表達趨於成熟。
- 能與同儕中異性相處。
- 能扮演適當性別的社會角色。
- 接納自己的身體容貌。
- 情緒趨於獨立，不再事事依賴父母。
- 考慮將來的結婚對象。
- 學習專長做就業準備。
- 開始有自己的價值觀與倫理標準。

(一)自我的發展

青少年前期，因身體與生理之急速成長（如，第二性特徵之發育），外表雖看起來已像成人，但認知與社會能力尚不足應付成人生活，故情緒上常起伏變化很大。此期青年常企求脫離家庭，獲得獨立；他反抗權威，與家庭關係不如往昔親密；他重視同儕的接受與支持，常在服飾上力求與同儕一致。到了青年中、後期，由於身心方面都產生了很大的變化，青年人急想知道自己活在世界上的意義和目的，於是開始思考自我（self）的問題：

- 我現在想要什麼（當前自我）？
- 我有何身體特徵（生理特徵）？
- 父母如何期望我（社會期待）？
- 以往成敗經驗為何（以往經驗）？
- 現在有何問題（現實環境）？
- 希望將來如何（未來希望）？

企圖將上述六個層面的問題，統而合一，然後用來回答「我是誰？」與「我將來該走向何方？」的問題，使個人不再有徬徨迷失之感。自我統

合（ego－identity）是指一種個人自我一致的心理感受。艾力克遜稱青年期的心理特徵乃介於自我統合與角色混淆 (role confusion) 兩極之間不同程度的發展。自我統合代表青年期人格發展的理想境界，但對缺乏生活經驗的青年人來說，欲達自我統合狀態，絕非易事。

根據艾力克遜的理論，自我統合包括四部份：

- 接受個人的性需求。
- 尋找個人存在的獨立性，而不再只是當某某人的兒子或女兒。
- 建立並實踐自己的信念。
- 決定自己所喜歡的社會與職業角色。

如果個體無法完成自我統合，很可能形成角色混淆或負向認同 (negative identity)。所謂角色混淆，即角色間的衝突，指個人方向迷失，所作所為與自己應有的角色，不相符合，最後演變為退縮、墮落。所謂負向認同，則指一種不為社會接受的角色，如，行為異常、吸毒、暴力、犯罪或自殺等的行為。

㈡自我中心

青少年期自我中心(egocentrism)的現象乃由於個體在認知發展上邁入了一個新階段(形式運思期)。這個階段所引發的思考方式影響了個體對他人的認知，而認為自己是他人眼中的焦點。青少年前期自我中心的特徵有二：個人神話(personal fable)；假想觀眾(imaginary audience)。這兩種特徵，既影響到問題解決，亦影響到社會交往。以下就二個特徵加以說明。

個人神話：個人不朽的觀念是指青年期的個體往往覺得自己是與眾不同的，獨一無二 (uniqueness) 的。這些不同於他人的地方，包括：個人的感受 (feeling)、信念 (belief) 與理想 (ideal) 等。譬如說，山難頻傳，但仍阻止不了青年征服山嶺的野心，因為青年會認為自己是獨一無二的，甚至個體也覺得自己是不可毀滅的 (indestructibility)。

這個時期的個體，專注於個人自己的思維。由於個人意識支配的擴張，青少年會變得有些退縮和與他人隔離。對可能性與可然性，對近期與長期的未來、對現實事件向未來結果的邏輯延伸等的一切思考，充斥著他的頭腦。這種退縮切斷了向新訊息或新觀念的通路。

假想觀衆：青少年前期個體認爲人們與自己共享同樣的成見，且想像自己的思想是其他人注意的焦點 (Elkind，1967)。此時期青少年往往認爲自己周圍有一羣看不見的觀衆，而這羣觀衆的眼光都時時流連在自己身上。此現象艾耳肯特 (Elkind) 稱之爲假想觀衆的現象。事實上，這羣觀衆並不存在，它只是個體腦海中營造出來的一羣人。也因爲這個假想觀衆的現象，使得這個階段個體在人際交往中產生一種令人尷尬且令人不適的自我意識 (self consciousness)。

這個時期的個體對自己的儀表和態度十分在意，且把大部份的注意力都放在自己身上，而腦子又想著另一批觀衆的存在。譬如，一對青年期男女朋友約會，彼此雙方在赴約前，都花了相當多的時間打扮，而當兩人見面時，彼此並不關心對方到底穿了什麼，而是更關心對方如何看自己。

Inhelder與Piaget (1958)，Piaget (1962) 指出通常兒童是以個人主觀觀點來對待事物，兒童不能將人的行爲與行爲對特定對象所產生的影響加以區分開來，即是以自己有限的觀察力來看待事物，此現象稱爲自我中心。然隨著兒童的成長，其與現實事物因果關係的發展與擴展，進而產生排除自我中心 (decentration)。

在青少年前期，爲達排除自我中心之目的，需要求青少年體認：一個人的觀念並不被所有其他人所共有。尤其我們活在一個多元化的社會，其中每一個人都可能有特殊的目的和渴望。青少年期人們逐漸發現：他們的純淨的、邏輯化的生活計劃，必須不斷地適應於其他關係人的期望和需要。且隨著這些發展再加上靈活運用形式運算與觀察力的思維，他們的自我中心應當逐漸減退。此外，社會接受也會使青少年排除自我中心。研究發現，青少年前期，對來自自己父母的情緒支持很有信心的青年人，和那些體驗著父母的拒絕或過份控制的人相比，自我意識性較少 (Riley, Adams & Nielson, 1984)。

(三)形式運思

青少年前期人們開始以新的方式來看待世界。他們的思維變得更爲抽象，他們能夠提出關於他們從未經驗過事物的假設。複雜的概念能力被皮亞傑 (Jean Piaget) 描述爲形式運思 (formal operation)，皮氏指出：這些思維更多地是由邏輯原則而不是知覺和經驗所支配的。

形式運算思維的一個重要特徵是，能夠提出解釋一個事件的假設，然後能夠遵循由一個特定的假設所蘊含的邏輯。Piaget和Inhelder設計了許多實驗來說明假設——演繹推理的發展，其中之一是關於解釋鐘擺的擺動。其任務是要算出控制鐘擺速度的變項或變項的組合。有四個因素是可以變化的：物體的質量、鐘擺開始被推動的高度、推動鐘擺的力量、鐘擺的長度。要考察這一問題，必須在一個時刻只改變一個變項，而其他變項要保持不變。正如實際所發生的，只有擺長影響著鐘擺的速度。問題在於要說明只是鐘擺的長度而不是其他因素影響速度。透過使用形式運算思維，一個兒童能分別地測查每一個因素，並評價它們的作用 (Flavell, 1963; Inhelder & Piager, 1958)。

　　上述的例子說明了有好幾種能力涉及到這一類的問題解決。首先，一個人必須能夠區分開不同的因素，並確定每一個因素的可能的作用。第二，一個人必須能夠考慮各因素之間的交互作用。第三，一個人必須能夠建立起一個系統化的方法，以便在這些因素的組合之中檢測每一個因素。(Neimark, 1975; Siegler, Liebert & Liebert, 1973)。

　　在形式運思階段，有一些新的概念技能萌生出來 (Demetriou & Efklides, 1985; Neimark, 1982)。首先，青少年期的人能夠同時在心理上處理兩個以上的變項種類，例如，他們能在計劃一個旅行時考慮到速度、距離和時間的關係 (Acredolo, Adams & Schmid, 1984)。其次，他們能夠考慮事物在未來的變化，例如，他們認識到，他們與自己父母的關係在十年後會有很大不同。第三，他們能夠對許多事物假設一個合乎邏輯的結果；例如，他們能夠預測將來要面對的上大學和工作的選擇，而這是以他們在高中時某些學校課程中的成績的好壞作爲依據的。第四，他們能夠預期自己的行爲的結果。例如，他們認識到，如果他們輟學，那麼某些就業機會就會對他們關上大門。他們的這些能力，使他們能夠獲得對從事某種行爲可能的結果的預先瞭解，並使他們在這一基礎之上去決定是否他們願意去做這件事。第五，他們有能力在一系列陳述中揭示邏輯上的一致性或矛盾性。他們能夠透過找出支持或反對一個陳述的證據來檢驗一個陳述。例如，他們會爲兩個陳述之間的明顯矛盾所困擾，諸如，「法律面前人人平等」與總統對某些高地位的違法者有赦免的權力。第六，他們能夠以一種相對的方式來看待自己、他人和世界。他們能抽取出更多因素來解釋他人的行爲

表2-14　在形式運算思維 階段所產生的新的概念能力

1.在心理上時處理兩個以上變項範疇的能力。
2.考慮未來所發生的變化的能力。
3.假設事件的邏輯結果的能力。
4.預見行為的結果的能力。
5.檢查一系列陳述中的邏輯一致性或矛盾的能力。
6.以相對的方式看自己、他人和世界的能力。

以及自己的行為。（**表2—14**）即是這種概念技巧的一覽表。

　　他們懂得：由於所處的社會和文化的規範，他們被期望按特定的方式去行為。他們也懂得：在其他家庭、社區、文化中，不同的規範可能支配著同樣的行為。結果是，以一種被文化所接受的方式去行為的決定，變成了對其社會的更為有意識的承諾。同時，對他們來說，接受其他文化的成員已變得更為容易，因為他們意識到：這些人是不同系列的規則、規範下的社會產物（O'Mahoney, 1989）。

　　一般來說，青少年期所發生的概念發展上的變化，導致一種更為靈活性的、批判性的、抽象的世界觀。假設行為的邏輯結果的能力，概念上預見變化的能力，預見行為的結果的能力，都有助於產生一種對未來的更為現實的認識（Klineberg, 1967; Lessing, 1975）。對未來的看法，既包括希望，如職業生涯目標、求學、建立家庭，也包括恐懼，如對失業或戰爭的可能生的擔憂（Byrnu, 1987; Gillies, 1989）。

　　向形式思維的轉移既不是突然地也不是統一化地跨越所有的問題領域。例如，Neimark（1975）在長達了三年半多的時間裏，追蹤了問題解決策略的變化。在她的研究中，即使是已滿十五歲的最大的受試者，也不能在所有的問題中應用形式運算策略。在一項關於十三歲的學生的形式運算思維的研究中，另一些研究者們發現，在六種不同的測驗的成績之間，幾乎沒有什麼顯著相關（Overton & Meehan, 1982）。儘管不同問題解決中的成績並不一致，從十一歲到十五歲，的確表現出問題解決探索層次上的進步。Neimark（1982）把這些問題解決探索層次描述為：

- 無規則。
- 限制的規則。
- 規則集成或不精確原理。
- 一般原理。

㈣情緒發展

　　對青少年期的許多描述都涉及情緒的多樣性、喜怒無常、情緒爆發性。青少年明顯比兒童更多地意識到自身情緒狀態的轉變，並能夠在更爲廣泛的線索上對情緒進行歸因。然而，有些研究者提出疑問：是否青少年眞的抵達了那些與這一時期的生活有著固定聯繫的情緒強度的高峰和低谷。

　　在一個評估這一問題的嘗試中，研究者們給9至15歲的兒童和青少年一個電子呼叫器裝置，並要求他們在每次被呼叫到名字時描述下他們的情緒狀態。在整整一週裏，每個受試者要被叫到37次。並沒有發現情緒的易變性隨年齡增長而增加。然而，年齡較大組的男孩和女孩都表現較少的極端性的正向情緒面較多屬於中度的負向情緒。這一發現顯示：青少年並不是體驗了正向和負向情緒的新的強度層次，而是較少有爆發性快樂的日常體驗、較多有那種我們傾向於稱其爲抑鬱或冷漠的中度負向情緒體驗 (Larson & Lampman Petraitis, 1989)。

　　青少年體驗著更爲分化的情緒種類。在那些更爲令人煩惱的情緒中，有焦慮、羞恥、窘迫、內疚、羞恥、壓抑、憤怒 (Adelson & Doehrman, 1980)。青少年期的女孩往往對新的負向情緒有較高的覺知，它們主要集中爲指向內心的情緒，如，羞愧、內疚、壓抑；男孩則往往對另一些負性情緒有新程度的體驗，如，輕蔑、攻擊 (Ostrov, Offer & Howard, 1989; Stapley & Haviland, 1989)。

　　抑鬱 (depression) 又稱「鬱卒」。是一種悲傷、失去希望的感受，一種被世界的要求所擊倒的感覺，體驗到徹底的絕望。幾乎所有的人都會在此一時或彼一時體驗到抑鬱。有幾個原因使青少年期的抑鬱顯得十分重要 (Maag, Rutherford & Parks, 1988)。首先，它伴隨著青少年自殺（有關自殺的議題請參考第七章專欄7-3)。雖然抑鬱並不總是自殺的先兆，但在抑鬱和自殺的念頭之間有著某種聯繫。其次，抑鬱與酗酒和吸毒有關。和強烈的抑鬱感做鬥爭的青少年，會轉而用酗酒或其他藥物作爲試圖減輕

或逃避這些感受的方法。第三，抑鬱的青少年可能無法有效地參加課堂學習，導致他們的學習成績退步。最後，青少年期抑鬱可能會成為日後成年期嚴重抑鬱的先導。

研究已發現，喪失父母或被父母遺棄的經歷會增加青少年抑鬱的可能性 (Robertson & Simons, 1989)。此外，青少年因缺乏應付生活中遭遇喪失、挫折和拒絕危機之經驗。在他們還沒有發展起策略來解釋或減輕這些生活壓力事件的悲傷或沮喪感受。這些抑鬱可能會被伴隨而來的賀爾蒙所加強。青少年可能會變得確信自己是無價值的。這種認識上的歪曲會導致他們的社會退縮或自我毀滅的行為。

(五)兩性關係

在青少年期，同儕關係因引入性興趣和行為而被改變。這種對性關係的不斷增加的興趣的推動力，來自於社會期望和性成熟。Udry和Billy (1987) 設計了一個模式來解釋青少年前期性交的轉移 (見圖2—6)。在這一模式中，動機，社會控制，吸引力，三個基本向度說明了青少年性活動的開始。動機可由賀爾蒙分泌的生理因素；希望獨立及從事成人的行為的願望的因素；鼓勵或減弱性活動動機的某些內化的規範和態度來說明。第二向度社會控制，提供了在其中產生性活動的規範化環境。根據這一模式，這些控制是父母的社會化和習俗、學校成績和學業抱負、朋友的態度和性經驗的產物。人們還可以在此加上宗教信仰與價值觀的影響。第三個向度，吸引力，影響著伴侶的可獲得性。分由一個人是否被判斷為漂亮或英俊所決定。

當然，性關係並不必然涉及性交。在變為有性行為的成人過程中，包括許多性活動層次，從握手到熱烈的愛撫。此外，最初的性交體驗並不必然導致頻繁的性活動模式。例如，體驗過思春期早期初始性生活的男孩，可能在一年甚至更長的時間不再有性經驗 (Brooks— Gnnn & Fursten-berg，1989)。

大多數青少年都涉入各種各樣的浪漫關係。有些青少年期的人在性方面較放任，在性活動方面常常很積極，包括由愛撫至性交。另一些青少年前期的人則很少有身體上的活躍性。這些人中，有些人對性關係仍相對缺乏興趣；另一些人則對性關係有很多考慮。人們看待性關係的方式可能很

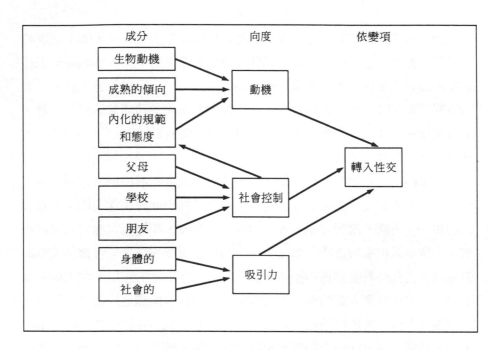

圖2-6　青少年期轉入性交的模式

Source: J. R. Udry and J. O. Billy, "Initiation of Coitus in Early Adolescence," American Sociological Review, 52 (1987), 842. Reprinted by permission.

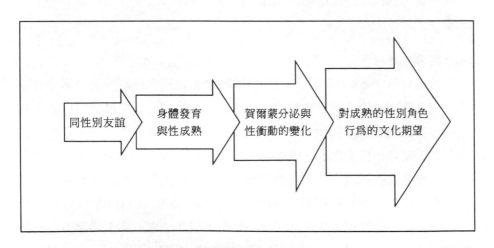

圖2-7　導致性別角色認同的因素

不相同。有些青少年被十分浪漫、美麗的想法所俘虜。有些人非常迷戀搖滾明星、體育明星、電影明星，或是其他性象徵。另一些人則表現出對性題材的固執的迷戀。無論所產生的成人性意向如何，可以認為，青少年期的喚醒意識反映了一個正被啟動並被檢驗的系統。憑藉適當的自我監督、社會支持和社會化，大多數人能夠將這一性系統置於控制之下，並用其他社會需要來整合性衝動。

在美國，性系統對於青少年來說，是心理社會發展中最令人頭痛的成分之一。大多數父母都感到無法與自己的孩子融洽地討論性問題。不僅個人的想法、衝動、幻想可能會導致內疚感或混亂，年輕人還面對著來自同儕、大眾媒體和宗教社團的關係性行為的相互衝突的訊息。性傳播疾病的新危險，尤其是對愛滋病的擔憂，引起對表達性衝動的焦慮。在電視和電影中，青少年看到大量的性親近的事例，它們暗示性滿足應當得到比其通常在現實生活中更直接的和更大的滿足。此外，他們在性生活關係中所尋求的，通常並沒有情緒上的親近和理解。許多人所面臨的與性相關的問題——不情願的懷孕，婚姻不忠誠，強暴，兒童性虐待，色情文學，性傳播的疾病——都是在美國相當多的青少年和成人身上見到的，這些都成了不能在社會化過程中促成成熟性關係的佐證。(有關人類性行為，請參考第十三章)

(六)性別角色認同

性別角色 (sex role) 是一種理論性結構，是指與性別間勞力區分有關的「正常的期望和性別相聯繫的、存在於一個特定文化與歷史情境之中有關社會交往的規則」(Spence，Deaux & Helmreich，1985，p.150)。性別角色期望存在於文化的、機構的、人際間的及各人的水準之上。然而在學習、接受這些期望，並把它們與個體自身對個人需要與目標的評估相整合方面，個人扮演著重要作用。性別角色認同 (sex-role identity) 是指一整套信仰、態度和關於自己作為一個男子或女子在社會生活諸方面的作用之價值觀的形成，包括親密關係，家庭、工作、團體、宗教 (Giele，1988)。

學齡前期與青少年晚期之間的四種重要經驗導致性別角色認同的重新概念和固化 (圖2-7) (Emmerich，1973)。首先，兒童介入親密的同儕同伴關係。這些友誼教導幼兒有關平等關係中的一些親密關係的可能性。它

們也向兒童展現出關於恰當的性別角色行為的同伴規範。在青少年期，同伴群體的影響擴展到相互交流關於同性與異性關係的期望。

其二，青少年期開始了一系列必須與性別角色認同相協調的身體變化。青少年必須把一個成人的軀體整合到自我概念之中。對身體吸引力的注意變得越來越突出。青少年男女意識到，第一印象常常是以身體相貌為基礎的。身體相貌可能決定了一個人在同伴群體中的聲望。它也可能會影響那些認為他或她有魅力的特殊同伴。一些研究顯示：青少年期時人對身體形象的看法會被帶入到成年期。

雖然身體形象在變化，人們傾向於固守對身體在青少年期呈現形象的心理印象。對一個人身體相貌的滿意程度，為獲得具有積極的、樂觀前途的社會關係提供了重要基礎 (Lerner，1985；Raaste－von　Wright，1989)。

其三，思春期賀爾蒙的變化不僅帶來了生育能力，也帶來了新的性衝動。賀爾蒙水準，尤其是睪固酮上的個體差異，與性別角色特徵有關。特別是，高濃度的睪固酮分泌與男性的攻擊性和女性對成就與獨立的強烈需要相關聯。有強烈的女性性別角色認同的女子，比帶有男性或不分化的性別角色認同的女子，睪固酮濃度低。有較高睪固酮分泌水平的女子，把自己描述為強壯的，有能力的，衝動的，及具傳統的 (Baucom，Besch & Callahan，1985)。賀爾蒙系統的成熟說明了某些有利於個人性別角色認同的持久的個體特徵。

其四，當青少年進入青少年後期時，他們開始接觸對成熟的性別角色行為的成人期望。對男性來說，這些期望可能包括維持一個穩定的工作，能供養一個家庭，或是有競爭力。對女性來說，這些期望可能集中在表現母性的、關懷的行為上，作一個好的家庭管理者，或是展露出人際交往技能。正如在學齡前期階段一樣，人們面臨著種種可能與個人的氣質互補或衝突的社會期望。這一成熟的性別角色認同的完成，將依賴於一個人是否能在這些成人期望與個人偏好之間達成某種適應 (Feather，1985；Page，1987)。

(七)生涯選擇

職業的選擇確定了成年早期生活方式的基礎。這個勞動工作的世界確定了人的日常程序，包括人醒來的時間，每日活動量，身體與精神能量的消耗，現時與長期獎賞的條件。職業授予人社會地位，並給予種種不同的發展機會。最後，職業反映了一個人的價值系統的直接或間接的表達。在下面，我們要討論在一種職業的工作環境和管理中的社會化。這裏，我們的注意力放在生涯選擇（career choice）的過程以及它對青少年後期發展的影響上。（有關生涯規劃，請參考第十七章）

許多青少年在他們上高中時就打工。到他們高中畢業時，80%的青少年已經有了某些正式工作的經驗（Steinberg et al., 1982）。然而，青少年前期的工作經驗，和青少年後期及成年早期發生的、關於一種職業的社會化不同。青少年所能得到的工作機會的種類，往往都是極少技術化的工作，也幾乎沒有什麼作決策的責任。對有些青少年來說，花在工作場合裏的時間，與工人對工作的憤世嫉俗態度的發展和日益接受不道德的活動有關。青少年可能從工作中獲得一種個人責任感，但他們並不需要發展對在這勞動世界中演練能力的大量投入與承諾。

如（圖2-8）所示，選擇生涯的過程受六個主要因素的影響：個體，心理社會／情緒，社會經濟，社會，家庭，環境（O'Neil，Ohk le，Barke et al.,1980）。同是這些因素，也影響著性別角色的社會化。對於美國文化中的青少年來說，這兩個方面的相互關係很重要。性別角色的社會化產生一個極具效力的過濾作用，與生涯發展相聯繫的選擇往往是透過它評估而決定的（Eccles，1987）。

在（圖2-8）所描述的六類因素中，由高中和大學生們的自我報告發現，個人因素、諸如能力、興趣、態度和自我期望，最強烈地影響他們的生涯選擇。他們認為，家庭、社會和社會經濟因素較少或根本對生涯沒有什麼影響（O'Neil，Ohlde，Tollefson et al.,1980）。

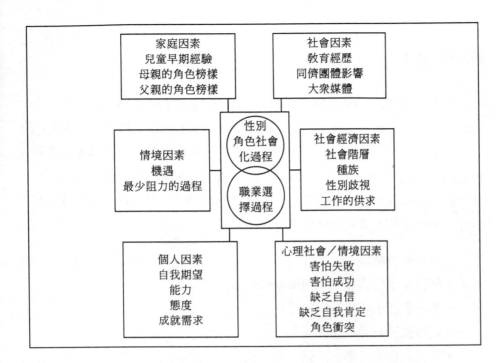

圖2-8　影響性別角色社會化和職業選擇過程的因素

Source: J. M. O'Neil, C. Ohlde, C. Barke, B. Prosser-Gelwick, and N. Garfield "Research on a Workshop to Reduce the Effects of Sexism and Sex-Role Socialization on Women's Career Planning," Journal of Counseling Psychology 27 (1980), 355-363. Reprinted by permission of the author.

成年期發展

　　從青少年期邁入成年期的主要特徵是，成年人要開始決定自己進一步的教育、職業、親密關係和婚姻。根據艾力克遜的說法，成年早期個人已從「希望被每個人所喜愛」轉移到「需要與一個特殊對象建立愛與被愛的親密關係」。如果個人未能建立這種親密關係，則將陷入孤立 (isolation)，將會缺乏與他人聯繫的安全感。此外，根據哈維斯特 (Havighurst, 1979) 所提，成年早期主要的發展任務有：

- 選擇配偶結婚。
- 學習適應配偶並和睦相處過親密生活。
- 開始家庭生活及扮演父母角色。
- 教養孩子並滿足其需要。
- 學習處理家務事。
- 決定個人是否繼續求學或選擇工作職業。
- 參與社區活動及負起公民責任。
- 建立良好社交友誼。

　　年輕成人建立起某種生活風格，這種生活風格作為一個組織餘生經歷的架構而發揮作用。生活風格 (style of life) 包括活動節奏、工作與閒暇的平衡、有親有疏之朋友圈的建立，以及能反映個人價值取向之人生大事的抉擇。對於建立一種生活風格最為重要的社會因素有：是否結婚，一個人的配偶，子女，以及工作。所有這些因素都與一個人的人格、興趣和生活目標相互作用，進而形成一種生活風格。

(一)婚姻

　　婚姻通常是一個重要的背景，親密和成熟的社會關係在其中得以發生。雖然，現代多數年輕人已將婚姻延遲到近三十多歲，但是90%以上的男子和婦女到四十多歲時都已成家。

　　對大多數成人來說，生活的幸福更有賴於有一個令人滿意的婚姻，而非其他生活內容，工作、友誼、興緻愛好及社會活動均不例外 (Broman，

1980；Glenn & Weaver，1981；Weingarten & Bryant，1987）。

　　通常婚齡的延遲與其他幾種社會趨勢有關，包括要生育子女的年齡更大、家庭規模更小，以及隨之而來的將用於撫養子女的年齡更少。婚齡的延遲還與社會對單身者在性嘗試方面之規範的變化有關。已婚男子與單身女子之間同居和私通比率的增加，說明很多未婚女性在其二十幾歲時已介入親密的性關係之中（Richardson，1986）。且伴隨著80年代而來的，是性行爲、婚姻和撫育子女之間的分離。展望未來，男女性獨身的比例可能比以往更高（Glick，1989）。

　　當一個人準備考慮結婚時，深深的吸引和承諾過程影響著伴侶的選擇和婚姻的決定。（圖2-9）闡示了配偶選擇過程中投入日漸增多的四個階段（Adams，1986）。在各個階段中，如果此一階段的關鍵問題產生了不好的訊息或評價，關係就可能中止。如果有別的吸引變得極爲強大導致對此一關係的投入減少，這種關係也是結束。這類替代性吸引力可以是另外一個人，但也可能是工作、學校或是實現個人目標的願望。

㈡撫養子女

　　在剛成年的歲月裏，人們要決定是否要孩子。他們通常是在結婚最初幾年裏做這一決定（Brim，1968）。這時社會時鐘的概念再一次發揮作用。對家庭生活期待已久的夫婦會面臨多種壓力。有的壓力來自父母，他們急切地想做祖父母；有的壓力來自那些已體驗過生活方式隨著頭一個孩子出世而發生改變的朋友。近些年來，年輕夫婦已開始把生育子女的時間延遲到結婚一年以後。延遲生養孩子的決定與成人生活其他幾個方面有關。雙雙就業的夫婦不得不考慮孩子對家庭收入的影響。他們還必須結合工作保障或職業發展來評估生養孩子的最佳時間。有的夫婦設定某種物質目標，以此作爲他們自己生養子女的先決條件。例如，他們可能決定先買房子再生孩子，或者希望生養孩子之前先一塊出去旅遊。考慮到離婚率很高，夫婦倆也可能想在決定生孩子之前，確證一下他們的關係是否牢固。

　　在期待和準備迎接新生兒時，體驗到的是歡欣喜悅。與此形成對比的是，頭一個孩子的來臨往往帶來了婚姻緊張期（Feldman，1971，1981）。總體而言，家庭出現孩子，會相對地出現婚姻滿足感降低、婚姻幸福感下降（Belsky & Pensky，1988；Glenn & McLanahan，1982）。婚姻滿

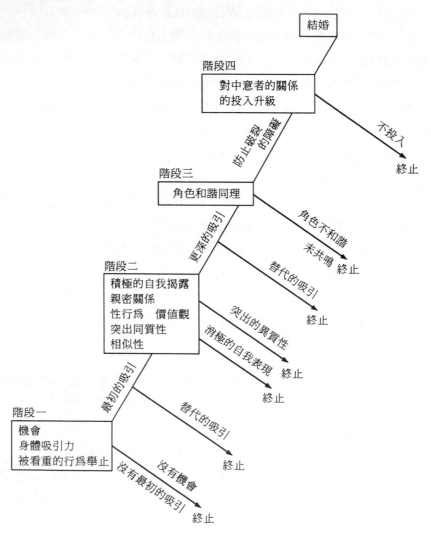

圖2-9　美國人的擇偶過程

Source: B. N. Adams, The Family: A Sociological Interpretation, 4th ed., p.213. Copyright © 1986 by Harcourt, Brace and Jovanovich, Publishers. Reprinted by permission.

足感通常不是從非常滿意降到十分不滿意；夫婦倆有孩子後依然對婚姻感到滿意，但滿意程度有點下降。

做了父母之後，可能伴隨著婚姻滿意程度下降，這種現象可以從好幾個方面來加以解釋。孩子出生後頭一個月，夫婦兩人都因缺乏睡眠而精疲力竭。他們照料新生兒時一般總是笨手笨腳。他們有了新的責任和日程 (schedule)。許多父母照料他們的嬰兒時感到能力不足。他們轉而向他們的父母、鄰居、小兒科大夫以及書本尋求指導。這種自信心的缺乏使婚姻雙方之間產生了緊張氣氛。

孩子的出現給夫婦之間帶來了潛在的衝突領域，如，撫養孩子的觀念或有關怎樣照顧孩子的看法上。孩子出生後頭一個月中會出現嫉妒、競爭和拋棄感。夫妻關係的排他性因新生兒沒完沒了的需要而受到打擾。夫婦兩個共度的時間減少。當夫妻的性別角色態度與孩子出生後所從事的種種實際活動相衝突時，忿恨感便會增強(Belsky，Lang & Huston，1986)。

一個人孩提時的經歷會影響到他或她做父母的方式。這一點不足為奇。比較奇妙的是，對童年生長環境的記憶與有了第一個孩子後的婚姻滿意體驗有關。有一個研究報導說，無論丈夫還是妻子，他們記憶中的父母如果是冷淡的、拒人千里之外的，父母的婚姻充滿了爭吵的，那麼等第一個孩子出世以後，他們的婚姻調適性有比較明確的下降。而且，這種撫養孩子方面的負面體驗，與第一固孩子出世以後丈夫和妻子對他們婚姻質量評價上的較大差異有關 (Belsky & Isabella，1985)。對這些現象的一個解釋是，孩子的出生激起人們對童年消極經歷的回憶，促使防禦心理增強。另一個解釋是，有的父母對待孩子冷淡、不予理會，這些孩子長大成人後做父母的技巧發展得不完善。做了父母後，由於他們承擔這種色的能力不是很強，因此與配偶的衝突增多。

隨著成人的角色關係項目中增加了母親和父親的角色，他們自己以及他人對於撫養孩子的期望也就激發起來。孩子每天都向父母提出一大堆需求，這有助於父母比較瞭解他們在現實環境中的功能。他們滿腦子全是身為父母的具體事情，用不著去考慮父母應做什麼。透過這種經驗學習，年輕成人在實踐中對於父母角色形成了自己的看法。

爲人父母是成年期的一種獨特體驗。你可能在照顧孩子方面有些經驗，諸如做過保育員、照顧過年幼的弟妹，或者當過孩子的輔導員或老師。然而，所有這些角色都不涉及父母那樣的情感投入和全部職責。作爲父母，成人有機會發現自己人格上的新特點。父母角色的要求與配偶角色的要求是截然不同的。人們必須對一個不可能報答自己慷慨大方或照料的人承擔義務。在這種角色中，人們揭示了養育、樂趣和權威的特性。在與自己的孩子玩耍時，一個人童年的往事歷歷在目，回札起來別有一番滋味。與父母關係上的衝突、兄弟姊妹間的嫉妒感、難忘的學生時代、夥伴、恐懼以及神祕的夢境等，都成爲關心和指導自己孩子的動力。在所有這類活動中，人們有新的機會驅除往日的陰影，重新認識過去的事情，獲得一種新的成人成熟感。

　　對於由撫養孩子所促進的成人的心理成長，很少有文字記載。決定撫養孩子，這是一種獨特而且十分重要的生活抉擇，儘管其決定的方式各式各樣。即使是因意外而生育的孩子，也是某種決策的產物：不管是明知可能懷孕而決定發生性關係，有意不採取有效的避孕措施，還是意外受孕後不去流產，都是一種決定。在成年初期，一個人不是一次而是多次地遇到生育的問題。成年人要作出選擇：晚一點當父母、再生一個孩子、等隔一段時間再生一個孩子，或者不再生孩子了。所有這些決定反映了許多重要問題。這些問題可能與一個人透過生育子女而實現其男性或女性生活角色的感覺聯繫在一起，可能與一個人兒童時期的社會化和父母形象的認同作用有關；還可能與涉及性、避孕或墮胎方面的強烈宗教信仰有關。生育是物種保存自身的方式。不管一個人的決定如何，這種問題必然強化一個人的存在感，使人更相信成年期的種種決定是有區別的。

㈢工作

　　工作是一很複雜的概念。下面的分析爲把工作作爲一個心理變項來考慮，提供了一個架構。這種分析很有必要，因爲我們社會各種各樣的職業的角色十分廣泛。不同工作角色將人置於不同的心理情景之中，因此可以認爲不同職業角色施加了不同的心理要求。

　　有關職業的第一個重要特點與培訓和再培訓階段有關，因爲可能的職業選擇千變萬化，導致人們能在童年和青年期就爲某個特定職業身分作好

表2-15　工作情境中的新的學習

工作成分	新的學習的幾個向度
技術技能	個人必須決定技能是否： *1.*在自己的能力範圍之內 *2.*可以通過培訓來掌握 *3.*給人以快樂和滿足
權力關係	個人必須弄清楚 *1.*誰來評價自己的工作、評估標準是什麼 *2.*自己的自主性受到什麼限制 *3.*工作情境中的決策結構、他們如何影響這種結構 *4.*如何與地位較高或較低的形形色色的人打交道
獨特的要求與危害	個人必須明白 *1.*自我保護的規範 *2.*生產率的規範 *3.*效力的規範 *4.*他們的個性如何適應情境的特殊要求 *5.*他們對工作危害的忍受程度
與同伴的人際關係	個人必須衡量 *1.*工作情境中社會關係的特性 *2.*關係方面的規範 　a 合作性的 　b 競爭性的

準備的可能性是微乎其微的（Brim，1968）。大多數工作都要求雇員經歷一段受訓期。受訓期長短不一：線上作業員要幾週，醫生則約要十年。對有些人來說，雖成年初期都已過去了，但受訓卻仍未見結束。

除了介紹有關特定技術的知識外，受訓階段往往還包括工作者的社會化。透過這種社會化過程，新進人員瞭解到技術技能、人際行為、勞動態度、權力關係，以及特定職業的具體要求與危害。在尋求職業與受訓期間，個體必需衡量個人特點與工作情境中的四種核心成份相匹配：

- 技術技能。
- 權威關係。
- 特定的要求與危害。
- 與同事的人際關係。

總括來說，我們視成年早期為一嘗試及工作培訓的時期。(**表2-15**)

概略說明在培訓時期各種新的學習要求。透過與不同工作環境的融入，個體必須學習評估技術要求，權威關係，工作要求，及人際關係的品質，這些技能是組合特定職業環境的要業。人們必須藉由特定工作角色來投射個人對未來的形象與自身的發展。在這種情形中，人們開始評估自己的職業有那些可能的得與失。

　　為了將職業發展與個人發展結合起來，Kathy Kram (1985) 提出職業問題的一種發展模式（參見**表**2－16）。職業生涯被計劃成三個階段：早期、中期和晚期職業生涯，大致與職業探索、職業確立及提高、職業保持和脫離三個階段相對應（Hall，1976；Osipow，1986）。在各個階段，職業發展反映出以下幾種關注點：關注自我（concern about self），包括能力和認同的問題；關注職業（concern about the carecr），包括職業義務、提高及工作情境中的關係特點；關注家庭（concern about family），尤其是家庭角色的概念及工作與家庭生活之間可能發生的衝突。一個人在各階段面臨的典型問題在（**表**2－16）中已有說明。早期職業階段最關心的問題反映了兩種願望，即展示才能，建立滿意的生活方式。

㈣生活方式

　　結婚、撫養孩子以及工作，幾年下來也就形成一種相當固定的生活方式。生活方式的嘗試和演變正是發生於成年早期。生活方式的主要構成包括：活動節奏或步調，工作與閒暇的平衡，時間和精力對特定活動的集中投入，以及建立各種有親有疏的社會關係。具體而言，生活方式就是個人認同抽象結構的初步體驗。透過對某些活動和關係的時間和精力的投入，以及某些方面能力的發展，一個年輕成人將價值觀和義務付諸於行動。我們來看看婚姻、孩子和事業相互作用而影響生活方式的某些特點的幾種方式。

　　婚姻伴侶必須建立一個能反映雙方活動及偏好的生活節奏。大多數夫妻都覺得孩子的出現使得自發行動要更有計劃性，自由度更小。工作情境決定了大部份時間結構，包括何時上班，何時下班，下班後的感覺、精力如何，可供度假休閒的時間有多少，工作之餘還得為日常工作做什麼準備（Small & Riley，1990）。活動量在一定程度上還受社會和氣候的影響。譬如說，在北方的氣候下，冬季的社會活動較少，因此生活主要圍繞家中

表2-16　職業發展各階段中的特定發展任務

	早期職業生涯	中期職業生涯	晚期職業生涯
關心自我	能力：我能有效地擔當管理／專業角色嗎？我能勝任配偶／父母角色嗎？	能力：與同伴部屬和自己的標準和期望相比，我怎麼樣？	能力：在更帶諮詢性而較少重要性的位置上，我還能有作為嗎？我雖然還有影響力，但離開組織的日期已迫近。
	認同：作為管理者／專業人員，我是誰？我的專長和志向是什麼？	認同：我現在不再是新手了，我是誰？成為「老資格」的成人意味著什麼？	認同：我要留下什麼樣的價值來象徵我畢生的貢獻？離開管理者／專業人員角色後，我是誰？沒有這類角色後感受會怎樣？
關心生涯	投入：如何投身和致力於我嚮往的組織？或者我要不要認真考慮其他選擇？	投入：我還要不要像最初幾年那樣拼命地投入工作之中？如果晉升的目標不復存在，我還能投身於何處？	投入：除了我的職業外，什麼能給我以投入之感、可供我投入精力？我怎麼放下這麼多年來我一直全身投入的工作？
	晉升：我想晉升嗎？我能不放棄自己的重要的價值觀而晉升嗎？	晉升：我有晉升的機會嗎？如果不再有晉升，我怎樣才能感到自己有收穫呢？	晉升：假定我下一步可能要離開組織，我對我最後的職位層次有何感受？我對自己的成就滿意嗎？
	關係：我怎樣與同伴及上司建立良好的關係？當我得到晉升時，我該怎樣證明我的能力及對他人的價值？	關係：我怎樣與直接競爭的同伴順利地共同工作？我該怎麼樣與那些可能超過我的下屬一起工作？	關係：當我準備從現在的位子隱退時，我該怎樣與上司、同伴及下屬保持積極的關係？當我的職業生涯即將結束時，我還能繼續為人師和倡導者嗎？當我離開時，主要的工作關係會怎樣？
關心家庭	家庭角色定義：我怎樣才能創造令人滿意的個人生活？我想建立什麼樣的生活方式？	家庭角色定義：我的孩子在慢慢長大，我現在在家中的地位是什麼？	家庭角色定義：我不再投身工作之後，我在家裡的地位將會怎樣？我與配偶及子女的關係會如何發生變化？
	工作／家庭衝突：我該怎樣有效地平衡工作和家庭兩方面的投入？我怎樣才能多花些時間在家裡同時又不危及我的職業發展？	工作／家庭衝突：在事業剛起步時我在家裡花的時間很少，我怎樣把這些時間補回來？	工作／家庭衝突：家庭和閒暇活動是否充足，或者我要不要再開始一項新的事業？

Source: E. K. Kram, Mentoring at Work: Developmental Relationships in Organizational Life, pp.72-73. Copyright©1998 by University Press of America. Reprinted by permission.

展開。在夏日，鄰里活動會成爲比較重要的交往契機。

　　一個人對工作和休閒的傾向以及工作環境的要求，決定著這個人如何控制工作與休閒的關係。對某些人來說，在家的時間比工作時間更爲重要。這些人高度重視在家中與家人共度時光。因此在選擇職業時優先考慮這種時間有無保障。而其他人則認爲，首先要將大量時間投入工作以求得發展、提昇，其次才是考慮家庭和休閒。這種情況下，丈夫和妻子的生活方式可能不同步，因爲他們在一起的閒暇時間很有限。夫妻共度休閒時光，就有機會輕鬆一下，開誠佈公地交談。喜歡這麼做的夫婦覺得這非常有助於加強婚姻關係及獲得滿足 （Holman & Jacquart，1988）。

　　一個人越是投入到有競爭性要求的工作之中，在對花費時間於其他事情上就越可能覺得不舒服。越是著迷於各種休閒活動的人，包括業餘愛好及家庭活動，越能找到休閒時間。當然，有些職業時間很緊，可供個人選擇安排時間的餘地很小。另有一些人，一份工作的收入不足以維持家庭生計，因此，本應用於休閒的時間也被用於別的工作以賺些額外收入。在成年晚期，當一個人退休時，工作與休閒的關係正好反過來。把好時光都用於工作的人會發現，退休後閒暇多了，而自己對此變化準備不足。

　　在成年初期，丈夫和妻子認識別的夫婦及個人，在鄰居間和工作中結交朋友。在這個階段，核心式家庭出現關心局外人的傾向。在有些家庭中，與工作有關的朋友關係只限於工作角色，而在另外一些家庭，工作中結交的朋友會被介紹到包括全體家庭成員的社會活動之中。

　　成年人結交朋友時，一個重要的因素是與非家庭成員保持多大的距離或親密程度。有的夫婦只有少數親近朋友，有的夫婦則有一大群關係不遠不近的熟人。這種對友情看法上的差異，將決定一個人對社會活動的熱心程度、在社會上的聲望、與同伴關係間之親密性、支持性等的需要以及對家庭的依賴程度。造成婚姻糾紛的原因之一，是丈夫和妻子對友情的看法上的分歧。如果夫妻一方追求與他人有親密關係，而另一方只希望有泛泛之交，那麼他們在參加社交活動方面總會有衝突。造成年輕人關係緊張的另一個緣由，是角色要求之間的衝突。角色學習的一部分內容是拓展技能和交際關係，另一部分內容涉及平衡所擔負的各種責任之間的矛盾衝突。成年人努力克服工作負擔與沒時間與配偶建立親密關係這兩者之間的對立，克服想要孩子又想在事業上有所建樹之間的矛盾 （Jones & Butler，

1980；Voydanoff，1988)。無論對於男人還是女人，成年初期參加工作是對兩人關係最嚴峻的考驗，也是生育子女所面臨的最大壓力。來自工作的壓力直接與親密需要、與做父母所需的時間精力相衝突。尤其是雙生涯家庭，雙方都想在事業上取得成功，這可能導致他們雙方都節制各自在工作及家中的自由。

中年期發展

中年期的生理發展上，雖然視力、聽力多半會有減退現象，且有更年期之困擾。但根據心理學家的研究，中年危機與更年期生理上的變化（如內分泌改變），並無必然關係。中年危機的產生主要是個人心理適應上的問題。

一般而言，個人於成年早期決定自己工作、家庭等初步生活藍圖後，中年期開始即全心投入工作與婚姻關係中，並漸漸地安定下來，且創造了一個更好的環境給他的下一代生存。至於中年期的發展任務有：

- 創新婚姻之伴侶關係。
- 提拔後進。
- 完成社會責任。
- 適應中年期的身體變化。
- 奉養年邁的父母。

(一)培育婚姻關係

婚姻是一種動態的關係。隨著雙方進一步成熟、家庭生活週期的改變，以及變化不斷的相關事件，包括：家庭危機和歷史事件，婚姻關係會發生變化。要保持健康且充滿活力的婚姻，就必須努力經營。

什麼是有活力的婚姻？Hof和Miller (1981) 認為有活力的婚姻是有意識的，伴侶式婚姻。

維護一種充滿生機的婚姻至少有三個要求 (Mace，1982)。首先，雙方必須承擔義務，使得作為個人和作為夫妻都會有發展和進步。也就是說，他們必須接受這樣的觀點，即他們會有重大變化，他們的關係也因此會有變化。如果堅持像頭一年或頭兩年那樣看待婚姻關係，那就不能增進婚姻

的活力。彼此間的關心和認可性必須深化。每個人還必須允許對方在態度、需要和興趣上有所變化（Levinger，1983；Marks，1989）。在（表2-17）中總結了Robert White認為與成人成熟理論有關的變化趨勢。看看這張表，除了關心面變寬、個人關係得以解脫，以及興趣之深化之外，一般人亦認為，充滿活力的婚姻中，每個人都體驗到個人成長的壓力和願望與社會情境的壓力和要求兩者之間永久不息的對立。這兩種力量都有可能佔據或主宰相互間的親密感。生機勃勃的婚姻既要求雙方接受兩個人各自保持自身獨特性的需要，也要求增強兩個人之間的融合性，它即使在最嚴峻的挑戰面前也能保持活力。

其次，夫妻必須建立一種有效的溝通體系。也就是說，必須有互動的機會。如果包括工作、為人父母在內的生活角色之間有衝突，使夫妻互動機會大減，那麼夫妻就有分手之虞。他們的共同體驗越來越少，不大容易受對方意見和看法的影響。那些缺乏有效溝通體系的夫婦，怨恨越來越多，因為他們沒有解決積怨的機會。一種很常見的情形是，妻子想談論某些事情，而丈夫卻認為這麼做徒勞無益（Rubin，1976）。「和諧」、「美滿」的夫妻彼此傾聽並思考對方的問題，即使不能提出解決的辦法，也會以表示理解的方式肯定對方的觀點。「不美滿」的夫妻聽到一個問題時，要麼不屑一顧，要麼進行攻擊。他們不是證實對方的想法，而是提出自己的評論或不服氣。日久天長，抱怨和對立升起，雙方對彼此也越來越不抱什麼幻想（Rands, Levinger & Mellinger，1981）。這些夫妻間的差異，可以說是他們在積極的回饋回路的能力上的差異。和諧夫妻不斷建立回饋回路以保持溝通；而在婚姻關係不美滿的夫婦間，可能開始時就缺乏有效的回饋管道，互動方式往往是破壞性的。內部回饋管道的缺乏，削弱了使婚姻取得平衡、適應對方或影響婚姻的環境條件的變化能力。能進行有效溝通的婚姻往往日子越過越有生氣與活力，因為溝通是家庭得以發展的核心機轉。

維持婚姻活力的第三個要求是能夠創造性地利用衝突。在生氣勃勃的婚姻中，夫妻雙方地位平等，能正確評價彼此的個性，但也必然有衝突。夫妻雙方必須理解衝突、承認分歧並想辦法解決衝突（Cole & Cole，1985）。美滿夫妻不可能解決一切衝突。他們的爭執有時也陷入僵局（Vu-chinich，1987）。但是，這些夫妻往往不會使消極反應擴大化。如果夫妻一方流露出不滿或行為欠妥，另一方不會以消極方式以牙還牙。這種做法反

表2-17　成年期的變化趨勢（根據Robert W. White的成人成熟理論）

趨勢	定義	成長方向	成長趨勢	引發成長的情境
自我認同的穩定	一個人對自己所感到的自我	穩定性增強，更敏銳、更清晰、更一致、不受日常社會判斷和成功與失敗體驗的影響	處於社會角色之中；傾向強調角色扮演；個人帶入角色的興趣和主動性；個性；個人整合；能力感	選擇：任何有助於提高個人積累的經驗的效能以避免新的外來判斷的事件；成功與失敗的新鮮感受；具有可能認同的新的目標
個人關係的解脫	以個人自身的權利決定對人的反應	越來越能反應他人真實性質的人際關係	與重要人物以及與頻繁明顯地接觸的人的關係	他人舉止出人意料的情境，因而打擾了一個人習慣的行為方式；對焦慮的防禦降低，使人能夠更開放地觀察他人的行為並作出反應
興趣的深化	興趣總是與吸引整個人的活動聯繫在一起；進一步掌握興趣範圍之內的知識和技能	隨著興趣目標的變化發展，一個人進一步明確自己的滿足感，因此，這些興趣發展的內在性和可能性越來越多地指導著一個人的行動，成為滿足的一部分	當我們開始完全按照自己的興趣來生活處事時，與這些興趣有關的知識和能力會有所增加	採取行動，獲得可喜的結果；探索發現；鼓勵年長或年輕人的興趣
價值觀的人性化	道德判斷	日益發現價值的人性意義及其與實現社會目的關係；日益運用自己的經驗和動機以證實和增進價值體系	價值觀，無論其內容是什麼，越來越多地反映一個人自身的體驗與目的	體現價值的情境變成一種衝突源；突然與某些新的價值衝突的同理認同
關心面拓寬	超越自我中心；對他人幸福或某些事情深切關注，導致一個人自身生命的意義與所關心的對象的幸福統一起來	越來越多地關心他人的福利以及人類的擔憂	投入全身心的愛；照顧年幼者；關心文化產物和制度	所處情境激發關心之熱情，它對於維持文明制度和適於教養下一代的環境，十分必要；能激發關懷感，並提供教育的機會的情境

而可能激起對方的同理心或認可 (Halford, Haahlweg & Dunne，1990: Jacobson, Waldron & Moore，1980; Roberts & Krokoff，1990)。夫妻苦惱時，彼此往往針鋒相對，勢不兩立。我們知道，家庭中的衝突和敵意比工作和社會中的要強烈。但是美滿夫妻之間，憤怒情緒的影響被減小到最小，而彼此之目標仍然一致。

保持婚姻的活力是一項長期的任務。變化可能很緩慢。夫妻可能因工作、疾病和求學而長期很少接觸，但仍然維持良好的關係。不足爲奇，二十或三十年以上的婚姻可能變得很尋常，甚至於枯躁乏味。對夫妻來說，難做到的是，即使在已建立起較高程度的安定、信任和同理心之後，彼此之間仍然能夠產生興趣、相互關懷和欣賞，從而使愛情關係的成分在交往中不斷地發揮作用。

㈡家庭管理

一般而言，家庭可以提供一種促進個人成長及增進心理健康的環境。學習建立這種環境是中年人的一項任務。能否形成積極的家庭環境氣氛，要看個體能不能預知所有家人的需求，並組織好時間和資源，以滿足這些需求。成功的家庭管理要求有行政管理技能。一個人的管理技能將影響心理生活環境的性質，並決定著這種環境是否有利於每個家庭成員的成長發展。

家庭管理的發展任務是個體在五個方面對技能培養及概念學習的過程，包括有：評估需求和能力、決策、安排時間、設定目標，以及與其他社會團體建立關係。家是一個特殊的世界，因爲它讓成年人根據家人的日常需要的長遠目標，盡最大的靈活性、創造力和適應性，以充分發揮作用。

㈢為人父母

爲人父母是一項非常堅辛的任務，它需要經過大量的學習。孩子在不斷發生變化，經常有出人意料之舉。因此，成年人在新的情境之中必須敏銳、靈活，以滿足孩子們的需要。撫養孩子的體驗因孩子而異，而且家族系統的變化要求新的靈活性及新的學習 (Knox & Wilson, 1978; Zeits & Prince, 1982)。但是，每多生一個孩子，就越不用擔心該如何撫養孩子。孩子會幫助成人學習如何做父母。他們對成人的努力也作出反應，並按照其發展途徑來堅持他們自己的看法。

隨著孩子一天天長大，他們對父母的要求也會有變化。嬰兒需要連續有人照顧和關心。學前兒童則需要玩具和夥伴：他們能花大量時間獨自玩耍，但也會需要父母肯定、接納他們的技能、天賦和恐懼。剛進入青少年期的人很少要終日照顧，但是在諸如駕駛汽車、約會、徹夜不歸或外出度假這些事情上，依舊讓人操心。

一些家庭研究提出了家庭發展的幾個模式。這些模式，尤其是Dnvall (1977)、Hill (1965) 和Sanier、Sauer與Larzelere (1979) 所介紹的模式，強調與孩子發展水平變化有關的家庭變化。意思是說，孩子的需要、能力和社會交往的變化，會促進家庭成員之間交往、活動和價值觀的變化。

筆者歸納家庭發展階段有六：

- 生育及嬰兒剛出生後的歲月。
- 孩子蹣跚學步的歲月。
- 孩子上小學的歲月。
- 孩子步入青少年期的歲月。
- 孩子離開家庭後的歲月。
- 做祖父母的歲月。

這種家庭發展觀有不少問題。首先，結婚時間的長短和父母年齡與孩子年齡或發展階段，是混淆在一起的。父母的年齡、孩子的年齡或者兩者結合在一起，都可能同樣能說明家庭重心的變化 (Nock, 1979; Spanler, Sauer & Larzelere, 1979)。其次，這種觀點並無助於我們理解那些沒有孩子的家庭或者其結婚史比當父母的歷史還要短的再婚家庭的發展。其次，從心理社會學的觀點看，我們認為父母和孩子的影響是相互的。孩子發展水準的變化對於他們與父母交往的性質有潛在的影響，父母發展水準的變化也有其潛在影響力。而且，每個家庭成員能引起其他人的矛盾衝突、變化或成長。家庭成員的感情情緒以及彼此保護不受外界威脅的需要，促成了一種動態的相互依賴性。在某種程度上講，家庭成員很容易彼此影響。

為人父母是很有壓力的，它充滿了佔用時間的衝突和要求，夫妻原本可以把這些時間花在兩個人身上的時間。不過我們要說，為人父母導致的某種衝突，也為個人成長提供了無數潛在機會。透過為孩子提供有意義的反應情境，父母親有機會清楚地表達他們自己的價值體系，並且在孩子身

上不斷看到他們努力的成果。成長並不是說要迴避或儘可能地減少緊張氣氛，而是指要選擇最有影響或極具複雜的挑戰，期望在迎接這種挑戰的同時獲得成長發展。

㈣職業生涯管理

工作是成年人發展的一個主要情境。每個進入勞動市場的人都有其職業經歷。這種職業生涯不一定像有的人在定義「職業生涯」時說的那樣循序漸進（Wilensky，1961）。但是，只要一個人置身於運用自己的技能和天賦的事務之中，我們就可以說，工作經驗和個人成長之間有明顯的相互性。一個人一旦進入了某種工作角色，與工作環境後，這個人的舉止活動也影響著其智力、社會以及價值觀的取向。畢生的職業生涯是各種變化活動、目標以及滿足來源流動的結構整體。在中年這段時間裏，職業生涯的管理安排成為一個重要任務，它對於個人效能感和社會整合性來說，都相當重要。依據在適應及個人發展中作用的大小，這些影響是與中年人的人際關係、權威關係與技能要求有關。

一個人職業生涯管理不一定指一個人畢生工作於同一機構之中。工作任務與目標可以改變。其原因有四：

有些職業在中年期就結束了：職業運動員生涯就是一個例子。他們的力量、反應、速度和耐力，都下降到無法再進行比賽。

有的人無法解決工作需求與個人目標之間的衝突：我們聽說過有些成功的商業主管轉而務農，或者公共關係專家退到鄉村地區推銷房地產之類的事。人到中年時，有些工作人員認識到，在他們所選擇的工作部門內，絕無可能做出他們所期望的貢獻。還有的人發現，他們的性格氣質不適合在最初職業中發展。

認識到自己的成就在某個職業內已達到可能的頂點：他們不可能得到進一步的提拔，或者說日新月異的技術發展使得他們的專長已過時。他們可能決定重新接受培訓找一份新工作，或者返回學校進入新的職業發展方向。

表2-18   影響中年職業變化的條件

促進變化的條件	阻礙變化的條件
就業充分（工作機會越多，總體職業和工作流動性就越大）	一個中年人居多的小社會（年過35歲的工作人員工作和職業流動率最低）
一些職業中大部分工作人員職業流動性很高（農業、職員、高級人員）	勞動力構成當中的白領和專業雇員很多（要求受教育程度高、有文憑的職業的跳槽率較低）
工作人員的才智未獲得充分利用（訓練有素的人在低技術崗位上工作，就比較可能換工作、換行業）	工業和商業增長緩慢（經濟停滯時期更換職業和工作的人數較少）
年輕的勞動力（20幾歲的工作人員最可能流動）	相當多工作人員在養老金計劃中都有投入（退休計劃在收入上的舉足輕重的地位遏制了工作更換）
勞動力中婦女比重較高（婦女是新興的勞動力，即使到了中年，也表現出年輕工作人員的職業特點）	相當多工作人員害怕工作不公平待遇。

Source: S. Arbeiter, " Mid-life Career Change: A Concept in Search of Reality, " AAHE Bulletin, 32(1979), no. 1. Reprinted by permission of the author.

　　有些婦女等到子女一旦進入中學或大學，就把更多的精力投入職業當中：為了承擔撫養孩子的任務，她們過去從勞動市場中退出來，等她們重新工作時，她們還得把家庭主婦的責任與職業目標結合起來。然而，等她們把主要精力從家庭移到工作時，她們的生活當中就要出現預料中的中年職業變化。

　　中年職業變化（工作的第二春）在當今的勞動市場上到底有多流行，對此尚有疑問。這並不是說重新評價一個人的職業目標以及個人滿足感不好，而是說，更換工作角色的機會可能由於許多條件而顯得十多有限。這些限制條件包括工業增長緩慢，工作人員年齡老化，中等管理職位擁擠不堪。（**表**2-18）列出了可能促進或者可能限制中年職業變化的一些條件。

老年期發展

老年由於身體疾病增多，健康狀況不良，甚至配偶、親友相繼過世，若再加上退休，收入減少，使其社會生活型態改變，因而老人在情緒上較感孤獨、冷漠及對健康焦慮。因此，老人是否保持積極參與社會的態度，非常重要。而老年期發展的任務在於：

- 能適應逐漸衰弱的身體。
- 適應退休與收入減少的事實。
- 與朋友、家人、社區保持關係。
- 安排令自己滿意的生活型態。
- 重新評估個人價值觀與個人生命的意義。
- 接受死亡的來臨，並視為生命持續而永不終止的。

(一)參與新角色和活動

角色轉移和角色喪失在生活中的每一個時期都要發生。然而，在老年期，種種角色的轉換往往會導致生活機能的變更。守寡、退休及朋友去世均導致角色喪失。同時，新的角色——成為祖父母、高級顧問、社團領袖、退休者——要求形成新的行為和關係的模式。

年長成人通常發現：隨著作父母的角色責任的減少，他們有更多的時間和精力從事休閒活動。不同類型的休閒活動可以滿足各種不同的心理社會需求。在一項對閒暇活動益處的研究中，五十六歲以上的男性和女性描述在他們主要的閒暇活動中找到的滿足來源（Tinsley et al., 1985）。（**表2—19**）列出六大類型閒暇活動與其每一類型的主要益處。這個表顯示：不同類型的活動可滿足不同的需要。它還為那些不能持續一項特定活動或對一項活動不感興趣但願意嘗試其他項目的成人，提供了某些心理上相等價值的活動。

另一個沒有被包括在（**表2—19**）中的活動，是身體鍛鍊。對越來越多的年長者來說，身體鍛鍊正成為一項重要的閒暇活動，因為它的益處與健康、自尊及生活的樂趣有關。一般人不習慣鼓勵年長的成人從事強烈的活動。他們認為向來不慣於活躍的身體鍛鍊的人會被身體鍛鍊所傷害。然而，

表2-19 閒暇活動及它們的心理益處

類別	主要益處
1.打牌 　賓果遊戲 　保齡球 　跳舞	交往友誼
2.野餐	體驗一些新的不尋常的事物
3.看體育節目 　(不是從電視上) 　看電視	逃避與他人相處的壓力
4.種植家庭植物 　收集照片 　收集古董 　閱讀	幽靜、安全
5.編織或針線 　木匠工作 　製陶	表現並確認其價值，但只是在獨自的個人環境中
6.志願服務 　志願的職業活動 　參加社會群體的會議 　參加宗教群體的會議	智力刺激，自我表現，服務

Source: Adapted from H. E. A. Tinsley, J. D. Teaff, S. L. Colbs, and N. Kaufman, "System of Classifying Leisure Activities in Terms of the Psychological Benefits of Participation Reported by Older Persons," Journal of Gerontology, (1985), 40, p.172-178. Reprintedby permission of the publisher.

表2-20 對死亡的恐懼

	年齡		
	20-39	40-59	60$^+$
害怕／恐懼	40%	26%	10%
既無怕也無不怕	21	20	17
不怕／渴望死	36	52	71
看情況而定	3	3	2

Source: R. A. Kalish and D. K. Reynolds, Death and Ethnicity: A Psychocultural Study (Los Ageles: University of Southern California Press, 1976), p.209.

一項對成年期鍛鍊的研究卻提出了極為對立的解釋。研究指出，不僅成人能獲益於一項鍛鍊計畫，而且某些人以坐姿為主的生活方式的不良後果也可以得到糾正（DeVries, 1975）。例如，Hopkins和她的助手們（1990）執行一項計畫：讓五十七至七十七歲的婦女一連十二星期每星期三次參加影響較小的有氧健身舞蹈班。這項課程包括伸展、走步、舞蹈運動、大臂運動、大腿運動。十二星期後，這一組人表現出心臟呼吸耐受性（以最快速度快走半英哩）、柔韌性、肌肉力量、身體靈活性與平衡能力的改善。沒有參加課程的對照組婦女則在所有這些方面的測量中保持不變或下降。

㈡接受自己的一生

到了老年期，關於一個人在中年期主要任務——婚姻、養育子女、工作——的成功與失敗的證據已經積累起來。藉以判斷一個人在這些方面的適應性的資料已很豐富。隨著介入養育子女的角色的降臨，年老者有機會增加對自己婚姻關係的和諧程度的注意。他們會評價是否他們對自己的關係變化作出了成功的反應，或者是否他們的婚姻隨著與孩子相分離而衰退。在評估自己的孩子是否為成熟的成人，父母們能夠確定是否他們曾幫助孩子們有創造性和有道德地接受親密關係、工作及養育子女的考驗。在工作角色中，年老者會開始評估在什麼程度上他們的創造成果實現了他們的能力，以及在什麼程度上他們實現了自己職業成就的個人目標。

每個人不可避免地會有一定程度的對自身成就侷限的失望。他們必須能夠接受擺在他面前的現實，並認識到在他們的成就與他們的目標之間總不免會有差異。這種接受個人過去生活為既成事實的過程，會是一個很艱鉅的個人考驗。一個人必須能夠把某些方面的失敗、危機或失望，結合到自我形象之中，而不是背負無力感的包袱。一個人必須能夠為自己各方面的成就而驕傲，即使它們並沒有完全達到個人的期望。

接受個人的一生的主要課題之一，是思考究竟由什麼構成了被他人接受或拒絕的種種因素。根據Costa 與McCrae（1980）和McCrae 與Costa（1983）的研究資料，影響老年期接受自己的一生的結論為：

- 大多數人對自己的生活以及對自己的需要被滿足的方式感到滿意。
- 三十至五十歲這一年齡範圍被大多數人認為是生命的最旺盛時期，雖然許多這一年齡層的人並不對這一全盛時期引以為然。

- 養育子女是成年期最大的衝突。養育子女既是一個獲得滿足的重要來源，也是問題或壓力的來源。
- 對父母身分和工作的滿意度隨年齡而增長。一般來說，年長成人不像年輕人那樣把生活體驗看成那麼緊張。
- 對生活的滿意度不只與客觀的測量因素有關。它可能是透過人格這一過濾器而置於生活事件之上的一種概念化意向。

㈢建立一種死亡觀

不可避免地，在老年期，嚴肅的、駭人的和令人不快的有關死亡的問題，充斥著人們的思想。成年中期是大多數人失去自己父母的階段。在成年晚期，他們的同伴們相繼去世。這些死亡是心理壓力的源泉，使成人不僅捲入試圖接受或理解死亡的認知活動，也陷入悲傷與痛苦的情緒過程。（有關死亡與哀傷課題，請參考第十八章）

一種死亡觀的發展是源自於兒童期的過程的延續，直至老化期才能徹底完成。對死亡的最早的擔憂──在幼兒期──反映了無法想像沒有生命的不可逆轉的狀態。幼兒們往往認為，一個人可在某一刻死去又在另一刻「復活」。到了學齡期，孩子們有了相當現實的死亡概念，但不會把這種概念與他們自己或其他與自己關係密切的人聯繫在一起 (Anthony, 1972)。

人們對有關自己的死亡的想法，只是到了青少年後期的某些時刻才變得十分現實或有針對性。在此之前，人們還沒有建立起整合的認同。因此，他們不大會針對遙遠的未來而保護自己，或想像他們自己的死亡。在形成個體認同的過程中，人們提出關於死亡、生命的意義、死後生命的可能性等問題。在這一階段，他們開始形成一種死亡觀。由於較大的青少年深深沈溺於自身的獨特性，他們往往會有高估的自我價值感。他們還在自己成人期一開始時瞭解自己。在這一階段，死亡的預見帶有極大的恐懼。有些成人怎麼都克服不了對死亡的恐懼，它與深深的自戀和自我價值感聯繫在一起。

年輕成人已經形成他們希望持久的親密性的個人連結。這一時期人們對死亡的看法包括某些對他人可能死亡的焦慮，產生對他或她的責任感。一旦自己的個人命運與那個人的命運聯繫在一起，自己的死亡也就更具影響性。因此，一種死亡觀必然涉及某種能為自己伴侶提供種幫助的感受，

或是對同伴在自己不在時也能對生存感到有信心。一個人的死亡觀由關注個人自己的死亡擴展為評價個人與他人的關係和交互賴性。

在中年期，人們意識到，他們已經活過了自己一生的一半。隨著父母及其他長輩的死亡，死的問題越來越具體化了。與此同時，成人們開始對自己的家庭和社區有較大的影響。不斷增加的效能和生命力感減少了對死亡的恐懼 (Feifel & Branscomb, 1973; Fried—Cassorla, 1977)。一個人從他自己對下一代的奉獻中所獲得滿足的程度，將決定這一時期對死亡焦慮的程度。創生感的成就應使成人們感到：他們的影響即使在死後也會被人所感受到。

理想的是，在老化期，關於死亡的自我擔憂變得較小。人們開始隨著進一步生活並開始把死亡視為生命中的一個自然結果而接受自己的生活。死亡不再威脅人的價值，不再威脅實現成就的潛能或是有關影響他人生活的願望。作為接受個人生的結果，人們也可接受它的結束而不再恐懼或沮喪。這並不意味著他樂於死去，而是接受死亡這一事實。年長成人能評估他們所作的貢獻，也明瞭這些貢獻並不會因他們軀體的逝去而消失 (Kubler—Ross, 1969, 1972)。

死亡觀的發展既要求有接受個人死亡的能力，也要求有承擔自己親戚和朋友喪失的能力。在同伴的死亡開始摧毀成人自己也身居其中的社會群體時，後一項任務比前項可能還要困難。失去自己的朋友和親戚意味著失去日常夥伴、共享記憶和計劃的世界，以及對價值觀和社會規範的支持的來源。他人死亡的情境也可能帶來很大的威脅。一個別人眼看著別患長期疾病，在生命力正繁盛、茁壯之時突然死去，或死於突如其來的、毫無意義的意外事故，在這些情況下，仍存活的成人必然會問自己關於這些人的生命價值。他們也越來越多地考慮有關自己的死亡情境。

美國文化儀式允許成人們應付與死亡有關的焦慮。精心安排的葬禮，瞻仰遺體，棺柩或骨灰盒、墓碑或墓地的選擇，照料墓地的供給，都使成人們透過對它的關注而使成人能對它實施某種控制，來體驗自己的死亡的現實性。葬禮出殯的細節並不使成人更近於對死亡的情緒性接受，但它們的確糾正了關於他們死後種種事件確定性的感受。實際上，有些人把自己的葬禮看作為最後的社會聲明。所有關於死亡的程都是設計來突出對死者的社會地位及道德品質的認識。死亡這一事件是對活動性、創造力和個體

性的文化價值的直接否定。為了偽裝把死亡看作為最終失敗的看法，人們會嘗試透過設計這種自己的葬禮的情境，來維持能力的一種幻覺。

　　一些調查者們考察了個人對死亡的焦慮的根源，以及不同年齡上對死亡的關注的變化。雖然年長成人似乎比年輕成人更明顯地考慮到死亡，他們以似乎並不對死亡感到更為可怕。在對成年早、中、晚期四百多人的一項調查中，死亡對最大年齡組（六十歲以上）的人是一個較為突出的問題（Kalish & Reynolds, 1976）。這些最年長的成人覺得：他們更願意在不久的將來死去。他們比年輕的受試者知道更多已死去的人，參觀墓地或參加葬禮的機率也較高。最年長的這些成人往往更會對己的死亡作出某些特殊的安排，包括購置墓地，寫遺囑，作葬禮安排等。然而，在這最年長的組裏，表現出的對死亡的恐懼最少，且表示他們不懼怕死甚或渴望死去的人的百分比最高。

　　對個人死亡的恐懼是一種自然的，正常的體驗。對死亡的恐懼可能有多種原因，其中，有些與死亡的實際過程有關，另一些與死亡的後果有關。對亡亡過程的擔憂包括害怕孤獨、生病、讓別人看到痛苦，或對自己的思想和身體失去控制。對死亡的後果的擔憂包括害怕被人忘卻、喪失認同（「人們會把我忘掉」）、別人會感到悲痛、身驅解體、來世受懲罰和痛苦（Conte, Weiner & Plutchik, 1982; Florian & Kravetz, 1983）。

　　死亡對於年長者似乎並不像對於年輕者那麼可怕。（**表2—20**）顯示出三個年輕組的成人對不述問題的反應：「有些人說他們害怕死亡，而另一些人說他們不怕。你有何感受？」隨著年齡的增長，承認恐懼的人人增加。Bengston, Cuellar 和Ragan（1977）在他們對一千二百多名成人的調查中，發現了相似的模式。所表達的恐懼隨年齡增多而下降。四十五至四十九歲組對死亡有最大的恐懼，七十至七十四歲組對死亡死懼最低。

參考書目

賴保禎、張欣戊、幸曼玲 （民78）《發展心理學》台北國立空中大學

張欣戊 （民80）《兒童發展》台北：五南圖書公司

莊懷義等 （民79）《青少年問題與輔導》台北：國立空中大學

張春興 （民80）《現代心理學》台北：東華書局

張春興 （民80）《心理學概要》台北：東華書局

吳靜吉等 （民78）《心理學》台北：國立空中大學

游恆山 （譯）（民80）《心理學》五南圖書公司

楊國樞　張春興主編 （民78）《發展心理學》桂冠圖書公司

郭靜晃 （民82）《發展心理學》台北：揚智出版社

王鍾和 （民71）《兒童發展》台北：大洋出版社

張春興 （民80）《張氏心理學辭典》台北：東華書局

黃富順 （民82）《成人心理》台北：國立空中大學

　　　　（民　）《人類發展》台北：華杏出版社

Hebb, D.O. (1972) *Textbook of psychology* (3rd ed.) Philadeophia W. B. Saunders Company.

Bigner, J.J. (1983) *Adult psychology*. New York: Harper Row.

Bigner, J.J. (1983) *Human development*. New York: Macillian.

Maccoby, E.E., & Jacklin, C.N. (1974) *The Psychology of differences*. Standford, CA: Standford University Press.

西蒙・佛洛依德 (Sigmund Freud, 1856－1939)

　　乃是首位以精神分析的研究方法來治療其
精神病患的心理學家，此方法雖然沒有任
何組織結構上的解釋依據，却成功地治療
精神病患者，佛氏相信一切精神疾病乃因
當事人潛意識中壓抑的心理衝突無法化解
所致；在其治療過程中，乃是藉自由聯想與
夢的解析，將心理衝突提昇至意識層面，其
理論相信早期的人生經驗、壓抑與情感，
將影響個人一生的發展。

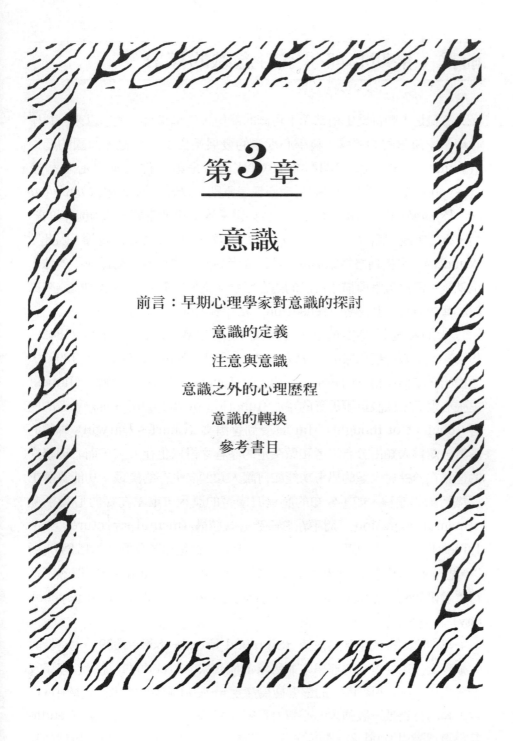

第**3**章

意識

前言：早期心理學家對意識的探討

　　意識是人類行為中相當深不可測的部份，也是自有心理學以來，科學心理學家所重視的領域。科學心理學的發展始自十九世紀，德國的馮德 (Wilhelm Wundt，1832－1920)。Wundt是第一位自稱是心理學家 (psychologist)的人，他的《生理心理學原則》(*Principles of Physiological Psychology*) 是第一本心理學教科書。Wundt非常關心人類心智的結構，亦即組成意識 (consciousness) 的元素，如，概念和感覺等。因此，Wundt的主張被稱之為結構論。結構論者對心智歷程的研究採取內省法，也就是由個體觀察與描述自己的內在經驗，從個體對內在經驗的描述來探討心智如何建構其感覺 (sensation) 和知覺 (perception)。

　　大約在相同時期的另一著名心理學家William James (1842－1910)，《出版心理學原則》(*Principles of Psychology*) (James, 1890)，並提出與結構論相反的觀點——功能論(functionalism)。詹姆士(James)主張心理學家應該重視思考的功能 (function of thought)，而非思考的內容 (content of thought)。James受到達爾文 (Charles Darwin) 思想的影響，認為人類由於有思考和做決定的歷程才得以生存下來，而心理學家的任務在於探討人類的思考功能如何讓人類迎向生存的挑戰。功能論著重意識活動的歷程，如，覺知的歷程與學習的歷程，重點在探討心智活動 (mental operation)，而不在於研究心智結構 (mental structure)。如，James所言：「我的思考之最初及最終目的，總是為了我的所做所為」。所以，思考本身不是目的，思考是為了形成有效的行為。James自己雖然不進行實驗研究，但他的思想則為後來的實驗心理學 (experimental psychology) 開啟先河。

　　早期心理學家中佛洛依德 (Sigmund Freud，1856－1939) 也是探討人類意識作用的著名心理學家兼臨床治療學家。Freud的學說對心理學及精神病學 (psychiatry) 的影響極為深遠。Freud從觀察患者的經驗中，發現人類的行為被一股強大的心智力量所支配，但並不為人所自知，Freud稱其為潛意識。Freud認為人的許多心智歷程是個體無法覺察到的，也就是我

們的思考歷程並不完全能藉內省而接觸到。Freud創心理分析理論（psy-choanalytic theory），該理論除了強調潛意識的存在，亦論及人的心智結構，包括：自我、本我和超我。對人類而言，除了哥白尼（發現地球並非宇宙的中心）和達爾文（發現人類並非獨立於動物界中的其他動物而存在）之外，Freud提出潛意識的觀點，讓人類的自戀與自我形象遭遇另一次傷害，人類發現自己竟由許多未知的、潛意識的力量所影響（Pervin, 1989）。

在1920代至1950代之間，以美國心理學家華生（John Watson，1878－1958）為主導的行為主義，反對意識的探討。行為主義者主張心理學研究應以可觀察的行為為對象，所以一切心智、意識及心理歷程（mental processes）應該摒除在心理學門外。直到1960年代之後，認知心理學興起，人的內在歷程重受青睞，心智結構及心理歷程才又成為現代科學心理學的重要領域。

意識是當中一個複雜而迷人的主題，雖然心理學家有系統的研究意識狀態的時間並不長，但是已累積了不少有關的研究與知識。本章將概述目前心理學對意識探討得較多的幾個層面：影響意識的因素、睡眠、夢、催眠、瞑想、藥物與意識等。

意識的定義

　　李先生和林小姐同時參加公司每週的例行討論會。李先生注意到林小姐對著手中一張卡片沈思，嘴角漾著甜蜜的微笑。

　　「林小姐，關於剛才張課長所提的案子，你有什麼意見沒有？」對於主席的詢問，林小姐沒有反應。坐在旁邊的李先生趕緊碰了一下林小姐，她才如夢初醒的把視線投向主席，回答道：「這個……，抱歉，我剛沒聽清楚…？」

　　散會後，林小姐覺得很尷尬，但仍禁不住又沈湎到手中卡片的世界裡。

生活中類似上述例子的情形不勝枚舉，頭腦雖然是清醒的，但是却無視於周遭事物的存在。也就是人雖身處各式各樣的刺激中，然而可能只專注於內在世界，並未對外在刺激有所覺察。所謂意識便是指對自己的存在、

自己的行為、自己的知覺與思考等的自我覺察 (self−awareness)。當我們說「意識到某事物」時，表示我們覺察到某事物。例如，你可能此時覺察到屋外有車聲，有人在交談；可能意識到此時屋內寂靜無聲；當你和朋友說話時，你意識到對方的樣子與音調；你可能正意識到自己餓了；或者，你正在計劃未來的人生；也可能正沈湎在回憶中。

　　個體於對外在刺激與內在心理事件的自我覺察過程中，包含三個特性 (Darley, Glucksberg & Kinchla, 1991)：

反應

　　人是否在意識狀態中，有一個明顯的指標便是能對刺激產生反應。當個體在昏睡之中，在深度麻醉之中，或有嚴重腦傷，對刺激將無反應，即處於無意識狀態。不過在睡眠中的人，仍然會顯出某些反應，有些人在輕觸或輕喊其名之下，便會醒來；睡得熟些的人，也能在大叫或搖撼時醒來。一般人醒來後，很快的會恢復正常的反應程度，有些人則須洗洗臉、喝杯咖啡之後，才能完全清醒。生理狀況不佳者，如太累或生病了，反應也會較慢。

　　人在意識到刺激時會有反應，但是個體有反應則不一定是意識到刺激的存在。人的許多反應由自動化歷程 (automatic processing) 所控制。例如，駕駛汽車，大部份人多半已不須覺察開車本身，便能完成開車的活動。熟練的駕駛員幾乎可以一邊開車，一邊想別的事，或一邊與人聊天。我們也常常一邊洗澡，一邊思考事情，或一邊走路一邊聊天，日常生活中類此一心二用的例子比比皆是。也就是我們從事許多活動都是相當自動化，而不為我們所自覺。個體並不需要時時覺察內外在世界才能有所反應。

認知能力

　　當個體能自我覺察時，表示擁有正常的認知能力 (cognitive capacity)，能說話、記憶、想像與推理等。年幼者、智能障礙者、某些心理疾病患者，可能會有不正常的意識狀態，如，語無倫次、不能記憶、缺邏輯推理能力。一般成人在清醒的時候，以及在未吸毒和酗酒的情形之下，均有

某種程度的認知能力。雖然自我覺察是一種描述自己的思考過程的能力，但是大多數心理學家都同意人們對自己的思考過程，所能意識到的只是一部份而已。Freud的心理分析理論即強調潛意識部份是個體所未能覺察的。

人格特質

人格特質中的價值觀、態度、感情、情緒會影響意識。個體之間意識的不同，有如人格的差異。同一個體在態度改變或不同的情緒狀態下，意識亦將隨之而異。當個體焦躁不安時，對事物的刺激會產生不同的覺察與反應。

注意與意識

個體並不會意識到感覺器官所接收到的所有刺激。在上課中的教師，專注於講課，而沒聽到室外正下著傾盆大雨；上課中的學生，正沈湎在昨晚的電視連續劇中，未聽進教師的聲音。這種控制個體對環境事件的覺察（awareness）之選擇歷程（selective process），即稱之為注意（attention）。也就是說「注意」是個體對當前存在的刺激，只選擇並集中於環境中部份（或某一）刺激反應的心理活動現象（張春興，民67）。因此，注意歷程決定了個體產生意識的對象。影響注意的因素一般包括：

- 外在刺激的強度、新奇、變化、出奇不意性、特殊性等因素，如，移動的物體、教室中的新面孔。
- 內在的生理狀況，如，飢餓時，有關食物的刺激均易引起注意。
- 個體從事的活動之性質，將影響個體的注意。如，觀賞吸引人的電影，閱讀引人入勝的小說、玩電動遊樂器等，都是令人集中注意的活動，它也將使得個體忽視其他刺激的存在。
- 個體過去的經驗、特殊的興趣、專業的訓練與能力等均影響注意。

只有被注意到的內外在刺激，才能被個體所覺察，進而產生意識，當

個體選擇某些刺激予以注意時，其它刺激就被忽視了。

意識之外的心理歷程

注意是意識的先決條件，也就是除非個體注意到某事物了，否則不會意識到該事物。不過當個體注意某事物時，不表示一定會有意識。個體常在無意識狀態下也有「注意」的現象發生。例如，熟練的駕駛員能對各種刺激做反應，但對這些刺激未必有所意識。個體的意識歷程是有限的，但無意識歷程則是無限的。

一般人總認為能覺察自己的心理歷程，但是人們所能覺察的其實只是整個心理歷程的一小部份，有如冰山露出水面的一小塊而已。曾有學者 (Nisbett & Wilson, 1977, 1979) 發現人們自以為對心理歷程有所意識，實者不然：

> 「學生先觀賞一個影片，然後從幾個不同層面估量該影片，例如，對影片的興趣程度。第一組受試看的是焦距模糊的片子；第二組受試受到外面鋸子聲音的干擾。控制組受試則不受此二因素干擾。當受試被問及其對影片的評量是否受到噪音或不良焦距的影響時，第二組受試有百分之五十以上報告說噪音干擾他們的評量；第一組受試有百分之二十五報告說不良焦距干擾他們的評量。但是，實驗結果顯示三組受試的評量幾乎是一致的。所以受試所報告的噪音或不良焦距的干擾，實際上並未影響受試的評量。
>
> 在其他的實驗情境中，學生報告說未受刺激因素影響者（未覺察到刺激的影響），事實上顯示行為受到刺激影響了；而報告說受刺激因素影響的學生，實際上他們的反應則顯示未受影響。」

利用內省法很難正確覺察複雜的心理歷程。個體的心理歷程有大部份不在個體的意識範圍內，如，無意識(nonconscious)、下意識(subconscious)和潛意識(unconscious)的心理歷程均非個體所能覺察。在無意識的心理歷程中，有許多訊息雖然不在意識或記憶中，但卻實實在在的影響個體的身心活動。下意識指的是存在於記憶中的訊息，當下雖然未在意識中，但在特殊引導之下，能回想起記憶中的訊息而進入意識中。如，有些

患者藉催眠治療（hypnotic therapy），能夠知覺到下意識的訊息，並加以處理。至於潛意識則是不在意識中的心理歷程。在心理分析理論中，佛洛伊德（S. Freud,）認為個體為了逃避焦慮，將不愉快的記憶與感受從意識中予以排除而壓抑到潛意識之中。

意識的轉換

正常情形下個體在清醒的時候雖然大部份處於意識狀態，但是當個體在睡覺的時候、在催眠之中，或因白日夢與幻想，而有不同的意識狀態。此外，藉藥物等外在因素的介入，也將形成不同的意識狀態。

白日夢與幻想

坐在教室內上課的女生，可能正編織著「麻雀變鳳凰」的故事；躺在床上的阿兵哥，可能正對著牆上的美女照片編織著浪漫的美夢；一個父母離異的小孩子，可能浸淫在與雙親同遊的幻想中。日常生活中，每個人幾乎都有類似上述的幻想經驗，這些在心中形成的圖像，便是所謂的白日夢（day dream）。白日夢是一種轉換的意識狀態，是注意力從外在刺激轉移到內在刺激的歷程，思考內容不再與當下的外在刺激有關。

任何年齡的個體都會有白日夢，根據Singer & McCraven, (1961)的研究，240位受試中(18到50歲)有96%報告說有白日夢的經驗，其中以18到29歲的受試有較多白日夢，年齡愈大，做白日夢的情形愈少。事實上當個體獨處或閒著的時候，白日夢是經常出現的正常現象，尤其在入睡前的時刻最易產生幻想，大部份人也都能接受與享受其白日夢，而不以為忤。因為幻想著「如果事情不一樣的話……」，並非就表示逃避或脫離現實，而是一種個人的期待或是一種對現實的考驗。正常情形下，許多白日夢都和現實事物及人際關係有所關聯，不全是不符現實的臆想。對年幼的孩子而言，幻想是其因應日常生活、父母親的虐待、或心理孤寂等困境的方式。

睡眠

　　每個人的一生大約有三分之一的時間花在睡眠上，睡眠對人的重要性不言可喻，由於睡眠在人生中佔著重要的位置，許多心理學家及科學家均致力於探討睡眠的本質及其對人類的功能。睡眠的研究不易，關於睡眠的研究，近三十年來才有比較快速的發展。目前已有一些研究發現，雖然只揭開睡眠的神秘面紗之一小部份，但是爲未來有關睡眠的研究開啓先鋒，而且也讓人們對睡眠有些認識。

　　關於睡眠的功能，雖然並未十分清楚，但從人需要睡眠而言，它必然扮演著某種重要的功能。有學者 (Cohen, 1979) 提出適應論 (adaptation theory) 的觀點，認爲睡眠是爲了生存。原始時代，人類在夜晚保持安靜可以躲避野獸的侵襲，而且能保存能量以備白天的獵狩。與此論點相似的是能量保存論 (energy conservation theory)，主張睡眠是爲了保存能量。有研究Allison和Cicchetti (1976) 比較不同種類的動物所需睡眠時間的長短，發現清醒時耗費能量較大的動物，睡眠時間較長。

　　人在睡眠時，腦部仍然很活躍，大腦的血流量以及氧的消耗量都大於清醒時。關於睡眠的研究大都在實驗室中進行，受試者均自願接受睡眠時讓實驗者在其身上放置各種電子儀器，以測量睡眠時的腦部活動。進行睡眠研究常用的記錄有三種：第一種爲腦電波 (EEG；electroencephalogram)，人在鬆弛、興奮和睡眠各時期的腦波振幅不一樣。鬆弛狀態時的腦波叫 α (alpha) 波，是一種頻率低，電壓高的電波活動。睡眠時腦波的振幅較慢而大，稱爲 δ (theta) 波，爲頻率更低，電壓更高的電波活動。興奮時的腦波呈快速而小之振幅，稱爲 β (beta) 波，爲高頻率，低電壓的電波活動。第二種爲眼波圖 (EOG；electrooculogram)，記錄眼動的頻率與強度。第三種爲肌電圖 (EMG；electromyogram)，記錄肌肉的收縮反應。

　　人在睡眠的時候，腦波活動呈現有規律的變化。關於睡眠的研究發現正常的睡眠，依腦波活動的變化可分爲四個階段。

　　人在清醒時有兩種電波活動，一種是清醒而警覺的狀態時，腦波呈現快速而不規律的電壓變化；另一種是清醒而鬆弛狀態時，腦波的波動較慢

而有規律。睡眠狀態時，腦波隨著睡眠階段的進展，變得愈來愈慢，而且愈來愈有規律。階段一的睡眠指的是入睡之後約10—20分鐘的時期，緊跟著進入二、三、四階段。第四階段是睡眠最深沈的時期，最難被叫醒，而且是夢遊（sleepwalking）、夜驚夢魘（night terror）及尿床現象最常出現的睡眠階段（Dement, 1971）。從階段一到階段四是一個循環，大約九十分鐘，接著是大約十分鐘的快速眼球運動（REM；rapid eye movement）睡眠階段。然後又重複四個睡眠階段與REM睡眠的另一個循環。正常的睡眠，一個晚上大約反覆經歷六到七個循環週期。

在REM睡眠階段，腦波的活動和階段一的睡眠時期很相似，也和清醒而警覺狀態的腦波類似。眼波圖顯示REM睡眠階段，眼球呈現快速轉動的情形。每個人每天的睡眠時間中約有20%的時間是在REM睡眠狀態，其餘階段一至階段四的睡眠階段則稱之為NREM睡眠（non－rapid eye movement sleep）。雖然REM階段腦波與清醒狀態類似，而眼球亦快速轉動，但是，肌肉則呈現鬆弛狀態，所以不會對外在刺激產生反應。Dement和Kleitman（1957）為了證明睡眠時的快速眼動表示個體正在做夢，而在NREM階段則沒有夢的假設，進行一項研究，結果發現每當個體正出現快速眼動現象時，予以叫醒，有85%的受試能回憶夢境。不過晚進的學者（Foullkes, 1983；Anch et al., 1988）則指出，並非所有的REM睡眠都伴隨夢的活動，而且有些夢出現在 NREM 階段。REM階段的肌肉反應幾近於麻痺，有心理學家（Chase & Morales, 1983）指出REM的階段的肌肉反應特質具有保護功能，可防止個體在睡夢中產生真實的行動反應，而傷害到人體。在REM階段雖然也有動作出現，但只是微小的肌肉反應，不會使個體受傷。

個體自出生以來，睡眠的量隨年齡的增長而減少，REM睡眠的量亦隨之減少。出生十多天的嬰兒，每天大約睡十六個小時，其中有50%屬REM睡眠。到了五歲時，REM睡眠的比例變為大約只佔總睡眠量的20%，幾乎與成人時的睡眠相同，而總睡眠量則隨年齡加大而持續減少，中年以後大約只需六小時的睡眠。

雖然大多數人所需睡眠量差不多，但是睡多久才夠，則因人而異。有人只需四、五小時的睡眠，醒來時便精神飽滿，有些人則睡了九、十個小時，仍嫌精神不足。因此談到失眠症（insomnia）時，很難下定義說睡不

足多少小時就是失眠。抱怨失眠的人去看醫生時，大多數醫生也都只能根據患者的自述去開處方，很少患者被置於實驗室中去觀察與驗證實際的睡眠狀況。人不必去爲睡多久才夠而擔心，只要自覺睡飽了就可以了。像有位七十歲的老太太，每天只睡一個小時便足夠，她說大家都浪費太多時間在床上了（Meddis, Pearson, & Langford, 1973）。可見睡眠量乃因人而異。

每個人都曾因爲擔心事情而失眠，或者因爲焦慮、緊張、換床舖、換地方、身體不適等而失眠，這些都是暫時性的，不足以造成個體的困擾。如果長期無法獲得足夠的睡眠量者，則可能有了失眠的困擾，其現象可能是難以入睡、半夜醒來不能再入眠等。但是不論症狀如何，失眠不是藥物所能醫治的，因爲失眠是其它身心病症所引起，需治療的是身心病症本身，而非「失眠」這件事。失眠的人若服食安眠藥，通常會使失眠狀況更嚴重，會變成藥物依賴，若不服食將無法入眠，而且服用量必須愈來愈大，因爲相同的劑量已無法達到入眠的效果。如果是因心理困擾所致的失眠，必須向心理醫師或專業輔導人員求助，服用安眠藥是揚湯止沸，不僅無濟於改善失眠，還可能因劑量的增加而有致命之險。

通常有失眠之苦的人，大都低估了其實際的時數。有些人則是假失眠（pseudoinsomnia），亦即夢見自己躺在床上無法入眠，待醒來時仍感到疲累，以爲自己真的失眠了。

除了失眠之外，還有數種常見的睡眠時的異常現象。睡眠窒息（sleep apnea），在睡眠中突然呼吸中止的情形，睡眠與呼吸二者不能同時並存。當有此症狀者，在入睡之後，呼吸便停止，其血液中的二氧化碳（carbon dioxide）濃度增高，迫使個體醒來以吸收空氣。當個體再度入睡時，又會重複呼吸中止的現象，如此反覆醒來又睡，睡了又醒的循環，有些人不記得自己這種睡眠時的異常現象，有些人則能覺察此現象，而爲此憂慮不已。有些成人的睡眠窒息現象可利用喉嚨手術來治療。嬰兒罹此症則較危險，有些研究者指出嬰兒的猝死症（sudden infant death syndrome）和睡眠窒息可能有很大的關聯。有些危險的嬰兒，可利用電子監控器來保護，當嬰兒停止呼吸時，監控器會發出警訊，讓父母可以及時搖醒嬰兒，以免停止呼吸過久而死亡。

有些人會在睡眠狀態下離開床舖或走出房間，旁人可以叫醒他，但是

此時很難被叫醒，即使被叫醒了，他們常有困惑的感覺，並失去方向感。這種夢遊的現象大都出現在孩童，而且將隨成長而癒，不必為此強迫孩童就醫。另外有人出現說夢話（sleep talking）情形，此時旁人與之說話，他也能對答，顯示夢話出現在睡與醒之邊緣。有的小孩子睡到一半突然醒來，並發出驚叫聲，隨後很快又入睡。這種夜驚對孩童並無明顯的後遺症，而且孩子本身幾乎不記得曾經有夜驚的情形。夜驚與做惡夢（nightmares）不同，做惡夢是指夢見可怕的事，因而嚇醒，夜驚則是小孩子突然從第四階段的深沈睡眠中醒來，小孩被這種意識的突然轉換驚嚇到了。夜驚和夢遊一樣，最佳的處方就是順其自然。許多小孩在睡眠中尿床，有些孩子的尿床可能因情緒困擾所致，但是孩子尿床並非就表示有心理困擾，大部份孩子會隨成長而不再尿床。如果父母因小孩尿床而顯出緊張、煩躁或憤怒的情緒，甚至於責罰孩子，則可能會使孩子的尿床現象惡化。

夢

　　夢是人在睡眠時所出現的相當奇特的現象，在夢中人處在一個幻遊的世界裡，有各式各樣奇異的事件與行為。人在睡眠時為什麼會有夢？佛洛伊德（Freud, 1900, 1953）曾說：夢是進入潛意識的最忠誠之路。佛洛伊德認為睡眠時人的意識功能遲緩，警戒鬆弛，許多清醒時被意識嚴密監控的想法與感受，統統出籠。雖然在夢中能夠讓被監控的想法與感受獲得解放，但是它們仍然以偽裝的方式出現，以一種不符實際的幻想方式出現，這些幻像的內容便是夢。由於夢代表未實現的希望或慾望，且以象徵性的內容出現，所以佛洛伊德認為透過夢的解析，可使個體洞察其內心所壓抑的衝突，進而得以解脫痛苦。不過有些心理學家駁斥佛洛伊德的觀點。例如，McCarley(1978)指出夢不是一種偽裝或隱藏的歷程，而是活動的歷程，就像許多人說他們在夢裡跑步或爬山等。有些學者（Evans, 1984；Horne & McGrath, 1984；Palumbo, 1978）主張夢是反芻白天貯存在記憶中的經驗之歷程，以檢驗白天清醒時因記憶系統的限制所被忽略的事件，並在夢中加以處理。關於夢的研究除了上述從精神分析角度來研究夢的內容之外，另外有心理學家探討REM睡眠與做夢時的生理反應。有研究發現做夢時眼球的轉動和夢的內容吻合，顯示做夢者似乎處於想像的事件

中 (Dement, 1974)。這方面的研究和精神分析對夢的解釋一樣，均尚無法確切的回答人為什麼做夢。

雖然人人會做夢，但是很多人却認為自己不會做夢，或宣稱自己好久沒有做夢了。主要是因為正在做夢時被叫醒者，才能回憶夢境；或者輕眠者才比較能記得夢境。所以大部份的人所記得的夢都是在接近清醒時的REM階段所做之夢，因為接近清醒時的睡眠較輕淺，深眠者較不易回憶夢境。

催眠

催眠 (hypnosis) 是一種在特殊型式的語言控制之下呈現的意識改變狀態，在此狀態之下，被催眠者受催眠師的口語暗示，而有異常的思考與行為。被催眠者可能產生錯覺 (delusion of perception)、歪曲的記憶、以及出現無法控制的行為反應。個體處於催眠下的恍惚狀態時所出現的思考與行為，是其當下對催眠師的暗示之覺知 (perception) 所形成的反應。催眠時的狀態不同於睡眠時之狀態，因為當個體在睡眠中，對外在世界的刺激並無所覺察，而且兩種狀態下的腦波型態不同，催眠時的腦波與清醒者相似。

有關催眠的研究 (Hilgard, 1965)，發現大約15%的人容易被催眠，5%至10%的人似乎不能被催眠，其他的人則介於此兩極端之間。個體是否易受催眠具有相當的穩定性，不會因年歲的增長而有大的改變。易被催眠與否和是否易被別人的意見所左右並沒有關係，亦即易被催眠者在非催眠狀態時，並不見得比別人更易受他人影響或更具順服性 (Orne, 1977; Kihl-strom, 1985)。

最早發現催眠能治病的人是一位奧地利的醫生——Franz Anton Mesmer (1734－1815)。他發現當他以磁鐵棒在病人身上來回運作時，病人會進入恍惚狀態，並且神奇的治好病人的病痛。Mesmer知道病人不是因磁鐵棒而痊癒，乃是受到Mesmer堅定的說服力與性格的影響。催眠並不能治身體的疾病，Mesmer的患者之病症是心因性的，才能藉催眠作用來舒解其症狀。目前醫療上也運用催眠來減輕生產的疼痛，牙醫與外科醫生也利用催眠來減輕患者的痛苦。另外，催眠也可用來幫助人們戒煙，但效果難

持續 (Coleman, Butcher & Carson, 1984)。

　　受催眠者在催眠的進行中，可能處於各種狀態：警覺的、放鬆的、平靜地躺著、或有著劇烈的動作。催眠技巧相當多，並不一定需要如電影中我們所看到的那樣，對著受催眠者臉部移動一些東西，也不需說：「你將要睡著了」之類的暗示語。不論所用的技巧為何，有一基本要素，係讓受催眠者知道他即將被催眠。有經驗的受催眠者，有時候只需以一般的語調向他說：「請坐在那椅子上，讓你自己進入催眠狀態」，他便能在數秒鐘之內達到催眠狀態。有時候，一些沒有經驗但自願被催眠的人，也能像這種情形，很快的進入催眠狀態。這些易被催眠者，不論是否有經驗，他們均知道催眠的意思，所以能很快的進入其所期待的催眠狀態。易被催眠者非常願意接受催眠師的暗示，並且能在催眠師引導下去做一些正常狀態下不會去做的事──如，演出想像中的事，做出各種動物的動作，回到幼年時的行為，相信自己動彈不得，看到一些不存在的事物或看不見存在的事物，不會感覺到疼痛等。

　　後催眠暗示 (posthypnotic suggestion) 是另一神奇的現象，即個體在催眠中被暗示在回到正常狀態後要出現某些行為。例如，被催眠者接受暗示謂當他聽到催眠師說「狗」時，便耳朵癢，同時催眠師也暗示他說在離開催眠狀態之後，要忘了催眠中發生的一切。當個體回到正常狀態時，果然不記得催眠中所發生的事，但當他聽到催眠師說「狗」時，卻會覺得耳朵癢了起來。不過這種後催眠暗示的持續性不長，這種恍惚現象大都會自動消失。

瞑想

　　瞑想 (meditation) 是一種讓個體放鬆並且得以排除不必要的刺激，只集中在某一特定的刺激之過程。此過程能促進個體的自我覺察，使個體與外在環境有調和一體的感覺。瞑想有些像「自我催眠」，但個體在瞑想時並無特定的思考方向或目標，而催眠則是受到暗示的引導。

　　瞑想是自古以來許多國家或地方便有的一種改變意識的方法。禪、瑜珈及超覺靜坐 (transcendental meditation) (TM) 等均是。進行瞑想時，通常要選擇一個安靜的環境，放鬆的坐著，輕閤雙眼，將心思專注於傾聽

內在的聲音，如，自體的呼吸，或專注於宇宙大地之聲，也可專注於靜思某些眞言，如，口唸「南無阿彌陀佛」，目的在集中個體的意識。剛開始練習瞑想者，容易分心，常常練習之後，意識會很容易，也很自然的專注。瞑想最主要目的是在將意識專注於內在想法與內在經驗。在心理治療上可利用瞑想達到感覺的剝奪 (sensory deprivation)，以治療肥胖症及煙癮等。近年來，人類的生活充滿競爭與壓力，瞑想成爲用來減輕壓力的方法，學習者蔚爲風尙。有研究指出瞑想對許多身心疾病有好的功效，例如，能改善支氣管性氣喘 (bronchial asthma) (Honsberger & Wilson, 1973)；能降低高血壓患者的血壓 (Benson, 1977; Patel, 1973, 1975)；能紓解心理疾病患者的症狀 (Glueck & Stroebel, 1975)。關於瞑想時所帶來的生理作用之改變，有研究 (Wallace & Benson, 1972) 發現瞑想時氧氣的消耗量比清醒狀態少了約10%至20%，呼吸較緩慢，心跳率較低，這些現象顯示瞑想時的新陳代謝率均低於清醒時。此外，瞑想時神經系統的活動力較低，膚電反應 (galvantic skin response) 指出身體狀態較爲平靜，腦波亦顯示與入睡前的放鬆狀態時類似。由於瞑想所帶來的身心作用的改變，使得個體能紓緩壓力，並減輕或排除壓力對身心的不利影響。所須注意的是，利用瞑想來紓解身心疾病者，必須每天撥出瞑想的時間，才能維持健康，一曝十寒則失去其功效。

藥物對意識的影響

藥物 (drug) 泛指任何食物之外的物質，進入人體之後會影響或改變身、心功能者，並非只是一般人所謂的治病的處方藥物 (medicine) 或非法的化學品，日常生活中大家熟悉的酒、咖啡因 (caffeine) 及菸草 (tobacco) 等亦屬之。因此目前醫生與心理醫師均比較常用物質濫用 (substance abuse)，以替代「藥物濫用」一詞，主要在促使大家能注意菸、酒等物質若濫用，其傷害性與海洛因 (heroin) 或古柯鹼 (cocaine) 等非法物質是一樣的。許多物質若超量使用都會對身心造成不良的影響，例如，中毒、知覺歪曲，及身體的疲倦等。這些物質的超量使用，主要是因它們會先帶給個體舒服與愉快的感覺，但它們的效應會消失，當個體再度覺得身心痛苦時，忍不住又會使用，而且使用量必須一次比一次增加，

才能達到紓解痛苦的效果。日久必然產生對此物質的依賴性，若不服用，會痛苦難熬，甚至威脅生命，此即所謂的物質依賴或藥癮。

有些物質會影響中樞神經系統以及改變個體的知覺、情緒與行為，稱之為心理活動性物質（psychoactive substance）。一般依其對心理造成的效應將之區分為三大類：興奮劑（stimulant）、鎮靜劑及幻覺劑或迷幻藥（hallucinogen）。興奮劑起初會使中樞神經系統的作用加速與更加活躍；鎮靜劑則減緩中樞神經系統的運作；幻覺劑則會導致知覺的歪曲，產生幻覺。這些物質雖然如此分類，不過其對人體的效應實際上則是相當複雜的，例如，有些興奮劑能促進神經系統的某些部份之作用，但是卻抑制其它部份的作用。除此之外，另有一些物質很難歸到這三大類，例如，大麻（marijuana）。底下分別說明一些對身心造成危害較大的常見藥物。

(一)興奮劑

興奮劑能增進中樞神經系統的活動，少量使用能提神並減輕疲勞，但大量使用則會令人焦躁不安。使用興奮劑者初始能產生短暫的興奮感覺，覺得精力充沛，在生理上出現瞳孔放大、脈搏加快、血壓增高、血糖升高（所以食慾降低）的現象。當興奮作用消退之後，個體會有崩潰的感覺，伴隨沮喪、焦慮及身心俱疲之感。下列是常見的興奮劑：

尼古丁與咖啡因：日常生活中，人們很少想到煙中的尼古丁（nicotine）及茶和咖啡中的咖啡因是一種興奮劑。現代生活中，尼古丁已成為最普遍被濫用的物質。

古柯鹼（cocaine）：早在史前時代，南美的秘魯（Peru）及玻利維亞（Bolivia）之土著便知道咀嚼古柯（coca）的樹皮可以提神，能增加活力，到了1865年便已能從古柯中提煉出古柯鹼。古柯鹼是一種無味的白色粉狀物，目前全球有數百萬人在使用這種天然的興奮劑，雖然它是非法的。古柯鹼會阻礙神經傳導物質正腎上腺素（norepinephrine）的自然解體，使得神經傳導更加活絡。

使用古柯鹼時，一般是用鼻吸的方式，藉由鼻黏膜進入血液中。有些人則嗜用靜脈注射的方式或將它置於管中或香煙中吸食，效力較強。上癮者更喜歡結晶狀的古柯鹼，大都用吸煙的方式使用，效力更強。古柯鹼對人體的初期效應是產生令人陶醉的快感，使人覺得非常興奮、活力充沛，

變得很愛說話。愈吸愈多時,心跳加速,血壓升高,呼吸急促而深,使人更加興奮。過後,個體出現古柯鹼中毒 (cocaine intoxication) 現象:困惑、焦慮、語無倫次、妄想及幻想等。此時,若沒有續吸古柯鹼,會有崩潰的感覺,頭痛、頭昏眼花,甚至於昏厥,而極度的疲憊感將導致長時間的睡眠。通常在二十四小時之內醒來的話,不會有殘留的效應存在,不過若使用過量,或者與酒精或海洛因等混合使用時,則會呈現昏睡 (coma),甚而死亡。古柯鹼也會影響體溫調節功能,使得個體因體溫過高而死亡。

安非他命 (amphetamines):安非他命是化學合成物質,常見的商名為,本齊特林 (benzedrine,苯甲胺)、廸克斯特林 (dexedrine) 以及馬斯特林 (methedrine),均屬興奮劑。

安非他命通常為顆粒或膠囊的形式,有些上癮者則用注射方式,以求得強力與快速的效應。近來也有結晶狀的安非他命,以吸煙方式使用,被稱之為冰塊 (ice),效應與注射方式一樣。安非他命與古柯鹼所引起的人體效應類似,但二者對神經系統的作用不同,安非他命能使神經傳導物質 (正腎上腺素) 加速釋出。少量的安非他命具提神,增加活力及減低食慾作用,所以過去曾被用於減肥,不過由於它的危害性甚大,已不再作為減肥的處方了。

安非他命與古柯鹼同樣會產生耐藥性 (tolerance),所需劑量愈來愈大,長期濫用者,爾後每次的使用量將兩百倍於初次使用量。

(二)鎮靜劑

鎮靜劑 (depressant) 是一種中樞神經抑制劑,如,酒精、抗焦慮藥物、安眠藥物等。

酒精 (alcohol):酒精常被誤以為具有興奮作用,實際上它能減低或抑制中樞神經系統的作用。飲酒的人,初期似乎顯得比較興奮,那是因為酒精使得人不受正常狀態下的社會規範與禁忌之束縛。現代社會中,喝酒成為大多數人放鬆自己與交友之媒介,不過超量的酒精則令人感覺遲鈍,感覺與動作的協調能力降低,思考失常,嗜眠,嚴重者則可能昏睡或死亡。

酒精藉血液循環而抑制中樞神經系統的活動,使個體的判斷力與控制力降低,所以飲酒者通常呈現失控的言語和行為,因此遵守社會禁制的壓力得以紓解,而有身心鬆弛的感覺。這種表面上看似興奮的現象,乃是因

爲酒精抑制了中樞神經系統中有關判斷力及控制力的神經功能。酒精對人的影響視其在血液中的濃度而定。影響血液中酒精濃度的因素包括身體的體積大小、年齡、身體健康狀況、飲酒的量、飲酒種類、喝酒的頻率、以及飲酒的速度等。酒精進入人體後,有90％在肝臟中被分解爲二氧化碳和水,其餘10％則由呼吸,流汗和排尿直接排出體外。肝臟每小時只能分解⅓至½盎司的酒精,相當於二盎司烈酒 (hard liquor),或六盎司的葡萄酒 (wine) 或十二盎司的啤酒之酒精含量。如果喝酒太快,超過肝臟的分解速度,則血液中的酒精濃度升高,對中樞神經系統的抑制效應相對的提高,協調功能降低,感覺遲鈍,語焉不詳,思考功能受阻,視線模糊,嚴重者昏睡與死亡。

酒精對個體情緒的影響因人而異,有人喝過酒之後變得友善與天眞;有些人則變得悲傷,不與人語;有些人則會出現暴力與攻擊性。這些不同的酒後行爲乃融合著人格、社交情境及喝酒的理由等因素。喝酒成爲習慣之後,將干擾人的正常生活功能。而嚴重的酗酒者 (alcohol dependence),沒酒喝時將出現各種痛苦症狀,如,顫抖、極度疲憊、噁心、嘔吐、心跳加速、血壓升高、覺得焦慮、沮喪、煩躁,嚴重時則神志不淸,產生幻覺。如果在一週內未再飲酒,上述症狀會消失。

鴉片:罌粟 (opium poppy) 是一種植物,其果漿中含有鴉片 (opium) 的成分,鴉片經提煉之後的產物,依其純度可分爲嗎啡 (morphine)、海洛因及可待因 (codeine)。人類使用鴉片已有數千年歷史,吸用鴉片會令人覺得全身溫暖,有飄飄欲仙的陶醉感。早年的醫生利用鴉片來幫助患者解除痛苦,後來人們吸食鴉片只純是爲了追逐那份飄飄然的感覺。但是食用鴉片者會很快的在身體上對之產生藥物依賴性,如果未吸食鴉片,身體將極度不舒服。1804年,人類便懂得從鴉片中提煉出嗎啡,嗎啡具有鴉片的所有特性,亦即能止痛,能讓患者很迅速的安靜下來,促其入眠。原先提煉嗎啡是希望能發現不會讓人產生藥物依賴的物質,不幸的是嗎啡同樣的亦容易令人成癮。到了1800年代末期,人們仍致力於想從鴉片中提煉出不會上癮的物質,因而有了海洛因的誕生,然而海洛因仍然會使人上癮。後來,從鴉片中又提煉出可待因;另有類似鴉片的合成麻醉性止痛物質——methadone,所有這些除了用之於醫療之外,均是非法的。

吸食鴉片、嗎啡、海洛因等物質時,所用的方式很多,可將之捲在香

煙中吸入肺部，也可皮下注射或血管注射。初期人體會有數小時的飄飄然的感覺，睏倦欲睡，瞳孔縮小，沒有焦慮也沒有痛苦，食慾和性慾都降低。隨後，服用者將回復到現實中，並出現痛苦症狀，焦慮、大量冒汗、呼吸急促、頭疼。由於痛苦難熬往往使得服用者活著的目的就是去獲取更多的海洛因與嗎啡。由於需大量金錢以購得毒品，因此服用者往往與盜、搶、娼妓等犯罪行為分不了家。

過量的海洛因會抑制中樞神經系統中的呼吸中樞，導致呼吸停止而死亡。除了過量使用危及生命之外，使用者亦冒了注射時傳染疾病之險，近年來被稱之為二十世紀黑死病的愛滋病（AIDS，後天免疫缺乏症候），在毒癮者之間的得病率逐漸增加，是頗令人擔心的事。

巴比妥鹽（barbiturate）：巴比妥鹽自從十九世紀末問世以來，是運用最廣的鎮定與安眠物質，它能鎮定中樞神經系統，與酒精對中樞神經系統的作用相似。服食時以顆粒狀或膠囊狀服用，少量服用能使個體放鬆與鎮靜下來，大量服用則抑制神經元的衝動，而進入睡眠狀態，若劑量過高則會停止呼吸。長期服用會產生藥物依賴，並出現各種痛苦症狀，有如酒精中毒患者一般，會有噁心、嘔吐、疲倦、焦慮及憂鬱的現象，而且為了入睡，所需的劑量將愈來愈大，大到足以致死。一般人原先均是在合法之下，經醫生處方而服用巴比妥鹽，由於服用的結果使人產生非常輕鬆與愉快的感覺，因此漸漸形成藥物依賴，而走上非法取食之路。

鎮靜劑（benzodiazepine）：是1950年代問世的抗焦慮物質（包括：商名為Valium的diazepam，以及商名為Librium的chlordiazepoxide）。此類鎮靜劑和巴比妥鹽相較之下有下列優點：

- 能減輕焦慮，然不會使人昏昏欲睡；
- 只須使用極少的劑量，比較不會產生藥癮；
- 比較不會影響呼吸系統的作用，所以減少了致死的危險性。

雖然Librium和Valium有上述優點，而且至今仍是最普遍使用的抗焦慮劑，但是過量仍然會使人上癮。

(三)迷幻藥

迷幻藥 (hallucinogen) 是指能使人產生幻覺的物質。它會改變人的感覺和知覺,使人的內在與外在經驗有著很大的變化。

最出名以及效力最大的迷幻藥為LSD (lysergic acid diethylamide,二乙基菱角酸醯胺)。LSD是1938年一位名叫Albert Hoffman的化學家所發現,只要服用0.1毫克 (milligram) 劑量的LSD,便足以引起意識上奇異的變化。服用後大約一小時,視覺將發生很大的變化,所看的物體顏色會加深,原本不明顯的部份將變得非常清晰,一些固定的物體看起來好似在移動,而且變形。除了視覺的扭曲,服用者也會對冷熱、聲音及時間等有著誇大不實的經驗,對時間的感覺是一分鐘有如一小時般漫長。除了上述幻覺之外,服用者會有陶陶然的感覺,並且產生自我解離 (detached) 及人格瓦解 (depersonalized) 的現象,有些則陷於嚴重的焦慮和痛苦中。服用者還可能為了逃避或對抗假想的危險對象,而發生不幸的意外事件。

(四)大麻及天使塵

大麻 (marijuana):是指大麻植物 (hemp plant) 的葉及花的部份混合而製成的物質,服用時係將之切碎製成捲煙,稱為大麻煙。大麻含有THC (tetra hydro cannabinal) (最近已有合成的THC),對個體的影響是多重的,所以無法將之歸為鎮靜劑、迷幻劑或興奮劑。大麻能令人有陶醉感,有解放的感覺,具有鬆弛與鎮靜作用;也會令人有些微的幻覺,因此產生感覺與知覺上的歪曲。有些人服用後變得愛說話,有些人則變得較沈靜。視覺、聽覺、空間感、時間感均扭曲不實。在情緒上有人覺得愉快,有人則變得焦慮不安。在生理上的反應則是眼睛脹滿血絲、口乾舌燥、心跳加速、食慾增加。如果更多的THC進入血液中時,個體變得愈來愈呆滯,昏昏欲睡,語焉不詳,思考脫離現實,終致陷於深沈的睡眠中。

天使塵 (angel dust):即PCP (phencyclidine),是1959年開發出來的強力鎮痛物質,以取代其它易上癮的鎮靜劑。PCP對人體的作用不在於它能消除痛苦,而是使得個體與感覺作用分離,產生忽視痛苦的效用。由於PCP的化學性質及其對人體的影響異於前述各種物質,因此也不易將之併入鎮靜劑、迷幻劑或興奮劑的類別中。

PCP與上述各類物質一樣均給人體帶來不良的作用,所以販賣PCP也

是非法的。PCP有粒狀、粉末狀、晶粒狀、與液狀的形式，所以吞食、吸食、注射均可。服用後，有些人產生些微的陶醉感，有些人則變得緊張與不安，心情變化快速，忽而覺得自己是萬能的，忽而覺得害怕莫名。並且有知覺扭曲，失去判斷力的現象，變得具攻擊性。生理上則出現不由自主的眼動、失去對痛苦的感覺、血壓升高、心跳加速、肌肉伸縮失控。PCP劑量服用過多時，產生幻覺與妄想，以致於有暴力、攻擊、自殺等意外事件，過量的PCP也會令人昏睡或因危及呼吸中樞而死亡。

(五)物質濫用問題

　　所謂濫用的藥物（物質）是泛指能改變情緒、知覺或大腦功能的任何物質。藥物濫用依照世界衛生組織的定義是指持續或斷續地過度使用藥物，其用藥不符合醫療原則或根本和醫療不相干，或不依社會規範濫用藥物。依照這個定義，藥物濫用包括醫療目的的藥物濫用以及非醫療目的的藥物濫用。非醫療目的之藥物濫用有兩種類型，一種開始是為了醫治疾病而由醫師使用藥物，但因使用不當，或者病人自己不依照醫師的處方使用而構成上癮的現象。另一種是一開始就不是為了治病，而是為了好奇、尋找刺激、逃避、以及其他的情緒問題而使用藥物（宋維村，民77）。本章所述及的各種物質均屬濫用的物質，這些物質被濫用之後引起的身心問題，可歸納如下：

　　生理方面：如，抽搐，肌肉失去控制，眼睛脹紅，呼吸系統、血壓、心跳等之變化，疲倦，昏睡等現象，嚴重時可以致死。

　　心理方面：服用興奮劑或迷幻劑之後會有害怕、恐慌、焦慮、不安狀態。有的可能出現幻覺、妄想等症狀，因擔心受傷害而有攻擊行為，或出現自殺等自我傷害行為。意識功能的改變，如，知覺、感覺等的扭曲，也是常見的現象。

　　藥物依賴或藥癮：藥物濫用的結果不只是服藥後的身心變化，若繼續濫用藥物，還會產生心理依賴和身體依賴。所謂心理依賴是指繼續使用藥物一段時間之後，得不到藥物時，心理會覺得不舒服，會煩躁不安，非常渴望立刻拿到這個藥物，甚至不惜使用任何手段去拿到藥物服用，這種心理上對藥物極強的需求就是心理依賴。當繼續使用某個藥物之後，由於身體的新陳代謝改變，使得身體對藥物的新陳代謝速率增加，就要服用更多

的藥物來達到相同的藥效，或者由於神經系統對藥物的感受性變得不敏感，而需更高濃度的藥物才可以達到相同的效果，此現象叫作耐藥性。個體產生耐藥性之後，若突然停藥，會由於身體器官系統已經習慣該藥物的長期存在，而產生各種戒斷症狀。如果使用藥物者出現耐藥性和停藥時的戒斷症狀，就表示已經產生了身體依賴現象（宋維村，民77）

　　藥物濫用的成因：藥物濫用的成因至今尚無定論，沒有任何單一的模式可以用來解釋所有的藥物濫用的成因，一般而言，藥物濫用可以從心理、社會文化及生物學的角度來解釋（宋維村，民77）。從生物學角度而言，有些藥物容易產生耐藥性與戒斷症狀，這種藥物本身容易使人上癮。有些藥物濫用則可能和體質有關。心理層面的成因可說是構成當今青少年藥物濫用相當大的因素。青少年好奇心強，且重視同儕關係，禁不起朋友的慫動而嘗試藥物者甚多。家庭及學校帶給青少年的壓力，使其缺乏愛與成就感，難耐自卑、苦悶、無聊與痛苦的感覺，於是藉藥物尋求心情的舒暢，並藉以逃避現實。社會文化層面也是形成藥物濫用的重要因素，有些人因工作或職業需要，靠藥物提神或幫助睡眠，也有些人需藉藥物來尋求靈感。有些人乃因交友不慎，遭脅迫或受騙而成為藥物濫用者。心理與社會文化因素是交互在一起的，通常易被歹徒利誘與利用者，大都是在家庭與學校中得不到溫暖與自尊者。而利用藥物來解脫痛苦的人，大都是缺乏挫折容忍力，也缺乏解決問題或面對現實的能力。

　　青少年吸食毒品對其身心的戕害極為嚴重，而其對社會大眾的威脅亦有如不定時炸彈。為什麼青少年會自甘墮落，甚至於危害社會呢，從下面三個實際的案例中，可窺其緣由（曾端真，民76）。

△個案甲──吸食強力膠者：

　　　這位個案自幼喪父，母忙於農事，家中姊姊均已出嫁，他經常一個人在家，覺得非常無聊。除了孤獨無伴之外，他覺得生活沒有意義，對自己又缺乏信心。他的同學中有人吸強力膠，禁不起同學的慫恿，遂好奇的吸食。吸過強力膠之後，他經驗到一種解脫，讓他忘了孤獨的、無聊的感覺。此後，只要有任何機會，便吸起強力膠來。經過雜貨店看到強力膠也會禁不住的去買來吸。久了之後，精神愈來愈差，身體也日益消瘦，雖然明知吸膠不好，會傷身體但是仍無法控制自己。最後進了煙毒勒戒所，求助於專業的協助。

△個案乙──打速賜康、嗎啡：

個案乙自述說他的父母非常溺愛他，使他養成任性的性格與行為。由於自小任性的結果，他不能自我肯定，也就禁不起施打毒品的誘惑。他除了施打毒品之外，並不做奸犯科，本性很善良。但是為滿足毒癮，必須有足夠的金錢來支付，所以他賒欠了許多帳，加上毒癮發作時極為痛苦，最後他決心進煙毒勒戒所戒毒。

△個案丙──施打鎮靜劑：

個案丙家境極為富裕，父親有億萬家財。父母很溺愛她，但她口口聲聲抱怨雙親從來不關心她。父親只知供應金錢，母親只知打牌，她說母親為什麼有時間陪朋友打牌，却沒有時間陪她？她認為母親不愛她，常常責備她錢花得太兇了。於是她想自己到餐廳洗碗打工自賺零用錢，却又遭雙親阻撓。在她心裡對雙親有著極大的不滿，因此她才以鎮靜劑來做為尋找慰藉的方法。

從上面三個例子，可歸出吸毒者的幾個共同心理因素：

■ **缺乏成熟的自我功能**：自我是滿足生理與心理需求的重要人格結構。人自出生以來，即不斷的從周圍環境中學習與建立自我概念，並且在社會化過程中逐漸強化其自我功能。在孩子的成長歷程中，父母親具有非常重要的影響力。如果雙親只知一味的溺愛，不給予合適的教養，那麼孩子將無法養成成熟的自我功能。也就是孩子不能分辨是非、善惡，只知任性行事而沒有控制行為的能力，所以不能以合於現實的行為方式來滿足需求。另外，溺愛過度時，孩子將處處依賴，其自我功能得不到成長，不能靠自己的力量來滿足各種需求，因此容易淪落到藉助毒品來求得暫時的滿足。這種不正當的滿足方式，對身心都有很大的傷害，會使吸毒者更深陷於痛苦中而不可自拔。吸毒者往往很清楚毒品的傷害，然而明知其不可為而為之，都是缺乏成熟的自我功能，無法自持所致。

■ **缺乏父母的關注與愛**：上面三個例子有一個很大的共同點，那就是孤獨的感覺，雖然他們的父母都很溺愛他們，但是他們仍然覺得父母

是不愛他們的，在他們內心一直覺得很孤寂。由於他們缺乏成熟的自我功能，因此不具備排遣孤寂的能力。當其周遭都沒有人陪他時，固然會感到孤獨，但是縱使讓他處在人羣之中，亦沒有能力建立良好的人際關係，這種情況大都是因為他們自小不能感受到父母的關懷與愛，所以也就不懂得如何去關懷與愛別人和如何去建立友誼，那麼孤獨感必在所難免。為了消除孤獨的感覺，他們只好從毒品中暫時得到超脫，但是這種逃避現實的方法帶給他們的卻是更大的災難，使他們除了不健全的自我功能之外，更失去了社會功能。人一旦不能在社會中正常運作，其做為人的價值也就喪失殆盡了。

- **缺乏自我價值感**：在父母溺愛下長大的孩子，不能養成獨立堅強的人格，也不具備自我肯定的能力。吸毒的孩子大都是沒有自信的，他們不知道自己活著有什麼價值，只覺得生活無意義，他們的行為可說是父母溺愛放縱的結果。每個人在溫飽之外，會有愛的需求，以及自尊與獲得他人尊敬的需求等，如果一個人不能以正當的方法來滿足其自我價值感，必會反其道而行的用違法的方法來追求自我價值感，如，搶劫、賭博等；或以逃避的方法，如，吸毒等來尋求慰藉。

　　台灣目前物質濫用情形：台灣近十多年來社會風氣趨向奢靡，毒品氾濫甚至侵入校園。尤其安非他命在年輕人口中突然爆發性的流行令人怵目驚心（林憲，民80）。台北市煙毒勒戒所統計自民國64年至82年接受治療的病患共有一萬多人，這十八年來的統計顯示出不同的毒品有不同的高峰期，民國65～66年以嗎啡和海洛因病患最多，68～78年以速賜康（即潘他唑新，pentuzocine）和強力膠患者最多，79～82年以安非他命最流行，海洛因的吸食者也再現高峰，82年海洛因吸食患者有八百九十二人之多。煙毒勒戒所的患者只是吸食毒品者中露出之冰山而已。從法務部民國81年的統計資料，可以瞭解台灣目前藥物濫用的猖獗。依統計資料顯示民國80年台灣地區各地方法院檢察署起訴違反戡亂時期肅清煙毒條例案件人數為5,073人，違反麻醉藥品管理條例起訴的人數為20,916人。這些被起訴者包括：持有、販賣、施打、吸用等，雖然不全是藥物濫用者，但是從販賣的猖獗可以推知尚有廣大的消費群，在黑暗中吸食、施打而未被發現。

由於安非他命在校園內的流竄，教育部已採取校園學童尿液篩檢措施，以防範毒品對學生的戕害。台北市教育局亦設置「反毒諮商輔導專案小組」，宣導反毒，禁止煙毒進入校園，並對涉食的學生施以勒戒與輔導。學校本應是社會中的淨土，目前却須教育當局揮汗警戒，才得保住校園的乾淨，足見當前台灣社會藥物濫用情形的確已令人怵目驚心。物質濫用導致意識狀態改變，對身心的戕害甚可致命。家庭、學校、社會及個人均應共同負起預防物質濫用之責。

參考書目

宋維村（民77）《青少年精神醫學》台北，天馬文化事業公司。

林憲（民80）〈安命非他？安非他命？覺醒劑精神病〉《健康世界》61期。

張春興（民67）《心理學》台北，東華書局

曾端真（民76）〈如何防止青少年吸毒〉《諮商與輔導月刊》16, 26-28.

Allison, T., & Cicchetti, D. (1976) Sleep in mammals: Ecological and constitutional corelates. *Science,* 194, 732-734.

Anch, A.M., Browman, C.P., Mitler, M.M., Walsh, J.K. (1988) *Sleep: A scientific perspective.* Englewood Cliffs, N.J.: Prentice Hall.

Benson, H.(1977) Systemic hypertension and the relaxation response. *New England Journal of Medicine,* 296, 1152-56.

Chase, M.H., & Morales, F.R. (1983) Subthreshold excitatory activity and motoneuron discharge during REM sleep. *Science,* 221, 1195-98.

Cohen, D.B. (1979) *Sleep and dreaming: Origins, nature and functions.* Oxford: Pergamon Press.

Coleman, J.C., Butcher, J.N., & Carson, R.C. (1984) *Abnormal psychology and modern life* (7th ed.). Glenview, IL.: Scott Foresman.

Darley, J.M., Glucksberg, S. &, Kinchla, R.A., (1991) *Psychology,* (5th ed.) N.J.: Prentice Hall International, Inc.

Dement, W.C., & Kleitman, M. (1957) The relation of eye movements during sleep to dream activity: An objective method for the study of dreaming. *Journal of Experimental Psychology,* 53, 339-346.

Evans, C. (1984) *Landscapes of the night: How and why we dream,* N.Y.: Viking.

Foulkes, D. (1983) Dream ontogeny and dream psychophysiology.

In M. Chase & E.D. Weitzman (Eds.), *Sleep disorders: Basic and clinical research, advances in sleep research*. N.Y.: Spectrum. 347-362.

Freud, S. (1953). The interpretation of dreams. In J. Strachey (Ed. and trans.), *The standard edition of the complete psychological works*. London: Hogarth. (Originally published in 1900).

Glueck, B.C. & Stroebel, C.F. (1975) Biofeedback and meditation in the treatment of psychiatric illness. *Comprehensive Psychiatry,* 16, 302-321.

Honsberger, R.W. & Wilson, A.F. (1973) Transcendental meditation in treating asthma. *Respiratory Therapy: The Journal of Inhalation Technology,* 3, 79-80.

James, W. (1890) *Principles of psychology*. N.Y.: Henry Holt.

Kihlstrom J.F. (1985) Hypnosis. *Annual Review of Psychology,* 36, 385-418.

Mc Carley, R.W. (1978) Where dreams come from: A new theory, *Psychology Today,* December.

Meddis, P., Pearson, A., & Langford, G. (1973) An extreme case of healthy insomnia. *Electroencephalography and Clinical Neurophysiology,* 35, 213-214.

Nisbett, R.E., Wilson, T.D. (1977) Telling more than we can Know: Verbal report on mental processes. *Psychological Review,* 84, 231-259.

Orne, M.T. (1977) The construct of hypnosis: Implications of definition for research and practice. In W.E. Edmonston, Jr. (Ed.) conceptual and investigative approaches to hypnosis and hypnotic phenomena. *Annuals of the New York Academy of Sciences* (V01. 296), 14-33.

Palumbo, S.R. (1978) *Dreaming and memory: A new information-processing model*. N.Y.: Basic Books.

Patel, C.H. (1975) Twelve-month follow-up of yoga and biofeedback in the management of hypertension, *Lancet,* 1, 62-64.

Patel, C.H. (1973) Yoga and biofeedback in the management of hypertension. *Lancet,* 2, 1053-55.

Pervin, L.A. (1989) *Personality: theory and research,* N.Y.: John Wiley & Sons, INC.

Singer, J.L. & Mc Craven, V.J. (1961) Some characteristics of adult daydreaming.*Journal of Psychology,* 51, 151-164.

Wallace, R.K., & Benson, H. (1972) The Physiology of meditation. *Scientific American,* February, 84-90.

巴卜洛夫 (Ivan Petrovich Pavlov,1849～1936)

懷疑心理學的心智與主觀現象，堅持其
生理制約的研究。其是古典制約研究的
創始者，於1940年得到生理學諾貝爾獎
。其是心理學領域之外，面對心理學影
響最大的一個人。

第4章

學習

根據卡騰（Cotton, 1985）的說法，學習是一種獲得新知與技巧的過程。但學習並非暫時的獲得，它必須包括將未來可能用到的知識與技巧加以儲存（即記憶）。故學習往往被正式的定義為由經驗所造成的行為或潛在行為（potential behavior）的永久性改變。

而希爾格與包爾（Hilgard & Bower, 1975）也曾指出學習是對所面臨的情境做反應，進而引發某一活動或改變某一活動的過程；此一過程所改變的特質不能由天生的反應傾向、成熟或有機體暫時的狀態；如，疲勞或藥物作用來解釋。

故簡言之，學習乃經由練習或經驗，而使相關行為產生永久改變稱之。可是，學習未必都具積極正面的效果，許多不良的行為亦來自學習。為何會如此呢？學習的過程是如何形成的呢？

在二十世紀以前，有關學習的描述或解釋多源自哲學思辨，是屬於非實驗性的學習心理學；包括：心智訓練說、自然發展或自我實現，以及統覺說（apperception）。

所幸，隨著赫爾巴特（Herbart）將心理學帶到教與學之中，成為瞭解人類心智運作的一種方法；開啟了後來德國的馮德（Wundt, 1832－1920）及美國的提欽納（Titchener, 1867－1927）的科學化實驗心理學之後，有關學習或其他人類行為的科學化研究可說是蓬勃發展（Bigge, 1982）。

其中研究人類或動物的學習行為的學者非常的多，如，巴卜洛夫（Pavlov）、桑戴克（Throndike）、華森（Watson）、葛斯律（Gutherie）、史基納（Skinner）、庫勒（Köhler）、勒溫（Levin）、托爾曼（Tolman）蓋聶（Gagne）、皮亞傑（Piaget）、班度拉（Bandura）、諾曼（Norman）以及赫伯（Hebb）等。

面對諸多學者所提出的論點，是否有些脈絡可循呢？貝爾－葛倫道爾（Bell－Grendler）所整理出的三大學習的心理模式：行為主義、認知及互動模式，頗有參考的價值。

所謂「行為主義模式」，是陳述可測量的刺激和行為反應間的關係。古典制約、華森的行為主義、桑戴克的聯結論、赫爾的降低驅力刺激的增強作用、葛斯律的時近論、史基納的操作制約，均屬之。

而「認知模式」則重視心靈及心靈的運作，行為和環境的角色，乃附屬在認知的歷程中。早期完形心理學家，如，庫勒的頓悟學習、勒溫的場

地學習、托爾曼的符號學習；以及近期諾曼的訊息處理論，即屬之。

至於「互動模式」是假定行為、心理歷程和環境三者是相互關聯。如，蓋聶的學習條件論、皮亞傑的認知發展論，和班度拉的社會學習論。(盧雪梅編譯，民80)

故本章對學習理論的介紹，大致也將依循此一方向；另外還要簡介神經生理學家赫伯及人本主義心理學家羅吉斯（Rogers）對學習的看法。

行為論與學習

雖然在實驗操弄上，學習應屬於中介變項。是不能直接被研究；但行為論者仍突破研究的限制，實驗並觀察許多動物形成行為（反應）的過程；且發展成為理論。不過，這些原始研究的年代都已相當久遠，後來的追隨者在觀點上必有些修正，可是限於篇幅；本節僅能概括的介紹「行為主義模式」下的一些主要的論點。

古典制約

看到美食佳餚流口水並不稀奇，但聽到鈴聲也流口水；恐怕就和六〇年代的台灣，小孩子在夏天遠遠的聽到一種賣冰的喇叭聲，就會向媽媽要錢去買冰的原理是一樣的。事實上，古典制約（classical conditioning）的原理（巴卜洛夫制約理論）被廣泛的運用在教學及商業廣告之中；或許各位就曾在被制約的情況下，主動的去買某種商品。到底這樣的歷程是如何形成的呢？

1900年，俄國著名生理學家巴卜洛夫（I. Pavlov, 1849－1936）無意間發現實驗室的狗不僅在看或聞食物的時候流口水，就是看到食物的盤子或餵食的人也會流口水，因此聯想到可能是某種原因使盤子或餵狗的人成為食物的信號，刺激狗流口水；便加以研究之。有關古典制約的程序、要素與原則，現分述於下：

(一)古典制約的程序

- UCS or NS（牛肉粉）→UCR（流口水或分泌唾液）
- CS（鈴聲）→與UCR無關的反應
- CS＋UCS（鈴聲與牛肉粉一併出現）→UCR（流口水或分泌唾液）
- CS（鈴聲）→UCR＝CR此時的流口水，其實是一種制約反應或反射

(二)古典約制的要素

由上述程序中可知，古典制約包涵四個要素：

UCS or NS（unconditioned stimuli or natural stimuli）：即非制約刺激或自然刺激，這種刺激可引起產生反應的功能。

UCR（unconditioned response or reflex）：即非制約反應或反射，為非制約刺激或自然刺激所引起的反應。

CS（conditioned stimuli）：即制約刺激，是一種中性刺激，其本身無法引起有機體產生某一特定的自然或自動反應。故是被用來與非制約刺激配對出現（即CS＋UCS：Conditioned Stimuli & Unconditioned Stimuli，制約刺激加上非制約刺激）；以產生制約反應（而其本為非制約反應）。

CR（conditioned response or reflex）：制約反應或反射，此為制約刺激所引起產生的反應。事實上，UCR＝CR：Unconditioned Response or Reflex＝Conditioned Response or Reflex；非制約反應或反射等於制約反應或反射。

故制約刺激（鈴聲）原是藉重非制約刺激（牛肉粉）的一併出現，而引起非制約反應（流口水）；但幾次一併出現之後，當只出現鈴聲，狗還是會流口水，這便是制約完成。

不過，巴卜洛夫的研究僅限於生理學；且嚴禁將此應用在心理學上。直到1907年，另一位蘇聯生理及神經學家貝克特夫（V.M. Bekheterev）才將「制約反應」應用在人的身上，並提出以制約方式的學習理論。(李安德，民81)

(三)古典制約的基本原則

　　在古典制約的過程中，尚須注意下列數個基本原則：

　　增強（reinforcement）：非制約刺激（牛肉粉）伴隨制約刺激（鈴聲）引起非制約反應（流口水），即非制約刺激具有「增強」狗對制約刺激的反應；故非制約刺激也可以稱爲增強刺激（reinforcing stimulus），也稱爲原級增強（primary－order conditioning）。任何一種刺激因與原級增強配對出現，進而產生增強力量即次級增強（secondary－order conditioning），如，鈴聲。而次級增強又可配對新的刺激產生制約反應，如，鈴聲搭配燈光，引發狗流口水；依此下去便稱爲高級增強（higher－order conditioning），曾有研究者做到第五級的增強。

　　消弱（extinction）：當制約反應形成後，如果非制約刺激不再和制約刺激一起出現，即增強刺激不再出現後，制約反應便逐漸減弱，終至消失；這種現象便是消弱。

　　自然恢復（spontaneous recovery）：當制約被消弱後，並非永久破壞；有可能在一段休息之後，雖沒有增強，制約反應便自動再出現，稱爲自然恢復。但如果每次自然恢復時都沒有增強刺激，則最後也不能恢復了。

　　類化（generalization）：這是指刺激的類化，當鈴聲可以引起狗流口水；則一些類似於鈴聲的聲音，如，門鈴聲；都可以引起狗流口水，這就是類化。不過，類化的分量會因新舊情境不同而逐漸減低；此種情形稱爲類化的傾度（gradient of generalization）。

　　區辨（discrimination）：上述類化是對類似的刺激作反應，區辨則是對相異（difference）的刺激作反應。如，狗在訓練之初，只對與牛肉粉一起出現的鈴聲有反應，便是具有區辨刺激的能力。但若擔心狗對其他類似的鈴聲也產生反應，則可進行區辨的訓練；即只有原來的鈴聲出現才給牛肉粉，其他的鈴聲一概不給牛肉粉，如此狗便只會對原來的鈴聲作反應。

華森的行爲主義

　　而華森（J.B. Watson, 1878－1958）是美國第一個以巴卜洛夫的制約研究爲學習理論基礎的心理學家，也是行爲主義或行爲論的代表人物。

　　他認爲人類原本只有很少的反射或情緒的反應，如，害怕、愛和憤怒；

至於其他的反應都是經由制約才習得的。他最有名的研究就是對一個十一個月大的嬰兒進行害怕白鼠的制約實驗；原本嬰兒與白鼠的關係是相當友善的，但華森故意在白鼠出現時，配對出現嬰兒感到害怕的大噪音；沒多久，嬰兒對白鼠的出現也感到害怕。

雖然，華森對嬰兒進行此種實驗引起是否恰當的爭議；但華森的實驗的確讓大家看到適當的刺激配對可以激發所欲之反應的事實。同時，也提供一個非正面或非積極的情緒行為是可以由學習而來的例證。易言之，古典制約中不僅引發反射行為，亦可引發情緒反應。

葛斯律的時近論

葛斯律（E. R. Gutherie, 1886－1959）是將華森的觀點加以擴展的美國心理學家，他提出一個有關學習的主張聯合律（law of association），表示如果個體在某種情境下作出某種反應，則下次再遇到相同的情境，就會作出相同的反應，且持續一生；即一次學習律或稱時近律（law of conti-guity）。故學習並不需要重複練習，也不需要獎賞或增強作用，要的是刺激與反應的時近性（contiguity）；亦即當某反應出現時，適有某刺激出現，該刺激即可與該反應構成聯結，以後該刺激出現時，即可引發該反應。

所以，如果孩子的玩具不收、亂放，家長所需要做的就是教導他們如何收放，則下次遇到收玩具的情境時，他們就會學著去收放。

(一)古典制約在生活上的應用

一般廣告，如，新品牌的洗髮精與受歡迎的國際巨星烏黑亮麗的秀髮配在一起，且一再的出現在消費者眼前，便是假定巨星及其烏黑亮麗的秀髮是消費者所喜歡的，故也會喜歡該種洗髮精而去購買。就像廣告詞所說的，「給你巨星般的款待」！於是喜歡的情緒便與新品牌的洗髮精配對，產生購買的反應。

再者，一些初學習國字者，常利用圖案配上字卡；或教學時，教師會先舉出實物，如，一本書（UCS），當學生能說出「書」的音（UCR），便將書（UCS）與「書」的字卡（CS）一起出現；學生就說出「書」字的讀法（UCR），幾次之後，光是出現字形，學生也會說出「書」的音（CR）。

另外，古典制約的原理也被用來治療一些行為問題，如，面對恐懼症的患者，治療人員引導患者想起引發恐懼的心像（CS），但因只是想像，故真實的傷害（UCS）不會出現，即（CS）未和（UCS）配對出現；於是這些想法，心像漸漸失去引起情緒反應的能力。既然消弱作用產生，患者也就不再害怕；這就是行為治療中，常見的「洪水法」。

由上可見，古典制約與人類生活的關係密切；只是，古典制約仍有它的限制，舉例來說，若要以此原理來培養幼兒的餐桌禮儀；那麼，誰可以回答有關非制約刺激會是什麼的問題呢？顯然，除了古典制約，人類還需藉其他的方式學習。

桑戴克的聯結論

桑戴克（E. L. Throndike, 1874－1949）指出學習是在刺激與反應間形成聯結的過程，故稱為聯結論（connectionism）。桑戴克以貓來進行開啟「迷籠」的實驗，首先將饑餓的貓關在迷籠內，而籠外放置食物；然後觀察饑餓的貓如何從盲動中學會打開門閂，到籠外取食。結果發現：貓先是在盲動中觸及門閂，而出籠取得食物，爾後，盲動的次數越來越少，觸及門閂的次數相對的增加，終於盲動消失，貓一進籠即能直接以前爪開門出籠取食。

貓的反應獲得酬賞，亦即反應是可以帶來增強物的工具；故今亦稱此聯結類型為工具性制約 (instrumental conditioning)。隨著反應而來的增強刺激（R←S），強化了打開門閂的行為，並使打開門閂的次數增加；桑戴克稱此種從嘗試中獲得有效的反應，並被強化保留而固定，待類似情境出現就會出現此強化的反應的過程為嘗試錯誤學習；並歸納出三個定律：

㈠練習律

有機體的練習次數越多，則該反應與刺激間的聯結越強。不過，基於實用的目標，桑戴克在1930年以後便放棄整個練習律（law of exercise）了。因其發現刺激反應的聯結，並非僅靠練習次數的多寡或時間的長短來決定，還必須視刺激與反應間的性質是否相屬；如二者無相屬的關係，雖經多次練習，也難達成聯結。此即相屬原則（principle of belonging），

如，一位剛工作的新手，因工作環境及條件的配合，得以很快的進入情況，
駕輕就熟，甚至發揮所長，這便是刺激反應間有極高的相屬性所致。

㈡效果律

　　有機體反應後獲得滿足的效果，則反應將被強化；即刺激與反應間的
聯結加強；但若反應未得滿足之效果，則反應將減弱；此即效果律（law
of effect）。而此實驗中聯結反應與刺激間的關鍵就是酬賞，即食物。更重
要的是，桑戴克還提出增強可以增加聯結的強度，但懲罰無法強化聯結的
修正；對教育或教養子女者具有極大的提醒作用。

㈢準備律

　　有機體身心狀態對反應的準備度，如個體正準備反應；則順其反應
者，即感滿足；若阻止其反應者，則感痛苦。同理，若個體無準備反應，
強迫其反應亦產生痛苦；這便是準備律（law of readiness）。

　　此外，桑戴克認爲只要學習情境類似，學習便可以從教室遷移到教室
外的環境；即所謂學習遷移的共同元素論。如，敎學生數學，是爲了學生
離校後能解決有關數學方面的問題。

　　然而，古典制約與工具性制約的分野爲何呢？首先，古典制約在於引
起有機體的反應，而工具性制約卻視有機體所表現的反應而定。其次，古
典制約是藉刺激的接近性來做爲增強物，即非制約刺激（相當於增強物）
與制約刺激一起出現以引發有機體的反應；而工具性制約的增強物卻是在
有機體反應之後，方能得到。最後，則是古典制約適合於內部反應（情緒
和腺體反應）；而工具性制約適合於外部反應（肌肉運動，語言反應）。

赫爾的降低驅力－刺激的增強作用論

　　對於學習，赫爾（C. L. Hull, 1884 －1952）雖也強調制約是有機體
基本的學習歷程，不過，他更發展出一套理論來彌補單純性的制約與複雜
性制約間的鴻溝；他認爲刺激與反應並非同時發生，而是刺激先於反應；
且學習也非來自一次的嘗試，而是一再降低需求或驅力（drive）的過程；
即減低驅力——刺激的增強作用理論（drive－stimulus reduction rein-
forcement theory）。

赫爾認為學習是有機體的一種求生方式，一種對環境的生物性適應；需求或驅力的產生表示有機體在求生或驅力上有所缺乏，如，食物、水等；而可以減低需求或驅力刺激的是被增強的行動或反應。舉例來說，人們因缺乏食物而感到飢餓，為減低飢餓感，就必須去覓食，以獲得生物需求的滿足；覓食行為便因可以降低驅力，而被強化，故赫爾認為增強作用的核心是適應求生。不過，在人類的生活中，還有許多增強物並不是直接針對生物體的適應，而是屬於次級增強物；如：可以換取食物的金錢便是。

總之，赫爾的理論包含許多的假說和定理，頗具複雜性與完整性；並為追隨者所擴展延伸。也難怪畢基 (Bigge, 1982) 書中將之歸為操作制約的關鍵人物，但若就實用性來說，史基納 (B. F. Skinner, 1904－1990) 的論點，則更具代表性。

史基納的操作制約

談到史基納，他和桑戴克及赫爾一樣，均強調酬賞及增強在學習過程的重要性。不過，史基納更將行為分為兩類，一為自發的 (spontaneous or operant)，一為引發的 (respondent or elicited)；自發的行為是以行為本身做出發點，而史基納所研究的便是自發行為的制約或操作制約 (operant conditioning)。

他以著名的史基納箱 (Skinner box) 對白鼠進行實驗；箱子的壁上裝有槓桿，白鼠若壓及槓桿，即可獲得機械中送下的食物，槓桿和自動記錄器連接，可對白鼠的動作詳加記錄；包括：壓桿後出現食物的多寡、出現食物的時間，以及每次或每隔幾次給食物對白鼠壓桿的反應有何影響等。從中發現：任何個體的自發性反應，如能帶來有效的後果，該反應就因強化而保留，這便是操作制約。不過，操作制約研究的對象並非只有老鼠或鴿子，也包括人。事實上，今日教育或管理上所應用的一些策略或改變學生問題行為的方法，與操作制約的原則關係密切。

現就操作制約中的一些學習現象及增強作用的本質與特性，簡要說明之：

(一)區辨性操作

由於操作行為是一種自發行為，不像古典制約下的反應是由刺激所引發；因此，如何才能使這種自發的行為，得以強化而保留呢？區辨性操作 (discriminative operant) 便是為了強化某種特定的行為，當一操作行為只有在區辨刺激 (discriminative stimulus S^D) 出現才受到增強，則此操作行為的反應與區辨刺激間逐漸強化。如，白鼠雖會壓桿，但只在燈亮壓桿才有食物，燈暗即無；於是「燈光」就成了區辨刺激。而這就是許多規則可以發生效果的原理，因為個體注意到反應與區辨刺激的關係；如，看到紅燈（區辨刺激），個體以停車（操作行為的反應），來避免撞到其他的車或人，及不被警察開罰單（增強）。

(二)區辨性刺激與刺激的控制

上述的刺激與增強的出現產生聯結，且成為一種信號，可決定操作行為的出現與否，換言之，操作行為的反應已受制於區辨性刺激，但只有個體覺得要對該刺激反應，即是出自自身的反應；制約學習才算完成。如，大家都知道交通號誌的意義，但行人是否等綠燈亮才通行，仍是由自己來反應；故如何強化刺激與反應的關係，便是制約能否成功的關鍵。

(三)行為的塑造

古典制約之下，有機體可以對不同的刺激產生相同的反應；卻無法解釋行為的新奇性。但操作制約其操作的行為是自發的，因此，研究者可從中選擇所欲之行為並給予增強；直到所欲行為出現且排除其他不需要的行為，這個過程即稱為行為的塑造 (shaping)；其所根據的則是目標漸進的原理。如，為了要改掉一個孩子愛發脾氣哭鬧的行為，父母只在孩子情緒平穩快樂的時候陪他、鼓勵他；當他哭的時候，父母就做自己的事暫時不理他；於是孩子情緒平穩的時間則逐漸增多，而哭鬧的時間便逐漸降低，這便是行為的塑造。

(四)反應連鎖作用

一種反應能使有機體與刺激接觸，此反應就可當做另一個反應的區辨性刺激，即當一個反應使有機體接近某個會酬賞上一個反應，並引出下一個反應的刺激，如，壓桿可得到食物，則看到槓桿便會想到壓桿，所以就

靠近槓桿，碰觸，然後壓桿；於是反應連鎖（chaining）就產生。故一種反應會產生或改變一些變項，進而控制其他的反應，這種結果便是連鎖，它可以沒有組織，也可能有一點點組織。以逛街為例，純逛街的人路線隨便安排，只要逛到街即可；但若有計畫要買某項物品，則路線就會較有組織。

(五)增強物

凡一切刺激，其出現或去除可提高個體反應者，均可視為增強物（reinforcer）或增強刺激（reinforcing stimulus）。而增強物依性質可分為：物質性增強物（食物，玩具等）；社會性增強物（微笑，實驗，斥責等）；活動性增強物，即任何有機體喜歡的活動。如，打球、看電視等；象徵性增強物（記功，獎狀等）及代幣性增加物，指取得後，可用來兌換物質性、活動性，社會性或象徵性增強物的代替物，一般常見的有貼紙、籌碼等。（林正治，民82）

(六)增強作用

由於增強物的使用而使個體某種反應經強化而保留的安排，或任何能使一個刺激增加其誘發反應的機率的事件；便稱為增強作用（reinforcement）。

- 凡因增強物出現，而強化某種反應的現象稱為正增強（positive reinforcement）；而此增強物即稱為正增強物（positive reinforcer），如，食物。
- 若因增強物的去除，而提高某種反應的現象稱為負增強（negative reinforcement）；而此增強物便稱為負增強物（negative reinforcer），如，電擊。

至於在行為出現後，有時給予增強物，有時則不給，則稱為部份增強作用（partial reinforcement）。

另增強作用會產生擴展現象，與增強刺激相關聯的其他刺激，也會產生增強作用；食物是饑餓的原級增強物（primary reinforcer）。而金錢可以買到食物，故金錢也有增強的作用，稱為次級增強物（secondary reinforcer）。因次級增強物而發生的增強作用，便稱為次級增強作用（secondary reinforcement）。

不過，許多不具生理顯著性的事件，也可成為制約時的增強物；如，
父母的愛。

(七)懲罰與增強作用的區別

懲罰（punishment）與增強是完全不同的兩種過程，增強是與正向刺
激的呈現，或除去負向的刺激有關；而處罰則包含在負向刺激的呈現或除
去正向的刺激。增強作用在於強化反應，而懲罰的目的在於消弱反應；故
只要該刺激是用來強化某種反應的就是增強作用，如給白鼠食物以增加牠
壓桿的次數。但如果刺激的呈現或取消是用來消除某種反應的便是懲罰；
如，學生考試作弊，依校規處以記過或零分計算；或孩子不聽話，父母施
予禁足或取消零用錢；均屬處罰。

由此可知，懲罰與增強作用最大的差別是，增強作用可強化所欲之反
應；但懲罰卻只是暫停不欲之反應，對建立所欲之行為並無助益。就作弊
記過來說，學生雖可能因記過而暫停作弊，卻未必會因此用功讀書。

(八)迷信行為

人類的許多自發性行為，按赫爾的說法是為了減低求生的驅力，如覓
食；或獲得次級的增強物。但人類也有一些行為並沒有可觀察的結果聯結
在一起，却仍反覆出現，如，一位球員初次穿某號球衣，而得高分；至此
之後，他就相信穿某號球衣會帶給他好運或高分。其實穿某號球衣只不過
是偶然和他的得分配在一起；却可以產生極大的增強效果，這便是許多原
本並無關聯的反應却會一再出現的原因。是否大家也有過類似的經驗？

(九)增強的技術

增強的技術除須考慮有機體的需要或喜歡的增強物的性質外，在數量
（強度）與時間分配上，亦有不同的使用方式：

固定比率（fixed ratio）：增強物是在一個固定的反應數目後發生，
如，每十個反應出現一次增強，則無增強的反應與有增強的反應其比率是
十比一。在這種狀況下，有機體為得到增強物，其反應率會加快，以便在
十次之後獲到增強。就像論件計酬者會出現高反應率以便換取報酬一樣。

不定比率（variable ratio）：此種方式還是以次數來決定增強物的出
現率，但增強物並未按固定的反應次數出現，可能是每次都出現，也可能

每隔兩次，也可能二十次因爲無法預測；有機體會保持高而穩定的反應率。就像一些賭博遊戲，什麼時候會贏不知道，但大家都認爲自己有贏的機會；所以也會出現高的反應率。且此種不定比率下所增強的行爲往往較固定比率下的行爲難消除，根據卡爾帕蒂 (Calpadi, 1980) 的說法，這是發生部份增強效應所致，因爲接受不定比率增強的行爲，其實有不少是沒有得到增強的；有機體既難以辨識增強的不再有，進行消弱時，自然也無法明白再多反應也無益。所以，賭博易成性卻很難戒。(邱大昕、張珧玲、陳易芬、許月雲譯，民81，p.209)

以上雖有固定及不定之分，但均屬比率時制；動物似乎知道增強物是視其反應的數目而定，故會以最快的速度來反應。

固定時距 (fixed interval)：指增強物出現的時距是固定的，如固定的時距是一分鐘，則每一分鐘後的第一個反應才會給予增強。如此一來，在增強之後，動物的反應率降至接近於零，等到時間間距接近時，才又快速增加。學生往往是到大考前一天才抱佛腳，應是最典型的例子。

不定時距 (variable interval)：增強物出現的時間不定，可能很短，也可能很長；在這種狀況下，有機體不知道何時接近時距，故其反應率呈現穩定的狀態，不會出現固定時間下的休止現象。舉例來說，當環保機關宣佈以不定期的方式對工廠的污染源進行臨檢與重罰（勒令停工）時，廠商只好隨時注意污染的防治，以免臨檢受罰或停工。

這樣看來，固定時距較易形成預成心理，甚至阻礙學習。不過，在現實生活中，員工每月期待一份固定的薪水，似也成爲一種安全感；而聰明的老闆亦不忘以工作獎金不定期的激勵員工的士氣與效率；薪水與獎金對員工行爲的影響，稱得上是時距分配的最佳實例。

由以上可知，當增強物是以固定與不固定比率的方式出現時，若比率小，則動物的反應率會較計時的快；但如果比率很大，則在每一次增強作用後，有機體可能會稍作停頓，然後再緊跟著穩定快速的反應，以便得到增強物。

(十)增強作用的關聯性

將增強作用視爲刺激或事件全或無特性的想法是很自然的，但增強物未必是指物品，有時活動更爲適合。

普力邁克（Premack, 1959）認為個體所做的任何活動，都可作為增強該個體所較少進行的其他活動；因為從他的研究中發現，原本較喜歡吃糖的孩子因必須先打彈珠才可以吃到糖而增加打彈珠活動；而原本喜歡打彈珠者則因想打彈珠也增加了吃糖的活動。故增強作用具有下列關聯性：

對任何有機體而言，都存在一種增強階層，位於階層頂端的增強物，為有機體最可能去從事的活動。

普力邁克原則（Premack's principle）：此原則是指階層中任何活動，可藉著位居其上的活動來增強其發生率，而它本身也可以增強位居其下的任何活動。如，喜歡看電視的孩子，父母可以利用這項活動來增強他做功課的意願；即越早做完功課可以看比較久的電視。或對喜歡玩不喜歡看書的孩子，父母也可與他約定先看書半小時，就可以去玩一小時。而這就是普力邁克原則。

㈡操作制約在生活上的應用

由於個人電腦的蓬勃發展，電腦軟體設計者大量使用操作制約的原理，以便操作者能在正確反應時立即獲得增強，而與複雜的程式產生互動。今日，電腦輔助教學已被不同階段的教育及一些特殊兒童，如自閉症兒童的教育上。

其次，操作制約也被用於修正問題行為；如，某兒童不愛做功課，父母便和他約定，若能按時做完功課，就可以從事任何他喜歡的活動，否則那裡也不准去，則該童為了從事喜歡的活動，只好按時寫功課。

還有，增強作用亦廣泛的運用在人事及工作管理上；以提高員工的士氣與績效。如，固定的薪水之外，還有各種酬賞的獎金。

另外，生理心理學家更利用操作制約的原理，使人學習如何控制自己的血壓與心跳；即受試者一邊觀看螢幕上的記錄，一邊覺察自己的身體感受，並加以調整，當生理功能產生想要的改變，就會有信號出現，故稱為生理回饋；只不過，目前仍是發展階段。

由上可知，操作制約雖強調有機體自發性的行為，可藉由增強物的妥善運用，而達到行為塑造的效果，過程雖不同於古典制約；但其中有點卻類似，即經由制約有機體得到反應或養成習慣；但經由「消除」，有機體也將失去反應或習慣。

制約學習所面臨的問題

然而，以上的研究也面臨一些問題；首先是生物的有限性的問題：在古典制約方面，研究者並不能突破動物本身的特性，如，在一味覺嫌惡的研究裡，發現只有味道能和生病產生聯結，導致老鼠逃避外，燈光或聲音並無此效果；但換成電擊，則燈光就可產生聯結 (Garcia & Koelling, 1966)。故並非任何一個制約刺激都能與一個非制約刺激產生聯結，聯結是有選擇性的；此說相當符合動物學家的看法。

同樣的，操作制約方面也有類似的問題，即經訓練的動物雖可以學會實驗者所欲之行為，但牠們更容易表現出其本能的行為 (Breland & Breland, 1961)；如，接受標準行為塑造的小雞，原本會把含有獎品的小塑膠球從斜坡滾下來，再將小球啄到旁邊等候的顧客手中；但時間一久，小雞開始抓住小球就打。因此，布里蘭 (Breland, 1961) 表示任何種類的行為，如果沒有其本能的形式、演化史或生態範圍的知識，便不能做充份的瞭解、敍述或控制。

誠如有些實驗者所欲制約的行為正好與動物的正常反應相反，故影響研究的結果 (Bolles, 1970)。如，鴿子對危險的自然反應主要是拍翅，而非啄取；故當研究者的假設是啄取次數高於拍翅，便無法獲得驗證。可見操作制約也應依循物種的行為，而非隨意的聯結。

其他如，學來的無助 (learned helplessness) 的問題，即狗在遭到電擊時，無論做什麼都無法使電擊停止；則在這種情況下，狗會產生學來的無助，且當後來有機會逃脫電擊時，牠們也放棄嘗試；這並不是由於電擊的經驗，而是由於無能或察覺無能去做任何事所引起 (Seligman & Maier, 1967)。那麼，對於這個問題，似乎已不是能全由增強的角度來解釋了，是否牽涉到其他的認知因素，值得探究。

雖然，以動物為實驗對象的制約研究常引起是否人也會如此的爭議；但隨著巴卜洛夫、桑戴克及史基納等的努力，不僅實驗的儀器更精密，也提供心理學研究上可觀察、分析、漸進、控制及具體評量的技術。而史基納的研究精神與對理論的執著，更推動這些理論在教育、工商業與行為矯治上，如，編序教學、電腦輔助教學、行為修正技術、生產及人事管理策

略等；可以說是近代最具影響力的心理學家。

認知論與學習

此處的認知論主要是指完形心理學 (Gestalt—field psychology) 及訊息處理論而言。

完形心理學

首先，完形心理學家認為學習的現象與知覺有關，因此，學習應是學習者重組他們的知覺或心理世界或心理場地 (psychological field)，即將以往所學到的各種資料加以儲存、組織，形成心理結構。此論對學習的描述有一關鍵字領悟或頓悟 (insight)，故他們不贊成行為論以單純的分解行為來解釋學習，或只偏重在減低基本驅力而忽略學習行為本身的目的性。現以頓悟學習、場地學習及符號學習來說明完形心理學家對學習的描述。

(一)頓悟學習

如同其他完形心理學家一樣，德國心理學家庫勒 (W. Köhler, 1887–1967) 也認為學習的情境就是問題情境，有機體因此發生緊張 (tension)，產生心理失去平衡 (disequilibrium)。此種緊張系統的發生，便產生學習者由不完全而趨於完全的心理運動。故研究學習應以整個情境和有機體整個活動為出發點；即以心理的完形或形態 (Gestalt or configuration) 來做研究的對象；以避免經驗一經分析而破壞其完整性。

庫勒曾以他在非洲實驗室的許多個實驗為例，說明動物如何利用工具達到目標。如，猩猩徒手無法取得香蕉，必須拿一根木棒或兩根木棒組合來取香蕉；或是利用堆高的箱子，甚至再加上棒子來取得香蕉等。

在這些實驗的過程中，動物為了解決問題的確經過一段時間，且相當接近於嘗試錯誤學習的概念，只不過完形心理學家所說的嘗試錯誤是認知上的而非止於行為。因為頓悟學習具有以下四個特性：

・由解決前期到解決期的轉變是突然且完整的。

・由頓悟所得的解決方式在行爲表現上通常是順利無誤的。

・由頓悟而對問題的解決可保留一段相當長的時間。

・由頓悟所得到的原則容易應用到其他問題上。

　　故庫勒與卡夫卡 (K. Koffka, 1886－1941) 認爲實驗裡的猩猩是洞察整個情境中彼此的關係，而領悟到木棒與箱子等在取得香蕉上的用處；換言之，猩猩是靠著對整個完形或問題情境的構組的領悟，是憑智力與理解，而非盲目的嘗試錯誤。

(二)場地學習

　　除了卡夫卡與柯勒等，德籍猶太人勒溫 (K. Levin, 1890－1947) 亦屬完形心理學家，他以數學的背景，藉簡易的拓樸幾何、空間概念，和相對的概念來解釋心理的事實。他認爲行爲反應不僅爲單一刺激所引起，而爲當時整個環境 (場地) 所決定。即學習和記憶並非單憑聯想，而是與當時整個場地的組織而成。

　　他曾提出行爲爲人乘環境的函數，即：任何行爲或心理事件都決定於人的狀態，和當時的環境 (爲物理、生理、心理與社會的總和)。

$$B＝F(P.E.)$$
　　B：行爲，P：人的狀態，E：當時的環境。

　　在場地論裡，心理的場地是生活空間 (life space)，心理的活動是一種進程 (as a progression) 是在生活空間內，由某一點向另一點的運動；通常是移向目標的心理運動。

　　至於心理生活空間(psychological life space) 與物理學的空間不同，是用來說明一個人在某一時空內的行爲，是由當時場地中所可能發生的各種關係或全部情境所決定的全部事實。即要解釋一個人的行爲，須了解這個人和環境之動力的關係。然而，全體不等於各部份的總和，故動力法則 (the law of dynamics) 有三個特點：

　　學習以完整性爲其特徵：所謂完整性的特徵是指學習者自身的過程與結果。學習者是整個人在學習；故對環境的反應也是完整統一的全體。所謂五育並進，培養身心皆臻健全的人格等，便是完整兒童 (the whole child) 信念下的目標。

學習是動機的改變：動機是心理生活空間不穩定的狀態，此不穩定的狀態引起有機體的心理的緊張系統，個體為解除此種緊張，在一定生活空間內，產生趨向於某種目標的運動。故這種心理緊張系統就是學習的原動力，一旦目標達成，緊張解除，心理生活空間就恢復平衡，但另一個動機又開始運作循環；因為這是有機體適應環境，改變環境時一種緊張系統，藉此學習便源源不息。

　　學習是認知結構的改變：場地論強調學習是一種對環境的認識作用（recognition），而所有的學習情境可視為是一種問題情境，整個有機體透過與整個情境的交互作用，於是學習者對情境的輪廓（contour）、形象與背景（figure and ground）及組織等的認識發生變化，產生新的學習。（摘自王克先，民75）

　　雖然此說所研究的是人類面對他所處的環境的當時，行為形成的種種過程或結果，但關於這一點，勒溫表示：既然過去與未來的物理性質都不存在於現在（此時此刻），也就不會對現在產生即刻的影響。而場地論雖以幾何空間的概念來解釋心理的運作，但所關心的卻是人與環境間的動態關係，人的學習動機與整體發展；在刺激與反應之外提供另一瞭解人類行為的空間，頗具啟發性。

(三)符號學習

　　托爾曼（E.C. Tolman, 1886－1959）認為個體的行為都是有目的的，學習即產生於有目的的活動歷程中；故也稱之為目的行為論。而學習者在整個學習情境中，所學到並不是刺激與反應的聯結，而是符號間的關係與意義，即從環境中發現什麼導致什麼（what leads to what）的歷程。

　　在發現的歷程中，有機體逐漸形成一種認知圖（cognitive map）；就好像初次被帶路上學的孩子，會期待有關「什麼導致什麼」的符號，預期的最初符號是假設（hypotheses），透過經驗而加以確認者，則被保留，反之就摒棄；然後就發展出認知圖。有了這些經驗，孩子瞭解到整個路程的情境，下次便可試著自己上學；這就是認知過程（cognitive process）。

　　一種符合確認的期待會發展成一種信念（belief），故若看到某種符號時，會期待其它某種符號的出現；如，在回家的途中，個體在看到家附近的招牌之後，便出現預期的符號──家人的微笑及溫暖的燈光；然後，就

更加快脚步的回家。

　　若將之套用在古典制約的過程上，則鈴聲就是牛肉的符號；狗對鈴聲有期望，因爲可以得到牛肉，得到酬賞；即酬賞期望（reward expectancy）。故符號學習要作爲獲得的期望（acquired expectation）的解釋，所學到的是期望而非反應；就像辛勤的工作者會期待加薪，如果沒有達到期望，個體會經歷認知失調（cognitive dissonance）的心理狀態，這是一種負驅力的狀態，當人經歷過它，便能找到方法來減低它（Festinger, 1957）。如，個體可能在失望之餘，決定跳槽或忍一口氣繼續做。故符號學習是一種瞭解學習（learning with understanding），而非制約的學習。

　　此外，潛在學習（latent learning）或稱爲偶然學習（incidental learning），也是托爾曼理論中相當重要的一個概念；即此種學習不表露在行爲上，學習在低等驅力下進行。學習者並未激發任何動機，亦未曾需要作一種反應；但當增強物一出現，學習者竟能運用已學到的東西。

　　這可以由托爾曼等所做的實驗來驗證，首先，將老鼠分爲三組，第一組到達迷津終點的目標箱就給予食物；第二組到達迷津終點的目標箱但不給予食物；第三組在前十天先不給食物，第十　一天到達迷津終點的目標箱就給予食物。結果第三組在第十一天錯誤就已明顯的下降，甚至比第一組還好；可見第三組在得到食物之前，就已經學會迷津的空間方向，增強物的出現只是有助於學習的表現（performance），但不是學習的本身。因爲第三組的老鼠在缺乏增強時，學習已同樣發生。故學習和行爲表現不同，此亦值得教育工作者深思。

　　在潛在學習的實驗中，第三組老鼠雖已經學到迷津的空間方向，但這種學習在行爲上並不明顯，非得等到酬賞引起了老鼠的行爲動機才會出現。故托爾曼認爲就學習而言，酬賞與懲罰具有一種傳達訊息的功能，也是一種符號。

　　上述屬於認知論的完形心理學家，在古典與操作制約學習之外，提供大家對學習有另一層認識；如，學習是與個人及情境間的動力法則有關；且有機體的學習是瞭解，是領悟而不是非制約刺激與制約刺激一起出現所引發的反應，也不是刺激反應的聯結（嘗試錯誤）。至於增強作用雖有效果卻不是針對學習，而是表現等等，均可幫助大家對學習有更廣的瞭解。

訊息處理論

在認知論中，除了完形心理學外，訊息處理論的研究者也都相當關心與學習有關的問題。談起「訊息處理」（information－processing）其研究焦點在人類如何知覺、組織和記憶來自周圍環境的大量資訊。然而訊息處理論和典型的學習理論並不相同，一來它不是單一理論或某種特別取向的研究，再者，它也不把學習視為研究的主要重點，而視之為研究中的一種歷程。此處就以諾曼和魯梅哈特（Rumelhart & Norman, 1981）所提到的四種學習方式說明之：

添加（accretion）：此為共同的學習方式，即以預先存在記憶基模的名義，把新訊息予以編碼；新訊息是以舊訊息的名義處理。這種不改變現存基模結構下，將知識加入的方式；類似於皮亞傑所說的同化，但還包括小量的調適。

建構（structuring）：當現存的基模無法與環境作有效的協調，必須形成新的基模，便稱為建構；這個過程是學習中最困難的一種。

調適（tuning）：知識必須要調適直到適應任務為止，調適包括一長列的添加，即有許多的小調適，以順應經驗獨特部份的需求，否則將無法完全同化於基模中。其中最簡單的是經由練習，把業餘的轉變為平穩性及自動性高，心智的努力及壓力會減低；而觀點也較靈活的專業熟練的表現。

類推學習（learned by analogy）：新基模的學習程序是包括初次以現存的基模為模型來模仿，進而創立新基模，此新獲得的新基模會再經歷「調適」的精練歷程。即以事先存在的模型（觀念、結構、基模）為基礎，評鑑、解釋、瞭解、誤解、學習或不學習新經驗。

看完這四種學習方式，是否有種似曾相識的感覺呢？的確！諾曼與魯梅哈特雖在某些用詞上略不同於皮亞傑，但其信念多源自皮亞傑。

近年來，認知論由於理論的設計、假設的形成及實驗的運用，有關基模的發展與認知結構的建構等的研究，引起相當的重視與興趣，而訊息處理的理論也由心理學的研究推展至教育實務的運用上，對於學習，心理學家已不再害怕去研究複雜的歷程，認知的、訊息處理的變項，在人類學習中所扮演的角色，已成為新的研究對象。（王文科主譯，民80）

互動論與學習

本節主要是介紹互動論者對學習的看法，如，蓋聶的學習條件論、皮亞傑的認知發展論、班度拉的觀察學習等。現分述之：

學習條件論

蓋聶 (R.M. Gagné) 由分析人類學習的一段性質和學習歷程的特殊性質，提出人類具有五類代表著不同能力 (capability) 及表現 (performances) 的學習；分別是語文知識 (verbal information)、心智技能 (intellectual skills)、動作技巧 (motor skills)、態度 (attitudes) 和認知策略 (cognitvie strategies)。

這五類學習亦有著不同的學習方式，先備技能及認知處理步驟；即具有不同的學習條件，包括來自學習者的必要的先備技能和認知歷程的內在條件，和來自環境刺激 (教學事件) 的外在條件。

故蓋聶的學習條件論，不僅使學習的研究更加深入多元；在教學上，教學者也能更有效的分析，各類學習時學生所需的內存條件，進而安排適合的學習活動。

認知發展論

皮亞傑 (J. Piaget, 1896－1980) 的認知發展論強調學習與個體的認知結構息息相關，當個體主動的透過同化或調適的歷程與環境互動，認知結構也逐漸擴大且越發精緻，因此個體 (人類) 是主動的創造者，而非被動的接收者。詳細內容可參考本書第二章人類發展及第八章智力中的認知發展論，此處不再贅述。

觀察學習

　　根據畢基（Bigge, 1982）的介紹，班度拉（A. Bandura, 1925－）所倡導的社會學習理論（social learning theory）是一混合行爲論的增強作用及認知論視行爲本身是有目的性的學說。他接受並提昇行爲修正技術在臨床與教育上的用途，但賦予增強的過程一種特殊的意義；即當個體過去的行爲具有教育價值與激勵的後果時，將對未來的行爲產生相當大的決定性；這是因爲過去行爲的後果爲個體帶來對未來類似行爲的期許或關注。

　　對社會學習理論來說，個體與環境的關係是等重的；個體是在有需求、有適當的表現技巧，及有適當的激勵的情境下改變行爲；不過，能覺察行爲的後果雖是催化行爲改變的要素，卻非充份或必要的條件。個體的行爲既非由環境決定，也不是由個體自發產生；而是會思考的有機體與環境互動的結果：此包含設定目標以及個體如何根據自己的目的來修正環境的條件。

　　另從他的研究裡，他發現凡是能夠經由直接經驗習得的事物，必也可以從觀察中習得；且人類行爲的絕大部份是由觀察所習得，即觀察學習（observational learning）。

　　而所謂觀察學習是一種延宕模仿（delay　imitation），即觀察者（observer）有意或無意下，看到示範行爲，當時可能已產生學習但未表現出類似行爲；且當時示範者（model）與觀察者雙方間並未受到任何增強，直到某種相似的情況再現，觀察者才表現出所模仿的行爲。故觀察學習比嘗試錯誤學習更有效，且可避免不必要的錯誤與傷害。觀察學習或替代學習（vicarious learning）包括下面四個歷程：

(一)注意歷程

　　觀察者將感官及知覺集中在示範者的行爲，而影響注意的因素包括：

　　示範行爲：該行爲本身所引起的興趣大小、指引觀察者注意的方法，以及行爲的後果等；

　　示範者的特徵：如，年齡、地位、親切感、能力及權力等；故當示範者所具有的特徵是觀察者所追求或心儀時，很容易引起觀察者的注意。

觀察者本身的特質：如，自尊心、知覺適應等。以青少年來說，由於正處於身心變化甚巨的階段；又希望能獲得友伴的重視，自然特別注意同儕的種種喜好或行動等。

(二)保留歷程

經由轉譯及符號的預演，所觀察到的行為被轉換成記憶，做為未來表現的指引；保留示範行為的方式有二：

意象表徵系統（imaginal representational system）：意象表徵系統是一種感官的制約歷程，藉由示範行為刺激的接近性，透過觀察者知覺反應，形成一序列聯結而統合的意象。此一序列的意象可持久保留，也可以恢復記憶。

語言表徵系統（verbal representational system）：觀察者將所觀察到的行為轉譯成簡要的語言符號，這種方式可以儲存大量的訊息，很容易再喚回記憶，許多複雜的行為反應都靠這種方式傳遞給觀察者，故保留的多寡多決定於個人的語文能力。

上述兩種系統的聯合是最有效的觀察學習。

(三)行為複製的歷程

即上述由認知方式所習得並保留下來部份，個體經由此歷程決定將轉成行為表現的範圍程度；而這與個人的身體能力的運用，以及如何監控並調整自己的表現有關。

(四)觀察增強歷程

只有在觀察所得的訊息或行為有用時，觀察者才會予與實際運用；而增強作用可影響個人表現模仿行為的意願。在這個增強歷程中包括三種方式：

外在或直接增強（external or direct reinforcement）：在此過程中，個體藉由他們所直接經驗到的後果來調整自己的行為。過程中，個體的行為視增強的效果而增加、減少或改變。不過，最重要的是，外在增強是用來影響表現，而非影響學習；這一點與托爾曼對增強的看法類似。

替代增強（vicarious reinforcement）：當觀察者看到他人因某種行為的成果得到獎勵，會增加他表現某種類似行為的次數；如果是他人的行為

受到處罰，則表現出來的機會可能就比較少。這也就是媒體既要報導好人好事，也要呈現作惡者必自斃的畫面，以達到提醒世人的作用。

　　自我管理的增強（self-administered reinforcement）：這是指個體經由自己所創造的結果來管理自己的過程。在此過程中，個體對自己的行為是使用自我酬賞及自我處罰來管理；從而發展自我反應的功能給予個體自我指導的能力。故如果忽略自我增強對調整行為的影響力，等於是否認人類是具有獨特能力，可以調整自己情感、思想和行動的個體。

　　而班度拉所強調的互惠互動（reciprocal interaction），便是兼具這三種增強方式的特點。

　　觀察學習只是班度拉社會學習理論的一部份，所描述的是學習歷程的本質，強調個體在環境中，可以主動與環境中的人事物互動、吸收，甚至不須經過當場的練習或行為的直接反應，就可轉換成為自己的經驗的歷程。所謂「上樑不正，下樑歪」；大人未必是有心要教壞小孩，孩子卻可能有意的從觀察中學習。

　　正如班度拉所說的，在人類的生活當中，有太多的行為是可藉觀察而得，如，性別角色、父母親的角色；甚至因為視聽媒體的發達，只要吸引力夠大、個體動機夠強，便可能進入此一學習歷程；於是許多孩子喜歡學卡通人物或青春偶像的打扮或動作。因此，更引發研究者關心與研究電視暴力與色情對兒童的影響等問題。

　　不過，班度拉也相信在此一過程中，個體是主動的，是可以自我決定、自我管理及自我指導的。故他雖也談增強作用，但其意義與特徵已和古典制約或操作制約僅視個體為被動或中性有反應的有機體，可由外在的環境（增強）制約的觀點是有所不同。

其他

　　除了上述行為論、認知論及互動論所提的觀點外，神經生理學家及人本主義心理學家也有他們對學習的詮釋，現以赫伯及羅吉斯的看法簡要分述於下：

(一)神經生理學家──赫伯

　　神經生理學家雖不是直接研究學習行為，但他們對神經系統的研究，尤其是大腦兩半球的研究便幫助人類瞭解各種外顯行為與神經細胞間的關係，如：左大腦半球處理語文、數學以及連續的資訊；右大腦半球則是掌管知覺、注意、全體及同時的資訊；揭示大腦半球非對稱性功能的特徵。

　　而赫伯（D.O. Hebb,1904-1985）由文學轉向心理學，乃至後來對神經生理學的研究經驗，使他對學習與神經生理學的關係產生濃厚的興趣，並提出許多論點。

　　首先：赫伯表示神經衝動具有線索與喚醒兩種功能；

- **線索功能**（cue function）：在使有機體獲得有關環境的訊息。
- **喚醒功能**（arousal function）：在使有機體對環境中的刺激接收與反應。

　　其次，由於線索功能要達到充分的效果，一定要有相當程度的喚醒水準；喚醒水準太低，則傳入之感官訊息也不會被利用；但喚醒水準太高，則太多訊息需要分析，可能會使有機體產生混淆或不相關的行為，此即喚醒理論（arousal theory）。故學習者是否有效的學習與喚醒水準有密切的關係，值得教育工作者注意。

　　此外，赫伯更以細胞組合(cell assembly)次序列相或階段順序(phase sequence) 來說明兩種學習。現分述之：

　　細胞組合（cell assembly）：指個體經驗到某一環境中的物體時，它會引起一群神經元的衝動，這種神經元的組合可大可小，決定於環境中的刺激，此刺激可以是內在的，如某種觀念；也可以是外在的，如，房子等。

　　序列相（階段順序）：細胞組合與細胞組合間會形成一連串交互關聯的細胞組合，即序列相，如，一連串的思想。

　　兩種學習：一種是單純的細胞組合與序列相，屬於刺激反應聯結；另一種是序列相重新排列組合，認知學習。就前者來說，是有關嬰幼兒時期細胞組合與序列相（階段順序）的逐漸建立，這種早期的學習，導源於環境中具有神經學表徵的事物，當神經發育已具備時，兒童就會想單一的或一連串的事或物，即使這些事物並無具體呈現在其面前。就某種意義而言，在兒童的神經系統裡，已經存在許多事物的複製品，故兒童的早期需要去

經驗一個充實的環境。

　　至於認知學習的特徵,則可應用完形心理學的論點解釋之。不過,一旦早期的生活形成後,接下來的學習,就是二者的重組。

　　神經生理學對學習的研究,在打開史基納所說的人類內在的「黑盒子」上具有相當顯著的意義,尤其是與訊息處理論結合,更有助於瞭解人類行為的生心理意義。目前資料雖不甚豐富;但勢必影響往後學習方面的研究與發展。

(二)人本主義心理學家——羅吉斯

　　人本主義心理學的觀點是來自應用心理學於對人的實際工作上,如,臨床心理學家,社會工作者及諮商員等,而不是對人類學習過程的研究;不過,羅吉斯 (C.R. Rogers,1969) 仍提出一些對學習的看法:

- 人類具有學習的潛能。
- 只有當學習者的目標與學科的目標相通時,才能有顯著的學習。
- 學習牽涉自我組織的改變。
- 若有關學習的外在壓力或威脅能降低,如給予支持或鼓勵,或重新檢討教材與教法等;則學習就會簡單多了。
- 當對自我的威脅很低時,經驗就可以經由不同的形式來領悟;而學習也就會持續。
- 許多重要的學習是從做中學。
- 當學生能主動負責的參與在學習的過程中,將有助於學習。
- 自發的學習牽涉學習者整個人,即感覺與智力一樣重要。
- 自我批判、自我評量有助於獨立、創造力及自我信賴;而來自他人的評價則是居於次要地位。
- 就現今世界而言,有效的學習就是經由學習的過程學習、持續開放的去經驗及進入自我改變的過程。

　　由羅吉斯的看法可知,人本主義心理學在學習上的主張是偏向認知論而非行為論;雖然,這些看法距今已二十多年,但以人為本,尊重學習者,並鼓勵學習者追求自我成長與實現的精神,仍是今日教育的理想。

　　總之,心理學家對學習的研究,從巴卜洛夫研究被動且單一的反應(反

射）開始，逐步朝向自發、連鎖的行為；乃致於完形心理學以整個情境為對象，探究人類認知過程；隨著各理論的哲學觀、研究方法的不同；所得到的答案也就不盡相同。不過，何根漢（Hergenhahn）曾說，「很幸運的，學生不需要決定哪一個研究是對或錯，而是要能擷取二者之優點。」（王文科主譯，民80）。

事實上，心理學家研究人類學習行為的目的，除了是更加瞭解人類的行為，應該也是希望對人類在獲得新知與技能上能有所幫助。所以，有些研究者進一步研究影響學習的各種因素，如，學習者的能力（智力）、驅力、動機、或各種生心理狀況（生理狀況、情緒、疲勞等）；以及學習情境（自然與社會環境等）。有興趣者可參考本書智力、記憶及動機等相關章節。

參考書目

王文科主譯（民80）《學習心理學—學習理論導論》（二版）　台北：五南

王克先（民75）《學習心理學》台北：正中

李安德（民81）《超個人心理學—心理學的新典範》台北：桂冠

林正治（民82）〈行爲學派的學習理論〉李咏吟主編《學習理論》台北：心理

邱大昕、張珖玲、陳易芬、許月雲譯（民81）《心理學》台北：心理

盧雪梅編譯（民80）《教學理論—學習心理學的取向》台北：心理

Bigge, M.L. (1982) *Learning theories for teachers.* NY:Harper Row, Publishers, Inc.

Bolles, R.C. (1970) Species-specific defense reactions and avoidance learning. *Psychological Review,* 77, 32-48.

Breland, K.& Breland, M.(1961) The misbehavior of organisms. *American Psychologist,* 16, 681-684.

Cotton, J.W., (1985) Learning theory: Historical backgrounds. In T. Husen, T.N. Postlethwaite (ed.) *The international encyclopedia of education.* Oxford: Pergamon Press.

Dembo, M.H. (1981) Teaching for learning : Applying educational psychology in the class-room, Santa Monica, CA : Good Year Publishing Co.

Garcia, J., & Koelling, R.A.(1966). Relation of cue to consequence in avoidance learning *Psychonomic Science* 4, 123-124.

Hilgard, E.R. & Bower, G.H. (1975) *Theories of learning* (4th ed.) Englewood Cliffs, NJ.: Prentice Hall Inc.

Premack, O.(1959) Toward empirical behavior laws: Vol. I. Postive reinforcement. *Psychological Review,* 66, 219-233.

Seligman, M.E.P., & Maier, S.F. (1967) Failure to escape traumatic shock. *Journal of Experimental Psychology,* 74,1-9.

Rogers, C.R. (1969) *Freedom to learn,* Columbus, OH: Merrill. Publishing Co.

赫爾門・艾賓豪斯 (Hermann Ebbinghaus, 1850－1909)

乃實驗學習心理學之父，亦是最早採用
「無意義音節」(nonsense syllable) 爲
題材研究記憶的學者。

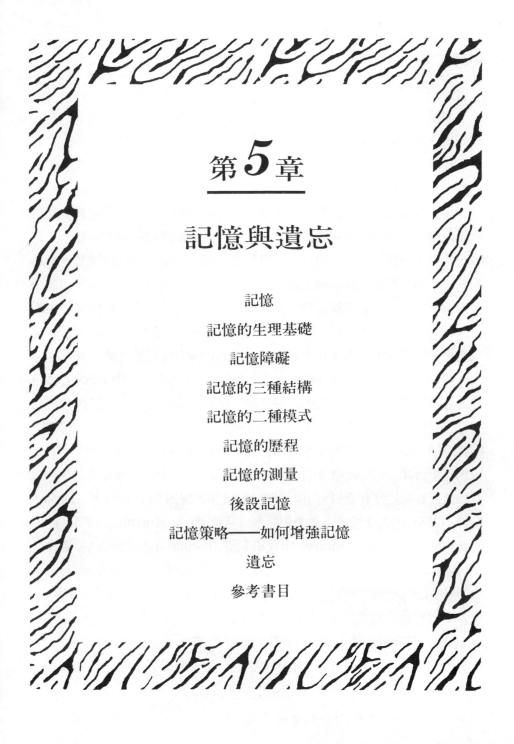

第5章

記憶與遺忘

記憶

　　您是不是也常有這樣的苦惱，為什麼該記住的總記不住，不需要記的，却記得一清二楚？年紀輕輕，却常笑稱自己患了健忘症或老年痴呆症？其實這些都不足為奇，讓我們一起來談談記憶與遺忘的問題，或許您就會豁然開朗了。

　　記憶是人類的心理特質之一，亦是一切學習的基礎，人類或其他動物若無記憶，則所有學習將無從產生。在本書第四章探討「學習」此一主題時，我們了解到學習是人類行為最複雜的一面，同時，也是研究其他行為的基礎；而惟有從更基本的記憶與遺忘來探討學習的歷程，人類複雜的學習行為才可能被充分了解。對大多數的心理學家而言，學習是個體經由練習或經驗，其行為產生較為持久改變的歷程或結果；記憶則是對學習歷程或結果加以保留的行為，在需要用時能不必再練習即可重現的心理歷程。

　　早在西元一九一三年艾賓豪斯 (Ebbinghaus) 即開始用科學的方法研究人類的記憶，且其標準化的實驗過程與量化的資料處理已為日後的研究者建立了楷模，只可惜當時並未受到重視。直到一九六〇年以後，記憶才開始為學習心理學家們所注意，其時於研究方法的突破，以及其他學科如，資訊科學與神經化學所帶來的支援，使得最近一、二十年有關記憶的研究，有如雨後春筍般蓬勃發展，記憶的理論也接連被提出，如，布洛賓 (Broadbent, 1958) 的選濾模式；渥夫和諾曼 (Waugh & Norman, 1965) 提出初級記憶 (primary memory) 與次級記憶 (secondary memory) 模式；艾肯遜等人 (Atkinson & Shiffin, 1968) 的緩衝模式；及艾里斯 (Ellis, 1970) 提出的多元處理記憶模式 (the multi-process memory model)。此等學者均致力於探討人類是如何來記憶訊息及有那些因素在影響記憶 (Arthur, Wingfield & Dennis Byrnes, 1980)。如欲回答此類問題，惟有從記憶的生理基礎、記憶的結構與歷程作通盤的了解，方能得之。

記憶的生理基礎

記憶的生理基礎是什麼？乃係古老的心理與生理 (mind-body problem) 的延續。歷年來的研究，逐漸地認為人類的記憶並非如心臟或肺臟一般，為一種單一系統，而是許多次級系統的聯合操作，這些次級系統都具有可儲存訊息的能力。歐頓 (Olton) 曾經把記憶比做夾心巧克力，一盒夾心巧克力中有不同的大小和形狀，每個巧克力裡面包裹著不同的糖心，記憶也有不同的形狀與特徵，裡面蘊藏著不同的消息，因此，要以單一神經部位或神經機制來解釋記憶現象的想法，已不切實際。以下僅就大腦系統與神經化學二方面略作引介：

大腦系統

人的腦約由10^{11}（約百億）個神經細胞所組成，自出生後，這些細胞有增無減。一般的神經科學知識告訴我們，人腦的10^{11}個細胞可以被劃分成不同的結構。這些結構，或是整體，或是部分，曾經被神經科學家賦予不同的行為功能，如，大腦皮層即有所謂的運動區、身體感覺區、視覺區、聽覺區等等。如果這個功能區位化 (functional localization) 的觀念是顛撲不破的，則在浩如星河的腦中，記憶痕跡在那兒？是在腦中特定區域，還是分散在不同的區域？這個問題至目前為止，雖然很難從人的本身獲致正確的解答，但神經心理學家在探討動物學習與記憶的生理基礎上，却有相當的進展。

賴序里 (Karl Lashley) 可說是第一位從事記憶的神經心理學研究者，其於1915年即開始了記憶的腦神經定位研究，賴序里以老鼠走迷宮的實驗進行此項研究，藉著切除動物腦部的某個部位，或切斷某條神經通路，以觀察腦皮質感覺與運動的傳導所受之影響，希望能找出記憶在神經系統的確切位置，但經過三十五年的長期研究，仍找不到一處主司記憶的中樞，因此賴序里認定記憶是遍佈腦部神經組織的所有部位，而此論點與當時盛行大腦皮層「功能區位化」的看法，大相逕庭，也使得企圖在腦中追尋記

憶或學習基礎的努力,沈寂了下來。

現有知識告訴我們,賴序里的觀點部分是對的,但也有部分是錯的。一些複雜訊息的記憶分散在神經系統的許多區域裡,包括:空間的、視覺的、嗅覺的區域;然而,對每一種特定的感覺訊息,以及不同的知識類型的記憶而言,在腦中是分開處理的,並且是位於腦部有限的區域。

賴序里的報告提出三年後,加拿大心理學家米奈 (Miller) 及神經外科醫生史高微 (Scoville) 在1957年發表了一篇非常著名的個案病例報告。他們有一個病人,名字的縮寫是H.M.,因以藥物治療癲癇失敗後,而將部分腦組織(包括:海馬體 (hippocampus)、杏仁核 (amygdala) 及鈎迴 (uncus) 的一部分予以切除,雖有效控制了癲癇的毛病,但却產生強烈的遺忘症。許多生理心理學家便將由H. M.所得的知識,在實驗中以動物來進行研究。

現代的神經科學家已找到一種特別學習形成的——充分與必要的——神經通道,和記憶有關的神經大腦結構是:海馬廻、小腦、杏仁核以及大腦皮層。目前研究者相信海馬廻和杏仁核與譯碼的階段有關,然而,大腦皮層可能是長期記憶的貯存中心。台北市立陽明醫院精神科主任醫師周勵志和台大醫學院精神科教授李明濱以神經解剖學的觀點,將造成記憶缺失的大腦區域分為幾個系統:用以說明記憶可能的儲存區域。

- **下視丘—間腦系統**:包括第三腦室、大腦導水管旁灰質、腦幹上部、某些視丘細胞核、視丘下部的後側。
- **海馬系統**:雙側的海馬、海馬廻及乳頭體 (mamillory body),顳葉之下內側。歐頓 (Olton) 以訓練老鼠跑米字形的迷津實驗中,證實海馬體所負責的,只是某一時間內某一特殊事件的記憶(稱,當事記憶),而非一般性的原則。
- **其他包括**:額葉、前扣帶皮質、胼胝體等的損傷。

神經化學

最近有關神經化學與記憶之間關係的研究已經證實,維他命B_1、核胺素,對記憶的重要性。另有一些臨床實驗亦證實,一些抑制核糖核酸 (ribowucleic acid, RAN）形成的藥，如，放線菌素D（actinomycin D）或喜樹鹼（camptothecin）等會抑制記憶的表現（梁庚辰，民79）。還有一些自願者在注射抗膽鹼性（anticholinergic）藥物如，scopolamine之後，出現記憶障礙，也可說明鹼素性（cholinergic）系統與記憶的關係。此外，亦有研究指出一氧化碳（CO）與神經系統的記憶有關，迄今雖未獲證實，但多數學者仍抱持審慎樂觀的態度（周成功，民81）。

記憶障礙

一般常見的記憶障礙有以下幾種：

間腦或海馬損傷引起之記憶缺失

在這些部位內損傷而引起的記憶缺失中，最為人熟知的是Korsakoff症候群，引起此病的原因，最常見的是酒癮患者因核胺素的缺乏而導致；其他會引起核胺素缺乏的原因還包括：胃癌、懷孕、吸收不良、飲食中缺乏，以及長在第三腦室或下視丘的腫瘤，蜘蛛網膜下出血，雙側後大腦動脈閉塞、一氧化碳中毒、結核性腦膜炎等等。這類病人通常只造成單純的記憶障礙，但至少有三分之一的病人會產生永久性的重度記憶缺失。

廣泛性大腦疾患引起的記憶缺失

這一類患者相當麻煩，他們不像前一類患者有確定的結構損傷，所患記憶缺損通常是全面性的，如，老年痴呆症即是最顯著的例子。痴呆症的患者並無意識上的障礙，其缺損包括：記憶力、智力容量和人格功能的喪失等。

與精神疾患有關的記憶障礙

(一)心因性失憶症

心因性失憶症（psychogenic amnesia）最常見的是解離型歇斯底里症。主要特徵為：在沒有任何腦部疾病的狀態下，暫時的失去與個人有關的某些重要記憶，通常是突發的；屬於一種心理因素所造成，此心理成因通常是與性或攻擊有關的衝突，但也可能在身體創傷之後產生。此型的患者通常會知道自己的障礙，但却表現出漠不關心的樣子。

(二)憂鬱性假性痴呆

嚴重的憂鬱症病患常會有記憶缺失及類似痴呆症的其他症狀。此類病患在神經學檢查部分通常正常，惟人格損壞較為明顯，如，自信、注意力、興趣等的喪失；其記憶障礙部分，是由於注意力不好、精神無法集中或缺乏動機，使新的訊息無法為感覺器官所接收或無法譯碼（encoding）進入短期記憶所致。但若能使病人集中注意力接受檢驗，則病患之記憶障礙又不復存在。

(三)其他的精神疾患

如，躁症、精神官能症或精神分裂症等病患，經過測試結果，均發現有記憶喪失的傾向，但針對這類病患進行記憶測驗相當困難，無法確切的得知是記憶上的障礙或因不合作、注意力分散所造成；又如精神分裂症患者雖會表現出對過去的個人事件及一般常識的全面性的瘢點狀（patchy）記憶喪失，但對與其妄想系統有關的事物，却又記得一清二楚。

記憶的三種結構

近年來，對於記憶的研究可從多方面及各種角度來探討。爲了便於區分有關記憶的各種不同性質的問題，學者們常將記憶從結構上或歷程上來討論 (Atkinson & Shiffrin, 1968)。首先讓我們來探討記憶的結構問題。

心理學大師威廉詹姆斯 (William James, 1890) 將人類的記憶分成初級記憶與次級記憶兩種，此種論述已隱含了人類的記憶在結構上可能有不同的層次。一般而言，學者大多將記憶結構區分爲三大類別，即感官記憶 (sensory memory，簡稱SM)、短期記憶 (short-term memory，簡稱 STM) 與長期記憶 (long-term memory，簡稱LTM)，茲分述如下：

感官記憶

感官記憶，又可稱爲超短記憶或立即記憶 (immediate memory)。係指外在刺激在感官上所得的印象，此印象係因各種知覺接受器 (如，視、聽、味、嗅、觸等感覺) 的短暫物理變化而產生。以視覺爲例，透過視覺貯存刺激的記憶，稱爲影像記憶 (iconic memory)，此記憶主要來自視覺器官接受刺激之後的短暫視網膜遺像 (after-image)，由視網膜的光化學變化而形成。因此，當所見的物體消失後，我們對此物的視覺仍然存在、尚未消失，但却只可保留極其短暫的一段時間。這種停留極短暫 (約¼～½秒) 而未經處理的感覺訊息，即稱之爲感官記憶。

短期記憶

短期記憶，又稱之爲初級記憶。係指在感官記憶中經注意而能保存到20秒內的記憶；其不同於感官記憶者，是它已不再是未經處理的感覺訊息，而是已被轉譯成有意義的概念。由於短期記憶在此作短暫停留，供我們使用，所以也稱之爲工作記憶 (working memory)，例如，當我們打電話時，記一個不熟悉的電話號碼直到我們撥完電話；或當我們解決一個問

題時，從長期記憶中提取相關訊息至短期記憶中運算、思考等，都是短期記憶的功能。

　　短期記憶貯為訊息的容量是有限的，大約有752個訊息單位可以同時被持有 (Rebok, 1987)；而一個正常人的短期記憶能力則大約落在7±2個單位 (Miller, 1956) 裡，它就好像一個被設計好貯存檔案的櫥櫃，裡面的空間已被間隔成幾個格子已成定局，不易改變。然而，記憶的單位卻相當具有彈性，可大可小；例如，「一籌莫展」這句成語，對於一位從未學過此句成語或不瞭解它者，可能需佔用他短期記憶容量的四個單位，但對於熟悉且瞭解此句成語之真正涵意者，一籌莫展對他而言，只需佔用一個短期記憶單位 (邱上眞，民72)。這就是為什麼特殊教育學者，並不奢望改變智能不足者的記憶容量 (約只有四、五個單位而已，較正常人少了二、三個單位)，卻積極地想擴大智能不足者短期記憶單位的彈性。

長期記憶

　　長期記憶，就是一般所說的記憶，也稱為次級記憶。將短期記憶中的訊息加以編碼送入長期記憶庫中，這些被貯存的資料經過幾天，幾個月甚或更長的時間之後再被重新回憶起來，即為長期記憶。由此可知，長期記憶具有相當的永久性，雖然在感官記憶與短期記憶中，訊息會很快的衰退 (decay)，但只要進入長期記憶的訊息卻會一直保留在長期記憶中；若發生無法回憶的現象，可能的原因是缺乏適當的線索，一時無法在長期記憶庫中找到，或受後來的訊息修正所致。

　　此外，應用長期記憶尚有二項常見的心理現象：當檢索到長期記憶的貯存，而未能立即反應出來，謂之舌尖現象 (tip-of-the-tongue phenomenon)；當核對學習材料的特徵和所記憶的內容有所不符時，謂之記憶扭曲 (memory distortion) 現象。記憶扭曲的原因很多，有一種常見的情況稱為建構與再建構的假設 (constructive hypothesis vs. reconstructive hypothesis)，有些研究者認為人們在初次學習時可能利用他們已有的知識去建構與了解訊息，因此問題在於他們的記憶可能根本不正確，因為他們記得的是他們建構來的，而不是原來的訊息，此為「建構的假設」 (Bransford, Barclay & Franks, 1972)。還有的研究者認為記憶是再建構的過

程，人們記得的是大概的情節，然後回憶時却根據他們認爲什麼是眞的，再建構出細節，如，Loftus及Palmer（1974）讓受試者看汽車相撞的影片，看見影片後，回答與影片相關的問題；有的受試者被問：「當車子猛撞（smashed）在一起時，兩車車速大約多快？」有的受試者被問相同的問題，但動詞的用字比猛撞稍弱，如，相碰（contacted）、相撞（collided）等，結果是接受「猛撞」的受試者估計較快的車速，且一週後再測的結果，亦是這批受測者較多回答看到玻璃碎片（雖然影片中並沒有玻璃碎片）。足見不論是在記憶或回憶過程，個體即自我建構均會造成記憶扭曲。仔細分析記憶的結構，將發現長期記憶與短期記憶有如下的不同之處：

- 短期記憶所保留的訊息，若不經由反覆的複誦（rehearsal），便會在很短的時間內被遺忘；相對於長期記憶，即使在一段相當長的時間後加以測量，仍可發現所儲存的訊息依然存在。
- 短期記憶儲存訊息的容量有限，而長期記憶容量則是無限的。
- 短期記憶遺忘的原因是訊息的消失或相似音的其他訊息的干擾（interference），而長期記憶則易受意義相似的其他訊息所混淆。

此外，從記憶的內容來區分，又可將記憶分爲事件記憶（fact memory）及技能記憶（skill memory）。事件記憶是記憶名字、日期、地點、面孔、字句、歷史事件等知識、訊息的能力。技能記憶則非意識性能力，如，彈奏樂器、手工、騎脚踏車等，須經由不斷的練習來保存記憶，但若一旦學錯便很難修正。技能和事件記憶最大的差異是，除非去執行，否則技能記憶很難回憶，例如，高爾夫球若手不加上動作，便很難掌握自己的揮桿方式；且技能記憶經由充分練習，可達到自動化(automatic)的地步，個體可同時做兩件事情而不感到費力，如，織法熟練的婦女，可一邊織毛線，一邊看電視。將此原則應用到教學上，是對某些基本學習期望學生達到自動化的地步，如，熟記九九乘法表到自動化地步，則有助於乘、除的運算。此二類記憶又可稱之爲程序性記憶（proce-dural memory）及命題性記憶（propositional memory）（Tulving, 1972, 1983）。

記憶的二種模式

我們探討記憶功能時，首先面臨的問題是，個體如何將外界訊息轉變成持久性的長期記憶？以及這些長期記憶在經過相當時間後，如何地能夠再被提出（retrieve）？認知心理學家對記憶的研究發現，人類記憶的過程就是大腦處理訊息的過程，因此將人類之記憶模式以記憶的訊息處理模式（information-processing models of memory）稱之，「訊息處理」源於電腦科技，認知心理學家將人類的記憶視為一「訊息處理歷程」，每一個人都有一套訊息處理系統，即訊息由感官接收到的刺激，經處理而轉換成為訊息，先輸入而形成為短期記憶，而後再經過處理而形成長期記憶。以下僅介紹兩種主要的模式，來說明人類的記憶過程：

選濾模式

英國心理學家布洛賓（Broadbent, 1958）首先將記憶區分為短期記憶與長期記憶二種，用以解釋人類記憶的歷程，因其特別強調由短期記憶進入長期記憶需經過選擇過濾（選濾）的過程，因此所創之記憶模式即稱之為選濾模式或稱過濾裝置模式（a filter theory）。以下（圖5-1）來說明記憶選濾的二個過程：

(一)注意階段

來自環境中的訊息，透過感官知覺，作短暫的停留，假若沒有引起個體注意，很快的就會消失。在選濾模式中，「注意」（attention）充當一個過濾裝置（filter），只有有限的刺激可以通過，所以不被注意的刺激完全被摒棄在外。不被注意的刺激只有在感官記憶消失前獲得注意，才有可能貯存下來。亦即外在刺激透過感覺器官，唯有經過感官系統的「注意」，才會進入短期記憶內作暫時的停留，此即第一階段的選濾過程。

早期的雙耳分聽（dichotic listening）的實驗（即受試者透過耳機二邊耳朵同時收聽不同的句子）顯示，受試者於實驗後只能說出一邊耳朵注

意的句子，而對另一邊不受注意的句子不但不能記憶，甚至不曾察覺該句子的存在 (Chery, 1953)；此實驗頗能支持布洛賓的選濾模式。但是爾後的實驗却提出不同的論證，莫瑞（Moray, 1959）及特瑞斯曼（Treismanl, 1960）發現受試者有時也會說出另一邊不受注意的句子，於是有減弱模式（an attenuation model）的提出，認為感覺器官的過濾裝置並不完全摒棄不受注意的訊息，而是將其注意減弱，使之較不可能被聽到。

　　不論是將刺激摒棄或減弱，我們都可了解「注意」在學習過程中扮演了重要的角色，它是整個記憶歷程的第一道關口，凡事如不經注意，事後將無從記憶。在學校上課時，有些學生會處於「雙耳分聽」的情境之中，一方面聽到老師的敎書聲，但却將注意集中在聽鄰座同學講述昨晚舞會的情景，以致對老師的聲音充耳不聞。

㈡選濾階段

　　進入短期記憶內的訊息不再進一步處理，很快就會消失；因此，若欲使訊息長期貯存，就得經過進一步的處理，如：（圖5—1）所示，短期記憶中的訊息進入長期記憶，尚需經過選濾（filter）及限量通徑（limited-capacity channel）二個通道。短期記憶中的訊息，經過選擇過濾後，每次只輸送一種訊息，經過有限容量的瓶頸通路進入長期記憶，此為第二階段的選濾。因為瓶頸通路的容量有限，無法接受短期記憶輸送來的所有訊息，因此，選濾的過程就顯得格外重要。訊息選濾的重要依據，除訊息本身的重要性符合個人需要外，與長期記憶中已存之經驗相關的訊息，亦較易被選取；因此，長期記憶可對選濾產生回饋作用（如，圖5—1回向箭頭所示），以為選濾某種訊息的依據。根據此回饋作用所選取的訊息，與長期記憶所存之經驗相同或相類似，因此，此時記憶的運用，不論是思考或工作，都較能駕輕就熟。

　　即使經過選濾的訊息，亦可能因其強度不夠，而無法通過限量通徑，於是產生回饋作用（圖5—1回向箭頭所示），將此類訊息再送回短期記憶中，若增強則再重新經選濾與瓶頸通路二道關卡輸入長期記憶，否則亦將迅速消失。

　　簡言之，選濾模式係指外在刺激經過感官的注意（第一階段的選濾）而輸入短期記憶作暫時性的貯存，若訊息重要或與長期記憶內已存之經驗

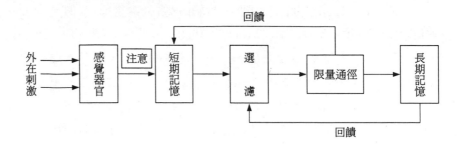

圖5-1　選濾模式
（取自Broadbent, 1958）

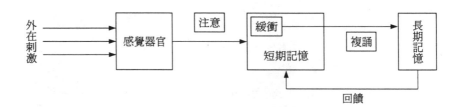

圖5-2　緩衝模式
（取自Atkinson ＆ Shiffrin, 1968）

相關，則將被選擇過濾後，通過限量的瓶頸通徑（第二階段的選濾），貯存在長期記憶中。

緩衝模式

　　緩衝模式（buffer theory）是為許多人所熟悉的一個記憶模式，由艾肯遜等人於一九六八年所倡議（Atkinson & Shiffrin, 1968），因其亦將記憶區分為感官記憶、短期記憶及長期記憶三類，故又稱為三段記憶模式（a three-store mode of memory）。

　　緩衝模式與前述之選濾模式對於記憶歷程的假設大致雷同。來自環境的刺激，亦需引起個體的注意，方能由感覺器官將接收的訊息輸送進入短期記憶作暫時的貯存；但二者主要的差異點在於，訊息進入短期記憶後不同的處理方式。緩衝模式假設重要的訊息會經由複誦而貯存於短期記憶的緩衝區，以避免消失（如，圖5-2），而惟有經過複誦的訊息才會被輸入長期記憶中。因此，此模式之緩衝亦稱為複習緩衝（rehearsal buffer）。

　　與選濾模式相同的，長期記憶具有帶給短期記憶「情報」（指已存在長期記憶中的經驗）的回饋作用（如，圖5-2回向箭頭所示），短期記憶根據此一情報，將訊息送入緩衝區後，再經由複誦輸入長期記憶。

　　訊息由短期記憶進入長期記憶，除以複誦的方式貯存外，主要的方式尚有組織（organization）和精進作用（elaboration）。例如，要記一組電話號碼，個體可以主動的複誦這些數字，利用大聲反覆的唸或對自己默唸，是為複誦；也可以選用記憶塊（chunking）的方式，找出這些數字間的關係加以分類使有意義，是為組織；或利用聯想的方式，與自己已有的經驗作有意義的聯結，是為精進作用。此三種方式於本章討論記憶策略時，再詳加說明。

　　以上所探討的，是兩種記憶的模式，從這二個模式中我們大致可以歸納以下三點：

- 整個記憶過程可分為三個階段，首先須引起感覺器官的注意，而進入短期記憶中作短暫貯存，至於能永久貯存者，是為長期記憶；
- 由感覺器官進入短期記憶之訊息，必須是能引起個體注意者（或至

少是注意強度較強者），而從短期記憶轉變為長期記憶，中間會經過選擇處理的過程，不是所有資料均能成為長期記憶的；

· 感覺記憶是短期記憶的盤石，而短期記憶又是長期記憶的基礎。

記憶的歷程

　　了解記憶的二種模式之後，或許我們會問，那麼，訊息本身的傳遞歷程如何？是如何貯存與被取出應用？訊息的傳遞歷程，基本上可分成三個主要元素：譯碼、儲存（storage）及提取（retrieval）。譯碼過程所登錄的訊息不一定是原來訊息的翻版，而提取的更不是一成不變的原來訊息，茲說明如下：

（一）譯碼

　　是指原始訊息之獲得，訊息透過感覺器官而留下痕跡（trace），並經中樞神經系統加以初步整理，這個過程稱為譯碼（或稱編碼）。

（二）貯存

　　亦稱為保留（retention），係指訊息留存在有機體所持續的時間；又分為固化過程（consolidating process）和重組過程（reconstructing process）。

　　固化過程：將訊息整合而使能完整持久被保留下來，此過程在獲取訊息後仍不斷地運作著。

　　重組過程：記憶痕跡並非一旦形成就不變，會因有新的訊息的加入，不斷地進行重組。

（三）提取

　　其功能是再認（recognition）及回憶（recall），指在長期記憶中找尋某一訊息，亦即將貯存在記憶中的訊息提取應用的心理歷程（Mayer, 1986; Zimbardo, 1988）。

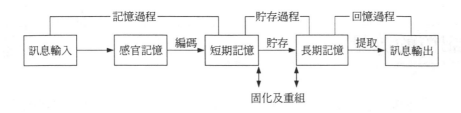

圖5-3 記憶的歷程
（修改自Signoret, 1985）

　　早期的研究均只集中在記憶的「貯存」面，而忽略另一重要因素，即「提取」記憶中的訊息來運用。完備的記憶系統必須兼備「貯存」與「使用」訊息兩種功能。因此，樹木的年輪或留聲唱片雖能貯存訊息，却非眞正如電腦或人腦的記憶系統，能將訊息加以提取應用。

　　依特殊譯碼原理（encoding specificity principle, Tulving & Thomson, 1973）的解釋，訊息能否提取與譯碼有很重要的關係，若個體回憶（提取）時的情境與學習的情境越相似，回憶越佳；所以回憶時有效的線索應該是譯碼時使用的線索。如，Godden及Baddeley（1975）研究學習情境與測驗情境間的關係，讓潛水者分別在水裡及陸上學習並回憶系列數字，結果發現當測驗的情境與學習的情境相同時（都在水裡，或都在陸上），回憶的情形較一在水裡，一在陸上時爲佳。

　　這三個訊息傳遞歷程中的元素缺一不可，否則皆可能導致記憶失敗。以（**圖5-3**）加以描繪，將使讀者更爲清晰明瞭。

記憶的測量

目前國內學者對於記憶多從：個體正確記憶量的多寡，所應用之記憶策略來測量記憶的量與質，一般的研究，有使用數字、圖畫、名詞、文章等作為實驗的材料。對於記憶量的測量，一般即測量個體練習停止後保留的量，主要的方式有三種，即再認法、回憶法及再學習法 (relearning method)；回憶法又可再分成自由回憶法 (free recall) 與結構回憶法 (structured recall)。其中以再認法最容易，其次是自由回憶法和再學習法，最難的是結構回憶法 (Blake, 1975a)。而序列回憶法 (serial recall) 屬於結構回憶法，是較難的一種。Blake (1975b) 進一步指出測驗的題型中又以是非題最容易，選擇題次之，填充題最難，就是這個原因。以下即詳述三種記憶的測量方式：

㈠再認法

又稱辨認法，係測量學習經驗中是否「認得」，此法較為省時簡便，如，考試中的是非題與選擇題，學生較易作答；然認得未必就能記得，如我們認得的單字遠比我們記得的單字來得多。但如練習程度不夠或學後日久或記憶模糊時，對事物本身之特徵不夠明顯時，再認易生扭曲或錯誤；因此，警方破案常利用證人以指認照片的方式找出元凶，而指認的時間不宜與事發當日相隔過久，以免發生記憶扭曲，指認錯誤。

㈡回憶法

此為測量記憶最常用的一種方法，學校中亦常採用此類方式 (如，填充題或簡答題) 以測量學生對課業的記憶。常用且最簡便的回憶法為記憶廣度 (memory span) 的測量，如，智力測驗中的記憶廣度測驗，從二位數到十二位數不等，令受試者順背或倒背這些數字；除數字外，其他文字或物件看過 (或聽過) 一次而能記憶的量，均可用來測量個人的記憶廣度。

回憶法又分為自由回憶法與結構回憶法二種。陳列一段影片、文字、數字或物件後，由受試者自由回想所看到的所有量，即想到什麼就說什麼，是為自由回憶，又可分為項目記憶(給予一些項目，看看能記住多少項目)、

聯想記憶（給予配對的甲和乙，當出現甲時要回憶乙）及序列記憶（指要按照項目排列的先後次序背誦出來），其中又以序列記憶的難度較高；但在生活中有許多事例，我們必須學到把很多事物，按某種特徵而排成的序列予以記憶，如，歷代帝王年號，又如，指引到王小華家的路如何走，會經過那些顯著的建築物等，都是序列記憶的利用。

(三)再學習法

又稱為節省法（saving method）。當利用回憶法無法測量出記憶保留量時，常使受試者再重新學習所學過的材料，至已有的熟練程度，而計算再學習時較初學習節省練習之次數或時間，是為再學習法；依常理而言，再次學習較初次學習所花的時間為少，這些節省下來的時間或練習次數，即代表學習後所保留的記憶。例如，背誦一篇文章，第一次需費時十分鐘，一星期後已然遺忘，再次背誦却只花了五分鐘即已熟悉，此即表示第二次較第一次節省了50％的背誦時間，亦即此篇文章所保留的記憶正好是一半（50％）。

學者們在測量人類記憶時，發現有所謂的初始效應（primary effect）與時近效應（recency effect）（Atkinson & Shiffrin, 1968）。其典型的實驗是先呈現15～30個不相關的字列表，然後要受試者以隨意的次序，將這些不相關的字列回憶起來，最後檢查受試者所回憶的字數有多少？是那些字？及它們在原字列表中的位置如何？實驗結果發現，受試者最先回憶的是最後面的幾個數字，然後是最前面的幾個字，最後才是中間的字。將愈後面出現的字記得愈清楚的現象，稱為時近效應，而一開始出現的字列記得愈清楚的現象，則稱之為初始效應。究其原因，最初學習的部分已進入長期記憶中，而最後學習的材料，尚存在短期記憶中，二者皆易於檢索應用。

後設記憶

後設（meta）一詞最近常出現在教育新知上，主要因為自六〇年代開始，認知心理學復甦，七〇年後以降，後設認知（meta-cognition）已成

為心理學重要的研究斬獲。當代研究後設認知的學者，有的將後設認知稱為後設記憶知識 (meta-memoric knowledge)，有的稱為後設記憶 (meta-memory)。其中研究後設記憶最著名的一位學者是史丹佛大學教授福雷威爾 (Flavell)。福雷威爾 (Flavell) 與魏爾曼 (Wellman) 在1977年定義後設記憶為：

「後設記憶是指個體具有記憶覺知的知識，或是對於訊息的貯存與提取能夠掌握要領 (An individual's knowledge of and awareness of memory, or of anything pertinent to information storage and retrieval……)，例如，他擁有足夠的知識去判斷學習情況所需要的記憶策略，加以選擇或是修改以便表現出更佳的記憶行為。」

簡言之，後設記憶就是個體能夠了解自己的記憶能力以及需做些什麼工作，以便用於記憶的實用知識，亦即了解如何記憶。Flavell與Wellman認為有成熟的後設記憶的人能夠清楚的認識以下幾項知識：

- 有些情境需要努力記憶，有些情境則無需花太多努力去記。
- 記憶技能有很大的個別差異存在。
- 個體的記憶能力亦會隨著所要處理事物的性質和情境的不同而有很大的差異。
- 監察認知表現 (monitoring cognitive performance) 有助於譯碼和提取策略的應用。

後設記憶共可分成三大項目，人們在記憶之前應有所認識，說明如下：

㈠為了解個人與記憶有關的特質

當你撥104問查號台查詢某人的電話號碼時，你是喜歡將陌生人的電話號碼記在腦子裡？還是喜歡拿筆把它記下？當你聽老師唸一句英文句子時，是習慣記住老師所唸的每個單字呢？還是先記住句子的意思？這種不同的偏好，便是一個人的記憶特質。了解個人的記憶特質或習慣，將有助於個人的記憶。此外，個人的學習動機、注意力亦均會影響記憶。

㈡為了解記憶材料的特質，材料的不同將會影響個人的記憶程度

例如，利用相關的線索回憶有關的人、事、物，亦即記住彼此有關係的事件，易於彼此無關的事物，因此記憶歷代帝王的順序，若能伴隨一些

歷史事件（如，登王位的過程）來記憶，更易牢記。其他如閃光燈效應（flashbulb effect），指引人震撼的事件，容易使人留下深刻的記憶，此類記憶多半是與個人有關的重要事件）、萊斯托夫效應（Restorff effect，係萊斯托夫於1933年所證實，指學習材料中最為特殊的事件，容易令人記憶），及時近效應與初始效應均會影響個人之記憶。

(三)為運用一些有效的記憶策略與規則

記憶策略又可稱之為記憶術（mnemonics）或策略的後設記憶（metamemory about strategy; MAS）。記憶策略的種類很多，每個人在日常生活中或正式的學習場合裡，或多或少都會不自覺地使用一些記憶術，此部分的相關論述將留待下節「如何增強記憶」詳予討論。

記憶策略———如何增強記憶

所有具有正常智能的人，幾乎都有良好的記憶力，只是大多數都沒有適當地加以運用，以下即介紹一些記憶策略，你不妨試試，並儘量運用記憶策略成為習慣，對你爾後的學習將有莫大助益。

所謂記憶策略是指個體為了幫助記憶所使用的一些特殊技巧或設計，也就是利用一些方法記住新的訊息（Ashcrafe, 1989; Glass & Holyoak, 1986）；此即一種有目的的活動，利用它來增進記憶的保留（Matlin , 1983）。記憶策略主要有三種功能：

- 提供有組織的結構，輔助學習與獲得訊息。
- 有系統地將學習材料存入記憶架構中，有助於學習材料保留在記憶中而不易遺忘。
- 可以提供線索，有助於訊息的提取（Ashcrafe, 1989）。

記憶策略技巧和方法很多，Ashcraft（1989）, Flavell（1985）、Glass和Hoyoak（1986）歸納為複誦策略、組織策略和精進作用策略三大類，王木榮（民75）歸納增進智能不足者記憶的補救策略有複習、材料組織化、意像法、增強注意、遺忘的控制等五種方法；胡永崇（民77）針對輕度障

礙學生提出記憶策略的訓練，包括：標名與項目複誦 (labeling and item repetition)、歸類 (grouping of stimuli)、線索利用 (cuing)、累積式複習 (cumulative rehearsal)、運用人像 (imagery) 及語文引申 (verbal elaboration) 等方法。茲綜合上述學者之看法，歸納整理以下五種策略以增進記憶：

將訊息作多次複誦

複誦是一種最普遍的記憶策略，俗語說：「一回生、二回熟」即是複誦的效果；經由不斷的重複訊息，不只使訊息保存在短期記憶中，而且也是將訊息轉入長期記憶的重要歷程（詳如前述記憶歷程的緩衝模式之說明）。也有些學者認為複誦是一種缺乏效率的策略 (Glass & Holyoak, 1986; Hodges, 1982; Underwood, 1983)，且不能無限制的連續使用下去；不過，大多數學者仍認為適度的使用，能相當有效地增加記憶量，尤其是在學習抽象的材料，或是沒有相關的項目時，它是一種有用的方法 (Reed, 1988; Underwood, 1985)。Glass和Holyoak (1986) 也提出當學習材料超過七個項目時，需要用複誦來幫助訊息的催化。常見的複誦策略有二種：

反覆複誦 (rote rehearsal)：是指對學習材料反覆的默唸或大聲唸出來；當所記憶的訊息為小量或是經過一段時間即不需提取的訊息，適用此法。

抄寫法 (copying)：是一種視覺和動作的配合，指學習材料反覆的用手或筆抄寫，有云「眼過千遍不若手過一遍」，亦是常用的複誦策略。

將學習材料作有系統的組織

你一定也會同意，我們對於記憶十個內容豐富且其中有較多關聯性的資料，要比記憶十個內容貧乏而零碎的事物更加容易。因此只要對於想要記憶的材料，根據某些規則或結構加以適當的組織，便可增加我們記憶事物的量。組織是指將訊息建構或再建構地存入記憶 (Ashcraft, 1989)；個體將學習材料有系統地修正，例如，把許多的個別項目組成一個大項目，

或者把一堆項目分門別類，找出彼此的關係；或是在學習時，找出學習材料的順序和型態，這些歷程均稱為組織。

將學習材料組織歸類的目的有二：增進短期記憶所能承受的訊息容量及便於回憶時循組織線索而順利提取訊息。固然短期記憶的單位（chunks容量）有限，但若能將相關的訊息組織歸納為同一記憶單位，則可克服此種限制，增大記憶容量，例如，32853285原需佔用八個記憶單位，但若能將其歸類為3285、3285二個重複的數字群，則只需佔用二個記憶單位。常見的組織策略有：

㈠記憶塊法

是指將一連串出現的材料分成數個小單位（chunk），在單位與單位之間暫停一下（或留有空間），使輸入之材料成為有組織性，如，記電話號碼(04)6685196可分成046-685-196三組，此即記憶塊法，使工作變得簡單化，以便空出其他記憶空間去貯存更多的訊息，減少工作記憶的負荷。

㈡歸類法

歸類（grouping）亦指在記憶時將有關的項目歸類組合。例如，將一系列項目冰箱、水果、獅子、電視、楊桃、老虎、電扇、葡萄、小狗等，依電器、動物、水果等類別加以歸類。如果能事先將學習材料加以組織分類，則有利於記憶的增進。

㈢分層體系法

指有系統地將項目組合成一系列的等級（hierarchy），從普通的分類到最特殊的分類。Ashcraft（1989）及Matlin（1983）研究證明此種設計有助於事後的回憶；且不但可以節省記憶空間，同時也可以記住相當多數量的資料，減少訊息之間的干擾。

㈣綱要法

此即一種摘要重點的策略。在學習時，綱要（outline）可以提供學習材料的重要觀念，以便在回憶時可以當作回憶的線索，有助於回憶。

對訊息作有意義的聯結

這種方法又稱為精進作用,是加入一些有利的訊息以幫助學習的歷程,目的在使新的學習內容和以往的知識作有意義的聯結,以便增進記憶。精進作用可使無意義的材料,聯結有意義的概念譯碼貯存,透過長期記憶已存經驗的回饋作用,將有助於線索的提取及有助於訊息進入長期記憶中貯存。常見的精進策略包括:

(一)聯想法

指訊息之間的聯想(association),大腦會自動地將相關的訊息譯碼或貯存在同一塊區域,回憶時利用相關線索幫助提取回想,所以聯想法可以增進學習、貯存和提取的效率。另一種方法是配對聯想 (paired-associate)的學習,將二個配對的項目之間形成聯結的關係,當呈現刺激項目時,回憶另一反應項目。許多研究證實配對聯想的學習有助於回憶的表現 (Klatzky, 1980)。

(二)故事法

將要記憶的資料編成一個故事 (narration 或 stories)。巴特雷特 (Bartlett, 1932) 認為一般人都有一套故事的基模來幫助記憶,故事基模 (story scheme) 是代表一些典型故事結構的內在表徵 (internal representation),而在記憶或回憶故事時扮演重要角色,即有助於譯碼與提取之過程。我們於聽故事或回憶故事時,依據故事基模來找線索或預測故事情節之發展與結束;因此,故事法能有效的協助個人記憶。不過,亦有研究發現故事法適用於小學生,不論在立即或延宕的自由回憶、系列回憶和再認測驗中,都有較佳的效果 (white, 1983)。

(三)字首法

字首法 (acronym 或 first-letter) 將要記憶的學習材料中的每一個詞的第一個字或字母聯結成一組有意義的字,當看到這組字的每一個字,便能回想這個字所代表的每一個詞,而能將整篇文章不費太多力氣的記憶起來。

(四)諧音轉換法

利用諧音將訊息轉換,可將無意義的材料變成有意義的一句話。例如,$\sqrt{2}=1.414$(意思意思),又如,電話號碼(五七一六七四五)不就可以念作「吾妻一溜氣死我」。

(五)詩歌韻文法

詩歌韻文法(song and rhyme)指利用旋律或音樂節奏提供的一種聯想,將要記憶的學習材料用吟誦的方式幫助記憶。例如,古詩詞的吟誦非常古典美妙可幫助記憶古詩;國一的英文字母歌以輕快有趣的方式幫助學生記憶二十六個字母的順序。有許多研究發現把要記憶的字詞用詩歌韻文吟誦的方式可以幫助記憶和易於檢索(Hodges, 1982)。

(六)字鉤法

字鉤法(peg-word system)此法綜合了心像和押韻方式聯結其他事物,增進記憶。以記憶別人的名字來說,當你認識一個陌生人,在別人介紹他的名字時,你可以重複唸一次對方的名字;然後,與你記憶中非常熟悉的人或事物作相關聯,如此,這個名字就可深入腦海,不易忘記;比如說,有人介紹「江先生」,而你太太正好也姓江,於是你可以說「你和內人是本家。」這樣一來,你就不容易忘記這位「江先生」了。

利用心像來幫助記憶

心像(imagery)是指對事物的心理表徵,惟並無實際的呈現,而是把記憶的材料在腦海中形成一種意象(Matlin, 1983)。例如,我們看到一個具體名詞,如,西瓜,我們便能在心中形成該名詞所指事物的形象(或圖畫),在心中形成的這種形象即稱之為心像。

有許多研究證實,心像策略的使用,可以增進記憶的表現。像包爾(Bower, 1972)讓受試者做一系列具體名詞間的配對學習,如,狗——腳踏車;其中一組被要求以心像將二具體名詞聯結,且盡可能詳細清晰的想像二者間稀奇古怪的關係,好比一隻穿著小丑服裝的狗,騎著一部老爺腳踏車,來聯想狗與腳踏車。而另一控制組則僅要求將兩名詞作聯結。實驗結果顯示,心像組的回憶高達80%,控制組卻僅約30%,這便說明了利用

心像記憶的效果。

　　將心像法擴大運用，如前述的諧音轉換法、故事法、字鉤法及有學者認為把要記住的事物與自己極為熟悉的場所，以心像方式加以聯結的位置法（method of locus）等多項記憶術，都是心像法的具體運用方式，對增進記憶均有莫大幫助。

練習提取的過程

　　記憶除有效的貯存外，亦應被有效的提取應用，利用練習（practicing method）可增進個體提取記憶的能力，例如，多自我發問有關學習材料的問題，或重述（self recitation）學習內容，如此不斷練習將有助於記憶（Gates, 1917）。現在，你就可以來練習提取的過程，問問自己「利用心像記憶事物的方式有那幾種？」合起書本來練習回想看看。

遺忘

　　遺忘（forgetting）與記憶是兩個性質相反的歷程，但二者所指稱的都是同一事件──學習的結果，記憶保留的量愈多，遺忘的量就愈少，顯示學習的成果愈佳，反之，遺忘的量愈多，記憶保留的量也就愈少，學習的成果就愈差；亦即，記憶與遺忘是一體的兩面，亦是學習的唯一表徵。

　　遺忘產生的原因，分為客觀事實的遺忘與主觀上的動機性遺忘及生理上的健忘三類，客觀事實的遺忘，又可分為記憶痕跡的消失及因干擾而引起的遺忘，分別略述如次：

記憶痕跡的消失

　　學習過的事物，由感覺器官接收後，經過神經系統的運作，在大腦中產生變化，而留下一種痕跡，即為記憶痕跡（memory trace）。記憶之所以產生，是因為個體停止練習後沒有再重新使用或對存在記憶中的事物加以練習，而導致記憶痕跡逐漸消失所致；簡言之，即因久不用而消失，乃

屬生理因素所造成的遺忘。惟記憶痕跡之說尚無法解釋個體的所有行為，不知讀者是否還記得，在記憶的結構與類別一節中，我們特別強調記憶（尤其是技能性記憶，如，烹飪、插花、打球、騎腳踏車等）一旦貯存成為長期記憶，是不容易記憶的（特別是再稍加練習即可相當熟練），只會發生一時無法提取的舌尖現象或因訊息的干擾（長期記憶中多為意義的干擾，短期記憶中則多為相近音的干擾）而覆蓋了原有記憶。

干擾效果

另一項遺忘的原因是，曾經學過的事物因為受到干擾而遺忘。此干擾又分為兩類，一類是曾經學過的事物會因新的學習的干擾而遺忘，是為倒攝抑制（或稱逆向抑制，retroactive inhibition）亦即，新學的事物會干擾對舊事物的記憶；另一類是以前曾經學得的事物會干擾對新事物的學習與記憶，是為順攝抑制（或稱proactive inhibition正向抑制，）。茲以實驗說明來區分此二種干擾形式：

㈠倒攝抑制

將受試者分為實驗組與控制組二組，實驗組除給予第一階段的學習材料外，一段時間經過後，再給予第二階段的學習材料；而控制組只給予第一階段的學習材料後即予休息。二組經過相同的時間後，再同時回憶第一階段的學習材料，實驗的安排如下：

組　別	實　驗　安　排		測　驗
㈠實驗組	第一階段的學習材料	第二階段的學習材料	回憶第一階段的學習材料
㈡控制組	第一階段的學習材料	休　息	回憶第一階段的學習材料

實驗結果發現，只學習一種材料的控制組，記憶的成績確優於實驗組，說明了新學習的第二階段的學習材料抑制了對初學習的第一階段的學習材料的記憶，使造成第一階段學習的遺忘現象，此即新學習的經驗干擾了對舊經驗的記憶。

㈡順攝抑制

　　實驗的安排與倒攝抑制實驗相同，亦將之分為實驗組與控制組，實驗組亦依時間先後順序給予第一階段學習材料及第二階段學習材料；但控制組却先予休息，不給予任何材料，俟實驗組進行第二階段時方給予第二階段學習材料。最後測驗二組同時回憶第二階段學習材料，實驗的安排如下：

組　別	實　驗　安　排		測　驗
㈠實驗組	第一階段的學習材料	第二階段的學習材料	回憶第二階段的學習材料
㈡控制組	休　息	第二階段的學習材料	回憶第二階段的學習材料

實驗結果發現，控制組在最後回憶第二階段學習材料時的成績較優於實驗組，這顯示實驗組先學了第一階段的學習材料的緣故。亦即舊學習的經驗抑制了新學習的記憶，在時間上是順向的，是為順攝抑制。例如，新換電話號碼仍會受到舊電話號碼的干擾而混淆。

　　儘管順攝抑制對於遺忘的解釋相當合理，但必須加以補充說明的是，並非全然的舊有的經驗或知識均對新記憶產生干擾，也有很多時候反而有助於新的學習的記憶，稱為學習遷移 (transfer of learning) 現象。例如，學習打手球有助於學習打籃球；這好像成語中所說的「觸類旁通」或「舉一反三」的學習趨勢，即能夠把先前學到的知識用在新的情境或是解決問題的能力上，這就是舊有的經驗有助於新的學習。學習遷移的效果大概可從兩方面加以解釋：

- 個體因多次練習而對學習情境熟悉，因而有助於學習。
- 即使個體無法從舊有經驗中發現線索，但仍能從反覆練習中發現那些是重要線索，那些是不重要的，因而可減少刺激的干擾。

由此二點解釋，可歸結一句話，即「熟能生巧」。

動機性遺忘

個體主動的將一些不願回憶的記憶壓抑，因此行為背後有一動機，故稱為動機性遺忘；至於那些屬於不願回憶的記憶包括：曾經引起自己羞愧感、罪疚感、恐懼感之經驗的相關記憶皆是。且不愉快的事件比愉快的事件較常被遺忘，這是從一項要求成人回想童年記憶的實驗，實驗結果發現最常與最初經驗聯想在一起的是喜悅情緒（joy）（大約佔全體受試者的30％），次為恐懼（約佔15％）、羞恥、不安等情緒事件，實驗說明了令個體不愉快的事件較易被遺忘（Waldvogel, 1948）。而這些不愉快的經驗雖經個體壓抑遺忘，惟仍存在於長期記憶的深處，只要經適當的治療，仍可恢復記憶；亦即，動機性遺忘只是記憶的無法提取，即提取失敗（retrieval failure）所致，而非記憶的消逝或經驗的干擾。

機體性健忘症

有些人因車禍受傷，造成大腦的嚴重受損，或因如，一氧化碳中毒、窒息等原因造成腦部缺氧，或因吸食迷幻藥，均會造成大腦無法立即提取已存的記憶，亦即產生記憶力喪失現象，是為機體性健忘症。另外，某些特殊病症如，癲癇等可能造成短期記憶的喪失。

以上所說明的是遺忘發生的四種原因。另有一種現象與遺忘恰相反，稱為全現心像（eidetic image），是指看過的事物能像照相機一樣，全記下來，亦即「過目不忘」的能力。個體因受記憶廣度的限制，欲達全現心像是極其不容易之事。事實上，全現心像亦是不被鼓勵的，雖然我們的長期記憶容量是無限的，但短期記憶的容量卻是有限度的，保存過時或無用的資料只有增加記憶系統的負擔，並且造成記憶上的干擾，使學習新事物更感困難；因此，在前章節所提的記憶策略中，多偏向於如何增進記憶和學習，事實上，適度的遺忘這種消極的技能也不可忽視，即如何遺忘不再需要的資料，停止學習沒有價值的資料。

參考書目

王木榮 (民75)〈智能不足兒童記憶上的缺陷與補救策略〉《國教輔導》,第25卷第4期。

何東墀、陳莉莉 (民80)〈智優學生與普通學生記憶策略之比較研究〉《特殊教育學報》,第6期,頁247-284。

邱上眞(民72)〈數字刺激之呈現與組織方式對可教育性智能不足國中生短期記憶之影響〉《教育學院學報》,第8期。

周成功 (民81)〈一氧化氮與記憶〉《科學月刊》,第23卷第2期。

周勵志、李明濱 (民79)〈記憶功能及其障礙〉《當代醫學月刊》,第17卷第5期,頁432-440。

胡永崇 (民77)〈輕度障礙學生學習與記憶的缺陷及認知策略訓練〉《特教園丁》,第4卷第1期,頁26-31。

張春興 (民82)《現代心理學》(二版)。台北市:東華書局。

梁庚辰(民74)〈探索學習與記憶的生理基礎〉《科學月刊》,第16卷第11期,頁838-848。

梁庚辰 (民79)〈記憶因子的追尋——從神經生化與藥理的觀點出發〉《科學月刊》,第21卷第12期。

黃榮村 (民79)〈知覺、記憶與知識結構〉《科學月刊》,第21卷第1期,頁52-57。

葉文綺 (民79)〈記憶的分化現象〉《科學月刊》,第21卷第10期,頁795-798。

趙淑美(民79)〈由MAS模式看記憶策略的教學〉《資優教育季刊》,第34期,頁10-14。

鄭麗玉 (民78)〈淺談人類的記憶〉《教師之友》,第30卷第3期,頁16-2 1。

Atkinson, R.C., & Shiffin, R.M. (1968) Human memory:A proposed system and its control processes. In K.W. Spence & J.T. Spence (eds.) *The psychology of learning and motivation: Advances in research and theory,* (Vol. 2,418-440.) New York:Academic

Press.

Bartlett, F.C. (1932) *Remembering*. Cambridge, England:Cambridge University Press.

Blake, K. (1975a) Test type and retarded and normal pupils homonyms learning. *Journal of Research and Development in Educatiion*, Vol. 8, 27-28.

Blake, K. (1975b) Test type and retarded and normal pupils learning from sentences. Journal of Research and Development in Education, Vol.8, 87-88.

Bower, G.H. (1972) Mental imagery and associative learning. In L. Gregg (Ed.) , *Cognition in learning and memory*. New York: Wiley.

Broadbent, D.E. (1958) A mechanical model for human attention and immediate memory. *Psychological Review*, 64, 205-214.

Bransford J.D., Barclay J.R. & Franks J.J. (1972) Sentence memory: A constructive versus interpretive approach. *Cognitive Psychology*, 3, 193-209.

Cherry, C. (1953) Some experiments on the recognition of speech with one and with two ears. *Journal of the Acoustical Society of American*, 25, 975-979.

Ellis, N.R. (1970) Memory processes in retardedes and normals. In N.R. Ellid (Eds.) *International review of research in mental retardation*, (Vol.4, 1-32.) New York:Academic Press

Flavell J.H. & Wellman H.M. (1977) Metamemory. In R.V. Kail, & J.W. Hagan (Eds.) , *Perspestives on the development of memory and cognition*, 3-30. Hillsdale, N.J.:Erlbaum.

Gates, A.I. (1917) Recitation as a factor in memorizing *Archives of Psychology*, 40.

Godden D.R. & Baddeley A.D. (1975) Context-dependent memory in two natural environment:On land and cenden water. *British Journal of Psychology*, 66, 325-332.

Lynch, G., McGaugh, J.L., Weinberger, N.M. (ed.) (1984) *Neurobiology of learning and memory,* Guilford, New York.

Loftus, E.F. & Palmer, J.C. (1974) Reconstruction of automobile destruction:An example of the interaction between language and memory. *Journal of Verbal Learning and Verbal Behavior,* 13, 585-589.

Mayer, R.E. (1986) *Educational psychology:Cognitive approach.*

Moray, N. (1959) Attention in dichotic listening:Affective cues and the influence of instructions. *Quarterly Journal of Experimental Psychology,* 11, 56-60.

Reed S.K. (1988) *Cognition.* CA:Brooks/Cole Publishing Company.

Signoret, J.L. (1985) Memory amnesias. In:Mesulam M.M. (ed) . *Principle of behavior neurology.* Philadelphia, F.A. Davis, 169.

Treisman, A.M. (1960) Contextual cues in encoding listening. *Quarterly Journal of Experimental Psychology,* 12, 242-248.

Tulving E. (1972) Episodic and semantic memory. In E. Tulving and W. Donaldson (Eds.) , *Organization of memory,* London:Academic Press.

Tulving E. (1983) *Elements of episodic memory.* Oxford:Oxford Vniversiry Press.

Tulving, E. & Thomson, D.M. (1973) Encoding specificity and retrieval pocesses in episodic memory. *Psychological Review,* 80, 352-373.

Zimbardo, P.G. (1988) *Psychology and life* (12th. ed.) Boston:Scott, Forceman.

費西邪 (Gustav Fechner, 1801－1887)

修改韋伯的差異覺閾定比定律(Weber's principle of the just—noticeable — difference)，並發展為可藉生理心理學的方法加以測量感覺經驗的變化，謂之費氏定律 (Fechner's Law)。

卡爾・榮格(Carl G.Jang,1875-1961)

是分析心理學的創始人，也是瑞士著名精神科
醫師。早期受佛洛伊德夢的解析創新觀念的影
響，自1970年，自願加入精神分析學派，與佛洛
伊德，阿德勒合作，成爲當時精神分析學派的
三大家（Big Three）。之後，由於理念不和而
告分裂，自立門戶，成立分析心理學，世稱蘇里
克學派。

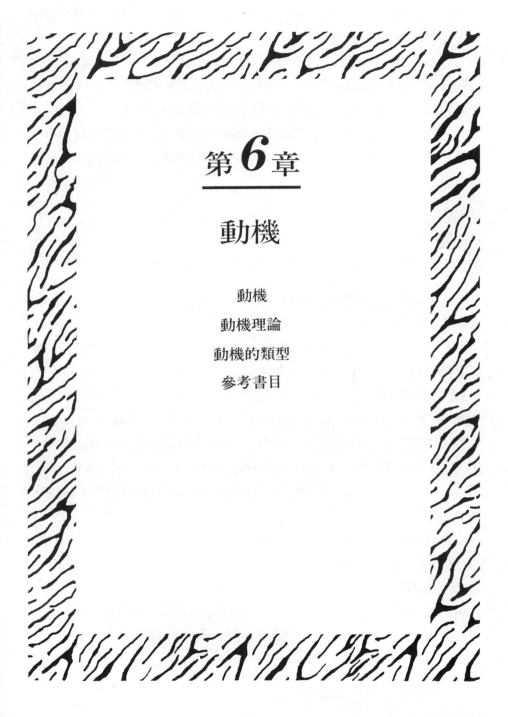

第6章

動機

為什麼有人會出國留學？有人天天翹翹課？為什麼會有人旅遊？促使人類從事這些行為的心理動機是什麼？

　　近年來，藉由心理學的研究發現，使得人們接受了愈來愈多有關「人」的知識及訊息。而由於人的多變，也使得人也愈來愈不瞭解「人」。在這樣忙碌的社會中，許多人不知道自己或別人在做什麼，也不知道是為了什麼要做，每天忙也每天盲。為了讓自己能夠活得更坦然，更能適應這個多變的社會，瞭解人類行為背後的動機是一個很重要的課題。在本章，我們將探究這個主題——動機。

動機

　　要瞭解什麼是動機 (motivation)，首先讓我們來看看各心理學家對它的定義有哪些？

　　動機一詞，是由伍德渥 (Woodworth) 於1918年首次應用於心理學界（張華葆，民75）。根據心理學辭典的定義：「動機與行為是相對的兩個概念，行為是個體外顯的活動，而動機則是促進使個體活動的內在歷程」（張春興，民78）。而大多數的心理學家則延伸為「動機是引起及維持個體活動，並促使該活動朝向某一目標進行的內在歷程」（張春興，民82；韓幼賢等，民70；Green, Beatty, & Arkin, 1984; Morgan, 1961; Sanford, 1970; Munn, 1972）。另外，心理學界亦與普遍將動機、驅力與需求視為同義字，其定義如下：

　　需求 (need) 是指因生理上的匱乏狀態，為平衡此種狀態，而促使個體行為的內在動力；驅力 (drive) 是因生理上失調而產生的需求，為恢復需求，於是產生的內在動力。對於動機、需求、驅力這三者的關係還有一種說法是：將需求視為形成驅力與動機的原因，由於需求而產生驅力，因驅力而產生動機（見圖），三者彼此連續，界限不易劃分。

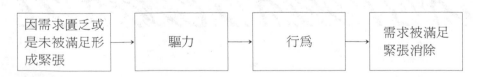

根據以上定義，可以歸納出心理學家較一致性的看法：動機被一致認為是種心理內在歷程，具有引發、導向、維持個體活動的功能，且與需求、驅力被認為是相同意義。

　　而動機與刺激、反應二者的關係為何？張春興（民78）認為動機是介於刺激與反應兩者之間的中介變項，可以根據刺激或反應去推測動機。但由於這樣的推測未必完全地準確（因為同樣刺激未必引起同樣反應，同樣的動機未必顯示同樣行為，又同樣行為未必出自於同樣的動機），所以動機是很難被準確的測知的。

　　動機並非是單純的內在歷程，而是相當複雜的心理歷程。研究者發展動機理論時，早期雖以本能觀點來探討動機，後來由於新興學派的興起，使得討論動機的觀點更廣泛，亦使動機研究出現更多的研究結論。接下來我們將介紹的是動機理論。

動機理論

本能論

　　本能（instinct）是指生物們與生俱有，非經過學習的行為模式。

　　在早期心理學發展以本能論為主流，1920年代以前，本能被解釋為人類一切行為的原動力。當時的心理學大師、如，詹姆士（William James）、佛洛依德（Sigmund Freud）、桑戴克（Thorndike）等人，其主要學說皆以本能解釋人類行為的原因。以佛洛依德而言他認為人格本我的部份即存在著生本能（erus）與死本能（thanato），（攻擊與破壞），而此二本能是促動人求生存活動及具有原始衝動的內在力量。本能對於人類的許多行為都有相當重要的影響。

　　然而愈來愈多的研究對於此一論點感到相當的懷疑。隨著新興學派的被提倡，於1920年代以後，本能論逐漸式微，而解釋動機的理論，則由驅力論來取代。

驅力論

　　所謂驅力乃指個體體內因某種基本需要未被滿足或是缺乏，而形成一種不愉快的緊張狀態，這種驅力會導致我們採取某些行動來降低消除體內的緊張。1920年代以後，行為主義學派的心理學家霍爾（Hull）從生物體內恆定作用的觀點，提出驅力降低論（drive－reduction theory），即個體表現行為是為減少驅力而由於需要的被滿足，個體會重複加強該行為。Dollard et al. (1939)的挫折攻擊假說，也是採用驅力論的觀點。但由於驅力論在解釋動機方面有相當大的限制，所以驅力論在1950年代後，逐漸被人本學派的馬斯洛所替代。

需求層次論

　　此為美國人本心理學家馬斯洛（A. H. Maslow）所提出的理論。按需求層次的要義，其一，動機是人類生存成長的內在動力，此等動力由多種不同的需求所組成。其二，各種需求間有高低層次之分，由低而高依次是生理需求、安全需求、愛與隸屬需求、尊重需求、知的需求、美的需求、自我實現的需求(共七層，一般省略知與美兩種需求，而只介紹五種需求)。每當低層次的需求獲得滿足後，高一層需求隨而產生。這也可說明人類動機是由低至高逐漸發展，屬於基層的動機具有其普遍性，屬於高層者則有較大的個別差異。其三，在七層次需求中，前四種需求為基本需求（basic need），後三種需求為衍生需求（metaneed），由於衍生需求是個體心理成長時所必須的，故又稱之為成長需求（growth need）或稱存在需求（being need）（摘自張春興「張氏心理學辭典」，民78）。

期待論

　　1960年代之後，心理學的主流為認知心理學，動機理論亦逐漸由強調認知層次的期待論所取代。期待論（expectancy theory）的主要觀點是人類具有期待行為結果的信念，而這樣的信念會決定人的行為。例如，作者

寫這本書絕不是因為作者想讓自己的手有事做而寫這本書，寫這本書是希望藉此來整理作者對動機的概念。目前，期待論被廣泛地運用在研究工作動機上，而且研究已發現，這種對工作會付出較多心力行為，只有在可以獲得所想要酬賞，或是使自己進步才可能較為正向。

從以上動機理論的介紹，不難發現，解釋動機的觀點，隨心理學各學派發展的影響而有變化。由此也可對心理學的發展有粗淺的概念。接著，我們將探討的是動機的類型。

動機的類型

一般心理學家探討人類的動機依據其性質主要有兩大類：一是生理性動機（physiological motive）；另一為心理性動機（psychological motive）。又有些心理學家將動機分為生物性動機（biologial motive）以及社會性動機（social motive），或者是將之分為原始性動機（primary motive）以及衍生性動機（secondary motive）或習得性動機（learned motive）。行為與動機是相對出現的概念，人類行為複雜且多變，而人類行為的原動力——亦是相當複雜且多變，雖然依其性質而分類，但仍無法完全的劃分清楚。在本章中，我們將分別由人類的生理性動機以及心理性動機二方面來探討。

生理性的動機乃指個體與生俱來、未經學習的動機且以生物為基礎的動機。基本上，可分為以下幾種類型：首先是人類為生存而有的基本動機包括：飢餓（hunger）、渴（thirsty）；次為以生理為基礎的社會需求動機包括：性（sexual motive）與母性動機（maternal motive）。而心理性動機乃指人類非生理基礎行為產生的內在原因，亦即由個體的所處之社會環境所帶來的需求，目前心理學家一般常探討的心理性動機包括有：成就動機（achievement motive）、親和動機（affiliation motive）及權力動機（power motive）。在以下各節當中，我們將透過討論來探討這些動機。

生理性動機

(一)渴與飢餓

　　你現在的肚子是飽？還是餓？你口渴想要去喝水嗎？你知道人們為什麼會知道自己餓或是飽嗎？其實這皆與人體內的恆定作用有關。恆定作用 (homeostasis) 又稱均衡作用，它是指身體在面對變遷的外在環境時，有維持內在環境不變的傾向 (Atkinson, Atkinson, Smith, & Hilgard, 1987)，也就是指個體為了生存適應，在身體上生而具有某些調節機構，能夠自行運作，經常保持某一適應於個體生存所需的標準，藉以維持生命，從而發揮其生活上的功能 (張春興，民82)。

　　舉個心理學家們常舉的例子：體溫，人的身體可以自動的調節體溫約一兩度的彈性，即使外在環境的溫度從攝氏四十度的高溫轉變為攝氏零下四十度的低溫，人體體溫的變化仍舊保持著一定的溫度，來適應外在高於體溫或低於體溫的環境。而人體能自動調節讓體溫保持正常，即為恆定作用。惟值得注意的是，體溫雖可以自動調節，但體溫的範圍並不是可以沒有限度的。我們知道人體的細胞構成的主要成份為蛋白質，而蛋白質遇到超過攝氏四十五度以上的高溫就會被破壞而凝固。所以說，人體的體溫如果高於或低於正常體溫四度時，人體細胞中的蛋白質即遭破壞，嚴重者將導致個體的生命即面臨極大的危險，甚至死亡。也就是說，人體的恆定作用有其所能調整的容許範圍，如果超過此範圍，人們將無法依賴恆定作用來維持個體的生存。這個例子是恆定作用典型的例子，心理學家亦經常以自動感溫器的例子來解釋恆定作用。自動感溫器是用來保持室內溫度恆定的機器，透過它，空調系統自動地放冷卻或是增熱來維持室內溫度保持在我們所設定的最適當溫度。同樣地，恆定作用就像是自動感溫器般，維持人體體內一定的作用，不只是體溫，還有食物熱量的儲存、水份的維持等，都得靠它。

　　由於恆定作用的運作，所以人體體內若是水份因蒸發、新陳代謝等等原因而流失，降低到一定的水平以下，人就會感到渴，渴就變成了喝水行為的驅力。到目前為止，心理學家的研究顯示，人會口渴，是因為人體體內有兩組偵測水份的細胞在作用。一組細胞乃位於心臟、腎臟及靜脈間，

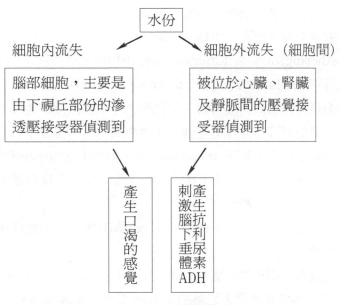

細胞內流失 ← 水份 → 細胞外流失（細胞間）

腦部細胞，主要是由下視丘部份的滲透壓接受器偵測到

被位於心臟、腎臟及靜脈間的壓覺接受器偵測到

產生口渴的感覺

產生抗利尿素ADH 刺激腦下垂體

圖6-1　調節渴的恆定作用

負責偵測細胞外液體變動所造成的血壓變化；另一組是主要位於下視丘部份的神經細胞，此組神經細胞偵測細胞內液體變化的情形。當水份降低時，它們都會引起腦下垂體分泌抗利尿劑（antidiuretic hormone，簡稱ADH），使得腎臟將水份再吸收，而非成為尿液，於是腎臟會釋出化學物質刺激腦部下視丘部份的細胞，而形成渴的感覺。於是人類將產生飲水行為，來維持身體的正常運作。

就饑餓而言，每個人都知道飢餓是人類飲食行為的原動力。但是，為什麼人會知道自己肚子餓？又為何有人吃得過多而變成大胖子？又為何有人寧願肚子餓也不願意吃東西？這些問題至今，依然未有定論。現今，生理心理學家多以消化作用（digestion）及新陳代謝（metabolism）來探討饑餓的問題。

早期生物心理學家認為是胃的收縮活動而導致飢餓，但此項假設因心理學家發現，許多做過胃切除手術的人，仍然有飢餓的感覺，而被推翻。還有許多醫學臨床上的病例顯示，腦部下視丘受過損傷的人們，對於飲食及身體體重的控制常有困難。因而提出人腦──尤其是下視丘的部份可能與饑餓有關。而後，在1960年代有許多的專家因支持此說法，而進行一系

列相關的研究。藉由動物,心理學家證實,在中樞神經系統中的下視丘,擁有「進食」及「饜食」中樞。在這一系列的研究中,較有名的實驗研究是由Hetherington and Ranson二人在1940年所做的研究,他們將白老鼠下視丘外下側 (lateral hypothalamus,簡稱LH) (圖6-2) 切除之後,發現白老鼠對食物的興趣大減,食慾喪失。如果強行餵食幾週,則可恢復飲食,但是如果沒有被強迫進食,就會愈來愈瘦,甚至餓死。反之,將另一隻白老鼠下視丘的底部 (ventromedial hypothalamus,簡稱VMH) 切除,這隻白老鼠與上述之白老鼠的情形完全相反,這隻白鼠,食慾大增,體重亦隨之增加見 (圖6-3)。

隨著愈來愈多專家投入研究,LH及VMH併發症的解釋在最近的研究中又被推翻了。

假設沒有下視丘的「進食」或「饜食」中樞來控制我們的飲食,人類又如何能夠知道身體是否已經攝取到所需的營養或是需要開始攝取營養呢?這些工作就交給位於人腦中的偵測細胞以及位於人體嘴巴、喉嚨、胃、十二指腸以及肝臟等等器官內的飽食感覺器。葡萄糖 (血醣) 是提供腦部活動的能源。位於腦部下視丘的偵測細胞可以測量血醣的吸收程度。當血液中的血醣濃度足夠,該偵測細胞減少活動;若濃度不夠,會引發釋放儲存在人體內的葡萄糖到血液中,以調節維持體內血液中血醣的平衡。氨基酸以及脂肪亦同樣為饑餓的調節變項。這些偵測細胞是通知人體要開始進食攝取身體所需營養的重要組織,但是人不可能永不停止的吃,所以,人體還有一種通知停止進食的飽食感覺器。有許多研究指出,這些飽食感覺器位於人體的消化器官內,包括:嘴巴、喉嚨、胃、十二指腸以及肝臟等 (Janowitz & Grossman, 1949; Russek, 1971)。人體亦經由這些組織的運作,而有正常的飲食行為。

以上談的是維持身體正常的飲食的原因,接下來我們要探討的是,人類不正常的飲食所導致的問題——肥胖症。

(二)肥胖症

肥胖症 (obesity) 乃指人體營養過剩,有過多的脂肪堆積在人體內,使體重超過標準體重 (東方人理想體重的計算方式為身高減去一百零五公分) 的症狀。若體重超過理想體重百分之二十則為超重。據粗略估計,我

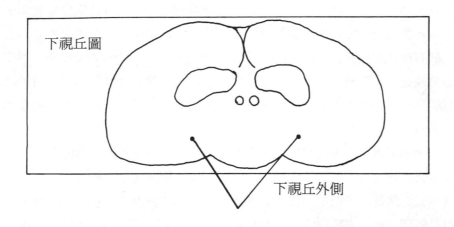

圖6-2　老鼠腦部下視丘外下側大概位置

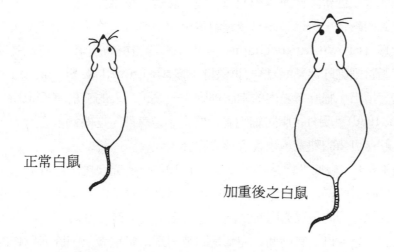

圖6-3　正常老鼠(左)與切除下視丘底部後體重增加之白鼠(右)的對照

（取自Hetherington ＆ Ranson, 1940）

國國人亦有超過二成以上的人過胖，現今還在增加中，尤其是兒童及中老年人。根據醫學報告臨床實驗證明，肥胖症與心臟血管、及糖尿等方面的疾病有極高的相關性（Kolata, 1985）。所以，人們為身體健康投資了不少心力及金錢在減肥上面。為了有效解決肥胖的問題，專家們極力從事於探討肥胖的成因及控制肥胖的方法。首先，為什麼會變成肥胖症？其原因不外乎有以下三個因素。

體質因素：新陳代謝是控制體重的主要因素。每個人身體的新陳代謝速率皆不同，每天所需要的熱量也因人而異。新陳代謝率較快的人，由於其消耗的熱量（卡路里）較多，所以吃較多的食物，也不太會使體重增加；可是新陳代謝速率較慢的人，則相反。一般人常期望以節食來減輕體重，有些曾節食過的人都會經歷過相同的狀況，那就是，體重在剛開始節食時可以很快的降低，但到後來能減少的體重就愈來愈少了。這是什麼原因所造成的呢？人體本身為了因應節食（熱量不足）會使新陳代謝的速率隨之漸緩，連帶地，新陳代謝所需消耗的熱能亦會減少。所以節食期間減少攝取的熱能會被低新陳代謝率抵消掉，換句話說，少用掉的熱量差不多等於少攝取到的熱量，所以到後來減輕體重會愈來愈難。除了新陳代謝，布氏脂肪機轉（Brown fat mechanism）也是影響體重的因素，它可以長期有效地使脂肪細胞貯存熱能，讓體重保持不變（Rothwell & Stock, 1979）。有一研究指出，肥胖者體內的脂肪細胞是一般正常人的三倍（Knittle & Hirsch, 1986）。另外，脂肪細胞體積的大小也有關，吃得過多會增大脂肪細胞，貯存更多的熱量，也就會形成肥胖。

情緒因素：根據麥肯納（Mchenna）1972年研究發現，肥胖者遇到高焦慮情境時會吃得比平時多；而體重正常者遇到高焦慮情境時，則會吃得較少。其他相關的研究亦同時指出，在許多不同的情緒情境下，都會使肥胖者增加食慾。以下有兩個研究都是同時對正常體重者及肥胖者所作的，而經由此二研究的結果可以證實肥胖者較正常體重者對於食物的興趣較高。一是荷曼（Herman et al. 1987）的研究，他將節食與不節食者都分成兩組，邀請她們空腹前來參與冰淇淋口味的市場調查。在試吃之前，第一組的受試者會被告知在試吃冰淇淋之後，她們必須為此項產品作廣告歌曲，且要錄音錄影後放映給行銷專家觀看（壓力情境）。第二組則沒有受到此項安排，她們只要在試吃後列出廣告時應加強宣傳的產品特色即可。研

究者給她們巧克力、草莓、香草口味的冰淇淋，經由冰淇淋事前與事後重量的差異，便可知道受試者吃掉多少冰淇淋。結果發現，不節食重者在受到壓力時吃得比較少，而節食者在受到壓力時吃得較多。另一是懷特（White, 1977）所做的研究，研究者讓體重肥胖及正常兩組學生，依序在四個學期分別觀看悲劇感傷、滑稽有趣、性感刺激、旅遊紀錄四部影片（前三部有情緒刺激），並於每次觀看影片後品嚐及評鑑不同廠牌的餅乾，結果肥胖組的學生在觀看前三部影片後所吃的餅乾都比看過第四部影片以後吃的餅乾多；正常體重組則在觀看過四部影片後所吃的餅乾量則相差無幾。根據以上兩項研究，證實了肥胖者易受情緒影響而多進食。為什麼會這樣呢？一般心理學家指出可能的因素有二：一是與肥胖者在嬰幼兒時所受到的照顧有關，若照顧者在嬰幼兒啼哭時都被誤認為是饑餓，予以餵食，將會使得嬰兒在長大後無法辨別饑餓與其他情緒的區別。所以當他一有情緒，就會以吃來解決情緒。另一是與以吃東西來降低焦慮有關，在遇到壓力時吃東西，可以藉由口慾的滿足來暫時舒解情緒，使之感覺愉快，久而久之，凡遇壓力便會以吃東西來調適。

外在誘因：根據心理學家的研究，肥胖者對於飲食的相關線索，亦均較一般人敏銳。史屈特及葛若斯（Schachters & Gross, 1977）研究結果指出，正常體重者饑餓感是由生理時鐘（內在）為線索的，而肥胖者則受時鐘（外在）的線索影響。通常，肥胖者認為吃飯時間到了就會吃飯，即使肚子不餓也會吃飯。而正常體重者，即使已到了吃飯時間，若他不覺得餓，他就不會吃東西，直到他餓才會進食。Robin and Slochower（1976）也指出，肥胖的人非常容易因為看到、聞到甚至聽到食物就會想要吃東西。

形成肥胖除了以上這三種因素之外，還有不同的因素，例如，「有機會就吃」的文化遺傳（張春興，民82）、活動量低、意識自制力瓦解等。無論成因為何，肥胖是現代人健康的最大殺手，如何有效控制體重維持人體健康，是人類生活的重要課題。控制體重過度也會引起健康危機。為過度恐懼變胖，導致罹患神經性厭食症的大有人在，他們把自己餓到危害生命的程度，甚至有人因為過度厭食營養不良而死，實比肥胖對人的傷害性更嚴重。如果要有效的控制體重，又不影響健康，現在各醫院的新陳代謝科或是營養室都可協助肥胖者進行健康減肥，透過正常的飲食及熱量攝取的控制，來使身體自然瘦下。這樣的減肥法實比一般吃減肥藥或上健身中心做

化學物理療法要健康多。惟有與醫生討論訂定飲食計畫、生活正常、經常運動、保持心理健康才是真正有效而健康的方法。

(三)性

除了前述的渴與饑餓之外，性及母性驅力是人類的動機亦是人類表現性行為（sexual behavior）及母性行為的原動力。性驅力與饑渴是不一樣的，雖然它們都是以個體生理作為基礎，但是人類不吃不喝生命就會受到威脅，而缺乏性，卻未必影響其生命的維持。張春興（民82）比較性與饑餓的差異有四：

■ **時間上**：饑餓驅力是個體若活著就存在，而性只在某段時間期發生。
■ **結果影響上**：饑餓不被滿足會導致死亡，而性慾不被滿足或可自行消失。
■ **匱乏原因**：饑餓是身體組織匱乏的影響，而性驅力源於內分泌的刺激性。
■ **對象上**：滿足饑餓不需靠其他個體合作，但性驅力的滿足則需有對象。

就性驅力及性行為而言，影響因素主要有二：生物因素（荷爾蒙、神經控制）、環境因素（文化影響、早期經驗）。在生物因素方面，較被廣泛討論的主題為荷爾蒙。個體發現至青春期，由於性器官的發育成熟，使身體發生相當大的變化，這些變化與體內性器官所分泌的激素（荷爾蒙）有關。始於人腦的下視丘分泌刺激釋放生殖腺素（gondadotropin－releasing factor），隨著血管流動到腦下垂體，刺激腦下垂體分泌刺激生殖腺素有二：即為刺激卵泡荷爾蒙（follicle－stimulating hormone，簡稱FSH）及輸卵管荷爾蒙（luteinizing hormone，簡稱LH）或輸精管刺激荷爾蒙（interstitial －cell stimulating hormone，簡稱ICSH）此激素隨著血管流動生殖腺（卵巢及睪丸），於女性FSH可刺激卵成長及成熟並分泌動情激素（estrogen），LH可刺激排卵產生黃體激素（progesterone）及動情激素；於男性FSH可刺激睪丸中精子的製造，ICSH可促進分泌雄性激素（androgen）。性荷爾蒙的系統如（圖6－4）：

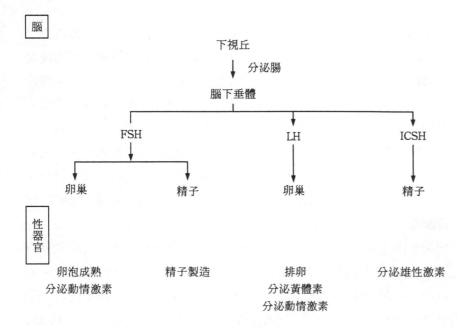

圖6-4　性荷爾蒙系統（取自Offir，1982）

　　性荷爾蒙的功能除了刺激兩性之間彼此的性吸引之外，主要功能在於它對性喚起影響。研究者進行了一些研究來證明性荷爾蒙對性喚起的影響。以研究閹割效應為例，將雄老鼠的睪丸切除，使之不能分泌雄性激素，結果發現，由於閹割使得老鼠的性活動頻率急遽下降，甚至消失。對人類而言，從古代太監及觀察因罹患睪丸癌而做過化學治療抑制其分泌雄性激素的病人的例子，都顯示出性荷爾蒙對大部份人的性喚起都有或多或少的影響。

　　然而，性荷爾蒙並非是影響人類的性驅力的絕對因素，人類的性驅力亦受環境影響。早期經驗及文化即為人類性的兩個環境的影響因素。以早期經驗為例：研究發現群體生活的小猴子與經過隔離的小猴子，長大後所表現的性行為不一樣。從小生活在一起的小猴子們，一起遊戲且在角力時，所出現的攻擊姿勢反應與以後性交的模式是相同，所以長大後與異性在性交上毫無困難。而經過隔離沒有角力經驗的猴子，成年後，通常無法與異性猴性交，只會手淫以達性的滿足　(Harlow, 1971)。雖然，這是對猴子的研究，但從人類許多臨床上的觀察資料顯示，人類亦有類似情形。

而文化環境因素，對於人類的性喚起與性行為亦有相當大的影響力。舉二個非洲部落為例，曾瓦族認為小孩子必須時常練習性行為，否則長大後無法負起傳宗接代的重責大任。而阿山鐵族則認為，尚未經過成年禮的女孩不可與異性發生性關係，若違反，則男女雙方都得被處死刑。所以，這兩個族群在兒童性行為上所表現出來的性活動量及類型就完全不同。

　　在我國，對性的限制較多，像是對同性戀、小孩子的性活動、手淫、婚前性行為等看法及實際行為，雖然從許多報章雜誌中我們可以感覺到，比起五〇及六〇年代的中國社會，現在已經開放。但與西方國家開放的程度比較起來，我國仍是相當保守。

　　根據美國金賽報告的統計資料顯示，在1940及1950年代，大學生有百分之四十九的男生以及百分之二十七的女生已有婚前性行為 (Kinsey, Pomeroy, & Martin, 1948; Kinsey, et al., 1953)。而在1970年代對大學生的調查顯示，女生有五成以上，男生有八成以上有過婚前性行為 (Hunt, 1974)。以上的研究結果，皆反映出文化對於性的影響。

　　接下來我們要探討的是同性戀 (homosexuality)。同性戀在以往被認為是心理疾病 (性變態) 或不正常的性慾。因為所謂正常性關係應該是一男一女的配對。但後來由於同性戀者心理的被研究及探討，以及同性戀者的爭取，在1980年美國精神醫學會已不再將同性戀歸類於精神疾病。一般人對於同性戀的態度亦較以往正向。自從1981年發現愛滋病 (AIDS)，造成全世界的恐懼，同性戀又被發現與AIDS有極大的關聯性，社會大眾對同性戀的態度與看法，又有趨向負面極大的改變。根據金賽報告的數據顯示，約有百分之四的男性以及百分之二至三的女性是極端同性戀者 (Kinsey, et al., 1948)。是什麼原因導致同性戀，截至目前為止，沒有完全的定論。有人認為這種性偏好與家庭背景、幼年早期經驗 (親子關係、性經驗) 有關 (Hammersmith, 1982)；也有人認為與產前的荷爾蒙 (產前期男性荷爾蒙對男胎兒及女胎兒的影響) 有關 (Dorner, 1976)；也有人認為與青春期的經驗 (性衝動與同性好友聯結) 有關 (Storms, 1981)。但這些說法並未有直接的證據可以證實。最近，美國臨床醫學界試將同性戀者的腦部構造與常人作一比較，結果發現，同性戀者的腦部構造，與常人不同。這是目前比較強而有力的說法，但仍需更多的研究來驗證此一說法。

㈣母性驅力

平時溫馴的母貓，在哺育雛貓時，會對想要接近雛貓的人攻擊。母鳥捕到蟲子，一定先餵雛鳥吃飽。當母鼠與幼鼠被隔開時，母鼠會想盡辦法突破障礙，將幼鼠帶回身邊。遇有危險或敵人侵襲時，母親一定會毫不猶豫地以身體護衛孩子。這些例子一再的說明，這種照顧下一代母性驅力 (maternal drive)，是促使動物表現其母愛的內在動力，也是影響動物行為的重要動機之一。

母性驅力成因的研究，多以動物行為進行實驗及觀察。Terkel and Rosenblatt (1972) 抽取剛生育過雌白鼠的血液，將之注入從未育性交過的雌白鼠體內，結果發現，這隻經過注射的雌白鼠在一天之內即自行表現出愛護幼鼠的母愛行為。這個研究證實，動物懷孕及產後哺乳期間，腦垂體所分泌的泌乳激素，會促進母鼠內在的母性驅力。也支持了荷爾蒙對母性驅力的影響。另外，哈洛 (Harlow, 1971) 觀察恆河猴的母愛表現，將恆河猴的母愛表現歸納為三個時期：第一期是嬰猴出生不久的安全保護期，母猴會極端保護嬰猴，與之親近，若將嬰猴取走，母猴會哭叫、發怒及攻擊，若以嬰貓取代嬰猴，母猴照樣會親近保護嬰貓，稍後發現嬰貓行為不同時，則放棄之。第二期是母愛收放管教期，母猴會讓嬰猴自由探索環境，但若有危險，則迅速將之抱回。第三時期是嬰猴長大獨立後的母子關係。(摘自張春興，民82)。此研究支持本能論的說法，也就是說，動物的母愛驅力是與生俱有的。另有心理學家認為母愛驅力可能是具有生物決定因素，也就是天生引發物 (releaser) 的觀點，比如，人類嬰幼兒大頭、大眼、豐頰這些獨特可愛的特徵，會引發成人的母愛驅力。母海鷗的喙邊有紅、黃斑點會引發幼鷗的啄食行為，促使母鷗反芻餵食。

然而，從近年來國內外親生父母虐待兒童的事件頻傳，令現代心理學家不約而同地對人類是否天生具有母性驅力感到疑慮，也推翻了人類母性驅力受荷爾蒙的影響這項假設。根據對這些虐待兒童的父母調查結果發現：會虐待兒童的家長其幼年經驗多缺乏照顧及關愛，甚至亦曾遭受其父母虐待。心理學家根據這些現象認為，對人類而言，早期經驗對於母性驅力的影響性遠超於荷爾蒙、先天引發物的影響。

以上我們討論的是動機的生理性因素，接下來我們將探討的是心理性動機。

心理性動機

　　心理性動機是人類特有的動機，它是指人類非生理爲基礎的內在動因。心理性動機於許多情境下，影響人類行爲的程度遠遠超過於生理性動機。爲什麼心理性動機是人類所持有的動機呢？因爲人類的行爲有許多是其他動物所無法達成的，例如，人會追求事業成功、婚姻美滿、名利兼收、有權有勢，所以促成這些行爲的心理動機爲人類所特有。在本文中，我們將介紹的是心理學家們較常探討的成就動機、親和動機以及權力動機。

(一)成就動機

　　成就動機 (achievement motive) 是促使個體努力追求成就的心理性動機。高成就動機者在學業成績、工作方面都表現得比低成就動機者優秀 (Raynor, 1970)。美國心理學家邁克里蘭 (D. McClelland, 1961) 研究高成就動機者的行爲，而歸納出其行爲特徵有三

- 求好心切，儘量將所從事的工作做到盡善盡美。
- 在面對無法確定成敗後果的情境下，傾向於不計成敗，敢於冒險犯難。
- 善於運用環境中的資料，能夠從經驗中記取教訓。(摘自張春興，「張氏心理學辭典」，民78)。對低成就動機者而言，他們關心的重點不是成功，而是失敗。張春興 (民82) 認爲，成就動機是希望成功與恐懼失敗這兩種心理向度互抵後所剩的驅力。且無論成就動機是高或是低，心理學家是以什麼方法來測知一個人的成就動機呢？

　　美國心理學家莫瑞 (H. A. Murray) 於1930年代創用主題統覺測驗 (thematic apperception test, TAT)，可以測量成就動機。這個測驗的方法是使用一套意義曖昧的圖片供受試者觀看，並且要求受試者依其主觀的看法來編故事，測驗完畢後，研究者會依評分標準來評估受試者的故事內容。根據心理學家多年的研究發現，成就動機在個體間具有相當大的差異性。就性別的差異方面而言，早期的研究發現，女性普遍存在有成功恐懼的現象（成功恐懼與前面述及的希望成功與恐懼失敗二向度理論，是於

1970年代同時盛行的動機理論），此現象的存在除了是受到傳統觀念的影響，還有就是女性耽心會因此而有損女性溫柔的形象（Horner, 1968）。而近代的研究發現，這種情形已有相當大的改善。從1977年Torberg的研究顯示，現代女性對成功已無恐懼感，雖然女性在某方面的期望與男性比較起來仍數消極（Major & Knoar, 1984）。異性間成就動機的差異已愈來愈小了。

影響成就動機的因素是什麼呢？有許多的研究皆顯示，影響個人成就動機的主因是父母的教養方式。首先，在臺灣我們經常可以發現一些現象，父親如果是醫生，則其兒女亦是醫生的比例非常高，如果父親是政治家，則其兒女從政的比例亦不在少數。這顯示，如果父母親在某一方面的成就動機高，則子女會以父母為範例，在此方面的成就動機亦較高。還有就是，對孩子的優良表現能經常加以鼓勵的父母與對孩子漠不關心的父母，前者較能激發孩子有正向的成就動機（Teevan & McGhee, 1972）。

㈡親和動機

亞里斯多得說：「人是社會性的動物」。所以與他人親近、結交友伴、相互關心是個體適應社會情境時，很重要的行為。而促使個體與其他人親近的內在動力即為親和動機（affilation motive）。

1950年代夏克特（Schachter, 1959）曾經進行了一系列的研究證實，在焦慮的情境下，親和動機會提高。夏克特先將女大學生分為實驗組及控制組兩組。對實驗組的受試者實驗者先設計情境，使其產生恐懼，對控制組則否。接著觀察實驗組及控制組在等待正式實驗開始時，其選擇單獨等候或結伴等候的情形。結果顯示在實驗組（高恐懼組）中有三分之二的人選擇結伴等候，控制組僅有三分之一的人作相同的選擇。證實在較高焦慮情境下，親和的動機會提高。

影響親和動機的原因除了與本能、壓力情境有關之外，學習也是一個重要的影響因素。張春興（民82）認為在嬰兒時期，藉由基本需求的被滿足與人建立親密關係之後，還需再經三方面的學習：

- 求人幫助，以達成無法獨立達成的目標。
- 求人保護，以避免危險。
- 求人解答疑惑。人是群性動物，與人接近是天性，適當的與人親近

保持親密關係，對於個體的適應及發展有相當大的助益。

(三)權力動機

權力動機 (power motive) 乃指個體的所作所爲隱藏著想要影響別人或支配別人的內在力量，這是由心理學家邁克里蘭 (McClelland, 1975; McClelland, & Boyatzis, 1982) 研究成就動機時發現的，他發現有高工作成就動機的人並不一定適合擔任行政管理的工作，反倒是權力動機高親和動機低，或是成就動機高親和力低者，較適合擔任管理者的職務。因爲這類的人可避免人情壓力，而且爲確保權勢，必需盡力達成職務的要求。Mason and Blankenship (1987) 也指出權力動機高的男性較易虐待配偶。

另外Lynn and Oldenquist (1986) 將權力動機可分爲兩種：一是個人化權力 (personalized power motive)；一是社會化權力動機 (socialized power motive)。個人化權力動機顧名思義就是其行爲只有一個目的，那就是將權勢集中於自己，動機強者可能會不擇手段的追求權位、滿足私慾，而且貪圖物質享受。而社會化權力動機強者則以服務社會爲目的，不求個人表現但求社會和諧。張春興 (民82) 認爲，若社會化權力動機高者能走入社會，擔任領導者，則將有利民便民的效果。反之，若由個人化權力動機高者執政，則有禍國殃民之擔憂。

參考書目

張春興 (民78)《張氏心理學辭典》(初版)。台北市：東華書局。

張春興 (民82)《現代心理學》(二版)。台北市：東華書局。

張華葆 (民75)《社會心理學》(二版)。台北市：三民書局。

Atkinson, Rita, L., Atkinson, Richard, C., Smith, Edward, E., & Deese, James (1968). *General psychology*. Boston: Allyn & Bacon, Inc.

Harlow, H. F. (1971). *Learning to love*. San Francisco: Albion.

Hilgard., Ernest, R. (1987). *Introduction to psychology*. (9th Eds.) New York: Harcourt Brace Jovanovich, Inc.

Horner, M. S. (1968). Sex differences in achievement motivation in comprtitive and non−competitive situations. *Unpublished doctoral dissertation*. Michigan University.

Hunt, M. (1974). *Sexual behavior in the 1970's*. Chicago, IL: Playboy Press.

Janowitz, H. D., & Grossman, M. I. (1949). Some factors affecting the food intake of normal dogs and dogs exophagostomy and gastric fistula. *American Journal of Psychology, 159:* 143−48.

Kinsey, A. C., Pomeroy, W. B., & Martin, C. E. (1948). *Sexual behavior in the human male*. Philadelphia, PA: Saunders.

Kinsey, A. C., Pomeroy, W. B., & Martin, C. E. (1953). *Sexual behavior in the human female*. Philadelphia, PA: Saunders.

Knittle, J. L., & Hirsch, J. (1986). Effect of early untrition on davelopment of rat epididymal fat pads: Cellularity and metabolism. *Journal of Clinical Investigation, 47:* 2091.

Lynn, M., & Oldenquist, A. (1986). Egoistic and nonegoestic motive in social dilemmas, *American Psychologist, 41,* 529−534.

McClelland, D. C. (1961). *The achieving society*. Princeton, NJ: Van

Nostrand.

Mechenna, R. J. (1972). Some effects of anxiety level and food cues on the eating behavior of obese and normal subjects. *Journal of Personality and Social Psychology, 22:* 311—19.

Munn, Norman, L., Fernald, L. Dodge, Jr. & Fernald, Peter, S. (1972). *Basic Psychology.* New York: Houghton Mifflin Company.

Offir, C. (1982). *Human Sexuality.* San Diego, CA: Harcourt Brace Jovanovich.

Russek, M. (1971). Hepatic receptors and the neurophysiological mechanisms controlling feeding behavior. In Ehreupreis, S. (Ed.), *Neurosciences, (Vol. 4.)* New York: Academic Press. p. 321.

Schachters, S. (1959). *Psychology of affiliation.* Stanford, CA: Stanford University Press.

Schachters, S., & Gross, L. P. (1977). Manipulated time and eating behavior. *Journal of Personality and Social Psychology, 10,* 98—106.

Storms, M. D. (1981). A theory of erotic orientation development. *Psychological Review, 88:* 340—53.

亞佛瑞德·阿德勒 (Alfred Adler, 1870-1937)

是個別心理學的創始者，是人本心理學的
先驅，在1901年因撰文支持佛洛伊德(S.
Freud) 夢的解析，獲佛洛伊德邀請加入
精神分析學派，之後，與榮格、佛洛伊德號
稱精神分析學派的三大家 (Big Three)。

賽黎 (Hans Selye)

認為每一項疾病皆有其症狀及特別的病因。然而，他特別注意有很多疾病其症狀卻很相同，例如，失去食慾，肌肉衰弱，以及對事物失去興趣。他稱為這些特定的疾病症狀為壓力。他將壓力分為健康或愉快的壓力，稱為優壓力 (eutress)將不健康或不愉快的壓力稱為苦惱(distress)。

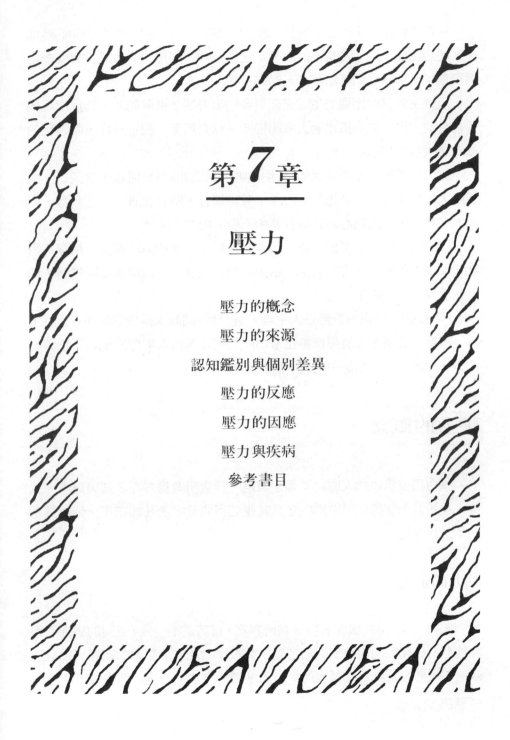

第 **7** 章

壓力

提起現代生活，馬上就聯想到壓力，講到壓力，就不由自主的心跳加速、呼吸急促，以為若是不能將其迅速解決掉，則可怕的後果就會像泰山壓頂似地，壓得我們無法翻身，動彈不得。

現代生活真的比過去生活充滿更多的壓力嗎？果真如此，為什麼現代人總會說，現在的小孩比過去幸福得多，飲食無憂，教育良好，就連玩的機會也大為增加呢？

壓力的後果一定是負面的、可怕的嗎？果真如此，為何孟子會說：「天將降大任於斯人也，必先苦其心志，勞其筋骨，餓其體膚，空乏其身，行拂亂其所為，所以動心忍性增益其所不能」呢？

壓力真的像泰山壓頂一樣，若不迅速解決，就會無法翻身，動彈不得嗎？果真如此，為何古有名訓「船到橋頭自然直」、「山窮水盡疑無路，柳暗花明又一村」呢？

不管怎麼樣，壓力既然是人生無可避免地，同時又是由日常生活而生，為了維持身心健康及發揮個體正常功能的運作，人人均應對壓力有正確的認識，也應從日常生活中培養因應壓力的能力。

壓力的概念

壓力已成為現代人的口頭禪。但是，什麼叫做壓力呢？其與焦慮、危機、挫折及衝突應如何區別呢？且其應如何測量呢？凡此在在，皆值得進一步加以探討。

壓力的定義

壓力（stress）這個名詞該如何界定，目前並不一致，不同的研究者根據他們的研究取向而有不同的定義。多數學者認為，壓力的定義可歸納出刺激、反應及互動等三種取向。以下則依此方法，分別說明各學者對壓力的看法：

刺激取向

　　採取此類觀點者，係視壓力爲自變項，即指外來的壓力會造成個人的壓力反應或緊張。此類定義又可細分爲二：一類重視個體對事件的評估，另一類則不重視。前者係以史匹柏格（Spieberg, 1982）爲表率，後者則以荷姆斯及瑞伊（Holmes & Rahe, 1967）爲代表。史匹柏格認爲，雖然壓力指的是具有客觀危險的生理或心理情境，惟具有壓力的情境只有在被解釋成爲「是危險的」之後，才會引起個體的焦慮反應。荷姆斯及瑞伊則表示，壓力是遇到外界事件而失去生活平靜時，個體爲了恢復原有適應狀態，而所需花費的精神與體力的總合。所以，不論是金榜題名或是名落孫山均是一種壓力。

反應取向

　　採取此類觀點者，係視壓力爲依變項，即指壓力是有害環境的反應型式。而此派的代表人物則爲賽黎（Selye, 1979）。賽黎將壓力定義爲「個體對於任何加諸於上的非特定反應」。藉著「非特定」，他認爲相同的反應模式可經由各種不同壓力刺激或壓力源而產生。所以，不論是洞房花燭夜或是愛人結婚可是新郎（娘）不是我，其壓力反應均是一樣的。不過賽黎將健康或愉快的壓力稱之爲優壓力(eutress)，而將不健康或不愉快的壓力稱之爲苦惱（distress）。

互動取向

　　採取此觀點者，係視壓力爲中介變項，即指壓力係來自個人與環境之間動態交流系統的一部分。而此派則以拉扎勒斯及富克蘭（Lazarus & Folkman, 1984）之定義最爲著稱。二氏認爲，壓力是個人與環境之間的一種特殊關係，被個人視爲非自己能力所及，並危及自己的完好性。至於認知鑑別與因應則是決定互動取向的關鍵過程。認知鑑別爲一項個人何以視某些情境具威脅性，以及威脅程度爲何的評量過程；而因應則關係到使用

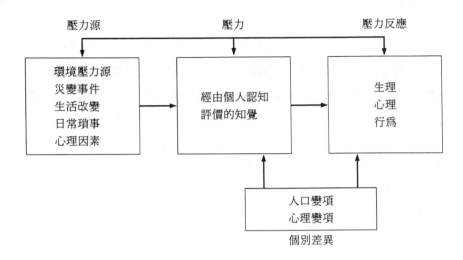

圖7-1　壓力的基本模式

生理、認知及行為上的策略，以控制被認定為具壓力與併發情緒的情境。

　　由於互動取向的定義不僅提供了完整的藍圖，並且反應出對所處情境了解、個人特殊反應與因應壓力的重要性，故最被認同。此一定義亦顯示，壓力的基本模式應為：壓力源（stressor）引起壓力而形成壓力反應。不過同樣的壓力源卻不一定會產生相同的壓力反應，此乃係脆弱性具有個別差異存在所致。所以將個人特質視為中介變項，若中介變項是有利的，則會適應良好；反之，若中介變項是不利的，則會適應不良。同時壓力反應本身亦是一種新的壓力源，所以壓力的基本過程尚應包括回饋系統，詳如：（**圖**7－1）所示：

　　再就壓力基本模式的內容而言，此又可分就壓力源、壓力，個別差異及壓力反應等四方面來談。壓力源可依其層次之不同，將其分為社會長期事件、災變事件、生活改變、生活瑣事及心理因素。而壓力是個人主觀上的知覺，係經由認知鑑別來判斷的。個別差異則可依其重點之不同，將其分為人口變項與心理變項二者。至於壓力反應則依多數學者的分類方法，可分為生理、心理及行為三者。本文之主要架構即是依此模式而來的。

焦慮、危機、挫折、衝突與壓力

雖然對壓力的定義已有初步的瞭解，惟有些名詞如，焦慮、危機、挫折及衝突等均與其近似，究竟壓力與上述四者的差異為何？則有待進一步加以檢驗。

焦慮與壓力

所謂焦慮（anxiety）係指，由緊張、不安、焦急、憂慮、擔心、恐懼等感受交織而成的複雜情緒狀態（張春興，民78）。其可分為特質性焦慮（trait anxiety）與情境性焦慮（state anxiety）二者。前者視焦慮為人格特質之一，具持久性；後者視焦慮反應因情境而異，具暫時性（Spielberg, 1966）。至於焦慮與壓力之區別約有下列兩項：

(一)取向不同

焦慮的定義偏向反應取向，視為依變項；而壓力的定義偏向互動取向，視為中介變項。所以可以說，焦慮是壓力反應的一種型式。

(二)來源不同

由於早先對焦慮的研究多源自佛洛依德的推論，而視焦慮為人格特質之一，故焦慮的來源多來自內在；但壓力則著重戰爭及都市化等事件，故其來源多來自外在。

危機與壓力

所謂危機（crisis），在心理學上有兩種涵義（張春興，民78）：其一，指一種關鍵性的處境，可能由之轉入佳境，也可能由之趨於惡化。所謂危機即轉機，亦即此意。其二，面臨一種兩難情境（矛盾或衝突），需要抉擇時所感受到的心理壓力。前者如艾力克遜所強調的認同危機即是一例（詳請參考第二章），後者如面臨「食之無味，棄之可惜」。而又要有所選擇時即是一例。雖然壓力與危機二詞常可交換使用，惟仔細比較之下又有所區

別。若與危機的第一項定義相較，則可以說是危機帶給個人壓力，則視危機是壓力源之一。且危機常發生於某社會羣體或小羣體上，而壓力則常發生於個體層次上。若與危機第二項定義相較，則壓力的來源比危機來得多元化，除了衝突或矛盾之外，其可能係因社會長期事件、災變事件、生活改變及日常瑣事造成的。

挫折與壓力

所謂挫折（frustration）在心理學上也有兩種含義（張春興，民78）：其一，指對個體動機性行為（有目的活動）造成阻障或干擾的外在情境。在此情境中對個體發生阻障作用者可能是人，可能是事務，也可能是自然環境。其二，指個體在挫折情境中所產生的困惑、憤怒、焦慮等心理狀態。此種複雜的心理感受，可改以挫折感表示之。兩種涵義合在一起看，前者是刺激，後者是反應。心理學家們所要研究者，也就是在挫折情境之下，分析個體因情境對其行為阻障作用而產生的挫折感。雖然挫折的定義兼具刺激與反應的性質，但當其與壓力相提並論時，挫折則視為壓力的來源之一。因挫折情境的阻障，使人的生活目標無法達成，在諸多挫折感的交織之下，自將形成心理壓力。

衝突與壓力

所謂衝突（conflict）係心理衝突（mental conflict）的簡稱。衝突是一種心理困境，而此種困境的形成，乃是因個人同時懷有兩個（或數個）彼此對立的動機，而又無法同時獲得滿足所致。心理衝突有下列四種常見的類型（Lewin, 1935；Miller, 1944）：

雙趨衝突（approach-approach conflict）：個體同時有兩個並存的目標，但迫於情勢，必須二者取一而又不願割捨其他的心態。所謂「魚與熊掌不可兼得」即是此例。

雙避衝突（avoidance-avoidance conflict）：個體發現兩個目標可能同時具有威脅性，而又迫於情勢，必須接受其一的心態。所謂「兩害相權」即是此例。

趨避衝突 （approach－avoidance conflict）：個體對單一目標同時產生兩種動機，一方面好而趨之，另方面惡而避之的心態。所謂「燙髮像戀愛，又期待，又怕受傷害」即是此例。

　　雙或多趨避衝突 （double or mutiple approach－avoidance conflict）：在趨避衝突情境下，如同時具有兩個目標，而且各有利弊不能抉擇時的心態。所謂「兩愛擇一」即是此例。若將衝突與壓力相提並論時，衝突亦視爲壓力的來源之一。因衝突所形成左右爲難或進退維谷的心理困境，帶給個人相當的壓力是在所難免的。

壓力的測量

　　雖然壓力的測量有訪談、直接觀察及紙筆測驗等取向，但在心理學上仍多採用紙筆測驗，即透過量表、測驗、問卷及檢核表等工具來測量。至於需要評估的變項，雖然包括：壓力源、壓力鑑別，及壓力反應三項，但心理學家主要測量的仍是壓力源。

　　荷姆斯及瑞伊 （Holmes & Rahe, 1967） 的社會再適應量表 （social adjustment rating scale，簡稱SRRS），係首先將壓力源量化的評量工具，也是壓力測量工具中最享盛名的一種。其量表的前置語中即是以結婚爲標準，若適應結婚所需要花費的時間與努力爲500天 （或單位），受訪者需將每一生活事件與結婚逐一比較，並以0至1000天 （或單位） 表示個人遭遇該一事件時，必須作適應的程度。所得的平均值除以10表示該事件對個人所造成的心理壓力大小。個人在特定時間內所經歷的生活事件 （通常是1年），將其壓力值累加之後，代表個人在特定時間之內所承受的生活壓力。荷姆斯及瑞伊將之稱爲生活改變值 （life change units，簡稱LCU）。當個人的LCU分數超過300時，罹患生理及心理疾病的可能性即會顯著提高 （Holmes & Masuda, 1974）。

　　從1967年以來，研究者多沿用社會再適應量表來測量生活壓力。除了用改變的大小或需要調適時間的長短，來加權生活事件所帶來的壓力大小之外，尚應考慮到事件的預測性、重要性、受歡迎的程度及可控制的程度 （Dohrenwend & Dohrenwend, 1978）。此即表示，若事件可預測、不重要、受歡迎及可控制的話，則生活壓力較小；反之，則生活壓力較大。

尚有一些學者 (Kanner, Coyne, Schaefer & Lazarus, 1981) 認為，雖然生活事件所造成的影響很大，但一般人很難遇到，而每天生活中不斷重覆的日常瑣事，及其所產生的不如意會日積月累，比起重大但為期短暫的生活事件，更具破壞力。於是另行發展生活瑣事量表 (the hassle scale)，作為測量壓力的工具。不過，該量表的使用率仍不及社會再適應量表普及。

在台灣所使用的生活改變量表多是根據荷姆斯及瑞伊的「社會再適應量表」發展而成的。雖然研究者多意識到在生活壓力的測量上可能會有中外差異。但早期的研究多將該量表稍加修訂即成。直至近年，才開始有研究者（白璐、溫信財、陸汝斌及郭敏玲，民76；黃鴻基，民76；張苙雲等，民77）對以「社會再適應量表」為基點的生活壓力量表在中國社會的應用進行一些檢討。至於中外生活改變的差異則留待第二節再作介紹。

壓力的來源

如將壓力源視為知覺到威脅的任何刺激，則有許多事情具有潛在的壓力。壓力源可概分為社會長期事件、災變事件、生活改變、日常瑣事及心理因素等五類。此五類的壓力源由全球、非特殊化的因素，到完全是個人的外在因素，再至完全是個人的內在因素。

社會長期事件

二十世紀誠可謂之壓力的世紀，此乃造因社會長期事件大幅增加，且廣泛地影響每一個人。例如，都市化所帶來接踵而至的壓力源包括：擁擠、噪音、塞車、污染、犯罪、高物價、官僚體制及缺乏社區感。即使是住在郊區的人們，亦不能倖免，諸如，經濟問題、社會孤立、工作不安全及缺乏社區資源等，均是常見的來自郊區之壓力源。

除了都市化之外，大眾傳播媒介的出現亦是造成壓力氣氛的主因。由於有了大眾傳播媒介，所以「秀才不出門，能知天下事」，而「好事不出門，壞事傳千里」，所以我們接受到的訊息，多是有關空難、災變、戰爭、飢荒

帕伯羅‧畢卡索，流淚的婦女，1937年。死別的感傷是在所愛的人死後的一種痛苦情緒。避免表達這種痛苦往往會延長耽溺於這種喪失。

等不祥之事。此類訊息則增添了壓力氣氛。隨著大眾傳播媒介的無遠弗屆，許多爭議性的話題亦搬上了檯面，如，墮胎、核能發電、環境保育、政治危機及意識型態的衝突，此類話題亦讓人覺得無所適從、壓力倍增。

甚至家庭與性別角色價值觀念的轉變，亦會形成壓力。隨著大家庭制度的瓦解，小家庭起而代之，甚而興起單親家庭及一人家庭。無論男女在此情況下，必須重新思索其家庭角色。對於女性來說，是否要結婚、生子或工作，這根本就沒有所謂的標準答案。但自由愈增加，抉擇的壓力亦隨之而增加。同樣地，男人亦發現傳統的男性角色已無法全盤接受了。若是他依然因循傳統的男性角色，則會被視為大男人主義、歧視女性，可是太過於溫柔體貼，則又會被嘲笑為娘娘腔，缺乏男子氣概。如何才能掌握好分寸？則是個頭痛的問題。

社會長期事件不僅牽涉廣泛，而且很難予以控制，不幸的是，卻相當難以評估此種壓力源對健康與安寧的影響，如：擁擠雖會對疾病、生理激動與情緒有所影響，惟關鍵點不在物理上的密度，而在於個人感到擁擠的程度。不過可以確定的是，環境的壓力源會形成普遍的壓力基礎，而更特殊化的壓力源則會建立於此。

災變事件

俗諺有云「天有不測風雲，人有旦夕禍福」，是指凡事變化莫測，惟大家所擔心的，不是福氣到來，而是禍事發生。災變事件包括：水災、火災、颱風、地震、戰爭、飛機失事、工廠爆炸等。像著名的對日抗戰、八七水災、健康幼稚園火燒娃娃車事件等均是，一般人在經歷災變事件的反應，通常會有下列五個階段：

震驚階段：遭遇到災變事件的第一個反應是麻木與震驚，產生這種反應的人，可能會發呆一陣子，而不能做緊急應變處理。

行動階段：人們嘗試對災情反應，但對自己做什麼不太清楚。

合作階段：有感於個人能力有限，人們開始覺得要渡過難關，惟有團結合作一途。

情緒化階段：此時對災情愈來愈瞭解，有感於團結合作亦不見得有效，所以開始有情緒化的反應。

復原階段：只有放棄不現實的希望，才能有新的開始。漸漸地，人們已能重新適應災變所帶來的改變。

雖然一般人經歷災變的反應有上述五個階段，可是上述各階段並非一階段都會必然發生，其發生的次序也可能有所改變。

曾有學者林德曼 (Lindemann, 1944) 針對大火及傷亡戰士家人的傷慟反應 (bereavement reaction) 作研究。而所謂傷慟反應係指，災變事件的倖存者及未亡人等對傷亡者的一種哀傷情懷。其結果發現：急性的悲傷一定會引起心理與生理上的症狀，而這種症狀有的在經歷悲傷時立即出現，有的則延遲至相當時日後方顯現出來。雖然這種哀傷情懷可能造成個人情緒崩潰，甚至導致精神失常。但是若能適當協助傷慟者的話，則可恢復對死者一種正常的悲傷，並可解決此一危機。

大學生的生活壓力

　　我國葉明華（民70）曾以台大學生爲研究對象，依據何姆斯及瑞伊的
「社會再適應量表」，增訂適合大學生的生活壓力量表。(**表7－2**) 所列者，
即爲大學生生活改變壓力平均值及排序。由該表看出，雖然大學生的生活
改變林林總總，鉅細靡遺。但其內容大體上可以分爲家庭、經濟、學業、
社團活動，與同、異性朋友交往等範圍。

生活改變

　　所謂生活改變 (life change)，指的是個人日常生活秩序上發生重要的
改變。惟因變動得太突然及無法控制，且變動的事件又是相當重要的，結
果使我們很難有效地因應處理，即使是令人興奮的改變（如，有情人終成
眷屬），也會對個人的身心產生重大的影響。因此，心理學家對這些生活改
變如何影響個人的身心健康感到濃厚的興趣。

　　精神科醫師何姆斯及瑞伊是將生活改變量化的先趨，其所編的社會再
適應量表亦是使用率最廣的測量壓力之工具。在台灣所使用的生活改變量
表多是根據此量表發展而成的。惟因中外國情不同，故生活改變的壓力值
亦有所不同，(**表7－1**) 所列，即何姆斯及瑞伊與我國張芝雲等（民77）生
活改變壓力平均值及排序，由該表看出，跨文化的比較結果雖可顯示出不
同族羣之間相似的生活壓力感受與觀點，惟中國人對家庭、財務等有關事
件的反應較強些，而對夫妻之間的關係與退休等事件比較淡然。

　　另有心理學家以大學生爲對象，列出生活中可能遭遇的事項，讓大學
生選答，從而了解大學生的生活壓力。(**專欄7‧1**) 即是有關我國大學生的
生活壓力。

表7-1　中美生活改變壓力平均值與排序

生活改變	我國		美國		生活改變	我國		美國	
	平均值	排序	平均值	排序		平均值	排序	平均值	排序
配偶死亡	80	1	100	1	與上司不睦	39	22	23	34
親近的家人死亡	69	2	63	4	打官司	39	22	29	26
離婚	67	3	73	2	改變行業	38	26	36	19
被監禁或限制自我	67	3	63	4	退休	37	27	45	9
夫妻分居	63	5	65	3	家庭成員團聚	36	28	15	42
本人受傷或重病	63	5	53	6	負債未還，抵押被沒收	35	29	36	22
工作被開革	63	5	47	8	初入學或畢業	35	29	26	31
事業上的轉變	63	5	39	13	妻子新就業	34	31	27	29
多量貸款	62	9	31	21	改變社會活動	32	32	18	39
少量貸款	56	10	17	40	財務狀況變好	31	33	38	16
家人的健康或行為有重大的改變	52	11	44	11	改變上班時間或環境	31	33	31	22
財務狀況變壞	52	11	38	16	搬家	30	35	20	35
好友死亡	51	13	37	18	居住情形的重大改變	29	36	20	35
結婚	50	14	50	7	轉學	29	36	20	35
懷孕	47	15	40	12	妻子剛去職	29	36	27	29
性行為不協調	45	16	39	13	輕微觸犯法律	28	39	11	46
工作職責上的降級	45	16	29	26	改變個人習慣	28	39	24	33
子女成年離家	45	16	29	26	春節	28	39	12	45
夫妻爭吵加劇	41	19	35	20	改變休閒方式	25	42	19	37
分居夫婦恢復同居	40	20	45	9	改變宗教活動	24	43	19	37
個人有傑出成就	40	20	28	28	改變飲食習慣	24	43	15	42
家中增加新成員	39	22	39	13	改變睡眠習慣	23	45	16	41
工作職責上的升遷	39	22	29	26	長假	20	46	13	44

資料來源：改編自張苙雲等（民77）、Holmes及Rahe（1967）

表7-2 大學生生活改變壓力平均值與排序

生活改變	平均值	排序	生活改變	平均值	排序
父母死亡	93	1	面對期末考	50	26
家族近親過去	84	2	開始追求異性	48	27
父母離婚	81	3	擔任社團負責人或幹部	48	27
個人名譽受損	70	4	個人有傑出成就	48	27
好友死亡	70	4	轉學	47	30
家屬健康重大改變	69	6	轉系	44	31
發生性關係	67	7	與戀人爭吵	44	31
個人身體有重大傷害	66	8	與同學起衝突	44	31
個人身體有重大疾病	64	9	面對期中考	44	31
經濟來源中斷	61	10	擔心會休學	42	35
戀人移情別戀	61	10	開始接受大學教育	39	36
與戀人分手	60	12	重大改變睡眠習慣	39	36
家庭經濟破產	60	12	離鄉背景	38	38
與父母起衝突	58	14	擔任家教工作	36	39
成績不及格，50分以下	56	15	拿書卷獎或其他獎助金	36	39
補考	55	16	學校作業很多	36	39
擔心被退學	55	16	重大改變讀書時間或方式	35	42
擔心畢業後就業困難	54	18	重大改變社交活動	34	43
與異性熱戀	54	18	重大改變個人習慣	34	43
違反校規，受校方處罰	54	18	重大改變宗教活動	33	45
兄弟姊妹不和	53	21	重大改變消遣活動	31	46
擔心畢業後學非所用	53	21	住的地方交通不便	27	47
與師長發生衝突	52	23	過新年或聖誕節	24	48
擔心考試成績不理想	51	24			
初戀	51	24			

資料來源：改編自葉明華（民70）

生活瑣事

　　所謂生活瑣事 (daily hassle)，指的是日常生活中經常遇到且無從逃避的瑣事。此等瑣碎事件，雖每件的嚴重程度不足構成危害，但日積月累的結果，就會對人的身心造成不良的影響。此誠如西諺所云：「最後一棵草會壓垮駱駝的背」，亦如中國俗語「積勞成疾」之意。

　　有鑑於生活瑣事的重要性，所以有些學者 (Kanner et al., 1981) 另行發展生活瑣事量表以因應。而這些生活瑣事可歸類為以下六個方面 (Lazarus et al., 1985)：

　　家用支出方面：家庭生活中的一切費用支出，諸如，食、衣、住、行、育、樂等，就光是食的一項，就牽涉到「開門七件事，柴、米、油、鹽、醬、醋、茶」，凡此種種，多數家庭會感到負擔沈重。

　　工作職業方面：工作職業是家庭的經濟來源，也為個人的才華提供了施展的空間。可是工作職業的性質、職位、待遇及發展機會等，很難盡如人意。俗語所謂「做一行怨一行」者，正表達工作職業帶給人的心理壓力。

　　身心健康方面：人吃五穀雜糧，難免有所病痛，而且與人相處也勢難永遠和諧不發生衝突。所以，疾病的痛苦與人際相處的困難，自將增加人的心理壓力。

　　時間分配方面：生活在分秒必爭的現代生活裏，個人常因對時間的急迫感而產生不安。對現代人而言，時間問題發生在兩方面：一方面是因事務多時間少而造成無法兼顧的焦慮；另方面是因交通堵塞而造成等待與浪費時間的痛苦。

　　生活環境方面：隨著社會變遷，環境污染的問題已日趨嚴重。構成環境污染的因素中，除空氣、噪音等污染之外，屬於文化層面（如，色情與暴力等）的污染，也日益惡化。對終日處於污染中而無法逃避的現代人來說，其心理壓力自然沈重。

　　生活保障方面：所謂「人無遠慮，必有近憂」。因此，除了現實生活之外，每個人都必須為未來的安全保障打算；舉凡學業進修、工作保障、養兒防老、購屋置產、退休安排等，都是為考慮生活保障而帶來的心理壓力。

　　事實上，生活瑣事與生活改變二者並不是截然劃分的事物。生活改變

所形成的壓力，部分是因生活瑣事所產生的。例如，離婚可能會造成家務、照顧孩子及尋找朋友上的瑣事增加。生活改變擾亂個人日常生活方式的程度愈大，人們愈易產生困擾與不和諧。

心理因素

上述四類壓力源，在性質上均屬於人與事，或人與人關係的外在因素。除此之外，屬個人內在心理上的困難，也是形成生活壓力的重要原因。在生活壓力的心理因素方面，挫折、衝突與個人的心理變項是其中最重要的三項。由於挫折、衝突與壓力之間的關係，在本文第一節中業已闡述，故在此不再贅言。而個人的心理變項雖可視為壓力源，但多數學者係將其視為中介變項，是以俟下一節認知鑑別與個別差異中再予以詳細探討。

認知鑑別與個別差異

壓力源並非直接就會導致壓力反應，其間還要經過認知鑑別的歷程，並受到個體個別差異的干擾，才會造成壓力反應。本節即是對這兩個歷程加以探究。

認知鑑別

無論社會長期事件、災變事件、生活改變或生活瑣事等都是客觀的狀況，要成為真實的壓力之前，還得經過個人對這些因素的詮釋。例如，同樣是失戀，某人可能認為是世界末日，而另一人則可能認為下一個男（女）人也許會更好。所以，前者的壓力自然比後者來得大。

根據認知鑑別論（cognitive－appraisal theory）的看法，情緒的產生或情緒狀態的變化，並非起源於客觀的刺激，而是決定於個人對刺激情境的認識所作的認知解釋。若是個人認為情境是有害的、可怕的，就會產生恐懼情緒。反之，若個人認為情境是無害的、美好的，就會產生喜悅的情緒。如將認知鑑別運用到壓力上時，認知鑑別正是評量一個事件對個人

身心健康有何意義的過程。這項過程包含下列三個階段 (Lazarus & Folk-man, 1984)：

㈠初級鑑別

即區辨壓力源是否具有危險的後果。例如：一名女子夜歸覺得身後好像有人跟踪的話，若是覺得身後跟踪者是一位獐頭鼠目的男子，則會感到恐懼；若是覺得身後跟踪者是一位心儀已久的帥哥，則會感到歡喜。

㈡次級鑑別

即對可能因應行為的知覺狀態。若是這名夜歸女子覺得被壞人跟踪的話，她就會思索我該怎麼做才能減輕壓力，是要快速逃跑呢？還是高聲呼救？還是到鄰近商家中躲避一陣？還是……，思索好了，她就從中選擇一項她認為的最佳因應行為。

㈢再鑑別

即採取因應行為後，改變對壓力源最先的知覺，而產生另一種不同的解釋或看法。如果該名女子係採取快速逃跑的方式來因應此壓力事件，可是這名惡漢依然窮追不捨的話，則這名女子將會感到壓力倍增。

個別差異

由於個體的先天稟賦及後天教化不一，所以因應壓力的能力亦有所不同。此即表示脆弱性具有個別差異存在，同樣的一項壓力源，因應能力弱者可能視為危險，而因應能力強者則可能視為機會。在個別差異的變項中，可以概分為人口變項與心理變項兩大類。

人口變項

所謂人口變項的個別差異，包括性別、年齡及經驗等三項。

㈠性別

以性別區分，男女是否經歷相同的壓力呢？要對這個問題作一肯定的答覆，實非易事。根據學者綜合過去文獻後發現：男女不僅壓力源的型態

有所不同,而且發展出不同的壓力反應,甚至連因應方式也大異其趣 (Jick & Mitz, 1985)。接下來,即針對上述三項不同之處來加以探討:

首先就壓力源而言,雖然男女都會有壓力經驗,但因社會期待「男有分,女有歸」,所以受到失業打擊時,男性之壓力程度會較女性為高。同樣的,老而未嫁(娶)時,女性之壓力程度會較男性為高。不過近年來,職業婦女日漸增多,女性亦逐漸經驗到一些以前僅有男性才專有的職業壓力。可是職業婦女依然要負擔比男性還重的家庭責任,毫無疑問地,其較就業男性的壓力源更多。

再就壓力反應而言,根據回顧數篇研究結果顯示 (Jick & Mitz, 1985):女性比男性較常有情緒性的症狀,例如,抑鬱、心理疾病,以及一般的心理與情緒不佳。可是另一方面來說,男性因壓力問題所造成的硬化、心臟病及自殺的死亡率,卻比女性來得高。持平而論,女性因壓力所造成的心理疾病雖然較多,可是男性因壓力所造成的嚴重生理疾病卻較多。

最後就因應方式而言,根據大樣本的臨床治療的結果顯示,男女所偏好的防衛方式有相當的差異。男性偏好以攻擊、喝酒及面對壓力源等方式來因應;而女性偏好以社會支持、合理化及專注於嗜好等方式來因應 (Matteson & Ivancevich, 1988)。

(二)年齡

年齡與壓力的關係可以分為下列兩個重點加以討論:一為壓力影響年齡,另一為年齡影響壓力。

就壓力影響年齡而言,壓力雖然無法影響個體的實際年齡,但卻足以影響其生理年齡。根據老化損耗論 (wear—and—tear theory) 的看法,身體老化是因生活勞苦、體能過度耗損所致。若是經歷的壓力過多,五十歲中年人的身體狀況也猶如七十歲老人一般;反之,經歷壓力少的人,則能延年益壽、延緩老化。

就年齡影響壓力而言,隨著年齡之不同,個體所經歷的生活壓力亦有所差異。例如,求學、結婚生子、子女出國、退休等,都與生命週期有關,大都會在人生某個年齡層出現,而較不可能在其他的年齡層出現。同時,同樣一項壓力源對不同年齡個體所隱含的壓力大小亦有所差異。例如,同樣是生子,高齡產婦所承擔的壓力就比適齡產婦來得重。此外,不同年齡

層者因應壓力的方式亦有所不同。例如，老年人因閱歷較多，故較少採用攻擊或幻想的方式來因應。

㈢經驗

經驗對壓力的影響，可分就經驗觀及負效經驗觀兩方面來談。

就經驗觀而言，個人過去對壓力源及壓力情境的經驗，可減輕壓力的影響。許多研究都指出，事前練習或以往的經驗，將協助受試者妥善應付壓力。事故前訓練（如，防火、防震及防空等演習），是應付可能壓力的有效對策。

就負效經驗觀而言，正面的經驗固然可以減輕壓力，但失敗經驗的本身就會產生壓力。而負效經驗主要有二：一為缺乏增強作用，一為學得無助感（詳請見第四章）。前者係指在生活經驗中若懲多獎少且比例懸殊的話，則個人既不能由生活經驗中獲得快樂，更無從建立自信心與自尊心，且無從由增強作用學習到應付困境的能力 (Lewinsohn, Hoberman, Teri & Hautziner, 1985)。後者則指個人經痛苦折磨而養成一種絕望心態，縱使脫離苦難的機會擺在眼前，個人也鼓不起勇氣去嘗試解決困難。

心理變項

所謂心理變項的個別差異，主要包括：堅韌、A型性格及制控信念等三項。

㈠堅韌

根據美國認知心理學家卡包莎及其同僚 (Kobasa, Maddi, & Puccetti, 1982) 的看法，具有堅韌 (hardiness) 性格的人能積極抗拒生活改變的壓力。他們認為堅韌性格有以下三種特徵：

承諾 (commitment)：具有承諾的人，對所參與的事都很用心，而且常能在工作或人際關係中發現意義，並傾向採取主動出擊的角色。相反地，缺乏承諾的人，則易感到游離、疏遠，對生活的挑戰採取被動的姿態。

控制 (control)：具有控制的人，深信可藉著知識、技術與想像力來改變事情的狀態，並認為生活的變動是源自他們所作的選擇而變化的。相反地，缺乏控制的人，則將生活改變視為不可預期，而且是件可怕的事，故

感到滄海桑田，世事多變，而自己卻無能爲力。

　　挑戰（challenge）：具有挑戰的人，認爲變動是人生的常態，無論生活事件是否具有威脅性，也勇於面對，增益個人成長。相反地，缺乏挑戰的人，則將變動視爲異常，一昧逃避改變，致使無法化危機爲轉機，再創新猷。

(二)A型性格

　　根據美國心臟病學家弗雷德曼等（Fiedman & Rosenman, 1974）的研究報告，按日常生活中行爲方式作爲分類標準，將人分爲下列兩種類型：A型性格與B型性格。此二性格，在心臟病患病率有顯著的差別。

　　所謂A型性格（type A personality），是指個性急躁、求成心切、有野心、好冒險的一種性格。此種性格的養成，顯然與現代都市化的社會有關。在現代都市化社會中，A型性格受到高度的讚揚，並且被認爲是實現雄心壯志及成功的攫取實質成就的必備條件。A型性格有下列四種特徵：時間急迫性、競爭與敵意、害怕浪費時間，以及缺乏計畫（其性格特徵的測量方式則見**專欄**7‧2）。醫學研究者發現A型性格經常與生活或工作中的壓力有關，它們會產生壓力，或使原來就有的壓力源知覺爲更嚴重。

　　所謂B型性格（type B personality），是指個性隨和、生活悠閒，對工作要求較爲寬鬆，對成敗得失的看法較爲淡薄。由於上述的特徵，致使B型性格者較能抵抗壓力，故新近醫學上的研究（Haynes et al., 1983）發現，B型性格者在高血壓與心臟病的患病率上，遠低於A型性格者。

(三)制控信念

　　根據美國心理學家羅特（Rutter, 1966）的看法，個人日常生活中對自己與周圍世界關係的看法，是爲制控信念（locus of control）。按個人命運受內外在因素控制之差別，將人分爲下列兩種類型：內控與外控。此二種性格，對壓力的感受迥然不同。

　　所謂內控（internal control），是指相信凡事操之在己，將成功歸因於自己努力，將失敗歸因於自己疏忽。這是自願承擔責任的看法，意謂著個人命運由自己掌握。由於內控者相信他們可以顯著地影響最終的結果，因此他們會去尋求控制各種事件的可能性，而較不易感受到壓力。

　　所謂外控（external control），是指相信凡事操之在人，將成功歸因

專欄 *7‧2*

我是 A 型性格的人嗎？

　　美國心臟學會在1981年，將 A 型性格列爲是罹患心臟病的危險因素之一。以下14個問題，是用以診斷 A 型性格的一份問卷，讀者須就各題所問事項，在是或否處填答。

　　以上14題，凡答是者就得一分，答否者則得零分。其中與時間急迫性有關的問題爲1、2、8、12、13和14；與競爭及敵意有關的問題爲3、4、9和10；與害怕浪費時間有關的問題爲6和11；與缺乏計畫有關的問題爲5和7。假如總分大於5分，就具 A 型性格的基本成份，那麼你最好改變習慣，放慢一點生活節奏。

　　問題　　　　　　　　　　　　　　　　　　　　　　　　是　否

1.我在別人尚未完成他的工作之前，就急著開始做應由我負責
　的後續工作。
2.我不喜歡在任何隊伍中排隊。
3.別人曾告訴我，我很容易生氣。
4.可能的話，我儘量使工作變得具有競爭性。
5.在我還沒有完全瞭解如何完成一件工作之前，我就想立即完
　成這項工作。
6.即使我在渡假，我也會把工作帶過去做。
7.我經常犯下還沒有計畫好就開始做事的錯誤。
8.在工作中偷閒會令我有罪惡感。
9.別人認爲我在競爭狀況下脾氣不太好。
10.當我在工作時覺得沒有壓力，我會覺得生氣。
11.可能的話，我會同時做兩、三件事情。
12.我一向與時間競爭。
13.別人遲到，我一向沒有耐心久候。
14.即使沒有需要，我也會匆匆忙忙。

於幸運，把失敗歸因於別人的影響。這是不願承擔責任的看法，意謂著個人命運受外在因素所控制。由於外控者相信成事在天，因此他們不會去試著降低壓力，而較可能感到無助。

壓力的反應

壓力的影響最主要產生在三個範圍中：生理、心理和行為，以下介紹這三種壓力反應。

生理反應

壓力的生理反應可以分爲緊急反應與一般適應症候群兩者。前者是在短期或偶然壓力下的反應；後者則是在長期性壓力下的反應。

緊急反應

無論人或動物，在遇到突如其來的威脅性情境時，除產生情緒經驗外，身體上會自動發出一種類似「總動員」的反應現象。此種本能性的生理反應，可使個體隨時應付緊急狀況，以維護其生命安全，故而稱爲緊急反應 (emergency reaction)。生理上的變急反應，係由自主神經系統支配，此時生理上的變化相當複雜，其中主要包括：肝臟釋出多餘的葡萄糖，以增強全身肌肉活動所需之能量；由下視丘 (hypothalamus) 控制，迅速分泌荷爾蒙，將身體儲存的脂肪與蛋白質轉化爲糖份；身體的新陳代謝加速，以備體力消耗之需；心跳加快、血壓增高、呼吸加速，以吸入更多的氧氣；分泌腦內啡 (endorphin) ——體內分泌的天然止痛劑，抑制痛覺的傳導；皮膚表面下的微血管收縮，以避免受傷時流血過多；脾臟釋出更多紅血球，以便向身體各部輸送更多氧氣；骨髓製造更多白血球以防止感染。

上述總動員式的緊急反應，均由下視丘控制的自主神經系統所調節。下視丘在緊急事件發生時，能控制自主神經系統並促進腦下垂體發揮功能，稱之爲壓力中心 (stress center)。

因爲應急反應由個體行爲表現於外時，可能有兩種形式：一是向對象攻擊，另一是逃離現場；故又稱爲抵抗或逃離反應（fight－or－flight reaction）。雖然緊急反應在協助個人（或動物）應對具體威脅時有其價值，但卻不適合處理許多最新的壓力源。事實上，若經由不適當的生理活動所引發長期的激動狀態，則可能導致疾病。

一般適應症候群

上述的應急反應，只能說明個體在短暫壓力下的生理反應。如壓力源持續不止，個體在身體上將產生何種反應呢？加拿大著名生理心理學家漢斯·賽黎（Hans Selye, 1907～1982），在五十年代曾從事多項壓力的實驗研究。賽黎的研究雖多以白鼠爲實驗對象，但從多次實驗結果歸納出的原理原則，衆人咸認爲可適度推論用以解釋人類行爲。該等實驗的設計是：將白鼠置於不同種類的壓力源下（冷、熱、恐慌、非致命劑量的毒藥），觀察白鼠在持久與變化的壓力下，身體上表現出來的反應。該實驗有時只用一種刺激爲壓力源，有時兩種並用。其中最常採用的方法是：將白鼠置於冰箱內，讓牠在極冷的壓力下生活數月，藉以觀察壓力的時間長短與身體反應的關係。結果發現：白鼠所表現的適應能力與壓力持續的時間有密切的關係。研究者根據白鼠的反應，將整個適應歷程的生理反應稱爲一般適應症候群（general adaptation syndrome，簡稱GAS），其中包含三個階段：

㈠警覺反應階段

警覺反應階段（alarm reaction stage）此爲個體對壓力源的初期反應，又按生理上的不同反應分爲兩個時期，一爲震撼期（shock phase）：因刺激的突然出現，產生情緒震撼，隨之體溫及血壓下降，心跳加速，肌肉反應遲緩，顯示缺乏適應能力。緊跟著這些反應之後，即出現第二期反應，是爲反擊期（countershock phase）：腎上腺分泌加速，繼而全身生理功能增強，並激起防衛的本能進入類似前文所述的緊急反應階段。

(二)抗拒階段

抗拒階段（resistance stage）在此階段個體生理功能大致恢復正常，這表示個體已能適應艱苦的生活環境。惟如壓力持續存在，個體的適應能力就會下降，終而進入第三階段。

(三)衰竭階段

衰竭階段（exhaustion stage）衰竭階段，個體對壓力源的抵抗能力會消耗殆盡，部分警覺反應階段的症狀重新出現。惟若壓力仍然存在，則個體終將死亡。若在實驗之初，增加另一新的壓力(如冷凍之外再加毒藥)，個體抗拒階段的適應能力將大為降低，造成衰竭階段的提早出現。此正如諺語所云「屋漏偏逢連夜雨，船破又遇對頭風」。

雖然一般適應症候群在解釋一些有關壓力的疾病時，的確有其參考價值。但是，這些研究結論並不認可人們在面對壓力反應時認知鑑別的重要性，而認為此一原則同樣可用來解釋人類在長期壓力下的行為反應。惟自認知心理學興起後，咸認一般適應症候群的原則，只能解釋人類應付生活壓力的部分事實，不能作為普遍推論。

心理反應

生活壓力下的心理反應，在性質上多屬負面的情緒反應。惟負面情緒不只一種，諸如，恐懼、焦慮、倦怠、冷漠及抑鬱等，均屬負面的情緒。

恐懼與焦慮

雖然恐懼（fear）與焦慮皆是壓力反應的一種型式，可是二者卻有所不同。恐懼是有明確對象，如，怕打雷；而焦慮的對象往往模糊不清，如怕人際關係不良。恐懼與焦慮的另一個不同點是：當恐懼激起後，個人的恐懼會逐漸減低；而焦慮則不然，它是持久的。惟因兒童的人格與智力尚不成熟，未能區分內在與外在、真實與想像的危險，故難以分辨恐懼與焦慮。有關恐懼與焦慮的理論約可分為下列三種不同的看法：

心理分析論是較早注意到焦慮的理論，佛洛依德將焦慮依其來源之不同，分爲下列兩種：

事實性焦慮（real anxiety）：是來自眞實世界的威脅反應，與恐懼（fear）同義。

神經質焦慮（neurotic anxiety）：是對威脅性的原始衝動突然進入意識而產生的反應。而神經質焦慮係導因於心理衝突未能解決，被壓抑在潛意識中，長期累積所形成的問題，個體爲了減輕焦慮，則會採取防衛方式（詳請見第九章）因應之。例如，一個對母親深懷敵意的女性，若知道自己這種感受時，則可能會認爲自己不再可愛，或者陷於失去母愛的危機上，而產生焦慮。隨著對母親的憤怒，她的焦慮感會提高，可能採用反向作用，對母親特別好，以降低其焦慮感。

可是行爲論或學習論卻與心理分析論相反，其不重視心理衝突，而認爲透過學習，恐懼、焦慮與某些情境連結在一起。例如，小孩害怕狗的原因，是狗和引發恐懼的刺激（如，咬人、狂吠）連接在一起的緣故；同時，這種恐懼會類化到其他毛絨絨的物品上。由於碰到狗就跑開是一種增強(因爲這能夠降低恐懼)，因此他永遠沒有機會發現這個情境不再是危險的。所以，對這個小孩而言，引發焦慮的情境會持續下去，到成人後，他還會逃避這個情境。

對焦慮的第三種看法是，認爲當人們以爲事件的後果，並非可由自己控制時，即會形成一種無助感。而這種覺得無助及非自己所能控制的感覺，則是造成焦慮的主因。例如，一項實驗顯示（Glass & Singer, 1972）：同樣處於噪音的情境中，有的人可以利用按鈕結束噪音（不過事先要求他們，非到必要時不要按鈕），而有的人則無法控制噪音。雖然最後沒有任何一個人按鈕，可是隨後在解決問題表現上，能有控制權者明顯地比無控制權者來的好。

倦怠

倦怠 (burnout) 是一種情緒性耗竭的症狀,此種症狀最易在工作情境中出現,是為職業倦怠 (job burnout),尤其是助人專業人員像教師、護士、律師及會計師身上更為常見。

職業倦怠代表工作狀況的一種負面影響,在工作中,壓力源似乎無可避免,但卻難以得到滿足的來源或紓解壓力。職業倦怠的症狀——身體、心理及情緒均感疲憊,無疑已折磨人們數十年之久。但直到最近,這方面的問題才獲得重視。事實上,這種現象已不僅出現在助人專業人員身上,只要是需要不斷地與人溝通接觸的工作,如,老闆、管理者、專業人員及技術人員,均可能會產生這種現象。

會產生職業倦怠的人,通常具有下列三項特徵 (Hellriegel, Slocum, & Woodman, 1989):

- 經常在工作中感受到很大的壓力。
- 懷有理想主義,並具有自我激勵的成就動機。
- 經常追求一個達不到的目標。

因此,這種職業倦怠的併發症代表個人特性與工作情境聯合影響的結果。當職業倦怠的情形出現時,當事人會發現自己無法適應工作的要求。最終的結果是士氣、生產力與工作滿足感的下降。

個人具有不切實際的期望與野心,再加上許多工作上的問題無法有效的解決,正足以說明某些專業人員何以會逃離他們曾投入長時間的工作崗位。例如,許多護士及教師在工作了長時間之後,會另謀發展,這可能是職業倦怠造成的。

冷漠與抑鬱

所謂冷漠（apathy），係指對人對事的一種不關心,缺乏興趣的冷淡反應。所謂抑鬱（depression），係指憂愁、悲傷、頹喪、消沈等多種不愉快情緒綜合而成的心理狀態。二者不僅狀況不一,就連成因也有所差別。冷漠通常係由於個體飽受挫折,動機無法滿足所造成的。抑鬱則多因外在情境遽變（如,家庭變故或親人死亡等）或個體對痛苦經驗壓抑所造成的。

何以面對壓力時會有冷漠與抑鬱的反應呢?一般咸認為與學習有關,若個體面對壓力時,所採用的因應方式皆無法奏效,而又沒有其他的解決方法的話,則在面對壓力情境時,就會採用冷漠退縮的方式。

自六十年代以後,動物研究已經證明了學得無助感是經由學習所造成的,惟若讓狗先有跳脫的經驗或不用在籠中豢養的狗為實驗對象時,則牠們不容易陷入學到無助感的地步（詳請見第四章）。這個道理不僅適用於狗,亦適用於人。根據研究被釋放的美國韓戰戰俘的報告中指出:幾乎所有囚犯在囚禁期間內均曾感到冷漠與退縮。有些人全然放棄希望,不吃不喝也不照顧自己,只是蜷縮在床舖上等死。考慮到韓戰期間美軍戰俘的反應,使得主管軍事者發展了使軍人預先接受監獄生存技能訓練。根據研究美國越戰戰俘的報告顯示,此等生存技能訓練,不僅可以使個人知道如何保持生理或心理的活動,同時還可彼此提供協助,致力解決日常問題以克服壓力與無力感（Richlin, 1977）。

行為反應

壓力表現在行為上的反應,包括:抽煙、喝酒、攻擊、逃避、改變績效、改變飲食習慣、睡眠缺乏規律,甚至是自殺（有關預防自殺之道則列於**專欄**7‧3）。以下則介紹較為心理學家所重視的績效與攻擊行為。

預防自殺之道

近年來,連續發生數起學生自殺的案件,曾引起社會大眾及教育當局的震驚。同時又出現了年輕警察人員自殺的數起事件,及軍人携械射殺同僚後自殺的事件,令人觸目驚心。此外,亦有數起因家庭糾紛或夫妻失和等因素,導致母親帶小孩尋死的案件。

目前自殺是我國15～24歲青少年的第一或第二大死因,僅次於意外死亡。然而由於自殺與意外事件常不易區分,且大部分自殺的青少年並未留有遺書,所以被誤判爲意外事件。同時因爲年輕人的自殺令家人感到羞恥,而刻意予以隱瞞。所以,每年死於自殺的青少年要比我們所想像的還要多。

自殺案件發生後,死者的家人及朋友經常自怨自艾,甚至驚訝異常。雖然企圖自殺者常隱藏自己的計畫,但事前還是有預兆可尋。事實上,企圖自殺有時便是要求幫助的舉措,但在衝動及錯估的情況下,他們常在救援來臨之前便已殞命。有心協助防止自殺的人須學習認識自殺的警兆,並瞭解預防之道。

績效

依據激動論 (activation theory or arousal theory) 的看法,個體的情緒係由生理變化達到某種程度時所形成。因生理變化所促動的個體激動狀態,是一種從最弱到最強的連線,最弱一端激動程度最低,個體呈睡眠狀態,最強的一端激動程度最高,即形成情緒。個體位於睡眠或情緒狀態,其知覺與反應均會受損;若能達到正常的喚起水準,則個體對環境的感受將更敏銳,並能以有效的方法處理之。

自殺的警兆

- 睡眠或飲食習慣的重大改變。
- 對外表異常的忽視。
- 對工作或學業難以集中精神。
- 離開工作、學校或其他日常的活動。
- 避開家人與朋友。
- 人格改變，如：抑鬱、冷漠、憤怒等。
- 談及死亡或自殺。
- 將自己心愛的東西贈送他人。
- 在沒有任何器官問題的情形下，抱怨身體有毛病。
- 濫用藥物及酒精。

預防之道

- 和對方談及自殺的想法，以便將其情緒激發出來。並讓當事人知道，除了死，他仍有其他的選擇。
- 儘可能減輕當事人現實生活的壓力，包括：借錢、代向僱主說項、打電話給離婚的配偶。
- 告訴可防止當事人自殺的其他人，包括：當事人的父母、配偶或其他家人、密友、輔導者。
- 移開可能致命的武器，以免當事人一時想不開，或者至少可以延宕自殺行動。
- 若當事人有立即危險時，則不要讓他獨處，以免發生意外。

如將上述觀點加以運用，則發現：壓力與績效的關係是呈鐘形曲線（Gmlech, 1982）。在壓力太小的情況下，個體不夠機警，無法以最佳能力來面對問題；在壓力太大的情況下，個體則過度緊張，無法表現出最佳狀況；惟有在最適壓力的情況下，才能創造最佳的表現（詳如：圖7-2所示）。而多少壓力才算適當則是因人而異的，有人習慣於較大量的壓力，有人則否。故是否為適當壓力區，必須依個人的主觀判斷（Lazarus & Folkman, 1984）而訂。

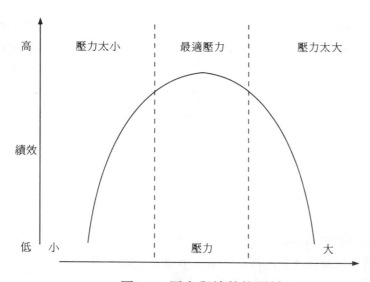

圖7-2　壓力與績效的關係
資料來源：改編自Gmlech（1982）

攻擊

依據挫折攻擊假說（frustration－aggresssion hypothesis）的看法，個體遭受挫折後，其目的不能獲致，其動機不能滿足，必將引起個體對挫折來源予以攻擊。惟後續的研究指出，挫折是引起攻擊的一個可能條件，但並非唯一的條件。一般而言，公開的攻擊行為不容於社會，因此人們會學習修飾或抑制對挫折採取攻擊的反應（Bandura, 1973）。

有時挫折的來源可能是模糊的及無形的，受挫的個體無法直接攻擊挫折的來源，只好暴跳如雷，並尋求某些事物來發洩。例如，兩隻動物在無法逃避的籠內開始遭受電擊時，牠們會互相打鬥；當電擊中止時，攻擊亦隨之停止。

若是挫折的來源是相當有力量的，直接攻擊會有危險，則個體會採取替代性攻擊（displaced aggression）。所謂替代性攻擊，是指不敢攻擊使我們受挫的人或物，而轉向攻擊不相干的對象。例如，中學生受校規處分不敢反抗，轉而打破教室玻璃即是。代罪羔羊（scapegoat）的例子，就是一種替代性攻擊。受挫者將責任歸罪在無辜犧牲品頭上，並向他攻擊。一

般而言，對少數民族的歧視，多少都含有代罪羔羊的成份。西元1882到1930年之間，美國南方經濟狀況與私刑處死黑人之次數呈反比。當棉花價格低時（當時棉花是南方最主要的經濟作物）私刑的次數愈多，反之，則愈少。棉花價格的降低，表示白人收入減少，經濟上的挫折導致攻擊傾向的增強，軟弱無助的黑人遂成為白人洩憤的代罪羔羊。

壓力的因應

因為壓力源所引起的生理、心理及行為反應令人非常不舒服，個體常會做出一些可以減緩不適的行為。這種由個人試圖處理壓力的過程稱之為因應 (coping)。因應可依其重點或策略之不同來予以劃分。如果按重點之不同，可將因應分為下列二種：

問題焦點的因應 (problem－focused coping)：把重點放在問題本身的適應性行為。

情緒焦點的因應 (emotion－focused coping)：把重點放在情緒反應的適應性行為 (Lazarus & Folkman, 1984)。如按策略之不同，可將因應分為下列三種： (Cotton, 1990)

■ **生理策略**：以生理心理學為理論基礎的適應性行為。
■ **認知策略**：以認知論為理論基礎的適應性行為。
■ **行為策略**：以行為論為理論基礎的適應性行為。

至於本文則係採用後者的分類方法。

生理策略

所謂生理策略，即是運用生理心理學的理論基礎，來避免與減低壓力。此又可分為生活型式管理、放鬆治療及醫藥治療三者 (Cotton, 1990)。

生活型式管理

生活型式管理（life style management）是基於若個人的生活型式，太偏離原始人類在進化過程所採用的生活型式，就會產生壓力的觀念而來的。所以，個體應有均衡飲食、適度運動、合宜休息及良好休閒，並避免抽煙、酗酒。

飲食均衡與壓力具有雙重關係，一則，均衡飲食可避免身體不適，自然便能免除許多因生病所引起的壓力。再則，在壓力太大的情況下，容易破壞飲食的規律，有的人大吃大喝，甚至造成肥胖症；有的人則不吃不喝，甚至造成神經性厭食症。所以，均衡飲食是維護身心健康的要件。

運動不僅對身體有莫大的益處，就是對心理亦有所裨益。就其對生理的功能而言，運動造成腦內啡的釋放，所以感覺舒暢；同時經常性運動造成類固醇的貯藏增加，而使身體能對抗壓力。就其對心理的功能而言，運動不僅可使人脫離某些負面的情緒狀態，而且運動本身也像靜坐一樣，可改變人的意識狀態；此外，身體狀況的改善，會使人有種能控制身體功能的感覺。

休息也是一種處理壓力的方法，它和運動有密切關係。若是休息合宜，較能好好運動；若是運動合宜，也較能好好休息。所謂「休息是為了走更長遠的路」，休息本身，正可以儲備精力以便應付日後的壓力。

休閒活動在因應壓力上具有平衡的功能，可以藉此維持個體在最適壓力下，以確保工作績效。所以，在選擇休閒活動時應遵守最不協調原則，選擇與日常工作相反的休閒活動，以平衡壓力的質與量。易言之，勞心者應從事動態的休閒活動，而勞力者則應從事靜態的休閒活動。

吸煙與心臟病、癌症、呼吸器官疾病、生育體重過輕嬰兒及增加缺席率之間的關係密切，已是無庸置疑的事實。同時在壓力的情境下，個體的心臟系統、呼吸系統及免疫系統等均會受損，若此時再吸煙，則無疑是雪上加霜。不幸的是，癮君子多嚮往著「飯後一根煙，快樂似神仙」的境界，結果解憂不成，反而兩害聯手，攻擊人類最該珍惜的健康。

或許受了「一醉解千愁」觀念的影響，所以當人們面對壓力時，多飲酒解憂。究竟酒是否能夠解愁呢？簡而言之，飲酒適量固然可以減低某些

人的焦慮，但是飲酒過度反而會增加焦慮，並與車禍、溺斃、自殺、火災、墜落等死亡有關，也是釀成家庭暴力事件的因素之一。若是長期酗酒則可能會導致癌症、肝硬化及心臟衰竭。

放鬆治療

放鬆治療（relaxtion therapy）是基於「自主神經系統若過份運作，則會誘發焦慮反應，而終將罹病」的觀念而來的。所以，應採用放鬆治療，讓自主神經系統獲得鬆弛的機會。至於放鬆的方法則可分為靜坐或防止取向、治病技術及其他取向三者。

㈠靜坐或防止取向

靜坐或防止取向的特徵是需要安靜的場所、舒適的位置、供作心向專注的目的物，以及不在乎表現的被動態度（Benson, 1975）。其中最常見的方法是瑜珈及超覺靜坐。惟因二者在前文業已介紹過了（詳請見第三章），故在此不再贅言。

㈡治病技術

治病技術與靜坐或防止取向的不同之處乃在於治療技術的治療者所伴演的角色較為重要，且治療須有相當長的時間及正確的訓練。而漸進放鬆治療與限制環境刺激療法是典型的治病放鬆技術。

漸進放鬆訓練（progressive relaxation training，簡稱PRT）：是傑克布森（Edmund Jacobson）在1929年所創，惟當時並未引起世人的重視，直至六十年代由鄔比（Joseph Wolpe）等人發揚光大，才得以名揚海外。

依據傑克布森（Jacobson, 1976）的方法，每梯次的訓練需要系統化地專注於十五種不同的肌肉群。在每堂課上，當事人與治療者僅專注於某一肌肉群上，試著用各種方法來放鬆此肌肉群，而暫時不管其他的肌肉群。俟下堂課時，再專注訓練另一肌肉群，等全部肌肉群均練習過後，再予以重頭複習，串連在一起。

限制環境刺激療法（restricted environmental stimulate therapy，簡稱REST）：則是先由精神科醫師利立（John Lilly）在1971年寫了一本書《深層自我》（*The Deep Self*），該書描述漂浮在黑暗、隔音並附有八

吋深的鹽水房間，會使人產生神秘經驗與個人的成長。另有心理學家蘇菲德(Peter Suedfled)等人，嘗試將感覺剝奪運用在臨牀上乃發展此法。

　　雖然這項技術還相當新穎，但在美國這類漂浮中心已如雨後春筍般地相繼設立。在典型的漂浮中心裡，要儘量減少視、聽覺的刺激（但可應顧客要求放點音樂），池子裡裝的是鹽水，以保證當顧客睡著時仍不會沈下去。根據接受此種治療的人表示，當他們第一次漂浮時感到很神奇，再過幾次，即能感受到極度地放鬆。雖然支持者宣稱限制環境刺激療法擁有許多療效，但實徵資料只支持它們對降低焦慮有效。

(三)其他取向

　　還有一些放鬆治療，因與上述兩種取向的特徵皆有所差異，且其歷史淵源亦不同，故合併成為其他取向。其他取向的放鬆治療包括：催眠、深呼吸、溫水沐浴及自生訓練等。惟因篇幅有限，在此僅介紹自生訓練。

　　自生訓練（autogenic training）原係由德國精神病學家所創，盛行於歐洲，近年來才傳至北美，在北美則尚未普及。自生訓練係利用自生增強（autogenic reinforcement）的原則，行為反應的強化，純由內在因素使然，而非來自外在環境施予的增強物。其強調產生溫暖與遲鈍的感覺，溫暖的感覺可以引發血管擴張，而遲鈍的感覺則可以導致肌肉鬆弛。集中注意力於這兩種感覺，則能促進自我正常化，而能轉向自生的狀態。實施自生訓練時，需要一個舒適的位置，當事人自言自語，並重複一些動作。例如，喃喃自語：「我的手臂及腿感到溫暖」，並運用自生增強原則，導致極端溫暖的生理狀態。起初，每天數次每次幾分鐘；逐漸地，則改為每天兩次每次二十分鐘。

醫藥治療

　　醫藥治療（medical therapy）是基於「有機體的精神疾病係導因於腦神經系統及神經傳導物質失調所致」的觀念而來的。所以，應治療腦神經系統，並調整神經傳導物質。至於治療的技術則可分為電震治療法及藥物治療法。

(一)電震治療法

所謂電震治療法（electroshock therapy，簡稱EST），係對心理異常者在腦部施以微弱電流刺激，使其進入休克狀態，藉以消除其潛意識中的焦慮，從而抒放其壓抑的潛意識。此項治療法係基於腦功能失調假設而來的。

按腦功能失調的說法，腦中的下視丘及邊緣系統（limbic system）有密切的連繫來處理意識層面的情緒變化，在緊急事件發生時，能控制自主神經系統，並促進神經內分泌系統發揮功能，以便採取緊急反應。若下視丘受傷則會激起攻擊行為，而邊緣系統上的海馬（hippocampus）及扁桃核（amygadaloid）如活動過度或不足時，會影響全身的感覺狀態；邊緣葉（limbic lobe）如受外界刺激，也會誘發焦慮反應。

基於上述假設，因此可以用電震治療法電擊受損的腦部。電震治療法可以成功地處理嚴重的壓力疾病，像焦慮症及情感症等，特別是當這些疾病伴隨著酗酒或藥物依賴等問題時（Smith, 1982）。

(二)藥物治療法

所謂藥物治療法，係使用藥物來治療心理疾病。此項治療法係基於生化不平衡假設而來的。

按生化不平衡的說法，因神經元之間並不連接，其間隙傳導端賴化學傳遞物，即神經傳導物質作用。若此神經傳導物質異常，則將導致疾病的發生，而情緒的傳導是透過單胺類來作用。目前已知有好幾種精神疾病與單胺類失調有關（Sachar, 1990）。

基於上述假設，所以，可以用藥物改變不同的神經傳導物質，以達到平衡之目的。一般而言，抗焦慮劑具有抗焦慮、鎮靜、肌肉放鬆及抗癲癇發作的性質。若量大時，則具有催眠及安眠的作用。不過抗焦慮劑可能會造成三項副作用：

- 容許當事人習慣性地藉藥物來逃避，而未能有效地處理引發他焦慮的情境。
- 若大量長期服用，則可能產生藥物成癮，而且用量過度或突然戒斷則會發生危險。
- 服用抗焦慮劑後，往往出現思睡現象，容易發生意外，若與酒精合

用，則發生意外的可能性將更高。

　　爲了避免上述的副作用，所以，除非經醫師診斷須採用藥物治療之外，仍應以非藥物性之治療方式爲優先考慮。若必須服用時，應依其性質儘可能選擇藥效適中者。當症狀穩定後，不妨將藥量彈性調整，其調整原則，以焦慮程度尚能忍受或不致妨礙日常生活功能爲原則。如此，一則可避免長期定量使用，而造成藥物成癮；再者，適當的焦慮，往往可激發人的衝力與效率。

認知策略

　　所謂認知策略，即是運用認知心理學的理論基礎，來避免與減低壓力。此係基於「情緒的產生或情緒狀態的變化，並非起源於客觀的刺激，而是決定於個人對刺激情境的認識所作認知解釋」的觀念而來的。所以，應經由解說與指導的再教育方式，糾正個體既有對人、對己、對事物的錯誤思想與觀念，以重組認知結構，而達到自我治療的功效。此又可分爲防止取向與治療技術二者 (Matteson & Ivancevich, 1988)。

防止取向

　　防止取向是常人即可採取的控制方法，主要包括下列三項步驟 (Matteson & Ivancevich, 1988)：

- **評價**：藉由仔細思考問題，以瞭解事情最壞狀況及可能有的結果。
- **重建**：重新明瞭信念、情緒與行爲之間的關係，以取代原本負面的情緒，或至少可以減少負面的感受。
- **練習**：在事件發生之前先加以模擬練習，以增進個體處理壓力的能力。

例如，某大學生因期中考不及格，而期末考又將至，故倍感壓力。爲了要減輕焦慮，首先，此大學生要仔細思考問題。雖然期中考不及格了，但是還有期末考及平時成績，若能及時衝刺，此科也不見得會被當。即使被當，亦有重修的機會。接下來則須重建信念，此生若持有老師看我不順眼，故意讓我不及格的想法，則其必將自憐自艾，期末考亦無法考好；若是此生認爲此事係肇因於其不用功所致，則能奮發圖強，有利於考試過關。最後則進入練習階段，也就是此生要用功讀書，甚至搜集考古題進行模擬考，以增進其應考能力。

治療技術

治療技術則是須延請心理諮商師方能採取的方法，惟有關治療法的詳細情況，則留待第十五章的有關子題內再予以說明。

行爲策略

所謂行爲策略，即是運用行爲主義的理論基礎，來避免與減低壓力。此係基於「個人過去的正面經驗可以減輕壓力的影響，但失敗經驗的本身就會產生壓力」的觀念而來的。所以，應讓個體在同樣刺激情境下重新學習，以適當反應代替過去不適當的反應。在技術上，則運用制約學習中的正增強、負增強、懲罰與消弱等方法，以消除不適當反應，並建立適當反應。行爲策略中常見的方法包括自理增強、信心訓練、時間管理、系統脫敏法、厭惡制約法及代幣法等。惟後三者則留待第十五章的有關子題內再予以介紹。

自理增強

所謂自理增強 (self-managed reinforcement) 係指個人依據增強原理安排自己生活，使自己表現一點成就，然後給予自己一點報酬，藉以保持生活效率的一種自律方法。具體而言，自理增強的程序包括下列五個步驟：

行為分析：即必須了解促使某一行為產生的先決條件（antecedent，簡稱A）、所產生的行為（behavior，簡稱B）及所導致的後果（consequence，簡稱C）。譬如，某生在家看書（即A），總是開開冰箱吃點零食，照照鏡子梳理頭髮（即B），以致考試不佳（即C）。

磋商處理目標：即根據行為分析，訂出合理的處理目標。譬如，改到圖書館去自修功課，並且規定自己一小時內做完多少習題就休息一下；每次考試只要有進步，就看場電影酬勞自己一下。

執行處理：目標訂定完後，則須加以執行，尤其要注意前述A—B—C三個因素。譬如，留意自己是否還假藉名義待在家裏看書？是否還有浪費時間的行為？是否考試結果依然不好？

監控與評估進步情形：即唯恐懈怠不前或方法錯誤，故自行監督，並隨時檢討。譬如，到圖書館看書時，卻隨身攜帶鏡子，不停地攬鏡自照，則下次去看書的時候，則應將鏡子留置家中。

處理類化：即將行為改變的過程運用到日常生活中。譬如，已經能夠在圖書館專心讀書之後，則可將看書地點移至家中，進一步訓練自己在家也能專心讀書。

信心訓練

信心訓練（assertion training，AT）係指依據增強原理，安排當事者在現實環境中學習克服困難，改變觀念，建立信心，敢於表露自己的感情或意見。藉由此訓練則可培養當事者的信心行為（assertive behavior），而信心行為即是一種坦誠直率表達個人感情的行為。此種行為既可維護個人的權益，又可獲得別人的諒解與支持。由於此法之目的在增強個人的自信心與社交能力，故又稱為個人效能訓練（personal—effectiveness training），也叫社交技能訓練（social—skill training）。

藍奇與傑克包斯基（Lange & Jakubowski, 1976）曾發展信心訓練的教材。此類教材係先討論當事者原先的做法與看法，然後參與者彼此檢討其做法及看法是否合乎信心行為的條件。此類教材的技能訓練係回顧信心與非信心行為的特殊成份。這些成份包括：眼神、姿態、手勢及聲量等均需要模仿與討論。然後參與者開始提出個人不夠有信心的問題，彼此相

互討論如何才能更有信心。隨後便進入模仿階段，參與者模擬此情境，其他的參與者及模擬者則對此角色扮演提出回饋意見，以便能更進一步加以改進。

信心訓練不僅能以肯定的態度來接受自己的行為，並可增進當事者控制情境的潛能，同時還可促進當事者知覺與接受一些個人權力，避免因權利受損而形成壓力問題。是以，信心訓練對因應壓力相當有效。

時間管理

所謂時間管理（time management）係指，依據增強原理安排當事者的時間，使個體能有效運用時間，以應付工作上的要求。而時間管理的技巧則包含下列幾項（Cotton, 1990）：

排列優先順序：將手邊的工作依其重要性排列優先順序，重要性高的工作應比重要性低的工作優先予以安排。

工作分析：將耗時甚久的工作，劃分為較容易完成的小單元。

逐日規劃：安排每天的進度，並將隔日的應做事項按其重要順序排列。

時間重建：試著在每天創造出較大量的時間，畢竟一小時比六個十分鐘更有用。

指出浪費時間：避免浪費時間的第一步是先確認它，例如，拖延、分心、應酬太多、無效溝通、打電話時廢話太多、不能善用工具、延長休息時間、不必要的約會等。

授權：許多事情均可分派給同事或家人代勞。

勇於說不：信心訓練可以協助人們推掉不必要的事情。

避免完美主義：事實上，只有少數事情值得力求完美，個體雖然對這些事情要力求完美，但其他事情則只要尚可就好了。

時間分析：每一、兩週撥個空加以檢討，以瞭解是否能充分運用時間，及是否有些尚待改進的事項。

有效安排行程：找出一天中生產力最高的時間，在此時間內做最重要的工作。

壓力與疾病

　　個體若能有效地因應壓力，則能順利的度過難關，甚至還可以化阻力為助力，再創新猷。反之，個體若無法有效地因應壓力，而壓力源又持續存在的話，則使得身體資源逐漸枯竭，終將罹病。事實上，醫生估計超過半數的醫療問題中，情緒壓力扮演著重要角色 (Atkinson, Atkinson, Smith, & Hilgard, 1987)。

　　近年來，心理學對生活壓力與疾病關係的研究，大致分為兩個取向：其一，研究生活壓力與身體疾病的關係。其二，研究生活壓力與心理疾病的關係。惟在此所要討論者，是心理學研究的第一個取向，有關生活壓力與心理疾病的關係則留待第14章再詳細討論。至於壓力會造成那些身體疾病，約可分為肌肉骨骼、腸胃、循環、呼吸及免疫等五大系統來討論。

肌肉骨骼系統的疾病

　　身體的絕大部分係由肌肉構成的，而肌肉在個體準備作抵抗或逃離反應上，扮演著重要的角色。肌肉長期緊張會導致無力、肌肉酸、脖子酸，甚至是緊張性頭痛。

　　緊張性頭痛 (tension headache) 係成人中最常見的頭痛，患者幾乎每天都會頭痛，通常係由下午或傍晚開始，且愈晚會愈嚴重。緊張性頭痛的徵候是頭感到一陣一陣的悸動性疼痛，此種現象有時只發生在一側，但更常會兩邊皆有。患者抱怨頭部感到緊迫與壓力，好像被老虎鉗夾住似的。疼痛常由頭與頸的後面開始，然後及於前額與太陽穴。雖然疼痛會令人暈眩、耳鳴及視力模糊，但却不會噁心嘔吐 (Cotton, 1990)。

　　壓力不僅會損害肌肉系統，就連骨骼系統亦不能倖免。而風濕性關節炎就是長期緊張所導致的疾病。

　　風濕性關節炎 (rheumatoid arthritis) 是在關節連接處產生慢性發炎的現象。它的徵候是持續性的疼痛與僵硬，通常由手腳處先開始，然後及身體的各關節處，嚴重時，甚至還會干擾到心、肺、脾及眼部的功能。起

帕伯羅・畢卡索，〈雷納爾的肖像，仿自一張照片〉，1919 年。雷納爾嚴重的關節炎成為日常活動的障礙，圖中表示他為了繼續他的工作，準備將畫筆綁在手上。

初，這些徵候是間歇的，但逐漸的，則會成為持續的，且會影響身體的所有關節。此種慢性過程會影響軟骨及其周圍的筋、被囊、韌帶過緊或過鬆，終而變形 (Cotton, 1990)。

風濕性關節炎也可視為自我免疫系統的疾病，代表著免疫系統受損。壓力對免疫系統的影響，可歸咎於風濕性關節炎的病源。

腸胃系統的疾病

幾乎所有腸胃系統的疾病均與個體的心理與情緒有關。從較輕微的口乾、食慾不振、噁心、胃痛及腸的習性變更，到較嚴重的消化性潰瘍、刺激腸症、慢性腸疾等均是。其中以消化性潰瘍最為常見。

消化性潰瘍 (peptic ulcer) 包括：胃潰瘍 (gastric ulcer) 與十二指腸潰瘍 (duodenal ulcer) 消化性潰瘍的主要症狀是胃酸分泌過多，長期磨損到胃壁或十二指腸而形成潰瘍。消化性潰瘍通常係由一些腹部徵候聚集而成的消化不良症，包括了：噁心、嘔吐、腹脹及腹部不舒服。這些徵候不僅會出現在其他疾病上，且有些潰瘍患者在尚未穿孔或出血前，還沒有這些徵候。雖然消化性潰瘍的病因很多，惟一般咸認為，除了生理因素之外，心理壓力也是主要的原因。

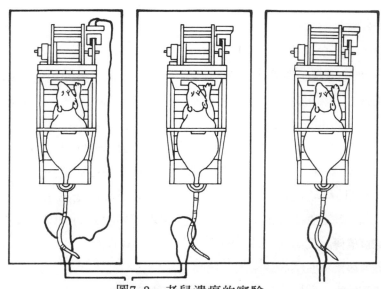

圖7-3　老鼠潰瘍的實驗

資料來源：改編自Weiss（1972）

　　由動物實驗中亦證實，壓力會引起潰瘍（Weiss, 1972）。該實驗以白鼠為對象，其設計如（圖7－3）所示，將三隻年齡體重均相當的白鼠，分別以同樣的方法固定於三個實驗箱內，實施不同的實驗處理：

- 不定時對左箱中白鼠的尾部施予電擊，但白鼠可藉著按動轉輪中止電擊。此外，在電擊之前均有警告信號，若該鼠能適時按動轉輪，即可避免電擊。
- 中間老鼠則與左邊老鼠「共軛」，即受到電擊的次數與強度與左箱者完全相同，惟既無訊號預警，亦無法按動轉輪控制電擊，只能毫無作為地等待電擊。
- 右箱內的白鼠只是被關在箱內而已，既不受電擊，也得不到訊號，只是作為比較之用的。

　　此項實驗研究是基於下列兩項假設：其一，個體在長期恐懼情緒壓力下，消化系統的功能會受影響，因而產生潰瘍。其二，如個體對引起情緒壓力的刺激情境能夠預測或控制時，則其所受潰瘍的傷害將減輕。實驗結果，此兩項假設完全得到支持：中間的白鼠潰瘍現象最嚴重；左邊的白鼠潰瘍現象甚輕；右邊的白鼠未發生潰瘍現象。

循環系統的疾病

壓力同時在循環系統疾病的形成上亦扮演著重要的角色，舉凡高血壓、心臟病及偏頭痛等均與壓力有關。近年來，心理學家多致力於 A 型性格與心臟病之間的研究。

根據美國政府健康福利部 (U. S. Department of Health and Human Service, 1984) 的報告指出，心臟病不僅高居美國死亡原因的第一位，而且每年因心臟病而喪生者的人數，幾乎等於全部死亡者的一半。心臟病罹患率之所以如此高，一般咸認為與下列四方面的因素有關：

家庭遺傳：父母或（外）祖父母中有患心臟病者。

體質因素：血壓高或膽固醇過高者。

A 型性格：在性格上具有 A 型性格特徵者。

生活習慣：有抽煙酗酒習慣，或喜食油脂及高膽固醇含量食物者。

至於 A 型性格是如何影響心臟病呢？至今尚未完全瞭解。A 型性格者因感受到壓力所產生的生理影響，可能增高血液中膽固醇濃度，造成血液栓塞；也可能使血壓昇高或增加腎上腺素分泌，因而影響心跳規律。

雖然美國心臟醫學會，在1981年將 A 型性格列為罹患心臟病的危險因素之一。可是近期的研究並未發現 A、B 型性格與心臟病兩者之間的必然關係。部分研究者相信，這是因為目前對 A 型性格定義太過分歧的關係。就整體 A 型性格而言，與心臟病的關係並未出現，然而就 A 型性格的某些特殊成份（如，憤怒與敵意）而言，這種關係卻是存在的 (Dembroski, McDougall, Williams, & Haney, 1985)。另有學者認為，A 型性格並非導致心臟病的直接原因，而是 A 型性格者承受較多生活壓力時，其性格的不利因素才會顯現出來。

呼吸系統的疾病

在高度激動的情緒狀態下，個體必須增加含氧量，以維持所有系統的活動。這種情形造成持續地壓迫呼吸系統，因此導致支氣管氣喘 (bronchial asthma) 等疾病。即使對未受損的個體而言，當其面臨危急時因加重呼吸

功能，所造成的過度氧化的現象，也是常見的壓力症狀。

　　支氣管氣喘是源於氣管及支氣管的通道堵塞，因而有哮喘、呼吸急促及咳嗽的徵候。它可以發生在生命週期裡的任何時段，不論是孩童或成人都難以倖免。隨著年齡的增長，有的患者雖可減輕其徵候，但有的患者則會惡化 (Cotton, 1990)。

　　若染上此疾，則吸氣及吐氣作用均會受損；尤其是吐氣作用會有所延長及不完全（因空氣聚集在肺部）。如，遇到空氣混濁的情況，則呼吸的問題會更加嚴重。

　　氣喘是一種複雜的疾病，牽涉到生化、精神、免疫、傳染、內分泌及心理因素。至於每種因素的程度孰輕孰重，則是因人而異的。

免疫系統的疾病

　　免疫系統就像是一個監控機構，以防衛身體免於遭受疾病的侵入。它能調整我們身體對癌症、感染性疾病及自動免疫失常的敏感性。近來證據顯示：壓力會影響免疫系統保護身體的功能。

　　一項有關的證據係以白鼠為實驗對象，其實驗設計類似 (圖7-3)，兩組白鼠被放置於可控制或不可控制的電擊下，另有一組則不接受電擊。被電擊的兩組接受等量的電擊，不過只有其中一組可按動轉輪中止電擊。結果發現：能控制電擊的白鼠與未接受電擊的白鼠一樣，能適當地增加免疫細胞的數量；而無法控制電擊白鼠的免疫細胞，則增加的相當緩慢 (Laudenslager, Ryan, Drugan, Hyson & Maier, 1983)。另一項後續研究亦是採取類似的實驗設計，結果顯示：能控制壓力源與不具備壓力感的白鼠，均能正常地消滅腫瘤細胞，而不可控制壓力源的白鼠，則較無法消滅腫瘤細胞 (Maier & Laudenslager, 1985)。

　　壓力會影響免疫系統的功能，不僅受到動物實驗研究的證實，就連一些以人類為研究對象的相關研究，亦支持此項看法。有的心理學家發現：妻子患乳癌期間或妻子死於乳癌後一年內，其丈夫的免疫系統功能也大為下降 (Schleifer, Keller, Mckegney, & Stein, 1979)。另有學者發現 (Jemmott et al., 1985)：學生在考試或趕報告期間，抵抗呼吸道感染的抗體較弱。

參考書目

白璐、溫信財、陸汝斌及郭敏玲（民76）〈成人生活壓力知覺量表之編修〉《中華心理學刊》，3（1），195－205。

張春興（民78）　《張氏心理學辭典》。臺北：東華。

張芝雲等（民77）　〈生活壓力與精神疾病之間關係的研究：一個長期的觀察〉《第三年報告》國家科學委員會。

黃鴻基（民76）　《成人生活事件的壓力知覺研究》。未出版之碩士論文，國防醫學院，臺北。

葉明華（民70）　《生活壓力、自我強度與現代性對心理健康的影響》。未出版之碩士論文，國立臺灣大學，臺北。

Atkinson, R. L., Atkinson, R. C., Smith, E. E., & Hilgard, E. R. (1987). *Psychology*. New York: Harcourt Brace Jovanovich.

Bandura, A., (1973). *Aggression: A social learning analysis*. Englewood, Cliffs, NJ: Prenctice－Hall.

Benson, H. (1975). *The relaxation response*. New York: Morrow.

Cluss, P., & Fireman, P. (1985). Recent trends in asthma research. *Annuals of Behavioral Medicine, 7* (4), 11－16.

Cotton, O. H. G. (1990). *Stress management: Integrated approach to therapy*. New York: Brunner／Mazel.

Dembroski, T. M., Macdougall, J. M. Williams, B., & Haney, T. L. (1985). Components of type A hostility and anger: Relationship to angiographic findings. *Psychosomatic Medicine, 47,* 219－213.

Dohrenwend, B. S., & Dohrenwend, B. P. (1978). Stressful life events and psychopathology: Some issues of theories and method. In J. E. Barret, R. N. Rose, & G. L. Klerman (Eds.), *Stress and mental disease* (pp. 1－16). New York: Raven.

Friedman, M., & Rosenman, R. H. (1974). *Type A behavior and your heart*. New York: Knopf.

Gmelch, W. H. (1982). *Beyond stress to effect management.* New York: John Wiley & Sons.

Haynes, S. G., et al. (1983). Type A behavior and ten−year incidence of coronary heart disease in the Framinghan heart study. In R. H. Rosenman (Ed.), *Psychosomatic risk factors and cornary heart disease.* Berne: Hans Huber.

Hellriegel, D., Slocum, Jr, J. W., Woodman, R. W. (1990). *Organizational behavior* (5th ed.). New York: West.

Holmes, T. H., & Masuda, M.(1974). Life changes and illness suscepibility. In B. Dohrenwend & B. Dohrenwend (Eds), *Stressful life events: Their nature and effects* (pp.45−72). New York: John Wiley & Sons.

Holmes, T. H., & Rahe, R. H. (1967). The development and implications of a personal problem−solving inventory. *Journal of Psychosomatic Research, 11,* 213−218.

Jacobson, E. (1976). *You must relax* (5th ed.). New York: McGraw−Hill.

Jemmott, J. B., III, Borysenko, M., Mcclelland, D. C., & Chapman, R., Meyer, D., & Benson, H. (1985). Academic stress, power motivation, and disease in salivary secretory immunoglubulin: A secretion rate. *Lancet, 1,* 1400−1402.

Jick, T. D., & Mitz, L. F. (1985). Sex differences in work stress. *Academy of Management Review, 10,* 408−420.

Kanner, A. D., Coyne, J. C., Schaefer, C., & Lazarus, R. S. (1981). Comparison of two modes of stress measurement: Daily hassles and uplifts versus major life events. *Journal of Behavior Medicine, 4,* 1−39.

Kobasa, S. C., Moddi, S. R., & Kahn, S. (1982). Hardiness and health: A prospective study. *Journal of Personality and Social Psychology, 42,* 168−177.

Lange, A. T., & Jakulowski, P. (1976). *Responsible assertive behav-*

ior. Champaign, IL: Research Press.

Laudenslage, M. L., Ryan, S. M., Drugan, R. C., Hyson, R. L., & Maier, S. F. (1983). Coping and immunosuppression: Inescapable but not escapable shock suppresses bymphocyte proliferation. *Science, 221,* 568−570.

Lazarus, R. S., & Folkman, S. (1984). *Stress, appraisal and coping.* New York: Springer.

Lazarus, R. S., et al. (1985). Stress and adaptational outcomes. *American Psychologist, 40,* 770−779.

Lewin, K. (1935). *A dynamic theory of personality: Selected papers.* New York: McGraw−Hill.

Lewinsohn, P. H., Hoberman, H., Terri, L., & Hautzinger, M. (1985). An intergrative theory of depression. In S. Reiss, & R. Bootsin (Eds.), *Theoretial issues in behavior therapy.* New York: Academic Press.

Maier, S. F., & Laudenslager, M. (1985). Stress and health: Exploring the links. *Psychology Today, 19*(8), 44−49.

Matterson, M. T., & Ivancevich, J. M. (1988). *Controling work stress* (2nd ed.). San Francissco: Jossey−Bass.

Miller, N. E. (1944). Experimental studies in conflit. In J. Hunt (Ed.), *Personality and behavior disorders* (pp. 431−463). New York: Ronald.

Richlin, M. (1977). *Positive and negative residuals of prolonged stress.* Paper presented at Military Family Research Conference, San Diego, Stempber, 3.

Sachar, E. J. (1990). Disorders of feeling: Affective disease. In Kandel, S. (Ed.), *Principle of neuroscience* (3rd ed.) (pp.718−725). New York: Elsevier.

Schleifer, S. J., Keller, S. E., Mckegney, F. D., & Stein, M. (1979). *The influence of stress and other psychosocial factors on human immunitz.* Paper presented at the 36th Annual Meeting of the Psychosomatic Society, Dallas, March.

Weiss, J. M. (1972). Psychological factors in stress and disease. *Scientific American, 226,* 106.

U. S. Department of Health and Human Service (1984). *The 1984 Report of the Joint National Committee on Detection. Evaluation, and Treatment of High Blood Pressure.* (DHHS Publication No. HIH: 84−1088). Washington, D. C.: U. S. Govermment Printing Office.

約翰・華森 (John B. Watson, 1878－1958)

為心理學中行為主義創立者，將傳統主觀心
理學帶入客觀的實徵性研究，主張探求環境
事件（刺激）與行為（反應）之關係。其被
尊為美國心理學之父。

亞弗列德·比奈 （Alfred Binet, 1857-1911）

發展智力量表，在1905年與西蒙(Simon)
發 展 比 西 量 表(Binet-Simon Scale)
之後，杜魯門 （L.M. Terman)於1916在
史坦福大學(Stan-ford University) 發
展了史坦福─比奈智力量表 （Stanford-
Binet Intelli-gence Scale) ，迄今已經
過四次修訂，其中杜魯門介紹了智商
這名詞(Intelligence Quotient, IQ)

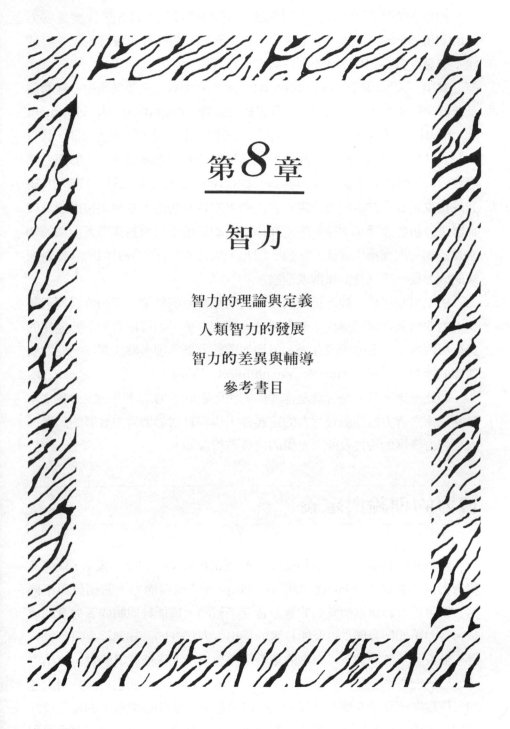

第**8**章

智力

關於智力，至今仍是一個爭議頗多的研究領域；首先，什麼是智力（intelligence）？又智力是如何形成的？何以人類的智力會有差異等等問題；引發許多心理學家從不同的觀點進行探討。

其中，心理計量觀（psychometric perspective）主要是藉由心理測驗及統計來瞭解智力活動的結果。而認知發展觀（cognitive–development perspective）所關心的是智力的成長與改變，尤其是不同的個體間，共有的發展特徵；故有別於心理計量觀的只注意個體間之差異性。至於訊息處理觀（information processing perspective）則是源自實驗心理學，其研究的重點是智力的組成及特定心智活動下的智力功能，主要是經由理論與實驗來分析各種簡單與複雜的認知作業下的表現；以便對作業下所須的知識及認知的過程提出精確的理論。因此，也有別於認知發展觀的只是對認知的改變提出廣泛性的原則或理論。

由上可知，從心理計量觀所能看到的是智力的結果，認知發展觀則是智力的改變與發展的過程；而在訊息處理觀之下，則可以看到心智運作的過程與內容。三者雖角度互異，但均強調智力是推理與解決問題的能力及適應的能力。（Pellegrino & Varnhanger, 1985）。

如此一來，智力是否就是推理與解決問題的能力或適應的能力呢？本章除先探討智力的理論及智力的定義外，也將針對影響智力發展的因素、人類智力發展的特性及能力差異的處理進行說明。

智力的理論與定義

雖然沛利葛雷諾等（Pellegrino & Varnhagen, 1985）表示，任何有關智力的理論都應該顧及個體間在認知技巧及表現能力上的相似與不同點，或可以解釋何以個體間的智力會互不相同，或能夠說明隨著兒童的成長，智力將如何發展；以及能具體的指出智力提升的認知過程。只不過，目前並沒有一個理論可以完整的涵蓋這些要素，而僅能就其觀點，提出方法進行研究；形成此一觀點下的一種智力的理論。故本節也只能針對上述的三種觀點，介紹心理計量觀下的因素分析論、認知發展觀下的皮亞傑的認知發展論，以及訊息處理觀下的所描述的三種處理訊息的運作過程與內

容；最後，再就這些理論探討智力的定義。

因素分析論

　　智力測驗的根源可溯及早期實驗心理學及心理生理學的測量；十九世紀末，由於英國心理學家蓋爾登爵士（Sir F. Galton）相信人類的智力行為與各種感覺辨識及動作反應的能力有關，且不斷的進行人類智力與個別差異的研究；造就了往後百年來的相關研究。

　　到了1904年，比奈（Binet）和他的同事西蒙（Simon）接受法國公立教育部長的委託，於1905年發表比西標準化智力量表；認為智力指的是一種一般的智慧能力（general intellectual capacity），智力的表現即是個體對生活或社會情境的推理、判斷、實際經驗及環境適應的整理能力反映。

　　後來，1908年至1911年，他們二人又發表智力測驗的修訂版，以及智力或心理年齡（intellectual or mental age）的觀念。雖然，就預測及診斷智能不足或遲緩者而言，比奈等的測驗是可以達到這樣的目的；但是，他們所測的到底是什麼呢？可以代表智力嗎？事實上，意見是相當分歧的。所幸，隨著心理計量技術的發展，許多研究者在探究組成智力的因素上；有了方法上的突破，從而發展出一般因素論（general－factor theory），多因素論（multiple－factor theory），及近年來頗受重視的階層論（hierarchical theory）三種，現簡介於下：

(一)一般因素論

　　在蓋爾登爵士提出每個人都具有一般智慧能力及某些特殊性向，且一般智慧能力則統籌了人類的各種心理能力的說詞後；史皮爾曼（Spearmen, 1904）運用統計方法推論出二因論（two－factor theory），認為智力包括：一般因素（general factor，即 g 因素）及一種或多種特殊因素（specific factor，即 s 因素）；而代表人類智力的實際上是 g 因素，即是一般或普通心理能力，此種能力為一般心智活動的主體，g 因素的認知活動主要是涉及關係推理（education of relation）及關聯推理（education of correlates）兩種能力；至於 s 因素則係代表個人的特殊能力，為學習專門知識技能應具有的特定能力。史皮爾曼的二因論因強調一般心理能力

的重要性，因此亦可歸爲單一因素論。

㈡多因素論

奢史東（Thurstone, 1924, 1938）利用因素分析的技術，分出所謂智力的基本要素（primary factor），其中奢史東視爲最重要的基本能力（primary mental ability）包括：

- **語文的了解**（verbal comprehension）：解釋和了解文字的能力。
- **言語流暢**（word fluency）：在無準備的講演或塡字遊戲中，能夠迅速想出適當用字的能力。
- **數字**（number）：解算術問題的能力。
- **空間**（space）：從記憶中繪出圖樣能力，或觀察關係之能力。
- **記憶**（memory）：記憶與回憶的能力。
- **領悟**（perceptual）：能抓住可見的細部，並發現各物相似相異之點的能力。
- **推理**（reasoning）：發現了解或解決問題之法則，原理或觀念之能力。

桑戴克（Thorndike, 1927）認爲智力是由數個獨立群聚但彼此關聯的心智能力所構成，即智力是許多特殊能力的總庫。包括：

- **社會的智力**（social intelligence）：爲了解和管理別人或善於順適人類關係的能力。
- **機械智力**（mechanical intelligence）：爲了解和應用工具與機械的能力。
- **抽象智力**（abstract intelligence）：爲了解和應用觀念和語文和數學符號（字彙、公式、原則等）之能力。

在美國智力多因素論最典型的代表人物是基爾福（Guilford, 1967）所發展的三向度智力結構模式（structure of intellect model），將智力因素作系統性的組合；包括：思考的內容（content）、運作（operation）、及結果（product）三個向度。

- **思考的內容**：屬自變項，引發思考的刺激可分為圖形、符號、語意與行為四種。
- **思考的運作**：屬中介變項，用以處理上述刺激的思考運作有認知、記憶、擴散思考、聚斂思考與評鑑等五種。
- **思考的結果**：屬依變項，即上述思考內容運用不同的思考方式所得的結果，有：單位、類別、關係、系統、轉換與應用等六類。

1982年，因內容向度增為視覺、聽覺、符號、語意及行為等五種，智力因素增為一百五十種。

到了1988年，運作向度又增為認知、短期記憶、長期記憶、擴散思考、聚斂思考與評鑑等六種，構成智力的因素更增加為180種見（**圖8-1**）（蔡崇建，民80）。

(三)智力階層論

隨著心理計量學的發展，巴特（Burt, 1949）認為智力能力應是一種階層式的組織，即所有的一般因素都可以再分為許多群的智力行為。此種階層群集因素法（hierarchical group-factor technique）的論點，經沃龍（Vernon, 1961）發展為：最上層是一般（即 g 因素），第二層次是兩個主要群因素（group factor）—包括：語文與教育（verbal-educational, v: ed）、空間與機械（spatial-mechanical, k:m）兩領域的概括技能。第三層則是由主群因素再分出若干較小的群因素（minor group factor），即在語文與教育的主群因素下，有創造力、語文流暢及數字能力等三種較小群因素；而在空間與機械的主群因素下，有空間、心理動作、機械能力等三種較小群因素；而最低層次則是多種特殊性技能（或稱特殊因素）。

凱特爾（Cattell, 1963、1971）則將智力分為流體與結晶（fluid and crystallized）兩種智力類型。

- **流體智力**：即個體生物性的能力，可經由知覺能力測得。流體智力的增長通常到青春期階段就已大致發展定型，並進入高原期，這是因為個體的生理結構此時開始逐漸退化，智力也隨著緩慢衰退；而流體智力又較結晶智力更容易受生理結構（如，大腦皮層特定部分）因素的影響；故流體智力易受腦傷的影響。

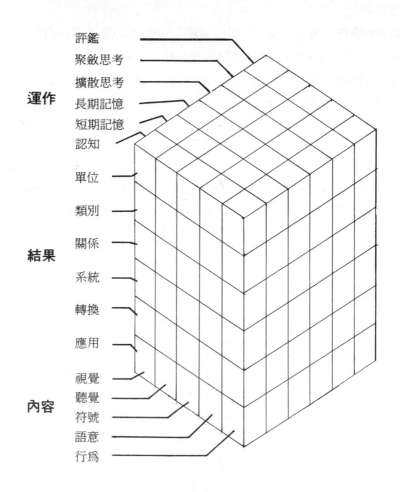

運作

評鑑
聚斂思考
擴散思考
長期記憶
短期記憶
認知

結果

單位
類別
關係
系統
轉換
應用

內容

視覺
聽覺
符號
語意
行為

圖8-1　基爾福三向度智力結構模式

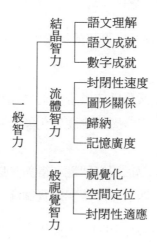

圖8-2　賈斯塔夫生三層次智力結構

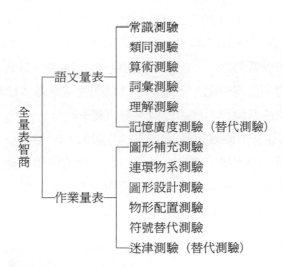

圖8-3　魏氏兒童智力量表的測驗架構

- **結晶智力**：大部分是得自學校活動的能力，可由一般智力或成就測驗測得。結晶智力的增長通常可向上延續至中年期。

後來，賀恩（Horn, 1985）更將凱特爾的理論擴展為四個層次的階層模式：

- **最上層為關係推理**：又分為流體智力與結晶智力
- **第二層為知覺組織**：包含廣泛化視覺化能力、書寫速度及廣泛化聽覺思考
- **第三層為聯結過程**：包括短期回憶取得與長期記憶貯存
- **最底層是感覺接受**：即視覺篩濾與聽覺篩濾

賈斯塔夫生（Gustafsson, 1984）也提出一個三層次的智力結構，可說是集前述諸理論之大成。最高層次是一般智力，即史皮爾曼的智力觀；第二層次則包括三個廣域因素：即結晶智力（與語文訊息有關）、流體智力（與非語文能力有關）及一般視覺智力（與圖形訊息有關）；用詞雖與凱特爾及賀恩的模式相似，但說明上有些差異。

至於，最低層次，即結晶智力之下，是語文理解、語文成就及數字成就等因素；在流體智力之下，是封閉性速度、圖形關係、歸納及記憶廣度；而一般視覺智力則是視覺化、空間定位與封閉性適應等多種基本因素所組成；此與奢史東或基爾福的理論近似。見（圖8-2）

事實上，若從智力測驗的發展來看，早在1939年，魏斯樂（Wechsler）初編魏氏智力量表的架構，應就屬於智力階層論的模式；見（圖8-3）。

總之，在研究者關心智力到底是什麼的驅力下，因素論有了極豐富的成果；但也更顯示出大家意見的紛紜。

認知發展論

主要的代表是皮亞傑（Piaget, 1886－1980）的認知發展理論，此理論是探索兒童的思考過程，關心的是智力的成長與改變的問題，故理論中便是描述每一主要的發展階段與次要階段的行為特徵，及每一階段的認知結構形式皆較前一階段複雜，且階段間的進化不能逾越或順序倒反等特性。

這四個階段分別是：

(一)感覺動作期

　　大約從出生至兩歲時期，主要是以感覺、知覺活動及動作來適應環境，此階段又可分爲六個小階段。

　　反射動作階段：約自出生至1個月，純爲反射動作。

　　初級循環反應階段：約自1至4個月間，除了反射動作外，有了動作與感覺間的協調，視、聽、觸覺皆可和動作配合，主要去尋求環境中的刺激。

　　次級循環反應：約自4至8個月間，已能預料一些簡單的行爲後果，能有意的去重複某種行爲，發現某些物體有影永久性的存在。

　　次級基模協調階段：約自8至12個月間，已知道方法與目的物間的聯繫，當玩具擺在餐桌拿不到，會拉到餐巾以取得玩具。

　　高級循環反應：自12至18個月，漸能利用所習得的心理結構或行爲模式來探求外界的目的物。

　　透過心理結合與發現新手段階段：自18至24個月，能對目的物與方法間有新的聯繫，能先思考再行動，如，幼兒與玩具間有一透明障礙物，幼兒能繞過障礙物以取得玩具，而不會盲目衝撞此物。

(二)具體運思前期

　　約2－7歲，又可分爲兩階段：

　　前具體運思階段：約2至4歲間，主要特徵是以自我中心來推測周遭的事物，從不替他人著想，只注意到物體的一面，而不注意另一面，思想常不合邏輯。

　　直覺運思階段：約4至7歲，主要特徵是用直覺來認識外界事物，瞭解事物的關係和數目的觀念，帶有一點嘗試錯誤（trial and error）的性質，而不是用運用分析思考的結果。一般來說，此期兒童缺乏可逆性的概念。

(三)具體運思期

　　約7至11歲；兒童的認知結構已具有抽象概念，故能進行邏輯推理。其特徵是：

- **多重思考**：能同時考慮不同的屬性，故此思考又叫排除集中化（decentration）。

- 具可逆性。
- **去自我中心觀** (less egocentrism)：兒童漸能從他人的觀點來看問題，瞭解他人持有與他不同的看法與想法。
- **能反映事物的轉化過程** (transformation)：能意識到物體轉換的過程，思考不再侷限於靜止的表象。
- **具體邏輯推理**：即雖缺乏抽象推理的能力，但可藉具體形象的支持來進行邏輯推理。

(四)形式操作期

約在11歲以後到成人；其思考特徵如下：

- 可進行假設—演繹的思考。
- 可用符號進行抽象思考。
- 能清楚的分離及組合問題中的變量，進而解決問題，故是一種系統性的思考能力。

這些發展階段與特徵，顯示個體認知能力的發展是具有順序性，是動態的。雖然有人根據他的實驗來進行研究，發現現在的孩子在階段上似有提早的趨勢，但不可否認的是，發展的順序卻仍與它所提的相同。

其中，針對認知發展的過程，皮亞傑還提出五個非常重要的基本觀點：

基模是個體適應環境時，其行為表現上的基本行為模式，行為基模由粗略到精細，由簡單到複雜；時時在改變。

適應與平衡此二者是交互關係，互為因果；二者都是以基模為基礎。當個人與環境間暫時失去平衡，為了保持平衡便促使個體去適應；所以，平衡等於是適應的內動力。

同化與調適個體為了保持平衡而有適應，適應的方式有二，一為同化，一為調適；進而形成整個學習歷程。所謂同化是個體以既有的認知基模去適應環境的新要求，企圖以此種方式把新經驗納入既有的舊經驗之中；而調適是個體遇到新的學習情境時，主動調整自己的經驗架構以適應環境要求的心理歷程；二者相輔相成幫助個體有效的與環境互動達到適應。故對認知發展論來說，有效地適應環境的能力也就是所謂的智力了。

藉由皮亞傑對認知發展的研究可知，個體隨著不同的發展階段，顯現

出共有的適應特徵，藉由這些特徵幫助大家瞭解大人與兒童的思考方式之所以不同的原因；同時，從兒童對環境的反射式反應開始，漸而發展至兒童能沈思潛在事件等；也回答了兒童的成長與智力發展間的關係，及指出智力提升的認知過程；開拓了智力研究的角度。

訊息處理論

智力的訊息處理論 (information－processing approach to intelligence) 其觀點是著眼於個體心智活動的運作歷程與訊息的處理方式，企圖回答：智力包含那些心智運作過程？這些過程的速度如何？其正確性有多高？是代表何種表徵形式等問題；是近年來認知心理學派所主張的理論。現舉其中的四例說明之：

㈠智力包含同時性處理與序列性處理能力

達思 (Das) 曾與同事將訊息處理與神經生理結合進行研究，認為智力的理解應從認知過程著手，個體在處理訊息與思考問題時的過程約為兩類，一為同時性處理 (simulataneous processing)，而另一為序列性處理 (sequential processing)。這兩種訊息處理有其神經學上的基礎，同時性處理與序列性處理能力分別受枕葉與前顳顬葉的支配。所謂同時處理的能力是指一個人在問題解決的情境中，可同時考慮多種刺激並作答的能力；如，圖形推理、空間記憶等。而序列處理的能力則是指個體在同樣情境中，將刺激作順序性安排以求出答案的能力；如，聽覺記憶、字彙次序等 (Das, 1984)。

㈡智力包含兩種基本構成要素：結構與功能

根據史旺生 (Swanson, 1985) 的說明，訊息處理網絡架構的假設是在刺激與反應間，存在著多個智力組合因素的操弄或處理的階段。此一假設是指人類訊息處理系統中的各種行為，皆是由這些富於變化的處理階段所綜合的結果。一般來說，在理論上包含兩種基本構成因素：一是結構性因素，為強制性特化處理階段，如，感覺貯存、短期記憶、長期記憶等；另一是功能性因素，指的是各種不同的運作階段。

(三)智力具有兩種基本系統：建構與執行

伯科威斯基 (Borkowski, 1985) 針對坎皮歐尼與布朗 (Campione & Brown, 1978) 運用訊息處理理論所發展出的一般性理論加以補充,此一理論主張智力具有兩種基本成份：一是建構系統 (architectural system), 另一是執行系統 (executive system)。

建構系統：相當於系統的硬體,是一些與生物遺傳有關的基本屬性,負責感覺輸入的登錄與反應,其結構屬性有：

- **容量** (capacity)：如,記憶廣度。
- **持久性**：指訊息保留的時間。
- **運作的效率**：如,編碼、解碼的速度等。

執行系統：相當於系統的軟體,是解決問題及環境有關的學習成份,主要是包括四種互補、重疊的假設性的結構：

- **知識基礎**(knowledge base)。
- **基模**：指個體了解周遭事物時所運用的基本思考或行為模式,基模會隨著個體的發展及環境的變異而複雜化、精進化和內在化。
- **控制歷程**(control process)：指應用規則與策略以強化記憶、理解、解決問題及其他認知活動。
- **後設認知**(metacognition)：指個人對其思考歷程與思考策略的了解。

(四)智力三元論

至於,史騰伯格 (Sternberg, 1985) 可說是訊息處理論的集大成者,他不僅以訊息處理論為其立論基礎,還納入文化的觀點;使其智力理論兼具傳統與創新。他提倡智力三元論 (triarchic theory),將人類在認知活動中的心智運作解釋為三項分合功能,而智力的內涵包括：組合向度 (componential dimension)、經驗向度 (experiential dimension) 及脈絡向度 (contextual dimension) 等三層面。

組合向度：指的是訊息處理的成份或要素，可分為：

- **後設要素**：在解決問題中，用來執行計畫及作決策的較高層控制過程。
- **表現要素**：執行計畫並完成後設要素所選擇決定的過程。
- **求知要素**：學習新訊息中所包含的過程。
- **保留過程**：提取原存於記憶中訊息的過程。
- **轉移過程**：將保留的訊息由某一情境轉至另一情境的過程。

經驗向度：智力是個人內在經驗與外在環境交互作用而發展的，當個人工作經驗增加，則處理新事物的需要就隨之減少。經驗向度智力較高的人，能迅速進入陌生的工作情境中，且能表現高度的效率；正所謂神奇性與自動化。

脈絡向度：智力與個人所處的外在環境有關，個人可以適應、選擇、或改造環境，這也就是所謂的社會性智力。

上述智力的理論，在因素論只重內容，而認知發展論較重過程的特性下，訊息處理論提供大家認識心智過程所運作的內容，及依序而行的過程；具有折衷的效果。

智力的定義

前述不同的理論與觀點，其實已反映出各家對智力的看法；現分析如下：

史皮爾曼、奢史東、桑戴克等利用因素分析技術，所得的智力組成因素來看；智力所代表的是許多能力的總合。

凱爾登則表示除流體智力是來自生物性的能力外，結晶智力是來自於學校的經驗與活動，可從一般智力與成就測驗測得知。加上魏斯曼（Wesman, 1968）也指出智力的測量所反映的只是個人學習經驗。他認為智力、成就或是性向等測驗絕大部分所測的是相同的能力，而這些能力多係學習而來的。故智力成為學習的能力。

另就皮亞傑所描述的認知發展的過程可知，「智力就是適應環境的能力」；而德國心理學家史登（Stern）曾說：「一般智力就是有機體對於新

環境充分適應的能力」；以及威爾斯 (Wells) 也說，「智力就是改變自己的行為，以適應新環境的能力」；似乎都偏向支持智力是適應環境的能力。

前面談到沛利葛雷諾等曾說，不管是持何種觀點，各家都強調智力是推理與解決問題的能力及適應的能力。另比奈也曾說：正確的判斷，透徹的理解，適當的推理──是智力的三要素。

關於智力的定義，不僅是上述各家看法分歧，即使在學者間的意見也互異；辛德曼與魯斯曼 (Synderman & Rothman, 1987) 曾徵詢美國千餘位學者評定「什麼是構成智力的重要因素」，在十三項有關智力的行為特徵下，其結果是：

一致同意者（96%以上）計有三項：是抽象思考或推理能力、獲得知識的能力（即學習的能力）與問題解決的能力。

過半數同意者（60%）則有七項：分別是適應環境的能力、創造力、常識、語文能力、數學能力、記憶與心理速率 (mental speed) 的能力。

少數同意者（低於25%）也有三項：是成就動機、目標導向及感覺敏銳。

對於智力的界定或是智力測量的方式上的概念紛紜，沙特勒 (Sattler, 1988) 認為是由於智力在本質上是一種歸因而非實體 (intelligence is an attribute, not an entity)，亦即智力本身是一種抽象的心理建構，而不是具象的實體。故沙特勒表示智力可以是對環境的判斷與適應的能力、學習的能力、解決問題的能力、或是抽象思考（運用符號和概念）與推理的能力。

另國內張春興（民78‧338 頁）曾將智力一詞歸納為下列五項代表性的定義，分別是：

- 個體表現在推論、想像、領悟、判斷以及生活適應等多方面的能力。
- 個體表現在學習、抽象思考以及處理新的情境三方面的能力。
- 個體在行為上所表現的綜合性的普通能力。
- 對個體實施智力測驗後所測量的能力。
- 個體本其自身之遺傳條件，在其生活環境中與人、事、物接觸而生交互作用時，其所表現出善用以往經驗，隨時吸收新知，因時因地適應變局，迅速見及困難之關鍵，並經思考、推理、判斷以解決問題的綜合能力。

或許對一般人而言，當年魏斯樂（Wechsler, 1958）所提的，智力是個人了解及有效適應其周遭環境的綜合能力。在本質上是一種有目的的、理性思考的行為，且智力的結構屬於多元決定及多層面的整體能力，故非單一、獨特的能力，同時，構成智力的各種能力都有相等的重要性，是最不需爭辯的結論吧！

人類智力的發展

　　由前節可知，智力是一種抽象的心理建構，因著研究者的觀點，而有許多不同的界定。故人類的智力是否會如同身體般天天的「長大」，然後到達一定的年齡之後就逐漸停止，並開始退化？又智力的發展是否會受到某些因素的影響？以及該如何來維護或增進？等問題，也成為不少研究者的研究焦點。現就分智力的發展及影響因素說明之。

智力的發展

　　關於智力的發展，首先要介紹的是智商所代表的意義，再談智力發展的變化與穩定性。

(一)智商的意義
　　一般討論智力的發展或變化，所依據的就是智力測驗測得的結果。最初，比西量表利用心理年齡（mental age，簡稱M.A）的觀念來計算測量結果。後來，德國心理學家史登（Stern）則提出智商以智商（intelligence quotient，簡稱IQ）為指標，來說明智力是心理年齡與實足年齡的比例；故亦稱為比率智商。

　　舉例來說，設甲生實足年齡為八歲，以月數示之，則為96個月；即LA＝96。而其測驗成績總計為100個月，即MA＝100。那麼，甲生的智商將是104。

$$智商 = \frac{心理年齡(mental\ age,\ MA)}{實足年齡(chronological\ age,\ CA)} \times 100$$

除了上述比率智商之外，另有離差智商（deviation IQ），其與比率智商略有不同，離差智商是建立在測驗標準化及常態分配的觀念上。它假設每一年齡的智力的分佈皆呈常態分配，且將其平均數訂為100，標準差訂為15或16（依個別測驗而定，見圖8-4）

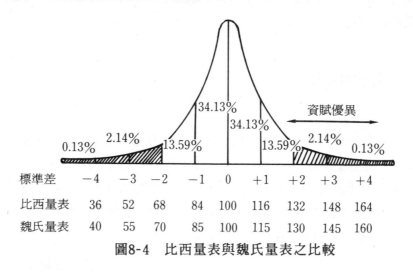

圖8-4　比西量表與魏氏量表之比較

標準差	−4	−3	−2	−1	0	+1	+2	+3	+4
比西量表	36	52	68	84	100	116	132	148	164
魏氏量表	40	55	70	85	100	115	130	145	160

離差智商的計算並未牽涉到心理年齡，而是將原始分數直接轉化成標準分數，它也不代表智力發展的速率。因為離差智商並不像比率智商是一種商數，而是一種標準分數，在此架構下，離差智商可作為一個數值，代表受試者在測驗上之表現與標準化團體中其他同齡者相較時所佔之相對位置。

自離差智商的觀念和方法出現後，由於比比率智商精確，故一般智力測驗所採用，即現今的智力測驗所報告的智商，便是離差智商。

(二)智力發展的變化與穩定性

布魯姆（Bloom）綜合前人資料，指出5歲以前是人類智力發展最迅速的時期；4歲約已發展達50%，8歲則達80%；而其餘的20%約在17歲左右完成。

推孟則指出智力的發展在十歲之前是呈一直線，但過了這個年齡便開始減慢；約18歲停止生長。

而貝利（Bayley, 1970）以貝氏嬰兒智力量表，S－B量表，魏氏成人量表對同一組受試，進行36年的長期追蹤發現：13歲以前的測驗分數呈直線上升，然後逐漸減慢，在25歲達到巔峰；26歲到36歲則處於水平的高原期，爾後有所下降。不過，這些統計都是取平均數，亦即在26歲時，有人的智力仍是上升，但也有人的智力已開始下降；這種智力的變化到40歲以後仍然存在。

　　另張春興（民75）提到智力的發展速率與停止年齡，和個人智力的高低有關；即智力高者發展速率快，但停止的也晚。

　　至於，智商的穩定性；簡生（Jensen, 1973）曾對個人在2、7、10、14及18歲進行測驗，並將不同年齡階段的智商，進行相關研究；發現各階段間的智商相關為：2歲時與7歲時是.46，與18歲則是.31；而7歲與10歲是.77，與18歲是.71；10歲與14歲是.86，與18歲是.73；而14歲與18歲是.76。其中兩歲階段的智商與其他階段間的相關，都較其他階段間的為低；且年齡階段差距越大者，相關也較低。由這樣的資料顯示：年齡越低，如，嬰兒期的智商是較不具預測力；但7歲之後，智商的發展速率是相當穩定的。

影響智力發展的因素

　　人類對智力的研究雖多，但一般人對智力的印象似多來自心理計量觀下所產生的智力測驗。更由於比奈宣稱他們所編訂的智力測驗反映的是人類天生的能力；而美國的推孟及英國的伯特（Burt）所編訂的智力測驗也持同樣的看法；以致引發智力到底是否真是天生的能力的爭辯（Vernon, 1985）。

　　然而，智力的高低，真的是天生的嗎？是取決於生物性的遺傳因素嗎？以下將逐一討論之。

(一)遺傳
　　首先，主張智力是受遺傳因素所影響者，其主要的證據是來自家族智商的相關性研究；如，有的研究指出個體的智商與父母或與兄弟姊妹間的相關係數約為.50；而雙生子；尤其是同卵雙生子間的相關係數將更高。只不過，實際的研究結果卻未必一一如此；但已顯現相當的說服力。

表8-1　各種親屬間智商相關係數

親屬關係	相關係數
同卵雙生子（一起被養育）	.86
同卵雙生子（分開來養育）	.72
異卵雙生子	.60
兄弟姊妹	.47
養子與養父母	.19
無親屬關係但住在一起	.29
無親屬關係的	.00

　　其中，包察德與邁辜（Bouchard & McGue, 1981）收集了111個研究，其平均的相關係數如下：

　　由（**表***8-1*）可知，一起被養育的同卵雙生子間的相關係數最高；但關於被分開養育的同卵雙生子與異卵雙生子間的差異，卻引起環境因素上的爭議；如，是否有可能是分開養育的雙生子反而得到比一起被養育的異卵雙生子更相似的教養呢？因為一般來說，異卵雙生子多半會被視為是不一樣的個體來教養之。

　　而英國有名的教育、兒童與統計心理學家伯特（Burt），也曾對53對被分開教養的同卵雙生子進行智力的研究，發現雙生子智商的相關係數高達.88；加上其他的研究，伯特估算遺傳與智力的關係高達80％，可能還要高些。事實上，簡生（Jensen, 1969）也持同樣的論點，在他的資料中，他計算智力的遺傳係數（heritability coefficient, h^2）為.80。此係數是用來界定一種族群體內所存在的智力差異中，可歸因於遺傳變項的部分。不過，要注意的是此係數是針對團體，不可用來分析個人智商與遺傳或環境的成份；再者，在同一種族內所求得的係數，不可跨種族使用。

　　不過，沃龍（Vernon, 1985）也提到伯特所估算的結果曾引起希恩蕭（Hearnshaw, 1979）的質疑，甚至提出有偽造之嫌。但真象為何？沃龍認為伯特的研究也曾被許多嚴謹的心理學家複製過，其中的虛與實自有判斷。

另外，一項可以支持遺傳論的證據是許多在年幼就展露天份的孩子，像莫札特；便很難說是受到音樂家庭的影響。還有，高爾登爵士（Galton, 1869），則以家譜法來研究天才與遺傳的問題；他將英國歷史上977個名人與同數的普通人的家譜作比較，發現名人的家譜中有535個名人家族，而普通人的家譜中僅有4個名人家族。因此他認為名人的家族易成名人，足以證明天才是遺傳的（Vernon, 1985）。然而，這樣的結果是否也可能是有名的家族能夠提供優沃的學習環境與發展空間所致呢？

　　談完家族，若擴大之，是否智力也和種族有關呢？雖有人進行此類的研究，但結果總牽扯到測驗或文化的因素；加上這樣的研究很容易造成種族歧視的誤解，或落入種族優越感的假象；故本文還是回到影響個體的另一因素─環境來繼續討論。

(二)環境

　　雖然伯特估算遺傳與智力間有80%或以上的關聯，但這也表示還有20%的空間可能是其他的因素；如，早期環境上的剝奪、胎兒的環境與出生序、補償教育的提早介入等；現分項說明之。

　　早期環境上的剝奪：這方面的研究都是來自實況資料的收集，其中最具說服力的是史基爾斯（Skeels, 1966）對一所極度缺乏刺激的收容所中，24名7個月至30個月大的孤兒所作的調查，這些孤兒因被轉送到醫院而得到妥善的照顧與注意，不僅智商上有顯著的進步；25年後，他們已是正常、自信的成人，其中許多人還從事技術性的工作；但那些沒被轉送至醫院的孤兒，有的仍然留在收容所，或只從事很低等的工作。

　　胎兒的環境與出生序：許多非洲國家因為種種因素，人民的生活條件相當惡劣；但他們的出生率卻很高，母親在孕期往往得不到好的營養，因而影響到胎兒的腦部發育；不過，在有些工業國家，雖也有饑餓的孕婦，但對胎兒腦部的影響卻較輕微。另外，如，感染、抽煙、酗酒或濫用藥物，往往造成胎兒早產或畸型，間接的對智力也產生不同程度的影響。

　　至於出生序，楂榮克（Zajonc）指出家中老大出生時的環境沒有其他手足的競爭，且父母專心一意，較能得到有利於發展的刺激，故智商往往也較後來的弟妹高；此說即所謂的出生序理論（Zajonc's confluence theory）。此外，統計上發現智商往往與家庭大小呈.20─.30的負相關；楂容克

認為既然父母基因是固定，則可能是孩子太多分散了父母的關心與照顧所致，亦即是環境的因素。(Vernon, 1985)

補償教育的提早介入：美國在1965年所提出的啟蒙計畫（Head Start program）便是希望藉由補償教育的提早介入來提高或改善低社經與文化剝奪的家庭的子女未來上小學的能力。雖然，有關智育方面的影響只有一兩年的持續力，但在社會能力上卻有顯著的影響。其原因或許是方案本身的特性所致，如，強調整體發展而不以智力為主導的課程。不過，最重要的是有不少父母因此而得到教養的資訊，進而改善了子女的教育環境。(Zigler & Valentine, 1979)

另前（**表**8-1）中，提到無親屬關係但居住在一起者，在智商上也有.29的相關；其係數高過無親屬關係也不住一起者。可見環境與智商仍有其相關性。不過，統計數據的使用要非常小心，以免落入數字遊戲中。

總之，環境因素充滿著複雜性與分歧性，加上人類對環境的反應並不全然相同；使得許多研究的結果相互矛盾或難以解釋。以社經地位來說，到底是指父母親的收入，還是教育程度呢？但不管如何，如果個體在環境上受到不平等的對待，便是值得注意的問題。

(三)遺傳與環境相互影響

以皮亞傑的觀點來看，比較人類認知發展的好壞高低並不是他研究的重點，但個體如何主動的與環境互動來達成適應與平衡，卻是他所關心的問題。因此，他建議教育界不應只是注意答案的對錯，學習的環境，以及各種機會的提供也很重要。他相信人類來自生物性的特質，但也強調環境的影響力；是遺傳與環境相互影響的支持者。

(四)影響因素的省思

正如沃龍所說的，大部分的心理學家將遺傳與環境的爭辯，視為一種理論上有趣的素材，但未必有實際的需要。對家長或相關工作者來說，不管是遺傳、環境，或兩者交互影響；這些因素的探討是為了維護或提昇個體的智力，如：

遺傳方面：透過婚前檢查、產前檢查的確實進行、遺傳工程的更進一步的研究；以及優生保健觀念的推廣，來消弭因遺傳條件不良，而引發如，唐氏症或苯酮尿症所造成的智力差異。

環境方面：適時的提供適合於個人發展的生長環境與公平的機會，包括：營養、醫療保健、經濟支援、親職與兒童的教育方案等，如此，每個人各得其所；也就不會因為營養不良、排行、缺乏愛或早期刺激的不足等因素，而失去正常發展的機會。

　　不過，對每個個體而言，即使先天或遺傳真的具有80％的影響力；環境也仍留有20％的彈性。「一分的天分加上九十九分的努力」，則智商高者充分發揮，智商稍低者也能充分利用，各得其所。

智力的差異與輔導

　　人類的智力，在測驗上所得的分數都呈現集中於一個中心的趨勢，即居中者人數最多，兩端人數最少；正如兩邊對稱的鐘形圖；即統計學上的常態分配曲線 (te normal cure of distribution)。見(**圖**8-4)。不過，在人類生而平等，或天生吾材必有用的信念下；智力的高低自然也不應成為個體存在的限制，尤其在各種研究發達的今天，如何藉由研究與教育來幫助每一個體發揮先天的稟賦，自己的特長，以彌補可能的缺點，達到自我實現及對社會能有所貢獻；應是測得智商的正面意義與功能。

智能不足或遲滯者與輔導

㈠智能不足的定義

　　根據我國76年公布的特殊教育法施行細則第十六條所提示：「本法第十五條第一款所稱智能不足，指依標準化適應行為量表上之評量結果，與相同實足年齡正常學生之常模相對照，其任何一個分量表之得分，位於百分等級25以下，且個別智力測驗之結果，未達平均數負二個標準差者。前項智能不足，依個別智力測驗之結果，分為輕度智能不足、中度智能不足及重度智能不足三類。」

　　陳榮華（民81）認為上述規定較欠缺彈性，而他則參照美國智能不足學會 (American Association of Mental Retardation，簡稱A.A.M.R.；原為A.A.M.D.即American Association of Mental Deficiency) 的界

說，將智能不足界定為：「智能不足係指表現在於發展時期（受胎至18歲）的一般智力功能顯著低下狀態（IQ 70－75以下），並由此導致或併發適應行為的損傷，而需給予特別的扶助，方能適應其家庭、學校及社會生活。」

具體的鑑別要件可參考：

智力功能顯著低下：如，使用標準化個別智力測驗所得IQ在平均值負二個標準差以下。但若其他臨床判斷資料顯示，需要接受特殊扶助的個案，可提升到75左右。

適應行為：可藉A.A.M.R.的適應行為量表或文蘭社會成熟量表來評估。主要是指一個人適應其自然及社會環境的能力。一般可由下列三方面來加以觀察：

- **成熟**：指嬰兒期和兒童早期各種自助技能之發展速度；如，吃飯、入廁、洗手、穿衣等技巧。
- **學習**：指經由經驗而獲得知識的能力。
- **社會調適**：指在社會中以職業自力維持生活，擔負個人和社會責任，以及遵從社會標準等的能力。在成年時期，此為判斷智能不足者之最重要的條件。

㈡智能不足兒童的鑑定

根據教育部頒佈特殊兒童鑑定及就學輔導標準（教育部，民70）規定，智能不足兒童的鑑定必須符合下列各點：

- ·智能程度及其發展狀況。
- ·可能成因的推斷。
- ·其他障礙的檢查。
- ·學力調查，特別是語文與數學基礎之調查。
- ·社會成熟性與情緒穩定性之評定。
- ·家庭背景與父母養育態度之了解。

故有關智能不足兒童之鑑定，通常應包括：教師平時的觀察、家庭訪問、學校及測驗專家所安排的團體測驗、個別測驗，和醫師的醫學檢查等多項過程。

表8-2　智能不足的智商分佈與類型

分類	離均之標準差	標準差的全距	魏氏量表	比西量表
臨界	-1	-1.01～-2.00	70-84	68-83
輕度	-2	-2.01～-3.00	55-69	52-67
中度	-3	-3.01～-4.00	40-54	36-51
重度	-4	-4.01～-5.00	25-39	20-35
極深度	-5	-5.00以下	25以上	20以上

(Biehler, 1970，採自A.A.M.D.)

(三)智能不足的類型

按智商分佈：由（**表8-2**）可知，我國特殊教育法中所定義的個別智力測驗之結果，未達平均數負二個標準差者，分為輕度、中度及重度智能不足三類；其智商的分佈情形。

此表原摘自張春興及林清山（民70）《教育心理學》第313頁。而陳榮華（民81）書中表示，1983年A.A.M.R.（前A.A.M.D.）的智能不足分類手冊（Classification in Mental Refardation）已拋棄標準差，而改採標準誤，此種彈性作風，或可供國內參考。

依教育的可能性：

- **養護性智能不足兒童**：即心理年齡多低於3歲，智商低於25，同時常伴有身體上的缺陷（如，蒙古症的智能不足兒童）。他們的感官與動作的協調能力很差，行動笨拙，不能拿取細小物件；自我照顧的能力也極為有限，洗澡與穿衣都須依靠別人料理，甚至所有各方面的生活均須由別人照顧。情況最好者也只能說極簡單的語言，故無法接受學校教育。

- **可訓練性智能不足兒童**（trainable）：即心智年齡約在4至7歲間，智商在25至49之間。

- **可教育性智能不足兒童**（educatable）：即心智年齡約在8至12歲間，智商在50至75之間。

不同程度與不同年齡的智能不足者，會有不同的需求；國內自民國五十九年起，在國小及國中辦理「啟智班」，便是訓練或教育可訓練及可教育的智障者。

按可能的原因：美國全國智能遲滯兒童學會 (National Association of Retarded Children, N.A.R.C.) 將智能不足分為智能缺陷 (mentally defective) 和智能遲滯 (mentally retarded) 兩種。智能缺陷者指的是由於大腦受傷、疾病，或意外事件而造成智能不足的人。而智能遲滯者則是指沒有機體上的原因，通常可能有遺傳的原因；但其智力發展卻異常緩慢的人。

　　雖然原因的分法，在教育上無多大的用處，但瞭解原因有防患未然的功用。

(四)智能不足者的安置輔導

　　有關智能不足兒童的安置，主要有四種方式：普通班、資源教室，特殊班及住宿制機構。(林寶貴譯，民77)

　　普通班：是讓輕度智能不足兒童，在交流教育中接受教育；故需要特殊服務加以支持，如，補救性閱讀，說話的溝通治療、心理諮詢等。

　　資源教室：即輕度智能不足的兒童，白天離開教室一小時，到資源教室接受特殊教育教師所安排的特殊課程。

　　特殊班：障礙程度越大，兒童可能需要特殊教育服務越多，故以特殊班中的設備來說，會較適合。

　　住宿制學校：雖然「反隔離」的聲浪，減少這類學校，但許多重度與極重度智能不足的兒童仍以此為主要的安置方式。

　　至於智能不足者的輔導並非在提高智商，而是要幫助他們獲得自我照顧的技能，減少依賴別人和減輕別人負擔；甚至謀得一技之長，受雇於人獨立生活。因此，一開始多是學習自己吃飯、穿衣、大小便等基本生活技能，以及認識與避免危險的技能；接著他們也可以學習洗衣和灑掃等家事技能。再者，幫助他們改進社會適應能力，使他們能與別人建立和諧的人際關係，並培養出對他人的責任感；乃至於安排適合他們能力的職業技能訓練，並開拓就業機會；均是非常重要的輔導方向。

　　在輔導的過程中，除安排實際的操作，許多的練習機會外，誇講、鼓勵及肯定更是不可少；要儘量安排可以成功的機會，以增加其信心，如此才能延續他們的學習動機，使各種技能成為牢固的習慣。

資賦優異者與輔導

(一)資賦優異的定義

依我國特殊教育法施行細則第九條之規定，所稱資賦優異包括一般能力優異、學術性向及特殊才能優異三類。

一般智力優異：指學業成績持續優良，校內外活動表現傑出，並符合下列規定：

- 團體與個別智力測驗之結果在平均數正兩個標準差以上。見 (圖8-4)
- 學業總成績在就讀學校同一年級居於全年級成績2%以上，或各科學業成就測驗之結果在平均數正二個標準差以上。

學術性向優異：指學業成就測驗、團體與個別智力測驗、性向或創造力測驗之結果均在平均數正一個半標準差以上並符合下列規定之一：

- 專長學科成績持續優異，在就讀學校同一年級居於全年級成績1%以上。
- 參加學術研究單位長期輔導之有關學科研習活動，成就特別優異。

特殊才能優異：指團體與個別智力測驗結果在平均數以上，性向測驗之結果在平均數正二個標準差以上，並符合下列規定之一：

- 音樂、美術、舞蹈或體育等學、術成績特別優異。
- 參加國際性或全國性各科類競賽表現特別優異。

(二)資賦優異兒童的鑑定

上述的定義已清楚指出我國教育當局對資賦優異者的要求，至於如何鑑定呢？

初步的甄選：可採用

- **教師的觀察判斷**：由教師根據智育，或是音樂、藝術、社會能力和領導能力或數學科方面表現，選出成績特佳的學生。
- **根據團體智力測驗**：將智商特高者，如，IQ在125以上者挑選出來。

- **根據團體標準成就測驗**：將成績高於其所就讀年級水準者挑選出來。
- **團體智力測驗與團體成就測驗合併使用**：效果最好。

　　確認：對於初步甄選出來的可能資優者，進行由專家來實施的個別智力測驗以確認之。如此可以更科學可靠的評量智能資優者的特性，有利於課程計劃的安排。

　　計劃：在確認過程之後，就是行政計劃與有關方案計劃之建立，以使每一智能優異兒童得到最適於其需要的教育。(張春興、林清山，民70)

(三)資賦優異者的輔導

　　有關資優學童的輔導，張春興與林清山（民70）提到三種制度：

　　加速學習制：現有提早入學、跳級、縮短年限、先修課程及提早進大學等多種方式。

　　充實制：即資賦優異者仍留在一般正規班中，但以各種方法來充實他們的經驗與學習，故稱為充實制（enrichment）。充實制又可分為水平充實制（horizontal enrichment）；即提供更多同等難度的作業。而垂直充實制（vertical enrichment ）則是提供較原教材難度為深的作業。

　　特殊班制：即把資賦優異者改在特殊班級中教學，課程及教材教法與一般班級不同。現常以資源教室來進行，即少數幾科在資源教室上，而其餘科目仍在一般班級中進行。

　　對於資賦優異者的教育，國外已發展出許多不同的課程模式，相信在國內的學者及教育工作者的努力下，資賦優異者將會擁有最好的發展環境，充分發揮天賦的能力。

參考書目

林寶貴譯（民77）《特殊教育討論》台北：幼獅

蔡崇建（民80）《智力的評量與分析》台北：心理

張春興（民75）《心理學》台北：東華

張春興（民78）《張氏心理學辭典》台北：東華

張春興、林清山（民70）《教育心理學》台北：東華

陳榮華（民81）《智能不足研究：理論與應用》台北：師大書苑

Bayley, N.(1970) Development of mental abilities. In P. Mussen(ed.), *Carmichiael manual of child psychology.* NewYork: Wiley.

Bouchard, T. J. Jr. & McGue, M. (1981) Familial studies in of intelligence: A review. *Science,* 212, 1055－1059

Borkowski, J. G. (1985) Signs of intelligence: Strategy generalization and metacognition. In S. R. Yussen (ed.) *The growth of reflection in children.* Orlando, FL: Academic Press.

Burt, C.L. (1949) The structure of the mind: A review of the results of factor analysis. Br. J. *Educ. Psychol. 19:*100－11, 176－99

Cattle, R. B, (1963) Theory of fluid and crystallized intelligence: A critical experiment, *Journal of Educational Psychology, 54,* 1－22.

Cattle, R. B. (1971) *Abilities: Their structure, growth and action.* Boston: Houghton Mifflin.

Campione, J. C., & Brown, A. L. (1978). Toward a theory of intelligence: Contributions from research with retarded children. *Intelligence, 2,* (2), 279－304.

Das, J.P.(1984) Simultaneous & successing processes and K－ABC. *Journal of Special Education, 18,* 229－238.

Guilford, J. P. (1967) *The nature of human intelligence,* NY.:

McGraw—Hill.

Gustafsson J. E. (1984) A unifying model for the structure of intellectural abilities. *Intelligence, 8,* 179—203.

Horn, L. (1985) Remodeling old model of intelligence. In B. Wolman (ed.) *Handbook of intellignce.* NY.: Wiley.

Jensen, A. R. (1969) How much can we boost IQ and scholastic achievement? *Harvard Educational Review, 39,* 1—123.

Jensen, A. R. (1973) *Educability and group differences,* NY. : Harper & Row.

Pellegrino, J.W. & Varnhagen, C. K. (1985) Intelligence: Perspectivies, Theories, and Tests. In T. Husen, & T. N. Postlethwaite (ed.) *The international encyclopedia of education.* Oxford: Pergamon Press.

Sattle, J. M.(1988) Historical Survey and Theories of Intelligence. In J. M. Sattle: *Assessment of Children* (3rd, ed.) pp.37—60. San Diego: J. M. Sattle Publisher.

Spearman, C. (1904) *General intelligence, objectively determined and measured.* Am. J. Psychol. 15:201—93.

Sternberg, R. J. (1986) Intelligence applied: *Understanding and increasing your intellectual skills,* San Diego, CA; Harcourt Brace Javanovich.

Swanson, H. L. (1985) Assessing learning disabled children's intelligence performance: An information processing perspective. In K. D. Gadow (ed.) *Advances in learning and behavioral disabilities* (Vol. 4, pp.225—272) Greenwich, CT: JAI Press.

Synderman, M., & Rothman, S. (1987) Survey of expert opinion on intelligence and aptitade testing. *American Psychologist, 42,* 137—144.

Skeels, H. M. (1966) Adult status of children with contrasting early life experience: *A follow—up study, Monographs of the society for Research in Child Development, 319,* 93, serial No. 105.

Thorndike, E. L. (1927) *The measurement of intelligence.* NY.: Burean of Publication, Teachers College, Columbia University.

Thurstone, L. L. (1924) The Nature of Intelligence: *A Biological Interpretation of the Mind.* NY.: Harcourt, Brace.

Thurstone, L. L. (1938) Primary mental abilities. *Psycholmetric Monogr*, No. I

Vernon, P. E. (1961) *The structure of human abilities,* (2nd. ed.). London: Methuen.

Vernon, P. E. (1985) Intelligence: Heredity—environment determinants In T. Husen, & T.N. Postlethwaite (ed.) *The international encyclopedia of education.* Oxford: Pergamon Press.

Wechsler, D. (1958) *The measurement and apprasial of adult intelligence,* (4th, ed.) Baltimore, MD: Williams and Wilkins.

Wesman, A. G: (1968) Intelligent testing. *American Psychologist, 23,* 267—274.

卡爾·羅吉斯 (Carl, R. Rogers,1902- 1987)

是非指導式諮商的創始者，亦是人本
心理學的先驅。

第9章

人格

人格是我們日常生活中經常使用的名詞，如，「人格高尚」、「人格掃地」、「健全的人格」、「低賤的人格」及「出賣自己的人格」等。儼然每個人都是一位人格理論家，我們不僅對自己與他人的人格具有一套觀念和想法，並且常加入主觀的道德判斷，用以幫助我們解釋與預測別人的行為，有時候甚至用來控制自己的行為。這些主觀的評估大部分是根據直覺及有限的觀察，雖然有時候有效，但也難免產生許多錯誤與偏見。不過，這並不會降低我們對使用「人格」這個名詞的喜好程度，畢竟人們有要求瞭解的心理需求，即使作了錯誤解釋也滿足了有所瞭解的需求，而充當一位人格理論家，適可滿足我們此種心理需求。

　　閱讀本章適可將隨身所攜帶的隱含性人格理論 (implicit personality theory)，與心理學家的正式人格理論加以對照及印證，同時還可以瞭解人格應如何測量。

人格的概念

　　縱然有所謂人格高尚之說，但此說並非心理學上的意義。究竟心理學對人格的定義為何呢？且影響人格發展的因素有那些呢？凡此在在，皆值得進一步加以探討。

人格的定義

　　人格這個名詞該如何界定，目前並不一致，不同的研究者根據他們的研究取向有不同的定義。有些心理學家對人格的定義較具體，也有些較抽象；有些注重內在的心理歷程，有些注重外顯的行為或人際間的關係；有些認為可直接觀察而來，有些則是靠推論而得。雖然如此，我們仍可綜合各家意見，將人格 (personality) 界定為：個體在其生活歷程中對人、對己、對事物適應時，所顯示的獨特個性。此一獨特個性，係由個體在其遺傳、環境、成熟、學習等因素交互作用下，表現於身心各方面的特質所組成，並且有相當的統整性與持久性。

　　這個界說也代表著人格具有獨特性、複雜性、統整性與持久性等特徵。

茲將其分述於后：

㈠獨特性

人格的同義詞即為個性 (individuality)，個性是完全屬於某一個人，因此具有獨特性。世界上絕對沒有兩個人的個性完全相同，同卵孿生子間雖最為接近，但也只有遺傳一個因素完全相等，其餘的環境、成熟與學習等因素仍是有所不同。俗語說：「一樣米養百種人」、「人心不同，各如其面」，正為人格的獨特性下了最佳之註解。另因個人人格的獨特性，係為其對人、對己、對事物等適應時的表現。因此，心理學家們在從事人格研究時，必須設計情境，藉以引起受試者對人、對己、對事物的反應，始能觀察到他的人格特質。

㈡複雜性

人格係指個人身心各方面的特質所綜合而成的，而非指單一的特質。此類特質廣義言之，其範圍包含心理學所有的研究主題。狹義言之，則只包含動機、情緒、態度、價值觀、自我觀念等主題。心理學家們稱這些特質為人格特質 (personality trait)。這些人格特質彼此會互相影響，使人格也因此益顯複雜。

㈢統整性與持續性

構成個人人格的特質不是分工的，而是綜合成為一個有機的組織。此一有機組織在不同時空下的表現應有其穩定一致性。例如，張三是個外向的學生，他不僅在參與同學的活動時蹦蹦跳跳，就連在教師面前也活潑好動。而且，不僅在一年級如此，到了三年級也大致是如此。固然個人的人格也可能會因年齡或情境的改變而有改變，但改變也是漸進的，輕微的。若是一個人在人格上有著急遽的改變或突然不一致時，則可能隱示出他心理異常。有關心理異常的問題，留待第九章再予以討論。

雖然人格常被冠上道德判斷的含義，以致人格也有了品格之意。然而事實上，人格與品格 (character) 不可混為一談，人格本身純以一種非道德性的角度來呈現其意義，而品格則意表人的道德修養程度，含有道德判斷的意味。縱然有所謂人格高尚之說，但此說並非心理學上的意義，而是將人格視同品格。正因人格沒有道德判斷的色彩，所以人格只有差異之別，

絕無高低之分。

影響人格發展的因素

　　按前文人格的定義指出，構成人格的特質，是在遺傳、環境、成熟、學習等因素交互作用下，逐漸發展而來的。由此可見，人格的形成，總離不開生物與環境的影響。

生物的影響

　　由生物學的觀點來看，個體的人格特質除了與遺傳有關之外，體型與生理功能亦扮演著舉足輕重的角色。

㈠遺傳

　　雖然不能確知遺傳因素究竟影響人格到何種程度，但由很多研究結果來看，個體的人格特質，確與其遺傳因素具有密切的關係。除了智力（詳請見第八章）與精神分裂症（詳請見第十四章）業經證實會受到遺傳的影響之外，一些狹義的人格特質亦與遺傳有關。

　　曾有心理學家（Buss & Plomin, 1975），從4歲半的兒童中，選取139對出生後共同生活的同性別攣生子（包括，同卵及異卵攣生）為受試，單就社會（活潑或羞怯）、活動（好動或好靜）及情緒（穩定或激動）三方面人格特質為範圍，測量攣生子在同樣情境下係表現相同或相異反應。最後經統計分析，按計算所得相關係數的大小，以分析比較遺傳與環境對人格特質所產生的影響作用。(**表9—1**) 的資料，即表示該項研究的結果。此一結果發現：無論男女，同卵攣生者比異卵攣生者的相關程度較高。然而此等均是攣生子，且出生後又生活在同一家庭，其環境因素的影響應大致相同，故其間的差異應是遺傳所造成的。

　　或許有人對上述研究結果的解釋有所異議。因為，一般認為，父母對同卵攣生子的教養方式應比異卵者更為相似。易言之，上述的研究結果亦有可能係因，同卵攣生子的生長環境相似性高所造成的。惟此說法並未獲得實證研究的支持。曾有學者（Willerman, 1979)以出生後分離或共同生

表9-1　孿生子間人格特質的相似度

人格特質	男　　生		女　　生	
	同卵	異卵	同卵	異卵
社會	.63	.20	.58	.06
活動	.73	.18	.50	.00
情緒	.68	.00	.60	.05

資料來源：改編自Buss ＆ Plomin(1975)

活的同卵孿生子為對象，作同樣的觀察研究。結果發現：分離生活者人格特質的相關程度反而比共同生活者還要高。此即顯示：一般同卵孿生子不想有個複製品，所以父母在教養上也採取捨同就異的方式；如其中之一對舞蹈有興趣，父母可能有意無意的引導另一個學習音樂。至於分離生活的同卵孿生子則無此顧慮，反而能照著先天稟賦來發展。

㈡體型

　　美國心理學家薛爾頓（W. Sheldon），在五十年代經由對多數人的身體特徵及性格氣質觀察分析結果，提出薛氏體質論（Sheldon's constitutional theory）。該理論按體型分類為三，每類各具有不同的人格特質：

　　肥胖型（endomorphy）：屬內臟型（viscerotonia）人格，好舒適，性情隨和，易於相處。

　　健壯型（mesomorphy）：屬筋骨型（somatotonia）人格，好冒險，精力充沛，活潑好動。

　　瘦長型（ectomorphy）：屬頭腦型（ectomorphy）人格，善思考，情緒緊張，多愁善感。

　　然而體型與人格特質的相關甚低，且每個人的體型會隨年齡、飲食及運動狀況而改變，所以大部分心理學家並不認為體型分類具有任何意義。但無可否認的體型會影響其能力表現及他人的看法，例如，健壯者可能很早就學會肯定與獨斷很容易達到想要之目的，因而益發有此傾向。

(三)生理

　　生理因素的影響，係指生理功能對人格發展的影響。在生理功能中，尤以內分泌腺、自主神經系統及神經傳導物質的功能對人格的影響最為顯著。

　　若內分泌失調時，個體的外貌、體型、性情，甚至智力等都會發生影響。例如，甲狀腺（thyroid gland）分泌過盛時，會導致身體消瘦，且顯現突眼之症狀，此外尚有神經緊張，情緒敏感而急躁等現象。甲狀腺機能不足時，成年人會導致身體肥胖、性情消極、反應遲頓、性慾衰減及心智能力減退等。若在兒童期甲狀腺機能異常低落，則將造成矮呆症（cretinism）。

　　自主神經系統（autonomic nervous system，簡稱ANS）包括：交感神經（sympathetic system）與副交感神經系統（parasympathetic system）兩大部分，兩者之間，在功能上存有拮抗作用。若交感神經系統過度被激起時，則個體心情緊張，情緒亢奮。反之，若副交感神經系統過度發揮功能時，則個體精神渙散，昏昏欲睡。

　　神經傳導物質（neurotransmitter）是一種神經元（neuron）末稍所分泌的化學物質，因神經元之間並不連接，其間隙傳導即賴此來傳達。若神經傳導物質之間不平衡，則會影響人格特質。例如，單胺氧化酶（monoamine oxidase，簡稱MAO）可以將單胺類（monoamine）神經傳導物質氧化分解，若抑制MAO的活動時，可能導致攻擊、不安、興奮與幻覺等行為。同時還有研究（Zuckerman, Buchsbaum & Murphy, 1980）證實，MAO與感覺取向（sensation-seeking）有關，感覺取向得分高者傾向於較低的MAO量，此適可解釋他們何以要尋求冒險及新經驗。

　　雖然上述證據顯示，生理功能與人格關係重大，惟有關生理功能與行為之間關係最有力的證據是來自動物實驗，是否直接適用於人類身上尚值得懷疑，因為人類的行為是相當受環境與學習的控制。此外，即使能建立生理功能與人格的關聯，多半也是見於嚴重行為異常的個案。但就常人而言，生理功能與人格的關係則是相當曲折的。例如，曾有心理學家（Schachter & Singer, 1962）將腎上腺素（edilephrine）注入受試體內，以引起受試的生理激動，有些受試被告知腎上腺素的功能，有些則否。隨後，受試被置於兩種不同情境下，一組與興高采烈、自我陶醉的實驗助手在一起；

另一組與懊惱不悅、惡意批評的實驗助手在一起。結果顯示：未告知組的激昂狀態因未能歸因於藥物，只好歸因於情境因素，即情境若能產生快樂或憤怒，則其行動也顯得較快樂或較憤怒。而被告知組的激昂狀態則能很清楚的歸因於藥物作用，就不會經驗到這些情緒。因此，一個人的情緒反應除牽涉到生理功能之外，心理因素亦扮演著重要的角色。

環境的影響

究竟個體天賦的潛能會發揮到什麼程度，純看個人成長時的環境而定。雖然每個人的成長過程均是不一樣的，但是，我們可以將之分為兩類：一為共同環境，即相同的文化或次文化下的環境；一為獨特環境，無法從文化特質中看出的環境。

(一)共同環境

在文化的薰陶下，每個人都具有相似的觀念、思想、行為及生活方式。曾有學者 (Hofstede, 1980) 從事40個國家比較文化的研究，結果發現國家文化對於員工的工作行為與態度頗具影響力，甚至比年齡、性別、專業領域或職位的差異，更具有這方面的解釋力。而臺灣的特徵為高權力差距、高規避不確定性、低個人主義及中等男性化；與香港、泰國及新加坡等國家近似，係屬遠東文化集群 (Ronen & Shenkar, 1985)。不過，這並不表示在同一文化下，所有的人都是相同類型，而無個別差異。僅是就一般傾向而言，不同文化間的差異大於同文化內個別之間的差異而已。

在一個地大物博的國家裡面，文化頗為複雜，包括許多次文化 (subculture)。每個次文化各自有其不同的價值觀及行為慣例，其對人格的發展頗具影響力。例如，中國的北方人喜麵食，民風強悍；而南方人吃米飯，性情柔弱。

文化限制我們在某一特定的場合中，應該有何種行為表現，因而形成不同的角色期待 (role expectation)，若角色期待趨於一致時，就容易有角色的刻板印象 (stereotype)。例如，性別角色刻板印象、職業角色刻板印象等均是。根據研究發現，我國大學生對性別角色仍保留著傳統的刻板印象，賦加於男性的人格特質多和成就、能力有關，賦加與女性者多和情

感、人際關係有關 (洪健棣及李美枝，民70)。這種性別角色刻板印象對男女的人格特質產生重大的影響，爲了符合角色期待，男生可能眞的就精明幹練了，而女生則侷限於溫柔多情。

雖然在文化及次文化的衝擊之下，會使個人產生相似的個性，惟因文化的傳遞必須透過某些人 (如，父母、同儕及學校等)，這些人的價值觀及行爲不見得完全一樣，同時個人所面對的情境具有特殊性。所以，在同一個團體下長大的人，其人格不一定完全相同。

㈡獨特環境

文化的傳遞主要係透過家庭、學校及同儕團體等來執行，可是每個人所擁有的家庭、學校及同儕團體等均有所不同，致使個人的人格亦隨之而不同。

一般咸認爲個體自出生到六歲的這一段時期，是構成個人人格最主要的一個階段，故有所謂「六歲定終身」的說法。而這個階段內的嬰幼兒，絕大部分的時間留在家庭中，所以家庭對人格的影響甚大。家庭主要係採用獎懲與模倣來教導孩子，俗諺「棒頭出孝子」指的就是家庭裡的獎懲，而「有其父，必有其子」的說法，則指的是家庭裡的模倣。學校及同儕團體亦是靠獎懲與模倣來教導成員，所謂「重賞之下必有勇夫」、「近朱者赤，近墨者黑」，指的就是這些過程。

除了上述的生長環境之外，個體當前所面臨的情境亦可能會影響其人格特質。甚至有些學者認爲，人們根本就不具有持續性的特質，行爲大部分係由外在情境所塑造的 (Mischel, 1985)。此一說法則與前述人格的穩定性特徵背道而馳。究竟個人或情境那一項對個體的行爲表現有決定權？持平而論，人格特質與特殊的情境特徵共同決定個人在某情境中的行爲表現。一般來說，當情境刺激不明顯或模糊時，人格特質對個人行爲有相當的影響。若是當刺激特別強烈或個體的反應係處於過度學習的情境中，人格就不是主要決定的因素。例如，闖紅燈被交通警察攔下來時，大部分的開車者舉止也會溫文有禮。這是因爲情境壓力過於強大，以致無法表現個人的好惡。但在鄰近的酒吧中被觸怒，這類壓力不復存在，反映內在特質的行爲便有巨大的差異了。例如，紅燈停，綠燈行是我們在過度學習下的反應，而當燈號標誌故障時，是行是停則每個人反應不一。

綜合上述，任何一項人格特質均是受生物與環境因素的影響。然何者較有決定權呢？則須視人格特質的類別而定。大體言之，凡是基本而又與身體或生理有關的人格特質，其受生物的影響較大。自我觀念中有關自己身體意象（body image）（個人對自己身體所給予的主觀評價），因受體型所限，自然與生物因素較有關。而動機與情緒兩項人格特質均與生理功能有關，自然受到生物因素較大的影響。至於興趣、態度、價值觀等較複雜的人格特質，其形成則受環境較大的影響。

人格理論：精神分析論與人本論

所謂人格理論（theory of personality），係指心理學家對人格此一概念所作的理論性與系統性解釋。惟人格理論至為紛雜，在心理學上已有之人格理論，多達數十種。本文依人性善惡及人性可變與否的標準，取其要者歸屬為四派，每派推舉數位代表人物並簡述其理論要義。本節係依人性善惡的標準，選擇精神分析論與人本論來探討，下一節則依人性可變與否的標準，選擇類型論與特質論、學習論來探討。

精神分析論與人本論在性質上是完全相對的，精神分析論主張，人有性慾及攻擊等本能，惟囿於現實環境及道德教化，只好壓抑此衝動。荀子云「人之性惡，其善者偽也」，正可用來支持精神分析論的見解。人本論主張人有某些超越生理需要的心理需求，這些需求使人超越「獸性」而至「人性」。古云「人之初，性本善」，正可用來支持人本論的見解。

精神分析論

精神分析論（psychoanalysis），係指佛洛依德氏的人格理論，或更廣義指其對人性論的解釋。雖然有些傳承佛氏衣鉢的學者仍然保持他對人格的基本架構，惟因佛氏的理論相當令人非議，職是之故，另有一些後繼學者各自提出修正意見。此等學者被稱之為新精神分析學派（neo－Psychoanalytic School）或新佛洛伊德主義（neo－Freudianism）。惟現在提到精神分析論時，在含義上實際包括新舊兩派理論在內。

帕伯羅‧畢卡索，〈藝術家的漫畫〉，1903年。
本我是我們每個人身上的本能和衝動的源泉。
畢卡索在22歲時給他自己畫了幅魔鬼似的漫
畫，它暗示著他的衝動的、原始的本性。

佛洛伊德的精神分析論

　　佛洛伊德 (Sigmud Freud, 1856－1939) 是奧國的精神醫學家，其於
1896年創立精神分析論。他的人格理論最主要包括人格結構、人格動力及
人格發展。以下則依序簡述此三種理念的要義：

㈠人格結構

　　按佛洛伊德的理論，人格是一個整體，這個整體係由本我、自我及超
我三個部分構成的。每個部分各自有其功能，但彼此會交互影響，在不同
時間內，對個體行為產生不同的內動支配作用。

　　本我：是人格結構中最原始的部分，自出生之日起即已存在。其構成
成分包括：生之本能 (life instinct) 與死之本能 (death instinct) 二者。
生之本能係人類的基本需求，如，飢、渴、性三者均屬之，古云「食色性
也」正是此說法的寫照。由於生之本能是推動個體一切行為的原始內動力，
故又稱之為慾力 (libido)。死之本能則包括攻擊與破壞兩種原始性的衝
動。本我的需求產生時，要求立即得到滿足，不管外在的顧慮如何，只是
想著趨樂避苦。因此，從支配人性的原則看，支配本我的是唯樂原則 (plea-
sure principle)。

帕伯羅・畢卡索，〈四個女孩與怪獸〉，1934年。兒童的良心是從強烈的衝動與對
父母的愛的需要之間的緊張狀態中發展起來的。在這幅畫中，四個甜蜜天真的小
女孩與可怕而醜陋的巨獸形成對比。從心理分析的角度來看，巨獸實際上存在於
我們每個人的心中，對我們發號施令，並要求得到滿足。

　　自我：是個體出生之後，在現實環境中由本我分化而來的。因「人生
不如意事十之八、九」，本我的需求常無法獲得立即滿足，個體就必須遷就
現實的限制，並學習到如何在現實中滿足本我的需求。所以，從支配人性
的原則言，支配自我的是現實原則（reality principle）。此外，自我位於
本我與超我之間，對本我的衝突及超我的管制具有調節緩衝的功能。

　　超我：是人格結構中的道德部分，對自我與本我負有監督功能；超我
的形成是幼兒發展期中父母管教與社會化的結果。其構成成分包括下列二
者：一為自我理想（ego－ideal），是要求自己行為符合自己理想的標準；
另一為良心（conscience），是規定自己行為不可觸犯規範。若個體所作所
為合於自我理想時，就會以己為榮；反之，若個體所作所為違背良心時，

帕伯羅・畢卡索，〈Silenius舞蹈〉，1933年。Freud強調性慾衝動在指導和塑造人格與人際生活中的作用。

就會深感愧疚。所以，從支配人性的原則談，支配超我的是完美原則（per-fection principle）。

本我、自我及超我三者，如能彼此交互調節，和諧運作，就能適應良好；反之，如失却平衡，或長期衝突，就會適應困難，甚至造成心理異常。

(二)人格動力

人格動力係指本我、自我與超我彼此交互激盪所產生的內在動力，而此內在動力會繼而形成外顯行為。此等行為，佛洛依德稱之為防衛方式（defense mechanism）；意謂個體表現該等行為之目的，是為了防衛自己，以減少因超我與本我衝突而生焦慮的痛苦。惟防衛方式係出自潛意識境界，當事人所作所為非出於理性，不能明確道出真正原因。防衛方式有多種，其中最主要的有下列幾項：

壓抑作用（repression）：指個體將可能不容於超我的慾念，從意識境界壓入潛意識境界，以免形成焦慮。例如，對父親懷有恨意的兒子，又怕背上不孝的罪名，只得將此恨意壓抑至潛意識中。

　　反向作用（reaction formation）：指在行為上的表現恰與其內心隱藏的慾念相反，藉以減輕因慾念存在而生的焦慮。例如，上述對父親懷有恨意的兒子，可能相反地對父親特別好。

　　投射作用（projection）：指將自己的過失或不為社會認可的慾念加諸他人，藉以減輕自己因此缺點而生的焦慮。例如，吝嗇者指責他人小氣。

　　轉移作用（displacement）：指個體需求無法直接獲得滿足時，轉移對象以間接方式滿足之。「沒魚蝦也好」即是此例。

　　退化作用（regression）：指個人將自己的行為改以較幼稚的方式表現，藉以惹人注意或博人同情來消除焦慮。例如，本來會自己上廁所的小孩，在添了弟弟（或妹妹）之後，卻需要包尿布了。

　　合理化作用（rationalization）：指以社會認可的好理由，取代真理由，藉以掩飾自己真正的動機。所謂酸葡萄作用（對求之不得的東西辯稱不喜歡）、甜檸檬作用（敝帚自珍）等，均屬此種防衛方式。

　　昇華作用（sublimation）：指將不為社會認可的動機慾念加以改變，以符合社會標準的行為表現之。例如，有攻擊慾望者去擔任拳擊手。

　　儘管防衛方式具有降低焦慮的功能，但並不能因此而改變客觀的環境。所以，防衛方式多少含有自欺的成分，如過度使用時，可能因脫離現實而使個人陷入更大的困境。

(三)人格發展

　　按佛洛伊德的理論，人格發展依次分為五個時期，且以六歲之前三個時期為基礎，故有兒童是成人之父（the child is the father of the man）的說法。且在此三時期中，基本需求性慾力的滿足，是日後發展順利與否的重要關鍵。正因佛洛伊德的人格發展理論，總離不開性的觀念，所以，一般稱其理論為泛性論（pansexualism），稱其發展分期解釋為性心理發展期（psychosexual stage）。按佛氏的說法，在六歲之前，如果個體在某一時期的行為受到過份限制，或過份放縱，致使其需求未能獲得適當的滿足，就可能產生發展遲滯的現象，此現象即稱為固著作用（fixation），而

固著作用將會影響日後的人格。茲簡述性心理發展期如下：

口腔期 (oral stage, 0～1歲)：原始慾力集中在口部，靠吸吮、咀嚼、吞嚥等口腔活動，獲得快感與滿足。如此時期口腔活動受到限制，長大後將會滯留下不良影響，造成口腔性格 (oral character)。諸如，行為上表現貪吃、酗酒、煙癮、咬指甲等，甚至在性格上依賴、退縮、猜忌、苛求等，均是口腔性格的特徵。

肛門期 (anal stage, 1～3歲)：原始慾力的需求，主要靠大小便排洩時所生的刺激快感獲得滿足。此時期衛生習慣的訓練，是幼兒發展的重要關鍵。如訓練過嚴，可能留下長期的不良影響，形成肛門性格 (anal character)。諸如，剛愎、吝嗇、迂腐、冷酷、寡情、尖酸，甚至生活呆板等，都是肛門性格的特徵。

性器期 (phallic stage, 3～6歲)：幼兒對自己的性器官特別有興趣，出現類似手淫的活動，並從該等活動中獲得滿足。幼兒在此時期已能辨識男女性別，並對父母中之異性者產生性慾需求。就男童而言，出現了以父親為競爭對手而愛母親的戀母情結 (oedipus complex) 現象。惟因男童懷疑女童的性器官是被父親割掉，所以心生恐懼，此現象稱為閹割恐懼 (fear of castration)。由於這種既愛戀母親又畏懼父親的心理衝突，致使男童將原來的敵對轉變為以父親為楷模，而向父親學習、看齊，此現象稱為認同 (identification)。就女童而言，出現了以母親為競爭對手而愛父親的戀父情結 (electra complex) 現象。惟因女童懷疑自己原有的性器官被人割掉了，於是既愛戀父親，但也對男性心懷嫉妒，是為陽具妒羨 (penis envy)，而此陽具妒羨的情結，須至結婚生子之後，才會真正得到化解。

潛伏期 (latent stage，7歲至青春期)：此期兒童的性慾力被壓抑在潛意識中，因而呈現潛伏狀態。男女兒童不但感情較為疏遠，就是活動時亦呈現男女分離趨勢。兒童的興趣亦不再侷限於自己的身體與父母感情，而擴大到周遭事物上。

兩性期 (genital stage，青春期以後)：約在12歲左右，個體性器官開始成熟，兩性身心上的差異日趨明顯。自此以後，性的需求轉向年齡相似的異性，並開始準備成家立業。至此，性心理的發展已臻於成熟。

新佛洛伊德主義

有鑑於佛洛伊德的精神分析論有下列諸項缺失：

- 過份重視本我、自我與超我間的衝突。
- 過份強調本能的消極性與破壞性。
- 過份著重性心理的發展。
- 過份注重潛意識對人格的支配性。
- 過份強調人格決定於兒童期的經驗。

所以，原來承傳佛氏衣鉢的學者，雖然接受佛氏學說中某些基本理念，但均各自提出修正意見。史稱此類心理學家為新佛洛伊德主義。新佛洛伊德主義的學者包括：阿德勒（Alfred Adler, 1870～1937）、容格（Carl Gustar Jung, 1875～1961）、荷妮（Karen Horney, 1885～1952）、蘇利文（Harry Stack Sullian, 1892～1949）、佛洛姆（Erick Fromm, 1900～1980）及艾力克遜（Erik Homburger Erikson, 1902～　）。惟在心理學史上，有將阿德勒與榮格二人視為新的派別，有的則否。

新佛洛伊德主義的重要特徵是，對人格的解釋不再像佛洛伊德那樣強調性的重要，改而重視社會文化因素；人格發展亦不再限於兒童期，改而延至整個生命歷程。茲將上述代表人物的重要見解摘要如（*表9－2*），請仔細閱讀。這些人的觀點至今仍具影響力，尤其是佛洛姆與艾力克遜（艾氏理論請詳見第二章）。

人本論

人本論（humanistic theory）也稱人本心理學（humanistic psychology），興起於五十年代，是對當時盛行的精神分析論與行為主義的反動。精神分析論從觀察病患所得的原則，用以普遍推論解釋正常人。行為主義則根據對動物研究的結果，用以普遍推論解釋人的行為。這兩派理論對人性的解釋雖有不同，但在理念上均非「以人為本」。人本論主張以正常人為研究對象，研究人的價值、慾念、情感、經驗及生命意義等重要問題。其

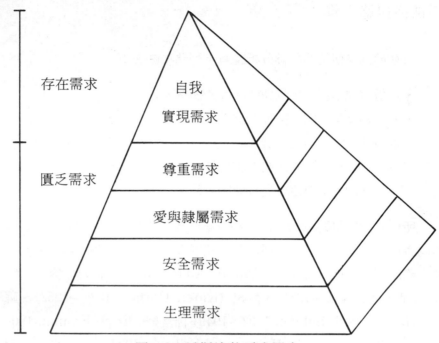

圖9-1　馬斯洛的需求層次

資料來源：改編自Maslow(1968)

表9-2　新佛洛伊德主義主要觀點摘要

理論家	主　要　觀　點
阿德勒	孩提早期的經驗雖然重要，但是社會經驗、人性自主或追求卓越比性慾力更重要。
容格	現實性的自我才是人格結構的中心，而自我的發展係源於個人潛意識與集體潛意識二者，可提昇慾力為文化創造的動因。
荷妮	人類主要的需求是安全，而不是性與攻擊。女人的超我亦不比男人弱。
蘇利文	人格只有在人際關係中顯現，也只能在以人際關係為主的社會化歷程中發展。
佛洛姆	個人的成長深受其社會環境的影響。而自我不僅是本我與超我之間的調節者，亦能主動尋求統整、愛、自由。
艾力克遜	人生發展分為八個階段，每一階段均有不同的危機，而危機是否能順利解決，則關係人格甚巨。

目的在協助個人健康發展，自我實現以至造福社會。由於其理論發展在時間上，居於行為主義與精神分析論之後，故而號稱第三勢力。人本論的主要代表人物為馬斯洛與羅吉斯二人，以下則介紹兩位代表人物的理論要義：

馬斯洛的自我實現論

馬斯洛（Abraham Harold Maslow, 1908～1970）是美國的心理學家，為人本心理學的創始人之一。由於他的理論係以自我實現為中心，故而一般稱之為自我實現論(self－actualization theory)。而需求層次論與自我實現兩點，是馬斯洛人格理論的要義：

(一)需求層次論

需求層次論（need hierarchy theory）是馬斯洛所倡議的動機理論。按馬氏之意，動機是人類生存成長的內在動力；此等內在動力是由多種不同性質的需求所組成，而各種需求之間有高低層次之分，依序由下而上，只有低層次的需求獲得相當滿足之後，人類才會採取行動以滿足高一層的需求（詳如：圖9—1所示）。職是之故，人類動機是由低而高逐漸發展的；屬於基層者具有普遍性，屬於高層者則有差異性。

由（圖9—1）得知，需求層次計分下列五層：

生理需求（physiological need）：包括維持生存的需求，諸如，求食、求飲、性慾、蔽體及睡眠等均是。

安全需求（safety need）：包括需求保護與免於威脅從而獲得安全感的需求。

愛與隸屬的需求（love and belongingness need）：包括感情、歸屬、鼓勵、支持、友誼，以及被人接納等需求。

尊重需求（esteem need）：包括受人尊重與自我尊重兩方面；前者諸如，地位、認同、讚譽等均是，後者諸如，自尊、自主權與成就感均是。

自我實現需求(self－actualization need)：包括精神層面臻於真善美至高人生境界獲得的需求，諸如，個人成長、發揮潛能及實現理想等均是。由於前面四個需求均獲滿足是最高層需求產生的基礎。所以，就自我實現

需求而言,前面四層需求係為其基本需求 (basic need);而自我實現需求則為前面四者的衍生需求 (metaneed)。又因基本需求係由匱乏而形成,故而又稱匱乏需求 (deficiency need,簡稱D−need);衍生需求係由個體追求人生存在價值而產生,故而又稱存在需求(being need,簡稱B−need)。

㈡自我實現

自我實現是馬斯洛人格理論的中心。馬斯洛原本是一位動物心理學家,惟其在觀察各類動物行為時發現,不僅猴子在飽食之餘仍努力不懈探索環境,就連較為笨拙的豬羊,也會選擇較佳的食物與住處。而人為萬物之靈,自應具備更多求知向善的內在潛力。如何善加引導,使其潛能充分發展?思索再三,馬斯洛終於提出自我實現是人性本質的理念。

所謂自我實現 (self−actualization) 是指,個體成長中對未來境界追尋的動機或願望,而此動機或願望會引導個體在成長歷程中,充分發揮其身心潛能。就此而言,自我實現可視為個體人格發展的歷程,在此歷程中促使個體發展與導向個體發展者,就是自我實現。但自我實現有異於有我無人的自我中心 (egocentrism),而是「己欲立而立人,己欲達而達人」的高尚情操。

依據馬斯洛的說法,雖然自我實現需求人皆有之,惟真正能自我實現者卻微乎其微,在成人的人口中充其量還不及百分之一的人會自我實現,且達成的人通常已年逾六十歲。至於已自我實現者有那些特徵呢?馬斯洛對此亦有精闢的見解。有關此方面的詳細說明,可參閱 (**專欄9·1**)。

在自我追尋中臻於自我實現的地步時,就會體驗到一種臻於頂峯而又超越時空與自我的心理完美境界。馬斯洛稱此為高峯經驗 (peak experience)。此種高峯經驗是自我實現的伴隨產物,只能意會而不能言傳。如將其落實在現實生活中,舉凡「十年寒窗無人問,一舉題名天下知」、有情人終成眷屬、登山者攀至頂峯、宗教信徒獲得見證等,均與高峯經驗近似。

自我實現者的人格特徵

　　人本心理學家馬斯洛曾以其自我實現的理念，對當代歷史名人的生平事蹟做分析研究，結果發現自我實現者的人格特徵確實異乎常人，這些特徵總計有十六點，並可視這些特徵爲自我實現者的主觀條件 (Maslow, 1973)。古云「舜何人？于何人？有爲者，亦若是」，就是勉勵我們只要有心向上，人人皆可爲堯舜。而自我實現亦是如此，每個人均有自我實現需求，只要有心向上，人人皆可自我實現。以下簡介自我實現者的人格特徵，希望讀者能發揮「有爲者，亦若是」的精神：

- ・有效地知覺現實，並持有較爲實際的人生觀。
- ・悅納自己、別人及所處的環境。
- ・言行舉止發自內心，而不矯揉造作。
- ・行其所當行，而不考慮一己私利。
- ・風度良好並保持隱私的需求。
- ・獨立自主，而不隨俗。
- ・不斷以新奇眼光來欣賞與體驗人生。
- ・在生命中曾有過引起心靈振動的高峯經驗。
- ・民吾同胞，並具有爲人服務的使命感。
- ・有至深的知交，有親密的家人。
- ・具民主風範，尊重他人。
- ・有道德觀念，行善去惡，絕不因爲達目的而不擇手段。
- ・具有哲理而非敵意的幽默感。
- ・富於創造力。
- ・不受傳統文化及環境的束縛。
- ・對生活環境有時時改進的意願與能力。

自畫像，1896年

唷，畢卡索，1901年

著色碟的自畫像，1906年

自畫像，1907年

　　自我概念是一個經過不斷修正和改變的複雜基模。在畢卡索於15歲、20歲、25歲和26歲時完成的這四幅自畫像中，他不僅塑造並修改了他的藝術表現手法，而且還塑造並修改了他的自我形象。

羅吉斯的自我論

羅吉斯（Carl Ransom Rogers, 1902～1987）是美國的心理學家，與馬斯洛同為人本心理學的創始人。由於他的人格理論是以個體自我為中心理念的，故而一般稱之為自我論（self theory）。
羅吉斯除在人格理論上有創見之外，亦是非指導式諮商的創始人，不過在此僅就其人格理論加以介紹，至於心理治療方面，則留待第十章再予以討論。在他的人格理論中有自我觀念及自我和諧等兩點要義：

㈠自我觀念

自我觀念（self－concept）是指個人對自己多方面知覺的總合；亦即包括：對「我是什麼樣的人？」及「我能做什麼？」等問題的一切可能的答案。惟因自我觀念是個人主觀的看法，其未必符合客觀的事實，只是他自己認為就是如此。也正因自我觀念係屬主觀的概念，所以，羅吉斯才對此有濃厚的研究興趣，並以自我觀念的發展形成與自我觀念中自我的和諧與衝突，為其人格理論的中心。

自我觀念的形成，乃是個人的自我評價，與環境中重要他人對自己的評價，產生交互作用下的產物。例如，有一幼兒用彩筆在牆上畫圖，此一舉動能滿足其創作慾望，故其感到自鳴得意。可是母親看到後卻大發雷霆之怒，斥罵這種行動是壞的或頑皮的。由於自我評價與重要他人對自己的評價並不一致，該名幼兒為了博得母親的歡心或正面注意，可能會否定從繪畫中獲得滿足的經驗。隨著否定的次數增多，自我與現實間的鴻溝加深，個人的焦慮感將倍增。若是該名幼兒是在不用的紙上作畫的話，母親發現後就可能大加讚美。在此情境下，幼兒的自我評價與重要他人的評價合而為一，自將形成積極、正面的自我觀念。

由是觀之，個體的自我觀念是在重要他人限制性的條件下形成的。羅吉斯稱此等限制性條件為價值條件（conditions of worth）。在此所謂的「價值」，即表示是重要他人對自己評價時所根據的價值標準。顯然地，一定須要某些價值標準來約束個體的行為，否則上述的幼兒可能養成隨手塗鴉的習慣，而絲毫不考慮環境美觀。羅吉斯認為處理上述行為的最佳方案，

是父母承認孩子的知覺是正當的，但解釋父母的感受與加以約束的理由，並提出合理的解決方法。

(二)自我和諧

所謂自我和諧 (self congruence) 係指，一個人自我觀念中沒有自我衝突的心理現象。按羅吉斯的理論，自我不和諧有下列兩種情況：

當理想我與真實我不一致時：所謂理想我 (ideal self) 係指，當事人心中所嚮往的自己；而所謂真實我 (real self) 係指，當事人心中所知覺的自己。當理想我與真實我越接近時，個人將感到滿足與幸福。若是二者相距甚遠時，則個人會不快樂與不滿足，甚至還會導致犯罪行為。譬如，童話故事中白雪公主的後母雖然青春不再了（是她真實我的條件之一），卻一心想當世界第一美人（她的理想我），自然就感到自我衝突，進而有謀害白雪公主的舉動。

在重要他人的評價是處於有條件積極關注下，且與自我評價不一致時：所謂積極關注 (positive regard) 係指，希望他人以積極的態度支持自己，簡而言之就是「好評」。而積極關注又可分為無條件積極關注 (unconditional positive regard) 與有條件積極關注 (conditional positive regard) 二者。前者是只關心愛護，而不苛求壓力；後者雖是關心愛護，但予以苛求壓力。雖然當重要他人的評價與自我評價不一致時，會引起心中的焦慮。可是處於有條件積極關注的情況下，卻有情緒壓力，因而焦慮倍增。例如，某高中生在校成績平平，進入著名大學的希望不大。惟以父母認為榮登金榜方能光宗耀祖，故強迫其參加補習，每晚且隨旁伴讀（即有條件積極關注）。且家長唯恐該生受朋友性喜嬉戲的不良影響，故禁止他週末外出交友娛樂（即重要他人的評價）。而與友人外出悠遊嬉樂確實是該生的愛好（即自我評價），因而該生頓感自我不和諧。

由是觀之，或因自我期許過高，或因他人所限，要達成自我和諧的理想實為不易。為了突破心理衝突的障礙，按羅吉斯的看法，每個人都具有自我實現的自然趨向，有能力將自己知覺到的經驗，正確地概念化，惟其需要他人的無條件的積極關注，當這些需要得以充分滿足時，就能形成自我和諧的自我觀念，從而奠立其自我實現的人格基礎。

人格理論：類型論、特質論與學習論

　　從人性可變與否的觀點來看，類型論與特質論是和學習論完全對立的。類型論與特質論主張，人格是持久穩定的，不因情境不同而有所改變。此誠如諺語所云「江山易改，本性難移」的道理。而學習論則主張，人的所有性格都是受環境影響學習獲得。此誠如古人所云「蓬生麻中不扶自直」的道理。

類型論與特質論

　　所謂類型論（type theory）係指，按心理或身體特質作為分類根據的理論；而所謂特質論（trait theory）係指，以個體人格特質為研究主題的心理學。此二者之區別係在數量的多寡，類型論僅分為少數幾種類型，而特質論卻分為相當龐大的特質。

類型論

　　以類型來區分人格的歷史淵源甚久，最早的類型論是在西元前五世紀由古希臘醫藥學家希波克拉底（Hippocrate）所提出的，他認為人的身體有血液、黏液、黑膽汁及黃膽汁等四種液體，那一種液體佔優勢就呈現那一種性格，是以人格可依次分為樂天型、自信型、憂鬱型及暴躁型等四種類型。雖然此說早已不被採信，惟因類型論簡明易瞭，所以常為非心理學家所採用，諸如，孔子所謂「君子和而不同，小人同而不和」的說法，便是一種類型論。在心理學上類型論主要有兩種理論，一為薛氏體質論，一為心理類型論。惟前者業已在第一節中加以敘述，故在此不再贅言，僅針對後者加以探討。

　　心理類型論（psychological type theory）是由瑞士精神醫學家容格首創，他將人格分為內向型（introvert type）與外向型（extravert type）兩大類。人格內向者，在性格上愛沈靜、易羞怯，處事能力勝於處人。人

格外向者，在性格上好活動，喜社交，處人能力勝於處事。按容格的理論，任何人都同時具有這兩種傾向，只是其中之一占優勢，故存於意識中，控制整個人格行為；而另一則壓抑於潛意識中，較難顯現。惟隨著年齡的增長，個體的人格類型將由外向型漸趨於內向性，而至於成熟的境界。

英國心理學家艾森克（Hans J. Eysenck, 1916～　）由於受到容格的影響，使他的人格理論亦偏向於區分類型。艾森克藉因素分析（factor analysis）的技巧，發現兩個基本的人格向度：內—外向（introversion—extroversion）與穩定—不穩定（stability—instability）。其中內—外向的分類大致與容格相同，而穩定—不穩定的分類則著重情緒興奮的程度。依據這兩個向度則可劃分出下列四種人格類型：內向—穩定、外向—穩定、外向—不穩定、內向—不穩定。並將此四種類型依希波克拉底的說法，命名為自信型、樂天型、憂鬱型及暴躁型。此外，還用若干的形容詞來定義每一人格類型的特性詳請見（圖9—2）。

雖然艾森克指出人格有上述四種基本類型，惟僅有少數極端者符合此簡潔明確的劃分。大部分人們的人格特質是落在四個象限的中間點，較難分辨出其係屬於何種類型。至於四種基本類型者的適應狀況如何？艾森克表示，不論是內向或外向，只要其係屬於穩定的，則適應較佳。而外向—不穩定者有較多行為問題，諸如，偷竊、逃學、離家、說謊及打鬥等犯罪行為；內向—不穩定者則有較多人格問題，諸如，抑鬱、神經質及自卑感等個人問題。

不論是智力或是人格，艾森克始終強調遺傳的重要性。他認為人格的根源植基於神經生理，是遺傳的力量讓它成形。艾森克的說法雖獲得部分研究的支持，例如，最近一項研究顯示，人格外向者，其腦中多巴胺（dopamine）———一種神經傳導物質，與情緒調節有關———的含量比人格內向者多（King et al., 1986）。惟是多巴胺含量高而引起外向行為？還是外向行為引起多巴胺含量增加？截至目前為止，尚無定論。

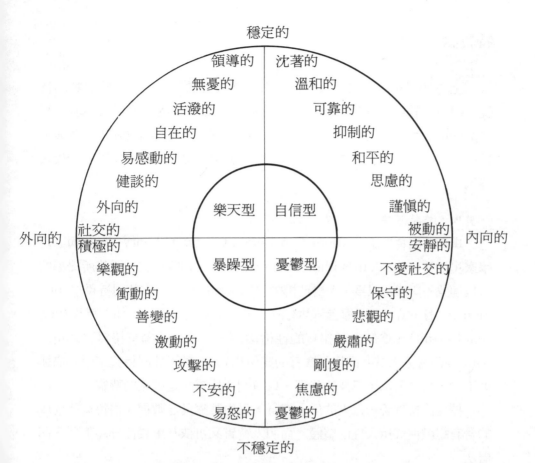

圖9-2 艾森克的心理類論

資料來源：改編自Eysenck(1970)

特質論

上述類型論雖然也用人格特質來解釋人格類型，但只限於少數的特質。而特質論則是先列舉很多人格特質，用之評量個人，再以心理圖析（psychogram）的方式，將個人在多種特質所佔的等級全部列出，並與常模相比較，以評定個人的人格傾向。特質論中以奧氏人格特質論與卡氏人格因素論最享盛名。

(一)奧氏人格特質論

奧氏人格特質論（Allport's personality－trait theory）是美國心理學家奧波特（Gordon Willam Allport, 1897～1967）在1937年所提倡的人格理論。奧波特以為，人格結構中包括兩類特質：一為共同特質（common trait），為同文同種者所共有的一般性格傾向；另一為個人特質（personal trait），為個人所獨有的性格傾向，故而又稱獨有特質（unique trait）。因每個人其共同特質含有的成份相似，如僅以共同特質來對人描述則不夠確實。所以，奧波特強調，只有個人特質才是真正的特質。

按奧波特理論，每人的個人特質，係由其獨具之數種人格特質所構成的帶有組織性與持久性的整體。而個人特質又可依其重要性分為下列三個層次：

首要特質（cardinal trait）：首要特質是指足以代表個人最獨特個性的特質。平常從性格的觀點對某人作論定時所用的單一評語，即以其首要特質為根據。而許多歷史人物或小說主角。其所以留予人深刻印象，往往只是由於他獨具的某一項個人特質。例如，諸葛亮的「忠」、關公的「義」，均是大家耳熟能詳的首要特質。惟對一般人而言，具有首要特質的人並不多。

中心特質（central trait）：中心特質是指構成個體獨特個性的幾個彼此有統整性的特質。此類特質是構成人格組織的核心部分，故名之為中心特質。每個人中心特質的數目大約在5～7個之間。平常為某人寫推薦信或為學生寫操行評語的時候，所考慮到代表某人人格的那些特質，即屬於中心特質。

表9-3　卡泰爾的16種潛源特質

冷漠的——溫暖的	信賴的——多疑的
愚笨的——聰明的	實際的——想像的
情緒不穩的——情緒穩定的	坦率的——機靈的
服從的——支配的	自信的——多慮的
嚴肅的——快活的	保守的——嘗試的
權宜的——謹慎的	合群的——自負的
膽小的——冒險的	無紀律的——自律的
粗心的——細心的	輕鬆的——緊張的

資料來源：改編自 Catell & the Lnstitute for Personality and Ability Testing (1983)

次要特質（secondary trait）：次要特質是指代表個人在某些情境下表現的暫時性的性格。例如，有些人雖然喜歡高談闊論，但在不喜歡人的面前，則「話不投機半句多」。所以，次要特質不足以代表個人的整個人格。

上述三種特質雖然以首要特質最爲重要，惟其並非人人皆有的。所以，中心特質才是最常被用來說明個體性格者。同時奧波特還認爲，個人的三類人格特質均係由生活經驗中學習模倣而得的，只不過一但習得此種傾向，則會持之以恆，不易改變。

(二)卡氏人格因素論

卡氏人格因素論（Cattell's factor theory of personality）是美國心理學家卡泰爾（Raymond B. Cattell, 1905～　　）在四十年代所創立的人格理論。此理論係根據人格測驗的結果並實施因素分析，從受測者對問題的反應，類集歸納成兩類特質而建立的。至於這兩類特質則分別如下所述：

表面特質（surface trait）：是按人格測驗結果求得的，亦即是可以直接觀察到的行爲特質，諸如，誠實的、情感的及聰慧的等，均屬表面特質。惟這些表面特質常隨環境的改變而改變。

潛源特質（source trait）：是根據因素分析的結果歸納推論的，亦即是不能直接觀察，只能根據行爲去推測的特質。例如，克制的、強迫的、嚴謹的等表面特質，群聚在一起，即可用自律的一詞概括之，做爲潛源特質。而此類潛源特質總計有十六種（詳如：**表9—3**所示）。

按卡泰爾的理論，雖然表面特質符合一般人所指的人格特質，但那僅係潛源特質的表徵而已，且較不穩定。惟有潛源特質才是形成個人心理結構的真正特質。

學習論

學習論者，係以學習心理學上的原理原則來解釋人格的問題。提到學習心理學，諸位自然聯想到，在第四章所討論的古典制約學習、操作制約學習、認知學習及社會學習等四大類別的原則。惟學習論者在討論人格時，僅採用後三種學習原理來解釋人格的問題。而其中最享盛名的則首推史基納的人格操作制約論與班都拉的人格社會學習論。雖然學習論者強調，個體的人格是受環境因素影響而逐漸形成的，惟史氏與班氏的理論卻有程度上的差別。史基納是屬於較極端的學習論者，採用操作制約學習的原理來解釋人格，視人格完全是環境的產物。班都拉則顯得較為溫和，兼採認知學習及社會學習的原理來解釋人格，視人格為環境與個人之間交互作用的結果。

史基納的人格操作制約論

史基納 (Burrhus B. Skinner, 1904～1990) 是美國心理學家，也是操作制約學習論的創始人。史基納不僅用操作制約來解釋動物與人的學習，亦用此來解釋人格的發展與形成。因此，有人稱他的理論為人格操作制約論 (operant conditioning theory of personality)。史基納的人格理論可歸納為人格結構、人格動力及人格發展三項重點：

㈠人格結構

史基納雖否定人格是一個虛幻的架構，但曾採用個案研究法來深入分析個人的增強歷程，而視人格為一些反應組合而成的行為組型。此一行為組型正如同其他行為一般，是由相關連鎖性反應組合而成的，自然也是經由操作學習歷程建立的。

在人格塑造的歷程中，個體在情境中的自發性的反應，以及由該反應所導致的後果二者，是關鍵性因素。因一般生活中誘發性的反應甚少，故須要靠自發性的反應方得以學習。而反應後果對個體所帶來的滿足與否，將決定個體將來在同樣情境是否再度反應。凡是反應後帶來的滿意結果，稱之為增強物，而增強物對個體的反應，產生了加強作用，故稱此作用為增強作用。個體在某情境中的固定反應既由增強作用而建立，即可藉由行為塑造的原理，透過增強作用而形成複雜的行為及行為組型。如個體在某種情境下經常表現同樣的行為組型，該行為組型即可視為他的人格特質。

㈡人格動力

雖然史基納也談人格動力，惟其不像一般心理學家，將驅力視為有機體的原始慾求，動機、情緒則用結構概念加以詮釋。史基納表示，動機、驅力及情緒等因素的決定關鍵為行為原因、環境變化與反應結果三者。

史基納雖然承認，基於動機之不同，一個人在相同的環境下，可能會有不同的行為反應，可是在史基納的觀念裡，動機不是內在行為的原因，而是具有特殊性，是屬於環境的變項。例如，飢餓是一種動機，吃東西不僅要靠食物的有無，也要看飢餓的程度而變化，可是飢餓本身又是基於環境所造成的（導因於沒東西可吃）。所以，可視飢餓為一種環境變項。

至於驅力與情緒，史基納將其視為操作制約中的反應，與環境變項具有因果關係。例如，渴是一種驅力，而不同的操作方式適可增加個體渴的需求。又如，引起口吃（依變項）的原因是先天發音器官缺陷（自變項）所致，可是人們卻常以個人的外顯行為（如，口吃）來臆測或詮釋個人的情緒作用（如，忿怒、害怕或驚惶）。

㈢人格發展

史基納並未提及人格發展，但發展也不外乎行為的改變，操作制約的原理也同樣適用。舉凡行為塑造、類化與辨別、增強物的安排方式、增強物與相對增強作用的類型，均是促成人格發展的重要因素。

史基納採用行為塑造的概念來說明複雜動作是由一系列較小的分開動作所構成的。經由逐步漸進地增強想要的行為，個體得以學到複雜的技巧。每一種科學的發展皆經由簡單階段到複雜成熟，人格亦是如此，人格只不過是各種行為組型的聚合，也是透過行為塑造而建立的。斯肯納還相信，

目前行爲科技只在起步階段，俟將來成熟之後必能預測、控制人格的發展。

類化與辨別亦是人格發展的重要因素之一。雖然現實生活中沒有兩種情境完全相同，但個體仍可將已習得的行爲反應，轉移到新情境中。相反的，個體也會對不同刺激予以不同反應。正因爲有此種類化與辨別的現象，是以個體才能調整他的行爲以適應不同的情境。

增強物的安排方式也受到斯肯納的重視，他認爲部分增強比連續增強，更能保留種種的人類行爲。許多迷信行爲就是受到偶然制約的影響，其結果擴及整個生命史。例如，原始部落以祭舞儀式祈雨，有時在祈雨的當兒眞的下起雨來，所以祈雨的祭舞受到間歇性增強而持續。

至於在增強物與相對增強作用的類型中，史基納表示，次增強物比原增強物更顯得重要。諸如，金錢、名譽、酬償等次增強物，在控制人類行爲上佔有相當重要的地位。而正增強物則與負增強物等量齊觀，雖然有人會因受獎勵而發奮圖強，但亦有人會因受懲罰而改過自新。但不論發奮圖強或改過自新，均可視爲當事者性格的改變，由此當可證明人格發展實乃因環境所造成。

帕伯羅・畢卡索，〈兩歲的保羅〉，1923年。保羅是畢卡索的兒子，正伏桌聚精會神地畫畫。在這幅作品中，模仿這一核心過程得到極好的說明。不足為奇，一個幼兒會選擇這種行為作為對藝術家的父親的模仿形式。

班都拉的人格社會學習論

班都拉（Albert Bandura, 1925～　）是美國心理學家，其於1968年創導社會學習論。近年來，社會學習論倍受重視，舉凡個體之人格、動機、性別角色等，均可採用社會學習論來解釋。如將此理論用以解釋人格的發展與形成，即稱人格社會學習論（social learning theory of personality）。人格社會學習論不僅採用操作制約的原理，來解釋人格結構中較為簡單的特徵。還兼採認知論的原理，解釋個體經由對他人行為的模仿、認同而後內化，終而形成個人獨特的人格特徵。在人格社會學習論中有觀察學習及相互決定論兩點要義。

(一)觀察學習

班都拉以為個體的人格，係由其表現於行為上的心理特徵所認定。由於行為上能代表人格的心理特徵是複雜的，無法只在設計的獎懲環境下學習而塑成，則勢必要透過觀察學習來形成，同時觀察學習還可以避免不必要的錯誤與傷害。所以，個體的任何人格特質，絕大多數是經由耳濡目染、模倣學習而形成的。

控制學得行為表現的增強有直接增強、替代性增強與自我增強三者，此三者在觀察學習中均扮演著重要的角色。當個體向他所喜歡的楷模人物去模倣，模倣後將獲得有形的酬償、社會讚賞或責難、減輕嫌惡狀況等直接增強，將產生增強或抑制作用。如個體模倣該行為後所獲得的是獎勵，則以後在類似情境中，即使楷模不在現場，他所模倣學得的行為仍有可能再出現。反之，如個體模倣該行為後所獲得的是懲罰，則以後在類似情境中，較不可能出現該行為。增強的概念還可以擴大到替代性增強，當事人眼見別人因某種行為表現而獲得增強時，他自己也身感同受。所謂「見賢思齊焉，見不肖而內自省也」，當事人只須眼見「賢者」與「不肖者」的行為後果，即可學習到某些人格品質。除了替代性增強之外，個體也會對自己適當的行為給予酬償，是為自我增強。當個體模倣楷模的行為後，會評價自我的表現，如，讚賞自己的話，則可增強該等行為重複出現；又如，譴責自己的話，則會抑制該等行為的出現頻率。

事實上，經由觀察學習來培養人格的觀念，在中國古代早已有之。所謂「以言教者訟，以身教者從」、「上樑不正下樑歪」、「有其父，必有其子」等觀念，顯然與人格社會學習論的原理是不謀而合的。

(二)相互決定論

班都拉反對人是受到內在力量所驅策的看法，也反對人是受到環境刺激所左右的觀念。他認為，行為、個人與環境三個變項彼此會互相影響，是以名之相互決定論 (reciprocal determinism)，以有別於行為主義的環境決定論。例如，在分析某人為何在酒吧打架時，應作綜合考量，才不致於偏頗。和人打架會刺激攻擊需求（行為影響個人），促使此人日後再造訪酒吧（個人影響環境），而酒吧又可提供滿足攻擊需求的機會（環境影響行為），如此不斷繼續，形成循環。

近年來，班都拉所強調的自我效能與自我規範，均可說是植基於相互決定論之上。所謂自我效能 (self-efficacy) 係指，個人對自己從事某種工作所具的能力，以及對該工作可能做到的地步之一種主觀評價。自我效能的高低取決於，以往個體對某一特定事務的成敗經驗。而一個人的能力感會以許多方式影響他的知覺、動機與行為表現；同時個體要表現某一行為，則勢必要親近或遠離特定環境 (Bandura, 1982)。例如，以往馳騁網

球場獲獎無數，使當事人對此球技深感自豪，故而會以打網球爲樂，終日與網球爲伍。不僅自我效能是這樣，自我規範亦是如此。所謂自我規範係指，個體作自我增強時係依據某些內在標準，根據這些標準，將約束個體何者當爲，何者不當爲。此一內在標準的建立，係來自早期生活中重要他人所給予的獎勵與懲罰；一旦建立起來後，則對個體的思想、行爲及情緒影響極大（當表現超過預期時，會以此爲榮；當未能達成所設定之目標時，則會驅策努力）；而個體所表現的行爲，又會導致重要他人的獎勵與懲罰有異。

人格測驗

人格測驗（personality test）係爲求了解個體間性格上的差異，從測量個體的人格特質以至歸屬其人格類型，其間所採用的一切測量工具。惟在心理學上對人格差異研究，原則上不同於對能力差異的研究。對能力差異的研究，其目的不僅在鑑別能力的差異，甚至還可以評定能力的高低。對人格差異的研究，則僅能衡鑑其差異，而無法評定其高低。

人格測驗的發展與人格理論有密切的關係，不過由於對人格構成的問題，各家觀點迄未一致；有的重視一般特質，有的重視特殊特質。因此，人格測驗的內容究竟應包含那些類別的題目，另應測量何等人格特質，迄未獲得一致結論。而在人格測驗中，最常用者有自陳量表及投射測驗兩大類。以下將討論此兩種型式的測驗，讀者如對台灣現有的大學生人格測驗有興趣的話，則請參閱（**專欄**9·2）。

自陳量表

自陳量表（self－report）屬於問卷式的一種量表。量表中列有很多陳述性的題目，受試者可按題目中所述適合於自己情形者選答。自陳量表中的題目，其所陳述者均爲假設性的行爲或心理狀態，其陳述方式多採第一人稱。自陳量表的答題方式，多半採用下列兩種方式：

專欄9・2

你瞭解自己嗎？

　　有一首流行歌曲的歌詞是這樣子地——你瞭解自己嗎？你知道自己嗎？……。按理說，最瞭解自己的應該就是我們自己，可是有時我們卻搞不懂自己心中的想法。若是諸位讀者亦有此困擾的話，則不妨前往各校的學生輔導中心安排施測。從心理學專業的角度來探討此問題。(**表9—4**) 所列的人格測驗，均可適用於大學生，惟僅限於民國六十年以後台灣地區內出版者(按測驗名稱之筆劃爲序)。諸位讀者可以選擇一、兩項測驗做做看，以進一步瞭解自己。

　　逐題評定式：由受試者在每題之後所列的兩個 (或多個) 選擇方式中，依其眞實情境擇一回答。以下就是此類題目及填答方式的例子：

　　　我時常感到胃不舒服。　　　　　　　　　　是□　否□　不一定□
　　　我每天早晨總會有沈悶的感覺。　　　　　　是□　否□　不一定□

　　選擇式：每題並列兩種 (或多種) 陳述，由受試者按照自己的意見圈選其中之一。以下就是此類題目及填答方式的例子：

　　　A.在人多熱鬧的場所我會感到不自在。　　　　　□
　　　B.我喜歡參加有很多人在場的活動。　　　　　　□

　　自陳量表的編製有數種不同設計，如依其效度建立方法之不同，可分爲實證效度 (empirical validity) 與構念效度 (construct validity) 兩大類型。實證效度係指與另一外在標準 (效標) 比較，從而求取相關程度而定的效度。我國在修訂國外測驗時，多以在國內行之有年的著名測驗爲標準，或與教師或父母評定的結果爲標準，從而建立起實證效度。例如，高登人格測驗甲種及乙種，係分別修訂自高登 (L.V. Gordon) 所編的高登個

表9-4　台灣現有的大學生人格測驗

測驗名稱	出版時間	出版單位	編者／修訂者	適用對象	測驗時間
大專人格測驗	民75	教育部訓育委員會	林邦傑及翁淑緣	專科及大學生	約75分鐘
大專道德判斷測驗	民75	教育部訓育委員會	林邦傑等	專科及大學生	約50分鐘
田納西自我概念量表	民71	正昇教育科學社	林邦傑	國中以上	約20分鐘
卡氏十六種人格因素測驗	民65	台灣開明書店	劉永和及梅吉瑞	高中以上	約15分鐘
生涯成熟態度問卷	民72	輔仁大學心理衛生中心	夏林清及李黛蒂	國小六年級以上	約15分鐘
艾德華斯個人興趣量表	民72	台灣師大教育心理學系	黃堅厚	高中以上	約1小時
身心健康調查表	民67	中國行為科學社	賴保禎	高中以上	約15分鐘
青少年心理測驗	民71	救國團張老師	李本華及楊國樞	國中以上	約50分鐘
青年諮商量表	民75	中國行為科學社	路君約及吳錦松	國三至大一學生	約50分鐘
明尼蘇塔多相人格測驗	民56	海軍總司令部人事署	路君約	16歲以上	約2小時
柯氏性格量表	民70	中國行為科學社	柯永河	國中以上	約1小時
洛氏內外制握量表	民63	台灣師大教育心理學系	洪有義	高中以上	約20分鐘
高登人格測驗甲種	民65	中國行為科學社	路君約	高中以上	約15分鐘
高登人格測驗乙種	民67	中國行為科學社	盧欽銘	國三以上	約15分鐘
修訂包何二氏學習習慣與態度問卷	民62	政治大學教育學系	紀文祥	高中及大學學生	約35分鐘
修訂孟氏行為困擾表（大專用）	民66	中國行為科學社	胡秉正	專科及大學生	約50分鐘
個人取向量表	民71	救國團張老師	林家興及吳靜吉	心理年齡14歲以上	約40分鐘
基氏人格測驗	民65	中國行為科學社	賴保禎	國中以上	約40分鐘
愛氏性格測驗	民68	輔大學生心理衛生中心	朱瑞玲及李黛蒂	高中以上	約40分鐘
藏圖測驗	民63	政大教育研究所	吳靜吉	12歲以上	約30分鐘

人側面圖 (Gordon personal profile) 及高登個人量表 (Gordon personal inventory)，高登人格測驗乙種係以教師評定結果爲效標，而高登人格測驗甲種則以高登人格測驗乙種爲效標。構念效度係指以心理學的理論爲依據而定的效度。許多國外著名的自陳量表即是採取構念效度。例如，卡氏十六種人格因素測驗 (sixteen personality factor questionnaire，簡稱 16 PF) 即是卡泰爾採用因素分析方法，找出了十六個潛源特質而編製此測驗；再如，明尼蘇塔多相人格測驗 (Minnesota mutiphasic personality inventory，簡稱MMPI)，係依據正常組與效標組（精神分裂者）反應達顯著水準者始列入各量表。

自陳量表式的人格測驗之優點爲題數固定，題意明確，故施測簡單，計分方便。其缺點爲因編製時缺乏客觀效標，效度不易建立；因帶有社會價值的人格特質，受測者可能有意做假；因測驗內容多屬情緒、態度等方面的問題，個人對此類問題的選擇，常會因時空的轉變而改變。因此，無論在效度或是信度上，人格測驗所具備者均較智力測驗爲差。

投射測驗

投射測驗 (projective test) 係依據投射作用的原理設計而成，故名。雖然投射測驗有多種，惟其基本特徵均由若干曖昧不明的刺激所組成。在此等曖昧不明的情境下，個體可自由反應，藉以投射出其隱而不顯的人格特質。最常用的投射測驗有下列兩種：

㈠羅夏墨漬測驗

羅夏墨漬測驗 (Rorschach inkblot test) 係由瑞士精神病學家羅夏 (Hermann Rorschach, 1884－1922) 於1921年所設計，故名。該測驗係由不同形狀的十張墨漬圖所構成，其中三張爲黑色，兩張加了紅色，三張爲彩色見 （圖9—3）。該測驗的製作方式是，將墨汁滴於紙片中央，然後將紙對折猛壓使墨汁四溢，形成不規則但對稱的各種圖形。

羅夏墨漬測驗的十張圖片，編有一定順序，使用時每次出示一張，同時問受試者：「你看到的是什麼？」，或問「這使你想到什麼？」。並允許受試者自行轉動圖片，從不同角度去觀看該一圖形。此種測驗屬個別測驗

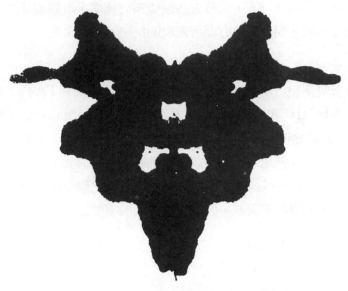

圖9-3　羅夏墨漬測驗題目示例

資料來源：改編自Rorschach(1921)

圖9-4　主題統覺測驗題目示例

資料來源：改編自Murray ＆ Morgan(1935)

性質，每次只能施測一人，記分方法根據預訂標準，以觀察受試者對各圖形的部位、形狀、顏色等各方面所表現的反應。

⒉主題統覺測驗

主題統覺測驗 (thematic apperception test，簡稱TAT)，是由美國心理學家莫瑞 (H. A. Murray) 與摩根 (C. D. Morgan) 二氏於1935年所編製。全套測驗包括30張圖形具題但題意曖昧的圖片見 (圖9-4)，另有一張爲空白卡片。使用時，按受試者年齡與性別選取其中二十張圖片 (包括空白的一張在內)，每次出示一張，讓受試者憑主觀意識陳述圖片中代表的故事。故事內容雖不限制，但須包括下列四項要點：

* 圖中顯示什麼情境。
* 該情境因何產生。
* 未來有何種演變。
* 個人感想如何。

主題統覺測驗的主要假定，乃是認爲個人面對情境所編造的故事與其生活經驗有密切關係。是以，受試者在編造故事時，不知不覺地將個人隱藏在內心中的問題，投射在故事之中，進而流露出自己的欲望。

投射測驗的優點是，不限制受試者的反應，可對個人人格獲得較完整的印象；且因測驗本身不顯示任何目的，受試者不至於主動的防範而作假的反應。不過，投射測驗尚有不少缺點，以下幾點是其中最主要者：

* 評分缺乏客觀標準。
* 測驗的效度不易建立。
* 測驗結果不易解釋。
* 測驗原理頗爲複雜，未受專門訓練者，不易使用。

參考書目

洪健棣及李美枝（民70）：《大學生的性別角色刻板印象》新潮，10, 75～81。

郭靜晃及吳幸玲（譯）（民82）：《發展心理學》臺北：揚智文化。

Allport, G. W. (1937). *Social psychology*. New York: Holt, Rineheart and Winston.

Bandura, A. (1982). Self－efficacy mechanism in human agency. *American Psychologist, 37,* 122－147.

Bandura, A., et al. (1963). Imitation of film－mediated aggressive models. *Journal of Aboral and Social Psychology, 66,* 3－11.

Buss, A. H., & Plomin, R. (1975). *A temperament theory of person-ality development.* New York: Wiley.

Eysenck, H. J. (1970). *The structure of human personality.* Methuen: Ltd.

Freud, S. (1948). *Three contributions to theory of sex* (4th ed.). New York: Nervous and Mental Disease Monograph.

Hofstede, G. (1980). *Culture's consequences: International differences in work－related values.* Beverly Hills: CA: Sage.

Maslow, A. H. (1968). *Toward a psychology of being* (2nd ed.) New York: Van Nostrand.

Maslow, A. H. (1973). Self－actualizing people. In R. L. Lowry (Ed.), *Dominance self－esteem, self－actualization.* CA: Brooks／Cole.

Mischel, W.(1986). *Introduction to Personality* (4th ed.) New York: Holt, Rinehart & Winston.

Rogers, C. (1961). *On becoming a person.* Boston: Haughton Mifflin.

Rogers, C. (1980). *A way of being.* Boston: Haughton Mifflin.

Ronen, S., & Shenkar, O. (1985). Clustering countries on additudinal dimensions: A review and synthesis. *Academy of Management Review, July,* 435—454.

Schachter, S., & Singer, J. (1962). Cognitive, social and physiological determinants of emotional state. *Psychological Review, 69,* 379—399.

Skinner, B. F. (1980). *Beyond freedom and dignity.* New York: Bantam／Vintage.

Willerman, L. (1979). *The psychology of individual differnce.* San Francisco, CA: Freeman.

亞伯特・班都拉（Albert　Bandura, 1925-　～　）

是行為主義的修正者，亦是社會學習論的創始者
。班都拉的社會學習論應用在心理學方面產生了
兩大影響：

　　(1)用於心理治療，使傳統的行為改變技術有
　　　　了改進；

　　(2)用於教育，使身教作用有了立論基礎。

赫曼、羅夏克 (Hermann Rorschach, 1884-1922)

是瑞士精神醫學家。他發展羅夏克墨漬
測驗,(是一種投射測驗之一, 於1911
年開始編製,10年後, 1921才編訂完成)
來讓受試者憑主觀知覺回答,而後主試
者按其回答並分析其可能投射出來的心
理涵義。此測 驗最主要用於精神病的診
斷。

第10章

心理測驗

心理測驗的涵義

心理測驗的意義

　　心理測驗（psychological test）的定義依學者所述，說明如下：

　　葉重新（民81）教授在其所著之《心理測驗》乙書提及：心理測驗係對個體的行為樣本（behavior sample），作客觀的與標準化的測量。它與其他科學的檢驗方法相似，均只觀察個體的一部份行為。

　　邱大昕等（民81）在其所翻譯的《心理學》乙書中提及：心理測驗就是評估個人特質的特殊工具。

　　張春興（民80）指出：測驗係指評量某方面行為（如，智力、人格等）的科學工具。此類工具多係由問題或類似問題的刺激所組成，且經過標準化而建立其常模、信度與效度。使用測驗的目的在測量個體行為表現，並與常模比較，以評定其在團體中與別人差異的情形。按此義，本詞實為心理測驗之簡稱。

　　朱智賢（民78）認為心理測驗乃在測量人的智力、能力傾向或個性（人格）特徵個別差異的工具。心理測驗的主要特點是「標準化」，測驗量表的製訂、實施、記分方法及解釋，都須有一定的程序和嚴格的要求。

　　由以上四個定義，筆者歸納心理測驗的意義如下：

- 為一種評估個人特質（如，智力、人格等）的工具。
- 只針對個體的一部份行為作測量，例如，一個人的人格特質可能至少有數十種之多（誠實、焦慮、外向、憂鬱、服從……），但一般人格測驗只能選定五種或十種人格特質加以測量。
- 測量的方式通常係由編製者編訂一些問題或類似問題的刺激所組成，由受測者作反應（回答）。
- 編製過程必須經過標準化，亦即測驗量表的製訂、實施、記分方法及解釋，都須有一定的程序和嚴格要求。

心理測驗與一般考試的區別

不了解心理測驗的人一聽到要做心理測驗就感到害怕，問他（她）們害怕什麼？通常所得到的答案是：「沒有準備，怕考得不好？」、「心理的祕密怕被人家知道」。對於了解心理測驗的人就知道這些是多慮的，事實上，心理測驗與一般的考試是不同的，說明如下：

㈠就測驗的目的而言

心理測驗可以測量一個人的能力（如，智力、機械能力、計算能力、推理能力等）、興趣（如，職業興趣、一般生活興趣等）、個性（即人格，如，社會適應、疑心、神經質、焦慮等）和成就（如，學習成果等）。而一般考試（如，大學聯考、高普考、學校之期中考期末考等）通常在測量學生的學習成果。所以前者的範圍較廣，後者較狹窄。

㈡就測驗的題目而言

心理測驗的題目必須用統計學的方法嚴格的算出是否具有所欲衡量特質之代表性，而一般的考試通常憑命題者的主觀意識加以命題，不一定具有代表性，例如，心理學期中考的範圍是六章，共三百頁，命題老師可能出四個申論題（或問答題），四題分別出自考試範圍六章中的四章，三百頁中的四頁或八頁，可見有二章沒有題目，而被命題的四章中，也只有其中的一節或幾頁有題目（及答案）出現，由此看來，這四個題目很難代表這次考試的範圍。更具體的說，考得好的學生不一定代表書讀得好，有可能是運氣好——準備的材料及會的都考出來了。

㈢就閱卷方面而言

心理測驗在閱卷的方式、計分標準都有嚴格的規定，不同的兩個人評分，通常結果都是一致的。但一般考試則可能會因所寫觀點是否合乎閱卷者的口味、字體好壞、書寫（表達）方式不一等原因，造成不同評閱者給不同的分數。葉重新（民72）就提及論文式測驗評分者間信度偏低，主要原因包括：

・月暈效應（halo effect）。

- 受到筆跡清秀工整或段落分明等無關因素之影響而給高分。
- 依主觀評分，缺乏明確的評分標準。
- 評分常趨向平均數，比較沒有鑑別力。
- 評分信度問題（同一評分者在不同時間評出不同的分數）。

㈣對測驗結果的說明

　　心理測驗的結果會給受測者作充分的說明，不同的解說員所作的說明通常是一致的。一般考試的結果通常只給一個成績（如，高普考、大學聯考等），不作任何說明，甚至於大專院校各科之期中考、期末考連分數大都不公佈，最後只給學生一個學期總分。

㈤對題目是否檢討

　　心理測驗的題目力求保密，故測驗完後題目一律收回，亦不對學生作檢討。一般考試的題目，在考完後最好由老師向學生作說明，讓學生知道應如何作答，達到學習的目的。

㈥測驗前是否要準備

　　心理測驗是在衡量受測者目前的心理特質，故毋須準備，如果準備了要測量的範圍（或題目），反而影響測驗的正確性，例如，一個兒童在做智力測驗之前，先到書局去買一本智力測驗練習本回來，把內中的題目作完，如此可能影響實際作測驗的結果。一般考試則鼓勵學生在考前多作準備，以爭取高分。

㈦對測驗時間的要求

　　一般考試都會在事前公佈考試的時間，受試者必須依照規定的時間應考，除非有重病（需公立醫院證明），或其他重大事故（如，喪假），否則不得請假。而心理測驗的受測者可因身體不舒服（不需證明文件）、情緒不佳或其他理由要求延後測驗。

㈧對補考題目的要求

　　一般考試如學生需要補考時，必須重新擬定一份與先前正式考試完全不同的題目；心理測驗的題目則前後一致。

(九)是否有標準答案

　　心理測驗中，通常在能力測驗（如，智力測驗、性向測驗）或成就測驗有標準答案，而在人格測驗、興趣測驗則無標準答案，完全依受測者個人的特質填寫。而一般的考試通常都有標準答案。

(十)有關測驗的情境

　　心理測驗要求測驗場所要安靜、考場不宜太大、座位要舒適、光線要充足、溫度要適中、通風要良好（黃志成，民71）。而一般考試較無嚴格要求。

(士)有關主試者的要求

　　一般考試對監考老師的資格較無嚴格的要求；但心理測驗對主試者的資格有嚴格的要求，有的國家限制學歷(如，必須具備心理學博士或碩士)，有些國家規定必須領有專業執照，有些國家則要求主試者要修過多少有關心理測驗的學分。

心理測驗的種類

　　心理測驗依其內容、測驗目的而有不同的種類，茲分述如下：

(一)依測驗的目的分：可分為以下六類

　　智力測驗（intelligence test）：智力測驗的內容通常包含文字測驗和非文字測驗，前者的內容包括：常識、推理、記憶、閱讀理解等，後者的內容包括：計算、推理、空間關係、圖形配對等。智力測驗的目的是在測量受測者的智愚。

　　性向測驗（aptitude test）：性向測驗乃在測量受測者的潛在能力，通常可分為二種，一為一般（或普通）性向測驗，其分測驗通常有：語文推理、數的能力、抽象推理、機械推理、空間關係、圖形推理等。而職業性向測驗則以測量職業方面之潛能為主，其分測驗通常有：文字校對、機械能力、計算能力、處事能力、工具辨認、美術性向、音樂性向等。

　　人格測驗（personality test）：人格測驗旨在測量受測者的個性、心理狀況或情緒等，其分測驗可包含：抑鬱、焦慮、自卑、神經質、人際關係、

內外向、信心、誠實等。

興趣測驗 (interest test)：興趣測驗旨在測量受測者喜歡做的事或嗜好，可分為一般興趣測驗及職業興趣測驗，前者如，閱讀、集郵、運動、聽音樂、看電視、繪畫、旅遊等；後者如，商業、農業、社會服務、工業、個人服務業、藝術、自然科學等。

成就測驗 (achievement test)：成就測驗旨在了解受測者的學習成果，一般用於學習之後所做的測驗。成就測驗可分為分科測驗，如，國語成就測驗、數學成就測驗、英語成就測驗，及綜合成就測驗，顧名思義是測量各科的學習成果。

其他：還有一些測驗如，父母管教態度測驗、工作價值觀量表、職業探索量表等，因較不易歸入上述五類，故以其他類表示。

(二)依受測對象分：可分為以下二類

團體測驗 (group test)：指以團體為實施對象的測驗。此種測驗可在同一時間內由一人主試，受測者可為數人或數十人；在時間上甚為經濟，因而在教育上多所採用 (張春興，民80)；在缺點方面，通常無法了解個別受試者的作答過程，故對其結果的精確度會有影響。

個別測驗 (individual test)：指由受過特別訓練的主試人員與一位受試者，在面對面的情形下所做的測驗。此類測驗的優點是，主試者能對受試者的行為反應及作答方式，有較多的觀察機會；缺點是時間不經濟，不能在短時間內收回大量資料 (張春興，民80)。

(三)依測驗的材料分：可分為以下二類

文字測驗 (verbal test)：以語言或文字為主的測驗。朱智賢 (民78)認為文字測驗係指各項目需用語言表達和用詞彙、符號來完成的測驗。

非文字測驗 (nonverbal test)：指測驗題目不以文字呈現，而作答時也不需以文字表達的測驗，此類測驗通常以圖形、模型、工具來操作。

(四)依使用不同文化分：可分為以下二類

文化公平測驗 (culture-free test)：指測驗中的題目，對所有不同社會文化中的成員而言，都是適當的，所有題目的難易程度，對所有不同文化的成員而言，都是公平的，此種測驗稱為文化公平測驗 (張春興，民80)。

文化公平測驗可實施於不同文化之受測者，有利於作泛文化（cross-culture）之相關研究，但要編好一個文化公平測驗是很困難的。

非文化公平測驗（non-culture-free test）：指測驗中的題目，僅適用於一種（或少數）文化，而不適用於其他文化。例如，以中文所編的文字測驗，僅適用於懂中文的人；在智力測驗中，問及都市中的交通號誌，對山地原住民兒童可能不公平。

心理測驗的用途

隨著心理學的發展，心理測驗的用途有越來越廣的趨勢，以下就舉例說明之：

(一)在教育機構中

智力測驗：可以評量學生的智愚，成為學習能力預測的指標，並可作為鑑定資賦優異、智能不足及學習障礙兒童的工具。

性向測驗：可以測量個體的潛能，作為學習、就業前的參考。例如，在高中選組之前，先作一般性向測驗，可提供學生選組的參考。

人格測驗：可幫助老師了解學生的人格特質，尤其是人格或行為偏差學生的預知與輔導，會有相當的助益。

興趣測驗：可幫助學生了解自己的興趣，作為選擇課外活動、參加社團活動的依據；也可以作為高中學生選組的參考，對於大一學生轉學、轉系也提供助益。

成就測驗：可幫助老師了解學生學習的成果，作為進一步輔導的依據，例如，高智商低成就的學生，老師就需徹底的了解學生的問題所在，然後提供補救教學。

(二)在輔導機構中

無論在各級學校的輔導室中，或社會上的輔導機構（如，張老師、生命線等），都可利用心理測驗為案主診斷心理問題（尤其是人格測驗），藉助於人格測驗，讓輔導員能以最快的速度和客觀的態度對案主作了解，有利於會談的進行及輔導計畫的提出。此外，其他測驗（智力、興趣、性向等）亦可讓輔導員為案主提供職業輔導及生涯規劃的依據。

(三)在司法機構中

心理測驗在司法機構（如，法庭、看守所、少年輔育院、監獄等）也被使用，其使用之目的至少有二：

- 嫌疑犯或犯人在審判前，可實施心理測驗，將測驗結果提供給法官作為辦案之參考。
- 被判有罪（監禁或保護管束）之人，基於教化、矯治之理由，可作心理測驗，幫助觀護人或教化人員作為了解個案的依據，俾能提出合適的矯治計畫。

(四)在工商企業界

在工商企業界，心理測驗的使用也愈來愈受重視，心理測驗對工商企業界的用途，可由下列幾點說明：

智力測驗：對於應徵工作的新進人員，智商高的因反應快、機智、靈敏、學習力強，故可安排當公關、保全、警衛、企劃、研究發展等工作。智商低的則可安排比較機械性、缺少變化的工作。

人格測驗：對於應徵工作的新進人員，可依工作性質與人格的關係，決定是否錄取，如，校對可選內向的、社會工作員可選外向的、基層工作人員可選服從性高的、幹部可選領導性高的、公關可選人際關係好的等；當然亦可依新進人員的人格特質安排在機構中合適的部門。

性向測驗：對員工作完性向測驗後，可針對其結果安排合適的部門，同時亦可作為職前訓練或在職訓練的依據。

成就測驗：成就測驗可作為招考員工的依據，亦即成就測驗的結果可了解應徵者的學習成果，例如，某公司欲招考機械操作人員，可做機械成就測驗後，依成績高低決定錄取標準。

興趣測驗：可對應徵人員做職業興趣測驗，做為是否錄取或安排工作部門的依據；亦可對在職員工作職業興趣測驗，作為員工職位調動或調整工作內容的依據。

(五)在軍事上

軍事單位用心理測驗為時甚早，美國在投入第一次世界大戰後，就曾發展團體智力測驗作為甄選士兵的參考，心理測驗在軍事上的使用可分下

列幾點說明：

智力測驗：可用來當作選擇幹部的依據，基本上欲擔任士官或軍官，最好智商能在某一水準之上，如，士官之智商可訂在100以上，軍官智商可訂在110以上。

人格測驗：可依軍人之人格特質安排適合之兵種或職位；另一方面可讓幹部了解士兵的人格特質，做為領導或輔導的參考；此外，對於人格有偏差或有暴力傾向的士兵，輔導長亦應有效輔導，以防止意外事件之發生。

興趣測驗：了解士兵之個人興趣後，可作為分發兵種或職位的參考。

性向測驗：了解士兵之個人性向後，可作為分發兵種或職位的參考；對於潛能較高的士兵或士官，亦可加以適性訓練，使其擔任更高層次的工作。

心理測驗的編製

前已述及，心理測驗有別於一般測驗（考試），本單元將更有系統的介紹心理測驗編製的過程，以更進一步的了解心理測驗。

擬訂題目

心理測驗題目之擬定方式有許多種，最重要的原則就是要具有代表性，以下就舉例說明：

(一)智力測驗的題目

要發展一個智力測驗，通常是採智力的理論觀點來編題，目前智力的理論大致可分為四種，即英國史皮爾曼（Spearman）的二因論（一般因素與特殊因素）、美國賽斯通（Thurstone）的多因論（分為七種基本能力：語文理解、語句流暢、數字運算、空間關係、記憶、知覺速度、推理能力）、美國基福特（Guilford）的智力結構論（包括：180種能力）和美國卡泰爾（Cattell）與何恩（Horn）的智力型態論（流體智力與結晶智力）（詳見本書第八章智力）。依筆者觀察，目前較多的智力測驗是依賽斯通的多因論

觀點來編的，因此，若吾人想編一個智力測驗，可依多因論的七個項目編成七個分測驗，每個分測驗編個30～40題，經預試或其他方法選出10～20題，如此就可完成一份智力測驗的題目，各分測驗的題目列舉如下：

語文理解：選適合受測者程度之短文一篇，再依短文之內容出數個題目，讓受測者看完短文後回答問題，如此可了解受測者語文理解的程度。

語句流暢：將一個句子拆成數個部分讓受測者重組，例如：

題目：眼睛的／金色／山貓／有著
答案：有著金色眼睛的山貓

數字運算：如加減乘除的運算

$$5 \times 3 + 2 \times 6 = ?$$
$$16 \div 2 - 8 \div 2 = ?$$

空間關係：在不同的方位想像一個物體，是測量空間知覺一項有效的方法。解答本測驗的題目，需要受測者心理上操縱三度空間，作答時只憑差異知覺是不夠的，必須能想像所構成的物體，同時，還要想像轉換方位之後的形狀（中國測驗學會，民72）。空間關係的例題如（圖10-1）。

記憶：選擇適合受測者程度之短文一篇，再依短文之內容出數個題目，施測時短文由主試者唸一遍（不給受測者看），然後受測者依短文之內容做答。

知覺速度：知覺速度的測量方式有很多，旨在測量受測者的知覺能力及速度，如，在5分鐘的作答時間，出了50題改錯題；或在一個圖案（人像、桌子、魚……）中缺少某一部份，由受測者指出。

推理能力：推理能力的測量方式有很多，旨在測量受測者智力的一般因素，例圖如下：

數字推理

 1 2 4 7 ? ①8 ②9 ③10 ④11

圖形推理

圖10-1　測驗空間關係的題目

題目：

上圖是火車與飛機正面的立體位置圖，若甲走到乙的位置，所看到的

圖形應該是下面那一個？

丙

丁　　　　　　　　　　　　　　　　　　　　　　乙

甲

(二)人格測驗的題目

人格測驗的題目大都採用項目分析（item analysis）法編訂而成，亦即編製者根據理論或實際診斷一些人格特質後，編擬題目，題目編訂後，再以因素分析法（factor analysis）將所編訂之題目分析，如此可以知道這個測驗含有幾個因素，如，內外向、社會適應、自卑、領導等。曾氏心理健康量表（兪筱鈞、黃志成，民73）則以另一種方式編訂，該量表原編訂者曾氏（Zung）是一位精神科教授，並臨床工作多年，他在編憂鬱量表時，二十個題目都是根據臨床診斷標準上所常發現憂鬱病患最普遍的特質，例如，煩悶、食慾降低、體重減輕、性慾降低、便秘、激動、過敏等。

(三)性向測驗的題目

前已述及性向測驗可分爲二類，普通性向測驗的分測驗與智力測驗大同小異，不再贅述；至於職業性向測驗的題目，可依該種職業（如，機械、計算、校對等）的工作內容來編題目，以校對爲例，吾人可編句子的改錯題（亦即在一個句子中，指出錯誤的字來）100題，在限定的時間內（如，10分鐘）由受測者作答，不但要測量準確度也要測量速度。

(四)成就測驗的題目

成就測驗題目的編訂，通常是按照學習者的學習內容爲範圍，編擬題目加以測量。例如，我們要編一個國中數學成就測驗，可以將國中一年級至三年級數學課本彙集，如以六冊爲例，可在每冊各單元編題，每冊編20～30題，六冊可得120～180題，如此題目均能涵蓋各冊各單元，較具代表性，可以測量學習者之學習成就。

(五)興趣測驗

興趣測驗如爲一般興趣時，可依吾人一般生活、休閒活動加以編訂題目，然後再以因素分析法加以分析因素，題目類型如：

- ・我喜歡去博物館參觀。
- ・我喜歡打籃球。
- ・我喜歡登山。
- ・我喜歡集郵。

至於職業興趣測驗的題目可依欲測驗的職業中，其職業活動爲內容編題，如欲測驗「教師」的職業興趣時，可編下列之題目：

- 我喜歡教導學生一些知識。
- 我喜歡輔導行爲偏差的學生。
- 我喜歡從事研究，獲取新知識。
- 我喜歡參與學生的活動。

　　大學科系興趣量表在項目來源及編題時，建立各科系量尺包括以下四個內容取向：

- 各科系之研究課題；
- 各科系的研究方法；
- 各科系的相關科目；
- 畢業生所從事的研究工作、實際工作及就業機會(劉兆明等，民71)。

　　以上僅係簡單介紹五種常用的心理測驗之編題方式，一般而言，題目在編訂完成後，還需經過預試的過程，預試的目的在了解題目是否有語意不清、受測者的程度是否可以理解題意，以作爲修改題目的參考。

效度

　　筆者在從事心理測驗的實務工作經驗中，常常會被受測者問到一些問題：「心理測驗到底準不準？」、「作心理測驗有用嗎？」等，假使一位學生做了第一個智力測驗，結果智商爲115，另外做了一個智力測驗，結果智商爲95，這代表什麼？可能其中一個（或兩個）智力測驗都有問題──亦即無法測量出受測者眞正的智商。這種例子在非標準化過的學校考試最常出現，在某次的期中考（或期末考）後發現，對本科非常用功、有實力的同學，其分數低於不用功、無實力的同學（假設測驗情境均加以控制），這說明了考試的題目有問題，亦即無法眞正測量出受測者的程度。類似此種情形，是測驗效度（validity）的問題，至於什麼是效度呢？

張春興（民80）在其所著的《張氏心理學辭典》乙書中指出：效度係指某種測驗之所能測出其所欲測定者功能的程度，稱為該測驗的效度。換言之，某種測驗在使用時確能達到其測量目的者，方為有效。

朱智賢（民78）在其所著的《心理學大詞典》乙書中指出：效度是測驗準確地測出它所要測量的特性或功能的程度。

由以上之說明可知，效度簡單的意義就是「該測驗能測量出我們所欲測量的特質」。基於此，吾人可進一步的說明：

- 就智力測驗而言，效度愈高的測驗，愈能準確的測量出受測者的智商，反之則否。
- 就性向測驗而言，效度愈高的測驗，愈能準確的測量出受測者的潛在能力，反之則否。
- 就人格測驗而言，效度愈高的測驗，愈能準確的測量出受測者的人格特質，反之則否。
- 就興趣測驗而言，效度愈高的測驗，愈能準確的測量出受測者的興趣，反之則否。
- 就成就測驗而言，效度愈高的測驗，愈能準確的測量出受測者的學業成就，反之則否。

因此，當我們要做心理測驗時，最好選擇效度較高的測驗。

至於效度應如何去衡量呢？效度有那幾種呢？吾人大致可分三方面來談：

㈠內容效度

內容效度（content validity）旨在檢驗測驗的內容，是否具有代表性（葉重新，民81）。例如，有人將「瑞文氏圖形推理測驗」當作智力測驗來用，這就缺乏內容效度了，因前已述及，智力應含有許多因素，如，語文理解、語句流暢、數字運算、空間關係等等，而該測驗僅「圖形推理」一項，故缺乏代表性；而有名的魏氏兒童智力量表，共有十二個分測驗（含替代測驗），包括：常識、類同、算術、詞彙、理解、記憶廣度（以上六者屬語文量表）、圖形補充、連環物系、圖形設計、物形配置、符號替代、迷津（以上六者屬作業量表），由此可知，若欲測量兒童的智力，魏氏兒童智

力量表應比瑞文氏圖形推理能力測驗更具內容效度。在學校的考試中，例如，期中考的範圍有6章共200頁，若出四個申論題（或問答題），則其題目分佈可能來自四章，另有二章沒有題目，這種考法的內容效度也不好；若在200頁的考試範圍中，出50題選擇題（或是非、填充題），平均每四頁會有一個題目，如此內容效度就比四個申論題的型式好了。

(二)效標關聯效度

效標關聯效度（criterion-related validity）是指一個測驗，在預測個人某些特殊活動表現的有效程度（葉重新，民81）。例如，某測驗專家編製一份智力測驗，他選擇資優班、普通班、啟智班的三組學生作為效標，結果發現三組學生智力測驗的結果，以資優班的學生智商最高，其次是普通班學生，而以啟智班的學生智商最低，如此表示此測驗具有一定的效度。

(三)建構效度

建構效度（construct validity）是係指一個測驗能夠測量理論的建構或特質的程度（葉重新，民81）。例如，吾人要編一個智力測驗，可依智力理論中賽斯通的多因論來編，因此，建構效度也是內容效度之一，只是內容不以課程為準，而以理論內容為根據而已（張春興，民80）。

信度

如果我們在家裏用體重計測量體重，第一次踏上去測量時，體重為六十公斤，經過三分鐘後再測一次，體重變成五十五公斤了，這時我們可能覺得體重計壞了，因為它測量體重時，其結果是不穩定的。如果我們做心理測驗時，也發現這種前後不一致的現象，那就是信度（reliability）的問題，至於什麼是信度呢？

張春興（民80）提及：信度顯示測驗可靠的程度。測驗信度表現於兩方面：

・信度是測驗結果的一致性，指相同個體在不同時間受測結果的一致性或穩定性，一致性愈高，即表示信度也愈高。

- 信度是測驗結果能反映出接近眞實量數的程度，亦即精確性，測驗結果愈精確，誤差愈少，即表示信度愈高。

朱智賢（民78）認爲信度就是可靠性，指一種測量對相同被試者再次測量時，引起同樣反應的程度，或兩次測量結果的一致性程度。

由以上兩個定義可知：信度就是個體在不同時間（如，二週或二個月）接受相同的心理測驗，其結果的一致性（或穩定性、可靠性）。基於此，吾人可進一步的說明：

- 一個人表現在信度高的智力測驗上，其智商應該有一致性。
- 一個人表現在信度高的性向測驗上，其潛在能力應該有一致性。
- 一個人除非遇有重大事件（如，親人死亡、感情受挫、結婚、失業……），其表現在信度高的人格測驗中人格特質，應有一致性。
- 一個人表現在信度高的興趣測驗中，各種生活或職業興趣應有一致性。
- 一個學生表現在信度高的學業成就方面的學習成果，應有一致性。

因此，當我們要做心理測驗時，最好選擇信度較高的測驗。

至於信度應該如何去衡量呢？信度有那幾種呢？吾人可簡單的舉幾種方法來說明：

㈠再測信度

再測信度（test-retest reliability）是指一份測驗在不同的時間（通常相隔兩週至二個月）對同一受測者施測，由此二次結果，可看出其一致性。一般而言，再測間隔時間愈短，信度愈高，反之則不然。

㈡複本信度

複本信度（alternate-form reliability）是指編製相同性質、內容、型式、題數、難度的測驗二份，再對某一個體實施此二份測驗，由其結果吾人即可知二份測驗的一致性如何？

(三)折半信度

折半信度（spilt-half reliability）指在測驗實施時，將題目分為兩部分（如，奇數與偶數題）計分，即可知此二份測驗之一致性如何？

常模

一般而言，吾人在心理測驗所得到的結果（分數）通常叫做原始分數（raw score），原始分數並沒有意義，例如，某生在智力測驗中的推理能力測驗得10分，10分又代表什麼呢？實無任何意義，它一定要對照一個參照標準才能知道10分是中上呢？還是中等？還是中下？在一般學校考試也是一樣，例如，某生期中考心理學得75分，至於75分到底好不好呢？一定要參照全班其他同學的得分，才能下定論。因此，在編心理測驗時，通常會編一個常模（norm），藉助於常模，我們才能將原始分數意義化。

(一)常模的意義

常模是解釋測驗結果的參照指標，它的製定是依據測驗適用對象總體的平均成績，其可信度取決於樣組的代表性和可靠性，一般地說，樣組容量越大，取得的常模越可靠（朱智賢，民78）。

心理測驗的常模是以一個代表性組別在某一測驗上之實際成績而建立的，所以它代表標準化樣本之測驗成績，也是比較測驗成績的標準（葉重新，民74）。

由上可知，常模係以一組具有代表性的樣本，在某一測驗上之實際成績而建立的，是解釋測驗結果的參照指標，樣本組的人數越大，通常越具可靠性。

(二)常模的種類

在編製測驗時，常因各種測驗的性質不同，而編有不同的常模以供對照，較常見的常模有：

區域常模：若建立常模之樣本隨機取自全國，則所建立的常模自然為「全國常模」，此常模適用於全國與該樣本性質相同的受測者；若建立常模之樣本隨機取自某區域(如，台北市)，則所建立的常模自然為區域常模(如，台北市常模)，此常模僅適用台北市，至於台灣省、高雄市則不適用。

年齡常模：人類發展，無論是智力、語言、認知、人格、社會行為等等，通常與年齡有關，亦即隨著年齡的增加，透過外在的環境與內在的成熟，會有些變化，所以在心理測驗的編製過程，常常會建立年齡常模，一般而言，較常編訂年齡常模的心理測驗包括：智力測驗、性向測驗、人格測驗等，通常是一歲建立一個常模，但在幼兒期因發展快速，很多測驗均每半歲建立一個常模。透過年齡常模的對照，我們就可了解受測者的心理年齡發展如何？是超前呢？還是與實足年齡相當？還是落後？

　　性別常模：在人類的心理特質中，有部分會因性別而有差異，如，人格、性向、興趣等，所以在編製測驗過程，常常會建立性別常模以供參照，一般而言，較常編訂性別常模的心理測驗包括：人格測驗、性向測驗、興趣測驗等。

　　年級常模：在教育成就測驗上，常需編製年級常模，例如，某國小三年級的學生，他做完「國語成就測驗」後，經批閱、參照年級常模，可能得到下列之結論：「他的國語成就剛好在三年級的水準」、「他的國語成就已達四年級的水準」、「他的國語成就僅達到二年級的水準」……，如此吾人可得知該生在學習國語課程後的成就如何。

指導手冊

　　編製心理測驗時，為了讓使用者正確使用，有必要編製指導手冊，一般而言，指導手冊的內容至少會涵蓋下列幾個方面：

　　測驗的來源：告訴使用者，測驗的來源是作者自編的或是修訂自國外的心理測驗，以瑞文氏圖形推理測驗系列指導手冊（俞筱鈞，民81）為例，即說明了該系列測驗係源自英國瑞文（Raven）及其後繼者所編的Raven's Progressive Matrices。

　　編製（修訂）經過：說明該測驗編製的過程，如係修訂之測驗，也說明該測驗修訂的過程。

　　信度與效度：說明該測驗信度及效度研究過程，使用何種信度、效度研究，以及信、效度各多少，如此可讓使用者參考，一般而言，信度及效度越高的測驗越好。

　　項目分析（item analysis）：有些測驗會針對每一個題目的性質（如，

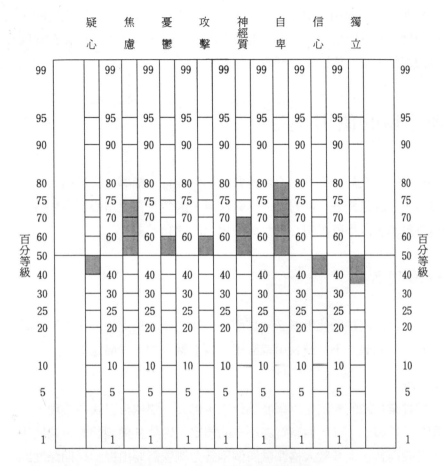

圖10-2　人格測驗之側面圖

難度、鑑別度、因素負荷量等)，作項目分析，藉以了解題目的特性。

　　常模的建立：介紹編製常模的過程，包括：樣本的選取、施測的經過、建立何種常模等。

　　結果的解釋：大多數的測驗，都會對測驗結果的解釋作說明，這也是標準化過程的一部分，讓主試者在為受測者解釋時有所遵循。

　　施測時的指導：讓主試者在施測時有所依據，例如，指導語的使用、施測時有無時間的限制、例題的說明，以及其他應注意的事項。

　　計分：告訴主試者在測驗結束後，如何批閱、計分，如何將原始分數對照常模。

　　側面圖：根據常模的對照後，通常心理測驗會在答案紙上另行設計側面圖，將測驗結果畫在側面圖上，會使結果更為一目了然，(**圖**10—2)　表

示某人格測驗之側面圖。由此圖可知,受測者的「自卑」百分等級為80,代表自卑感重,在100個人中,自卑程度超越了80人,其他人格特質在此圖表現得很清楚,這是側面圖的好處。

心理測驗的使用

心理測驗乃在評量個人的心理特質,以供教育、輔導、職業或其他方面的參考,若評量錯誤,則對個人影響甚巨,因此,在使用心理測驗時,必須格外謹慎,以下就說明心理測驗使用上的問題。

測驗的使用者

一般而言,測驗的使用者必須具備專業知能及專業道德,才能扮演好自己的角色,測驗才不會被誤用或濫用,以下就分別加以描述:

㈠專業知識

具體專業知識的認定是以學歷為代表,世界各國依自己國內心理學、心理測量學發展的不同,而有寬嚴不一的規定,當然各種測驗的專業度也不一,一般而言,大多數人格測驗與個別智力測驗需要由接受長期深度訓練與經驗者方能適當使用,而教育成就測驗或職業測驗其所需的專業訓練程度可以稍微較低(葉重新,民81)。因此,有些國家規定個別智力測驗的使用者必須具備心理學博士學位,相信在其他測驗的使用者,有的需具備心理學碩士、教育學碩士或輔導學碩士學位,當然也有一些國家可能規定大學相關科系畢業即可。除了具體的認定學歷外,有的國家只規定必須選修心理測驗相關科目若干學分以上,目前我國對心理測驗的使用者並沒有一個明確的規定,不過有一出版(售)單位即規定使用者必須修習心理測驗相關課程六學分以上。

(二)臨床經驗

心理測驗使用者的養成教育除了注重專業知識外，臨床經驗也非常重要，因此在修習課程時，就必須在相關單位實習，由學生向資深的心理測驗使用者學習，經過觀察、旁聽、角色扮演、實際演練後，可不斷地檢討與修正，最後才能成為一個正式的心理測驗的使用者，如此才能有效的執行其角色任務。

(三)專業道德

心理測驗使用者的專業道德大致上來自兩方面，一為對測驗內容的保密，如果測驗內容外洩太嚴重時，可能會影響其效度，尤其是智力測驗、性向測驗和成就測驗，可能受測者在未實施測驗之前，即已知道全部或部分題目，如此將造成測驗的不準確性，故測驗的使用者既然知道測驗內容，即有保密的義務，以維持測驗的效度；二為對測驗結果的保密，心理測驗的內容常涉及個人的隱私（尤其是人格測驗），測驗的使用者既然知道受測者的結果（或隱私），即有保密的義務，否則對受測者可能造成很大的傷害。

(四)服務的熱忱

實施心理測驗，通常具有服務性質，亦即幫助受測者了解自己的心理特質或幫助機構了解受測者的狀況，所以測驗的使用者是否具有服務的熱忱，常常會影響結果，例如，是否認真執行施測過程？是否正確的批閱測驗結果？是否好好的為受測者解釋測驗結果等。

此外，測驗的使用者在實施測驗之前，不要忘了先跟受測者建立良好的關係，以爭取合作，確保測驗結果的正確性；同時，在實施測驗時，對測驗的情境（setting）亦應做好控制，有關情境的問題，容後再描述。

受測者

對於測驗結果的準確性，前面一再強調信度效度之重要性，現在則再提出受測者的因素亦是影響測驗結果的關鍵，以下就針對此一問題提出說明：

動機：受測者如果對此測驗之動機強烈，相信更有動力好好完成；反之，缺乏動機？胡亂應付做完測驗，結果不正確，更誤導測驗使用（主試）者的判斷。

合作與抗拒：若受試者與測驗使用（主試）者保持合作關係，比較會盡力回答問題；但若受測者對測驗或主試者產生抗拒，相信不會好好做答，如此就影響結果了。

生理狀況：測驗時，若受測者疲勞，甚至於生病，則會影響測驗結果，因此，若測驗使用者發現此種情況時，應停止此一測驗，擇日再測。

情境

測驗時的情境亦是影響測驗結果的關鍵之一，有關測驗情境的問題，擇其要者說明如下：

安靜：不管是團體測驗或個別測驗，在測驗場所的要求力求安靜，以免受測者的思考受到干擾，以致於影響結果。

光線：測驗場所的光線要適中，讓受測者舒適作答，光線太強、太弱均會影響測驗結果。

溫度：測驗場所的溫度要適中，讓受測者舒適作答，太冷或太熱均會影響測驗結果。

空調：測驗場所的通風要良好，完善的空調設備，讓受測者頭腦保持清晰，更能好好作答。

團體測驗的人數：團體測驗的好處是在同一個時間可以完成多人的測驗，但若團體人數太多，則會互相干擾，影響結果，一般而言，團體測驗的人數以不超過三十人為原則，但國小低年級學生及幼稚園幼兒最好不要採用團體測驗。

出版公司

　　測驗的編製，必須由心理專家為之；但測驗編好了以後的發行問題，則是出版公司的事，對出版公司的角色而言，一方面希望發行量越大越好，二方面要求測驗不被濫用，是一個兩難的問題，為了讓測驗更能有效的使用，出版公司必須注意下列幾點：

㈠只售給專業人員

　　出版公司不可一昧的追求利潤而來者不拒，若售給非專業人員，可能造成誤用或濫用，只有專業的測驗使用者，才能有效的使用測驗，並遵守測驗倫理原則。

㈡保密

　　出版公司對每一測驗的內容必須嚴格保密，不可以測驗內容作廣告，以免影響測驗的效度。

㈢修訂常模

　　測驗的常模一旦編訂完成，均有一使用年限，因為人的特質常會隨時間、文化、環境等因素而改變，故應定期督促測驗的編製者修訂題目及常模，以因應新時代之需，一般而言，測驗常模的使用以不超過十年為原則，若超過十年而常模未修訂，出版公司應主動停止再出售此一測驗。

測驗的解釋（分析）

　　除非用於研究或人事甄選上，測驗的結果通常需要向受測者解釋或作更詳盡的分析，純粹的解釋測驗結果，可以讓受測者知道現況，給受測者一個參考或建議，然筆者更強調測驗可運用於輔導上，如此對受測者的幫助會更大，至於輔導上應用測驗應注意那些事項呢？筆者（民72）提出下列幾個方向來探討：

㈠測驗結果與個人資料的解釋

　　儘管測驗之解釋必須客觀，但許多個人基本資料，如，性別、年齡、

家庭狀況、生活史、求學經過等,如能參照運用,則對測驗結果之解釋會更具體。例如,人格上的問題因何而起,應從個案史裏加以了解;有關職業的輔導,如能考慮到家庭狀況、父母親對他的期望及就讀科系等,則比較不會太過於理想化及理論化。

(二)各種測驗都有一些限度,加上一些測驗時人為的與環境上的因素,我們不太可能過分相信測驗的結果

而且我們也難以將一個人的各種特質(如,人格、興趣等)用幾個數據來表示,因此,除了個人資料外,我們仍需運用其他資料來佐證,才不致於做出錯誤的判斷,輔導個案時,將更得體。以下就幾種測驗應用在輔導時,所必須注意的事項提出討論:

人格測驗:一個少年犯(或虞犯),他可能為了獲得減刑或減少保護管束的時間,在做人格測驗時,他會就認為有利的情況作答,因此觀護人必須多從面談中,運用諮商技術去了解,加以求證資料的可靠性;導師輔導學生,亦可從學生日常言行加以觀察,再配合測驗之結果聯合運用。輔導員在輔導個案時,若沒有讓個案做人格測驗,輔導員可能需要從「建立關係」開始,然後運用各種會談技巧,知悉個案的狀況,但有了測驗結果做參考時,輔導員所要了解的,個案往往已經直接或間接地表露在答案紙上了。

智力測驗:解釋智力測驗結果時,最忌的是只給受試者一個「智力商數」,由於受測者對測驗及智力商數的真義並不一定了解,就給他的智力定一個「數據」,可能有誤導的現象。為使受測者易於了解,解釋智力測驗的結果似可再用「百分等級」的觀念來說明,如此受測者可以易於察見本身在一般人中所處的位置。更重要的是應分析所有的分測驗,解析受測者在各分項的個別能力,給受測者知道他的能力在那些方面較強?那些方面較弱?如何與學科或就讀科系配合運用,如此才有積極的作用。此外,對於測驗智商較低的受測者,應避免給他一個標記(labeling),使受測者產生自卑的心理。

性向測驗:性向測驗在解釋時與智力測驗大致相同,其目的在發掘受測者的潛在能力,施測者的責任在幫助受測者找出潛能的所在,協助受測者在選擇就讀科系、接受職業訓練的依據。對於各項能力較差的受測者,

也要婉轉的說明「天無枉生之材」，在可能的範圍，建議他未來較可能發揮潛力的途徑。

興趣測驗：一般興趣測驗的結果，可以提供受測者在休閒活動的參考，職業興趣測驗的結果，則可提供受測者未來選擇職業的依據，在解釋時，應配合受測者個人的身心狀況、家庭以及就讀學校、科系等情形，可有較完整的建議。

成就測驗：解釋成就測驗，旨在告訴受測者在學習後各科的表現，可作為升學或就業的依據。對於較差的科目，並可作補救學習的參考。如果老師為了教學的需要，而為學生做成就測驗，亦可作為補救教學的依據。

(三)各測驗間的相互運用

輔導個案只作一種測驗往往是不夠的，兩種以上的測驗結果往往更增加其客觀性；有些個案對測驗有興趣、有信心，他也願意多做一些測驗，以便更深入的了解自己，在這種情況下，對於各種測驗之解釋應相互運用，而非獨立的，以下就舉例分別說明：

智力與職業興趣測驗：智力高者，可從事較高層次的工作（如，專業性、技術性工作）；智力低者，則僅能從事較低層次的工作，例如，某人的職業興趣是「農業」，高智商的將來可能求得農學學士、碩士或博士學位，成為農業研究員、大專教授、職校教師等，中智商的，將來可就讀高級農業職校，發展為實務技術工作者，低智商者國中、國小畢業，將來只能當農夫。

人格與職業興趣測驗：人格特質屬外向的、社會適應好的，將來可從事外勤的、需與人接觸的工作；人格特質屬內向的，將來可從事辦公室的工作；人格特質屬社會適應不好的，將來可從事較不與人接觸的工作，例如，某人的職業興趣是機械，如果他是外向的，可擔任銷售工程師、主管，如果他是內向的，社會適應不好的，可擔任機械操作員等。

興趣與性向測驗：此二種測驗資料和職業有密切關係。有些人在選擇職業時，只注意到興趣，但若只「喜歡」做，而沒有適當的性向（潛在能力），恐難有成就，有興趣如能再配上好的能力那是最理想的，例如，某人興趣當老師，但如果學識不夠好，表達能力差，如此只能誤人子弟了，相反的，若是學識好，表達能力佳，將可勝任老師的工作。

以上只是舉數例參考，說明各種測驗在解釋時有其關聯性，如此能更有效的輔導個案。

國內測驗簡介

以下列舉國內較常使用的心理測驗供參考：

㈠智力測驗

■ **比奈西蒙智力量表**（第五次修訂）
測驗目的：評量受試者的普通認知能力
適用範圍：三～十八歲

■ **加州心理成熟測驗**（第五種）
測驗目的：評量受測者的心理成熟水準
適用範圍：國中三年級～成人

■ **魏氏兒童智力量表**
測驗目的：評量受試者的普遍認知能力
適用範圍：六～十五歲

■ **瑞文氏圖形推理系列測驗**
測驗目的：評量受試者的推理能力
適用範圍：六～十五歲

㈡人格測驗

■ **小學人格測驗**
測驗目的：評量受試者的個人和社會方面的適應狀況
適用範圍：國小四～六年級

■ **少年人格測驗**
測驗目的：評量受試者的個人和社會方面的適應狀況
適用範圍：國中一～三年級

■ **田納西自成概念量表**

測驗目的：評量受試者自我概念的概況，以衡量個人自我概念結構之特性

適用範圍：十二歲以上

■ **基氏人格測驗**

測驗目的：評量受試者的人格特質

適用範圍：國中、高中、大專學生

(三)性向測驗

■ **大學系列學業性向測驗**

測驗目的：評量大學生學習學校的基本技能

適用範圍：大學一～四年級學生

■ **學校能力測驗**(水準一)

測驗目的：評量受試者的普通心理能力，包含語文、數學和抽象推理能力。

適用範圍：幼稚園中班～國小二年級

■ **區分性向測驗**

測驗目的：評量八種性向

適用範圍：國中、高中、大專

■ **青年性向測驗**

測驗目的：評量七種性向

適用範圍：大專

(四)興趣測驗

■ **白氏職業興趣量表**

測驗目的：評量受試者之職業興趣傾向

適用範圍：國中二年級～高中三年級

- 我喜歡做的事（職業興趣量表）
  測驗目的：測量受試者的職業興趣
  適用範圍：國中以上學生～成人

- 庫德普通興趣量表
  測驗目的：評量受試者之職業興趣
  適用範圍：國小六年級～高中三年級

- 蓋氏圖畫式興趣量表（男、女用）
  測驗目的：評量受試者之職業興趣
  適用範圍：國中一年級～高中一年級

(五)成就測驗

- 國民中學化學科成就測驗
  測驗目的：評量國中生之化學科的學習狀況
  適用範圍：國中二、三年級

- 國民中學物理科成就測驗
  測驗目的：評量國中學生之物理科的學習狀況
  適用範圍：國中二、三年級

- 國民中學英語科成就測驗
  測驗目的：評量國中學生之英語科的學習狀況
  適用範圍：國中一～三年級

參考書目

中國測驗學會（民72）：《青年性向測驗指導手冊》台北：行政院青年輔導
　　委員會發行，10。

朱智賢（民78）：《心理學大辭典》北京：北京師範大學出版社。

邱大昕、張珖玲、陳易芬及許月雲譯（民81）《心理學》：台北：心理出版
　　社。

俞筱鈞及黃志成（民73）：《曾氏心理健康量表指導手冊》台北：中國行為
　　科學社發行。

俞筱鈞（民81）：《瑞文氏圖形推理測驗系列指導手冊》台北：中國行為科
　　學社。

張春興（民80）：《張氏心理學辭典》台北：東華書局。

黃志成（民71）：《從測驗理論談大學聯考的缺點》《測驗與輔導雙月刊》
　　54，877～878。

黃志成(民72)：《輔導上應用測驗應注意的事項》。《測驗與輔導雙月刊》，
　　57，966～967。

葉重新（民72）：《論文式測驗之優劣及其改進之道》《測驗與輔導雙月刊》
　　57，959～960。

葉重新（民74）：《心理測驗》（五版）。台北：大洋出版社，45。

葉重新（民81）：《心理測驗》。台北：三民書局。

劉兆明、余德慧、林邦傑（民71）：《71年版大學科系興趣量表手冊》。張
　　老師出版社。

凱倫、荷妮 (Karen　Horney,1885-1952)

是佛洛伊德主義的修正者，是基
慮的創始人，亦是社會心理學的先驅
也是女性心理學家中最具有傑出貢
獻的人。

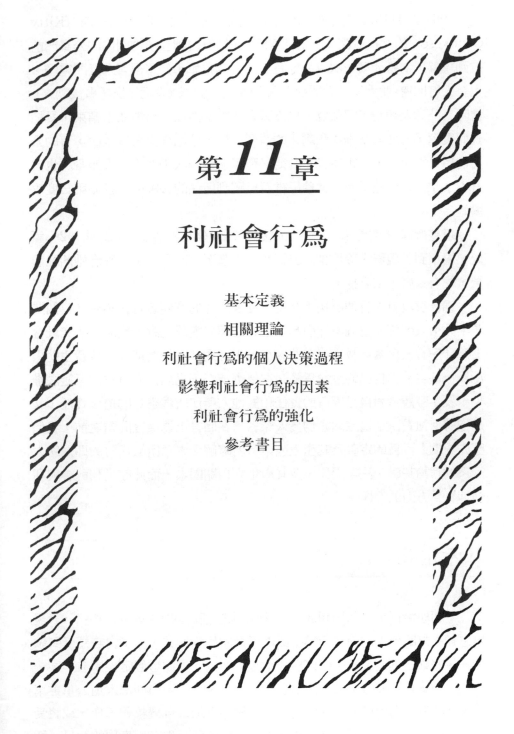

第11章

利社會行爲

1964年3月13日美國紐約市的皇后區，有一位名叫珍尼維西（Kitty Genovese）的女孩於深夜下班回家時，在她紐約國立植物園內的公寓門前遭到攻擊，當暴徒第一次攻擊她時，她大喊救命，公寓裡有人打開電燈，也有人打開窗，並大叫「放開那女孩」，暴徒於是被嚇跑了。根據事後調查，當時有38個人聽到了呼救聲，但沒有人報警。然而，事情並未結束，暴徒去而復返，再度攻擊她；和剛才的情形一樣，珍尼維西大喊救命，有的公寓窗戶又打開了，燈也亮了，暴徒又跑了。這一次仍然沒有人報警，也沒有人下來幫助珍尼維西。當珍尼維西已爬到所住的公寓前，暴徒第三度攻擊她。

　　這整個過程共歷時35分鐘，最後到3點50分時警察才接到報告。2分鐘後，警察到了現場，珍尼維西已經死了！甚至一直到救護車載走她的屍體後，才有鄰居出來查探。

　　為什麼沒有人肯伸出援手？這一受害事件的旁觀者有何感受？這個問題十分令人困惑。這個案件引起了社會心理學家的注意，也開始研究社會上為什麼有人會奮勇救人，有些人卻袖手旁觀？在什麼情況下會產生助人行為，甚至不顧自己的生命危險？在什麼情況下見到他人有難卻又避之唯恐不及？旁觀者對自己應有的責任和對他人所作所為應負的道義責任，又是抱持何種看法？這些問題均發人深省。在回答上述這些問題之前，我們應先對助人行為的定義及其產生因素有所瞭解。本章所欲探討的即是助人行為的理論基礎、決定過程、及其產生之相關因素，而此亦是利社會與利他性行為方面的問題。

基本定義

　　「利他性行為」（altruism）係指在未存任何回收報酬的期待下，表現出志願去幫助他人的一種行為；此處所指的報酬形式，除了自身感受到做了一件好事之外的報酬，任何形式均包括在內。依據這個定義來看，某一行為是否具有利他性，乃視幫助者的意圖而定。陽明山仰德大道公車煞車失靈導致重大傷亡現場，許多過路者紛紛停車加入車禍救難工作，或將受傷者載至醫院，然後不留姓名的離去。類似此種陌生人所表現的就是一種

利他性行為；再如許多捐款者定期濟助某些特定對象而不求任何回報亦屬之。

「利社會行為」(prosocial behavior) 所包括的範圍較為廣泛。利社會行為包括任何自發性的幫助他人或有意圖地幫助他人的行為，而無須去考慮幫助者的動機。因此，許多利社會的型態並不能歸屬於利他性行為。舉例來說，一個企業家提撥數千萬元成立某一慈善基金會，其目的之一即在提昇個人或企業形象，類此行為雖屬利社會行為，然嚴格論之，其行為的發生係別有用心，並不能歸之於利他性行為。因此，利社會行為所包括的範圍甚廣，吾人可視利社會行為為一連續向度，自毫無私心的利他性行為到純由個人私利所引發的助人行為皆屬之。

至於在對於助人行為方式的研究上，心理學家著重在三方面，第一種也是最普遍的一種乃是一般人對陌生人遭到困難而需要他人幫助時的行為反應方式；另外一種行為包括犯罪行為的阻止和取締；第三種則是個人符合社會規範、非偏差之利社會行為反應。無論何種助人行為方式，依上述對於助人行為所下之定義，本文的重點置於利社會行為向度中利他性的這端，亦即是給予幫助行為立即的報酬較少的情境上（黃安邦編譯，民75；劉安彥，民75)。

相關理論

社會上許多自私自利的行為往往聞之令人義憤填膺，惟犧牲自己、勇於助人的事蹟卻又歷歷在目，1992年5月15日健康幼稚園火燒遊覽車事件中，林靖娟老師捨己救人的義舉廣為國人所稱頌即是一例。然而助人行為何以發生？雖然現有對此種行為的理論解釋仍屬有限，但仍可自三個廣泛的理論觀點進一步分析研究。

社會交換論

從社會交換論 (social exchange) 的角度來看利社會行為，人與人之間的互動乃是依據所謂「社會經濟學」為其指導原則。我們不僅交換物質

財貨與金錢，同時也包括各種社會財貨如，愛、服務、訊息、地位等。因此，我們事實上在探用「極大極小」的策略（minimax strategy），也就是說以極小的代價來獲取極大的報酬。社會交換論者認爲一般人對於成本與效益間所做的考慮往往可以用來預測一個人的行爲。因此，假如我們在餐廳停車場看到停了一輛開著大燈的車子，我們可能將車牌號碼轉告餐廳服務員去處理而非花費相當多時間自己找尋車主。電話變更時，我們較可能將聯絡電話通知親朋好友，而非較不熟識的朋友。再看看捐血行爲，到底此種成本效益理論如何解釋個人的決策過程？假設你的學校來了一部捐血車，學校當局並鼓勵學生踴躍捐血，這時你很可能在心中衡量捐血會有那些損失（如，疼痛、費時、疲倦），不捐血會有那些損失（如，罪惡感、社會壓力），捐血有那些好處（如，爲善、免費的小點心），不捐血有那些好處（如，省時、避免不舒服）。在權衡各種得失之後，你會作出是否捐血的行爲。因此對於社會交換論而言，每個人的日常行爲事實上即受到成本效益之間推拉的影響。基於這種論點，助人行爲可能是個人權衡利弊得失後所做的決定。

社會交換論者認爲人們行善的動機可能爲外在的，亦可能爲內在的。公司老闆可能透過捐款給慈善機構來提昇企業形象；小孩爲了得到大人的獎勵而作出符合大人期許的行爲，此等行爲皆希望獲得一些外來的好處或者討好我們所喜歡的人，凡此皆屬外在動機因素。行善的動機因素亦可能源自於內在的，一般人在看到別人受折磨時往往感到焦慮不安，如果助人度過難關可幫助自己免除罪惡或不愉快，則此即屬於內在的行善動機。所謂「助人爲快樂之本」即是爲了使自己感到快樂於是樂善好施。

社會交換論的學者並不否認全然利他性的助人行爲，而只是偏重於利害關係的分析。此派學者雖然承認動機與行爲兩者間的關係很難清楚釐清，惟其認爲一般人的許多助人行爲並不完全只是爲助人而助人的，而且在某些場合裡，有些人「見死不救」、或對求助者「視而不見」並不意味著這些人士冷漠不關心。這些人未採取助人行動很可能是其評估自己力不從心、會給自己帶來更多的麻煩、或遭致個人相當的損失所致。當個人評估助人行爲帶來的「失」遠超過「得」時，利他性行爲出現的可能性亦將是相對降低（Myers,1988；劉安彥，民75）。

社會規範論

　　根據倫理道德規範，助人乃是社會通則或社會規範的一部份。兩種社會規範對於利他行為的增強有相當的影響，此二種社會規範即是「相互性規範」(the reciprocity norm) 及「社會責任規範」(the social-responsibility norm)。以下即分述此二規範的核心概念（黃安邦編譯，民75；劉安彥，民75；Myers,1988）。

(一)相互性規範

　　社會學家高登那 (Gouldner,1960) 認為相互性規範乃是一種普遍性的道德守則，「我們應幫助那些曾經幫助過我們的那些人」。雖然有時我們的付出遠超出我們所實際得到的，然而我們會在日後慢慢回收，並總會達到平衡。許多研究亦已證明，人們較可能去幫助那些曾協助過自己的人，因為人們總認為接受別人協助即是欠別人一份情，而總希望在適當時機還債或甚至加倍奉還。同時在許多不同文化中亦看到相互性規範的適用性。例如，民意代表平常熱心公共事務，即希望日後選舉時能夠得到曾經受助者在選票上的回應。然而，相互性規範亦常受一些情境影響，施恩之大小為其中一因素，例如，人們回報較大犧牲或較大恩惠的機率遠高於回報較小恩惠者。另外，人們對於助人者的動機的歸因過程亦不容忽視。倘若原來的幫助被認為是有意的並且是出於自願的時候，那麼日後得到善意回應的機會亦自然會提高。一些研究亦已證實，受試者只對有恩於己的特定對象施予回報，但並不特別提供幫助給不相干的人。值得一提的是，相互性規範適用於權力結構較為平等的互動體系中，亦即適用於那些非屬弱勢或依賴團體者（如，小孩、殘障者等）。在較為平等的權力結構下，人們較可能回報那些曾經幫助過我們的對象。

(二)社會責任規範

　　「相互性規範」明確指出社會關係中的「給」與「取」，然而相互性規範不足以解釋為什麼德雷莎修女終身奉獻於窮苦落後地區？亦不足以解釋證嚴法師募款建造醫院、戮力社會公益的善行義舉。類似此種幫助需要幫助的人，而不祈求未來任何回報的理念即是「社會責任規範」。在許多宗教

教義及道德禮儀上我們經常可以看到類似「我們應該幫助那些需要幫助的人」的精神，有時此種理念甚至被制定成法律，例如，許多國家均針對受虐兒童明定「責任通報制」，規定各相關工作人員若懷疑或發現孩童受虐時，均應立刻向兒童主管單位舉報，以確實保護兒童，預防受虐事件的發生或避免受虐情形的持續。

雖然一些研究指出人們經常期望去幫助需要者——即使助人者為匿名或不期望獲得任何社會報酬，然而，在實際生活中，我們經常可以發現人們會選擇性的運用社會責任規範，人們會選擇性的去幫助那些非因自己疏忽所形成的需求。而此種規範即是：給予人們其所應得的。假如受助者是因自然災害或非個人過錯所形成（如，颱風過境造成農產品受損或捷運施工造成房屋毀損），則必須盡全力予以協助。假如受助者是因懶惰或缺乏遠見而形成他們自己的問題，那麼他們所該獲得的誠屬有限。人們對於不同對象的反應常須視問題本質而定。假定我們認為受助者的需求乃是立基於不可控制的災難，我們即會提供協助。假定我們認定受助者的需求乃是個人錯誤選擇的結果，基於公平原則我們將儘少提供協助。畢竟，那是個人抉擇所造成的結果。此種理念反應在福利事務上，包括國家應對無工作能力者給予社會救助；然而對於有工作能力者應施予職業訓練與就業輔導，強調「以工代賑」之原則，避免造成福利依賴等。

為了進一步了解人們對於責任歸因的判斷並做選擇性的協助，伯克維茲（Berkowitz,1969）曾做了一個相關性的實驗。在他的研究裡，受試者被安排監督二名同性同僚做疊紙墊的工作，受試者的主要工作是給予他們二人工作方面的指示，並提供需要的相關器材。如果工作者需要協助，受試者可自行決定是否提供協助。當受試者給予二人相關指示之後，受試者接到工作者寫的字條，一種是內在歸因的情況，上面寫道：「在開始階段，我把這份工作估計的太容易了，因此目前實際成果較原先預期目標落後甚多，我實在太大意了，請你幫我疊一部份好嗎？」受試者接到的另一種字條是外在歸因的情況，上面寫道：「實驗者給我的紙是錯的，因此我的成果才會較原定進度慢很多，這次不是我的過錯，是實驗者造成的，請你幫我疊一部份好嗎？」結果發現，受試者幫助內在歸因的工作者平均疊了5.35堆，幫助外在歸因的工作者平均疊了7.47堆。由此可知，由於自身的疏失而必須有求於他人時，其所能獲得的協助會少於非屬於自己過失者。自我的

疏失會導致他人不易產生社會責任規範的意識感，進而提供較多的協助。

　　由上可知，「個人責任感」此一意識的增加確實會提高個體利他性行為的可能性，許多的宗教教義和道德禮儀更強調幫助他人的職責，然而，實際助人行為的發生卻受到助人者主觀性的評價，助人者往往傾向於幫助那些「值得幫助的人」(helping those who deserve helps)，特別是非自己能力所能控制或非出自個人的缺失時所形成的問題，也因此個人的助人行為事實上常常是選擇性的、含有道德價值判斷的。

社會生物學論

　　近年來，有些學者認為助人行為乃是一種天生的本質，與生物遺傳有關，這種觀點是謂社會生物學論 (Sociobiology)。這些社會生物學家強調生命的本質乃在基因的延續 (gene survival)，助人者常以其親族為主要救助對象 (kinship selection)。試想一隻雄鳥飼養六隻雛鳥的例子，每一隻雛鳥有半數的基因來自其雄性親代。總加起來六隻雛鳥就具有雄性親代基因的三倍，若此雄鳥犧牲自己去保全牠的雛鳥，則其基因庫 (gene pool) 仍然存在且數倍於其親代。因此，此亦可用來解釋為何父母親會將小孩的福利遠置於個人福祉之前，父母親對小孩的付出遠勝於小孩日後對父母親的回報，而此最重要的關鍵即是父母認為小孩承襲了父母親族的香火，是家族的「繼承人」。因此，社會生物學家認為助人行為背後的隱含動機即在種族持續生存和繁殖後代。

　　除了對那些在遺傳血緣與自身最親近者最容易表現利他行為之外，社會生物學家特利弗 (Trivers,1971) 另提出雙向或相互的利他行為 (mutual or reciprocal altruism)。特利弗指出利他性行為的接收者可從受助行為中獲益。助人的行為不僅增加受助者的生存機會，同時助人者亦同樣獲益。換句話說，假如A拯救B，那麼將來B拯救A的機會就會升高，此即俗語「有恩報恩」之理念，因此助人是絕對利多於弊，而此種效益往往在日後才會顯現出來。愛伯哈德 (Eberhard,1975) 亦認為助人行為對於種族延續有正面的功能。對於我們自己的親族，我們最可能幫助他們，然而，我們亦可能同樣幫助那些與我們關係疏遠或甚至毫不相關的人，凡此種種即在增強自己種族存留的機會。因此，個體的利他行為基本上是互惠的，是期望日

後得到相對應的回報。如果個體無法實踐「助我者吾亦助之」時，個體即可能會遭受來自團體的懲罰（如，施予壓力、孤立等），此種懲罰特別是在小團體中較容易看到。

上述觀點無論是以親族為主的助人或擴充至陌生人皆以種族延續為主要動機。對人類而言，有關利他行為是由遺傳所決定之「人類本質」(human nature) 的觀念，仍引發相當多的爭議。同時，截至目前為止，大部分的研究仍是以非人類的其他動物作為主要實驗對象，是否能充份解釋人類的利他行為則仍有待商榷（劉安彥，民75；黃安邦編譯，民75；Myers,1988; Perry&Bussey,1984）。

相關理論之比較

上述此三種理論觀點有其相似、相異處。事實上，我們可視此三種理論在理論層面上具有互補性。就解釋層面而言，「社會交換論」、「社會規範論」、及「社會生物學論」係分別以心理學、社會學、及生物學為其理論基礎，透過各種不同的學門，可協助他們自不同角度來看助人行為。在解釋利他行為方面，三種理論皆論及相互及內在導向的利他行為，惟各理論的詮釋略有不同。「社會交換論」係以助人的動機區分為外在（如，具體的報酬）及內在（如，沮喪、不安等情緒反應）；「社會規範論」則以其二主要規範加以區分，「相互性規範」強調互惠的過程，「社會責任規範」則帶有個人主觀價值意識成份。「社會生物學論」則強調驅使個體產生利他行為的最重要內在驅力為「親族延續」，然而個體亦可能透過外在相互的利他行為而達到親族延續的目標（請參見**表11-1**）。

表11-1　各種理論觀點的比較

理論	解釋層次	如何解釋利他行為	
		相互的利他行為	內在導向的利他行為
社會交換論	心理學	外在動機	沮喪─助人的內在動機
社會規範論	社會學	相互規範	社會責任規範
社會生物學論	生物學	相互的	親族延續

資料來源：Myers, 1988:455.

儘管大部分有關助人行為的研究並不直接檢視此三種理論的正確性，這些理論提供我們對於助人行為的預測方向，同時亦綜合歸納各種觀察而形成脈絡性架構。在此基礎下，社會心理學家更關心的是實際利社會行為會受到那些因素的促發？因此在下節我們開始探討影響利社會行為的決定因素，俾能更深入了解促發助人行為產生的相關因素。

利社會行為的個人決策過程

　　到目前為止，我們已對於利社會行為的定義加以釐清，並分從三種理論觀點檢視助人行為。但是，真正助人行為的發生卻必須考慮助人者決定去幫助他人的心理歷程，這其中即包含了社會認知與理性抉擇的複雜過程。任何利社會行為發生的首要條件即是可能的協助者 (potential helper) 知覺到有人需要幫助。其次，假使幫助確屬需要，個體將會分析是否需要提供協助，對他人陷入困境所做的歸因分析往往具有相當影響力。第三，個人會評量幫助與否所牽涉到的成本和酬賞。最後，個人必須決定提供何種型態的幫助，並且決定如何提供幫助。以下即從此四步驟說明個人利社會行為的決策過程。

知覺

　　無論是任何利社會行動，最重要的一個步驟乃是個體注意到發生了某件事。在某些情境裏，此種需求相當明確，例如，華航名古屋空難事件發生後，需要立即性的救難行動即是。對他人需要之察覺亦可透過需求者主動提出，例如，各大醫院常定期召募義工，協助院方提供病患暨其家屬更妥適的協助。然而，在許多的情境裏，諸如，黑夜中聽到驚叫聲，便很難做出判斷。情境中存在的不確定性往往是人們未能提供援助的主要原因之一。例如，在一項實驗中，學生們聽見一位高空平衡特技者從梯子上墜落且發出痛苦的呻吟聲，此時所有的學生都跑出去幫助這個人；在另一個情境中，學生們聽到性質相近的墜落聲，但卻沒有聽到任何不幸者受傷的語言，此時伸出援手的比例為30％（黃安邦編譯，民75）。顯而易見，情境的

不確定性會阻礙人們的助人行為。

　　人們對情境的解釋亦是影響我們是否提供助人行為的一個重要因素。對於同樣的打鬥行為，發生於夫妻間或非夫妻間的行為往往影響人們對需要性的評估，人們認為夫妻間的打鬥僅是怨偶間一時的不和，也較不願多管閒事，但是若雙方不認識時則較願介入（如，打電話找警察幫忙）。因此，助人行為的缺乏可能是由於對情境的解釋所致，並非起因於缺乏助人的意願。

分析

　　當個人獲悉有人需要幫助時，必須決定是否提供協助，此時考慮的重點之一即在：這個人為什麼需要他人幫忙？亦即對他人陷入的困境做歸因判斷。

　　責任歸因的判斷對一個人是否願意行使利他行為有相當的影響力。在一項實驗裏，研究者請一位女性實驗助手打電話給人們，並請求人們的幫忙。她向接電話的人說明她的車在半路拋錨，請求接電話者為她打電話給服務站。對拋錨的原因研究者設計了二種說法，第一種說法是：此名助手告訴接電話者雖然她知道車子必須修理，但卻忘了將車子送至服務中心檢修。另一種說法是車子突然拋錨，且事先完全沒有任何跡象。結果顯示，當過錯責任不在她身上，即車子突然拋錨時，人們會給予較多的協助（黃安邦編譯，民75）。顯而易見，人們較傾向給予個人無法控制或非出自個人過錯者較多的協助。

評量

　　個人除了分析受助者求助的原因外，另會對於幫助受助者的酬賞與損失做一評量，亦即對於個人的利益和成本做評估判斷。可能的協助者碰到有人需要協助時，如果認為給予他人幫助時獲得的利益（指酬賞減去損失的淨值）高過不給予幫助時所獲得的利益，則表現出助人行為的可能性較高。同樣的遇到車子拋錨的案例，在白天表現出的協助機率高於晚上即在於個人的風險性評估。當可能的協助者評估晚上助人所擔負的成本（安全

性）超過實質酬賞（社會讚許）時，助人行為即不易發生。美國於1994年初大風雪侵襲東部各州時，一名老婦人凍死於其鄰居家門口，其原因即在此名老婦人因鑰匙孔結凍無法開門時，轉而向鄰居求援。由於此鄰居無法自屋內辨識此名老婦人的身份，拒絕開門的結果導致此名老婦人凍死於其家門口的慘劇。因此，是否提供協助與人們所做的評估判斷有關。在上述二情境中，其成本可能部份取決於個人是否認為自己的安全受到潛在威脅？或個人是否可能因此遭到搶劫？若個人所知覺到的成本愈高，便愈不可能去幫助他人。

可能的協助者除了分析助人可能得到的損失與酬賞外，也分析不助人的損失與酬賞。一般而言，不助人沒有什麼酬賞可言，對於個人影響較大的是其損失。當一個人拒絕幫助處於困境中的人們時，他可能會遭致社會非難（social disapproval），產生羞愧或罪惡感等。因此，此種擔憂可能影響個人是否對他人提供協助的決定。

選擇

個人決策的最後一個步驟是決定如何去幫助他人並採取行動（deciding how to help and taking action）。譬如，看到一位機車騎士倒地，在知覺到對方需要幫忙，並做了迅速的評估判斷後，這時你是視而不見？抑或決定幫忙？如果決定幫助，這時你會攔下計乘車送他至醫院，還是打119交給警方處理？一個人究竟會採取那些直接行動或向其他人尋求進一步的協助會受許多因素影響，包括協助的種類以及相關的專業知識。有時在面臨緊急情境時，甚至必須冒個人生命的危險；但有時即使心存善意卻幫不上忙，或者提供協助卻反而幫了倒忙。

上述四步驟事實上即說明了個人助人行為的決策過程，同時也能讓我們進一步瞭解人們無法提供協助的原因，包括未意識到問題或需求的存在；覺得個人沒有幫助的義務或受助者應為自己問題負較大責任；個人可能覺得幫助所投入的成本過高；個人想去幫忙，但卻缺乏足夠的能力或猶豫不決而錯失良機等。對於個人決策的研析有助於我們實際瞭解助人者決定去幫助他人的心理歷程。

影響利社會行為的因素

　　社會心理學的實驗研究已經證明利社會行為會受三大因素影響，此三大因素即是情境、可能的助人者（potential helper）、及受助者的特性。此三大因素互有關聯，其關係詳如（圖11-1）。

情境

　　日常生活中，我們常常會遇到需要幫助的人，此類幫助可能為非緊急迫切的情況，如，在公車上讓座老弱婦孺，協助問路者找到正確方向等。此類幫助亦可能為緊急情境，如，衝入火災現場救人，協助路倒者就醫等。無論情境的緊急程度為何，研究結果發現即使是最具有利他行為取向的人，在某些情境中也較不會對其他人提供幫助。這些情境包括：他人的存在、物理環境、及時間壓力等三項因素。值得特別注意的是本章所指的情境係指個人所處的直接環境，至於距視層面如，社會、政治、經濟等環境則不在本章討論範圍內。

(一)他人的存在
　　「他人的存在」（the presence of other）有時候反而抑制助人行為。1964年珍尼維西（Kitty Genovese）事件即是一典型例子。珍尼維西於深夜下班回家時，在她紐約國立植物園內的公寓門前遭到攻擊，並被刺殺數刀，在和暴徒搏鬥的半個小時過程中，她不斷的尖叫，並尋求幫助。根據住在同一棟公寓及隔壁建築裡的38位居民事後均答稱：他們均聽到尖叫聲，可是沒有人出來幫忙或報警。警察一直到她死後二十分鐘才接獲報案，並於二分鐘內趕到現場，甚至一直到救護車載走她的屍體後，才有鄰居出來查探。社會學家認為此種現象為社會中道德淪喪及疏離感的表徵。社會心理學家拉坦納（Bibb Latane）和達爾利（John Darley，1970）則提出另一種看法，他們認為，或許正是由於有這麼多的旁觀者存在，才構成了缺乏助人行為的原因。那些目擊兇案發生的鄰居可能都認為會有其他人打

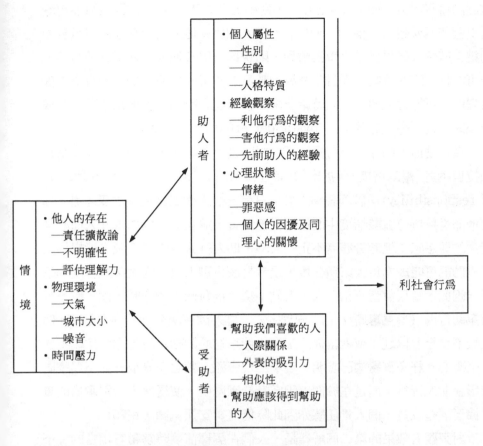

圖11-1影響利社會行為的因素模型

電話向警察報案,而降低自己在此事件中的個人責任。由重要討論1亦可看出:假如個人聽到一樁「緊急事件」,個人知覺到他人是否存在是很重要的關鍵。若個人覺得自己是單獨聽到,則會比認為其他人也知道該情境時,較可能採取某些行動。而且當旁觀者數量愈多時,任何一個個體實際上提供幫助的可能性就愈小,同時給予幫助前的延宕時間也就愈來愈長。此種現象即稱為「旁觀者效果」(bystander effect)(Lippa,1990)。

為什麼他人的存在有時候反而抑制助人行為呢?第一個解釋即達爾利和拉坦納對「幫助情境」所提出的「責任擴散論」(theory of the diffusion of responsibility),該理論稱:假使只有一個人面對困境中之受害者,那麼他即需為自己在該情境中的任何反應負責,並且必須承擔未介入而心理產生的罪惡感;但若旁觀者不止一人時,助人行為的責任感及未能提供立即協助的可能成本為大家所分擔,或者是認為別人已經提供某些程度的協助。因此,當目擊者不止一人,人們不須直接負個人責任時,個人較不會有幫助行為(參見**專欄11‧1**);同理,當一群人欲解決某一共同問題時,個人較不會全力以赴;或者當你的工作伙伴也在聆聽指示時,你就比較不會那麼專心。許多實驗業已證明,現場出現旁觀人數之多寡或許並不那麼直接影響助人行為,而是在於個人因處身於團體中,使得個人所需承擔的責任擴至團體成員,個人責任感亦因此降低(黃安邦編譯,民75)。

對旁觀者效果的第二個解釋是,人們在解釋情境時常帶有相當的「不明確性」(ambiguity)。人們往往無法確定某一特殊情境是否處於真正緊急的狀態,這時,其他旁觀者的行為就會產生相當大的影響。假如其他人漠視這個情境,或表現得似乎沒有發生任何事一般,我們也可能會認為沒有任何緊急狀況存在。此亦即他人的出現會影響個人對整體情境的知覺與解釋,如其他人都鎮靜自若,則易形成「沒有發生危險事件」的知覺。拉坦那和達爾利稱此種漠不關心的情形為「多數的疏忽」(pluralistic ignorance)(李美枝,民82)。拉坦納和達爾利(1970)曾做過一實驗來證明旁觀者的影響力。在他們的實驗中,他們要求男性大學生坐下來填一份調查問卷。幾分鐘後,煙霧開始透過通氣孔進入房間,在4分鐘之內,煙霧愈來愈濃,受試者很難看得見東西和正常呼吸。實驗結果發現,當受試者是單獨一人時,他們通常會到房間的四周去查看,並且有75%的受試者會在4分鐘之內向實驗者報告煙霧的事;在另一個情境中,真正的受試者被安置在

緊急情況下的責任擴散

　　爲了證明「責任擴散」這一想法，達爾利和拉坦納進行了一項實驗。實驗中，受試者意外地聽到一件顯然相當危急的事件。實驗情境是：所有的受試者都在隔離的房間內，彼此祇能經由對講機交談，實驗者告訴其中一部份受試者說，總共只有二個受試者，另一部份受試者則被告知共有六位受試者。實驗之初，由實驗助手扮成的受試者向另一位受試者說：他很可能會被扣押，過不久對講機傳來他的話：「我想我需要一點幫助……我已經遇上了原先預料的事，我眞的需要人家幫助……（透不過氣的聲音）……我快死了……（透不過氣的聲音，接著一切安靜下來）」。

　　實驗結果發現助人行爲隨著目擊者的增加而降低。當受試者認爲沒有其他人聽到呼救時，百分之八十五的人於實驗助手安靜下來時會向實驗者報告此一意外事件，而當受試者以爲他只是此六人團體中的一員時，僅百分之三十一的人報告了意外事件。由此得到一項結論：當旁觀者認爲尚有其他旁觀者在場時，他確實較不會去幫助一個危難中的陌生人；只有當旁觀者確認無其他旁觀者在場，個人必須承擔完全的責任時，他確實較會主動去幫助身處危機情境的陌生人。

資料來源：黃安邦編譯，頁37—38。

一個房間，與兩名實驗助手在一起，實驗助手故意地忽視該煙霧，結果只有10％的人報告有關煙霧的事。很顯然的，其他人的沉默引導受試者去定義這個情境是沒有危險性的（黃安邦編譯，民75）。

　　對旁觀者效果的第三種解釋乃是「評估理解力」（evaluation appre-hension）。如果我們知道他人正注視我們的行爲，也許我們會試圖去做一些我們認爲他人正期待我們去做的事，並以大衆較歡迎或較接受的方式來

呈現自我。例如，在舉行一個社會服務性社團的活動時，目擊一個人突然倒地，也許我們認為別人會期待我們表現助人行為，在意識到別人注意我們的行為時，此種意識增強了助人行為的產生。在某些情境中，每當有其他旁觀者在場時，個人於行動之前都會比沒有其他人在旁時，更加小心地評估自己的行為，以防作出任何令自己難堪而遺人笑柄的行為，因此抑制了可能的助人行為。諸如煙霧充塞房間的例子，受試者也許會擔心在他人都保持明顯的沉默時，而自己卻顯露出關心煙霧的樣子，不免令別人覺得自己看起來是小題大作或是膽小如鼠的；亦即，試圖避免社會非難的這種成本抑制了助人行為（黃安邦編譯，民75）。

㈡環境因素

　　物理環境也會影響幫助的意願。許多研究已經證明環境因素 (environmental conditions)，諸如，天氣、城市大小、和噪音等，對助人行為所造成的影響（黃安邦編譯，民75）。

　　卡寧漢 (Cunninham,1979) 為驗證天氣對於助人行為的影響，曾進行了二項田野實驗。在第一個研究裡，他要求行人幫忙實驗者填一份調查問卷。研究發現在有陽光的日子和氣溫適中（亦即冬天裡相當溫暖和夏天中相當涼爽的日子），人們顯然較願意幫助填答問卷。第二個研究是在一間露天餐廳進行。卡寧漢發現，在陽光普照的好天氣裡，顧客臨走前會給較多的小費。其他研究亦顯示，人們在晴朗的天氣裡會比在下雨的日子裡更可能去幫助汽車拋錨的人 (Ahmed,1979)。同理，在白天所展現出的助人行為亦會較晚間為多。

　　城市大小亦會影響助人行為。阿瑪托 (Amato,1983) 調查55個澳洲社區中的助人行為，範圍從小鄉村到主要城市均有。為了確保能涵蓋利社會行為的各個不同層面，他們同時對五種不同助人行為進行研究。此五種型態為：一名學生要求過路人寫下他們喜歡的顏色作為他學校作業的一部分、一名行人不慎掉落一封信在人行道上、請求行人捐錢濟助「內臟硬化症協會」裡無助的會員、無意間聽到店員很明顯的給予某人錯誤的方向指引、以及目擊一位包著繃帶的男士跌倒在地而痛苦的呻吟著。實驗結果發現，五種助人行為的測量中有四種均顯示，給予幫助的人的百分比，小鄉鎮均顯著的大於大都市。只有一項例外，即掉落信封的情境，一般來說它

在鄉間所獲得的幫助最少，並且，似乎在愈大的城市裡愈能得到幫助。然而，由於這些研究主要是以協助陌生人為主的助人行為，是否能推論至全面性的助人行為則仍有待商榷。

噪音（noise）是另一個影響利社會行為的環境因素。噪音會減低個人對環境中全部事件的反應性。許多研究者即以上述理念來探討在存在噪音的情境下，個人是否會減低幫助困境中的陌生人之可能性。例如，馬休與加農（Mathews & Canon）的實驗室研究即証實了助人行為會受到噪音的影響。在他們設計的實驗情境裏，某一個實驗助手不小心散落了一地的報告資料，假如房間僅出現一般量的噪音時，百分之七十二的受試者會協助實驗助手撿拾掉落的資料；然而，若有巨大噪音出現時，只有百分之三十七的受試者提供協助。另一項由同一研究者進行的田野實驗亦發現：當出現一般街頭噪音時，百分之八十的受試者會幫助一位手臂上綁著石膏但掉落書籍者；但若有一部刈草機在一旁割草時，只有百分之十五的人會提供協助。因此，巨大的噪音會驅使人們儘速逃離該不良情境，並使得願意提供協助的助人行為出現機率顯著減少（參見黃安邦編譯，民75）。

(三)時間壓力

時間壓力（time pressure）亦容易影響個人助人的意願。假設你正在校園閒逛，一名學生要求你捐款濟助貧困孩童時，你是否會提供幫助？假如你正趕赴期末考試，你是否會駐足提供協助？一些實驗研究發現：當時間愈是急迫時，個人所提供的助人行為愈少，亦即時間壓力會影響個人的助人行為。

達爾利及貝特森（Darley & Batson, 1973）曾做過一項實驗，所有參與者均是神學院學生，其中一部份受試者被指定的討論主題是與助人行為有關的：聖經裏「和善的撒馬利亞人」的故事（某個人去幫助一個遭強盜襲擊而受傷躺在路旁的受害者）；其他學生則被指派討論與助人行為無關的主題：畢業後可能從事的工作種類。研究者要求受試者走到另一幢建築與某個人討論。針對此二組不同主題的對象，研究者告訴每組一部份受試者討論將在幾分鐘後才開始，不須特別趕時間；每組另一部份則被告知時間已經太遲，應儘速抵達。當這些學生走到目的地的途中，他們會遇到一位衣衫襤褸的人意志消沈的坐在門邊，不停的咳嗽並喃喃自語。研究發現：

所有參與者均曾見過那名貧困者，但匆匆忙忙趕去討論的受試者只有百分之十的人提供幫助，而不急著趕去討論的受試者則有百分之六十三的人停下來幫忙。，然而，討論的主題並未造成任何差別。因此，時間的壓力易使人們忽略了貧困者的需求（黃安邦編譯，民75）。

助人者

情境因素固能大幅增加或減少一個人表現出利社會行為的可能性，然而，在現實生活中，我們亦可發現有些人即使身處不利情境卻能對需要幫助者伸出援手，但有些人即使具備各種有利條件也未必能提供具體援助。此種差異性不禁會令我們反省除了情境因素外，還有那些因素會影響到個人的助人行為？也因此，可能的「助人者」（potential helper）成為我們下一個探討的焦點。助人者的個人屬性、經驗觀察及心理狀態等均有可能影響利社會行為的發生。因此，以下即針對這幾個方面分別論述之：

（一）個人屬性──包括性別、年齡、人格特質等因素

性別：性別會影響到利社會行為的產生。史丘波勒（Schopler）與他的兩名同事發現，男女對於依賴者要求協助會有不同的反應。同時，女性較男性有更多的助人行為（Zahn-Waxler & Smith,1992）。女性固有的特質如，溫柔、善解人意等女性化特質使她們較傾向於協助依賴程度較高的人，這亦可自女性為依賴人口（如，兒童、老年者、病人等）的主要照顧者得知。至於男性則比較會幫助依賴程度較低者，男性傳統的角色使得他們覺得可能導致外人對其「婦人之仁」的評語，有損男性的形象（李美枝，民82）。

助人事件亦會受制於固有性別角色的區隔而呈現性別的差異。如果助人工作是那些通常被視為男性化的工作，如，修車、抬重物等，則助人者的性別常是影響因素之一（Gaertner & Bickman,1971）。在一些研討會或展示會的準備工作中，男性往往自願擔任搬運桌椅等工作，而女性則較多處理其他不需體力的庶務性工作即是。若是助人工作並無明顯性別差異，或是無需利用體力的工作，如，捐血，則助人的性別並不是影響助人行為的關鍵性因素（Thayer,1973）。

年齡：助人行為與年齡的增長是呈現正相關的。烏古瑞及塞明(Ugurel & Semin) 曾針對一群4至16歲年齡層的小孩做過相關性的實驗。實驗者欲瞭解年齡與利社會行為之間的關係，因此他給予這群小孩子5～15個奇數的胡桃，要求這些小孩能與其他小孩分這些胡桃。一般而言，分胡桃的方式有三種：

　　・丟棄一顆使胡桃數變成偶數個，然後再均分。
　　・給自己多分一顆。
　　・給對方多分一顆。

　　研究結果顯示，自私的行為會隨著年齡的增加而減少。4～6歲的小孩，有67%會多分給自己一顆；9歲的小孩只有23%採取自私的方法；到了12歲，就沒有一個人自私的多分給自己一顆了。從另一方面來看，從4歲開始，利他的分法會隨著年齡穩定上升，於7歲時達到高峯。7歲以後，小孩子偏向於第一種的平分法。因此，隨著生理年齡的增長，小孩子的人際互動能力也跟著慢慢成熟。從人際互動的過程中，小孩子會逐步發展出同理心 (empathy)，能設身處地為他人著想，表現出利他性行為 (李美枝，民82)。

　　人格特質：雖然對於「樂於助人的人」的單一性人格仍未達到共識，然而許多人都承認似乎有某種特殊的人格特質存在，使得一個人在某類情境下較傾向於表現出助人行為，但在其他情境下則否。一些心理學家的研究發現，有助於助人關係的人格特質包括有：熱心、誠懇、誠實、有信用、理解力、自信、開放、和對別人有好奇心 (游乾桂、黃玲玉譯，1990)。沙陶 (Satow) 亦發現，對於社會讚賞 (social approval) 需求較高者，較可能捐款給慈善機構；對社會讚賞需求較低者則否，但這種行為只有當其他人正看到他捐錢時，他才表現出來 (丁興祥、李美枝、陳皎眉，民78)。在其他臨床的研究亦可發現，某些人格變項是與助人行為有關 (Eisenberg-Berg 1979; Rushton,1975)。內控的人 (相信命運掌握在自己手中者)、道德判斷階層較高者、社會讚賞需求較高者、自尊心較高者較會助人，但是其間的相關並不是很高，亦即由人格特質去預測個人的助人行為是不夠的。傑根等人 (Gergen,Gergen,& Mefer,1972) 針對72位大學生所做的研究指出某些人格特質與某種助人行為有關，但卻與另一種助人行

為呈負相關。由上述研究可看出個人的背景與人格會影響個人對情境的解釋及判斷，而有不同的助人方式與行為。雖然人格特質與助人行為間的關係仍值得進一步驗証，但不可否認，對於個人的「人格」因素的探討是有助於我們更進一步瞭解影響利社會行為產生的各種可能性。

(二)經驗觀察——包括利他與害他行為的觀察、先前助人的經驗等

　　利他行為的觀察：看過他人表現利他行為比沒有實例可觀摩的情形，更會刺激一個人表現助人的行為。布萊恩及塔斯特 (Bryan & Test,1967) 曾進行一項相關的實驗。他們要求一名女大學生站在一輛破了輪胎的汽車旁邊，一種情況是沒有任何人協助，亦即無楷模 (no-model) 的情境。另一種情況是該女生亦是單獨一個人站在車子旁邊，與前面的情形相同，但卻有一位男士將自己的車子停在一邊，幫這名女大學生更換輪胎，亦即此情境為有楷模 (model) 的狀況。研究發現，在缺乏楷模的情況下，2000輛汽車中有35部停下來幫忙，但在有楷模在旁協助的情況下，2000輛汽車中有58部停下來幫忙，其差異達到統計上的顯著性 (李美枝，民82)。

　　布萊恩及塔斯特在另一項針對捐錢給慈善募捐小組之行為的研究亦發現了楷模的作用，亦即人們會經由觀察到他人的利他行為而出現相同的利他行為。在我們日常生活中，亦常常可發現於觀察了實際利他行為之後帶動的助人行為，如，慈善義賣活動往往會激發個人見賢思齊的行為，或者在車禍現場看到很多人義務投入救難工作時，亦會激發個人助人行為的產生，實際加入助人行列。「楷模」提供了個人如何去幫助的訊息，另外也使人們知道助人的可能結果，這些皆有助於個人助人的決策。

　　害他行為的觀察：個人助人行為的傾向往往會因看到別人做出傷害他人的行為或是看到別人非因自己過錯所受到的傷害而受到影響。在一項害他行為的觀察之研究，實驗者選擇一些下雨的日子，實驗者一手拿著傘，一手抱著一堆電腦卡片，一種情境是實驗者走路的途中，自己不慎將電腦卡片掉落在地上。另一種情境是由一個事先安排好的實驗同謀，假裝無意中碰撞上那個實驗者，使得實驗者手裏的卡片掉落一地，而此實驗同謀於碰撞完畢後便匆忙走開。研究結果發現，在自己不慎掉落卡片的情況下，有百分之十六的人會幫忙撿拾；然而，若因他人過錯而導致的傷害，有百分之六十四的路人願意提供協助 (李美枝，民82)。

由上例可知，看到別人受到傷害，特別是由外在因素造成，責任不在他自身時，特別容易激起旁觀者的同情心與不舒服的感覺，也較易促成旁觀者助人行為的發生。

　　先前助人的經驗：先前曾有過助人的經驗，則下一次遇到相似情況再度助人的可能性往往高於先前沒有助人經驗者，此稱為「腳在門檻內的現象」（foot-in-the-door　phenomenon）。佛瑞曼及佛瑞舍（Freeman　&　Fraser）以自我知覺（self-perception）的觀念加以解釋，一個人經由先前的利他行為表現，向外投射出一種「利他」的自我形象，由於人有追求維持自我形象前後一致的心理需求，因此當第二次碰到類似的情況時，個人亦會表現相同的行為以示自我形象的一致性。哈瑞斯（Harris,1972）則從規範性的角度來看助人行為的一致性。他解釋道：當個人表現某種利他行為之後，會加深個人對於社會責任感之規範性的要求，也因此較易推動第二次的利他行為。在日常生活中我們常常亦給予他人「標籤化」（labeling），當個人被他人認定為助人者，或個人行為被認定為助人行為時，往往個人會為維持此種被標籤的類屬而展現相似或一致性的行為表現，別人亦會對此人有相同的期待與看法，也因此個體在第二次拒絕助人往往比第一次拒絕所付出的代價為高，也較難推辭，此即牽涉到他人的期許與自我認同一致性的問題（李美枝，民82）。

（三）**心理狀態──包括個人的情緒、罪惡感、困擾及同理心的關懷等因素**

　　情緒：個人的情緒會影響到助人行為的發生。已有不少証據顯示，當一個人心情很好時，較會有助人的行為。在工作崗位上，部屬常常會揣測長官的情緒以決定自己的言行；在學校，學生亦會觀察老師的情緒反應而決定是否提出需求；年紀較大的小孩子亦懂得在有求於父母時，挑選父母情緒看起來不錯的時候。埃森（Isen,1970）曾做了一個相關性的研究，他以高中學校老師為受試者，讓他們做一些以為是測量知覺運動技能及創造性的工作。工作完後，實驗者告訴這些高中老師他們的工作成績，一半的受試者被告知他們成功了，另一半的受試者得到的訊息是以為自己失敗了。接著有人向他們募捐款項給一所初級中學裝置空氣調節系統。「成功組」的受試者平均每人捐了40角，「失敗組」的受試者平均每人捐了7角。由此得知：成功所產生的快樂情緒具有擴散作用，也會因此提高助人的行

為能力。其他一些研究，例如，在電話亭裏發現一枚硬幣，或剛聽見一些柔美的音樂等皆會增加個人表現利社會行為的意願。

然而，「好的情緒」所產生的效果也有很重要的限制。第一，這種正向情緒的效果可能很短暫；第二，假如提供協助會損及原有的愉快心情時，則希冀維持原有愉快心情的念頭反會減少一個人的助人行為。至於「不好的情緒」（如，悲傷、沮喪等）對於助人行為的影響則複雜的多，且很難達到一個共識。「不好的情緒」往往使得個人會將注意焦點放在自身的需求（self-concern），而忽略或降低對他人提供幫助的可能性。另一方面，假若我們認為幫助他人能使自己感到較愉快或更有意義時，則我們可能更樂意提供協助以減輕或紓緩「不好的情緒」。（李美枝，民82；黃安邦編譯，民75；丁興祥、李美枝、陳皎眉，民78）。

罪惡感：「罪惡感」意指我們做了一件自己認為是錯誤、或做了可能傷害到他人的行為時所喚起的一種不愉快感受。佛瑞德曼（Freedman, 1967）等人曾進行了一項實驗，在實驗情境裏，實驗者要求受試者坐在一張圓桌前等待進行實驗。圓桌上放置一堆索引卡片，實驗者告訴受試者那些卡片是某個人撰寫論文時十分重要的資料。實驗者設計了三種情境，第一種情境裏，圓桌被安置成只要受試者輕輕一碰就會打翻它，並且使置於桌上的索引卡片掉得滿地都是，且弄亂了原有的排列次序。在第二個情境裏，圓桌是由實驗同謀所打翻；第三個情境是桌子放置的很穩固，卡片亦未受到任何影響。研究結果發現，第一種情境的受試者會因打翻卡片而心生愧疚，也因此在隨後的實驗中會展現較多的助人行為。

在其他的一些研究中則進一步發現具有罪惡感的人可能會有兩種相互衝突的動機。一方面，他希望藉幫助受害者或多做一些「善行」來彌補自己的過錯或贖罪；另一方面，他們也希望避免面對受害者，以免被發現，彼此覺得尷尬、或遭受報復。如果具有罪惡感者能幫助受害者而不須直接面對他時，則罪惡感對助人行為的影響將達到最大。值得注意的是若受試者有機會向受害者或實驗者供認（confession）自己的錯時，則供認會降低個人的罪惡感，也減少助人行為（黃安邦編譯，民75；丁興祥、李美枝、陳皎眉，民78）。

個人的困擾及同理心的關懷：個人的困擾（personal distress）意指我們面對受難中的人時所產生的個人反應，譬如，震驚、恐懼、驚慌、憂慮、無助、或其他任何類似的情緒。相對的，同理心的關懷（empathic concern）意指面對受害者會產生同情心或對他人的關心等情緒。前者主要將焦點集中於自己，後者則將焦點集中於受害者。

　　個人的困擾促使一個人試圖去減低自己不舒服的感覺，我們可以經由幫助求助者來達到這個目的，但也可以藉著逃避情境或忽略存在我們周圍的困苦事件而達到這個目的。相對地，同理心的關懷只能經由實際去幫助困境中的人而得以降低。因此同理心包括了兩部份，首先是辨識（discriminate），站在對方的立場去了解當事人的感覺及其世界；然後是實際助人行為，包括相互的溝通等方式（黃惠惠，民80）。同理心的關懷是產生「助人」這種利他行為的一種根源。許多研究已顯示出同理心能增加利社會行為（Hoffman,1981）。Toi與Batson（1982）運用一位大學生卡羅面談的錄音帶來瞭解受試者的助人行為，卡羅為一名大學生，在一次車禍中不幸雙腿骨折，因此學校功課嚴重的落後其他人。在瞭解了卡羅所處的困境之後，研究發現高同理心組的受試者很明顯的經驗到較大的同理心，亦如預測般，高同理心組的受試者顯然的比低同理心組的受試者更自願去幫助卡羅（71％對33％），透過對於別人的關懷及將心比心，利社會行為即很可能產生（黃安邦編譯，民75）。

受助者

　　雖然一位真正的利他主義者可能只注意到受助者的需求，而完全忽略了其他事物的存在，但在日常生活中的利他行為通常均會受到求助者的個人特質所影響。在此，有兩個主題特別重要：我們較可能幫助那些受我們喜歡及我們認為他應該得到幫助的人。

(一)幫助我們喜歡的人

　　人際關係：從每天的生活經驗裏明白的顯示出，利社會行為會受人際關係的類型所影響。無論是從喜歡程度、社會責任、自私、或同理心等方面來考慮，我們對於有親密關係者的幫助必定比對陌生人的幫忙來得大。Bartal等人 (1977) 調查大學生對於父母、兄弟姐妹、親密的朋友、熟悉的人、及陌生人等會幫助他的預期有多高，結果顯示，關係愈親密，大學生愈預期能從他那裏得到幫助，獲得幫助後所表達的感謝之意也較小；假如請求他幫助而被拒絕時，也有較深的怨恨感。拉坦納及達爾利 (Latané & Darley,1970) 亦指出即使是認識很短時間的人，其受到幫助的機會也會增加，個人的助人行為其實是有親疏遠近之別的。在遇到災難時，人們通常亦較會先幫助自己家人、親戚、其次是朋友或鄰居、最後才是陌生人，或甚而認為事不關己而未能提供適時的協助。

　　外表的吸引力：「外表的吸引力」為另一個助人的可能因素。在一項田野實驗裏，研究者將一份填好的研究所入學申請表放置在機場的公用電話裏，申請書上面貼著郵票，而且已準備寄出，顯然是某個人因粗心而「遺失」在電話亭裏。為了操弄「外表」這個變項，有時在它上面貼一張外表非常好看的人的相片，有時則貼一張較不具吸引力者的相片。實驗結果顯示，如果相片上的人——無論是男性或女性——非常吸引人，人們較可能幫他寄出申請書。

　　相似性：「相似性」亦是另一重要因素。人們對來自同一國家的人比對來自不同國家的人表現出更多的幫助行為 (Feldman,1968)。在另一項實驗，由實驗助手喬裝成「嬉皮」或是「正直的人」，走向學生並向他借一枚硬幣。結果顯示，人們較喜歡幫助與自己相似的人。例如，有77%的嬉皮

幫助了另一嬉皮同類，但只有32%的嬉皮幫助正直的人（黃安邦編譯，民75）。因此，與自己外表、觀念，背景及國籍相同的人較容易得到我們的協助。

(二)幫助應該得到幫助的人

　　一個人是否得到幫助可能取決於他是否「值得」被幫助。例如，對於街頭行乞者，人們較傾向於幫助較年老、肢體殘障者，而較少幫助那些似乎可自食其力者；人們較可能去幫助一個顯然是由於生病而摔倒在地的人，較不會幫助一個顯然因喝酒而摔倒在地上的人。上述二個例子乃是由於請求協助者或問題的合法性或適當性造成此種差別。當然，對於某一特殊需求之重要性的判斷亦受到個人價值觀念相當大的影響。

　　可能的助人者也會推論該個體需要幫助的原因而決定助人行為。例如，一位老師可能願意花較多的時間去幫助一名因車禍受傷住院而缺課的學生，然而較不願花時間去幫助一名因至國外旅遊而缺課的學生。事實上，研究亦顯示出，在推論原因時，「個人控制力」(personal control) 是主要的關鍵。此亦即指如果我們相信問題的原因非個人所能控制，那麼我們較可能去幫助他。因此，一個老師可能較有耐心去對待外籍學生，但對本國學生的要求較為嚴謹；同學會樂於將筆記外借主要因某些個人無法控制的因素，如，老師鄉音太重而聽不懂，而非個人所可掌控的，如，上課不認真聽講。因此，歸因常常會使我們在面對一個需要幫助者時呈現差異的態度。我們可能對於那些並非因自己的過失而遭受困苦的人產生同情心及關懷之意，而對那些必須為自己問題負責的人產生憤怒及厭惡感，或減少對於那些看來咎由自取、自作自受者的協助。

　　同時，研究也發現當求助者的需求太大時，也就是助人者要付出相當大的代價時，反而不會得到幫助。

利社會行爲的強化

　　在瞭解了與利社會行爲相關的理論觀點、以及利社會行爲的決定歷程、影響因素後，到底我們應如何增強利社會行爲呢？本節擬從二方面論述之：

去除阻礙因素

　　第一種方式即是減少不利助人行爲的因素並加以轉化。例如，從前面的許多影響因素中得知：時間較匆促的人較不可能幫助他人，那麼我們是否可以想些辦法使得他們放緩其腳步並能對身邊周遭事物多加留意？假若他人的存在會降低每個旁觀者對自己所應担負責任的意識感，那麼我們又要如何增進旁觀者的責任感呢？以下分述之。

㈠降低不明確
　　旁觀者面臨的其中之一困境即是無法明確瞭解情境，因此要增加助人行爲的產生必須協助可能助人者正確解釋事件的發生，如，以往對於家庭內的暴力事件，尤其是父母對兒女的管教常視爲理所當然，因此才有所謂「棒下出孝子」、「不打不成器」等語，旁觀者也無法明確界定何者是屬於適當的管教行爲，何者則是屬於失當的虐待行爲。因此，宜建立一般人對「身體虐待」的正確認知，才能於事件發生時做出正確的處置，如確認是虐待兒童時，應通報相關機構處理。

㈡增進個人責任感
　　責任感的增強亦有助於助人行爲的產生。個人往往因處身於團體中，使得個人所需承擔的責任擴散至團體成員，而較不會產生助人行爲。以兒童保護爲例，對於不幸受虐的兒童建立責任通報制，加強相關專業人員主動告發的責任，同時並加強社會宣導工作，以期喚起社區民眾對兒童保護這個議題的重視，而非類似以往純以家庭事務視之，而降低自己介入責任。因此，對個人責任感的增強有助於產生助人行爲。「捐血一袋、救人一命」、

「一個電話，救一個小孩的一生」皆在加強個人的社會或道德責任，以做出利社會行為。

培養有利條件

很多情境因素或者助人者、受助者之特性皆對助人行為的產生有相當大的影響，除了消極減少不利助人行為產生之外，我們更應積極地增進各種有利助人行為產生的可能，包括：

㈠加強家庭與學校教育

許多研究皆發現，兒童早期的「社會化」經驗對於道德及利他行為都有相當的影響。父母親是年幼兒童「認同」及「模倣」的對象，學校教育則隨著兒童進入學校而增加其重要性，因此個人道德及利他行為的培養實有賴家庭與學校雙重的配合。

㈡加強社會及文化條件的配合

首先，社會上對於利社會行為及慈善活動應給予支持與宣導。不僅對於出錢的人應給予實質上的鼓勵。如，免稅，同時對於出力者如，志願工作人員亦應加予支持。目前志願服務在台灣已逐漸取得認同與支持，如何促使有錢有力者致力公益事業，並藉此帶動社會助人風氣是首要課題。其次，政府及民間應多成立專業的服務機構。由於社會需求往往不一，而可能的助人者往往受限於個人的財力、時間、及主觀價值而會選擇性的幫助他人，因此，極需成立各種事業服務機構，協助各個階層及不同需求者能得到真正的協助。第三則是對居位環境的規劃與設計。一些研究發現大都市居民會比小鄉鎮居民較少表現助人行為，此與大都市所存在的壓力如交通、噪音、繁忙等有關。因此，宜對現有都市重新規劃成社區型態，透過社區意識感的增強，加強人際之間的互動與交流，使存在都市社會人們的「冷漠感」或「疏離感」減少，增加社會中的利他性成份。

參考書目

丁興祥、李美枝、陳皎眉　民78《社會心埋學》國立空中大學。

李美枝編著　民82《社會心理學——理論研究與應用》臺北：大洋出版社。

黃天中、洪英正　民81《心理學》臺北：桂冠圖書。

黃安邦編譯　民75《社會心理學》臺北：五南圖書。

黃惠惠著　民80《助人歷程與技巧》臺北：張老師出版社。

游乾桂、黃玲玉譯　民79《助人助己心理學》臺北：智慧大學。

劉安彥著　民75《社會心理學》臺北：三民書局。

Bryan, J. H., & Test, M. A. (1967). Models and helping: Naturalistic studies in aiding behavior. *Journal of Personality and Social Psychology,* 6, 400-407.

Eisenberg-Berg, N. (1979). Relationship of prosocial moral reasoning' to altruism, political liberalism, and intelligence. *Developmental Psychology,* 15, 87-89.

Gaertner, S., & Bickman, L. (1971). Effects of race on the elicitation of helping behavior: The wrong numbers technique. *Journal of Personality and Social Psychology,* 20, 218-222.

Latané, B., & Darley, J. M. (1970). Social determinants of bystander intervention in emergencies. In J. Macaulay and L. Berkowitz (Eds.), *Altruism and helping behavior.* New York: Academic Press.

Lippa, R. A. (1990). *Introduction to social psychology.* Belmont, CA: Wadsworth.

Macaulay, J., & Berkowitz, L. (1970). *Altruism and helping behavior.* New York: Academic Press.

Myers, D. G. (1988). *Social psychology.* New York:McGraw-Hill Book.

Perry, D. G., & Bussey, K. (1984). *Social development.* Englewood

Cliffs, NJ: Prentice Hall.

Rushton, J. P. (1975). Generosity in children: Immediate and long-term effects of modeling, preaching, and moral judgement. *Journal of Personality and Social Psychology*, 459-466.

Thayer, S. (1973). Lend me your ears: Racial and sexual factors in helping the deaf. *Journal of Personality and Social Psychology*, 28, 8-11.

Zahn-Waxler C., & Smith, K. D. (1992). The development of prosocial behavior. In V. B. V. Hasselt and M. Hersen (Eds.). *Handbook of social development— A life-span perspective*. New York: Plenum.

喬治・柏克萊 (George Berkeley, 1685—1753)

　　深受洛克思想的影響，知識的獲得，乃
　由許多簡單的認知行爲所組成，主張人
　類必須學習去知覺、獲取知識。

韋伯　(Evnst Weber, 1795－1878)

提出差異覺閾的定比定律,謂之韋氏定律。

第12章

人際溝通

相信我們都承認與人溝通並不是一件容易的事，但不可否認，每個人都有溝通能力吧！本章將提供下列的觀點來幫助我們了解人際溝通（human communication）：

- 了解我們如何與別人交流的溝通模式。
- 在溝通中，你是否喜歡或滿意自己或別人所扮演的角色。
- 訊息是否傳遞眞正意思？
- 溝通中非語言行爲的效果（如何利用我們的肢體語言）。
- 我們的情緒如何干預並影響溝通的效果。

當你在生活中不能夠與人做溝通，你會如何？試想：你被恐佈份子關在一個房間中，你與外界的溝通全被切斷，每日三餐只有人送飯給你吃，但不與你說一句話，你也可以在房間內自由走動，但是就沒有人會回應你的話。一天天過去了，一年也過去了，最後你也被釋放了。此時你最想做的事是什麼？這一年中你被關在房間中，大部分時間在做什麼？

人醒著的時候，有70%的時間都花在溝通上。我想你應該要好好與人做人際的接觸與溝通。

這一年中，你除了吃飯，休息之外，可能會花大多數時間在做白日夢，甚至幻想有人與你談話而自語自語。

再試想一想：假想有一位和尙正在修道中，在修道期間是禁止他與別人做任何的語言溝通的。他每晚睡覺時，會聽到隔壁房閒的床嘎然作響，這種聲音令他覺很很困擾。而他又去詢許隔壁的和尙；他也不被允許私自碰別人的東西，例如，去隔壁房間修理床板。他會如何？

有一天，他有機會和隔壁的和尙在同一輛馬車上，當馬車行駛中，木板也會發嘎然的聲音，他試著引起隔房和尙的注意，指著木板的嘎嘎聲，並做出一很天眞的動作（兩手合起放在臉夾旁，做出睡覺的動作）。這種動作並不能讓大家所瞭解，並且引來哄堂大笑，甚至大家認爲他是瘋子。

這和尙覺得很挫折，於是跑去請求主持准許他做口語溝通，主持答應並修改了這項規定。不幸地，他隔房的和尙因爲犯錯而被送到另一個廟宇，這和尙不能解決他心中的困擾，但至少他不得說話的問題解決了。在這之後，所有的和尙可以自由的溝通與交談。

一年之後，這些和尙的生命有很大的轉變，他們皆認爲能做口語溝通

比之前不能做溝通時，更有自我覺察力，更有自信，與別人的人際關係更好，彼此覺得更接近，甚至於他們也更滿意沈寂的時刻。

這兩個例子說明了溝通對我們來說是很重要的，而溝通的必要條件是合作與協調，否則便落入「溝通的沙文主義」——認為別人的思考與行為皆和我們一樣。

我們常認為人際溝通是理所當然的事，忽視其令人迷惑的實際過程。本章的目的即幫助人們以新的眼光來看待人際溝通，雖然它不像和外星人溝通那般奇異，但它是複雜迷人的。希望你讀完此章會對人際溝通有一個良好的理解。

溝通定義與能力

法蘭克、丹斯和卡爾、拉森（Frank Das & Carl Larsen, 1973）檢視了有關溝通的定義。他們一共找出126種定義。之後，又有更多的定義相繼提出。每個人對溝通皆有不同的見解。

下面提出一些溝通的定義，你覺得那一種定義與你的理解最相近？再想一想，你為什麼會有此種想法？

- 溝通是有機體對刺激的識辨性反應
- 溝通是屬於人的創造性行為，透過此行為，人們希望辨別和組織各種暗示，從而在他所處的環境中定位自我，並滿足自我不斷變化的需求。
- 口語溝通是人們透過言語來了解世界的意義，並與他人分享意義的過程。
- 溝通乃是人們利用符號傳播訊息、觀點、情感、技能等能力。
- 溝通是傳遞者將訊息透過溝通管道傳送給接收者的過程。

上述的五個定義皆有其各自的界限。

- **定義1**：認為任何有機體的任何反應都是溝通，植物的光合作用、含羞草的觸摸反應，人類的閱讀，談話……，都是溝通。

- **定義2**：的界限就比較狹窄，它強調人類的溝通行為及為何要溝通。
- **定義3**：則視溝通不僅是訊息處理過程，也是訊息向他人的傳遞過程。
- **定義4**：雖論及傳遞，但卻附加一個界限：溝通的訊息是由符號所構成的。
- **定義5**：強調如何溝通，並認為溝通是訊息傳遞的方式。

Trenholm 及Jensen （1992） 從更具社會性的觀點來定義溝通，強調人們之相互影響及具有創造性。他們認為，溝通應被定義為：

一種過程：溝通是一動態的過程。溝通猶如河流，連綿不斷，活躍、流動不息動如脫兔般，無法以一個動作便能分析它的去向。單個語詞、句子或姿態，只有將之動態組成後才有意義。因此，溝通是看整個動態流動的過程。

是人類所特有的：雖然許多動物有機體的一些行為也被生物學家認為是一種溝通，例如，鳥的哀鳴、蜘蛛的求偶方式、狒狒的遊戲或求偶行為等等。不過，這裏所指的是人類的溝通，而且人類的溝通是獨特且強有力的。

是一種集體活動：一切語言要有社會公認的意義。因此，溝通是集體性的。人類社會關係是相互的，互為依存、相互一體。透過溝通，可促進社會成員協調行為能力，增進合作。

是一種創造性的：人類溝通之後的一個直接結果，是促成人類的創造性。當我們與別人都同意某項討論的事物時，我們便可能因而創造事物：我們的溝通使它存在。舉例來說，兩個青少年談論著惡魔，其實惡魔在我們現實世界是不存在的，但青少年藉著語言符號讓它存在他們的象徵世界中。如果你與一位牙牙學語的小娃兒談惡魔，他可能不懂你在說什麼。

是調節性的：溝通不僅使我們創造周圍世界，也使我們擁有這個世界。透過溝通，我們活在我們的世界裏，這就是調節。而透過這種調節，人們可以相互說明、勸阻、激怒、傷害、安慰，娛樂或挑釁。我們甚至還可以利用溝通控制自己的行為，或自我安慰。總之，溝通是調節和控制世界的一種有力的方式。

綜合上述的定義，我們可看到四種涵義：

- 許多東西實際上是溝通的產物，透過溝通，每個人都能創造自己的現實，因此，每個人有不同的溝通經驗，對世界的看法也有所不同，所以，我們不能期望每個人的認知是一樣的，因此，有溝通的必要。
- 個人被自己所建立的溝通現實所控制。例如，印尼峇里島部落民族創造出魔鬼來解釋自然事件，反倒將自己置於這種境地，窮其一生得去安撫一個象徵的概念（魔鬼）。
- 個人不是隨心所欲地創造現實。大多數的人都受到個人所處文化的強烈影響。換言之，溝通受某一特定的文化所影響。
- 溝通需要合作。人際溝通的目的在讓人們共同做什麼，而不是老是各行其事。人際關係要發揮效用，參與双方都必須成為有能力的溝通者。

溝通能力的本質

　　人與人間的溝通並不總是一帆風順的，這是研究人際溝通的主要原因之一。生活中你必也曾碰到溝通問題，如，想不起來該說些什麼，或者你不能清楚地表達自己，也許你無意地侮辱了某人，或者不慎漏說了某件事。假如你曾遇過這類處境，你就會知道好的溝通能力是多麼重要。

　　有能力溝通的意義究竟是什麼呢？溝通能力（communicative competence）是指能以對個人有效，對社會來講恰當的方式來進行溝通的能力。有能力的溝通包括兩個層次：

- **表層**——它包括可見的能力及日常行為的實際表現。
- **深層**——它包括為進行溝通必須了解的一切內容。

　　我們稱之為表現能力（performative competence），表現在人們每次有效而恰當的溝通行為當中；深層叫做過程能力（process competence），它包括所有認知活動以及進行恰當溝通的必要知識。

　　例如，某人對你過分地阿諛奉承，這只是表層現象。他內心在想什麼你是觀察不到的。而對方在讚美你時，既要掌握適當時機，又要揣摩你的反應會是高興還是難堪；還要選擇聽起來真誠而不過分迎合的讚譽之詞。

所有這一切都屬於過程能力。

溝通能力的模式

溝通能力的模式是多樣化的，有的偏重於執行方面，有的偏重於處理方面，而有的則二者兼顧。(圖12-1) 是一種溝通處理模式，它回答了下列問題：為了進行對個人有效、對社會恰當的溝通，人們必須了解或做些什麼？

要想成為有能力的溝通者，必須做好以下五點：

- 賦予周圍世界以意義。
- 策略地建立目標。
- 恰當地承擔社會角色。
- 向世界展現自己受尊重的形象。
- 建立可理解的訊息。

這五種能力即解釋能力、目標能力、角色能力、自我能力和訊息能力。

不過，這五種能力都是隱含的而非顯明的知識。隱含知識 (implicit knowledge) 是未加思考，無意識地用來指導人們行為的知識。學文法便是個很好的例子。人們從小就能以結構合理而有意義的方式表達，還能識別並改正所犯的語法錯誤。不過大多數小孩 (以及大多數成人) 都沒有去背誦文法。我們在學習英語文法，目的是為了說話時遵守的隱含規則。

對外在世界，我們需要第一種隱含知識是知覺知識。

要溝通就必須先能賦予世界意義，並知道如何去觀察世界。這種能力我們稱之為解釋能力 (interpretive competence)。我們還必須能設定溝通目標，預見溝通結果和擬訂和計劃，此稱為目標能力 (goal competence)。接著，我們必須適應別人的需要和期望，了解什麼行為是適當的、被預期的，什麼行為是被禁止的，這就涉及角色能力 (role competence)。此外，在學著適應別人的同時，還必須誠實待己，培養個人風格，這叫作自我能力 (self competence)。最後，人們還必須能在實際言語環境中運用所有這些知識，因此，這又需要訊息能力 (message competence)，即以別人能夠理解的方式表達自己的觀點。

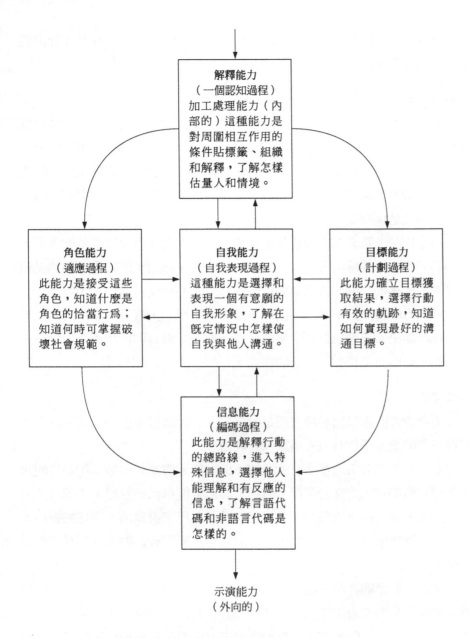

圖12-1　個人內在溝通能力之模型

這些能力是相互聯繫、互為依存的。具備了這些能力，我們才能與別人一道進行有創造意義的共同活動。

(一)解釋能力

我們生活的世界充滿各種各樣的刺激。而我們的知覺不是簡單地記錄存在的每件事，而是要做種選擇和解釋。否則，經驗的負擔就會過重。

比如，頭一次外出露營，孤獨地躺在帳篷裏，會聽到許多陌生而無法解釋的聲音，老練的露營者卻能很容易對這些聲音加以歸類和解釋。新手所缺乏的就是解釋能力。

恰當地賦予意義在人際溝通中特別重要。因為要想進行有效的溝通，我們必須對所處的情境及他人有一致的看法，還必須能確定自己的感受和需要。假如有所誤解，或者忽略自己的感受，都會使溝通陷入困境。

要獲得解釋能力不容易。因為不敏感、不用心，或者只看重自己之見解，都可能使人忽視或低估重要的訊息。知覺能力有助於我們對環境和人的了解，從而決定我們該持有的態度。

(二)目標能力

溝通能力的第二個必要方面是做計劃。它涉及目標能力：設定目標，預期可能結果，選擇有效行為路線的能力。

雖然並非所有溝通都是有意識的，但大部分溝通都包括：策略性的語言選擇。為了做出恰當的選擇，溝通者必須了解自己的目標，了解可能碰到的障礙，並且找出克服的方法。若以推銷百科全書為例，在培訓時員工得到一份設想顧客拒購的意見表，每個意見下面附有針對拒絕意見的勸說句子。

例如，如果顧客買不起一套百科全書，推銷員可以說：「在孩子的教育上花錢就是對未來投資」；假如顧客想要與丈夫（或妻子）商量一下再做決定，推銷員可以問顧客：「難道你丈夫（或妻子）不相信你為了孩子所做出的決定嗎？」倘若顧客指出圖書館有大量書籍可看,比較好的回答是：「是呀，街角有電話亭，但當你想你打電話時，你總想用快速而方便的電話，不是嗎？實際上，如果你每次都去外面打電話，那麼許多電話你可能打不成了。」

行銷公司考慮了各種可能，然後逐一制定出對策性的答覆。受訓者都

必須背下「千篇一律的」應對方式。在現實生活中，做計劃要求的是極大的創造力和想像力，我們的思路也要十分獨立而明確。我們必須能夠思考問題。

擁有目標能力不容易。目標能力幫助人們設定目標，想像別人將如何反應，再據以選擇對自己最有效的訊息。

㈢角色能力

由於溝通是雙向的，因此不能適應別人的不會成為有效的溝通者。每個人不僅必須學會明確地表達自己的目標，而且還必須學習以文化認可的方式達到這些目標。這就是所謂角色能力：進行適當角色行為的能力。

擁有角色能力的人知道在某一情況下，哪些行為是適當的，哪些行為是超越了界限。當彼此行為出現相互衝突時，都知道如何做出選擇。具備角色能力的人除了會保持自己的社會形象外，還知道如何關心和照顧別人，以保持別人的形象。

有角色能力的個人也必須了解良好的溝通很少是需要明確表達的。因此他們必須能夠知道什麼情況違反了未明確表達的社交規則。

認識社交自己文化背景的規則相當重要。儘管我們多數都努力學習過所屬群體的規範，但是跟與我們有著不同成長背景的人打交道，我們却常常顯得手足無惜。如果一個人從他所處的環境中抽取出來並被拋入另一迴然不同的環境，他就會鬧出許多笑話。「魚兒離水」型喜劇、電影和戲劇中充滿著因缺乏角色能力而逗人發笑的角色，不管是出身勞工階層的女主角突然發覺自己躋身社會上層（《麻雀變鳳凰》）或者是坐時光車莫名其妙地停在不同的時代（《回到未來》），他們都必須學習新的行為方式，我們之所以理解這些角色，是因為我們都企圖「適應」新角色。

㈣自我能力

然而，有能力的溝通不僅僅是要遵守社會規則而已。一個只知嚴格遵守每一個禮儀規則的人只能算是社交機器人。因為他們缺乏個體性（individuality）；也就是說，每一個人都是具有獨特思想和感覺，應有各自的表達思想和感情的方法。因此，這就要求另一種重要的溝通能力，即自我能力：選擇並表現自我形象的能力。擁有自我能力的人，知道自己的現實形象和欲求形象，並能將自我形象很適當地展示在別人面前。

每一個人成長過程中，最重要的就是培養一種個體感和一種展現個人能力的方式，其中最重要的又是：建立健康的自我概念（self concept），因為我們對自己的看法與我們向別人展示自己的方式是緊密相關的。如果我們缺乏自尊（lack of self），我們就可能在溝通時，表現出躊躇和怯懦；相反的，如果自我概念是積極的，自尊度高，我們將能充滿信心地參與各種溝通。

(五)訊息能力

不論我們多麼敏感、多麼富有同理心，也不論我們如何成功地設定了目標，遵守了社會規則，表達了我們的個體性，假如我們不能有效地解讀訊息，我們仍不能成為有能力的溝通者。

代碼（code）一詞可能使人想到摩爾斯，不過在日常生活中，代碼是一種符號系統，是用來讓人熟悉並交換有意義訊息。訊息能力：是將行為或思考轉化為別人能夠理解，並且做出反應的能力。

每個人都可以支配兩種代碼：言語代碼和非語言代碼。為了有效而恰當地溝通，我們必須知道在適當的時候，按恰當的方式，說恰如其分的話，也必須知道如何恰當地行為。

了解詞語的涵義及其聯繫方式，是訊息能力所必須具備的。不懂中文詞彙或文法的外國人，就不能傳達複雜的觀點或要求，與中國人溝通。

然而只掌握詞語的意義以及語法還是不夠的。要想真正掌握溝通的訊息，還必須了解別人對我們的語言和姿態會如何反應。

要有良好的溝通，必須具備上述五種能力。

但是，知道如何溝通，並不保證一言一行都恰當貼切。一個人可以清楚地知道在某種特定條件下該如何說話，但仍溝通不良。原因是多方面的，例如，身心疲勞或焦慮、各種態度、信仰及價值觀內部有矛盾、缺乏動機、固執不化等。

最後，缺乏實踐鍛練也會使溝通活動做作、不自然。

人際溝通模式

溝通可視為一種過程或流通（flow），當流通上出現偏離或阻塞時，就會產生溝通上的問題。在這一節裡，我們來談談溝通過程然後討論溝通上的扭曲（distortion）情形是如何產生的。

溝通模式

在進行溝通之前，必須先有溝通的意圖，然後才能將意思轉換成訊息，再傳達出去。

訊息由來源處（傳送者）要傳給接收者，中間需要編碼（轉換成某種符號形式）、適當的媒介（管道）及解碼，意思才可以由一人傳至另一人，完成溝通過程。

溝通過程如（圖12-2）所示。這個模式含有七部份：

- 溝通來源（source）
- 編碼（encoding）
- 訊息（message）
- 管道（channel）
- 解碼（decoding）
- 接收者（receiver）
- 回饋（feedback）

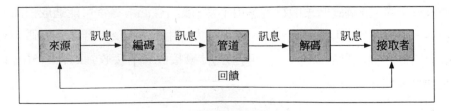

圖12-2　溝通過程模式

在編碼時會受到四項條件影響：技巧、態度、知識，與社會——文化系統。

一個作者能否把他的意思正確地傳達給讀者，決定在他寫作上的技巧。而一個人是否有溝通能力，決定於他的說、寫、聽，及推理的技巧。

而態度會影響人的行為，態度也會影響人與人之間的溝通。

我們的溝通也會受到我們擁有多少知識的限制。對於我們所不知道的，我們無從與人溝通；即使我們的知識淵博，如果接收者的知識有限，也同樣無法瞭解我們所傳達的訊息。此外，因為我們的信念與價值觀都是文化系統的一部份，我們的社會化程度也會影響我們的溝通結果。

訊息是訊息來源處經過編碼之後的具體產物。當我們說話時，這些話就是訊息。當我們寫作時，文句就是訊息。當我們作畫時，圖畫就是訊息。而當我們做手勢時，手部的移動及臉部的表情，也都是訊息。我們所傳送出去的訊息，會受到我們使用的象徵符號、訊息本身的內容，及我們決定如何去編碼的影響。

管道是訊息流通時的媒介，由資訊傳送者選定。管道有正式或非正式的。正式的管道是由組織所建立的，適用於傳達與工作有關的訊息。其他訊息，例如，私人的或社交性的，則依循非正式的管道。

接收者是訊息傳達的對象。但是在抵達接收者之前，訊息必須轉換成接收者能夠瞭解的符號。這叫做訊息解碼。正如同資訊傳送者必須具備寫作或說話的技巧一樣，訊息接收者也必須具備閱讀或傾聽的技巧，接收者的知識、態度，與文化背景也會影響接收訊息的能力。

溝通流程的最後一環，就是回饋迴路。用以檢查我們是否成功的傳達了我們的原意，對方是否已瞭解我們的意思。

不幸的很，溝通過程中的七項要素都可能造成扭曲，讓溝通無法達到完美。如果編碼做得馬虎，傳送的訊息自然走樣；而溝通管道使用不當，或噪音太多，或解碼時象徵符號選用不當，或訊息混淆等皆可能造成扭曲。另外，接收者的偏見、知識水準、認知能力、注意力，及是否小心解碼等，皆有可能扭曲訊息的原意。這說明了為什麼接收者所接收到的意思，很少是傳送者真正的原意。

你不妨在班上利用口語相傳的遊戲試試下列的例子：

「如果下下星期天，天氣不下雨，你可以帶你朋友一起來參加我們班上的郊遊」。

在一個傳遞一個之後，讓最後的同學朗誦出答案，這個答案可能會令人捧腹大笑。

訊息可能變成：「如果下星期天，天氣晴朗，你可以帶女朋友來參加我們的活動」。

結果，有人提前一星期來，帶來的伴全都是女生。

有效溝通的障礙

我們已經討論過溝通管道中存著很多扭曲的可能。什麼原因造成的呢？除了上述溝通過程中的一般扭曲情形之外，還有一些其它的溝通障礙，是你必須知道的。

(一)過濾作用

過濾作用 (filtering)：指資訊傳送者為了讓接收者高興，故意在傳送訊息時變更或過濾資訊。例如，部屬喜歡奉承阿諛，只跟長官講他喜歡聽的話，而掩蓋了其他資訊，這就是過濾資訊。

(二)選擇性知覺

選擇性知覺 (selective perception)：指在溝通過程中，訊息接收者基於自己的需求、動機、經驗、背景及其他個人特質，會選擇性的去「看」與「聽」，且在解碼時，接收者也會把自己的期望加諸在訊息上面。例如，上面郊遊的例子，聽者可能只注意事情的頭和尾或加諸個人的期望，而不是聽到整樁事。

表12-1　美國黑街中所使用的語言

1.Bad?(好，強，勇敢)	9.Later?(再見)
2.A crid?(住處)	10.A Mack man?(鴇母)
3.Fat-mouthing?(多嘴)	11.A natural?(黑人式的理髮)
4.A fox?(性感的女人)	12.An oreo?(有白人作風的黑人)
5.A grey-boy?(白種男人)	13.Racking?(讀書)
6.Hanging?(無所事事)	14.A splib?(黑人)
7.Humbuggin?(打鬥)	15.Stepping?(跳舞)
8.A jackleg?(業餘者)	

〔註〕括號中表其真正的涵義
資料來源：Adapted from T. Kochman, "Rapping in the Black Ghetto." Trans Action, February 1969, pp. 26-34: Rapping and Stylin'Out: Communication in Urban Black America, ed. T. Kochman (Urbana: University of Illinois Press. 1972); and W. Safire, "Getting Down," The New york Times Magazine, January 18, 1981, pp.6.8.

情緒

同樣的訊息，當你在生氣或高興的時候接收到，在感受上並不相同。極端的情緒，如，在特殊場合下的激動，或失戀時的沮喪，最容易破壞溝通。因為在這些情況下，我們往往將理性及客觀地思考拋在腦後，而下情緒化的判斷。

語言

相同的文字，對不同的人而言，各有不同的意義。年齡、教育程度，與文化背景，都會影響我們對語言的使用及對字義的理解。William Buckley博士所使用的語言，顯然不同於高中畢業的職員所使用的語言。事實上，後者對Buckley博士所使用的語彙，在理解上很可能會有困難。當然，語言上的困難，是來自雙方面的。例如，(**表12-1**) 是美國黑人用的語彙，對於在鄉村長大的白人，很可能祇能答對3～4題。

在組織裡面，員工常來自不同的背景。此外，不同的工作部門，也常會使用該行的「行話」或專業用語，因此在片語或字義的使用上，常常會不同。

重點在於，雖然你和我都使用同一種語言——中文——但是卻有著不同的使用法。如果我們能夠知道每個人習慣在語言上添上那些色彩，那麼溝通上的困難會減少。問題在組織中成員們若彼此不夠了解，通常不知道其他人在語言上會添加了些什麼。訊息傳送者常常以為自己使用的語言與接收者相同，溝通應無困難。這當然是不正確的。

溝通障礙的克服

溝通上既然有這些障礙，要如何去克服呢？

利用回饋

許多溝通上的問題可以歸因於誤解和錯誤。如果你在溝通過程中充分利用「回饋」的話，這些問題就比較不可能發生。回饋，可以是口語或非口語的。

如果你問訊息接收者：「你瞭解我說的話？」對方的回答就是一種回饋。但是，回饋不應僅止於回答「是」或「不」。針對訊息的內容，你可以提出一些相關問題，看接收者是否已完全瞭解，並且最好是由接收者把訊息再口述一遍。除了提問題及複誦一遍以外，回饋也可以較微妙一點。訊息接收者若能做一全盤性的評論，那麼你也可以看出對方是否已經瞭解。

簡化語言

語言有時也是溝通上的一種障礙，訊息傳送者有必要在表達上慎選字眼，使訊息接收者能清楚地瞭解。訊息傳送者必須言簡意賅，並考慮訊息欲傳達的對象，使語言能夠為訊息接收者接收。請記住，有效的溝通除了需要接收者收到訊息之外，還要對方能完全瞭解訊息的真正內容，這樣才算達成目的。舉個例子來說：醫生跟護士及病人講話時，使用的術語必然不同。又例如，對我國青少年講「馬子」、「信子」，他們很快便了解，但對一美國的青少年便不知所云了。

主動傾聽

別人說話時，我們在聽；但我們常常不能夠傾聽。傾聽（listening）是主動地搜尋對方話中的意義，當你傾聽時，說者與聽者同時都在思考。

為什麼許多人都是差勁的傾聽者呢？因為一來傾聽並不容易，二來溝通時扮演發言人的角色時較有滿足感。而且事實上，傾聽通常比說話還累，因為傾聽需費腦力，需要全神貫注。

若能「同理」（empathy）對方的談話，則傾聽的效果可以更提高。所謂「同理」，是把自己置身於對方的立場。因為訊息傳送者與接收者在態度、興趣、需求、期望等各方面均不同，因此若能做到「同理」的境界，必然很容易就可以瞭解訊息。「同理」的傾聽者對於訊息的內容會先保留自己的判斷，小心翼翼地傾聽完對方所說的話，以便完全接收對方話中的意義，不因為過早的判斷而扭曲原意。其它對於主動傾聽的建議則列於（**表12-2**）中。

控制情緒

如果我們認為溝通可以完全理性，那是種天真的想法。因為人都有情緒，而情緒可以大大的扭曲訊息的意義。讓進來的訊息會遭到扭曲，而且也很難清楚而正確的表達我們想傳達的訊息。因此，在我們情緒回復平靜之前，不要從事溝通活動。

溝通的型態

溝通的型態包括溝通進行的方向，以及溝通所使用的通路。

在本節裡，我們將描述往下溝通、往上溝通，及橫向溝通，並指出最常見的五種正式溝通網路，並評鑑各種網路的優點。

表12-2　有效傾聽的建議

---

1. 停止說話！
   如果你說話，就無法傾聽。波羅尼斯 (哈姆雷特劇中人物)：「多給別人耳朵，少給聲音」。
2. 設法讓說話者輕鬆。
   幫助對方能暢所欲言，這通常稱為「開放的環境」(permissive environment)。
3. 提示對方你想傾聽他說的話。
   表現出有興趣的態度。別人說話時，不要看你的信。為了要瞭解而傾聽，但不是為了要反對。
4. 去除渙散的精神
   不要亂畫、輕敲或弄亂紙張。如困把門關起來，是否會安靜一點？
5. 與說話者一齊融入他的話中。
   設法幫助自己能徹底瞭解對方的觀點。
6. 要有耐性。
   給予充份時間，不要打斷。不要開門或走開。
7. 控制你的脾氣。
   生氣的人容易誤解意思。
8. 批評的限度要輕鬆一點。
   批評或爭論會使說話者採取防衛姿態，他會 " 靜下來 "，然後開始生氣。最好妳不要爭論：即使你贏，但你還是輸。
9. 提問題。
   這對於說話者是一種鼓勵，表示你在傾聽，而且有助於更進一步的探討。
10. 停止說話！
    這是最開始的建議，也是最後的建議。一旦你說話，你就無法傾聽
    ・大自然給人類兩隻耳朵，一根舌頭，這意謂著要你多聽少講。
    ・傾聽需要兩隻耳朵，一隻聽訊息，一隻來感覺。
    ・不傾聽的決策者無法做出完好的決策。

資料來源：Human Behavior at Work: Organizational Behavior, Seventh Edition, by K. Davis and J. W. Newstrom ⓒ 1985 by McGraw-Hill, Inc. With permission.

溝通的方向

　　溝通的通路可以是垂直的或橫向的。垂直的溝通又可分為往下和往上兩種方向。

㈠往下溝通

　　當溝通從團體或組織中某個層級，流向較低層級時，就是往下溝通 (downward communication)。當長官跟他的部屬進行溝通時，就是屬

於往下溝通。團體領導人及經理人常利用這種溝通方式來指派任務、指揮工作、提醒部屬公司的政策與規定、指出需要防範的問題,及提供績效回饋。但是往下溝通不一定僅限於口頭上或面對面的溝通,在部屬桌上留下備忘錄,或寄一封信到部屬家裡,也都是一種往下溝通。

往下溝通是不是一種傳達資訊的有效方法呢?訊息通過的層級數越多,遭到扭曲的機會就越大。不過,若能透過往上溝通所提供的回饋,那麼情形可以得到顯著的改善。

(二)往上溝通

往上溝通(upward communication)則是由較低層級流向較高層級。往上溝通的目的是,提供回饋給上面的人、向他們報告目標達成的情形,及陳述目前遭遇到的困難。往上溝通使經理人能夠瞭解員工對於工作、同事,及組織的看法。經理人同時也可以依賴往上溝通,來聽取各種改善的意見。

往上溝通的例子包括:低階經理人撰寫績效報告給中高階經理人看;意見箱、員工態度調查、申訴處理、上司與部屬的討論,或在非正式的場合之下,員工抓住機會跟上司提出問題及討論。

(三)橫向溝通

在組織結構中,屬於同一階層的人員之間所進行的溝通,就是橫向溝通 (lateral communication)。

如果團體或組織的垂直溝通已經很有效了,那為什麼還需要水平方向的溝通呢?答案是,為了省時間及促進彼此工作的協調合作,水平方向的溝通通常是必須的。在某些情況下,這種橫向溝通是正式的;但是在大部份的情況,則屬於非正式溝通。從經理人員的觀點看,橫向溝通有好與壞兩種效果。當只有垂直溝通網路時,會阻礙訊息流通的正確性與傳達速度時,橫向溝通就是有益的。而在這種情況下,橫向溝通是經理人知道且支持的;但是當正式的垂直通路被侵犯,當人員以越級或聯合其他主管的方式來完成事務時,或當員工瞞著上司私下採取行動或做成決策時,橫向溝通會造成衝突。

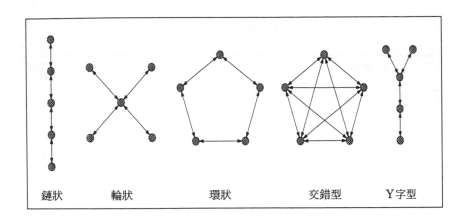

圖12-3　常見的溝通網路

鏈狀　　　輪狀　　　　環狀　　　　交錯型　　　Y字型

溝通網路

將所有溝通方向組合起來，可形成各種溝通網路（communication network）。

五種常見的網路圖示於（圖12-3）中，有鏈狀、Y字型、輪狀、環狀，及交錯狀。為了討論上的方便，我們假想組織成員只有五位。

鏈狀網路代表五層的垂直階層，其間的溝通只有往上及往下兩種。在正式的組織裡，這意味著溝通一直嚴守著垂直方向而不偏離。例如，薪資處理職員向薪資督導報告，後者向會計經理報告，再依次向主計長及總經理報告，這五個人就形成鏈狀網路。

如果我們把〝Y〞字顛倒過來，可以看出二個部屬向一位經理人報告，而這位經理人的上面還有二個層級。因此，實際上是四個層級的結構。

輪狀網路代表一位經理人跟四個部屬之間的溝通方式。不過部屬與部屬之間並無互動關係。所有的溝通都只通過這一位經理人。

環狀網路允許溝通成員可以跟鄰邊的同伴產生互動關係。這種網路代表三個階層的結構，其中有上司與部屬之間的溝通及部屬與部屬之間的溝通。

表12-3 網路及評估準則

準則 ＼ 溝通網路	鏈狀	網路 Y 字型	輪狀	環狀	交錯型
速度	適中	適中	迅速	慢	迅速
正確性	高	高	高	低	適中
出現核心人物	適中	適中	高	無	無
士氣	適中	適中	低	高	高

資料來源：Adapted from A. Bavelas and D. Barrett, "An Experimental Approach to Organizational Communication," Personnel. March 1951.p.370.

　　交錯型網路允許所有的成員均能彼此進行溝通。依網路的討論而言，這是最不具結構性的溝通，因為沒有人以某種領導者的身份置身於網路的中心位置。這種溝通不受任何限制，所有的成員均平等。這種溝通網路最能用來說明委員會的組織，因為每個委員的身份都一樣高，所以可以彼此流暢地交換意見。

網路效能的評估

　　上面所述網路當中，何者較佳呢？答案得視目的而定。

　　（表12-3）歸納各種網路的效能比較，其標準是——溝通的速度、溝通的正確性、出現核心人物的機率、溝通成員滿足的程度。從（表12-3）可以得到一個結論是：沒有那一種網路是最好的。如果重視溝通迅速，那麼該選擇輪狀或交錯型網路。鏈狀、Y字型，及輪狀網路的溝通正確性較高。輪狀網路適用於有核心人物存在的場合中。如果重視成員的滿足感，則應採取環狀及交錯型網路。

譯解人際訊息

相信大家都很熟悉海倫、凱勒的故事。一位從小失聰、失明的偉大女性，經過不斷的練習，終於學習到語言、歷史、文化及文學，而且她也能進入與正常人的相同的符號世界，更能「聽」這個世界，分享別人的經驗，最後她也成為一位著名的作家和演說家。

如果海倫・凱勒沒有學會如何與人溝通——這裏所指的是語言及非語言的訊息，那麼她的訊息也不能為人所了解與接受。溝通之意乃是人與人之間產生意義交換的現象。本節將討論及比較語言與非語言的代碼，並進而描述透過語言而產生的作用力。

語言的代碼和非語言代碼的區別

語言與非語言的代碼之主要區別在於：語言代碼是記錄性的，而非語言代碼是形象性的。以下就作用、功能及意義來對語言及非語言的代碼做一對照：

語言代碼的作用

語言代碼的作用有四種：

㈠語言代碼是由抽象的可分離的單位所組成的

語言的結構是獨一無二的，它由抽象的、可分離的音符和意符組成，這些組成單位比非語言代碼更易應用、掌握和處理，因而語言具有很強的靈活性，可以單獨或整體地傳遞單詞和聲音，這樣它們很容易地被保存、記憶下來。對相似性代碼而言這是不可能的，儘管人們努力試圖把相似性代碼分解成一個個單元並總結它們組合的規則，但是鮮有成功。

(二)語言激勵人們創造新的現實性

語言可以讓人談論不在現場的，或根本不存在的事物，它並不要求每個單詞都和物質世界相對應。當然，這是件好壞參半的事情。

語言一方面激勵了人們的創造力，另一方面也縱容了人們之間的互相欺騙。其實上，阿蒙伯特‧伊科（Umberto Eco）早已給語言定義為「可以被用來欺騙一切的事情。」

(三)語言賦予人們用更新、更複雜的方式去思考的能力

語言增進了人們富有理性的邏輯性思考能力，儘管我們經常並不這樣思考。

(四)語言的代碼是自我反映性的

語言可對自身加以評論，我們可以談論我們談話的方式，這一特性就是自我反映性。這樣，一旦語言不夠準確，我們可以對它們作出思考並加以修改。如果語言失去這方面的特性，那麼研究改進溝通交流也就無從談起。

非語言代碼的作用

不管是自然而然地溝通，還是具有符號地溝通，非語言的行為能夠發出強有力的訊息。我們需要弄清楚我們的無意圖性方式的溝通，但又明顯地具有最大的機會去控制和改善我們對符號性（語言的和非語言的）代碼的使用。然而，非語言的訊息經常比詞語更響亮，它們並不必在所有的時間裏都這樣。一種真實的事情是：將特殊的語言的和非語言的代碼的能力與社會情境的本性和我們的自我特性，以及在這種情境裏相互關係的目標等聯繫起來。為了幫助我們做出這種決定，我們需要理解非語言訊息的某些方面，即我們使它們如此強大有力的作用。

(一)非語言的代碼是較古老的、令人更信任的溝通形式

正如我們所注意到的，非語言代碼的使用在時間上比語言的代碼使用得更早。從我們出生到十二個月或十八個月期間，我們全都依靠非語言的溝通，以非語言訊息表達自己的要求。

(二)非語言代碼在表達情緒上更加有效力

非語言的行為常透露我們的情緒狀態。戴斯蒙德‧莫里斯（Desmond Morris）提出了這些神奇的手勢：表達情緒狀態（交叉的手臂、肩膀的聳動、舉手）看作是聯結（bond）標記，這是用某種詞語不能表達的在生理上的方式與人們相聯結。

(三)非語言代碼表達出更普遍的意義

不同的語言組織中的成員必須要花費很多時間和努力去相互學習言詞的代碼，但是他們卻能用微笑和面部表情不斷地溝通，雖然有些猜測的成分在其中。保羅‧艾克曼（Paul Ekman）和萬萊斯‧弗里森（Wallace Friesen）的著作探討了一些情緒的表達，發現不同的文化背景，成員卻能以同樣的方式來表達。不論愉快、氣憤、猜測、恐懼、驚訝和悲痛，都用相同的面部表情來傳達的。差異只在規則方面，比如在公眾場合中何時顯示情緒最適合，以及有多少情緒應該顯示出來。面部的表情也許是這些代碼中最普遍的，因為他們的突顯是在面對面的相互作用中。其他身體運動和手勢是多種多樣的，有時在各種文化中或跨文化時其意義是相互對立的，例如，點頭我們的文化表示「是」，而在印度文化卻表示「不是」。

(四)非語言代碼是持續的和自然的

因為手勢和身體運動在另一個人看來並沒有明顯的開始和結束，它們似乎是比語詞來得更為自然。當然，語詞也是可以綜合在一起的，但是除非你含糊其詞，你的語詞通常並不能像非語言的代碼那樣傳導進入另一個人耳中。非語言的行為是即刻的——也就是說，它是我們身體物質的延伸，它們的組成訊息比語詞的組成要豐富。一個手勢就足以表示某人要「來到這裏」。

(五)非語言的代碼是一連串地發生的

語言的溝通限定於在某一時間的訊號通道，然而非語言的溝通則有大量的相同方式，猶如現代的畫室使用多種類型的系統一樣。在音樂會上通常是幾個途徑同時地進行的。當截然不同的非語言代碼發送同樣的訊息時，其影響則更加強烈。由於你能重複或再重複語言的訊息以達到豐富性，它將佔有更多時間，仍舊不能洞見觸摸、口舌和面部表達的力量，身體位

置和運動等等相聯結的緊張性。

由於非語言的代碼有獨特的能力和力量，各位不妨去研究一下，看它們在日常相互作用中的完成情況及其作用。

語言的功能

讓我們想想我們通常用語言所做的一切。盡可能多想幾個例子，比如評論天氣、與老友話舊、講述昨晚的職棒轉播、記憶事實、詛咒、開玩笑、自言自語、寫詩、撒一個無惡意的謊、祝賀一個運動比賽的勝利。語言顯然不僅僅是交流探索訊息的工具而已。

本節中我們將列出一些語言的功能。

語言常被用來克服沈默和無知

我們每個人都有逃避沈默的需要。當我們獨自待在一個黑暗或寂靜的地方時，我們通常會製造出一些聲音。在某種意義上，未打破的沈寂是很壓抑人且令人恐懼的；而沒有名字的東西總是令人恐怖而又頗為神祕的，給它們起名字後，就會覺得它們更有人情味，更加可以把握。

語言幫助我們表達和控制感情

有些談話只為減輕內心的緊張。心理學家相信人有發洩感情的生理需要，高興地叫喊或生氣地咒罵就是這種功能的表現。當然，語言也可以用來控制感覺。

語言能夠揭露或掩飾我們的思想和動機

除非我們選定一個對象並且告知他，否則我們內心的一切都是隱祕的。我們可以直接地談論內心的感受，或者以更微妙的方式顯示出來。佛洛依德首先注意到語法錯誤和說漏嘴的實質涵義，他稱這些錯誤為「動作

倒錯」，並認為它們源於內心的矛盾。比如，一個人如果非常甜蜜地說：「我們將做一切我所──我是說，你所──需要的」這一置換也許表示他暗暗在控制自己。當然我們也可以更直接地用語來偽裝自己；我們能用謊言、藉口和似真似假的話來隱藏自己。

語言應允我們建立聯繫和避免接觸

語言將我們和其他人聯絡起來。電話公司的宣傳口號「伸出去接觸他」反映了語言的這一基本功能。你告訴某人：「我只是為了聽到你的聲音才打電話的。」通過語言這一橋樑我們伸到了遠方。當然，我們也能通過語言趕走別人，一個強硬的口吻能拒人於千里之外。語言既可能是一座橋樑也可能成為一堵牆壁。

語言能使我們表現個人的和社會的特性

我們都有自己獨特的風格，這種風格可以通過交談表現出來，同時透過交談，我們也能把自己融進團體裏。俚語、行話，共同的語言遊戲意味著社會的一致性和歸屬性。

語言可以用來發出或尋求訊息

毫無疑問，語言是交流訊息的重要媒介，它有助於我們對環境的分類和理解。透過語言，我們可以陳述、聲明、描寫、解釋、顯示我們身邊一切事物的秩序，我們也能通過語言從別人那裡得到訊息。甚至極微不足道的對話或交際性的談話，也能引起社會考察的作用。

語言有助於人們控制社會且為社會所控制

語言就是力量，它有影響、規範、勸說或支配的作用。當然，語言也影響了我們對世界的理解和認識，從而也控制了我們。從某種意義上說，我們是語言的俘虜。

語言可以掌握人們溝通的過程

我們前面提及過，語言具有自我反映性；我們可以透過溝通來改變人際關係。當兩個人談論某一個有興趣的話題，比如，政治，宗教時，他們就在溝通。當他們對他們之間的爭議進行商議時，他們是在改變溝通的情形。

改變溝通狀況的方式有以下幾種：運用語言來檢查溝通管道是否暢通（比如問，「你懂我的話嗎？」）、控制交談的速度（比如，「請等一下，讓我把這點講完。」或對語言形式加以評論，比如，「只要你能證明自己，我就改變話題，因為我不能容忍離題的爭論。」)

非語言代碼的功能

我們運用非語言代碼去達成某種非常特殊的目的。非語言代碼普遍被用於：

- 表達溝通的真正意義
- 修飾語言的訊息
- 讓溝通流暢

表達溝通的真正意義

非語言的訊息通常用於傳達我們對別人的看法，和我們如何看待別人與我們的相互關係。

以阿爾伯特·曼拉畢安（Albert Mehrabian）提出的關於情感的三個基本因素，都是通過非語言的溝通來表達的：喜歡、地位和反應。

喜歡（liking）或不喜歡的非語言表達的辨認輕而易舉，以微笑或皺起眉頭來表達。地位（status）則是以非語言暗示指出他有多麼重要，凝視某個地位較低的人時，可能流露出勢利性的或支配性的溝通。反應（responsiveness) 指出我們對別人的意識何等清醒,以及在什麼爲難層次上我們對他或她有所感覺。突然痛哭涕零或開懷大笑將指向較高的反應:一個白眼、或一個很冷淡的審視都是較低的反應。

修辭語言的訊息

　　某些非語言的訊息可以單獨使用,但某一些非語言的訊息則需與言語的訊息連同使用。非語言的訊息能夠協助完成、強調、重複、取代語言訊息,或背道而馳。協助完成 (complementing) 是指語言訊息的非語言性發揮,當朋友們說他病了,他卻面色泛紅,這有助於我們對他們的病加以定位。強調 (accenting) 是指非語言暗示會標出或使人集中注意於某個特殊語詞或短語。用你的拳頭捶桌子的同時,你說「我已掌握了它!」這使得那個短語躍然而生。有時候,我們先發出一個語言的訊息,然後又用非語言加以重複,以幫助訊息接收者在此過程中全部了解訊息。譬如,當某人詢問你喜不喜歡時,我們會說「是的」,然後點點頭再次肯定,使別人了解我們的反應是非常眞誠的。

　　有些時候,我們完全避開語言的溝通,非語言的行爲便具有代替的功能,冷冷地瞪了一眼,可能是說「不!」這比語言化的拒絕更好。有些情境根本要求非語言暗示。太空員或潛水員不能用語言說話,他們只有依賴手勢和其他的身體動作來與另一個人溝通。

　　有時當你發現某人非語言的訊息與語言的訊息背道而馳。當他這樣做時,你就要做出選擇了。你的教授可能說她有大量時間對你進行一次測驗,但如果她總是站著,不給你一個坐位,你一直在她的注視下感到煩躁,你可能懷疑語言評論的眞誠性。在注意之前,我們一般地總會相信非語言的訊息在這時會出現一個矛盾。然而這些並不是經常有的事。小孩們也許因爲他們喜歡新學會的語言技能,他們常常相信語言的敍述,尤其是在諷刺的情況下。

　　另外一些研究指出,在兩種訊息背道而馳時,有些人總是連續不斷地依賴語言的通道,另一些人則總是依賴非語言的通道。之所以如此,可能是它們已成爲某人的習慣;還有一種解釋是說它們是受到左——右腦的支配。

讓溝通順暢

最後，非語言的代碼具有使談話流動具有規則（regulate）。當兩個人談話時，非語言動作是成為交談順利的主要原因，避免長時間停頓、改變話題，甚至在適當的時候發出結束信號。在許多職業中，非語言溝通的功能直截了當地表明服務或任務的內容。因此當醫生為病人注射時，握住病人的手臂這一非語言行動，會使這任務變得更加輕鬆。

迄今我們已在一般意義上談論了非語言的溝通。我們已經定義了非語言的溝通，看到了這種強有力的系統的所能作為，並且已經確定了我們使用非語言活動的三種方式（途徑、方法）。接下來，我們轉移注意力到語言與非語言溝通的每一種途徑上。我們把每一個途徑都稱之為語言與非語言的代碼。

語言的結構：三個層次的意義

我們已經知道了一些語言的功能，現在讓我們簡略地研究一下語言是怎樣組合而成的。

語言的分類有很多標準，其中有三種：詞、句、言語、行為，對研究人際溝通最為重要。我們必須理解所有的語義標準才能瞭解並運用語言。

語義的意義：以詞語為標準劃分的語言

事實上為了精確起見，我們應當用術語詞素（morpheme）而不是詞（word）。在英文中，詞素是語言學上語義的一個單位，儘管在很多場合下詞素與詞是同義的，但有些詞的組成部分本身也有涵義，比如，「S」意味著名詞的複數，它本身就有意義，所以「dogs」一類的詞是由兩個詞素組織的，即「dog」與複數詞素「S」。這樣研究語言涵義的標準，我們稱之為語義學（semantics）。本章不打算對語義涵義進行充分的展開論述，但我們至少先得考慮語言的兩種涵義——外延與內涵。

(一)外延與內涵的涵義

　　外延是指公開的、傳統的涵義。在某種程度上其涵義取決於組成的語言符號，這種涵義不僅是單獨的個人所認可的，也屬於語言系統本身。只需要查找一下權威性的資料（比如，字典），我們就可以找出一個生字的外延，因為外延常常在字典涵義中顯示出來。而內涵則是不公開的，並常隨著情感色彩而改變涵義。人們常靠經驗和交往來與詞的內涵打交道，對於內涵這方面來說最有權威的不是語言系統本身，而是個人。

　　以「棒球」一詞為例，字典告訴我們它的外延涵義是：

　　「這是一種使用球、球拍與棒球手套的球類遊戲。在一片很大的場地中央有四個壘，這四個壘組成了一個長寬都是90英尺的正方形。每次比賽有兩個棒球隊參加，每隊有9名隊員，每次正規比賽有9個回合，每隊都有擊球並在外場的機會，得分最多的隊獲勝。」

　　本定義至少揭示了棒球的部分涵義（儘管比較拙劣），但似乎很呆板單調。真實的涵義比字典上的涵義要廣得多，因為字典裏不能把內涵全部概括進去。

　　我們舉這樣一個例子的原因，在於我們對棒球也有不同的看法。

　　對某一女性說棒球是中性的，她只觀看過一次奧運棒球比賽（在1992年巴塞隆納奧運的中華隊），如果讓她說出一些著名棒球隊員的名字，她也許只能說出那些印在報紙上的名字；而對另外一位男性來說，棒球則被賦予更為強壯確定的涵義。從孩提時起，他每個暑假天天玩棒球，從廚房弄一些麵糰標出自製球場的內場。他刻意模仿郭源治的一舉一動，甚至現在每到春訓的時候，他還戴著一頂巨人棒球帽出現在辦公室裏。

　　對於上面的兩個人來說，「棒球」有著不同的內涵，對每個人也一樣，每個人與眾不同的經驗都會導致對一個詞的不同內涵的了解。

(二)語義能力的重要性

　　掌握語言的涵義是極為重要的，因為沒有相當的詞彙量，人們不可能勝任溝通，但用不正確的詞，即使交談上幾個小時，也不可能傳遞他們所意圖傳遞的訊息。

　　沒有語義能力也可能導致孤立感和被拋棄感覺的產生。每一個不同群體的成員都用他們專有的詞彙進行聯繫。如果你有過聽不懂別人用專業術

語交談的經歷，你會覺得自己特別無能力並有被人拋棄的感覺。如果不掌握職業或社會團體所喜歡用的行語，很難想像你能和這些成員自如交往。

對內涵敏感也是語義能力重要性的一個方向。很多爭執源於一方疏忽地使用了對方不能接受其內涵的詞語。比如，稱一個不很熟悉的女子「寶貝」或「女孩」，有些女性對這種稱呼不在意，但有些則覺得自己被輕視了。另外，諸如，「愛、承諾、責任」都是一些有很強烈感情色彩的字眼，如果把它們四處濫用，可能會導致人際關係的問題。要熟悉運用它們，首先要意識到詞對每個人來說都會引起不同的反應。

句法的意義：以語調爲標準劃分的語言

當然，我們很少單獨運用詞語；相反地我們常把它們放到詞組、句子中。我們將詞組組合排列成一定的語法順序的研究稱作句法（syntactics）。

(一)意義的秩序

將詞組適當地排列起來是很重要的。「重要的，這是詞，適當的順序是可能的。」看到這個句子你一定會迷惑不解，也許認爲作者一定有思維障礙。語義的體現在該詞與前後的詞語之間的關係上。

儘管一個英語單詞也許會有好幾個意思，透過上下文人們仍常可以譯得它的確切涵義。比如，「Port」在下面兩個句子中涵義就不一樣。「不，不是向右轉舵，蠢貨，左舷！」和「請勿扔那昂貴的葡萄酒。」

在這兩個句子中詞是一樣的，只是順序不同，船航（the ship sails）張帆（ship the sails）及語義隨詞序的變化而變化，我們稱之爲句法涵義（syntactic meaning）。舉一個與人際有關的例子，「大明想跟小英結婚」與「小英想跟大明結婚」，儘管詞是一樣的，意思卻不同，這兩個句子的意義有可能同時存在，或只有一種意義，對於大明和小英來說情況就不一樣。

(二)句法能力的重要性

嚴格的規則控制了句子的形式，如果我們不遵守這些規則，會招致很多人的異議。人們認爲句法是社會和經濟地位的一個標幟（事實上通常如此），也是智力和正直品德的表現（事實上並非如此）。句法只是社會學習

而來的產品而已。我們常認為那些不正確使用「法」（違背我們語法規則）的人既麻木不仁又懶惰不堪，因為他們不去正確使用語言。同時，在某一特別的社會組織中，使用所謂的正確句子型式顯示該組織的團結一致。同一組織的成員常犯同樣的語法錯誤，比如，不用「We were going to her house」而說「We was going to her house」。

非語言的代碼之建構：產生訊息的七種途徑

非語言的代碼可以由許多途徑去建構。當一種單一訊息得由許多途徑傳輸發送時，我們將討論單獨存在的每一個代碼。在這節裏，將分析七種代碼：貼近的（接近的）、身體的表現、注視、面部表情、動作學、元音和觸摸的溝通。參見（**圖**12-4）。

有的學者也把長時間的和嗅覺當作代碼。長時間的指示這種研究和解釋是作為訊息的時間。時間在我們的文化中是與地位相聯繫的，譬如，一個醫生的時間被認為比他的病人的時間更有價值。我們不是把討論時間當作一個單獨的代碼，而是選擇了強調時間的重要性，在於把它與其他代碼的討論視為相關的；嗅覺與我們在身上聞到的氣味的訊息一起進行。由於人類依靠嗅覺代碼比動物要少得多，因而很少有人以這種方式來進行溝通的研究，我們就不把它當作一種主要的非語言的代碼。

你讀到每一種代碼時，記住我們已曾提到的功能。自省一下，你是如何運用每一種代碼來表達特殊的意義、修飾一個語言的訊息，或使談話規則化。

我們要察看的第一個代碼是人運用空間的方式。

接近的（代碼）

接近別人是比我們大多數所了解的更加細緻的事情。艾什萊·蒙泰谷（Ashley Montagu）和弗伊德·梅森（Floyd Matson）指出：事實上，有許多規則、風俗，以及習慣支配著「路邊行走的人」的行為，也一樣支配著汽車駕駛者。人行道規則的差異並非寫出來的和無言的和……完全是

貼近的(Proxemics)

環境的優先性

領域

個人空間

眼睛的注視(Eye Gaze)

眼睛的關聯

表達

規則化

觀察

看見

觸摸的(Touch)

觸摸方式(類型)

語境

(聲)元音的(Vocalics)

(聲)元音的性質

(聲)元音的特性

(聲)元音的分類

面部表情(Facial Expression)

一般的表情

文化新展示出的規則

面部調和

洩露線索

身體的表現

　(Physical Appearance)

體型

衣著

裝飾

動作學(Kinesics)

標誌(象微)

畫報插圖者

影響力的顯示

循規蹈矩者

適應(環境)者

圖12-4　七種非言語的代碼

未注意到的。下次你與某人談話時,注意一下你與人談話的舒適距離。觀察一下兩個人從一開放的大廳走向一個類似電梯或自助餐廳那樣嘈雜擁擠的地方時,在距離方面的變化,結果怎樣呢?人們可能站定下來談話,或轉到一個更加不觸及個人的交談話題上。

(一)環境的優先性

我們每個人都以獨特方式對環境產生反應,我們又普遍地在文化上被(規定)限定著,從而以更多的相類似的方式對環境產生反應。當我們在一個自然的場合中感到舒服時,我們就好像更能夠有效地進行溝通;或者我們應該說,當我們感到不舒服時,溝通則無效,甚至可能滋生對環境中人的那些否定性情感。

在一個典型的的研究中,阿伯拉漢‧馬斯洛(Abraham Maslow)與敏茲(N.L.Mintz)讓人們在三種截然有別的環境中對一系列臉部的照片(事實上是一些消極的印刷品)進行評價。一個佈置成「漂亮的」房間,另一間佈置得「一般化」,第三間則是「醜陋不堪的」。人們在漂亮的房間裏對這些照片不斷給予強而有力和非常完美的評價;而在醜陋的房間裏,對這些照片的評價就低得多。這項研究支持了:環境在社會的相互作用中,具有一個不可估量的影響。

在環境空間方面,另有一些因素對我們的社會行為有戲劇性的影響力。環境的物理指標(比如,照明、色彩、嘈雜和過冷或過熱的溫度等)對我們的影響會比我們身受美醜的環境來得大。此外。更加立體性的透視(比如,家庭觀念、新奇事物和神奇事物)對於我們的影響則較小。

根據阿爾伯特‧梅來伯安(Albert Mehrabian)和詹姆士‧羅素(James Russell)的觀點,外在環境因素與內在我們自己精神的決定結合,會產生情緒相互作用的三個程度:覺醒—昏沈、支配—順從,和愉快—不愉快。譬如,去熟悉的地方拜訪,就可能給大多數人的情緒達到中等覺醒的層次,一種順從情感和一種極為愉快的感覺。而對某些人來說,在酒吧或夜總會裏交談是非常困難的,因為他們不能排除掉背景中所有的嘈雜聲和閃爍刺眼的燈光。對他們覺醒層次如此高以致集中談話是太困難的。

大多數人都感到在我們十分熟悉的場景中會更有支配力。

(二)領域範圍

領域（territoriality）這一概念是指法律上允許的、或聲稱的空間所有權。

勞倫斯·羅森菲爾德（Lawrence Rosenfeld）和珍·西維麗（Jean Civikly）把領域定義爲「對某些地理學上的地域的所有權的聲稱。動物是以留下排泄物以防止闖入者進入等方式來標誌它們的領域。人類則運用大量不同的領域標記，從他們停止闖越別人的領域，到把他們個人的照片以不同的方式安放在辦公桌上。

斯坦福·萊曼（Stanford Lyman）和馬爾文·司卡特（Marvin Scott）確立了人類交往中的四種領域。

公共的領域（public territory）不是由一個人所佔有的，它是任何人都進得去的，像城市的街道、公園的板凳，和集市場都是這種領域的典型例證。

住宅領域（home territory）則允許有一個更高的私人性，陌生人很少闖入，從窗戶窺視你的鄰居都被看作是粗野行爲，如果你回頭瞪他一眼，他通常都很快離開。

身體領域（body territory），是萊曼和司卡特二人所使用的最後一個等級，它讓其他研究人員後來更加提倡個人的空間。

(三)個人的空間

個人的空間（personal space）這個概念被用於描述走出我們身體的一種意象性氣泡，一種被看作幾乎和身體一樣是私有的範圍。我們強烈反對移入我們個人的空間一種只有小孩子和和睦家庭以及朋友們被允許遷到這個空間來，並無需任何解釋。人類學家愛德華·T·霍爾（Edward T. Hall）努力讓我們去注意個人的空間和會談的距離。在對中產階級的美國人的觀察中，霍爾確立了四種相互作用的界限：

- **和諧的距離**（0—18英寸）：含蓄的敬愛和非常私下的交談。
- **個人的距離**（18—4英寸）：這是一種令人感到舒適的和朋友與熟人之間的範圍。
- **社會的距離**（4—12英吋）：運用於業務聯繫和角色關係。
- **公衆的距離**（12—25英吋）：適用於公開儀式，演講、教室講課等。

這種你與他人談話感到舒適的實際距離，可能因你的人格、年齡、性別、地位，或你與相互作用關係中的文化因素差異，而有所改變。譬如，霍爾描述了和一位藝術家在德國北部的一次經歷。與一位年輕婦女在她公寓的門口談話時，霍爾此時能夠看到這位藝術家在他一樓的工作室裏與某人談話。幾分鐘之後，藝術家走了出來，開始揶揄霍爾的闖入，甚至連任何打招呼都不打。對美國人來說，這樣的空間是可以被接受的，但對於德國人來說，他的空間已經被侵入了。

某些人需要比別人更多的空間。除非你能理解，否則你可能會發現你自己正嘗試向他移得更近一些 (以使你自己更加舒服)，但他則以後退做回報 (重新確立他們的舒適界線)。霍爾指出；既然我們沒有人被教會從空間來看事情，控制空間的情感行為，就常被歸因於其他事。

研究還指出，這些年齡相同的人站得比另一年齡不相當的夥伴更近一些，男性與夥伴空間比與異性夥伴間站得更遠一些。偶爾，個人的正常性空間被打破，因為有時候同伴被看做一個非人 (nonperson)，而僅僅看做是一個物體：侍者、招待員和擁擠不堪的電梯裏或體育館的人們。

停下來考慮一下接近的 (代碼) 在溝通上的各種影響。我們可能運用空間的距離使溝通更緊密，或者達到某種私人的意思，或甚至去威脅或想起我們的地位中的其他人。身體的外貌是另一種與接近的代碼相聯結的、經常使用的代碼。

身體的外貌

身體的外貌 (physical appearance) 本身就是強有力的訊息。每一種文化都對身體美觀標準下定義。我們將先來討論一下潛藏於人類身體中的訊息，然後討論我們讓身體所學會的人造的訊息。

(一)身體的特徵

臉面 (眼、耳、鼻、口臉形等) 和高矮、頭髮的式樣、膚色、身體的整體形狀，以及姿勢，都是人們在初次見面時所密切關注的身體特徵。這些特徵角色在溝通中的作用有賴於我們對它們的知覺和相信訊息發送者依據他或她的表現傾向於其中的某些訊息。

對於大多數身體特徵來說，溝通的價值是有限的，某人的頭髮和自然膚色是毫無訊息價值的。因此，我們該注重的是人們所做以提高其價值、展示自己、轉換或隱藏他們的身體的那些動作，這些動作很少是特意為我們做的。

儘管如此，這些動作的效果常決定於與之溝通的人。一項對大學生進行的研究，新生透過電腦約會，參加舞會，隨機地結成一對，而不是憑雙方興趣和彼此相適合性。請他們指出讓他們覺得滿意、願意繼續再約對方的原因，身體的吸引力是唯一的因素。

另一項研究顯示了，一個具有吸引力的人，通常被看做是善於交際的、外向的、安定的、令人感興趣的，在性方面是強烈的和反應敏感的。

我們相信，身體的美麗在世界範圍內都以同樣的方式顯示其本質和被理解著的，但是，戴斯蒙德‧莫里斯（Desmond Morris）卻提醒我們，我們的標準是如何短暫的，在他對今日的美麗誇耀的競爭者與古代石刻小雕像之間的比較是富有生氣的統計：

> 如果我們把〔維倫多爾芙的維納斯〕看作公元前20,000年舊石器時代的小姐，那麼她的愛、她富有生氣的統計數字就成為96—89—96。到了公元前2000年，印度河谷的小姐，就有了衡量尺度45—34—63；在青銅器後期，公元前1500年，賽浦路斯的小姐就會得到數字43—42—44；公元前1000年的阿姆拉什小姐，就有了令人興奮的數字38—44—78，然而公元前1000年希臘小姐，距今相隔很短，獲得的衡量數幾乎與現代相差無幾31—26—36。

這樣的事實也存在於理想男人的體格中，因此我們要提醒你，所謂的理想的形象是短暫的，而身體的美麗標準也會隨時間和跨文化而有所不同。

(二)衣著和個人的裝飾物

人們到今天更會用不同的物件裝扮他們的身體。

衣著長期以來就被看作是了解穿者社會地位、組織性和人格的一個途徑。一般人都認為，在工作面試和商業會議中，穿著講究的衣物暗示表明了與衣著地位相聯繫，在一項研究中發現，人們衣著的風格因社會地位的不同而有所不同，因而它也被放置在那些原型上，他們都被獨立地排列了

其地位。

　　不同的是，高層次的衣物增加和低層次的服裝減少，這是原型被設定的地位。在許多大範圍的相伴地位的區分中，包含了各類微妙的因素，諸如，西裝的製作使用更加昂貴的布料，而群體成員的地位在基本衣服類型上保持相似。(專員們穿著黑西裝，工作人員穿簡便外衣或襯衫和便褲，維修工人則穿著制服)。人們經常從穿著相同或相似的服裝來確定另一個人的身份。下次你再去一個遊樂場，觀察一群人們並找到他們彼此間由服裝來確定的方法。大多數明顯的事例將是家庭的；在母親、父親和所有穿T恤衫的孩子們，把他們家庭的最後一個名字印在T恤衫背後。你用什麼樣的說詞，來表示他們是一家人？

　　最後，穿著打扮可以傳達出自我的一些訊息，不論是有意的或沒有意的。一位朋友報告說她拒絕了一個好工作，因為她不認為那些將與她共同工作的人是非常有刺激性的。她的第一印象是「到處都是米黃色的。他們之中大多數都穿著兩件或三件米黃色的衣服，他們的臉都有一種對他們來說的米黃色，我不得不說他們的人格是與米黃色相對等的」。

注視

　　我們的眼睛並不僅是接收視覺刺激的器官，它們會傳達出自己的信息。艾爾文‧考夫曼 (Erving Goffman) 推薦我們「如何使我們的眼睛具有原則化」，直到我們掌握了了解如何在沒有引起興趣的時候觀看的技巧。

　　亞當‧坎頓 (Adam Kendon) 首先提出了有關注視 (gaze) 在溝通中具有的三種基本功能：

  ‧表現性
  ‧規則化
  ‧監督

(一)注視的表現性功能

　　注視在情緒溝通中扮演一個重要的角色。儘管情緒的表達需要整個面部暗示的代碼，眼睛是在傳達恐懼和驚詫時尤其具有表現性。同樣地，在

注視中也傳播著興趣和對對方的喜歡，研究者發現，人們在接收訊息或接收具有讚賞的訊息時，凝視更多特別是想從那些居於高位的人那裏得到的訊息時。

此外，若以上下打量的方式在注視時，很容易引起對方的注意。想像一下，你單獨享受著午飯，這時你意識到某人在看著你。你向那人的方向瞥了一眼，期待他把臉轉向別的地方，但他卻不這樣做你的反應如何？根據P.C.艾爾斯沃斯（P.C.Ellsworth）和米爾斯·派特森（Miles Patterson）的研究，每個人的反應跟他所製造的屬性有關。如果你感到別人的動機是無害的，或你發現他在某些方面令人感興趣，你的反應可能是微笑，或向那個方向張望；如果你感到別人的動機是不好的，你就會想轉過身去，給以厭惡地一瞥，或離開那人的眼前。

(二)運用注視去規範和調控相互作用

注視，配合其他非語言行為，在溝通過程中可以使溝通流暢地進行。彼此注視是使溝通有效的先決條件。當你在匆忙中不能夠或不願意停下來談話時，你可以假裝著不看對方，讓眼睛說出拒絕溝通的看法。一個眼神、一個微笑、一個眼眉飛揚或點個頭，都可以去認識別人。

會談一開始，眼睛的訊息就幫助保持話鋒轉承和傳遞的順利。對美國人一般來說是說比聽多、聽比看多。他們在談話當中很少互相看上一秒鐘以上。

為什麼我們會遵循這個輪流說話的模式呢？當我們聽別人說時，對對方的注視顯示對他所說的話感興趣，並允許我們接收到言語以外的非語言暗示。當我們開始說話時，我們又忙於思考我們想說的東西，此時，就不會注視別人過於頻繁或過於持久。

婦女彼此注視的時間比男人更長一些，在她們感到不舒服時，視力自然就不再交接。黑人和白人的注視模式有很大的差異。克拉拉·曼尤（Clara Mayo）和瑪麗安·拉弗蘭斯（Marianne Lafrance）展示了白色注視相對於黑色太多，和黑色注視太多，在談話和在聽說之時僅是白色的對立面。

> 白人經常讓人感到他並不在聽，而黑人則讓人感到他過分仔細地看著。更進一步說，聽者、說者角色交換得並不流暢，導致兩種人在交談時，彼此對對方都不滿意。

黑人使用太多「有背後途徑」的姿態；即他們會給予說話的人更多語言和非語言的反饋，不管他或她是否說完話了。正因為此，它使人產生一種感覺，即一個黑人在談話時姿態擺得較高：他或她直接力圖掌握他們所給予的回饋。我們使我們的眼睛掌握回饋這個事實，提出了一個問題：在我們的視野內通常是在相互作用過程中注視著何處。

(三)觀看與看見

　　在你與別人談話時，怎樣把你的視野聚集起來呢？你尋視他們的眼睛，在他們的眼睛的方向，或在全部的上半截身體？路特（D.R.Rutter）在可視見的溝通的一種易於理解的理論中，對觀看和看見作了區分。觀看（looking）指出了對別人眼睛的方向的注視，而看見（seeing）則被規定為全部個人相聯繫的可視見性的概念，路特爭辯說，在對回饋的規範和掌握時，看見比觀看是更為重要的。人們運用注視到信號的轉承。現在，它表現出看見整個人是需要獲得別人轉承暗示，例如，點頭和手勢等。這種歸屬性在規範相互作用中使得注視是一個很小的角色。眼睛的交際（交往）（相互的觀看）扮演了一個甚至於較小的角色，有些研究結果指出，眼睛的交往的發生在大多數交談中並不比偶然的變化更多。我們鼓勵你去試驗這些來發現自己。記住眼睛交往（相互的觀看），注視（觀看）和看見（注視整個人）的區別。這幾種哪一種在你自己的談話中經常發生，它們表現出了什麼功能？

面部表情

　　只注視眼睛，不如掌握完整的面部表情，這是非語言溝通最重要的信號。從面部表情，我們能讀到很多東西。表情中包涵著某些人格品性和態度，基本上講，面部表情會顯露我們的情緒狀態。我們將從六種普遍的表情是怎樣創造出來和怎樣控制的，和為什麼我們有時候把一些面部表情讀錯了來談起。

(一)普遍的表情

　　保羅・艾克曼（Paul Ekman）和萬萊斯・弗里伊森（Wallace Friesen）。對面部表情的研究成果豐碩。了解他們的研究，我們就會對他們

的發現深感信服。他們說明六種面部表情，能夠表達人類的基本情緒。除去文化中各種情緒狀態，諸如，愉快、悲哀、驚異、恐懼、氣憤和厭惡等都是溝通中令人注目的相似性參見（圖12—5）。正如羅斯‧巴克（Ross Buck）所指出的，這些本能一般地能辨認出來，因為它們是我們生物遺傳的一部分，是在本能層次上的一種溝通。

艾克曼和弗里伊森注意到面部肌肉的三個部分操縱著這些表情：

- 眉毛和額頭
- 眼睛、眼瞼和鼻根
- 面頰、嘴、鼻子的大部和頦（下巴）

臉部的這三個部分以特殊的方式表現出情緒的狀態。譬如，驚異是由這幾部分表現的：

- 揚起的眉毛
- 睜大的眼睛
- 低垂的下巴和張開的嘴巴（分開的嘴唇）

其它五種情緒可在（圖12—5）中看到，每一種由此三種面部區域來表現。

關鍵是，面部表情經常是一閃而過，我們很少能長期堅持驚異的表情。如果你不相信你電話帳單上的天文數字，驚奇的表情很快就會轉為厭惡或氣憤的表情，此時與你一起的人，就會看到在你瞼上這兩種表情的瞬息變化。這種結果被稱作面部的合成（facial blend）。既然社會上人際互動變化迅速，我們不斷地在極短時間內轉變我們的表情，其他人所看到的通常是合成（混合）的表情，而不是純粹情緒的表現。

但是，你可能會說，人的面部表情並不總是真誠的。的確，儘管情緒的表達是普遍性的，但它們在顯示時則不見得千篇一律。文化規範（cultural display rules）會對過程有影響。我們知道，當某人失敗時嘲笑他是相當不適合的，不管它的發生對我們來說有多麼滑稽；在一個晚會上，即使有人早已透露了點消息我們被設計而露出驚異的表情。大多數人都有個人在展示規則，這在人生早期就形成了，諸如，「決不在公開場合顯示你在生氣」等。有很多事例使我們本能的，或與生俱來的情緒表達趨於習慣化

這是六種人類普遍的面部表情。你能確定上面的每一張圖片中的表情嗎？研究者保羅‧艾克
曼和萬萊斯‧弗里伊森已研究了多種文化中的面部表情，並發現這六種表情（驚異、生氣、愉快
、恐懼、厭惡、悲哀）是最普遍的。
摘自保羅‧艾克曼和萬萊斯‧Ｆ‧弗里伊森：《面部影響的圖片》
（帕羅‧阿爾托，卡利夫：探討心理學出版社，1976 年）

圖12-5　這是六種人類普遍的面部表情

和模式化。

　　在美國，婦女一般比男子更常使用非語言的表達方式，在面部表達的情況也是適用的。大多數的研究顯示，成年女性在有意義的面部相互作用和一般的面部活動中比男子更多。大多數人，不論男女，都會展示出面部具有個性風格的表情參見（圖12-6）。譬如，抑制者可能習慣於面部肌肉如此之多，以致於別人很容易了解他們會說什麼，而不用動一下他們的嘴。

　　然而，要控制面部表情並不如我們想像的這麼容易。專職演員可能在控制面部表情方面是個專家，我們其餘的人恐怕都不能做得這麼好。我們通過產生出瞬間的洩漏面容（leakage cues）使我們自己放棄成為感知的觀察者，我們真實情感無意向的信號，這些成分很大但在正常的面部控制中完全沒有面具化。例如，在面對宣布將一個令人垂涎的獎品給另一競爭者時，我們力圖保持我們的鎮靜，我們讓失望洩露出來是在我們處在情緒低落的時候溜出嘴角的，很快地它又恢復原狀「嘴唇緊閉」。

(二)對面部表情的誤認

　　我們不能理解人們的情緒狀態的表情，甚至在人們自然而然地表達的時候。關於眼睛行為的基準是部分地可以信賴的。在整個談話過程中我們看著別人的臉龐只有大約50%的時間。艾克曼和弗里伊森指出，這更多地歸結於僅僅是出於禮貌的而不去盯著別人。通常我們並不想承擔了解別人的感覺是如何的負擔。這可能達到滑稽可笑的地步，就像一個父親（或母親）正在生一個噘嘴的男孩子的氣說，「我並沒有在看你！」

　　對面部表情的誤認的其他理由包括進入有能力的語言的途徑和非語言的途徑，人們並不密切注意相互作用的語境，也不知道這有目標的個人面部表情的通常全部節目。當我們專心於某人在說什麼或被焦急的姿勢分散注意時，我們好像就失去了這瞬間的表情，它們也許揭示了這個人的真實感覺。當一個朋友或熟人也是你一項工作的面談者之時，她就要力爭使自己的表情趨於中立，而不可能更多地表現出她的喜好來。如果你把一個朋友設想成為一個面談者，你就會把缺乏表情的面孔讀作是真誠的，而設想她不想讓你得到這份工作。最後，艾克曼和弗里伊森認為，你可以通過學習特有風格的方法來改善你判斷的準確性，了解別人使用的面部表情。這意味著，要付出較多努力去收錄此人在不同環境領域中所做的面部表情，

抑制者(Withholder)

這種人的面部表情並不顯示出他的感覺。他不嘗試從容地欺騙,而僅是表現出幾乎沒有什麼表情。

暴露者(Revealer)

暴露者把一切都從他們的臉上告訴給人們,他們非常有表現力並且經常說他們並不僅能幫助顯示他們的感覺如何。你總是能明瞭在你送給暴露者生日禮物時,他喜歡或是不喜歡。

無意識的表達情緒者(Unwitting Expressor)

這種人顯示他們的情緒但並不了解他。他說的事情就像「你怎麼知道我生氣了呢?」

單調的表達者(Blanked Expressor)

單調的表達者以為他們正表現著一種情緒,即在事實上他們幾乎沒有顯示出是否有任何表情。在所有時間裏,他們僅有一種本能的表情掛在他們的臉上。這不同於抑制者,後者通常了解她並不具有表現力。

冷凍的——影響結果的表達者(Frozen-affect Expressor)

冷凍的——影響結果的表達者逐漸顯示出一種情緒(比如:幸福愉快),這時她並不是在體驗情緒。

代替的表情者(Substitute Expressor)

這些人感到一種情緒並認為他們正在表現它。但大多數旁觀者將說明另一些情緒正在表達出來。這種人感覺在生氣,但看上去卻似悲哀,這便是一個例子。

各種表情均備的表情者(Every-Ready Expressor)

這種人幾乎可以本能地(自然地)顯示出相同的情緒當做他做任何新的事件的最初反應。她在聽到好消息和壞消息時,或宣佈他剛剛被 錄用了,這樣的個人可能表現出驚詫。

流動的影響表情(達)者(Flooded-affect Expressor)

這種人經常顯示出不只一種情緒。這些情緒之一便是他的特性,此類人很像冷凍的——影響結果表情者。當另一種情緒被感覺到時,它便與舊的特徵性表情混合起來。譬如:一個人可能看上去很恐懼,甾他生氣時顯示出恐懼和氣憤兩種表情。

圖12-6　四個頭像面容表情

這時你就會知道他的反應是不是真誠的。然而，面部表情是一種我們操作我們身體的途徑。我們還能通過掌管別人的身體活動即所謂的動作學而進行溝通活動。

動作學

身體運動的研究，諸如，手勢、姿勢、頭部、軀幹、和臂膀的運動，統稱之為動作學 (kinesics)。面部表情也是包括在動作學之內，但是我們前面已單獨討論了它，因為它們在面對面的彼此溝通中有壓倒一切的貢獻。在任何情況下，這些動作學的行為都能幫助我們決定什麼時候我們把對方看作是平等的，或是地位有差別的；什麼時候我們是有精力的，想強調某一點等等。艾克曼和弗里伊森提出了五種動作學行為的分類：象徵性的、描繪者的、感情展示的、循規蹈距的、和適應者的。我們將針對這些分類進行分析。

(一)象徵性的

象徵性的 (emblem) 指的是各種手勢。手勢能輕而易舉地闡述語言的述說，輔助說明語言的含意。當你懷疑某人的心智是否健全時，你就會做「抬起手，伸出食指在額頭上畫圈」的手勢。每一種文化幾乎對表達是、否都發展了不同的非語言符號：伸舌頭可能表明某人不喜歡你（粗野的伸舌），或他想單獨留下來（與伸舌有同工異曲之處），或正在與你調情（性意義上的伸舌）。但不論是那一種情況，舌頭的位置或運動方式，都是一個判定性因素。

(二)描繪者的

伴隨著談話而發生的非語言行為，常常強調特殊的詞語，或描繪一幅關於說話者所說的事情的圖畫，這被稱作描繪者 (illustrator)。把手當指揮棒是常見的例子，有人談話時，他們或伸出一隻食指，不停地在別人面前搖動，或把他們的手掌舉起、放下，一會兒在面前，一會兒在旁邊；或向天空伸出他們的拳頭；或抓住他們的頭髮……。沒有一種動作單獨有意義的，正如一個象徵性動作那樣，描繪者仍依賴於語言的訊息，然而它也

不幫助作出強調性的內容。

㈢感情的展示

臉部的表情是溝通的第一步。情感的展示（affect display），或姿勢和手勢的動作，也能夠傳達我們的感覺。一個小孩把躺在地上，發瘋似地雙腳亂踢或兩手揮舞，做出遭到父母拒絕後的反應。這種發脾氣的方式通常是有意的，它有兩方面的目的：自然而然地表達他們的情緒感情──強烈的感情，也是對既生氣而又為難的父母的一個象徵性的態度，希望他們讓步。

人們還可能有意識或無意識地，讓身體和情緒間，流露出一致的訊息。像孩子模仿父母的或英雄的姿勢和手勢；人們同時依向於聽到某些選舉談天；而一組年輕人指出那些謹慎地把身體重心擺在一條腿上，且把他們的姆指插進腰上繫著的皮帶裏腰扣內，是一種「冷靜地」表示。

循規蹈矩者

在溝通過程中小心翼翼的控制非語言的舉止，被稱作為循規蹈矩（regulator）像當你想插進一個會談時，你就要用前面所說的手勢諸如，你頭傾向於前或揚一揚你的頭，同時，你的手作出動作，當然，這樣的表示也可當作是一個描繪者。想想看，什麼樣的動作是在告訴對方輪到他發言了？或催促他快點發言？

㈠適應者

這最後的一項包括了任何身體動作，目的在控制焦慮、情緒上的變化，或調適新奇的境域。自我適應者（self-adaptor）是以身體的動作來表示：把一隻手放在嘴上、咬手指甲、把雙臂交叉起來、用你的手梳你的頭髮。而反覆觸摸可使我們安靜下來或感到更好些，因此自我觸摸也可能是在說一種想從溝通中撤出，想單獨待一會兒的願望。

透過物體來適應者（object-adaptor）吸煙、用鉛筆輕敲桌子、愛撫一隻受驚的動物都是例證。它們溝通訊息就是「我神經緊張」「我感到不舒服」。

總之，許多動作學的活動（與象徵的希望一起）可以操作，成為訊息

發送者的無意識的訊息。習慣的描繪者、循規蹈矩者，和適應者不是有助於我們的溝通結果，就是要將這結果藏匿起來。然而訊息接收者通常較能意識到這些手勢，讓我們可能發送出一些我們並不想發送的訊息。然而大多數人都堅決否認在錄影帶上看見的他們自己——也許我們真的不想知道那些我們沒有意識到的訊息。溝通是艱難的。

這種非語言的代碼談得那麼多，我們已經相當清楚了。現在我們轉移注意力，看看純聽覺方面的一個代碼上。

元音的（代碼途徑）

詞語透過聲帶（中介）說出來，聲音本身就有著它自己的一些特性，可以從它所說的內容中分離出來。這些特性稱為元音的代碼途徑（vocalic），或稱為前語言。從結果上看，話是如何說的時常比說什麼來得重要。透過聲音所轉達的，能夠讓人對話的意義更看重，或使原本對立的氣氛得以平緩。譬如，諷刺常常是透過聲音的產物。我們發聲途徑來探尋人類聲音的本質，緊接著再審視這些特徵在具有壓力的形式中和充滿情感的感情中所扮演的角色。

㈠聲音的特性

由於研究者們已提出了以下幾種不同方法，對聲音的代碼加以分類，我們想讓你直接地理解聲音系統是由許多種要素構成的。聲音的性質（vocal qualities）包括了諸如，大聲（高音）、調門、速度、頻率、音域、發音動作和共振。聲音的特性（vocal characterizer）則指更加特殊的發音，即我們可能偶然地在講話中發出這些音，如，笑、喊叫、呻吟、嗚咽和抽泣都是例證。聲音的分離（vocal segregate）則以影響說話的某種進行方式而發聲，包括了「啊啊」和「噢噢」、結結巴巴，和令人不舒服的沉寂。

這些行為結合起來，產生出每一個人獨特的聲音模式。你也許了解某人的聲音，它的音高是特別高的，或是刺耳的，或是有鼻音的，或無抑揚頓挫的。這些是否影響你對他們的印象的呢？來自不同文化人們，或在相同文化、不同地區的人們，彼此間在聲音的特性上是大相徑庭的。你對那

些與你持不同方言的說話者是如何反應的呢？

(二)聲音中的訊息

聲音常常可以用來推斷人格品性。當你跟陌生人打電話時，從你聽到的聲音，你能給他描繪出來是什麼樣子呢？大衛·愛汀頓（David Addington）的聲音類型研究顯示，可以通過聲音來判定有某些共同特性的人的人格。舉一個例子，一個「講話斯文」男子聲音，聽眾會推斷這位說話者是很年輕並且有修養的；同樣特徵的女性聲音會讓人以為是一個很有女人味的、漂亮的、嬌小的、興高采烈的女性。這種印象的準確性從未被證實過。聲音的代碼其實僅是我們內涵的人格的一個方面。我們最好以聲音與別的行為相聯結，才能得到一個更加完整的印象。

我們還常把聲音代碼用於推論對方的情緒狀態，特別是在無法用到面部代碼或心存猜疑之時。一個關於聲音的研究認為，情緒包括了好像最能準確理解的兩種：「高興」和「恨」，而溝通最困難的是「愛」和「同情」。然而，用聲音判斷情緒是另一種能力，不仔細傾聽，有些人就被標上善良，不過另一些人聽眾則不能做出辨別。在某些時間裏，說話的環境造成聲音特性更加的顯著。在一項研究中，一個醫生以一種「擔憂」的聲音來醫治一位酒精中毒病人。

從聽者的角度來判定，這是具有「距離」感的，我們轉移來看觸覺的模式，或許這是最為「迅即」的感覺。

觸摸的溝通

從我們出生的一瞬間，撫摸的非語言代碼就極為重要的。各項研究顯示觸摸的刺激是如何帶有社會性情緒的，甚至帶有促進智力發展的功用。人類潛能運動的提倡者也強調成年人對撫摸和被撫摸的需要。儘管如此，我們對做為訊息的撫摸的了解還很少。有一種研究的理論，強調撫摸的積極作用。有些的研究者已對撫摸是怎樣被用於支配和威脅別人做了研究，他們還從日常生活中了解到撫摸傳達了多種的情緒和意義。

(一)觸摸的類型

觸摸可能是非語言代碼中最迂迴曲折的了，因為它的意義跟相互間的

關係的、對方的年齡和性別，還有當時的情境，以及我們所觸摸的部位、用什麼表情、是有意向的觸摸或偶然的，以及觸摸持續的時間有多長有關。此外，觸摸的方式如，按摩、輕放、擠塞、擁抱、撫慰、拍打、踢，甚至搔癢。觸摸的構成甚至可能是更富有意義的，如與別人握手時，對方的手掌是汗水浸透的，而不是非常愉快的，這可被解釋爲精神緊張的信號。而你把你的手放在別人的手臂上，這一舉止與使之放心或傲慢的那人是不同的。對方是熱情或冷漠，諸如聲音的語調，可能加上觸摸會使意義更明顯。

(二)脈絡和觸摸的功能

觸摸可能被人當作是侵略、地位、友誼、性感或直接規範溝通的信號。但是這些意義都是由脈絡所決定的。理查·赫斯林（Richard Heslin）對觸摸意義的分類，是以相互關係發生的脈絡爲根據。職業的／功能性的觸摸常被合理化，即這種觸摸是非個人性的，如，醫生和髮型設計師被允許可使用各種方法觸摸我們。但其他人則不能。社會的／禮貌的觸摸允許在問候、再見和交談時作瞬間的觸摸。握手則普遍被接受，就像撫摸手臂以引起另一個人的注意。布倫達·梅傑（Brenda Major）認爲，觸摸可能在溝通當中有它的意義，但男人與女人注意不同的訊息。當同等地位的陌生人主動開始觸摸說話的對方時，男人常把它當作是一種支配的行爲；女人則把它看作是一種友善的姿勢。地位較高的似乎更能接受觸摸；他們能更友善地觸摸；而輕低地位的個人則很少對相互間的觸摸令人感到舒服。

友誼支持了與愛相聯結的一些觸摸動作，如，張開雙手擁抱、撫摸手或手臂，和有輕輕的搔癢，便是令人讚賞的行爲。在愛／親密關係中，我們常看到手拉手、臂挽臂的接觸，身體依偎著身體，以及一般性的撫摸。最後，性關係中很少規定觸摸形式，觸摸的意義也可能是極爲不同的。

赫斯林提出了在觸摸和喜愛的形式之間的曲線相互關係。在初相識的階段，彼此間的觸摸是生硬的，常導致一方強烈的厭惡。在相互關係被確定爲戀愛或性關係時，彼此間的觸摸就變得令人愉悅了。然而，有一種危險，即撫摸的過多可能導致把對方看作一個「性對象」。

雖然赫斯林不曾把下列關係包括進他的分類內，但我們在此增添一個對抗的相互關係的脈絡。這包括了職業性的摔角選手、兄弟姊妹或正常的人在爭論時，一個人可能抓住另一個人的衣領企圖威脅他，甚至推倒或撞

開這個人。

　　觸摸僅是許多的非語言的代碼之一。我們一直提醒你，代碼並不能單獨使用。每當我們與別人互動時，對方被當作是一個複雜的、混合性訊息的系統而操作。

如何與人有效溝通

　　人際的溝通是否具有效果，端視其個人的目標是否達成。人際的溝通都是有目標的，然而，個人的目標可能是多重的。人際溝通有時是為了某些特殊理由——促使別人接受我們的觀念、進入我們所期望的關係當中，或希望對方把我們看作我們想成為的人。

　　有效的溝通者能達成個人的目標，並使其行動搶在別人行動之前。他們知道，在日常的相互關係中，人與人相互影響，而影響的工具是溝通，有效的溝通是我們控制周遭世界的基本工具。

　　本節將以溝通理論及實務上自我肯定訓練，來幫助我們認識溝通，及成為一個有效的溝通者。

學習論

　　學習有幾種模式，其中有三種最為重要：古典制約、操作制約和社會學習。

　　古典制約的模式是關於反應之前的事情（一種S→R的關係），而操作制約則是關於反應之後的事情（R→S的關係）。社會學習模式則在兩方面都涉及到，闡述人類S→R鏈中的本性。讓我們簡要地了解一下每一種模式，以及社會交換理論。

㈠古典制約和學習

　　一定的制約會產生一定的反應。譬如，大多數人在打針時都會退縮，這不足為奇。更令人驚奇的是對一個接一個的刺激的反應，有人僅僅讀一下有關持槍弄彈的文章，或僅僅從醫生辦公室走過，就足以讓他大喊大叫。

當兩個刺激同時發生，一個因素（自然的或無條件的刺激）與另一個因素（有條件的刺激）產生相關的反應，古典條件制約（classical conditioning）便發生了。

　　毫無疑問，我們大家都熟悉巴卜洛夫（Pavlov）實驗中的古典條件制約。巴卜洛夫知道，在沒有任何條件作用時，實驗室的狗只是在給它肉末時分泌唾液，肉末無條件刺激引起的自然是唾液無條件地反應。他的實驗加上一個新刺激因素的影響——搖鈴時才有肉末。經過幾次實驗後，再單獨搖鈴（條件刺激）也開始引起狗分泌唾液。狗便學會了以一種新方式發生反應。（**表12-4**）給予我們古典條件制約學習理論的更詳盡的例子。

　　古典習慣的、聯想的、學習的模式在個人間的情境中有著很大的作用。許多對他人的反應都是基於聯想的。人們並不是在某時不喜歡的某個陌生人，而直接原因或許是她或他使你想起了以前認識的某人。你可以不喜歡你在嘗試或感到不舒服的情況下見到的人們，但當你在一個令人舒暢的環境中再見到他們時，你可能徹底改變你的印象。

　　人們對刺激的積極反應是與酬償相聯繫的。這就是為什麼說服者要把他們的產品與有魅力的刺激結合起來的原因，這也是為什麼電影明星喜歡在富麗堂皇的環境中展示他們自己的原因。

㈡操作條件制約與學習

　　聯想的學習對人們的影響並非僅有酬賞和懲罰這種方式。人們的行動還受反應後的結果所控制。按照操作條件制約理論（operant conditioning），如果反應的結果是有所酬償，則這種反應就會繼續重複；如果反應結果是受到懲罰，它將終止。企圖控制一種行動的結果被稱作增強（reinforcement）。父母對孩子的增強作用，是在做好事後加以肯定，做壞事後給予懲罰。如果你曾是「被教訓的」，你就是操作制約的對象。（**表12-4**）把操作學習和古典學習做了比較。

　　行為的發生是由於後來行為的增強。但是哪種刺激是最好的增強呢？答案並不易於得出。在我們的文化中，錢和權勢均是有效的增強，甚至它們不需要借重別的幫助。如果刺激增強或削弱了一個目標的行為，它就是增強者；如果它毫無效用，則它就不是增強者。

傳統(習慣)的學習

情境：作爲一個孩子，每次蒂姆做鬼臉，他的朋友和親戚都爲之開懷大笑，
　　　他感到很愉快。這個調皮鬼是與讚揚和笑聲相聯繫的。

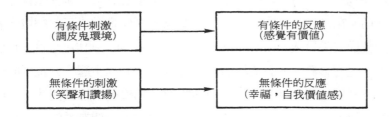

操作的條件

情境：在高中學校裏，蒂姆進入成人的表現；觀衆的反應取決於他將要發生的反應。

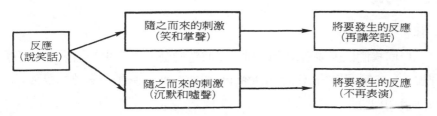

社會的學習

情境：蒂姆看到了一個著名的喜劇演員的成功；他假想他自己也能出名。
　　　他在行動中模仿他的英雄。

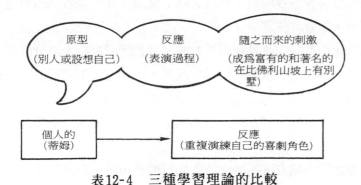

表12-4　三種學習理論的比較

對於大多數在校學生來說，教師的冷酷是反向的增強者，而表達則是正向的增強者。但並不總是如此。班級的調皮鬼就是一個好的例子，他得到的是不贊成的支持。教師越是大喊大叫和冷酷無情，調皮鬼就越是繼續他的行為。在操作條件中，第一步是要找出哪種刺激是有效的增強者。得到人們贊成或不贊成，稱作社會的增強者 (social reinforcer)，它們通常是產生潛在的影響。社會的增強在信徒皈依的過程中起十分重大的作用，信徒成員們對他們的參觀者給予全心的微笑和讚美，而面對懷疑者時，這些增強者便不見了。為了保持接收正向的增強，一個有希望的人可以審查他的或她的不確定因素。這種相互作用並不是很多見的。請想一分鐘，人們在評價你時，什麼事情會讓你遭受批評，或使你受到戲弄。你也許因此改變你的行為。

(三)社會學習

目前我們已經從對積極的刺激和消極的刺激所產生的結果看到了學習理論。社會學習理論 (social learning theory) 強調非直接的學習，它是包括參加和設想。

社會學習理論最重要的方法之一，我們的學習是通過觀察其他人的行為是受獎賞還是遭受懲罰而進行的。這種學習被稱作示範學習 (modeling) 或替代的學習 (vicarious learning)。某人發生的事情表示著我們也可能會發生。如果一個學生看到她的同學在班級中因做了什麼而受到懲罰，她就學到了這類行為會導致麻煩，不再去做；然而，如果她看到她的朋友結果獲得了好評，她就會決定學著去做。

並非所有示範都是如此具有影響力的。我們所受到的大部分影響都來自態度、性別或年齡均與示範者相似。此外，示範者是不是可信賴和有能力的人？是不是地位高貴的人，或是不是有更偉大作為、具有吸引力的人也有影響。最後，我們看到人們越是因為某種既有行為而受獎勵而越要去做那種行動。

人們學習的另一種方法就是當他們的目標實現時，自己獎勵自己，這謂之為自我增強。一個人告訴自己：「只要我的所有工作完成了，我就到最好的餐館犒勞一下自己。」「不管花多長時間，我要一直持續演練，直到完美地扮演好這個角色。」他正是運用了社會學習原則去控制自己的行為。

懲罰和愉悅可能是積極的自我增強。

　　我們的最後一種學習方法是學習之後的象徵性表徵的結果。社會學習理論是基於此種信念的：即人類是有思想的存在。從我們的能力到理性，我們能設想出一種行動的結果。我們也能夠對別人的勸說產生反應。獎賞與懲罰是通過思想和言語的一種有力的施控方式。

四學習和人與人之間的交換過程

　　學習理論已被用來解釋許多人與人之間的過程，其中理性的相互關係得以形成和終結。社會交換理論（social exchange theory）是一種學習模式，如果在特定的兩種關係間作選擇，我們將選那種更有回報的。大多數人在受到懲罰而不愉快時，會放棄既有的相互關係。一般說來，人們會力圖避免那種關係，儘管它們可以減少損失，如果他們相信他們在長期投資中能有所獲的話。按照社會交換理論，每一個成功的交換並不一定都可獲得大宗利潤，它也有失利的時候。

　　每一種相互作用都會有關係信息捲入，或提示指出某種特殊信息應怎樣被翻譯出來。在交換理論中，物體或行動中所帶來的關係性意義被稱作關係的流通（通貨）（relational currency）。禮物、愛好、時間、接近權利都是例證。即使食物也能帶有關係性意義。

一致性理論

　　難道所有的行為都是學習的結果嗎？有些人不以為然，他們認為，我們行為的初衷並不是為了獎賞，而是為了認知的一致性。這些人認為，內在的矛盾性是深層的困境。當混亂性和非連續性出現時，人們才竭力去恢復持續性的平衡狀態。這些假設的理論基礎是一致性理論。

(一)保持相互關係的平衡

　　按照平衡理論（balance theory），當顯著的他人在重大結果上同意我們之時，我們感到滿意和平衡；當我們喜歡的人與我們相對時，對我們不喜歡的人站在我們這邊時，我們都會感到心裡被擾亂了和感到不舒服。這種不安狀態稱作失衡。平衡理論關於典型情境的描述，包括一個人(P)，另一個人(O)，他是與P有關係的，還有一個刺激(X)，P和O都對它有看法。如

果P和O和X的相互關係是非平衡的，P就要力爭去改變它。（**表12-5**）描述了幾種關於P-O-X相互關係的方式，可能使之平衡亦或失衡。

讓我們考察一下大明(P)小英(O)，和作為刺激的搖滾樂(X)。如果大明和小英是朋友，如果他們倆都喜歡這種音樂，那麼，他們之間的關係是平衡的——在這一事件的三要素之間就有一種肯定的（正向的）相互關係。這個狀態在（**表12-5**），被描述成第一種平衡狀態。在這些狀態下，大明對他與O和X的兩種關係均感高興。

不幸的是，並不是所有的相互關係都是平衡的。如果大明討厭搖滾樂，由於他的朋友小英喜歡聽，他的痛恨會引起O不滿。他與O和X的相互關係就會失去平衡。他可以三種方式糾正：

- 改變他對小英的態度
- 改變他對音樂的嗜好
- 通過努力轉變O的態度

當趨於平衡的表達非常失控時，如果一個人P對O和X的相互關係是繁瑣的或沒有結果的，這種關係如果是重要的，就會是相當有力。例如，當我們發現一個親密的朋友做事不太注意道德時，緊張的關係就可能出現，不得不做些事以挽回平衡關係。

平衡理論解釋了為什麼我們被相似的他所吸引，並且說明了一些相似的壓力。從下面的對話來看茱麗葉的看法：

> 茱麗葉：這是一部十分好看的電影，是嗎？
> 羅密歐：哦，我不知道，我想它步調太慢了點。
> 茱麗葉：哦，是的，是慢了點。但是演得……
> 羅密歐：有點誇張。
> 茱麗葉：哦，是啊。我猜它能更好一些。

茱麗葉想讓羅密歐喜歡她，因而當他們意見不一致時，她對她的說法作了修改。她的平衡意願使她輕易地受到影響。只要她對羅密歐的好感仍是高的，她就會盡各種努力同意他的看法。

情境：一個人(P)以肯定的態度或否定的態度對待另一個人(O)和對待一種刺激(X)。O 也以
一種態度對待 X，而 P 又知道 O 的態度。

平衡狀態

P—O—X 的相互關係是穩定的；P 不需要採取行動。

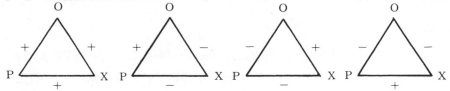

恢復平衡 P 能夠：

1.改變自己對 O 的態度

2.改變自己對 X 的態度

3.盡力改變 O 對 X 的態度

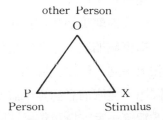

非平衡狀態

P—O—X 相互關係是不穩定的；P 必須恢復平衡。

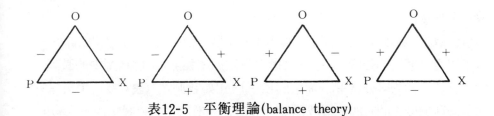

表12-5 平衡理論(balance theory)

總之，平衡理論告訴我們，那些受人喜愛並得到讚美的人，總是對別人的態度有很大的影響。當然，勸說者總是了解這點的。平衡理論原則對於人與人之間的情境是非常適用的。你是否有過僅為了使人喜歡你而同意他們的看法？你會威脅別人你將離開他或她，除非他或她改變自己？

(二)取得一致性

依據平衡理論，減少非一致性的方法僅有三種途徑：改變我們對(X)的態度、改變我們對O的態度，或我們力圖改變O對X的態度。然而，它們真的道出了所有的可能性嗎？

想一想，如果一位朋友說了你不太喜歡的事情，它是不是就能改變你對你朋友，以及對他的看法和態度嗎？你的不怎麼喜歡也許是因為他的看法與事情本身是不一致的，你也許更喜歡他的看法是因為他對事情的思考方式。那麼你的反應不是依賴他與你的交情和對問題不解的見解嗎？

評論者每天都要談論一些事物、運動員公開稱讚某項產品、法官秉公執法、政治家要採取立場。一致性理論使我們預見出這種看法的影響；它使我們知道，這些闡述是否損害或加強了來源的可信性。

假如一位普通公民在報上讀到一位總統顧問被指控的做假。這位公民若已經知道了這位顧問有問題，這個消息對她來說並無任何干擾。然而她要是讀到她所稱讚和尊敬的總統決定支持這位顧問時，她就會決定站在支持這一邊。根據一致性理論，當一個很好的訊息發送者，指明某種已受肯定的事不受喜愛，接受訊息者在認知上會產生不滿狀態，稱做非一致性發生。

減少一致性，只有改變態度一途，但大多數的態度都很堅持，很少改變。這種情況在（**表**12-6）中加以描述。

一致性理論使我們計算出態度改變的實際發生情形。一致性理論從—3（指出否定態度的強度）到了＋3（指出肯定態度強度）這個範圍中的數列。假設總統最初的得分為＋3，而顧問為—1。正如我們在（**表**12-6）中可見，在這兩種態度之間有四個區域單位。改變是欲與原先的位置，取得一致的（適應性），因而總統的得分將下降一個單位，而顧問將上升3個單位。我們公民現在要把比率無論總統還是顧問都達到＋2。顧問已獲得可信性，而總統卻喪失其可信度。

同一的最初比率

在這個例子中,先了解這個主張,觀察者給來源的客體都是+1的比率。來源對客體的肯定
主張不會引起問題,這一體系的一致性就在這一點上。

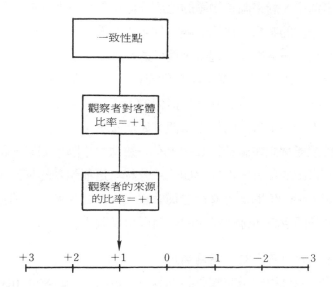

不相等的最初率值

在比例中,先了解其主張,觀察者給來源的比率為+3,客體的比率為-1。這個來源對客
體的肯定性主張會引起非一致性。觀察者必須以公正的態度,把一致性的點定在+2。

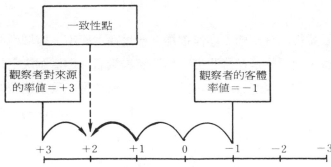

恢復一致性

觀察者必須減少對來源的喜愛,加強對刺激的喜愛。改變的數量將會變得與最初比率相適應。

一致性觀點也可以使用下列公式來計算:

$$Ro + \frac{|Ao|}{|Ao| + |Ao|} Ao + (d)\frac{|As|}{|Ao| + |As|} As$$

在這裏,Ro=對客體來說的一致性點,Ao=對客體的最初態度,As=對來源的最初態度,d=
主張的方向,+1為肯定的。-1為否定的。一個符號的括號指出絕對值(值沒有+號或-號)。
注意『例子是對這種情況的:即主張是肯定的;與否定的主張一起,一致性發生在比率是錯
誤的想像(例如:+2,-2提出在來源相對客體時的一致性)。

表12-6　一致性理論(congruity theory)

依這個等級比率進行預測的能力，對專業民意測驗者、政治結論者和市場總經理來說是很有價值的東西。然而，在一般人與人之間的關係中，態度各種等級不是經常使用的。在人與人相互作用中重要的是，要了解在一致性的各種事情中，對來源和物體的態度好像都是可以改變的。每次你提起你的朋友不愉快的某事，他們的觀點你可以削弱一點；每當你把你自己與某件他們贊成的事聯繫在一起時，他們的興趣使你加強了自己。有用的是記住你自己的吸引力，它總是作為你自己特有態度的結果而發生影響。只有你被人喜愛，你才能否棄正在提倡的不流行的觀點。持有面臨不受歡迎的觀念的人們通常付高的代價以使其廣泛接受。

　　一致性理論還能解說在滿意的表達上有一致態度原因。如果一位親密的朋友提倡你不喜歡的理論，你就會加強一分妳對這種論點的喜歡，哪怕只有一點點。如果另一位朋友也喜愛這種論點，你就會加多一點興趣。如果你所有的朋友都同意它，你最後會完全贊同這個論點。

(三)減少永久的不一致（不和諧、不協調）

　　我們最後的一致性模式是認知失調理論（cognitive dissonance theory）。然而，從整體上看，所有的一致性模式都保持有一個人了解所持的與其他認知之間的一種認知的非連續性，將會有壓力而減少非一致性。這種壓力稱之為失調（dissonance）。失調總是發生在內在轉換之間決定的結果。

　　我們說，畢業後你有兩種工作作選擇。一是在台南市，這城市的古蹟激起了你的好奇，而另一是在台北市。你決定去後者。你這個決定是依賴於你對這兩種工作和這兩個城市的認識。有些認識會是一致或連續的，例如，你對台北工作的選擇，是你相信台北工作提供了更好的機遇；但這些信念可能是不一致的，是非續性的，例如，你的決定是因為你痛恨冰冷的氣候。

　　根據非一致性理論，你下任何決定之後的不一致感覺，是你作出決定所持的觀念強度和重要性的一種功能。這種相互關係可由下列公式來描述

決定之後不一致性的數量＝

$$\frac{\text{#不一致認知×它們的重要性}}{\text{#的一致性的認知×它們的重要性}}$$

如果有一定（數量）的職業去比台北市更有利、如果僅有的不一致因素是不喜歡寒冷天氣，但氣候不是十分重要，那麼不一致性將是低的。然而，你有大量理由去台北市，每一個都很重要，那麼，不一致就是高的，而你還得去做某件事去減低它。

減少不一致性有幾種途徑。最明顯的是放棄台北市的工作，到台南去。如果這不可能，你就會對你的決定製造出認知的一致性。你可能確信在台北市資訊發達，有良好的休閒場所，它還靠近中正國際機場，便於進出國門。同時，你可能以設想出去台南市的令你厭煩的想法，你會為自己提供關於支持決定的肯定訊息，和決定改變的否定訊息。

怎樣運用這種影響呢？比如你想勸朋友戒煙，你指出它對人的健康無利、人們討厭為吸煙而浪費錢等等，也許你的朋友會減少確定的在一致性而放棄吸煙。

不一致性可以以另一種方式影響人與人之間的關係。大多數人不喜歡背叛他們的信仰。如果他們以與他們態度相反的方式行動，他們可能減少不一致性而改變他們的信仰。這種影響策略被稱作相反態度的辯護（counterattitudinal advocacy）。例如，鼓勵兒童對國家感到自豪的一種途徑，是讓他們參加一個試驗比賽。在最初他們也許把愛國主義當做是「過時的」，在他們完成了他們的研究課題之後，寫出他們的論文，以滿腔熱情闡述它們，他們原有的信念就會改變，與他們的共同行動相配合。

如果它是自願的，如果付出了大量努力，如果這種提倡不是特別有吸引力，以及對參加者的酬賞不是很大的話，相反態度的辯護的影響會更加強。在這些情況下，並沒有對解釋依從的永恆公正判斷。其結果，減少不一致性僅有的途徑是改變態度。如果我們去做有大量回饋卻並不喜歡的事，我們總是為行為理性化的，總是要說：「我痛恨它，但我需要錢。」然而，如果我們為了理想而長期艱苦奮鬥，這種行動對我們產生意義，我們會說：「實際上，我喜歡做這事」。這種原則解釋了我們評價我們得去艱

苦奮鬥的原因。越不一致，其內在的態度就越會改變。

㈣減少不確定性

我們認為，人們對減少不確定性有一種基本的驅力。我們不確定性的經驗越多，我們就越不能預見事件，總是在不安定和隨機的情境中，有目標的行動是不可能的。溝通，就是提供一種減少不確定性的手段。通過溝通，我們把這個世界的訊息集中，能夠預測生活的需要，以及對一致性的宇宙的需要是我們要溝通的主要原因之一。

價值論

在價值理論（value theory）中，密爾頓‧洛克屈（Milton Rokeach）告訴我們，自我概念是對行為的一個強有力的指導。我們每一個人都有一種確定性（定義），我們力求在生活中達到它。洛克屈認為，最能清楚反映人們的確定性就是他們的價值。一種價值是一個簡單的信念，即比別人更好的某些目標和實現目標的途徑。例如，有些人相信利他主義比自我利益更有價值，因而，他們的行為便是與人為善和捨己為人的。另一些人相信達成個人成功是重要的，他們就表現得雄心勃勃和視物質保障高於一切。

洛克屈認為，人們受價值觀的影響最大。如果勇敢在你的價值等級體系中是最崇高的，你可能採取非常魯莽的行動，以避免被貼上懦夫的標籤，挑戰或懼怕對你的影響會最深。如果你相信偷盜錯了，犯罪的行動就會停止。價值觀在我們生活中是關鍵部分。我們行事的強烈動機之一，就是保持我們認為是正確的東西。

我們不僅需要使自我的肯定形象確定無疑，大多數人還需要表現他們所喜愛的公眾形象。年輕的孩子開始抽煙以使自己顯得大一些，或在他們的同儕中顯得通達世故。對他們來說，吸煙是一種自我表現的形式。用什麼理由可以阻止他們呢？也許不是對身體有害的理由並不夠。最好的方法是使他們相信吸煙是沒有魅力和沒有地位的，甚至使他們看上去又傻又幼稚。

價值理論認爲，人們經常做勞而無獲或無一致性的行爲，這些在追求有價值的人生上簡直是相左的。例如，要證明是「強壯的男子」，也許得做很多不愉快的事才能證實。考慮一下，你是否曾放棄過某項獎賞，因爲得到它會違背你的某種價值？你是否做過沒有理智的和非一致性的事情，以顯示一種社會角色？答案若是肯定的，相信你會同意價值理論的。

小結：選擇和動機

　　正如我們所看到的，學習理論指出，人們行爲的動機是由行爲會獲得獎賞或懲罰所決定的。一致性理論則闡明，人們需要使他們的信仰系統保持穩定和一致性。而價值理論則告訴我們，人們的行爲是爲了創造自己所喜愛的形象。

　　這些理論都正確的，在不同的時間裏，我們可以努力完成不同的需要。

　　丹尼爾·卡茲（Daniel Katz）認爲，人們形成和保持態度有幾種不同理由。首先，他區分了態度的四個功能：判斷、認知，價值表達和自我保護。前三個功能是與學習理論、一致性理論和自我確證理論是相接近的；最後的功能則是對個人需要、對自我保護的反映，以免受心理上的威脅或傷害，而它又是基於心理分析理論的。

　　而卡茲他對動機提出了兩個重點。第一個是人們會在不同的時間，因不同力量形成動機。儘管卡茲沒有解釋我們的動機爲什麼發生變化，但人們指導行動的動機框架可能不同。當以獎賞——懲罰爲主要框架的時候，我們在行動時就會判斷得失。當採取價值框架時，我們就會更加注意要採取一種高尚的姿態。而當使用一致性框架被使用時，我們的行動就會充滿理性。一個想要勸導別人的人，可能可以讓對方把注意力從回饋轉移到價值上而達到目的。」有些事一個勸導者也許能通過從使之注意回饋到關心價值例證而達到目的。思考一下：你在做什麼事時對目標的注意會從集中在自我利益改變爲集中到自我犧牲？

　　卡茲還提出第二點值得考慮的問題。運用不同的方法可以改變不同的態度。如果一種行爲由對公正的需要所驅使，那麼它就會因贊同或威脅而發生變化。如果它幫助某個人保持一種穩定的世界觀，那麼他就會運用理性去爭辯。個人之間的相互影響必須是靈活機動的和多種多樣的。

技能訓練：變得更加肯定

　　小華已經工作了整整一個星期，她需要些獨處，寫一些信，看看錄影帶。當她剛剛開始休息時，她的朋友大明來敲她的門。他和他的女朋友大戰之後，這個星期已是第三次了，想找小華分析一下他倆的關係。小華有點喜歡大明，但她已把自己扮演成顧問。雖然她想讓大明離開，可是她不知道說什麼好，他是那樣情緒不安，而她又真的沒有任何重要的事情要做。因而她白白花費了整個晚上，與其說是為了她自己，倒不如說為了滿足他的需要。後來，她對自己感到失望，也對大明感到不滿。小華在這個肯定中有了一個問題。

　　大明在許多方面都跟小華很像。當別人喜歡大明且請求他幫忙時，他總是無微不至地對待他們，從來沒有丟下他們不管。儘管他的幫助的方式與小華十分不同，但在適當肯定中，大明與小華都有同樣的問題：小華和大明都不知道怎樣更有效地達到目標。

　　小華是非肯定的，她在應該堅守她的權利時，卻放棄了。大明是侵犯性（攻擊性）的，當他把他的權利設想為受威脅的時候，他不恰當地濫用之。他們二人都需要了解怎樣以某種方式來清楚地而又確定地表達他們的需要，能夠顯示對他們自己需要的尊重，也尊重別人。簡言之，他們二人都需要了解悉樣成為肯定型的。

　　儘管你既不認為小華的與人交往的風格，也不認同大明的，可能也還能提出如何成為肯定的人的意見，但你仍可能很難使自己相信大多數時間、情境中，實現目標還是很困難。問問你自己是否有下面行為上的困難：表達觀點但別人卻不同意、把你的消極真實情緒表達、表達積極的感情，諸如愛情或同情、不同意作者的看法、請求人們解釋你不理解的事情、提出要求，或否定來自你關心的某人的要求。如果你做得到，你就有可能成為更加肯定自我的人。

　　在增進你滿足自己需要的能力方面，第一步是了解在非肯定的、攻擊性的，和肯定的反應之間有何差異。非肯定性（nonassertiveness）是一種失調行為，這些人在他們的權利遭侵犯之時，並不懂得去保護他們的權利，

這正是「在自己面對自己和他人對自己時的自我否定，產生焦慮和（否定的）消極情感，也導致人與人相互關係的破裂。侵略性或攻擊性（aggressiveness）也是一個失調行的，這些人不顧忌別人的權利，做出侵犯性和充滿敵意的行為，它會「產生消極感情——比如犯罪的悔恨自責、對結局的恐懼和疏遠：引起與他人連續對抗，導致憂鬱的情緒纏繞。」肯定性（assertiveness）則是「保護（維護）自己的權利，並不對別人的權利有任何侵犯。」這是適合性的行為，它是在概定的內功能中的正常行為，是自我確定，對自己和對別人的成長有積極情感，導致和順暢通的人際關係」。

假如A君借了B君的筆記本，卻未按照允諾歸還。現在B君需要它們並想請A君歸還。A君很忙，他說明他會帶來。B君一種非常肯定的反應將是：我今晚真的需要它們。如果太麻煩了，我猜我能乘公共汽車到你家去取；而侵犯性的反應是：A君，我生氣了，我討厭你不為我著想。這種行為對你說來是一犯再犯，我以後不會再答應你任何事了。當然，你也不用再跟我說話了」；而肯定的反應將是：明天就太晚了。我今天晚上有空要讀它。我知道你很忙，但我保證你花半小時就可以開車到這裡，我希望在七點使用它們」。

想改善你實現目標能力，首先需要時間去「審查你對你自己的權利和對別人的權利的態度」。肯定性行為的關鍵在主張你的權利時不要冒犯別人的權利，它採用某種思想去發現在自我尊重和對別人尊重之間理想的平衡點，特別是在這些權利出現衝突的時候。如果你並不能肯定是否超出了你的權利，或是否要求得不夠，你不妨找一個朋友談論一下。

跟朋友談談將有助於我們的肯定性行為更令人滿意，得到關於你行為的回饋。判斷自己的行為的一種方法，是試圖從外界觀察它，例如，如果你在一家餐館裡看到那裏的服務是可怕的，你不能肯定自己是否該抱怨，你問自己作為一個有理性的人，在這種情境中該做什麼。如果你同意有理性的人就該抱怨，你馬上就會脫口而出。你也可以從直接問別人中得到回饋，如一個雇員一星期內遲到三次，你可以問問朋友，聽取什麼是你想要說的和對它的肯定性評價，以此來審視你的行為，你甚至可以從你的雇員那裡得到反饋：「我希望你能在八點到達這裡。當你遲到時，對我們其他人都不太方便，因為我們得等待你一起進入辦公室。你認為這是一個非理性的要求嗎？」

如果肯定的行為是你真正喜歡做的事情，那麼在對有問題的情境下請做出適當反應並保持其持續性。你可以記下出現麻煩的情境、感覺如何、你實際上說了或做的是什麼、你真正喜歡做的是什麼。這些記錄應提供讓你清楚地明瞭你對這個情境的看法，包括問題是怎樣產生的、你所希望說的、你能實踐的肯定性行為。此外，還要寫下恰如其分的反應，你能實際地再聽到正確的反應，通過它們融入角色扮演之中。不熟悉的反應比熟悉的反應更加困難。如果你未曾習慣於肯定的行為，你就需要再聽，直到肯定的反應變得自然。而當你對情境的掌握只是你想做的時候，給你自己以自我增援。祝賀你自己，讓朋友知道你的所做所為，或其至給你自己一個款待。你已經掌握了一種新的技巧並且你是值得獲得報償的。

　　最後，你也要了解有時候你可能在選擇時並不是那麼肯定的。並不是每個人都是有理性的，也不是每個人都能夠對你的決定成為肯定性的人做出恰如其分的反應。有時候你可能決定不要成為肯定性的人。哈路爾得·達萊（Harold Dawley）和W.W.溫馬克（W.W. Wenrich）告訴我們說：

　　「影響你的決定的關鍵性因素，應是消除你肯定性行為中一系列潛在的消極後果。如果在一個特殊情境中，你以為一種肯定的行為（義務、傾向）遠不能達到可能的回報，你可能選擇——聰明地——不去肯定你自己。這裡的關鍵詞是「選擇」。

　　要成為一個有能力的溝通者，除了熟悉溝通的定義、功能、作用，及解釋溝通的理論之外，必要時要能透過實務的演練，加強自我的肯定。除此之外，還必須在下列三個問題取得平衡：

- 對自我手段目標清楚的理解。
- 能掌握自我的接受者之觀念，使接受者觀念與自我的訊息能協調一致。
- 自我必須要有社會的感受性，才能使人際互動得心應手，並能與別人相互的理解。

　　此外，在互動過程中，自我必須對他人的關係具敏感性，並且也要對互動的夥伴的特殊個性具敏感性。

相對的，要成為一個有能力的溝通者，應隨時避免溝通的障礙：

- 提供無關的訊息
- 溝通內容的太多不必要的細節
- 突然的打岔
- 提供太艱深的專業術語
- 做無意義的閒聊
- 無法掌握溝通時機
- 將未經整理、組織的資料全盤托出。

（**表**12-7），提供企管經理人一些在溝通無效的實例，如果你是他的部屬，你能了解他的原意嗎？

表12-7　溝通無效的實例

經理人所說的話	經理人的原意	部屬聽到的意思
看完預算之後，我再考慮給你的部門增加一個人手。	大約三個禮拜之後，我們再開始進行招募工作。	我現在有更重要的事情要辦。讓我們忘掉未來僱人的事吧！
你的績效這一季比上一季低，我真的期望你再加點油。	你需要再努力一點，而且我相信你做得到。	如果再落後的話，你會被解僱。
那份報告一寫好，就拿給我，我需要它。	一個禮拜以內，我需要那份報告。	停止你現在忙碌的工作，在今天把報告寫好。
我跟上司報告過了，但是目前由於預算上的困難，我們恐怕無法完全符合你對於薪資的要求。	目前只能付給你95%，不過我相信明年你可以得到更多。	如果我是你，這樣的薪水，我不會接受。像你這麼有才幹的人，怎能只付你那麼少。
在洛杉磯有個空缺，正好適合你。我們希望你去，不過你可以考慮考慮。	如果你喜歡那份工作，那麼你就去。當然，你還是可以留在這裡。這件事情由你做決定。	你不想去，就可以不去。不過，如果你不去的話，恐怕得自行辭職了。
你的屬下似乎無法及時完成工作。我希望你去瞭解一下情況，然後矯正過來。	跟你的屬下談談，找出癥結所在，然後一起克服。	我才不管你的頭有幾個大，你一定要給我那麼多的產出。除了你的問題之外，我這邊就已經有一大堆解決不完的困擾了。

資料來源：Organizational Bebavior: Theory and Practice by S. Altman. E. Vaienzi. and R. M. Hodgetts, copyright ⓒ 1985 by Harcourt Brace Jovanovich, Inc. Reproduced by permission of the publisher.

參考書目

李燕、李浦群（譯）（民83）人際溝通。台北：揚智。

李茂興、李慕華、林宗鴻（譯）（民83）組織行為。(精華版) 台北：揚智。

Altman, S., Vaiezni, E. & Hodgetts, R. M. (1985) *Organizntional behavior: Theory and practice.* Harcourt Brace Jovanouich Inc.

Bavelas, A. & Barrett, D. (1951) An experimental approach to Organizational communication. *Personnel,* 370

Davis, K. & Newstrom, J. W. (1985) Human behavior at work: Organizntional behavior (7th ed.) New York: McGraw–Hill Inc

Kochman, T. (1969) Rapping in the black ghetto. *Trans Action,* 26–34

Kochman, T. (ed.) (1972) *Rapping and Styling out: Communication in urban black America.* Urbana IL: University of Illinois Press.

Safire, W. (1981) Getting down. *The New York Times Magazine,* January 18, 6–8

Trenholm S. & Jensen A. (1992) *Interpersonal Communication.* Belmont, CA: Wadsworth Publishing Company.

愛德華‧桑戴克 (Edward Thorndike, 1874－1949)

主張動物的心理學猶如一自然的科學，
一如功能學派的學者，興趣在於學習理
論，並藉由實驗室中的動物學習行爲的
研究來支持其學習理論。

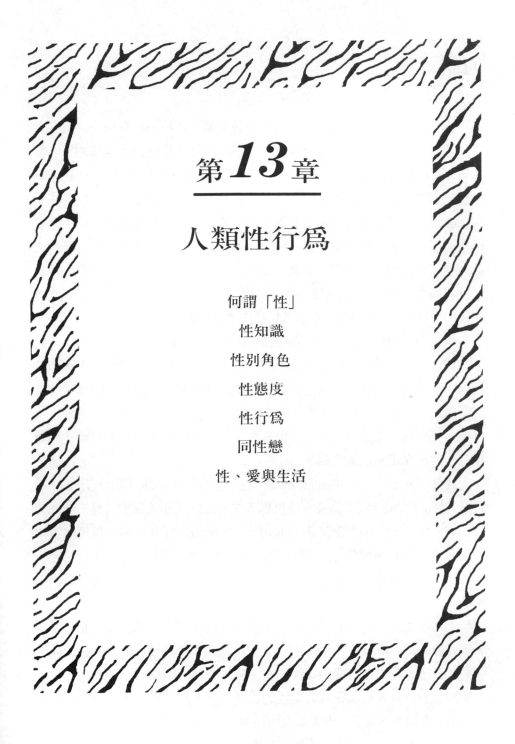

第13章

人類性行爲

何謂「性」

　　「性」是人類與生俱來的，但卻也是人類最為隱誨與禁忌的。長久以來，「性」一直是人類的盲點所在。從遠古，對於性是直言不無諱的；一直到後來，「性」卻成了人們心中最不可碰觸的角落，亦即產生了「性壓抑」的意識形態。在性壓抑的意識之下，於是有人向此一禁忌挑戰。於是乎，誰談論性，誰就在某種程度上擺脫了權力的束縛，甚或超脫了法律的限制而享有了「未來」的自由。但「性」與「罪」的聯想，卻仍使人有罪惡之意。今天，我們在「性曾在歷史上受到譴責」的前提下，縱使我們如何為「性」翻案，終究仍有沉重的「負罪感」。因為，我們仍存在性的本質應受譴責的意識；如是，「性」是永遠無法恢復其原貌的。

　　也正因為如此，「性」始終無法讓人類得見其真正的面貌，而蒙上一層朦朧的面紗。執是之故，「性行為研究」的發展，遂成為一具有歷史使命的任務。從性行為研究中，透過調查及實徵的研究結果，讓世人瞭解「性」的真象，並從而使世人坦然地面對「性」，而不需覺得有罪惡感。透過「性行為」研究的公諸於世，亦可使世人更真切的探討自我存在的真諦，為繼起之生命建立正確之人生觀。

　　西元一九三三年，英國心理學家艾理士（Havelock Ellis）出版一本巨著《性心理學》，該書算是心理學界首次有系統地正式面對「性」此一知識領域。另外，還有佛洛伊德（Sigmund Freud）在其心理分析理論中以「性」對人類的影響有過深刻而引人爭論的探討，但不可否認的是，佛洛伊德的精神分析學派至今仍是心理學的主流之一，且仍對我們有實質的影響。

　　而以金賽博士為首的一群科學家們，自1948年發表（*Sexual Behavior in the Human Male*）一書以後，不但引起學術界廣泛的討論，也激起人們對於自己本身切身有關的「性」產生無比興趣與衝擊。而他們也發現：仍有許許多多的人無法獲得有關性的知識，很多關於性與生殖的迷信依舊盛傳著，導致各種痛苦、傷害或疾病產生（王瑞琪等譯，民81）。因此學者專家們，乃希冀藉由對性的研究，來恢復及矯正人們正確之性觀念。

在人類演進的歷史中，「性」常常以不同的形式為人們所使用或表達。例如在，文學、電影、通俗小說或音樂，「性」常是最主要的主題；其所表現的方式除了以最直接的形態呈現之外，更以各種迂迴甚或昇華的意象來表達，而受眾也在此無遠弗屆的傳播力量中受到潛移默化，但問題是：其中所傳達的種種是不是正確的？而這些只是我們肉眼所見，事實上，「性」在我們的生活中扮演著極為重要的角色，也正因為如此，關於「性」的研究的重要性，也就可見一斑了。

一個人，如果他在「性」方面有健全的發展，則他不但充滿自信，更能心無旁騖的迎向人生的挑戰與光明的遠景。但是，如果他在「性」方面的發展發生了問題，則他可能惶惶不可終日，甚或沉迷於其中，更不用說是妥適地處理身旁周遭的事務；而更可怕的是，如果他刻意的迴避或掩飾，則其後果更是無法想像。「性」對於一個人的重要性，由此可知。

「性」所包含的層面極為廣泛，舉凡生理之性成熟、性徵、青春期等，再如心理之性認知、性幻想、性態度等，又如社會之性迷思、性別角色等，再到總其成之性行為。因此，「性」可謂是包羅極廣，而絕非如一般所想像地侷限一方。是故，一個人的「性」的成長，實無法自絕於環境及與人互動之外，而與個體最密切相關的社會組織，自然就非家庭莫屬了。在家庭裡，個體不但得到應有的照顧，同時也開始社會化，而於此期間，個體之性別角色、性態度等，不但漸次形成，而且也不斷地強化，而至根植於個體之心中，乃形成其獨有之性行為模式。

所以，如果再推而廣之到家庭，在此人類最基本的結構組織中，父母、夫妻、親子、手足之間，能夠對「性」有健全的體認與發展，則此家庭定能在闔樂的氣氛中生活，也能促使每一個家庭成員朝更正向的方向發展。但是，如果在家庭裡其成員對於「性」是朝負向的發展，諸如，家庭性暴力、兒童性虐待等，則家庭中的凝聚力勢必減弱，形成家庭成員不願待在家中，而流連於市道街井，造成社會問題；甚至毀壞了倫常。準此，再推及社會，如果社會之人人，能不避諱「性」，且以健康的心去面對它，則社會中定能免除許多的社會問題與犯罪，而能使社會更為詳和與樂利。也正因為「性」對人類的生活有很大的影響力，所以引起心理學家對以「性」為主題的研究。

環顧現今之社會，因為「性」而衍生的問題不勝枚舉；但究其因由，

罪不在「性」的本身，而在「人」。在社會科學的範疇裡，「人」是最大的變數，此點是無庸置疑的；也因著人的複雜性，使得「性」也呈現出撲朔迷離的面貌，讓人始終無法得見真象。這是家庭教育出現問題？抑是學校教育、社會教育甚或是性教育出現了問題，此亦是令人多所關心之處。

因此，何謂「性」？「性」即是無時無刻都在你我的身邊存在的生理、心理的問題。它包含了性生理、性知識、性角色、性態度、性道德、性行為、性幻想、人際吸引、及愛等，成為一個體系極為龐大的模式，它不管我們重視它或是忽略它，都實質地影響著我們。

性知識

在探討性知識之前，我們需研究到底這些性知識是從何而來，也就是說那些才是我們的「性知識來源」。

在國外，Kinsey（1953）調查發現青少年之性知識來源，依次為同儕、父母及其他。這一份調查報告算是較早期對於性知識來源的調查研究，其中也發覺由於其性知識來源的不同，會使其所獲得之性知識亦有所不同。

Athansion（1970）的發現，則依序是同儕、書刊及父母。Schofield（1973）則調查得知，同儕、書刊及父母為其性知識之主要來源。Hunt（1974）的研究亦得出，同儕、書刊及父母為其性知識之來源。惟上述調查中，不可忽視的是「其他」亦佔了不小的份量，惟呈現逐年減少之趨勢；一方面是所調查之向度增加，另一方面則是受試者漸漸能真確覺知其性知識之來源所在。另外，因為年齡、性別的不同，使其性知識的來源亦有所不同；男性在性知識來源上，較女性開放；而年齡或年級愈長者，其在性知識來源上亦較為開放。

在1989年由金賽研究所及洛普機構（王瑞琪等譯，民81）所合作進行的美國全國性知識測驗的調查中，在所受訪的1974位受訪者中，除了對其進行性知識測驗外，也針對其性知識來源進行調查。受訪者為18～60歲以上之美國人，其樣本可謂極為廣泛。在被問到當其在成長期間（青少年時期）其性知識之來源時，依序為朋友（42%）、母親（29%）、書本（22%）、男（女）朋友（17%）、性教育（14%）、雜誌（13%）、父親（12%）、及

無資訊來源（3%）。儘管如此，無論其性知識來源是來自何處，但都可能是不夠的，因為受試者在性知識的測驗中，大部分都是不及格的。亦即，青少年的性知識大多是不正確的。

而自國內的研究中發現（如，李蘭，民68、楊煥烘，民69、張裕鴻，民71、黃國彥，民71、簡維政，民81等），青少年從不同的來源獲得性知識。這些來源有：父母、兄姊、同輩的朋友、學校的課程或老師、醫護人員、印刷品、大眾傳播媒體等。

李蘭(民68)發現青少年其性知識之來源依次為：印刷品(書報雜誌)、學校課程或者師、同學或同年齡的朋友及大眾傳播（電影、電視、收音機）等為青少年性知識之來源。在其調查研究中，顯示因性別的差異，使得青少年中之男性較女性在性知識來源上，其「性資訊」之交換高於女性。而且其一般之性知識程度均偏低。

楊煥烘（民69）發現大學生之性知識來源，主要為書報刊物，次為同學朋友，第三為學校課程或老師。且其性知識程度偏低，充滿許多謬誤觀念。

張裕鴻（民71）針對國中三年級性知識、性態度、性行為之調查研究中，發現男生性知識的來源，主要為健康教育課本，次為書刊報紙；女生之性知識來源，主要為母親，次為健康教育課本。由此得知，因性別的不同而使其性知識來源產生差異。同時，青少年之性知識呈現缺乏之情況。

黃國彥（民71）的研究中發現，社會青年其性知識之來源，主要是書報刊物，其次是醫護人員，第三位是同學朋友，第四位是學校課程或老師。其中探討書報刊物成為主要之資訊來源，其原因可能是「性」是不便公開討論之事，可以自己閱讀而不必求教於人，但也因為如此，對於性的誤解便難免產生。同時，在研究並呈現出因性別的不同，而使其性知識來源產生差異；即女性在選擇性知識來源時，較男性保守。

簡維政（民81）的研究中發現：青少年之性知識來源依序為同儕團體（同輩朋友）、學校課程（護理健教）、衛生醫療之書籍雜誌、報紙（衛生教育報導）、電視、錄影帶、電影、報紙（分類廣告）、色情之書籍雜誌、母親、醫療機構人員、手足（兄弟姊妹）、廣播、父親、親戚長輩、色情從業人員。由上述之結果發現，青少年之性知識來源會因其年級越長及閱歷越豐富，而使其性知識之來源亦越廣。而打工經驗之有無，相對亦是使其

所受社會之濡染程度有所差異，亦使其性知識之來源之廣度不同。

綜合上述之研究，可以發現性知識來源的確是獲得性知識的重要關卡；而在來源上亦呈現多元化之現象，惟仍以環境周遭所及之媒介及其重要他人，為其主要之性之知識來源。

接著，讓我們來探討「性知識」。雖然大多數的人都知道「性」是人類的本能與需求，但卻因種種原因，而無法一窺「性」的真貌。

由於長久以來對於性的避諱，造成性知識的缺乏；但一個青少年到了青春期，其於生理、心理上的覺醒與需求，都使得他渴望獲得與性有關的資訊。但當他在生活環境的周遭無法循教育的管道，以獲得他所需的性知識之時；於是他只有退而尋求其他的管道。因此，性迷思 (sexual myth) 應運而生了。而既是名為「性迷思」，則其中當有許多是不正確的性知識，當這些錯誤的性知識進入到時值成長的青少年的生命中，又會有怎樣的發展？這是研究者所關心且感興趣者。

Kilander (1970) 在他對高中生、大學生及各種不同社經地位的成年人進行性知識的測驗後，發現人們的性知識不足，且普遍存有錯誤的觀念。

McCary (1971) 在研究中發現，今天社會中仍有許多有關「性」的神話與迷信。而其亦肯定正確的性知識和穩定而圓滿的性生活之間有直接的關係。其依據性生理學與功能、性慾、生殖與避孕、同性戀、性失調與性變態、性犯罪、及其他之性謬誤等七部分，編列出84個錯誤的性觀念，從而顯示一般人對於「性」所存在的懵懂與偏見。

而在金賽研究所及洛普機構 (王瑞琪等譯，民81) 所合作進行的美國全國性知識測驗的調查中，在所受訪的1974位受訪者中所進行的性知識測驗，研究單位發現有多達55％的受訪者是不及格者，而有27％的受訪者則是在及格的臨界點徘徊；換言之，只有18％的受訪者的性知識是較為正確的，而其中又是以30～40四歲的受訪者居大多數，對於正值發展階段的青少年則不在此及格的族群中，由此顯見青少年的性知識在此次的調查中仍是不足且錯誤的。

李蘭 (民68) 在對青少年性知識程度的調查中，亦發現青少年的性知識仍然偏低。在其研究中發現，女性的性知識成績優於男性；而年齡的大小對於其性知識的得分沒有顯著的影響。

黃國彥 (民71) 即曾提出青少年並非捨正途而就偏道，實乃因無法就

解於正道；於是只有問道於盲了。此點由其之調查中以書報刊物為其之主要性知識來源即可見一斑，倘若這些書報刊物是屬於黃色書刊、雜誌或廣告，則其後果就不堪設想了。

秦玉梅（民76）在一項針對高職三年級學生的性知識的調查中，發現學生的性知識普遍偏低，其平均的答對率只有51.63％而學生的性知識程度不因學生性別、是否與父母同住等的不同而有顯著差異。

林燕卿（民77）在其探討性教育教學對高中學生其性知識、性態度及減低性憂慮的研究中，發現實驗組在性知識的得分上比對照組有顯著的增高；而其亦發現女性的性知識得分高於男性。

簡維政（民81）在對青少年性態度及性行為影響因素的研究中發現：青少年在性迷思之得分普遍偏低，亦即其性知識程度仍顯不足，但由其在得分排序中，亦可相對看出青少年對與其切身較為相關之事務，其亦較為關注且得分亦較高（如，生殖與避孕、性生理學與功能等），而對其較為無關之事務則亦顯示出其之瞭解不正確（如，性犯罪、性失調與性變態等）。

針對性知識普遍不足的現象下，於是有心人士提出了實施「性教育」的必要與確切性。但有些家長或者老師反對提供學童和青少年「性教育」的理由是：性知識有害青少年的行為。而實際上，對「性」無知和當青少年的好奇心得不到滿意的答案時，才真正的有害。正確的性知識，反而有助於青少年在心裡和生理上健康正常的成長。

另有一些性迷思，其來源是民間的禁忌與習俗。這些性迷思，由於都有其約定俗成的約束力，因此對於人們的影響是相當大的；但若是這些性迷思是正確的便也就罷了，如果其中所傳遞的是不正確的性知識，對於那些相信此一迷思的人豈不就誤導了。

再有一些性迷思，是由坊間傳播媒介的廣告、海報、傳單等所組成的。這也是一些商人的傑作，他們為了廣為招攬生意，於是在廣告中多所誇大，偶而一回尚且起不了作用，但在「謊話說一百遍，就變成真的」的心態之下，有些人就被誤導了。這其中又以藥品、武功等的廣告，最是害人。而有的性迷思，就是人們的口耳相傳。不少的性迷思就透過此一管道，耳濡目染地，就成為一般人心中牢不可破的性知識了，卻不知其中的正確性有多少。

由以上的研究與文獻得知，目前的社會之中，性知識的缺乏是不爭的

事實，但是性迷思的漫延與擴散，才是最大的隱憂。因爲性迷思亦是會影響人類性行爲的因素之一，更遑論其對靑少年的影響了。因爲靑少年正處對性產生極大之興趣與好奇的階段，如果他不能經由正途而獲取性知識，則其他之性知識來源所傳遞的性迷思，遂成爲靑少年的圭臬。性知識對人類的影響，由此可見一斑。

性別角色

「性別角色」（sex role），其所指的是在一個社會環境中，公衆所認定的男性及女性應有的行爲模式。

怎樣的行爲模式才是男性的行爲模式？怎樣的行爲模式才是女性的行爲模式？相信這是一直困擾著人類的問題。

在人類初始，並沒有所謂的性別角色，之所以會出現角色行爲，實乃因爲隨著時間及空間的演變，而衍生出性別角色。也就是說，在不同的時代或是不同的地方，每個階段或是各個地方的性別角色也是不一樣的。

性別角色發展的因由，主要是來自於社會分工及性別認同的基礎上。社會分工的需求，是因爲在遠古時代一切生活所需皆需自給自足，「分工」遂成爲必須之舉措，如何分工呢？最簡單的方式當然就是以「性別」來區分。性別認同的需求，則是基於各該群族依其父系或母系系統而有不同的發展，但仍不脫以「性別」爲其區分之依據。當然，隨著時空的演進，對於性別角色需求的理由與原因也不斷的增加。

什麼是「性別角色」的行爲模式？一般而言，內在的思想、態度、觀念，以及外在的言行、服裝、禮儀等，應可歸列爲性別角色之行爲模式。人類經由性別角色的認同及模塑的過程之後，也就漸漸形成所謂的「男女有別」了？

但是，「男女有別」眞是非常重要嗎？男人就不可以掉眼淚嗎？女人一定要嬌羞嗎？男人就不能作女紅嗎？女人就不能上戰場嗎？長久以來，有太多太多的事情都因爲性別角色的因素使然，而使人類裹足不前；許多時候，許多人都想打破性別角色的錮窒，但都在最後關頭棄甲而逃了。這些情形大多是屬於以前的景況，時至今日，雖然仍有人踏著前人的足跡而行，

但也有爲數可觀的人卻正向傳統的性別角色挑戰。「性別角色」正面臨著前所未見的挑戰。

到底有那些人敢勇於向「性別角色」挑戰？有女權運動者，她們大聲疾呼「女人不是弱者」，女人應該走出廚房，女人應該走出陰霾的角落，女人可以做所有的事情；於是，性別角色對於女權主義者不再是具有意義的符號，她們要創造屬於她們認爲長久以來失去的生活。

由於目前的經濟生活使然，許多的家庭大都是雙薪家庭，連帶也使得家庭所具有的原始功能逐漸地消退，而在家庭中原本要求兩性所分別負責的任務也逐漸地模糊，而由兩性彈性地去執行與分擔了。

近年來，由於對人權的重視，相對地對同性戀者也有了更大的包容與接納，「性別角色」在同性戀者之間也有不同的詮釋，這樣於「性別角色」也是一個震憾。

後現代主義的興起，對於各種符號也逐一加以解構，「性別角色」也無法倖免，而淪爲一個模糊的構念，甚至被視爲是過時的觀念。

而個人主義的昌盛，更是對「性別角色」造成了斲傷，在「活得像自己」的前提下，個人主義者一再強調只要是個體經過思考的事，就值得個體去實施；也因此，許多原本宥限於性別角色而無法讓人隨心所欲去執行的事，也一一在「活得像自己」的概念下，逐一被打破。個人主義不主張人是中性，但卻強調「自己」的重要。

而隨著人種、民族間的調和，地理限域的消閡，資訊的流通，都使得各地的「性別角色」得以廣爲人知，同時也讓人類有一個思考的空間──原來別人的性別角色與我們不同。在相對比較之下，「性別角色」自然也就有了更廣義的界定，而人類也更爲開放自己，不再拘泥於自我的「性別角色」的設限，而朝向更爲廣義的「性別角色」，甚或突破「性別角色」的樊籬。

「性別角色」在二、三百年來是被人類奉爲圭臬而不可違背，但隨著思潮的再起，人心的思變，「男女有別」不再是絕對的而是相對的，「男女有別」也逐漸有了新的詮譯。更進一步說，「性別角色」已漸漸走入歷史，在可預見的將來。但也不是說人類兩性的綱常從此紊亂不堪，而是人類勢將再重新構築另一可資遵循的構念去取代它，而成爲「新新人類」。

性態度

態度（attitude）有許多不同的解釋，從廣義的觀點而言，態度也是一種人格的特質。一般而言，態度包含認知、情感、行動三種成份，而態度的形成與文化傳統、家庭環境、學校教育等因素有關，一般相信態度是學得的人格特質。而性態度即係一個人對於性方面的訊息，所產生的認知、情感與行動之傾向。

自從金賽等人所著之（Sexual Behavior in the Human Male）一書出版後（Kinsey, Pomeroy, & Martin 1948），國外有關「性」的研究陸續展開；同時也探討了性態度。而其中以青少年為對象的性態度研究也很多，例如，Schofield (1965)、Reiss (1967)、Wallace (1971)、Altopp (1981) 等，他們都先後以青少年為對象，研究其對撫摸、接吻、口交、性交、人工流產及同性戀等的看法，並且也探討人種、性別、年齡、宗教等社會變項對這些態度的影響，在這些研究中亦顯示出有差異。

Schofield (1965) 以隨機抽樣的方法，研究英國15～19歲的青少年。他以個別訪談法進行研究青少年之性態度，結果發現85%的女性希望自己的丈夫是處男，而64%的男性則希望自己的妻子是處女；且有61%的女性及35%的男性認為婚前性交是錯誤的。同時，在此一研究中，顯示男性之性態度較女性開放。

Reiss (1967) 以自己所編定的「婚前性行為允許程度」的量表，以美國維及利亞州的高中生為樣本，研究發現男性之性態度較女性開放，同時黑人學生較白人學生開放。

Wallace (1971) 延用Reiss的量表，以基督教浸信會的9～12年級的青少年為研究對象，探討青少年對接吻、撫摸、婚前性交的態度。結果顯示男性的態度不管在接吻、撫摸、或是婚前性交的態度上均較女性開放。

Offer (1972) 用八年時間，以初中學生為對象，探討青春期的「性」發展，透過此一縱貫性之研究，雖然研究者因為研究時間的漫長，在歷經樣本的流失或樣本的排斥與抗拒等困難之後；研究結果發現隨著年齡的增加，青少年在性態度上有顯著的不同。

Sorenson（1973）在一項以13～19歲的青少年為對象的全國性的研究中，結果發現其對同性戀、婚前性行為、及性交等的態度，有59％的青少年贊成應該立法禁止同性戀；80％的青少年認為兩個男性發生性關係是不正常的；而76％則認為兩個女性發生性關係是不正常的。而42％的受試者認為女性應該保持處女之身一直到結婚。38％認為口交是不正常的；76％認為只要男女雙方已墮入情網，婚前發生性關係是被允許；76％的受試者相信大部分的女性在婚前都已有性交的經驗；而有81％認為大部分的男性在婚前已有性交經驗。

Altopp（1981）以衛理公會的高中生為對象，研究其性態度。結果有83.7％的人認為女孩應保持處女之身，一直到結婚。有87.4％的人認為性交行為已廣泛存在於高中生之間。有大多數的人認為同性戀是錯的，且是罪惡的。而且受試者對於性交的看法亦趨向於保守。經與其他研究相比較，發現宗教的因素有其顯著之影響。

Reinisch及Beasley（王瑞琪等譯，民81）在其著作《金賽性學報告》中，提及目前許多人的性態度在歷經「性革命」、「性泛濫」、及「愛滋風暴」後，已由保守轉趨大幅開放再轉為理性開放的性態度。此外還提及「性幻想」，其以為性幻想是屬於性行為的一環，且其亦具有正面及負面之功能，主要是視個體自己本身之界定與應用而定。

由以上國外的研究可以看出，性態度受年齡、性別、宗教、人種的影響很大。男性的性態度較女性開放；黑人較白人開放；有宗教信仰的人較為保守；而隨著年齡的增長，性態度會產生顯著的改變；同時，仍有極多數的人反對同性戀，惟隨時間的演進，已有較多的人能對其抱持關懷與包容的態度。

而在國內的研究中，張耐（民68）在靜宜女子文理學院，研究「大學生交友、戀愛、婚姻」，發現絕大多數的學生（95.53％）認為在戀愛及婚前發生超友誼關係是絕對不可以的。蘇美足（民68）從事「中原理工學院學生對性的態度」研究中發現：女生保守，男生較為開放，全體學生的性態度稍為傾向性開放。

楊煥烘（民69）研究大學生的性態度，發現不論是對接吻、愛撫及性交的態度，均是男性比女性開放。而在其中有49.39％的學生認為其在被異性熱情愛撫時會適可而止；有半數的受訪者認為婚前性行為最好避免。

郭明雪（民77）研究五專五年級學生約會行為之調查研究中，則發現男性較女性主動且開放。且多數學生對與約會對象的生理親密行為抱持開放的態度。

秦玉梅（民76）在對高職三年級學生的研究中，其針對人工流產、手淫、同性戀、撫摸、性交、及口交等態度進行調查，發現學生之性態度係介於中立與保守之間。其中人工流產態度方面是介於同意與中立之間；手淫態度則是介於中立與保守之間；對於同性戀態度則是保守，亦即不同意同性戀行為；至於撫摸態度則呈現略偏保守的結果；性交態度則是介於保守與中立之間；對於口交的態度則是中立的態度。而以性別來分，則其中在以兩性角色分別面對同一問題時，仍有部分學生仍存有「雙重標準」的觀念，尤以性交態度較為明顯。

簡維政（民81）對高中一、二年級學生的研究中，在針對青少年對性態度的六個因素（婚前性行為、性幻想、自慰、同性戀、性別角色、及性教育）中，以對婚前性行為的態度顯著高於其他五個因素；其他依序為對性幻想、自慰、同性戀、性別角色、及性教育。顯現青少年對於已漸成刻板印象之性教育、性別角色等，率皆有較為一致之想當然爾的態度；而對於與其自身有關且具爭議性之話題（如，婚前性行為、性幻想、自慰等），則呈現較為兩極之態度，惟仍不夠顯著；而對於同性戀部分，則呈現忽而讚同，忽而反對之飄忽態度，顯現青少年仍未對同性戀之問題多所省思，只有浮面之印象而已。而值得注意的是，在性知識的得分上，女性較男性為高，而其性態度卻是女性較為保守。其中究竟純係性別之因素，抑或是因男性之性知識程度較低而導致其在性態度上較為開放，則此點是研究者所關注者。Miller及Simon（1980）則認為女性對有些性行為或非性之符號，似乎較考慮個人之情緒內涵（emotional context）。一般女性雖與男性有一些性慾望，但大多數女性對性之需求卻需要伴隨一些自我尊重、自信及愛情的需求。所以女性對性之態度，除性慾外，還要有信任、關心、及共享人生經驗之關係（如，承諾），而不似男性之性慾觀比較著重感官之滿足。

由對性態度的研究中，我們可以知道，在性教育的實施過程中，要使青少年獲得正確的性知識是無庸置疑的事；但是，關於性態度，究竟是要使青少年擁有保守或是開放的態度，則是一個值得討論的問題。在使其獲

得正確之性知識的前提下，如果一個青少年所持的是保守的性態度，則其在面對未來人生之種種乃至性行為時，難免會有許多隔閡與適應困難之處；設若其稟持開放之性態度，則其應能以較為彈性且具包容之心態去面對。因此，除了使青少年獲得正確之性知識外，同時亦應建立其開放之性態度。

由以上國內外的研究與文獻，均可一致看出男性的性態度比女性開放。同時也發現國內學生的性態度雖比國外保守，但已漸趨開放，且對婚前性行為的雙重標準現象似乎已淡化。另外，性態度受許多變項影響，如，性別、年齡、宗教信仰、人種、居住地、感情深淺、父母教育程度、父母職業、社經地位等，但文獻中除了性別對性態度的影響有一致性外，其他變項對性態度的影響，結果均不相同。

性態度的形成，可謂是社會化的過程中的一環，而也與社會學習論的觀點相吻合。即性態度的形成是經由學習而得來的，或是直接學習，或是綜合學習，或是抽象學習，都直接、間接地使其性態度漸次形成，終而成為其人格的一部份。同時，因為性知識來源的不同，亦影響其性態度之開放程度。再者，也因為其接受性迷思程度的不同，亦影響其性態度。

性行為

「性」與「性行為」二者之間，時常被人們混為一談；實則二者之間仍有其分野之處。「性」(sexuality)，指的是個體本身因其生理與心理之認知，而產生對自己或兩性關係之知覺與行為。「性行為」(sexual behavior)，則指的是人類兩性之間的求偶、性交、以至種族繁衍等行為。是故，「性」是包含「性行為」，性行為是屬於行動傾向的。

國外由1940年代到1980年代從事青少年性行為的研究，(例如，Ramsy, 1943、Kinsey, 1984, 1953、Reevy, 1961、Schofield, 1965、Sorenson, 1973、Miller & Simon, 1974、Altopp，1981等) 這些研究對青少年的婚前性行為、手淫、同性戀等問題都曾加以探討。

在1940～1950年代早期的研究，並沒有很嚴謹的研究方法，其樣本也非具有代表性。近二十年來對性行為的研究結果，雖依研究對象的年齡、

人種、行別、地區的不同而有不同，但不難發現青少年婚前性行爲得比率逐年增加，且性交經驗的年齡逐漸降低，性行爲的對象也增多。這些現象實不能令人忽視。

Ramsey（1943）就青少年之性行爲進行研究，他訪問了291位10～20歲的男孩。結果發現有90%以上在進入青春期時，就有手淫的經驗，18歲的男孩80%曾撫摸過異性，44%曾與女性性交過。

Kinsey（1948，1953）研究青少年男性的性行爲，他以「所有的性出口」來代稱性行爲，泛指撫摸、手淫、夢遺和性交，結果發現16歲的男孩，99%有上述的行爲。而在青少年期，頻率最高爲每週3.4次，若是16～20歲的已婚男孩頻率更高，每週可達4.8次。而這種高頻率的現象，尤其發生在20歲的男孩。而其資料指出大約有三分之一的男性在青春期開始後，至少有過一次與同性交往而達到高潮的經驗；而有半數大學程度的女性，及約20%未受大學教育的女性，亦曾在青春期過後至少有過一次與同性的性接觸。

Reevy（1961）則發現手淫對青春期的男孩而言，是一種很普遍的行爲，但女性則較少。同時，他相信愛撫是青春期男女常有的性生活。

Schofield（1965）則在其隨機抽樣的1,873位15～19歲英國青少年中，發現有85%的男孩和93%的女孩有接吻經驗，男女孩分別有49%在衣服內撫摸過異性的胸部，也分別有28%及33%的男孩和女孩撫摸過異性的生殖器官；另外，有性交經驗的男女孩比率分別爲20%和12%，5%有同性戀行爲。

Sorenson（1973）則在美國作了一個全國性的研究。其研究對象是13～19歲的青少年，結果13～15歲的青少年男女，分別有44%和30%有過婚前性交經驗。58%的男孩和39%的女孩曾手淫過；95%的男孩撫摸過女性的胸部，98%的女孩被男性撫摸過胸部；56%男孩撫摸過女性的生殖器官，46%的女孩被男性撫摸過生殖器官，45%的女孩撫摸過男性的生殖器官，32%的男孩被女性撫摸過生殖器官。男女孩分別有59%和45%有過性交經驗。另外，有過同性戀經驗者，男女分別爲10%和6%。

Miller及Simon（1974）則發現隨著年齡的增加，性行爲的比率也顯著的增加。Juhasz（1976）則發現青少年婚前性交的比率有逐年增加的趨勢，而且女性增加的比男性快速，但仍未超過男性。

Altopp（1981）研究128位衛理公會的高中生教徒的性行為。結果男女分別70.5%有和77.3%有深吻經驗；31.3%的男孩和11.9%的女孩有性交經驗；男女孩有手淫經驗者，分別有80.3%及52.2%。

　　國內對於性行為的研究，（例如，林芸芸，民67、王鴻經，民68、楊煥烘，民69、張裕鴻，民71、秦玉梅，民76、簡維政，民81等）。他們分別對國內的青少年性行為內進行研究，也探討了影響性行為的可能變項，如，性別、年齡、居住地、父母教育程度、職業等。除了性別的影響有一致性外，其他結果均不一致。茲分述如下：

　　林芸芸（民67）在對國中三年級學生的調查中，發現有25.00%的男孩和3.89%的女孩有手淫的行為，有性行為者占1%以下。

　　王鴻經（民68）調查台北市五專五年級學生的性行為中指出有20%的男孩及3.96%的女孩曾有過性交的經驗。

　　楊煥烘（民69）調查我國大學三、四年級學生的性行為，指出有性交經驗者占11.99%，其中男生有18.67%，女生有2.7%。性行為因學院、性別、居住地、父親職業之不同而有顯著差異。

　　張裕鴻（民71）在其對青少年之調查中，發現有46.9%的男性及4.7%的女性發生自慰行為；而其發生自慰行為之平均年齡，男生為14.41歲，女生為14.11歲。而其自慰行為發生的原因依序為自然慾望（37.66%）、圖片刺激（15.58%）、無聊寂寞（14.29%）、見到男女親密行為（12.99%）、電影電視刺激（3.89%）、及過分緊張（1.30%）；顯見其自慰行為與其性知識來源、性迷思及性態度有其相關之影響。

　　秦玉梅（民76）針對高職三年級學生之性行為進行調查。指出男生開始手淫的年齡約有半數在國中，女生則以高中開始較多；其中70.94%的男生及17.05%的女生有手淫經驗。而男女生性交行為的百分率分別是16.95%和5.43%。而有0.87%的男生和0.78%的女生曾和同性發生性交行為。而且其亦發現學生之性行為分別與性知識及性態度之間都有顯著相關。

　　簡維政（民81）對高中一、二年級學生的研究中，在青少年之實際性行為的調查中，其所呈現之結果依序為固定對象之約會（46.7%）、接吻（28.9%）、撫摸胸部（15.2%）、撫摸生殖器官（9.8%）、與異性口交（9.2%）、與異性性交（7.2%）、與同性口交（1.4%）、與同性性交（1.2%）。且是男性較女性開放。而自慰（手淫）則已是較普遍之性行為（男性為將近八成，

女性則將近三成)。關於性別因素,這可能與社會、文化對女性之性行為較不能接受,例如,雙重標準之性道德,或女性在性行為的量上較男性來得少;此外,或許男性青少年會因同儕的壓力而提昇其性行為之初始經驗、頻率等(尤其是經由不當之管道)。而打工經驗及期間是否意謂環境之接觸及暴露對於青少年有相當程度之影響,由於青少年於打工環境之濡染,造成對性道德的降低,同時亦促使其提早發生性行為。另外,年齡愈長及閱歷之愈豐富,均有使青少年之性行為越趨頻繁之趨勢。

由國內對於青少年各種性行為方面的研究,因為較少追蹤性的比較研究,且對象均不一致,很難看出變化的趨勢,但是由各種不同的性行為百分率高低來看,青少年的「性」問題的確是不容我們忽視的一個問題。

至於青少年在其性態度與性行為之間所存在的關聯性,亦引起研究者的興趣。而「態度的改變或許比行為來得大,雖然今日的青少年似乎在性方面比一、兩代以前來得主動,但可能他們在行動上並無兩樣,只是現在的年青人較願意談論自己的性活動罷了」。有研究指出,美國兩性的性態度與性行為雖然已經有若干程度的改變,但男性的行為只是稍微的改變,而女性則有較大幅度的轉變,似是要追趕回其以往所失落的,而女性在性態度與性行為上均變得更像男性(Hunt,1974)。由這些國外的研究中可看出,性態度與性行為之間確實存有其關聯性。

同性戀

1969年6月28日,在美國紐約市格林威治村的一家名為「石牆」(Stonewall)的酒吧,由於一宗帶有對同性戀者歧視的警察臨檢行動,而引發一場轟動世界警民對峙的攻擊事件。研究同性戀發展史的專家學者們,將此一「石牆事件」視為是揭開「同性戀世紀」的重要指標。

同性戀(homosexuality)是自有人類以來即存在的事實。而自「石牆事件」之後,許多隱身在角落裡的同性戀者也從而挺身而出為自己的人權及權益力爭不已;而學者專家也不斷從事研究及專論的著作,使世人更為瞭解此一早已在我們身邊的卻不為一般人所接受的族群。

究竟同性戀是如何形成的?有人提出「異性戀」是如何形成,同性戀

也就如何形成的吊詭邏輯。有人就生理方面，認定或是在基因上有所變化，或是大腦結構產生與一般人不同，曾而使人類產生同性戀的行為。儘管有如此多的說法，但截至目前為止，「社會學習說」還是較為能讓人類接受同性戀的成因。

持「社會學習說」也就是「後天形成論」的學者專家們，基本上認定每一個人都是「變性戀」者，而其在成長的過程中所受到社會的種種濡染，包括：文化、道德觀、價值觀、家庭壓力、角色期待、社會壓力……等，終而形成每一個人在其性取向上之獨特性，或是異性戀，或是同性戀，抑或是雙性戀。

至於同性戀有那些分類，一般而言，同性戀有多種類型，依照《張氏心理學辭典》（民78），可分：

(一)如按其成因來分

偶然性同性戀（accidental homosexuality）：指同性行為的發生並非由於性格所致，而是由於情境因素使然；是由於生活環境中缺少與異性交往機會而造成的反常性適應。像在軍隊、監獄、男校或女校之住校、遠洋漁（輪）船等所產生之同性戀，多係此種類型。偶然性同性戀又稱情境性同性戀（situational homosexuality）。

誤導性同性戀（iatrogenic homosexuality）：指由於心理醫師的錯誤解釋或不當暗示，致使受輔者相信自己具有同性戀的傾向。此種情形較易發生在舉止行為趨向女性化的男性或趨向男性化的女性的身上，此種因個體本身因其表現之行為與其角色期待不符而產生的情形，在我們的社會中時有所聞。

(二)如按同性戀者本身的心態來分

自我相斥型同性戀（ego-dystonic homosexuality）：指同性戀者個人，對自己的同性戀行為並不感到心安理得者，他們情感與理智間時感衝突矛盾。此一類型的同性戀者，時常感到外在社會的壓力，難免心理困擾。心理治療對此一類型同性戀的矯治，較為有效。

自我相容型同性戀（ego-syntonic homosexuality）：指同性戀者個人在心理上接受自己與同性相戀的行為，而且亦不以同性戀為羞恥；甚而理直氣壯地主張同性戀是自然的，是正常的，是個人自由選擇的權利。像此

種類型的同性戀者，在心理上，並沒有像外人想像中那樣的衝突或痛苦。因此，他們也不願接受別人的建議或治療。

(三)如按同性戀者表現的行為來分

潛隱性同性戀（latent homosexuality）：指個體表面上維持兩性間的性愛關係，而內在卻潛隱著同性戀傾向的人。此種人在意識上是異性戀，但在潛意識中卻是同性戀者。此種類型的同性戀者，要不是抑鬱而終，就有可能在老年時或是婚姻狀況發生問題時，而將自己潛藏的性取向表達，甚至付諸實行。

外顯性同性戀（overt homosexuality）：指在行為表現上具有明顯同性戀的傾向者，亦即實際表現同性戀活動者。

假性同性戀（masked homosexuality）：屬於同性戀的一種類型。指在外表上是同性間發生性交關係（如，肛交），但在實質上，當事者在心理上仍然在追求與異性性交活動的滿足。此種類型在社會中較為少見，也是可以採取心理治療的方式來使其正視自己的問題。

而同性戀的稱謂又有不同，一般將男同性戀者稱為Gay，而女同性戀者則稱為lesbianism，而在社會中又有將不同之取向而有不同的稱謂，則又皇然可觀。

人與人之間，一旦有了感情且願意終生相待時，婚姻似乎就成為彼此所期待的事情了。同性戀者也不例外，因此同性婚（homosexual marriage）也就成為同性戀者所追求的合法權益之一。目前在許多國家已經有了相關的立法，不但承認其婚姻關係，同時也規定了相對的權利與義務。而在東方世界，一切仍是在觀望中。

同性戀的發展絕不是近代才開始的，而應該是與人類的發展同步並進的。但同性戀者卻無法與其他人享有一樣的陽光，也是不爭的事實。雖然已經有許多的人透過不同的管道去爭取同性戀者應有的人權，像是：文學、電影、政治、社會運動等。但一般大眾對同性戀的看法由卻仍停留在觀望與排斥的階段，尤其是在東方的社會裡，更是有其絕大之阻力。有謂：縱使在對於人權而會據理力爭的人，但在面對同性戀時仍又不免猶豫。因此，「同性戀世紀」或許已經展開，但同性戀者要走的路仍是多湍而艱苦的。

性、愛與生活

　　相信有許多的人能體認到「性」是終其一生都與我們同在的，但在面對「性」的時候卻又裹足不前。而更抽象的「愛」亦復如是。

　　一個無法面對「性」與「愛」的人，是一個不瞭解自己的人。此一推論或許是過於武斷，但卻又有其邏輯可循。一個能面對自己的人，勢必需要透過「瞭解自我」的途徑，而「性」與「愛」也包含在其中。一個能面對自己的「性」與「愛」的人，也不必然一定是就會更積極或露骨，而是能使自己更為悠然於人生道途。所以，「性」與「愛」絕不是洪水猛獸，也不會因此而使得人生目標就此迷失。

　　由此而論，「性教育」就顯得重要十分了。但，何時實施性教育？那些已跨入中年而並未接受性教育的人是否該接受性教育？而他們又該如何教育自己的下一代？老一輩的性教育又該如何？難道老人就不會再有性生活了，就不會有愛了？這些問題都不是短短數語可以得到結果的，但相信絕對是可以引發讀者去思考的。

　　「性」與「愛」絕不可怕，可怕的是自己。勇於面對，同時廣泛接觸資訊，相信都是對的。而將自己的感覺坦然表露，更是「生活」的重要素材。如此，當能使「生活」變得快樂而幸福。

史基納（Burrhus Frederick Skinner,1904〜 ）

是操作制約學習理論的創始者，是史基納箱
的設計者，是編序教學的改進者 ，亦是強硬
派決定論的代表，更是客觀心理學的代言人
，行爲治療的先驅，也是語言學習論的倡導
者。

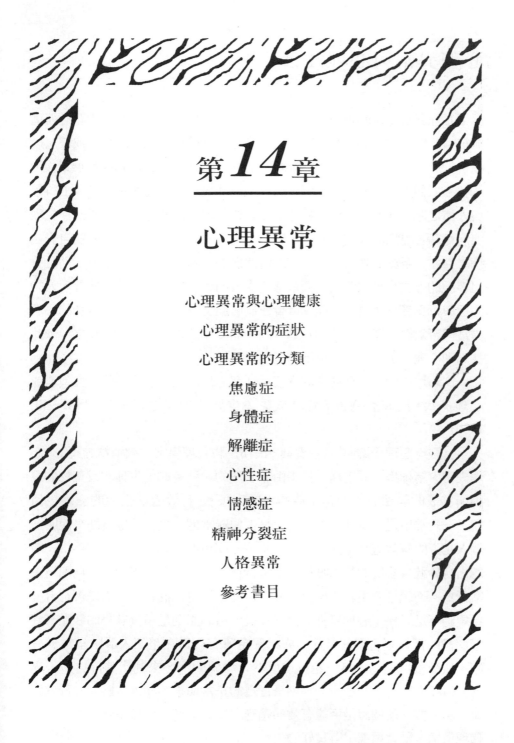

第 *14* 章

心理異常

心理異常與心理健康

　　心理異常 (mental disorder) 的界定一直是心理治療學界所關心而迄無定論的問題。在心理學發展之前，心理異常被視同鬼魅附身，或被冠以瘋子、罪人之名，並因而予以隔離，處以不人道的待遇。心理學發展以後，開啓了人們對心理異常的瞭解之門，對心理異常的研究與治療亦步上科學與人道之路。惟心理健康的界定仍難以如生理健康般的具體與明確。生理疾病可藉各種臨床與儀器檢查，驗明發生障碍的部位，而且患者能自覺疾病之存在。至於心理疾病，有些患者常無病識感，抗拒接受治療，而且難用客觀的方法來檢驗症狀，須依據治療者的觀察來判斷症狀。此外，人的心理與行爲受到生物、心理、社會三個層面交互作用的影響，個體的心理異常與否須從個體與環境的互動著眼，而非以個體的現象單獨視之，依此觀點則心理異常的範圍將更不易有定論。

　　DSM－Ⅲ中，心理異常的意義爲「個體呈現臨床上顯著的行爲型態或心理症狀，同時有痛苦的症狀或失去重要的功能之現象」(DSM－Ⅲ, 1980)。

　　《張氏心理學辭典》(張春興，民78) 將心理異常 (或稱精神異常、心理失常、精神病) 界定爲「泛指由於心理的、社會的、生理的或藥物的原因所造成的無法有效適應生活的失常現象」。有效適應生活的意義爲何呢？一般常用是否符合社會規範、是否偏離常態、是否適應良好來說明一個人是否能有效適應生活。關於這些原則，Zimbardo (1985) 認爲：一般認爲合於社會規範的行爲被稱作正常行爲，不合於社會規範的行爲則爲異常行爲。不過社會規範的標準隨社會、文化及時代而異，行爲是否符合社會規範不足以異定心理異常。再者一般所用的原則是用統計學的觀點來判斷個體的行爲是否偏離常態。亦即假定所有行爲在整個人群中呈常態分配，然後根據個體的行爲超過或低於平均值的情形來判斷其行爲是否異常。這種方法有一個很大的缺點是行爲的正常與否不能以多數人的行爲做比較的依據。而個體是否能有效的適應環境時，通常認爲正常者應能在其物理環境、社會環境中有良好的生活功能，滿足個人的心理需求，同時對

他人及社會不會造成不良的影響。但是這個觀點忽略了個人積極、創發及潛能的一面，真正心理健康者應是自我實現者，而不只是個能適應環境的人。

　　我國心理學者黃堅厚（民68）指出異常和正常之間並沒有確定的界限，很多被視為異常的行為和我們一般生活中所表現的行為，可能頗為相似。黃氏對於一般用來判斷正常與否的原則之見解，與Zimbardo所言有相同之處。黃氏認為應用統計的觀念制定正常的範圍是不妥當的，「劃定某個範圍作為正常的標準，仍然還有界限的問題。有了兩極端的界線後，則在鄰近該界線兩側的分數，雖相差極微，而其中之一因在範圍之內，就被視為正常（normal）；而另一個因在範圍之外，就將被視為異常（abnormal），說來仍是不妥當。因為那兩個分數的差異，可能並無實際的意義，或是在一般情況下根本不易察覺的」。「應用統計的觀念制定正常的範圍，尚有另一個不便之處，那就是在此範圍兩端以外的情形，將同被視為異常」（黃堅厚，民68）。黃氏亦指出以社會規範做為依據之不妥，「社會規範（social norm）這個名詞所包括的範圍實在太廣，它涉及對人類各方面的習俗、規則和約束。其中有一些可能是合理的、健全的、有助於人們相互適應的；但也可能有一些是不合理或不健全的，或有礙於個別分子的發展。因此我們不能一概而論地說接受社會規範是正常或不正常；同樣重要的是我們也不能說所有倡言改革，不尊重社會規範的都是正常或不正常；而必須就每一項行為的情況去作審慎的研判，不宜作任何硬性的或概括性的評語」。（黃堅厚，民68: p.24）

　　黃堅厚指出心理健康並不是指某一個固定的狀態，心理衛生工作的目的也不是使所有的人都變成同一個樣子，而是要使每個人依照自己的情況，獲得充分的發展。黃氏認為心理健康的人，多應能符合四個條件（黃堅厚，民68: p.9）：

- 心理健康的人是有工作的。
- 心理健康的人是有朋友的。
- 心理健康的人對於本身應有適當的瞭解，進而能有悅納自己的態度。
- 心理健康的人應能和現實環境保持良好的接觸，對環境能作正確、

客觀的觀察；並能做健全有效的適應。

Hilgard, Atkinson 及 Atkinson認為正常人具有下列特質：

- 對現實有正確與充分的知覺。
- 對自我有比較深入的瞭解，能察覺自己的動機和感覺。
- 行為與意志的自主性較強，不為衝動所左右。
- 自我價值感和自我接納度均較高。
- 具備與他人建立親密關係的能力。
- 具工作能力，且能展現潛力，並具工作熱忱。

國內另一位著名的心理學者柯永河（民82）認為「好習慣多，不良習慣少是健康的心態」，好習慣應有如下功能：

- 使習慣所有者快樂。
- 使他人快樂。
- 不給習慣所有者帶來新問題，但會解決眼前的問題。
- 不給他人帶來新問題，但會解決他人眼前問題（柯永河，民82）

柯氏進一步說明良好習慣的七種條件為：（柯永河，民82）

- 幸福的感覺。
- 個人內心的和諧。
- 個人與環境的和諧。
- 自尊感。
- 成熟。
- 人格統整良好。
- 獨立。
- 有效率。

以上列舉國內外數位學者對心理健康所作的詮釋，雖然各學者所用語彙各異，然而其對心理健康所下的定義，則有共同的觀點。這些觀點可做為我們追求心理健康的方向，使自己除了能有效適應生活之外，還能充分發揮潛能，除了利己之外，更可造福他人與社會。

是否不具備上述心理健康條件的人就是心理異常呢？誠如前面所述，心理異常是很難下界定的，但是心理學及精神醫學界為了對心理異常者施以協助和治療，必須對心理異常的現象建立一些指標，以下將介紹臨床工作上常見的心理異常症狀。

心理異常的症狀

　　心理異常的診斷係以患者所表現出來的症狀為依據。目前精神醫學領域尚未有檢驗方法來幫助診斷，診斷心理疾病仍以症狀做為最主要的指標。在臨床工作中，係以精神狀態檢查（mental status examination）來瞭解個體所呈現的症狀。張宏俊（民81）指出精神症狀的表現有主觀和客觀的部份。主觀的部份有如患者表示自己非常的憂鬱、恐懼等，旁人不一定能從其表情或行為感受到患者的情緒。客觀的症狀在判斷上比較容易，例如，體重減輕或智力退化。心理異常症狀的表現相當複雜，須從多方面來瞭解，也要顧及影響症狀表現的因素。張宏俊（民81）認為症狀的表現受到下列因素影響：種族、文化、教育程度、社經地位、年齡、個性、生理情況、智力、藥物作用等。常見的心理異常症狀，可就幾個層面來說明：

　　儀表的障礙：一個人的外貌、穿著、打扮等如超過一般社會正常範圍，表示可能心理異常。如，外觀是否整潔、打扮是否適合自己的性別、年齡、身份、氣候、場合等。

　　態度的障礙：例如，過度的多疑、戒心、好辯、不合作、敵視、幼稚、或過度有禮。

　　意識的障礙：意識清醒者能夠知道自身的存在且對外界刺激能有所感受、瞭解、判斷與作適當而有效的反應。

　　注意力的障礙：患者顯得精神渙散、容易分心。

　　情感的障礙：情感的表現強度踰越常態，或是情緒的表達方式太戲劇化（太大、太易變、或太小、遲鈍、冷漠），或是情感的表達與意念、說話內容不相符。

　　行為的障礙：如，活動量異常的增加或減少，或呈現異常的行為，如，怪異行為、破壞性行為等。

言語的障礙：可從說話的速度、說話的量、音量、發音、音韻等方面觀察是否有言語障礙。常見型態如，言語增加、言語減少、不語、語無倫次、說話迂迴、言語重複、言語反覆、自創新語、模仿言語、音韻聯結等。

思考的障礙：如，思考流程障礙（如，思考速度飛躍或遲鈍、思考停頓、思考重複等）、思考型式障礙（如，思考聯結鬆弛、自創新語、過度抽象、過度具體、偏離邏輯、自閉思考等）、思考內容障礙（如，妄想—具有錯誤而深信不移的信念，不合乎個人、社會及文化背景的病態思考）、思考自主性障礙（對自己的思想失去掌握或控制的感覺）。

知覺障礙：如，錯覺（對外界刺激產生錯誤的判斷及解釋）、幻覺（在外界並沒有刺激的情況下，產生錯誤的知覺）、假性幻覺（不經過感覺器官而感受到的幻覺）、失真感（覺得四周環境不像是真實的）、自我感喪失或失去人格化作用（覺得自己不像是自己，彷彿是另外一個人）。

記憶力的障礙：如，記憶力喪失、記憶亢進症（記憶超乎常人的仔細）、記憶改變症（錯誤或歪曲變質的記憶）、虛談現象（因忘掉某部份的記憶，以不實的虛假內容來填補）。

智力功能的障礙：智力功能一般包括：判斷力、定向力、記憶力、抽象思考力、計算力等。

慾望的障礙：食慾、性慾、睡眠的需要及一般生活的興趣等慾望，若太高或太低於一般的範圍，則可能為心理異常的症狀。

病識感的障礙：對自己的症狀和疾病缺乏正確的認識。一般而言，有精神官能症（neurosis）現象的人較有病識感，而有精神病（psychosis）現象的人較缺乏病識感。

從精神症狀來觀察個體是否心理異常，項目甚多，須有醫師及專業人員才能有正確的觀察，以做為診斷的依據，一般人不易進行那些判斷。為了增進我們的心理健康，除了朝前面所提的心理健康的條件去積極努力之外，Darley, Glucksberg和Kinchla（1991）的觀點，有助於消極方面避免有過多的怪異行為，以預防心理疾病的發生。Darley等人認為有四個指標可以區分異常與正常行為，即具有下列行為的比率愈大，持續愈久，愈能肯定其為心理異常。

怪異而極端的行為：幻覺、錯覺、妄想、無法控制的暴力、強迫性行為（如，每天重複洗手數十次等）。

干擾及傷害他人：個體的行為對別人造成干擾或傷害，如，經常酒醉駕車、調戲幼童、對著陌生人語無倫次等。

不當或過度的情緒反應：個體的情緒反應與情境不符，顯現出過度的冷漠焦慮、恐慌、憂鬱或狂歡等。

生活功能受阻：個體的行為導致日常生活功能及人際關係不良，例如，衣著外表凌亂不潔，頹廢慵懶等。

除了這四個指標，若依賴藥物、酒精等造成身心的傷害，也是日常生活中很容易判別是否心理異常的依據。周遭親朋若有人顯現這些行為現象，且持續長久，則需送醫，請專業人員診斷醫治，才不會危己害人。

每個人在日常生活中，難免有挫折與壓力，偶而也會出現一些怪異的行為，或被一些不合理的思考所困住，或情緒陷於低潮，食慾不振，生活功能一時失序等。這些現象可能和某些心理異常的症狀類似，但是只要異常現象不是個體生活的主體，不會妨礙日常生活功能與人際關係，則不須過度憂慮自己是否為心理異常。

心理異常的分類

臨床心理學家（clinical psychologist）和精神科醫生（psychiatrist）對心理異常者的診斷，通常依據他們對患者的觀察。他們觀察患者所言、所行、所感，以及其他人對患者的描述。如果患者出現精神異常症狀，則可能患有心理疾病，接著必須判斷患者屬於那一類的異常現象。把心理異常做適當的分類，有助於進行診斷，並據以決定適當的治療計劃，同時醫療人員之間也可以有清楚明確的訊息溝通。

形成心理異常的因素很複雜，是生物、社會環境及個人因素交互的結果。有些是因腦部或神經系統的功能失常所造成，有些是不良社會環境或不當的學習所致；有些是因特殊壓力事件的偶發性異常，有些則是長期的不良適應累積而形成的心理異常，除了不同的致病因素，其呈現的症狀又受到種族、文化、年齡、個性、教育社經水準等之影響，使得心理疾病的面貌有如萬花筒。雖然如此，但是心理疾病患者呈現的言行有其相似之處，心理衛生專家即根據患者呈現的症狀來加以分類。診斷分類只是在描述行

為現象，而非解釋行為，亦即分類時只標示異常行為的本質，但未說明行為如何形成，以及什麼因素促使異常行為持續下去。

1952年，美國精神醫學會（American Psychiatric Association）出版《心理異常診斷與統計手冊》（*Diagnostic and Statistical Mannal of Mental Disorders*, 簡稱*DSM*），是美國精神醫學界和心理學界所普遍採用的手冊。1980年已修訂第三版（DSM－Ⅲ），在1987年有部分修訂，稱為DSM－Ⅲ－R。我國精神醫學界亦引用之。在歐洲國家，比較常用的則是世界衛生組織所制定的《國際疾病分類第九修訂版》（*International Classification of Disease, Ninth Revision*, 簡稱*ICD－9*）。

診斷手冊修訂的目標在於讓不同的精神科醫師或臨床工作者對相同的病症現象有一致的診斷，同時讓研究者彼此之間對病症所賦予的病名能有共識。DSM－Ⅲ在診斷的信度上做了很大的努力。

DSM－Ⅲ的分類是依據大約100位精神科醫師和心理學家所組成的審查小組的臨床判斷。這些診斷分類的信度曾經由800位以上的臨床研究者加以考驗，證實不同的判斷會以相同的方式來使用這些分類。而DSM－Ⅲ的效度有待進一步考驗。

DSM－Ⅲ載有超過兩百種以上的心理異常之分類，而且採取多軸評估系統（multiaxial evaluation system）。

第一軸為臨床精神病病症（clinical psychiatric syndrome），包含主要的心理異常臨床症狀，這些症狀大多是患者求診時的主要現象。下列是屬第一軸的症狀：

- 兒童、青少年精神疾病
- 器質性心理異常（organic mental disorder）
- 物質濫用之心理異常（psychoactive substance use disorder）
- 精神分裂症（schizophrenia）
- 妄想症（delusional）
- 不能分類的精神疾病（psychotic disorder not elsewhere classified）
- 情感性精神病（mood disorder）
- 焦慮症（anxiety disorder）

- 身體症（somatoform disorder）
- 解離症（dissociative disorder）
- 性異常（sexual disorder）
- 睡眠異常（sleep disorder）
- 偽病症（factitious disorder）
- 不能分類的衝動性疾病（impulse control disorders not elsewhere classified）
- 適應障礙（adjustment disorder）

第二軸為人格異常或發展上的異常（personality or developmental disorder）。患者顯出長期的人格異常，其人格特質嚴重到足以造成困擾或兒童時期的發展異常，如，認知、語言、動作或社交技巧（social skill）發展上的異常。屬於這一軸的症狀有下列：

- **發展上的異常**：包括智能障礙（mental retardation）、普遍的發展障礙、特殊的發展障礙（如，學習障礙、語言障礙及動作技巧障礙）。
- **人格異常**：包括多種型態的人格異常。

第三軸是身體症狀及身體狀況，用以提供第一、二軸診斷精神病症狀的參考，有些身體疾病會引起心理病症。

第四軸評量患者所處的心理社會壓力程度，包括：嚴重程度及持續期間。

第五軸評量患者過去一年來的適應功能（心理、社會和職業功能）之水平。

第四、五兩軸是精神科醫師選擇治療策略及預後的重要考慮依據。因生活壓力事件引發的心理病症，可能只須支持性的治療，習慣性的適應不良則須比較長期的強化治療。

在DSM－Ⅲ之前的診斷分類中，精神官能症（neurosis）是其中一個分類，但是在DSM－Ⅲ中則取消精神官能症之名，因其定義過於廣泛，且包含了許多不同症狀的心理異常。在DSM－Ⅲ中，過去所稱的精神官能症已被區分為焦慮症、身體症、解離症。另有些異常症狀則被列於情感症和心性症中。精神官能症雖然已非DSM－Ⅲ中的分類名稱，但該名詞因多年

來廣被使用，因此仍是常見的名詞。一般而言，精神官能症的患者與正常人之間並無清楚的分界，只是程度上的差異而已。精神官能症是比較輕度的心理異常，患者的人格未解離 (dissociation)，也未脫離現實，仍能維持一般的生活功能，也能過正常的社會生活，只是會因精神官能症的影響，使其行為效能降低，適應上比常人困難。這類患者通常用逃避的模式來面對生活問題。遇到困難時，他們會有難熬的不安、緊張與焦慮，趨使他們逃避困難，但是因為問題未獲得解決，其焦慮無法消失。在「困難→焦慮→逃避→更大困難→更高焦慮→逃避……」的惡性循環之下，個體終難逃離精神官能症的折磨。

本章將介紹數種較常見的心理異常種類：焦慮症、身體症、解離症、性異常、情感症、精神分裂症，以及人格異常。

焦慮症

焦慮幾乎是人人都有過的經驗，只是程度深淺不同，以及因應的方式有所差異而已。生活中難免會遇到新的挑戰，須要去面對陌生的人或陌生的情境，常須通過各種考驗 (如，考試、面試等)，也須處理生活中的各式難題 (如，婚姻生活、子女管教、經濟問題、人際關係、工作升遷、以及找工作等)。任何個人處於難以應付，以及對將來未知的情境中，都多少會有焦慮，只要焦慮不是長期持續，而且危害日常生活功能，則不必掛意，而且適度的焦慮有助人們提高警覺，並思慮因應之道，對問題的解決有正面的價值。焦慮症則是指害怕、緊張、不安、恐懼的感覺長期存在，而且感覺強烈到成為生活的障礙。

底下說明常見的焦慮症：恐慌症 (panic disorder)、恐懼症 (phobic disorder) (懼曠症、懼社交症、單純恐懼症)、泛慮症(generalized anxiety disorder)、強迫症 (obsessive compulsive disorder)。

恐慌症

恐慌症是指個體反覆、突發性地發生恐慌狀態，而且個體擔心出現突

發的恐慌症狀，以致於時時處於高度焦慮之中。當個體在恐慌狀態（panic attack）時，會有呼吸急促、胸悶、盜冷汗、心跳不規則、透不過氣來、頭昏眼花、意識模糊、昏厥、有快要死去的感覺。這種恐慌持續的時間從數秒到數十秒不等，會重複出現。由於它的重複發生性，以及此經驗令患者極端害怕，加上恐慌症狀的發生並無特定的前兆，患者無從預防，因此患者往往因為時時提心吊膽而有預期焦慮（anticipatory anxiety）的併發症。患者也因此而將自己侷限在家中，不願出門。他們認為在家中才比較安全，當恐慌症狀出現時，他們在家中比較能處理，也才不會被別人看到自己的窘狀。用足不出戶來因應恐慌症狀，將導致生活功能的瓦解。

恐懼症

　　恐懼症意指一種對某特定事物或情境之持續的、不合理的過度焦慮現象，此過度焦慮與害怕已造成生活功能的失調。每個人都多少對某些事物與情境有焦慮或害怕，而且在生活中設法避開那些焦慮的對象，例如，害怕黑暗獨處，則在生活中減少此情境；對公開演說有焦慮，則避開上台的機會。這些乃生活中常有的不合理焦慮，但因未造成生活功能的不良適應，故不能稱之為恐懼症。常見的恐懼症有：懼曠症（agoraphobia）、社交恐懼症（social phobia）和單純恐懼症（simple phobia）。

(一)懼曠症
　　懼曠症中有一類常與恐慌症併發，另一類則單單只有懼曠症症狀。懼曠症是指害怕身處公眾場合時無法脫逃，又害怕在此困境中求助無門，獨自無法脫困，因此極端避免外出，或避免身處群眾之中，或不願搭乘公共交通工具，以免被懼曠症所苦。因害怕自己失控，所以若外出必須有人陪伴，甚至於在家中亦害怕獨處。通常懼曠症均伴隨有恐慌症。

(二)社交恐懼症
　　社交恐懼症是指害怕、擔心在公眾中被審視、被評價、被批評，害怕在大眾面前出醜或被恥笑。舞台焦慮是最常見的社交恐懼症。患者會避免在公眾之前演出及出現在社交場合，若無法避開，則其焦慮將影響其表現，而表現失常又會趨使患者極力逃避社交情境與公開表現。惡性循環的結果

將加重其社交恐懼。

(三)單純恐懼症

單純恐懼症是指對某種特定的事物或情境非常害怕，當個體面對令其害怕的刺激時，會有高度的焦慮反應。單純恐懼症所害怕的對象種類甚多，如，害怕蟑螂、蛇、昆蟲、狗等動物，或害怕某種情境，如，緊密的空間、黑暗的情境、高空等。正常人也會害怕某些事物與情境，如，對著你狂吠的野狗、欺身的蛇、從極高的樓頂俯視等，這些並不是患了恐懼症。異常的恐懼是指害怕的程度超乎事物或情境實際上所會引起的威脅程度。

泛慮症

泛慮症指個體每天處於憂慮的狀態，但是並無特定的焦慮對象或情境，只是時時覺得害怕、緊張、煩躁、不安、多疑、猶豫不定。對於生活有失控感，擔心隨時會有災難發生。這種心理症狀常伴隨下列生理現象：呼吸短促、心跳加速、口乾舌燥、頭昏眼花、虛弱、極端不舒服的感覺。患者也因此而對自己的身體健康過度憂慮。

強迫症

強迫症個體重複出現自己所不願有的某種想法、或動作。患者自己並不喜歡重複其想法或動作，但是想法揮之不去，動作不由自主的發生，其嚴重性已妨礙到日常的人際關係與生活效能。例如，有的患者不斷出現「自己是不乾淨的」之念頭，每天要洗四、五次澡，洗手次數超過四、五十次，類此強迫性思考和強迫性行為同時兼有的情形，稱之為思考及行為強迫症（obsessive—compulsive disorder）。有些患者只有強迫性的思考，不斷的出現某種想法，例如，「瓦斯不知關了沒有？」、「我會自殺」、「我會跳樓」等。強迫性思考大都是一些猜疑性的想法，或是擔心自己會做出可怕的事之類的思考。這種只有強迫性思考的患者，雖然其想法很可怕，但很少訴諸行動。這類患者稱之為思考強迫症（obsessive disorder）。另有一類患者只具強迫性的行為，不斷的重複某種動作，大多數患者重複的動作

為數東西、檢核東西、清洗東西、逃避事物等。例如，不斷的檢查爐火是否關熄、門窗是否關妥、不斷的洗手以確定是否乾淨。這類患者稱之為行為強迫症 (compulsive disorder)。通常強迫性思考和行為是一體之兩面，患者因為不時的擔心被偷、被搶，所以會頻頻檢查門窗是否關好。患者因為一直想著自己是不潔的，所以頻頻的洗手。

焦慮是生活中不可免的感覺，對大多數人而言，焦慮是一種情境性的短暫現象，有助個體提高警覺，認真以赴，對克服困境有積極的功能。但是對部分人而言，卻會因長期的焦慮，以及因焦慮程度太強，終至被焦慮所吞蝕而形成各種焦慮症的症狀，為什麼呢？

從心理分析的觀點來看，焦慮症的形成導源於本我、自我和超我間的衝突。幼年時，由於本我的衝動所出現的行為，受到嚴厲的處罰，因而形成過於僵化及嚴苛的超我，以防止本我的衝動顯之於外。這樣的人，將擔心控制不了本我的衝動，也對處罰者提心吊膽，而時時處於焦慮之中。另外，如果幼年時在肛門期被施以嚴格的大小便訓練，也會使本我的衝動被壓抑下來。被壓抑的衝動，將以變形的方式出現，即以各種防衛機轉來紓解被壓抑的衝動。但因防衛機轉不能真正的解決本我與超我的衝突，個體仍時時在焦慮之中，最後終於形成各種焦慮症。

從行為論的觀點來看，焦慮症是錯誤學習的結果。例如，幼年時曾在黑暗中遇到驚嚇事件，制約學習的結果，使得個體對黑暗有強烈的恐懼。強迫症也是不當學習的產物，即當個體反覆某種思考或行為時，可以減輕其焦慮，所以個體會不斷去反覆思考或重複行為。

從認知論的觀點言之，焦慮症是因為不良的思考模式或非理性的信念所致。當個體期待一些不可能實現的願望時，必然因願望之不可得而處於高度焦慮中。例如，期待自己是完美無缺的，期待世界對待他是公平的，期待所有的問題都有一個固定的答案。這些期待不能實現，他們將很不安，因此個體可能出現強迫症狀，不斷的重複某種行為與思考，直到他們覺得安心為止，只是若其思考模式不修正，他們很難安心的。

依生物觀點來看，有些研究發現恐懼症也可能受到基因的影響。親族中有人罹患恐懼症者，呈現焦慮症狀的機率較高。也有研究認為體質上的特質，也會影響這種病症的出現。有些個體的神經系統較易受到壓力事件的刺激，較敏感，容易因負向事件的刺激而反應過度，並透過學習原理，

而對生活中各種不同事物產生恐懼。另外，乳酸鈉 (sodium lactate)、二氧化碳 (carbon dioxide) 等生化物質也會影響焦慮症狀。對曾有恐慌症病史的患者，注射乳酸 (lactic acid) 或讓患者吸二氧化碳，會激發其症狀 (Woods etal., 1988; Cowley and Arana, 1990)。另有研究發現，家族中有恐慌症病史，但個體本人未曾出現恐慌症的人，也比一般人易受乳酸鈉的刺激而出現恐慌症狀 (Balon, et al., 1989)。

身體症

　　身體症是指患者顯現的症狀以身體的病痛為主，個體常常覺得身體的器官 (如，呼吸系統、循環系統、神經系統、消化系統、四肢、頭、頸等) 的某處有病，可是在醫院的各科轉診，經醫師及各種醫療儀器的檢查，找不到器質上的問題，亦即找不到可以解釋身體症狀的生理原因，但患者的不舒服或病痛却是真實的，身體症狀並不是裝出來的。這些症狀通常與心理因素有關，反映心理上的長期壓力或衝突。

　　類似身體症的現象，在日常生活中為數不少。一般人常常有非生理因素所致的身體症狀，尤其現代社會充滿壓力、緊張與人際關係的衝突，抱怨身體不適之聲時有所聞。有些兒童也會把心理上、情緒上的不滿或痛苦轉為身體症狀，常見的有發燒、肚子痛、拉肚子等，尤其遇到考試更易出現身體症狀。如果這些現象偶而出現，在壓力袪除後，症狀即消失，則不足以稱之為心理異常。

　　身體症包括數種，茲介紹兩種重要的身體症：體化症 (somatization disorder) 和轉化症 (conversion disorder)。

體化症

　　體化症過去稱之為歇斯底里症 (hysteria)，是一種主要發生於女性的疾病。症狀持續期間很長，數年、甚至於數十年。體化症患者主要的抱怨便是身體不適長達數年以上，而且不舒服的現象很複雜，有十幾種以上的不適症狀，包括：各種疼痛、胃腸、心肺、神經系統、性及生殖系統方面

的症狀。這些症狀雖然像是真的身體方面生病了，但是找不到真正的病理因素。患者在醫院裡輾轉求診與服藥仍無法治癒。像心跳、胸悶、呼吸不順暢、經痛、性冷感、肢體有麻痹的感覺、排便不正常、腹痛等均是常見的症狀。

轉化症

轉化症過去稱之為歇斯底里性精神官能症之轉化型 (hysterical neurosis, conversion type)。主要症狀是類似神經性異常所致的身體不適，但實際上並無器質上的病因，症狀通常為突然看不見、聽不見、失去聲音、失去感覺、手腳麻痹等，所以又被稱為假性神經性異常 (pseudoneurological disorder)。這類症狀通常有其心理因素，生活中的事件令患者產生心理衝突，或患者想逃避不愉快的事件，或希望能得到同情與支持。依心理分析的觀點，患者的心理衝突與不安的衝動轉而以身體症狀顯現。這種症狀通常持續不長，數小時或數天即可復原，不過也可能持續數年，成為慢性疾病。

患者出現轉化症有其心理功能，即以轉化的身體症狀來逃避心理挫折與衝突，可免於心理的痛苦。此外，也可藉此博得家人、朋友之同情、關心與照顧；或因此而讓他人難受，以達到處罰他人之目的。其實，任何心理異常症狀對患者而言，均有特殊的意義與功能，這些功能雖然不健全，但却是支持患者的症狀繼續下去的因素。有些治療 (如，家族治療) 便是從改變家人與患者的互動方式，以切斷患者用身體症狀來博得同情與關心的惡性循環。

解離症

解離症是指個體突然的、暫時性的處於不同的意識狀態。在此不同的意識狀態中，使個體產生痛苦的意識部分，已從個體的整個意識活動中解離出來，以免受到心理威脅之苦。底下介紹三種解離症：心因性失憶症、心因性迷遊症、多重人格。

心因性失憶症

是指因心理上的因素所致的失憶症，當個體出現失憶症時，必須詳細檢查，以確定是否有腦傷、藥物中毒或癲癇等生理因素。心因性失憶症（psychogenic amnesia）的症狀是一個人突然喪失對於自己的過去之記憶，包括：自己的姓名、住址，也不認得自己的朋友和親戚，但是患者仍然保有與人溝通的能力，也能思考，好像以一個嶄新的自己在與人溝通，不記得自己是誰。這種現象可能持續數小時，也可能持續數年；有些患者可能永遠不再恢復記憶，但有些則會自然的又恢復記憶。

心因性迷遊症

心因性迷遊症（psychogenic fugue）是心因性失憶症的一種特殊型式，即患者喪失關於自己的記憶之後，忽然離開原有的工作地方和居住地，漂遊到一個新地方，過著一種忘了自己是誰的全新生活。迷遊症的特性即在於身體的迷遊，除了在心理上與過去的自己解離之外，在時間上，空間上亦與過往的時空解離。患者可能會在數年之後突然恢復記憶，重新尋回自我認同，不過當個體清醒之後，却又喪失關於迷遊時期的一切記憶。心因性失憶症或迷遊症，依精神分析之觀點，乃是個體有令其無法承受的心理壓力或衝突，解離症狀則有助其擺脫現實生活的困境，因為患者完全忘記過去的痛苦，以新的自我過著新的生活。

多重人格

是一種比較少見，但是具有相當衝擊性的解離症。多重人格（mutiple－personality disorder）患者同時擁有兩種或兩種以上完全不相同的人格，這些不同的人格會在某個時段居主宰地位，主導個體的所有意識活動。人格的轉變通常在數小時之內發生，或數天之內便轉變成另外一種人格。每一種人格有其獨特性，有獨特的姓名、身份、行為的型態和社會關係。患者本身並未覺察自己有多重人格，每一種人格交替出現，而且不知

有另外的人格之存在。

　　關於多重人格病因的解釋，目前大多趨向於精神分析的論點，有學者（Kluft, 1984）指出大多數被診斷為多重人格的患者陳述曾在童年有身體受虐待的經驗。多重人格的現象可以讓患者去做一些在潛意識中想做，而在現實世界中却因罪惡感或心理衝突而不敢去做的事。

　　多重人格患者最著名的例子為名叫Chris Sizemore的女性患者。這位女性患者藉著人格的解離，達到象徵性逃離現實世界的目的。她也是著名的三面夏娃（Three faces of Eve）故事中的女主角。「白夏娃」呈現的是溫和的、謙虛的、貞潔的太太和母親；「黑夏娃」呈現的是放蕩、誘人、耽溺於玩樂、沒有婚姻與家庭責任的女人。第三種人格則融合了白夏娃與黑夏娃的一些特質。

心性症

　　心性症（psychosexual disorder）是性行為或性功能異常所呈現的一些症狀，DSM－Ⅲ－R中包括有性別認同障礙（gender identity disorder）、性異常（paraphilia）、心性機能失常（psychosexual dysfunction）等。

　　性行為或性功能正常的指標很不易界定，不同社會文化背景及不同的時代之下，對於性行為與性功能有不同的看法，每個人對於有關性的問題也持有不同的接受度。然而當個體的性行為或性功能給自己及他人帶來困擾時，則可能是異常的。

性別認同障礙

　　性別認同障礙是指個體對於自己性別的認定與生理上的性別不同，而產生性行為與性功能障礙之謂。性有生物學上的意義，用以區分雌雄，對於人類，性別尚有心理學及社會學上的含義。當個體在心理學上及社會學上對自己的性別之認定異於生理學上之性別，而且對生理學上的性別有強烈的厭惡感，極欲變更生理上的性別，則是變性症的現象。這種性別認同

障礙通常始自幼年時期，他們覺得自己生錯了性別，在行為上往往做異性打扮，言行舉止像異性，期望自己能成為異性的性別。有些患者甚至尋求變性手術，使自己擁有異性的性器官。不過在醫學上，變性手術雖然可以成功，但是心理適應方面的問題則仍具爭議性。

性異常

性異常是指個體用以達到性興奮的行為方式妨礙了親密的性關係之功能。換言之，其滿足性慾的方式是變態的，所以性異常又稱為性變態。常見的性異常有下列數種：

戀物症（fetishism）：患者對異性的衣物有特別的愛戀，能因異性的內褲、內衣、絲襪等而產生性興奮。這類患者以男性為主。

扮異性症（transvestism）：患者藉穿著異性衣物而達到性興奮。

戀獸症（zoophilia）：患者從與獸類發生性行為而得到性慾的滿足。

戀童症（pedophilia）：患者以未達青春期的異性孩童為性關係之對象者。

暴露症（exhibitionism）：成年男性向女性暴露自己的性器官，藉女性的驚恐狀態或驚叫而達到性興奮或性慾的滿足。

窺視症（voyeurism）：藉偷窺別人的性行為，來引起性興奮，然後再以手淫來滿足其性慾。

性被虐待症（sexual masochism）：透過身體或精神被虐待的痛苦來引起性興奮與性滿足者。

性虐待症（sexual sadism）：對性對象施以身體上或精神上的折磨，以達到自己性慾的滿足。性虐待的方式常見的有綑綁、鞭打、羞辱對方等。性虐待症與性被虐待症通常同時發生於同一個體。此種性異常行為可能嚴重到變成強暴或拷打、殺害等行為。性虐待症可能是因內在的無力感，而以攻擊性的行為使自己居於統御的優勢，如此才能獲得性的滿足。性虐待者與一般的強暴犯者的區別在於前者的性興奮與滿足，只有從虐待他人之中才能得到。所以強暴犯並不一定是性虐待症患者。

心性機能失常

　　心性機能失常（psychosexual dysfunctions）是指沒有器質上的病因，而由於心理因素使得個體在進行性行為時，在機能上失常，無法完成一般性行為的程序和性反應。性行為受到生理和心理的交互影響，心理因素影響人類的性行為尤甚，其所造成的性機能異常病症有：性慾過抑（inhibited sexual desire）、高潮過抑（inhibited orgasm）、早泄症（premature ejaculation）等。

情感症

　　情感症（affective disorder）是指個體表現出過度的情緒狀態，是一種以情感障礙為主要症狀的心理異常現象，所以又稱為情感性精神病，最常見的是憂鬱症（depression）。患者在情感上會有兩種變化，一是表現出過度的情緒高亢，另一方面是情緒過度低落。前者稱為躁症症狀（manic state），後者為鬱症症狀（depressive state）。有些患者則兩種症狀交替出現，稱為「躁鬱症」。「躁症」和「鬱症」兩種交替出現在同一患者身上的情形，稱為雙極型情感性精神病（bipolar disorder），或稱為雙極型憂鬱症（bipolar depression）。有的患者只出現鬱症，而未出現躁症，則稱為單極型情感性精神病（unipolar depression）。臨床上的經驗發現並沒有單極型躁症的患者，因為有躁症症狀的患者，必然會出現鬱症，而成為雙極型的躁鬱症。

　　憂鬱症不像前述多重人格或失憶症等那般富於戲劇性，是日常生活中絕大多數人曾有的現象，有所謂的精神病理學上的感冒（common cold of psychopathology）之稱（Zimbardo, 1985）。女性患憂鬱症的比例是男性的兩倍，為什麼女性比男性易得此症，原因雖仍待驗證，但有一可能性是社會文化的價值觀比較允許女性顯現憂鬱的症狀，所以也就呈現出比男性為高的流行率。

　　憂鬱症現象雖然是一般人曾有的經驗，但是並非有情緒低潮或沮喪現

象時便稱之爲憂鬱症。DSM－Ⅲ－R對憂鬱症的診斷是：患者在兩個星期之內呈現下列九種症狀中的五種以上，其中一種症狀必須是憂鬱的情緒感受，或失去興趣 (Darley, Glucksberg, & Kinchla, 1991)：

- 憂鬱的情緒感受（深度的悲傷、無望與無用感）。
- 對每天的作息活動等明顯的喪失興趣或樂趣。
- 在沒有飲食控制之下，體重顯著的減輕或增加。
- 幾乎天天失眠或嗜眠。
- 幾乎天天都有精神活動過於躁動或過於遲滯的現象。
- 幾乎天天感到疲憊不堪。
- 無價值感或過度的罪惡感。
- 幾乎天天都出現不能集中思考的現象。
- 反覆出現死亡、自殺的念頭，或有明確的自殺計劃，或試圖自殺。

A. Beck是治療憂鬱症方面相當著名的大師（第十五章將介紹其認知治療法），曾說明正常人和憂鬱症患者的差異主要在其思考模式上。憂鬱症患者由於不良的思考模式，導致其對事物喪失感覺，對外在事物冷漠、覺得一切乏味，陷於自責與悲傷的情緒之中。逃避、退縮、自我貶損、無助、無望充塞於憂鬱症患者之腦中，也因此在生理方面顯出疲憊，沒有食慾，沒有性慾以及睡眠的失常。

一般人雖然也會有上述症狀，但大都因特殊壓力事件所致，如親人離去或死亡、失業、離婚、考試落榜等，會隨時間而恢復正常情緒狀態，所以不是患了憂鬱症。

雙極型憂鬱症在症狀上除了有鬱症的情緒低潮狀態外，會有另一段時期處於躁症狀態。躁症的現象恰好和鬱症相反，患者充滿希望，活力過度，甚至有自我陶醉的得意狀態。患者會自認爲是個先知先覺者，有超人的能力，從事各種不合現實的冒險行爲，誇大的行動計劃等，但却又顯得過度急躁、思考不集中、判斷力喪失。有些患者會有攻擊性或暴力行爲。這種雙極型憂鬱症通常起先是因躁症而入院，會持續一段時期（約一週至數個月），接著恢復一般正常情緒狀態，而後又出現鬱症，進入憂鬱時期。有些患者在躁症之後接著就進入鬱症，而沒有情緒正常時期。

憂鬱症及躁鬱症的病因乃生理、心理與環境因素交互作用的產物，在

生理上有體質生物學上潛在因素，而且與家族病史有關。在心理上有所謂憂鬱性格，具錯誤的認知思考模式，挫折容忍力低。由於低的挫折容忍力，經不起外在環境的壓力，而導致鬱症或躁症的誘發或惡化。所以在治療上，藥物與心理、環境的治療同等重要。躁症的藥物治療有兩大類，一類是抗精神病藥物（autipsychotic drug），亦即重鎮定劑（major tranquilizer）或安神劑（neurotileptics）之類的藥物，其功能為抑制神經傳導物質的作用，以降低患者的不安、激動、妄想等現象。第二類是鋰鹽，若血液中鋰濃度適當，可使患者減少躁症發作次數，或停止發作。對鬱症也有相同的治療功能。鋰鹽是治療雙極型憂鬱症方面，相當有效的藥物，在預防躁鬱症上有百分之八十以上的效果，能明顯的減少躁鬱症的發作次數，或降低發病的嚴重程度，或使躁鬱症完全不再復發，是目前廣泛使用的治療躁鬱症的藥物（宋維村，民77）。

憂鬱症也須服用抗憂鬱劑（anti－depressant），以減輕憂鬱症狀。一般常用的是三環抗鬱劑，在服用後兩、三週才會顯現效果，但因服用後有口乾、便祕、眩暈等副作用，使得患者不再續服而治療失敗。憂鬱症患者有厭世念頭，在未治癒之前，隨時都有可能因學校、工作、家庭及人際關係的壓力刺激而增高其自殺的危險。所以除了藥物治療，家人的支持及心理治療的配合是相當重要的。

精神分裂症

精神分裂症（schizophrenia）是一種嚴重的精神疾病，由於多重心理功能的障礙，導致思考與感覺不統整，與現實脫節的現象。患者知覺歪曲，不能過濾與分辨所知覺到的訊息；思考歷程失常，出現不合理的聯想，思考內容跳躍，缺乏組織，語無倫次；情緒表現異常，缺乏表情或情感的表達失當；人格崩潰，無法區分自我與外界關係，喪失自我感；在動作方面，則有僵直的異常現象。

依據DSM－Ⅲ－R，精神分裂症的診斷依據為：

a.發病時有下列三大類症狀之一，持續至少一星期。
- ・至少出現下列症狀：
  - △妄想（delusions）
  - △明顯的幻覺（hallucination）
  - △思考不連貫，支離破碎，不著邊際。
  - △僵直的行為（catatonic behavior）
  - △單調平淡或不適當的情感表現
- ・奇異的妄想
- ・明顯的幻聽

b.在工作、社會關係及自我照顧上明顯的降低功能。

c.困擾現象持續至少六個月。

d.沒有器質上的病理。

　　精神分裂症的初期症狀可能與精神官能症類似，如，失眠、焦慮、緊張、僵直、頭暈、記憶力減退、不能集中注意力等；有時會有鬱症的現象，如，罪惡感、想自殺，也會呈現過度激昂的精神狀態，熱心參與義工或宗教活動；有時也會有歇斯底里症或強迫症的現象。不過患有精神分裂症者，並不一定會先有精神官能症，而精神官能症患者也不一定會變成精神分裂症。

　　精神分裂症患者與外在現實世界已失去聯繫，退縮至自己的幻想世界中。精神分裂之意是分裂的心理（split mind）之意，而不是分裂的人格或多重人格（Carlson, 1993）。其主要症狀為思考障礙、幻覺與妄想、情感障礙、自我障礙、僵直症候群，茲說明如下：

思考障礙

　　患者無法統整或組織思考內容，思考不聯貫（內容跳躍，主題不串連，內容支離破碎），創新詞彙（只有患者自己懂其意義），答非所問，思考停頓等。

妄想與幻覺

　　妄想指患者的思考內容奇異、誇大，有時自認為是超凡入聖者，是救世主，是拯救地球的使者等。也常呈現有人要迫害他的想像。精神分裂症患者最常有的幻覺、幻聽，常聽到有人不斷地批評他，嘲笑他，或命令他的聲音，也常聽到好幾個聲音在交談中。有些患者會有幻視的現象，會看到一些事實不存在的人或事物。也有患者會感覺渾身似有千萬蟻蟲在爬行般。患者知覺上的特性是缺乏選擇與過濾外界訊息的能力，也無法對訊息賦予意義，同時分散注意到太多無關的刺激上，導致幻覺的產生——對事實不存在的事物之知覺。

情感障礙

　　患者的內在感覺與外在情感的表現失去一致與關聯性，或情感表現與情境不符，如，親人亡故，却哈哈大笑。有的患者表情平淡，或沒有情感反應，有的患者則對某一對象出現兩極化的情感反應。

自我障礙

　　患者喪失自我界限（ego-boundary），無自我感，沒有明確的自己與外界的關係。常有被別人操縱的想法，覺得自己的思想被竊，被介入。

僵直症候群

　　患者在行為動作方面會有下列障礙，如：痴呆，緘默不語，反覆同一動作（例如，反覆做「舉手放下」的動作）或保持同一姿勢（如，坐、臥、站、蹲等）連續數小時，有的患者則有比較激動的動作或揮舞等；有的呈現蠟人症（waxy flexibility），可隨意由他人擺佈成任何姿勢，而後保持不動。

　　由於精神分裂症症狀複雜，所以在臨床上依其呈現的主要症狀型態，

分為僵直型（catatonic schizophrenia）、妄想型（paranoid schizophrenia）、錯亂型（disorganized schizophrenia）和未分化型（undifferentiated schizophrenia）。僵直型者的特徵是呈現動作方面的障礙，如，僵直姿勢、蠟人症等。妄想型者以誇大妄想、迫害妄想、嫉妒妄想、幻覺等為主要症狀。錯亂型則以情感反應異常，思考及語言的障礙為主。未分化型者則有上述各種症狀，但又未達上述歸類標準，而且症狀變化難以歸類。

精神分裂症的治療首重藥物治療，適當使用抗精神病藥物，可改善思考障礙、幻覺、妄想、激動等症狀。與其他精神疾病一樣，除了藥物之外，家庭、學校、社會的配合及心理治療，對患者的復健都是非常重要的。

人格異常

每個人有特殊的行為型態、思考方式、知覺型態、人際互動以及與環境對應的特殊型式，亦即個體有其獨特之人格。當人格特質太過極端，或有不良適應現象，導致喪失正常的社交、工作與生活能力時，便稱之為人格異常（personality disorder）。在DSM－Ⅲ－R中列有十二種人格異常之病症，如，妄想型人格異常（paranoid personality disorder）、分裂型人格異常（schizoid personality disorder）、分裂病型（schizotypal）、劇化型人格異常（histrionic personality disorder）、自戀型人格異常（narcisstic personality disorder）、反社會型人格異常（antisocial personality disorder）、邊緣型（borderline personality disorder）及迴避型（avoidant）、依賴型（dependent）、強迫型（compulsive）、被動攻擊型（passive－aggressive）、混合型等。底下將說明對社會影響較大的反社會型人格異常。

反社會型人格異常

反社會型人格異常者的日常行為之典型特質為：呈現違反社會規範的行為（犯罪、說謊、酗酒、賣淫等）、缺乏對人忠誠的能力、自私、無情、不負責、衝動、不知悔悟、低挫折容忍力。由於這些人格特質，患者無法

正常的工作，沒有辦法維持良好的人際關係，其行為也會對社會帶來危害。雖然犯罪者不一定就符合人格異常的診斷標準，但是確有不少犯罪者乃人格異常患者，而人格異常患者呈現犯罪行為的比例不少。

　　大部份心理學家均認為反社會型人格異常的病因乃是不當的學習所致 (Darley, Glucksberg & Kinchla, 1991)。雖然有部分學者主張生物病理因素，但並未有具體的研究結果來確認何種生物因素導致反社會行為。依精神分析觀點的解釋，反社會人格異常者是因未發展出適當的超我以約制其行為，所以其行為便以滿足本我的需求為前導，罔顧社會道德規範。研究 (Greer, 1964; Robins, 1966) 也發現反社會人格異常患者通常有著父母死亡、父母離婚、或被父母遺棄的成長背景。學習論的觀點主張患者的行為是從父母、同儕或各種環境刺激 (如，媒體等) 中模仿學習而來的。患者通常來自父母對孩子施加暴力的家庭。另外，有許多研究者主張患者沒有學會如何以正常的行為來避免處罰，也缺乏建立人際關係的能力，以及情緒上的冷漠，這些都是導致其反社會行為之因。正常人知道如何行為以逃避處罰 (如，被責備、被批評、被法律制裁、被排斥等)，正常人能和別人有良好關係，和別人有情感上的交流。但是反社會人格異常者則缺乏親密關係及人際間情感上的互動，也不害怕處罰，所以不會擔心其行為是否會令別人傷心或痛苦。心理學家對此類型的患者之瞭解仍有限，有關的論點仍無法對反社會型人格異常的成因有足夠的解釋。不過如果家庭、社會、學校能提供個體良好的成長環境，以利其人格的正常發展，應能預防人格異常的形成。

參考書目

柯永河（民82）《心理治療與衛生》，台北，張老師出版社。

黃堅厚（民68）《青年的心理健康》，台北，台灣中華書局。

張春興（民78）《張氏心理學辭典》，台北，東華書局。

張宏俊（民81）《精神病的病因與症狀》，載於鐘信心、周照芳、李引玉等合著《精神科護理學》，二版。台北，華杏出版股份有限公司。

Balon, R., Jordan, M., Pohl, R., Yeragani, V.K. (1989). Family history of anxiety disorders in control subjects with lactate-induced panic attacks. *American Journal of Psychiatry*, 146, 1304-1306.

Carlson, N.R. (1993) *Psychology: the science of behavior,* fourth ed. Boston: Allyn and Bacon.

Cowley, D.S. & Arana, G.W. (1990). The diagnostic utility of lactate sensitivity in panic disorder. *Archives of General Psychiatry*, 47, 277-284.

Darley, J.M., Glucksberg, S., & Kinchla, R.A. (1991) *Psychology,* fifth ed. N.J.,: Prentice-Hall, Inc.

Woods, S.W., Charney, D.S., Goodman, W.K., & Heninger, G.R. (1988). Carbon dioxide-induced anxiety. *Archives of General Psychiatry,* 45, 43-52.

Zimbardo, P.G. (1985) *Psychology and life,* eleventh ed. SCott, Foresman and company.

霍門・赫姆霍茲 (Hermann von Helmholtz, 1821—1894)

　　藉由其實驗室研究，著重於科學方法與
分析，為生理心理學之先河。

第15章

心理異常的治療

治療的歷史發展

　　心理異常是指個體在行為、思考及情緒感受方面有著不正常的現象之謂。前一章曾說明心理異常的意義，並述及心理異常的分類與各種心理異常的症狀。這些心理異常的現象雖然到了二十世紀之後才有比較多的瞭解，但是心理異常應是自有人類以來便有的現象，依據考古上的證據，顯示大約五十萬年前，人類便已嘗試處理所謂的情緒失常 (emotional disorder) 的人 (Coleman, Butcher, & Carson, 1984)。從石器時代 (Stone Age) 遺留下來的頭蓋骨上之鑿痕，可知當時認為罹患心理異常的病人是被惡魔附身，所以在頭上鑿個洞，將惡魔趕走。一直到十四、五世紀，不論東方或西方國家，均是用驅邪的方式來處理心理異常的人，所用的方法包括：各種儀式、鞭打、禁食及其它非人道的凌虐方式，以對抗惡魔。到了十六世紀，開始有收容所，將心理異常患者集中管理，目的只是將這些人與社會隔離，並無任何治療。患者在收容所內如動物般被鎖鏈著，空間陰暗窘礙，有如囚犯。雖然收容所像監獄，但是此乃精神病院的前身。十八世紀時，收容所的情況有了改善，患者不再被鏈起來，而且能夠走出陰暗的房間，到戶外吸取陽光與空氣。十九世紀之後，對心理異常患者的觀念大大的改觀，認為只要他們能在適當的地方接受合適的治療，是可以治癒的。隨著心理學知識的發展，對心理異常有著比較正確的瞭解之後，心理異常患者不再是無可救藥，而且也不一定要住院才能治療，只要在日常生活中能獲得有效的協助，心理異常者便能恢復正常的生活功能。

　　對於心理異常者的治療，在1950年代之後，由於藥物的開發，精神病院遂能利用藥物來控制患者的攻擊行為，以及減輕精神分裂症及憂鬱症患者的情緒症狀。到了1960年代，精神醫療界均主張心理疾病患者除了接受醫療之外，應回歸社會中，因為把患者置於醫院中，將使其喪失工作、失去生活功能，以及隔離家人與朋友的支援。這種主張，對某些能獲得家庭協助的患者而言，是最好的醫療方式，但對許多無家可歸或無處可容身的患者而言，則除了無法獲得醫院之外的協助，甚至有可能失去應有的醫療。在美國紐約市 (New York City) 曾有一個研究指出在其所調查的無家可

歸的受試中，有96.6%曾因精神病而住院，而且有72%是精神分裂病患者。雖然該研究認為這些人可能是因心理異常而失去經濟能力，並因此變得無家可歸，但是另有研究（Parley, Glucksberg, Kinchla,1991）提出更令人感到悲哀的看法——長期的無家可歸將導致心理疾病。

治療的意義

遠古時代處理心理異常患者的方式，由於知識的貧乏與錯誤，所用的方法相當謬誤，不能稱之為治療。直到本世紀初，Freud所創的心理分析（psychoanalysis）可說是最早用來治療心理疾病的方法。爾後，有各種不同的治療學派，以及藥物與生理治療方法之發展，使得心理異常者能得到較有效的醫療。本章所述的治療（therapy），並不限於對心理異常患者的治療，而是包括對各種具有心理或情緒困擾者所提供的協助。因此廣義言之，協助個體解決心理問題的過程便稱之為治療。除了前一章所述之心理異常之外，任何人若希望克服搭飛機的恐懼、演說焦慮、喪失親人的悲痛等情緒問題，或希望解決婚姻難題、家庭危機、失業困擾、藥物依賴等問題，甚至於只是希望生活得快樂些，充實些等，均可經由治療過程來獲得協助。

實施治療的人因協助的對象及其專業訓練的差異而有不同的稱謂。臨床心理學家（clinical psychologist）是指經過4～5年臨床心理學方面的研究所訓練並擁有博士學位（Ph. D.）者，訓練課程包括：實驗、研究、治療，及在專家督導之下的實習訓練。另有一種臨床心理學家，其學位為心理學博士（Psy. D.; doctor of psychology），所受的訓練中比較不重視實驗與研究。

心理醫師或精神科醫師（psychiatrist）是擁有醫生（medical doctor；M. D.）學位，而且經過精神病院住院實習訓練者。心理醫師是所有心理治療者當中唯一能開處方，讓患者服藥者。以電擊（electroshock）來治療，也只有具心理醫生資格者才能用之。

社會工作者（social worker）是具碩士學位者，在其兩年的學習過程中，包括一年的社會工作實習。目前社工人員均有在職訓練，以提昇其心

理治療的專業知能。諮商心理學家（counseling psychologist）及諮商員（counselor），也是擁有博士及碩士學位者，且具實習經驗。諮商員通常接受某領域的專門訓練，如，生涯諮商、婚姻與家庭問題諮商等。由於諮商過程大都涉及個人的心理問題或情緒困擾之處理，因此諮商與心理治療的界線難以區分。

心理醫師、臨床心理治療學家、社工人員及諮商員各自在不同的工作領域和工作場所爲社會大眾提供心理治療及增進心理衛生的服務。治療的趨勢已逐漸朝向治療網的建立，亦即患者一方面在醫院接受心理醫師的處方治療，另方面接受臨床心理師或諮商員的個別晤談或個體治療，生理及心理治療雙管齊下，有時候還需社工員的介入，生理、心理及環境三者互相配合，以收治療之最大功效。

國內實施心理治療的機構，在醫院方面有各大醫院的精神科、療養院、醫院附設的協談中心與社工室等；在社會機構方面有台灣各地的張老師中心、社會局家庭服務中心、家庭扶助中心，還有教育機構與宗教機構附設的心理諮商中心等。近幾年來，人們逐漸體認到心理健康的重要性，求助的觀念也比較開放，因此已有少數私營的心理諮商中心加入此行列。台灣當前青少年問題與家庭問題急遽升高，加上工作與生活壓力的難題，心理治療機構益顯得重要。

生理的治療

有些心理異常導源於生理功能的失調，因此治療時便以恢復生理功能爲方向，目的在袪除心理異常的困擾。個體的身體狀況影響心理現象，在日常生活中不難見到，例如，發高燒時，人陷於恍惚之境，有輕微的幻想現象，當高燒退時，意識狀態即恢復正常。長期酗酒者，因慢性酒精中毒致腦部受損所引起的柯沙科夫氏精神病（Korsakoff），會有記憶喪失及情感狀態（mood）上的變化。類此因生理受損所引起的心理異常，可藉藥物治療、電擊治療或手術治療來處理。

藥物治療

藥物治療（drug therapy）是指利用藥物對腦（brain）及神經系統（nervous system）的作用，以改變心理狀態與行為的治療方法。在心理治療史上，這種方法的歷史甚短，大約起自1950年代。有趣的是，許多藥物對心理疾病的功效都是在無意間發現的。譬如，有一種抑制劑（monoamine oxidase, MAO）原先是想用於治療結核病（tuberculosi），但效果不彰，反倒對患者的心情有提昇的作用，因此，此藥物遂被用於憂鬱症患者（depressive disorder）的治療。

心理治療藥物大致上可分為三大類：抗焦慮藥物、抗憂鬱藥物及抗精神病藥物。

㈠抗焦慮藥物

抗焦慮藥物（antianxiety drug）如，有鎮定作用的Valium，主要用於治療焦慮（anxiety），可紓解焦慮的感覺。不過藥物的效應是短暫的，而且易產生身心兩方面的藥物依賴，若與酒精共同服用，將抑制中樞神經系統；嚴重時可能因呼吸或心跳停止而致命。

㈡抗憂鬱藥物

抗憂鬱藥物主要有tricyclics和monoamine oxidase（MAO）。MAO除了效果遜於tricyclics外，而且還有危險的副作用，如果與某些食物同時進食，可能傷害到腦與肝。抗憂鬱藥物對患者的效用因人而異。躁鬱症（manic－depressive）與其它型式的憂鬱症不同，已有藥物能有效治療躁鬱症，此藥物稱之為銀鹽（lithium），不過處方時藥量需恰到好處，低於需要量無法達到治療效用，高於需要量則可能中毒。

㈢抗精神病藥物

抗精神病藥物（antipsychotic drugs）主要指用於治療精神分裂症（schizophrenia）的藥物pheno thiazines及其相關藥物而言。自從1950年代此藥被用於治療精神分裂症以來，此類患者有明顯減少趨勢。

藥物對心理疾病的治療有其貢獻，惟其副作用仍有待克服。接受藥物

治療的大前題是藥物對患者的助益大過於因副作用所帶來的傷害。亦即所得到的好處（心理健康的增進）大於所付出的代價（副作用）。許多研究均努力於新藥物的開發與副作用的降低。藥物對看似相同病症患者的不同療效，促進了醫療界對心理疾病的研究與瞭解，並對其有更精確的分類。例如，有些對長期焦慮症有效的藥物，對突發性的焦慮症則無效，經研究則發現突發性焦慮症（如，恐慌症）的病因有別於一般的焦慮症，因此在分類時，這兩種焦慮乃歸於不同的類別。

對於情境因素引起的焦慮或憂鬱，如，親人死亡、考試等，藥物可協助患者減輕情緒痛苦，而這類患者通常只需短時期服藥，便能很快度過心理上的困難。對於精神分裂症、憂鬱症或焦慮症患者而言，藥物的功效則有其限制。因為當患者服藥獲得紓解之後，或在醫院接受治療，恢復到可出院的程度之後，患者常因未能繼續服藥而使病情再度惡化；有的患者雖能持續服藥，但終因無法回復正常的生活功能，而再度入院。不論患者接受入院治療或居家治療，藥物治療必須配合心理治療才能使患者回復正常的功能，重返社會生活之中。藥物只是暫時紓解病情，不能達到治癒的效果，因此，根本之計是患者必須學習新的思考模式與建立新的行為習慣。

電擊治療

電擊治療法（electroshock treatment）始自1930年代，方式是在前額兩邊各置一電極，讓電流通過，然後會有持續約一秒鐘的痙攣，之後患者會有數分鐘失去意識。治療的標準進程是每週實施三次電擊，連續治療二至三週。這種治療通常會造成數分鐘至數小時不等的記憶喪失現象。目前電擊治療只用於藥物治療無效，且有自殺傾向的比較嚴重的憂鬱症患者。電擊治療的原理迄未知曉，其對憂鬱症患者的療效也只是短暫的，然而對那些藥物治療無效的患者而言，電擊治療則有保命的功能。

精神外科治療

精神外科治療（psychosurgery）是指利用外科手術來治療心理疾病。外科手術的治療方法比電擊療法更具爭議性，因為精神外科治療藉腦部手

術來治療心理疾病，其對個體造成的影響是永遠無法回復的，因此，只有當所有其它方法都無效，必須訴諸精神外科，而且經患者本人同意時才可為之。最好是能發展更有效的心理治療方法與開發更有效的藥物來治療心理疾病患者，讓精神外科治療束諸高閣。目前，此法已很少用。

心理治療

　　心理治療（psychotherapy）是指由臨床心理師、諮商員等經專業訓練的人員，藉由治療關係，對心理疾病患者提供專業性協助，促使患者改變其認知、情緒與行為，以克服其心理疾病的過程。心理治療的目標在於袪除阻礙個體成長的因素，助長其潛能的發揮，以達到個體最大的發展。各種心理異常現象均會阻礙個體的正常功能與發展，有些病症可經適當的心理治療而痊癒；有些則須配合藥物治療，雙管齊下，才能竟其功。

　　心理治療的學派相當多，每種學派的理論依據各異，所用的方法亦隨之不同。目前比較出名的心理治療理論與方法，可分為四個取向：心理分析（psychoanalytic）、行為學派（behavioral）、人本學派（humanistic）和認知學派（cognitive）。近三十年來，另有一股新興的治療趨勢，採取系統的觀點實施心理治療，稱之為家族治療（family therapy）。家族治療並非治療學派，而是一種治療哲學觀。家族治療者依其訓練背景及個人理念、風格，可歸之於前述四種取向之一。

　　有許多研究致力於探討何種理論與方法對何種心理症狀最有效，但因研究方法上的問題，使得研究結果歧異，而且也難以做比較。面對眾多治療方法，治療者必須謹記的是Paul（1967）所說的：「在什麼情境下，由什麼人使用什麼策略，來處理某一個人的某種問題最有效？」（引自曾端真譯，民75）。著名的現實治療學派創始人W. Glasser也曾說：當諮商員未能精熟不同學派的治療方法時，便無法比較這些不同學派的治療方法之優劣（曾端真，民81）。對諮商員而言，重要的是應該選擇一個適合自己的特質，而且實施起來最有效的方法。

心理分析治療法

基本概念

心理分析學派 (psychoanalysis) 是佛洛伊德 (S. Freud) 所創的心理治療法，理論根據即其動力心理學 (psychodynamic theory) 的人格理論。佛洛伊德的人格理論強調幾個基本原則：

(一)決定論

心理分析論主張心理活動並非隨機或偶發的事件，個體的思考、感受和衝動等都和幼年經驗有關聯，而大多數的關聯是潛意識的，並未被個體所覺察。決定論 (determinism) 原則便是指個體的心理活動受到幼年經驗的影響。

(二)拓樸學觀點

只有在意識層面的心理活動才能被個體所覺察與批判。個體為了避免痛苦，會將某些心理活動壓抑 (repression) 到潛意識中，使其無法被意識到。拓樸學 (topological) （位相學）原本為幾何學名詞，是一種只討論位置而不涉及形狀、距離或大小的抽象概念 (張春興，民78)。心理分析重視潛意識對人的行為之影響力。而個體的心理活動若為隨時均可覺察者，屬意識層面 (consciousness)；只要加以注意便能覺察的則為下意識層面 (preconciousness)；個體不可能覺察的心理活動，則為潛意識層面 (unconsciousness)。

(三)動力觀點

從心理分析的觀點解釋人的行為時，強調原慾和攻擊衝動 (aggressive impulse) 對人的行為之影響。原慾是生的本能，攻擊衝動則是死的本能。心理分析中的本能 (instinct或drive) 有別於動物的本能之意。動物中所謂的本能是指動物生而具有的，對某種刺激之刻板化的反應，目的在維護生

存。在心理分析中，本能或衝動是一種激動狀態，促使個體心理活動，以消除緊張，獲得紓解。人類的衝動會轉化成各種不同的型式出現，心理異常便是本能或衝動被長期壓抑的結果。

(四)發生論的觀點

心理分析學派主張個體的行為主要由先天的條件所決定。個體的心理衝突、人格特質、精神官能症狀、思考模式等，都可溯因於幼年的經驗。人們在成長過程中，實際上並未解決幼年時殘留的許多困擾。人格便是在生物的遺傳因素以及經驗因素的互動下所形成。

治療原理與技巧

心理分析治療的原理與方法即根據其人格理論內涵與基本原則所衍生而出。治療的原理在於將潛意識的心理衝突帶至意識層面來，讓患者瞭解其行為的原因，同時體認到幼年時令其痛苦或衝突的人、事、物與情境均已不復一樣，也不再存在。當患者能洞察其病因，則內心的衝突即可化解，其行為即可在自我的控制之下，以合於現實的方式去運作。欲讓患者洞察其潛意識衝突，將之提昇至意識層面，常用的重要技巧有下列幾種：

(一)自由聯想

患者所壓抑的內在衝突，可藉自由聯想 (free association) 予以浮現到意識層面。進行聯想時，患者在治療者的引導下，突破自我的防衛機轉，將任何進入腦海中的圖像與思考盡情的說出來，不要管是否合理、是否適當、是否難堪，亦即無所畏懼，無所擔心的說出來。想到什麼說什麼，不做任何批判與解釋，不再依過去的習慣把話吞下去，或把思考壓抑下去。

治療者在傾聽患者自由聯想時，要掌握其敘述中的重要主題，並解析患者所偽裝的象徵性語句。在自由聯想過程中，患者可能出現抗拒 (resistance) 的現象，例如，突然有焦灼、不安並轉移話題的現象，或不再前來接受治療。抗拒之處，通常顯示患者不願面對、不敢面對的衝突，是其問題之重要線索所在。有經驗的治療師能從這些線索與主題中，助患者洞察，以達到治療目的。

(二)夢的解析

　　夢反映患者問題的本質。人在睡眠時，自我和超我的防衛減弱，使得潛意識的衝動得以浮現，治療者得以藉夢的內容找出患者的問題根源。但是睡眠中，自我仍然會控制夢中的內容，所以夢境中的人事物常以僞裝或象徵性的方式出現，治療師運用解釋 (intepretation) 的方法，協助患者去瞭解夢中情境的象徵性意義，並對之有所洞察。進行夢的解析時，同樣的會引起患者抗拒，抗拒之處可能正是解釋或洞察之關鍵。

　　　　「我夢見回到童年的鄉間道路上，車上坐著大妹，還有其他人，只知有人，但影像全無。路是灰色的，很直，兩旁有濃蔭的林道樹，好像是木麻黃。樹葉濃密得有點暗，天空灰濛濛的，好像罩著一層霧，感覺很神秘，很幽暗。出現一座廟，廟的兩旁有人在燒香拜拜，我也拜拜，給我媽媽祈福。心裡想著小神像效果不大，應該到大殿去拜大神像，但大殿門未開。我問廟旁賣香的婦人，她說大殿在放假日不開，我的心裡覺得很遺憾」

　　從這個夢中，治療者幫助當事人選擇一個夢中印象最鮮明的景物和感覺，加以分析。當事人說最強烈的感覺是車子駛在路上，前面是一條幽暗、靜謐又似乎很神秘的大路，籠罩在灰濛濛的煙幕之下，兩旁是濃密有如黑森林般的大樹。當事人覺得好像有什麼罩頂般，心情沉重異常。另外，當事人想到大殿求神拜拜，卻不得門而入，有很強的無奈感，夢中的當事人在這兩個情況下，雖然沈重與無奈，但是也有一種期待的感覺，好像在告訴自己：「可能會有奇蹟出現」——，路會變得清朗，廟門也會大開。

　　當事人從夢的分析中，聯想到其眞實生活中有很多壓力與無助感，但當事人每每用逃避的方式去忽視它，假裝壓力不存在，實際上卻很渴望陰霾能一掃而空。生活中的衝突即在於逃避心理壓力，以致於一直生活在假像的平靜之中，然而心情未曾清朗過。藉夢的分析，可以洞察壓力之源，進而以合於現實的方式去處理壓力。

　　心理分析過程，患者會與分析者產生一種特別的關係，稱之爲情感轉移 (transference)，亦即患者對分析者形成不合現實的想法與情感反應。例如，患者可能把分析者想像成其生活經驗中的某人，以爲分析者對他們不耐煩、討厭他們、對他們失望、或認爲分析者對他們期望太高。由於患者將分析者視同生活中的某個人，因此對分析者產生各種情緒，如，愛、

憎、害怕或想操縱分析者。患者因情感轉移而與治療者形成的關係，恰如他們與生活中某重要他人的關係（通常是他們的父母），亦即患者把治療者假想成他們的父母。治療者將利用患者這種情感轉移的現象去發掘患者與父母之間的關係，此關係往往即是構成患者心理困擾的衝突所在。透過對情感轉移的分析與解釋，患者可洞察其當前的困擾乃肇因於對過去經驗（記憶）的錯誤知覺，進而得以區分現在與過去，用合於現實的知覺來經驗現在，而不再受過去的干擾。同時，患者從洞察中亦可發現現實並非如想像中的可怕，人可以主宰命運，而不是過去的犧牲者。

相對於情感轉移的是治療者對患者所產生的情感反轉移（counter-transference）。在治療過程中，分析者會對患者產生不適當的情緒，這些情緒通常反映出治療者本身內在的衝突，會阻礙治療的效果。因此，合格的分析師一定要經歷自我分析訓練，洞察自己的衝突，予以解決，才能避免對患者形成不當的反轉移。

評價

心理分析是最早的心理治療法，它也是本世紀中葉之前，唯一的心理治療法。雖然，其在心理治療領域的地位相當重要，但是仍有不少被批評與質疑之處：

(一)缺乏科學精神

心理分析治療是以治療師對患者的敍述所做的主觀分析為主要的過程，其立論根據缺乏實證研究的支持。而其人格理論亦未曾有實徵研究予以證實。

(二)治療效果難以評估

少有證據顯示心理分析的治療效果。因為不易界定患者的改變，也就是很難決定患者的潛意識衝突是否已化解，甚至於潛意識是否存在亦令人存疑。

(三)耗時費錢

實施心理分析時，患者必須每週接受數次的分析，歷經數年，以化解

其潛意識的內在衝突，因此，接受治療者必須花費相當長的時間與相當多
的費用。這種花費不是一般人能付得起的，所以有許多患者中途停止治療。

㈣適用對象的限制

接受分析治療者必須是具語言能力與溝通能力的人，而且未脫離現
實，治療動機強的人。曾有心理學家（引自Darley, Glucksberg & Kinch-
la, 1991)）歸納接受心理分析的患者必須是「YAVIS」者──「YA」(young
adult) 為年青的成人，「V」(verbally skilled) 為口語能力佳的人，「I」
(intelligent) 為聰明的人，「S」(sophisticated) 為有教養的人。因此，
心理分析大都用於處理有良好教育，具思考能力，而有憂鬱與焦慮症狀的
患者，不適於治療精神分裂症或其它比較嚴重的心理疾病。此外，由於此
治療相當需要患者對治療者的信賴，對某些嚴重心理困擾的患者而言，很
難對治療者產生深的信賴。

㈤洞察並不能產生改變

心理分析治療強調洞察的重要，認為只要能洞察其潛意識的衝突，便
能治癒心理疾病。事實上，很多證據顯示焦慮症或憂鬱症患者在洞察其病
因之後，並未減輕其焦慮與憂鬱的感覺。亦即洞察病因，無法讓患者解決
當前生活中的心理困擾。

㈥並非所有的心理疾病都導源於深層的衝突

心理分析治療的過程很重視當事人的早期衝突經驗，藉各種方法將早
年的不愉快經驗予以浮現，重新去審視。但是批評者認為，許多心理疾病
不需將患者的過去予以翻修，只需就其當前的問題加以治療即可。

雖然心理分析治療有上述被批評之處，但不可否認的，它仍然在當今
的心理治療界擁有重要的席位，其對後來發展的心理治療學派有著深遠的
影響。

人本治療法

　　人本論（humanism）是一種對人的哲學觀，主張人性尊嚴與價值，重視人的主觀感受、自由意志與自我實現。人本治療法（humanistic therapy）依據人本論的人性觀，相信人有自我實現潛能，心理異常是由於潛能未發揮，個體沒有辦法與自己的思考和感受有真實的接觸，不能成為真實的自己，因此無法以肯定的態度，與自我負責的方式，去建立有意義的生命與生活。治療的目標即在於幫助個體與真實的自我接觸，以發展內在的成長力量，朝向人格的改變，促進人格的獨立性與統整性。所以治療的對象是個體本身而非問題。

　　人本論取向的治療法，以羅吉斯（C. Rogers）所創的個人中心治療法（person−centered therapy）最具代表性，另有存在治療法（existential therapy）和完形治療法（Gestalt therapy）亦屬人本論取向的治療法，均重視個體的主觀知覺與經驗，強調個體有自由意志與選擇的能力。這些治療法的對人性所持觀點，以及對心理異常問題的看法，都相當一致，惟其治療過程與所用技巧則各有特色。

個人中心治療法

　　個人中心治療法是人本心理學家羅吉斯 (Carl Rogers) 於1940年代提出的心理治療法。原來稱之為當事人中心治療（client−centered therapy），後來於1974年改稱個人中心治療，顯示其對患者及對人性的尊重。羅吉斯認為治療者與患者乃是人對人的平等關係，無上下或優劣之分，將患者視為獨立而值得尊重的個體，治療乃以個體的主觀感受與知覺為中心，所以稱之為個人中心治療。

基本概念

　　羅吉斯認爲人類是由自我實現的力量所導引，它是一種內在的積極力量，促進人們朝向維持個體存在與成長的方向去發展。羅吉斯說：「人類的行爲是理性的，以朝向有機體的發展爲目標……人具有正向的導向」。他主張人的自我導向是有選擇的，有方向的，而且是積極的。有機體不會朝向自毀的方向。當然在自我實現的歷程中，會有一些阻礙與陷阱，心理治療的目的便在於幫助個體化解阻礙，展現積極的成長力量。羅吉斯認爲人類有覺察其不良適應行爲原因的能力，並且能袪除那些困擾，朝向良好的適應，而這種自我實現的能力，只要在某種治療關係中便能展現出來。個人中心治療法即植基於「若——則」（if——then）的概念，重視治療關係對來談者的影響，羅吉斯說：「若我能提供某種關係，則那個人將在此關係中展現內在的成長力量，朝向成長及人格的改變」（Rogers, 1961, p33）。

　　羅吉斯認爲人類有獲得他人關心、喜愛、接納、尊重的需求，尤其是來自父母等重要他人之無條件積極的關注（unconditional positive regard）。這種需求常和個體自我實現的力量衝突，即個體處於有機體的自我評價與他人的評價之衝突中。前者乃自我實現所需，後者乃獲得他人關注所需。個體的心理異常即肇因於理想我與眞實我之差距過大。當個體爲了迎合他人的評價，而忽視或否定自我的內在評價時，將生活在虛假的自我概念中，與眞實的自我不一致，爲此個體會覺得不快樂與不滿足。治療關係中的接納、尊重與信任的氣氛，可幫助個體逐漸覺察眞實我，並遠離虛假的自我。

　　羅吉斯又指出人的行爲不是由過去某種事物所引發，而是受到個體當前需求所驅動，以達到有機體的滿足爲目的。亦即人的行爲是目的導向的，而且人有自由意志，能選擇自己的行爲。

治療原理與技巧

(一)治療目標

基於上述人性觀，個人中心治療的目標在於幫助個體朝向自我實現。羅吉斯認為人生目標雖然各異，但是自我實現的動力則是相同的。下列各點是朝向自我實現所需努力的目標：

遠離虛假的自我：個體在變成真正的自己時，必須先遠離偽裝的自我，漸漸去接近那個隱藏在面具之下的真我。

遠離「應該」的概念：個體的成長經驗大都不斷的在努力符合其父母的價值觀，以致形成虛假的自我概念。例如，「我應該是好孩子」、「我應該讓父母歡心」、「我應該誠實」。個體在治療過程中會漸漸遠離其根深的「應該」之觀念。

遠離迎合他人期望的態度：個體在治療中逐漸爭脫社會文化或他人所加諸在他們身上的期望與壓力，不再以取悅他人來壓抑真實的自我。

朝向自我導向：個體能感受到內在的力量時，便會逐漸向自主性發展。

朝向存在的歷程：個體的存在是一種歷程，在此歷程中，思考與感受的體驗不是拘泥的，也不是固守的，能允許自己有不同的經驗。

向經驗開放：個體對內在與外在的經驗開放，是接近真實自我的管道，表示個體能勇於面對真實的經驗與感受，不再拒絕真實的經驗。

朝向接納他人：能開放自己的內外在經驗並勇於與之共存的人，通常也能以接納的態度來面對外在的人、事、物。

朝向自我信任：能向經驗開放的個體，勇於感受自己的內在感覺與經驗，將愈來愈瞭解自己、信任自己與重視自己存在的歷程。

在個人中心治療法中，強調個體對經驗的開放。在Rogers的理論中，經驗有兩種意義，一為名詞，即所經驗的內容或過程本身；一為動詞，即去經驗某事或某種感覺等。向經驗開放，意指二者，既能開放自己去「經驗」各種內外在經驗，也能勇於面對並接納所經驗到的「經驗」。例如，個體願意突破舊習慣，主動去和他人打招呼，這是開放自己去經驗新的行為模式；當個體有挫折感的經驗時，個體願意坦誠面對此挫折感，而不予以否認，便是向自己的經驗開放。

(二)治療過程與技巧

　　個人中心治療法的特色在於重視治療者的態度與治療關係。羅吉斯說：「…最重要的是治療者的態度和感受，而不是治療者的理論取向。治療者使用的步驟和技巧不比其態度重要。值得一提的是，來談者所知覺到的治療者的態度和治療步驟，對來談者才是有意義的，也就是來談者的知覺非常重要」（Rogers, 1961, p.44）。根據羅吉斯所言，治療關係即由治療者所表現出的態度和來談者所知覺到的治療者態度所構成。

　　羅吉斯認為治療者必須具備三個態度條件：眞誠與一致（genuineness and congruence）、無條件積極的關注，與同理的瞭解（empathic understanding）。眞誠的意思是指治療者能察覺自己內在的感受，不予以掩飾；一致的意思是指治療者願意接受所覺察到的感受，並將之眞實的表達出來。羅吉斯認為在治療關係中，眞誠與一致是最重要，也是最難達到的態度，他說：「一個能於治療關係中坦然面對最深層的自我的人，將是最有效的治療者，再也沒有比這個更重要的了」（Rogers, 1967: p.189）。無條件的關注是指治療者對來談者表現其無評價的、溫暖的關注。不論來談者的條件、行為或感受如何，均對其人表示尊重與接納。這個態度顯示治療者對來談者的信任，相信其自我實現與自我成長的潛力。來談者在毫無評價的關注之下，能感受到被信任、被接納，由此所產生的自我價值感，能促使來談者勇於接觸與表達其眞實的自我。藉此過程，來談者能逐漸自我覺察與自我瞭解，以朝向自我實現之路。同理的瞭解是指治療者瞭解來談者的感受與思想，並將之傳達出來讓來談者知道自己是被瞭解而且是被接納的。羅吉斯說：「能感覺到來談者內在世界的意義，就像（as if）是自己內在世界的意義一樣，但不失此就像的特質，此即同理心，……諮商員能洞悉來談者的內在世界，能將來談者沒有說淸楚的部份，以及其所未經驗到的經驗表達出來，才能使來談者眞正探觸其眞實的自我，進而得以改變與發展」（Rogers, 1967, p.89）。同理心也是促進成長的要素。在心理分析治療中，治療者會觀察並分析來談者的感受、想法與各種經驗，但是在個人中心治療法中，治療者只是試著從來談者的立場去瞭解其思考、感受與經驗，試著進入來談者的經驗世界，去瞭解來談者如何知覺其經驗世界，以及有何感受。也就是說，治療者能進入來談者知覺的內在世界，並與之全然相處，以便促進來談者去覺察未知覺到的經驗，去感受其經驗，

以朝向眞我的成長。

　　治療者的三個態度條件，主要透過傾聽達成其功能。對來談者的眞誠、關注與同理，靠傾聽傳達出來。傾聽的功能在於聽其人，而非只聽其言。亦即治療者要超越來談者所說的語言內容，去瞭解來談者內在的所思與所感，去同理來談者未傳達出來，隱藏在意識下的意義。治療者的傾聽，可以使來談者感受到被接納與無條件積極的關注，無須再壓抑自己，得以自由的釋放情緒。

評價

　　個人中心治療法深信只要治療者能提供某種治療關係，來談者便能在此關係中朝向成長與改變，亦即治療者的態度條件是治療的必要且充分條件。然而，許多其它學派的治療者不贊成此觀點，他們認爲治療關係是治療的必要條件，但非充分條件。在良好的治療關係中固然能促進來談者覺察與接納其眞實自我，但是並不足以讓來談者治癒其不良適應行爲或異常的心理現象。例如，一個缺乏自信的人，除了必須自我覺察與自我接納之外，還須學習適當的人際關係能力，才能和人群有正常的接觸與交往，否則存在其生活中的困境仍然是無法克服的。人本論的人性觀強調人性本善，相信人有自主和選擇的能力，人能主宰現在與未來。關於此論點，被評爲過於樂觀，且無法驗證人性是否的確是向上與向善的，以及人是否在某種關係之下，便能自我發展。人本治療法和心理分析治療一樣，在治療對象上有其限制，比較適合於有改變動機以及智力上足以省思問題，以達到洞察的個體，對於嚴重的心理異常者，如，精神疾病（psychoses）患者，則有其限制。

　　雖然個人中心治療有上述限制，而且其治療效果難以評估，但許多接受治療的人均認爲其治療經驗對他們有正面的效益，此學派所重視的治療者態度與治療關係，對爾後的心理治療界貢獻不貲。羅吉斯的學生中心教育觀，對教育領域的影響，功不可沒。羅吉斯不只是人本論的大師，其在心理學、心理治療與教育領域的地位，甚得後人尊崇。

行爲治療法

　　行爲治療是依據古典制約和操作制約原理所實施的治療方法，主張不良適應行爲是學習的結果，所以可以運用學習原理來重新學習——袪除舊行爲，建立新行爲。

　　不同於心理分析和人本治療學派的是，行爲治療不贊成個體對問題原因的洞察，以及對自我的覺察能導致行爲的改變。行爲治療者主張治療時應著重在患者當前的行爲本身，亦即應以問題行爲爲處理目標，而非以探討行爲的原因爲重點。行爲治療關心的不是造成困擾的原因，而是在於如何利用最有效的方法來改變行爲。

基本概念

　　行爲學派對人類的行爲持科學的觀點，主張以能觀察得到的，可以具體評量的行爲才是改變的對象，在治療中，強調系統化與結構化的步驟。古典的行爲學派認爲人類行爲的形成乃環境的產物，人是沒有自由與自主性的，早期的行爲主義大師Watson和Skinner均持此觀點。Watson (1925)甚至於說給他一打健康的嬰兒，不論嬰兒的天賦、嗜好、傾向或其父母親的職業和種族爲何，Watson保證任何一個嬰兒只要是在他所設計的環境下長大，都可以把嬰兒訓練成任何一種專家，如，醫師、律師、藝術家、企業專才，也可以使之成爲乞丐或小偷。

　　隨著心理學的發展，人類的認知功能對行爲的重要性受到重視，在1970年代以後，認知心理學成爲顯學，行爲主義者亦逐漸融合認知的觀點，在諮商與心理治療領域遂有認知—行爲治療 (cognitive-behavioral therapy) 的興起。誠如社會學習論 (social learning theory) 大師Bandura (1977) 所主張的，人類的行爲是個體本身與環境互動下的產物。新的行爲學派不再強調人是受制於環境的個體，實際上人類有主動選擇反應的能力。行爲修正術 (behavior modification) 即在於增進個體選擇行爲的能力，亦即促進個體的自由度與自主性。自我管理 (self-management)、

自我控制（self－control）或自我規約（self－regulation）等方法均在於增進個體的自主力量，以增進自我導向的行為。自我導向的行為包括：選擇行為目標、行為策略、評估行為結果及維持所欲的行為等，以實踐自我理想。因此在治療中的患者，並非被動的個體，而是主動參與治療過程者。

雖然行為治療的原理是植基於古典與操作制約的學理學習，但是當代的行為學派治療之涵意較廣，包含了行為中的認知成分與社會學習的原理，因此超越了環境論之因果限制，賦予人類較大的自主性。

治療原理與技巧

㈠治療目標

行為治療以科學觀點為基礎，重視可以具體觀察與評量的行為改變，因此建立治療目標是行為治療中相當重要的一個步驟。建立治療目標時，有幾個原則可循：

- 治療目標為當前行為，是可觀察與可評量的行為。
- 以具體的語詞來界定治療目標。
- 患者在治療者的協助下擬訂治療目標。
- 治療過程中要不斷評量目標達到的程度，並依實際需要而修正之。

治療者在協助患者擬訂治療目標的過程，通常經過下列步驟：

- 治療者向患者說明擬訂目標的目的與重要性。
- 治療者協助患者擬訂治療目標。
- 患者提出期待的目標，即其所想要的改變。
- 治療者協助患者檢視各種目標的合理性、可行性與利弊。
- 治療者協助患者排定目標順序，以患者所最重視的以及可行性最大的目標為優先。

當治療目標初步擬訂之後，雙方接著簽議「治療合約表」，上面載明治療目標、治療方法（策略）、治療規約等。「治療合約」可促進治療步驟的具體化，有助治療技巧或治療步驟朝治療目標方向進行，而且可以增進患者的主動參與和自主性。

例如，當患者說：「我想必須做個改變才可以，現在這樣太痛苦了」。治療者必須幫助患者澄清下列問題：什麼是太痛苦？要改變什麼？患者在回答問題的時候要具體化，把握行為發生的確切時間（when）、地點（where）、行為的具體描述（what）。最後患者可能對自己的問題有比較具體的描述：「我希望當陳同學約我看電影時，自己能拒絕陳同學的約會」，然後，治療目標可能便是：學習拒絕的方法或學習自我肯定的方法。

(二)治療過程與技巧

行為治療強調依照患者的問題與患者的特質來選擇適用的策略，因此不同策略的治療過程與技巧各異。底下介紹幾種著名的行為治療策略。

系統減敏感法（systematic desenstization）：系統減敏感法是行為治療中相當著名的一種方法，為Joseph Wolpe於1950年代提出的治療法，用於治療因害怕某種事物或情境所引起的恐懼或焦慮，效果卓著。其治療原理是利用反制約學習（counterconditioning），幫助患者以放鬆的情緒來代替害怕或焦慮的情緒。實施過程如下：

- **焦慮階層分析**：針對患者所提的困擾，分析引起焦慮或害怕的具體情境與事物。治療者協助患者訂出一個「焦慮階層表」，想像從最嚴重的情境到最輕的情境，依序列出。例如，有升學考試焦慮的患者列出的焦慮等級表可能為：（a是最低焦慮情境，g是最高焦慮情境）

    a.聽到別班同學說考試的事情
    b.聽到同班同學說考試的事情
    c.聽到老師說考試的事情
    d.看到新聞報導升學考試的事情
    e.聽到父親說考試的事情
    f.想到聯考的日子近了
    g.想到自己在考試的情境

- **放鬆訓練**：在治療初期，患者必須學習放鬆肌肉與心情，使自己能很快的達到平靜的狀態。放鬆訓練是 Jacobson（1938）所創，後來由 Wolpe（1969）予以衍生應用。放鬆訓練初始由訓練者口語暗示，患者循暗示逐步放鬆身體各部位肌肉，並藉想像舒適、輕鬆的情境，達到身心鬆弛的狀態。患者每天須利用錄音帶的指導，在家自行訓練。當患者能很快的經由自我暗示進入鬆弛狀態時，訓練即告完成。
- **減敏感訓練階段**：患者閤眼放鬆，治療者指導患者想像置身某情境中，若患者仍保持鬆弛，便可開始減敏感訓練。治療者循所訂焦慮階層，從最低焦慮的階層開始。當患者在某一階層有焦慮出現，則停在該階層，並再度介入放鬆訓練。如此繼續進行，直到患者想像置身於最高焦慮的階層中，不會再有焦慮現象時，即告完成。

系統減敏感訓練的過程，除了利用想像的情境之外，亦可在真實情境中訓練，即所謂的真實情境減敏感訓練（vivo desensitization）。

內爆治療法（implosive therapy）：內爆治療法也是讓患者想像引起焦慮的情境，不同於系統減敏感法的是內爆法從最高焦慮的情境想起，也不進行放鬆步驟，目的在讓患者處於所想像的恐怖後果中。連續練習之後，該焦慮情境對個體的刺激作用將會降低，亦即焦慮與該情境的聯結會逐漸被消弱。另一與內爆法類似的泛濫法（flooding），只讓患者想像最焦慮的情境，而不想像恐怖的結果。二種方法都是運用消弱（extinction）的原理，讓患者不再對刺激產生焦慮的反應。

厭惡治療法（aversive therapy）：厭惡治療法或厭惡制約法（aversive conditioning），是利用正統條件化（classical conditioning）原理，戒除不良習慣（如，酗酒、吸煙、暴食）的方法。步驟為在患者喝酒（制約刺激）之後服嘔吐劑（非制約刺激），引起痛苦的反應。酒和嘔吐劑多次配對服用之後，患者可能一聞到酒味就噁心，而不再嗜酒如命。常用於厭惡治療法的非制約刺激還有電擊、活動暫停（time-out）、想像厭惡情境、處罰等。厭惡治療法的使用與效果都具爭議性，其目的在消除不良行為與習慣，對於良好行為的建立則無積極的功能。

代幣制（token economy）：代幣制是利用行為治療法的增強與消弱原理，來建立新行為與消除不良行為的方法。代幣制是指不直接用增強物，

而以代幣作為酬償，累積不等的代幣數，可以兌換不同的獎品。實施時首先須擬定行為目標、所欲的物品（增強物），以及兌換每項物品所需的代幣數目。當患者表現目標行為時即給予代幣，患者可自己決定所要兌換的物品。代幣制常用於精神病院、學校中、監獄中，這些是控制性的環境，成員無法自由取得所欲的物品，代幣對他們才有吸引力。

在能自由取得或購買到所欲的物品之環境，代幣制很難收到效果。此外，代幣制的困難之一是增強物的選擇，決定以什麼增強物來吸引當事人，是治療時的重要步驟。

模仿（modeling）**又稱觀察學習**（observational learning）：係利用觀察他人處於焦慮（或恐懼）情境中，並未遭致可怕的後果，藉此學得不再害怕該種情境。例如，觀察他人玩蛇而沒有可怕的後果，個體得以學得不怕蛇的行為。這種從觀察中學習，而不是從實際經驗中學習的過程即模仿，被模倣的對象稱為楷模。

評價

行為治療法主要是利用學習原理幫助患者革除偏差行為，其特點為治療目標明確，治療過程系統化，重視治療結果的科學化評估。治療效果有實際的評估或研究予以支持，不是只憑治療者或患者自稱有效而已。另外，行為治療重視行為的改變，強調行動的部份，治療者運用各種具體可行的策略，幫助個體達到行為的實際變化。

行為治療法也有些限制與被批評之處。第一：行為治療不重視情感在治療過程中的角色，過度強調問題的解決與行為的改變。由於這種以問題為導向的方法，使得治療者忽略對患者本身及其情感的關注。此方法常被批評之處即治療結果只有行為的改變，情緒則無改善。不過行為治療者則認為當行為有所不同時，情緒將跟著改善。第二：行為治療者被批評為忽視歷史因素對當前行為的影響。不過行為治療者認為個體的問題雖然有其根源，但是不良行為的持續則是當前環境刺激與增強所致，所以行為治療主張改變環境刺激及學習新的行為反應才是治療重點。第三：行為治療被認為是忽視洞察。行為治療者主張利用環境的改變與學習的原理，不需洞察，便能直接改變行為。

行為治療法雖然有被批評之處，但是近年來逐漸溶入「認知」的角色，而有走向認知行為治療（cognitive－behavior therapy）的趨勢。如Mei-chenbaum（1977）的認知行為修正術（cognitive－behavioral modifica-tion），他認為行為的改變是內在語言、認知結構與行為互動下之結果。另外，肯定訓練（assertion training）、社交技巧訓練、自我管理訓練及自我控制訓練等，都結合認知與行為改變技巧，以協助個體改變行為。

認知治療法

認知治療學派對問題行為採取另一種論點，主張不良行為是不良思考歷程與思考內容的產物，治療的重點在不良認知的改變，而非不良行為的修正。雖然行為治療有朝向認知行為治療的趨勢，很難從策略上來區分認知與行為治療，但是認知治療的原理、治療目標與治療過程仍然有別於認知行為治療。

廣義言之，認知治療泛指任何用以修正個體錯誤思考型態的方法。若持此廣義的界定，則幾乎所有的治療都直接或間接對個體的思考型態有所修正。狹義的認知治療應是指針對個體的認知以及在此認知之下的一些前提、假設和態度，所進行的一套治療方法（Beck, 1970）。在心理治療領域，最傑出也是最著名的認知治療首推Ellis（1962）的理性情緒治療（rational－emotive therapy）和Beck的認知治療（cognitive therapy）。

基本概念

認知治療主張個體的焦慮、恐懼、憂鬱等情緒困擾，源自個體的不良思考內容與認知歷程，適應不良症狀便是個體重複使用無效的思考所致。

Ellis於1950年代創理情治療，主張情緒困擾源自非理性的信念（irrational belief）。人天生的有理性與非理性的思考傾向，亦即人能自我實現與成長，也會自我傷害。快樂的人是目標導向的，能以行動及合理的信念達到人生重要目標。雖然人的行為是認知、情緒和行為交互影響的產物，但是Ellis特別強調認知的重要性。尤其個體應學會區分理性與非理性思考。理性思考是相對性（非絕對性）的思考，思考的結果可能產生正向的感受，也可能會形成負向的感受，但是不會阻礙目標的獲得，也不會導致失功能的偏差行為。非理性信念則是一些專斷、絕對式的思考，易形成挫折情緒，例如，

・我必須表現完美，能被重要他人讚賞。如果不能，則是可怕的，我將無法忍受，我將是個無用的人、卑劣的人。

・我必須得到公平的對待，如果沒有，將是可怕的，我不能忍受它。

・世事必須如我願，如果不如我願，我無法忍受這樣的可怕世界。

　　Beck亦主張患者的問題所在是不良思考內容（maladaptive thought）。這些不良思考的出現是自動而快速的，個體並未覺察，Beck稱之爲自動化思考（automatic thought）。自動化思考由許多規則（rule）所組成。個體在成長過程中學得許多錯誤的規則，治療的目的便在於建立新的、正確的規則。Beck認爲個體對事實的覺知並不同於事實本身，因爲個體對感官所接收的訊息之解釋，乃根源於主觀的思考歷程。個體應學會區分外在事實與心理現象，並且能考驗心理現象的有效性與眞實性。錯誤的思考將干擾生活適應，破壞內在平衡，產生多餘的，不必要的痛苦情緒，以及出現自我傷害的行爲。Beck認爲憂鬱症患者的思考特點是：

(一)不良的「認知三角」

自我

未來　　　　經驗

　　憂鬱症患者不滿意自己，認爲自己是無能的、無助的、有缺陷的、無價值的。曲解外在世界的經驗，認爲事事不如意，所經驗到的是苛求、障礙與毫無樂趣的世界。擔心當前的困境會持續到將來，認爲未來仍會失敗，對未來灰心失望。

(二)錯誤的邏輯推論

　　憂鬱症患者的思考邏輯有下列特點：

　　專斷的推論：缺乏足夠證據之下推論事情結果。

　　選擇性注意：在諸多訊息中，只注意不利於己的訊息。即只將注意力放在整體情境中的一小部份。

　　過度概化：將特殊事件當成全部生活的寫照，把一次的錯誤或失敗，當成全面的失敗。

　　誇大災難，淡化成功：對於失敗、負向的經驗，當成無法忍受的災難，不能客觀視之。反之，對於正向、成功的經驗，則認爲乃微不足道的小事。

自責式思考：當事件的錯失是許多因素所致時，仍歸咎於自己。

　　依認知治療的觀點，個體的不良思考乃因早年在與重要他人的互動過程所形成。這些早年建立的認知基模潛伏著，受特殊情境刺激時才顯現。憂鬱症患者的特質即在於不能理性、客觀的思考問題。事實上，壓力或困境對任何人都是痛苦的，但是正常者對壓力與困境能採取比較客觀、正確的認知，不會因壓力與痛苦而失去自信及喪失對其它事物與生命之興趣。

治療原理與技巧

(一)治療目標

　　整體而言，認知治療的目標在協助個體瞭解其心理困擾源自不良的思考模式或信念，而思考模式是學習的結果，所以可經由學習予以改變，以建立新的、有效的思考模式。就個別的患者而言，每個人的思考與信念有很大的個別差異，必須先經正確的評估，找出患者的思考基模，再擬訂治療目標。隨著治療的進展，需時時評估目標是否正確，以及目標是否達成。依認知治療觀點，目標的達成是指個體能夠以理性思考替代錯誤信念，能藉著認知重組，以新的人生觀去面對生活。

(二)治療過程與技巧

　　認知治療的技巧種類繁多，不過治療過程則大都涵蓋四個元素：評估與診斷、擬訂目標、教導、患者的信諾 (commitment)。茲以Beck取向的認知治療為例說明治療過程如下：

- 初步評估：對患者的問題形成概念性瞭解。
- 說明治療原理：向患者說明認知治療的原理。
- 擬訂治療目標：由治療者與患者共同排定目標的優先順序，並將目標具體化。
- 教導患者自我省察自動化思考。
- 教導患者省察自動化思考與情緒的關係。
- 找出自動化思考中的基本假設或信念。
- 教導患者考驗基本假設或信念。
- 教導患者修正基本假設或信念。

- 患者建立新的思考型態。
- 治療終結

在認知治療的過程中常運用下列技巧，幫助患者省察自動化思考，考驗與修正不良的假設或信念。

自我省察：自我省察技巧主要是幫助個體覺察情緒出現時，腦海中所浮現的想法。可利用自我省察記錄表，每天自我省察，並將之記錄在表中。

問 題 情 境	情 緒 反 應	自 動 化 思 考
同學們去看電影，沒有約我一起去。	生氣、委曲	他們不喜歡我 是不是我得罪了他們？ 他們瞧不起我

大約收集一週的不良思考之記錄，便可從中歸納出個體的基本假設與信念。

考驗證據法：幫助個體客觀檢視其思考與事實的關係，瞭解思考本身是自己的假設或推論，而不等於事實。或可實際考驗想法的真實性，例如，擔心不好的後果而不敢嘗試時，可以做做看，從而驗證實際情形並不如想像中可怕。

修正思考模式法：個體的情緒大都導因於不良的思考模式，如前所述之專斷式推論、選擇性注意、過度概化、誇大災難以及自責式思考，或導因於非理性信念與錯誤的認知三角思考模式。因此，在認知治療中，用到許多修正思考模式的技巧。例如：

- **駁斥法**（dispute）：直接質疑患者的非理性信念，讓其非理性信念無所立足，代之以合理的信念。
- **蘇格拉底式對話**（Socratic dialogue）：在對話中，以辯證的方式幫助個體澄清概念與辨識思考邏輯的合理性。

評估

　　認知治療與行為治療的結合是治療上的新趨勢，也是必要的趨勢。個體的認知與行為是一體的兩面，孰輕孰重端視個體的問題而異。如果患者的困擾源自不良的認知或不合理的信念，則以認知治療為主，但是仍然要依患者的年齡與思考能力等因素，斟酌行為技巧與認知技巧的比例。有些患者的困擾來自缺乏學習，無法有正確的行為反應，則以行為治療為主。

　　Beck的認知治療或Ellis的理情治療，對情緒困擾的患者是相當有效的方法，如，焦慮、憂鬱等情緒困擾者。另外，認知治療也是處理婚姻問題、人際關係問題等方面的困擾所常用的方法。

家族治療法

　　家族治療是1950年代興起的治療方法，家族治療是一種治療理念與治療方法，由於從事家族治療者的訓練背景歧異，而且運用的方法紛雜，家族治療無法被歸為某種單一取向的治療理論。家族治療者有屬於心理分析取向、行為學派取向、人文取向、經驗主義取向、以及溝通論、策略論等不同取向者。不論那一種理論取向的家族治療，其共同觀點是治療的對象是家而非個人，治療的目標在幫助家庭恢復健全的功能，使家庭成員能有良好的互動和溝通，並能維繫親密關係。亦即家族治療乃從系統的觀點進行治療，家庭系統若健全，則家庭系統中的個人便不會心理異常。家族治療興起的主要因素之一便是一群治療者發現精神分裂症患者從醫院治癒後回到家中，很快的又復發，所以他們認為整個家庭必須納入治療之中，患者才可能真的痊癒。

基本概念

　　家庭治療主張個人的行為問題、情緒困擾或任何心理異常均是在反映整個家生病了，這個出現問題的個人，也就是症狀者（identified patient）只是家庭生病的替罪羔羊而已。實際上，當家庭的溝通管道有阻礙時，成員不能用正常的方式來表達心意與情緒，必然會訴諸身體與行為。在一個充滿暴戾之氣的家庭中，個體若無法向家人提出意見以改善家庭的氣氛，則會以離家出走來反映其內心的不滿。這位逃離家庭的份子，將被視為叛逆者，被標以症狀者的標籤，成為需要接受治療的一位。然而真正必須治療的是這個出了問題的家庭系統。

　　家族治療者大都將人視為自主而向上的個體，只要家庭系統健全，個體便能發揮潛能，在人格上得到健康的發展。人可以經由重新選擇與重新學習，使家庭功能正常運作，並使家庭系統中的成員恢復心理健康與成長。

治療原理與技巧

(一)治療目標

　　家族治療的對象是家，治療目標為恢復家庭系統的功能。所謂的家庭功能，各學者的論點不一。從理論上而言，家庭應具備的功能至少包括下列：

- 滿足基本生活所需：居所、衣食、經濟等問題，應有起碼的安全感。
- 因應家庭發展、家庭週期變遷之問題。
- 能因應家庭危機，如，生病、亡故、意外事件、失業、經濟困境等危機。
- 達成教育子女的任務。
- 滿足家庭成員心理需求（價值感、愛、歸屬感等）。

具體言之，欲協助家庭有良好的功能，家族治療者均從下列幾方面著手：

- 幫助家庭成員增進問題解決能力，以因應與克服家庭發展、家庭危機、管教子女、基本的生活知能等方面的困境。
- 幫助家庭中的監護者（通常是父母）擔負起應有的角色，以發揮其角色功能。
- 幫助家庭成員學習健全的溝通方式，不良的溝通容易導致家人關係疏離，使其心理需求無法得到滿足。
- 幫助家庭成員兼顧獨立自主性和親密關係，即能在「我」和「我們」之間取得平衡。
- 幫助家庭成員建立正確的思考模式。

家庭功能與個人的健全與否，二者互為因果。欲恢復家庭功能，需家庭成員有健全的人格，能以適當的思考與行為有效的面對自己、他人及環境事物。系統的改變，有賴成員的成長。家族治療即藉由個人的成長來影響系統的功能，在健全的家庭系統中，症狀者不再需要以症狀來因應其所生存的系統，症狀自然消失。家族治療的整體目標固然在於恢復家庭功能，但從治療者所處理的焦點而言，則以增進家庭成員的成長為目標（如，增進問題解決能力、擔負角色責任、培養正確的溝通方式、追求獨立自主、維繫親密關係、正確的思考模式等）。

(二)治療過程與技巧

家族治療的治療取向甚為紛歧，但是不論其取向如何不同，有效的家族治療均包括一些主要的過程，它們是：

建立治療關係：治療者須獲得家庭成員的信任，使雙方有良好的關係。此外，治療者須讓求助家庭瞭解治療中雙方的責任以及治療的過程，並訂立治療契約。

診斷問題與設立治療目標：由治療者和家庭成員共同參與此過程。治療者須讓家庭成員重新審視問題，從系統的觀點來評估家庭問題，不以症狀者為治療焦點。

擬訂治療策略：各種取向的家族治療所用策略之重點不同，有的在於

重整家庭系統的結構，有的在修正家庭成員的互動、促進成員的成熟與分化、或增進成員解決問題的能力。

評估治療成效與修正治療策略：整個治療過程必須時時評估治療目標與治療策略，以提昇治療的效果。

治療終結：當家庭成員可以獨立處理家庭系統的問題，有能力因應未來的困境時，即可結束治療。

追踪：有的治療者會在治療結束之後，定期與該家庭聯繫，以瞭解治療效果是否持續，並且可以適時提供必要的協助，以支持該家庭，使其能持續治療的效果。

家族治療所用的技巧隨治療取向與治療者的風格而異，下列是一些常見的技巧：

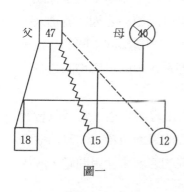

圖一

家庭圖（genogram）：家庭圖（或稱家族圖）是家族治療常用的方法，可以瞭解家族體系中的人際關係、家族系統中的組織與發展性資料。家族治療者運用家庭圖的目的不一，因著目的之不同有各種家庭圖的繪製法。有的重視家庭的發展淵源（家族史圖），有的重視當前家庭的成員間的互動關係，或各個成員對家庭的認知與感受（家庭星座圖）。圖一為家庭星座圖，主要呈現此家庭中成員的組織與互動關係。家庭中父親現年47歲，母親於40歲時亡故（以打〝×〞表示）。家中有三個孩子，老大是男生18歲，老二和老三都是女生，分別為15歲和12歲。老三是所謂的症狀者（以陰影表示），和父親有嚴重衝突，老三和父親關係疏遠，長子和父親有比較親密的關係。

依治療所需可繪製家族史圖，上溯至祖輩，以瞭解當前家庭的問題與上世代的關係。

家庭彫塑（family sculpture）：家庭彫塑是家族治療中用來評估問題的媒介，也是治療過程中協助家庭成員自我覺察與互相瞭解的工具。家庭成員運用肢體語言來呈現內在聲音，及其所覺察的家庭互動關係，也就是用隱喻的方式將家庭問題凸顯出來。透過肢體的表現，可以讓成員從認知的層面擴展到情感與經驗（身歷其境的當下體驗）的層面。同一個家庭，

對不同的成員而言，其所覺知的內涵往往相異其大，因此，所彫塑出來的家庭亦異，這其間的差別，非常有助於成員間互相瞭解。例如，父親在彫塑其與兒子的關係時，可能以卑屈的身體的姿勢，雙手擺出要拉回兒子的樣子，以此來顯示其內心對兒子的無奈與期待。但是兒子所彫塑的父子關係，可能是把父親塑成高高在上，手指朝向兒子的頭，以此來顯示其所感受到的父親是權威與指責的。親子藉由家庭彫塑來反映內在的感覺，可增進彼此的瞭解，也可洞察問題之所在。在治療者引導之下，雙方可進一步學習以正確的方式來傳達心意，使親子能有親密的關係。

標點設定（punctuation）：家族治療採取環狀病因模式，即因果是循環的，而非直線的關係。例如，親子有叛逆行為與父親的嚴厲處罰，二者孰為因孰為果，孩子和父親雙方必然有不同的說詞。家庭治療者認為二者會惡性循環，所以常用標點設定技巧，在該連續的因果循環中設下標點，幫助家庭成員以不同的起點來看問題，而不再堅持問題的起因在於別人，自己的行為只是果而已。藉標點設定，成員也因此必須採取不同的行為來切斷不良的因果循環，當成員之一有所改變，則系統中的一切均隨之有變動，症狀者的症狀也因此而消失。

教導與示範：家族治療者在治療過程中肩負主導者角色，常需以教育者的角色來提供家庭成員正確的思考模式及正確的溝通技巧。同時治療者本身是最好的楷模，在治療過程中，示範以正確的態度來面對問題，解決問題，以及以有效的方法來溝通。

評估

家族治療在國外興起的歷史約三十多年，其間實務工作者不斷的創新治療技巧，已成為廣受歡迎的治療方法。除了在治療上，家族治療的成效受到肯定之外，它在促進個人成長與家庭幸福方面，更有積極的功能。國內近一兩年來，在一群實務工作者的努力之下引進了Satir的家族治療。Satir是家族治療大師之一，曾來台灣說明與示範其家族治療。國內的大醫院(如，台大、榮總、市立療養院)也有家族治療的實施。對心理異常者而言，的確需要有健全的家庭來提供其回復健康的環境，並給予最佳的支援。畢竟從家族治療的觀點而言，心理異常者只是家庭生病的替罪羔羊。

台灣目前心理治療的情形

　　在台灣，心理異常者可至各大醫院的精神部（科）、各地的療養院等接受醫治。一般在醫院裡，由五種專業人員組成治療小組——醫師、護士、社會工作者、臨床心理師及職能治療師，共同研擬治療計畫，彼此協調與分工合作，依每一專業人員的專長及患者的需要，給予患者及家屬最大的協助。醫師的主要任務是診斷、決定治療計劃、執行治療與評估治療成效。社會工作者主要在與患者家屬會談及家庭訪視，以瞭解患者的家庭與環境因素；此外，社工人員亦對患者家庭進行家族治療，以改善其家庭功能。臨床心理師負責患者的心理衡鑑（瞭解其智力、人格、性向及情緒等狀態）與運用各種治療學派實施心理治療。職能治療師則負責訂定職能治療計劃，如：各種休閒活動的學習、生活技能的訓練等。

　　治療的方法包括：藥物治療、電痙攣治療、心理治療、環境治療、職能治療。環境治療指的是利用環境作為治療的工具。環境意涵物理環境和社交環境。由於病人所生活的環境將影響治療過程，因此在治療計劃中需納入環境治療的部份，重視空間的裝備與設施，以及工作人員與患者間的互動。病房的採光、顏色、病室的大小、傢俱的安排、容納的病人數等，都需視患者的年齡、症狀及視個別需要允許攜帶安全的私人物品（如：書、照片等）至病房。患者與工作人員的互動包括任何的接觸，工作人員可以藉此互動幫助患者學習正確的人際應對之道，並增進患者的人際溝通能力。職能治療則藉各種活動的學習與訓練來協助患者自我瞭解、增進自信、紓緩情緒、增強現實感、培養照顧自己的能力、促進社交技巧與生活功能，俾能回歸社會生活。

　　由此可知心理治療是針對心理異常者所提供的治療計劃之一環，尚須配合各種專業人員共同合作，才能幫助患者恢復正常心理功能，重新回到社會生活之中。

參考書目

張春興 (民78)《張氏心理學辭典》,台北,東華書局。

曾端眞譯 (民75)《教導式諮商——諮商員之鑰》,台北,天馬文化事業公司。

曾端眞 (民81)〈現實治療創始者〉,載於中國輔導學會主編:《輔導學的先驅》,台北,師大書苑。

Bandura, A, (1977) *Social learning theory*. Englewood Cliffs, N.J.: Prentice-Hall.

Beck, A.T. (1970) Cognitive therapy: Nature and relation to behavior therapy. *Behavior Therapy*, 1, 184-200

Coleman, J.C., Butcher, J, N. & Carson, R.C. (1984) *Abnormal psychology and modern life* (7 th ed.). Glenview, IL.: Scott Foresman.

Ellis, A. (1962) *Reason and emotion in psychotherapy*, Secaucus, N.J.: Lyle Stuart and Citadel Books.

Meichanbaum, D. (1977) *Cognitive behavior modification: An integrative approach*. N.Y.: Plenum.

Jacobson, E. (1938) *Progressive relaxation*. Chicago: University of Chicago Press.

Rogers, C.R. (1961) *On becoming a person*. Boston: Houghton Mifflin.

Rogers, C.R. (1967) *The therapeutic relationship and its impact: A study of psychotherapy with Schizophrenics*, Univ. of Wisconsin Press.

Watson, J.B. (1925) *Behaviorism*. N.Y.: Norton.

Wolpe, J (1969) *The practice of behavior therapy*. N.Y.: Pergamon Press.

威廉・詹姆斯 (William Janes, 1842—1910)

　　爲功能學派的心理學家，主張實用性的心
理學，認爲心理學應研究心智的功能並進
而運用至生活中，促使個體的適應。

第16章

犯罪行為

犯罪行爲的本質

從一則事例說起

　　曾經有二位國中學生相邀去行竊機車，不幸行跡敗露，被人追趕。其中一位學生腿長跑得快，僥倖逃脫，後來成爲一位牧師；另一位學生腿短跑得慢，不幸被捕，後來成爲一位慣竊。雖然每個人的人生際遇有所不同，但是如果說腿長與否與犯罪有所關聯，至少沒有一位犯罪學者會認爲這種說法是正確的。

　　犯罪學上有所謂「犯罪黑數」的問題，所謂「犯罪黑數」是指未爲衆所皆知或未受刑事司法機關所追訴與審判的犯罪，它是一種隱藏的犯罪（林山田，民60，p8）。由於官方犯罪統計受到主、客觀的限制，犯罪黑數的問題可以說是無可避免的現象。因此，截至目前爲止，官方統計仍是一種良好的犯罪指標。惟官方統計無法解決犯罪黑數的問題，其所據以發展出來的理論或政策性建議，顯然有所偏誤。因爲被逮捕的犯罪人與未被逮捕的犯罪人可能本質上有所不同；其次，形成犯罪行爲的因素可能不同於被逮捕的因素。可見研究犯罪行爲的確比一般人的想像，更爲複雜與困難。

　　事實上，犯罪行爲的界定是相對的而非絕對的標準，犯罪行爲的定義尙牽涉到界定犯罪定義的切斷點（cutting point）不同而有所差異。如果將人類行爲想像爲常態分配的分佈情形，則人類行爲可以說大部分是正常行爲（normal acts），少數的才是嚴重犯罪（serious crimes）和崇高道德行爲（saintly acts），如（圖16-1）所示。

　　根據（圖16-1）所示，犯罪是屬於一種邪惡的（sinful）行爲，犯罪的數量及種類的多寡往往端視切斷點爲論斷。如果切斷點向右移動，將有更多的行爲被定義爲犯罪，例新法的施行，無疑將某類型的行爲，予以犯罪化（criminalize）。相反地，如果切斷點向左移動，則可避免更多的行爲被定義爲犯罪，因此原本被認爲是犯罪行爲，將隨法律變更而廢除刑罰之處罰，該行爲便被除罪化（decriminalize）。然而，嚴重犯罪行爲在任何狀

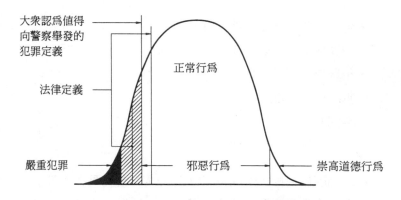

圖16-1　採統計學取向的犯罪和偏差定義

況下，都可能被界定為犯罪，類此犯罪種類是大家所公認且熟悉的傳統犯罪，有人稱為「自然犯」，它不易因切斷點的移動偏向而受到影響；至於一般的犯罪與偏差行為，它的數量和種類，顯然受到上述切斷點的移動而有所不同，有人稱為「法定犯」。

　　有關犯罪的定義，大部分犯罪學者都同意以法律基礎來界定，惟以法律基礎來定義犯罪，似乎失之狹隘。站在犯罪心理學的觀點，探討犯罪行為最好將其研究範圍稍加擴大，除了應包括違反法律上加以刑罰制裁之不法行為外，對於完全責任能力與限制責任能力者的不法行為，以及無責任能力者（指未滿十四歲者與心神喪失者）的不法行為，自應包括在內（馬傳鎮，民74，p55）。在心理學領域中，犯罪心理學（criminal psychology）是專門在探討個體犯罪行為的學門。何謂犯罪心理學，簡單地說它是應用心理學的一個學門，旨在運用心理學與精神醫學的原理原則，探討犯罪行為的相關因素與防治對策。廣義的犯罪心理學，其主要內涵包括：（以下前八項乃狹義的犯罪心理學之範疇）（以下後三項亦稱為法律心理學），（馬傳鎮，民81，p47）。

- 犯罪行為性質及其心理歷程。
- 個人特質與環境、情境互動對犯罪行為之影響。
- 人格、智能、心理疾患與犯罪。
- 動機、情緒、潛意識歷程與犯罪。
- 犯罪心理學理論。

- 各類型犯罪者之心理特質。
- 犯罪預測與預防。
- 犯罪之處遇與感化。
- 犯罪偵訊心理。
- 審判心理。
- 法庭心理與質證心理。

本章因限於篇幅,僅就犯罪行為的性質及其動力以及智能不足、心理異常、人格異常與犯罪行為的關係,做一概括性介紹。由於牽涉法律上用語的關係,本章所謂犯罪行為,亦包括:兒童或少年之觸法行為及虞犯行為在內。

犯罪行為的類型

犯罪及心理學者長久以來,即力求尋找將相同的犯罪行為或犯罪人,加以分類,以利研究。一般而言,將犯罪行為或犯罪人加以分類最適當的方法,莫過於以法律觀點為著眼,亦即以實施犯罪的罪名作為犯罪類型的依據,是最為直接的。惟上述類型,在實務上除量刑與犯罪統計上較為方便之外,並未能斟酌各個犯罪人的人格特質與個別差異,而且對於偵審期間所進行之鑑定以及判刑後之矯治,並無助益。是以,有些犯罪及心理學者便從犯罪行為的根源以及犯罪人的人格特質,加以分類,從而有助於犯罪的防治工作。茲列舉說明如次:

㈠以犯罪人身體來分類

龍布羅梭(Cesare, Lombroso, 1835～1909)以生物學觀點來研究犯罪人,並以犯罪人的身體(body)作為分類標準。他認為犯罪人可以分成五類:

- 生來犯 (born criminals)。
- 心神喪失犯罪人 (insane criminals)。
- 具有犯罪因子犯罪人 (criminaloids)。
- 激情犯 (criminals by passions)。
- 偶發犯 (occasional criminals)或假性犯罪人(pseudo criminals)。

體　　　型	長　　相		性　　情	犯罪率
1.矮小粗壯型 (Endomorphic)	消化器官良好，肥胖，圓滾滾，四肢逐漸向身體內部縮小，肌膚平滑。	 7-1-1	全身舒適，喜好柔軟的事物，但仍是一個外向者。	中
2.鬥士型 (Mesomorphic)	肌肉、骨骼健全發達，四肢強壯，胸部飽滿，手及臂腕均大而有力。	 1-7-1	活躍而好動，走路、談話、行動均顯得獨斷而有攻擊性。	高
3.瘦弱型 (Ectomorphic)	瘦弱而纖細的身體，骨骼微小，下垂的肩膀，臉小，鼻尖，細髮，身體肌肉少。	 1-1-7	內向，易疲倦，敏感，身體功能不正常，對於噪音敏感，從群眾中退縮。	低

圖16-2　體型與犯罪的關係

　　上述犯罪人中有超過一半是屬於具有犯罪因子的犯罪人，約有三分之一是屬於生來犯（許春金等，民76，p89）。

仁)以身體結構來分類

　　美國人類學家薛爾頓 (N.H. Sheldon, 1948) 根據體型 (somatotype) 將犯罪人劃分成矮小粗狀型或內胚型 (endomorphic)、鬥士型或中胚型 (mesomorphic) 和瘦弱型或外胚型 (ectomorphic)，如(圖 *16－2*) 所示。

　　根據薛爾頓的說法，葛魯克夫婦 (Sheldon & Eleanor Glueck, 1956) 曾以比較五百名少年犯與五百名正常少年，在體格、性格上的差異進一步做研究，結果發現百分之六十的少年犯具有鬥士型傾向，而一般少年卻僅有百分之三十具有鬥士型傾向。薛爾頓的理論，因而有了其他研究的證實。

(三)根據動機加以分類

　　德國精神病學者阿謝芬伯格 (G. Aschatfenburg) 根據犯罪人發生犯罪行爲的動機與原因加以分類：

根據犯罪形式而分類：

- **偶發犯**：由於係過失犯罪，因而看不出有犯罪的意圖。
- **激情犯**：由於突發性情緒爆發而實施犯罪的。
- **機會犯**：由於一時的引誘所驅使，而實施犯罪的。
- **預謀犯**：經過深思熟慮後而進行犯罪的。
- **累犯**：多次實施同一或不同種類犯罪。
- **慣犯**：犯罪成爲習慣。
- **職業犯**：把犯罪當作職業。

根據外在動機而分類

- ・有抵抗力的犯罪人（包括：有自信心的犯罪人）。
- ・激情和情慾強烈的犯罪人。
- ・易於脫軌、意志不堅的犯罪人。
- ・主動性犯罪人。

(四)根據人格特質加以分類

　　阿布拉漢森 (David Abrahamsen, 1960) 將犯罪人依據人格特質加以分類：

急性的犯罪人 (acute criminals)：常犯輕微的罪行，又可分爲：

- **情境犯罪人** (situational offenders)：視機會及需要而犯罪。
- **接觸性犯罪人** (associational offenders)：受環境影響而犯罪。
- **意外性犯罪人** (accidental offenders)：由於過失或大意而犯罪。

慢性的犯罪人 (chronic criminals)：常犯較嚴重的罪行，又可分爲：

- **神經性犯罪人** (neurotic offenders)：潛意識的強迫驅力，使其犯罪。

- **精神病態**（psychopath）或**心理異常**（psychological disorder）的犯罪人：其犯罪具有衝動性、反社會的、玩樂型以及缺乏罪疚感等特色。

(五)根據心理分析而分類

弗廸納德（T.N. Ferdinand, 1966）根據人類早年發展及未完成任務的心理理論，特別著重心理分析論，列出三類犯罪行爲的九種型式（張景然，民81，p73～78）：

衝動型犯罪行爲（impulsive delinquency）：

- **反社會性攻擊型**（the unsocialized aggressive child）：主要顯現出挫折感、敵意及暴力攻擊的反應。
- **自我中心型**（the self-centered indulged delinquent）：此型青少年情緒及行爲極易變動，很容易從友善的態度轉變爲非理性的狂怒。
- **精神病態型**（the psychopath）：此型犯罪人只想尋求個人需要立即性的滿足，他雖有豐富感情，但却無法與人建立良好的人際關係。
- **性倒錯型**（the sexual pervert）：是屬於對同性的偏差行爲和感覺。

神經型犯罪行爲（neurotic delinquency）：

- **不適應型犯罪行爲**（the inadequate delinquent）：因社會不良適應，致使社會責任及角色期待不清，形成猶豫、不適應的自我認同。
- **結晶型犯罪行爲**（the crystallized delinquent）：表現犯罪行爲可以使內在自卑感和羞愧感得到暫時性的解除，以達到澄澈的狀態。

症狀型犯罪行爲（symptomatic delinquency）：

- 偷竊狂（the kleptomaniac）
- 放火狂（the pyromaniac）
- 性偏差型（the sexual delinquent）

解釋犯罪行爲歷程之理論模式

　　國內外專家、學者用以解釋犯罪行爲成因的心理學理論，極爲繁多，有些牽涉到不可變的個人內在因素，如，特質論（dispositional theory or trait theory）、本能論（instinct theory）、成熟論（maturation theory）等是；有些牽涉到可改變的個人內在因素，如，情緒衝突論（theory of emotional conflict）、認同論（identity theory）、道德發展論（theory of moral development）、情緒控制論（battling theory）等是；另外有些則牽涉到個人與他人互動的人際間因素，如，家庭動力論（theory of family dynamics）、歸因論（attribution theory）、社會學習論（social learning theory）等是（馬傳鎮，民77，p30）。

　　美國精神醫學家赫力克（Halleck）便嘗試從個體適應途徑模式來解釋犯罪行爲，赫力克認爲犯罪行爲之產生，乃是個體爲平衡自己內在困難與處理外在危機所選取的一種適應方式；易言之，犯罪行爲乃個體適應壓力時因無力感而採行的幾種可能方式之一種，當其他任何適應方式（如，順從、依法行事、改變法律、精神疾病等是），均無法滿足個體需要時，所採行的最合乎個體利益的途徑，其過程可以如（圖16—3）所示：

　　國內學者馬傳鎮則企圖利用簡單的方式，來解決少年犯罪行爲的成因，他認爲下列公式是最足以解釋所有少年犯罪行爲的相關因素：

$$C=f\ (P,E,S)。$$
$$上式中P=\ (H,B,M)；$$
$$E=\ (PnE,BE,FE,ScE,SoE,NE)；$$
$$S=\ (OS,ICV,VA,TP)。$$

　　在此，C代表少年犯罪行爲，f代表函數，P代表個人因素，E代表環境因素，S代表情境因素，H代表遺傳因素，B代表生理因素，M代表心理因素（如，個人價值觀、自我概念結構、人格結構、社會態度、道德認知等），PnE代表產前環境，BE代表出生時環境，FE代表家庭環境，ScE代表學校環境，SoE代表社會文化環境，NE代表自然環境，OS代表當時之機會結構，ICV代表被害人與加害人之互動（無被害人之犯罪行爲亦可略去此

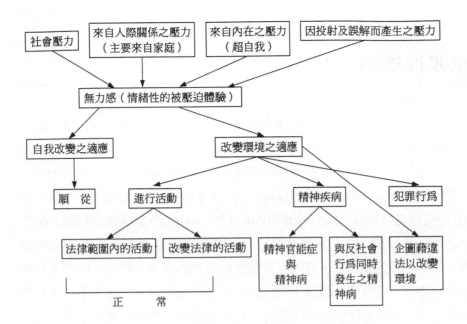

圖16-3　赫力克(Halleck.)之個體適應途徑圖

資料來源：馬傳鎮，少年犯罪與環境因素之研究，（南投：台灣省政府，民77）第八
　　　　　十三頁。

項)，TP代表行爲當時個人之心理狀態（如，動機、情緒等）（馬傳鎮，民
77，p88）。

犯罪行爲的動力

犯罪動機與犯罪行爲在心理學領域中是兩個相對的概念,犯罪行爲是個體外顯的活動,犯罪動機則是促使個人活動的內在歷程。犯罪行爲如同其他人類的行爲一樣,其行爲動機不僅具有內在促動作用,而且由動機所促動的行爲亦具有導向與維持作用。個人行爲的產生,如果是由動機所促動,一般稱之爲動機性行爲 (motivated behavior),動機性行爲如果由意識需求所引起的行爲,稱爲意識行爲;如果是由潛意識需求所引起的行爲,則稱爲潛意識行爲。個人對於動機性行爲所帶來的結果,能否使其動機獲得滿足,通常會伴隨著不同情緒的產生,有時情緒的產生本身就具有動機作用,它亦能促動個人的行爲活動,心理學上稱爲情緒性行爲 (emotional behavior)。以下就動機、情緒與犯罪行爲的關係,加以敘述如後:

動機與犯罪

㈠均衡作用與需求層次論

個人與生俱來就具有均衡作用 (homeostasis) 的調節機能,因而生理上無論是體溫的調節、水份的保持,以及養份的貯存等,都是靠均衡作用來調節。當個人因生理上匱乏狀態而暫時失却均衡作用時,如果個人上述匱乏狀態達到必須調節的程度時,個人本身就會感到有需求 (need) 的存在;同時也產生驅力來促動行爲的產生。有些時候,個人並無內在需求,而是因外在的誘因 (incentive) 亦同樣會引起動機。通常構成個人行爲動機的因素,可以歸納成兩大類:一類是內發的,失衡、需求、驅力等屬之;此類因素可稱爲「內推性因素」。另一類是外誘的,具有正負誘因的外界刺激屬之;此類因素可稱爲「外拉性因素」(張春興,民80,p493)。一個人如果內推性因素與外拉性因素均傾向於犯罪,則個人勢必很難避免犯罪行爲的發生。

犯罪行為的動機大致上可以分為生理性動機（physiological motives）與心理性動機（psychological motives）等兩種。惟馬斯洛（Abraham Maslow, 1908～1970）的需求層次論，將「需求」一詞視為與「動機」一詞為同義詞。馬斯洛認為個人成長發展的內在力量是動機，動機是由各種不同性質的需求所組成的，在各種需求之間，有先後順序與高低層次之分，每一層次的需求與滿足，將決定個人人格發展的境界與程度。一個人需求的層次，依其性質依序為：

- 生理需求（physiological need）。
- 安全需求（safety need）。
- 愛與隸屬需求（love and belongingness need）。
- 尊重需求（esteem need）。
- 自我實現需求（self-actualization need）。

前四層需求是屬於基本需求或匱乏需求；而最高層次的自我實現需求，則稱為衍生需求或存在需求。

如果單從失衡與需求的層面來分析犯罪行為的動機時，不難瞭解生理性需求與犯罪行為的關係，以性動機為最密切；至於安全需求、愛與隸屬需求、尊重需求、自我實現需求等心理性需求，大部分都與犯罪行為有密切關係，此可由報章雜誌經常報導有關犯罪案件是起因於金錢、名譽、地位等糾紛所造成的，即可略見一斑。

(二)衝突的類型

在日常生活中，一個人可能同時具有不同的動機存在；當個人懷有兩個動機無法獲得滿足時，便形成心理衝突（mental conflict），簡稱衝突（conflict）。衝突是一種心理困境，它與挫折（frustration）都是形成個人生活壓力的來源，生活壓力不僅使個人在生理反應上會出現一般適應症候群（general adaptation syndrome，簡稱GAS）現象；在心理反應方面，如果長期無法抒解，積留日久，則可能演變成心理異常或犯罪行為。衝突類型與犯罪行為的產生，可以分成三方面加以敘述：

雙趨衝突（double-approach conflict）：係指兩種動機猶如魚與熊掌不可兼得般，難以取捨的心理困境。例如，婚外情，是現行法律所不允許

的犯罪行為。男主角必須就妻子與女友之間，就「二利相權取其重」的原則作一抉擇。男主角如果拋棄糟糠，而與女友同居，則可能構成犯罪行為；如果拋棄女友，不僅不能滿足「齊人之福」的需求，而且很可能其女友在激情狀態下做出自殺、傷害，甚至殺人的行為。

雙避衝突（double-avoidance conflict）：是一種左右兩難的心理困境。例如，犯罪少年經常會認為在家無聊而不喜歡待在家中，又因不喜歡讀書而經常曠課、逃學；以至於因逃避父母、學校而在外遊蕩，經常流連於鬧區，或者逗留於不當進入之場所。反之，如果他們無法逃避上述其不願意去接近的場所時，就會陷入強烈的緊張與不安狀態。

趨避衝突（approach-avoidance conflict）：是一種進退兩難的心理困境。例如，有人很羨慕企業家，開進口車、住別墅、穿名牌服飾、戴昂貴首飾，因而想搶劫銀行，好好幹一票後，便洗手不幹，但又懼怕事跡敗露，被捕入獄。於是為了錢財的問題，乃產生欲趨之又避之的矛盾心理。在日常生活中，以兩種以上動機都具有趨避衝突的現象，而利弊互見為最常見的，心理學上稱之為多重趨避衝突（multiple approach-avoidance conflicts）。多重趨避衝突對一位假釋出獄人來說，至為明顯的。有些假釋出獄人於重返社會後，面對社會的歧視以及微薄的薪資，甚至找不到工作的困境，便常徘徊在犯罪與不犯罪之間，做一抉擇。因為在現實生活中，他無法像一般人一樣正常的生活，而若再犯的話，又要重回監獄，過著囹圄的生活，何去何從，進退兩難。

(三)挫折後的反應

當個人尋求目標的活動時，在環境中遇到障礙或干擾，致使其動機不能獲得滿足，便稱為挫折（frustration）。構成挫折情境的因素，大致可以分為四方面：其一是受自然環境與社會文化環境的阻礙，使得個人動機無法獲得滿足；其二是由於個人能力的限制，致使無法完成某些事情；其三是由於個人的超我與本我之間發生嚴重衝突，致本我的衝動與慾望遭受壓抑；其四是由於個人的動機發生衝突，以致行動受到干擾。基於上述諸方面的挫折情境，個人對於挫折的反應，有的是受到挫折後的立即反應，有的則是遭遇挫折後的長期反應。前者可視為挫折後的立即結果，如，攻擊與破壞、冷漠、幻想、刻板、固著等屬之。後者或可視為挫折後的久遠影

響，亦即形成了應付挫折的態度，如，焦慮以及為躲避或減低焦慮所使用的防衛方式（defense mechanisms）等屬之。茲將挫折後的反應與犯罪行為的關係，敘述如下：

不安與緊張（restlessness & tension）：個人遭遇挫折後，最常見的情緒反應是緊張與不安，這種負面的情緒反應，往往構成個人生活壓力的來源。一般而言，正常人對於可期待獲得適當的酬賞時，會高估自己的控制能力，來抗拒挫折後所帶來的無力感和抑鬱感（L.B. Alloy and L.Y. Abramson, 1979），因而對於挫折後的反應，往往是加倍努力去克服；但是犯罪少年顯然並非如此。根據格魯克夫婦（S. Glueck & E. Glueck, 1950）的研究發現，犯罪少年在氣質上經常表現不安（restless）、易衝動的（impulsive）、攻擊性及破壞性的（aggressive & destructive）；在情感或態度上經常表現出敵對的（hostile）、挑釁的（defiant）、怨恨的（resentful）、頑固武斷的（assertive）、不服從的（nonsubmissive）等特徵（蔡德輝，民79，p139）。可見，犯罪少年在挫折後表現出緊張與不安，是其主要的心理特徵之一。個人如果平時能表現出鎮靜和安寧的情緒狀態，便是所謂的無焦慮狀態；如果表現出緊張、焦燥、憂愁和不安的情緒狀態，一般稱之為焦慮（anxiety）；如果表現出強烈的恐懼、駭怕和驚慌失措的狀態，則是一種極度焦慮的反映。焦慮可以說是個人挫折後的長期反應，個人為了減低焦慮，經常會使用防衛方式。個人如果過度使用防衛方式來擺脫日常生活中的不安與不滿，往往會形成其心理異常或犯罪行為的產生。

犯罪學家瑪特札（David Matza, 1970）便根據犯罪少年對其犯罪行為所較常使用合理化(rationalization)之技巧，提出中立化理論(neutralization theory)。瑪特札認為犯罪少年對其犯罪行為之合理化所使用之中立化技術，計有認為自己是可憐蟲，他之所以犯罪只不過是環境的犧牲品〔對責任之否定（the denial of responsibility）〕；或者認為偷竊行為是因為有需要才暫時借用，根本對社會不會引起很大的損害〔對受害人損害之否認（the denial of injury）〕；因而談不上有被害人的存在〔對被害人之否認（the denial of victim）〕；所以說他是無辜的，要不是法官拿了別人的紅包，接受別人的關說，他根本平安無事，也不可能有罪的〔對非難者之非難(the condemnation of the condemners)〕；因而為了享受與安適，只好跟同黨合作無間〔訴諸高度效忠（the appeal of higher loyalties)〕。顯而易見，犯罪人根據其童年經驗，對自己犯罪行為的合理化過程，足以使其對犯罪誘惑的克制能力降低。

攻擊與破壞 (aggression & destruction)：挫折後的反應是攻擊與破壞，它與犯罪的關係最為密切，尤其對客體直接攻擊係社會規範或法律規定所不允許。根據美國羅森威 (S. Rosenzweig, 1941) 認為挫折情境引起受試者產生攻擊反應，可分為三個方向：其一為外懲性 (extrapunitive)：責怪他人或外界事物；其二為內懲性 (intrapunitive)：責怪自己或有內疚感；其三為不懲性 (impunitive)：不責怪他人也不責怪自己，或不去加以追究。弗里蘭德 (K. Friedlander, 1945) 更從精神分析的觀點，以超我功能來解釋攻擊反應。根據弗里蘭德的看法認為潛意識心理衝突有二條出路，一是在「幻想」中以替代的方法獲得滿足，其二是在「行動」中以替代的方法獲得滿足。前者是因超我過強而苦於責備自己，是屬於神經症患者；後者是因超我缺陷而把攻擊指向外部，使周圍的人受苦，是屬於犯罪少年 (山根清道，陳寶玉譯，民75，p29)。可見神經症患者的攻擊反應是屬於內懲性，而犯罪少年則是屬於外懲性。

根據國內學者張華葆的研究發現，缺乏教養兼具攻擊性的犯罪少年 (unsocialized aggressive delinquents) 佔全部犯罪少年的50%以上，而且大都傾向從事嚴重的犯罪行為。這些少年中，有84%具有破壞性，84%有說謊習慣，77%曾放火，74%脾氣不好，56%喜歡捉弄、欺詐別人，好強兼具攻擊性 (張華葆，民77，p148～153)。

冷漠 (apathy)：係指對人、對事的一種不關心，缺乏興趣的冷淡反應。有些人由於長期遭受嚴重挫折而顯出無助與無望時，即可能導致其情緒失常而表現冷漠無情，且容易發生殘忍的殺人與暴力行為。根據日本學者吉益脩夫 (1952) 曾在日本少年院中研究犯罪少年的人格特質，結果發現犯罪少年具有倔強的個性以及缺乏情感、情緒不穩定、愛情受阻、對他人漠不關心等人格特質 (馬傳鎮，民77，p60)。在有關少年犯罪的研究中發現犯罪少年之父親的冷漠與敵對態度對於犯罪少年形成的影響力遠甚於母親的冷漠與敵對態度 (S. Glueck & E. Glueck, 1950)。常見犯罪人因幼年來自沒有溫暖、沒有親情，或缺乏感情的家庭環境，以致形成其反社會行為人格的特質。反社會人格特質最主要的特徵為：〔沈政（五南版）民81，p329〕

．是無情或不愛，對別人缺乏感情、冷酷無情。

．是行為的衝動性，缺乏深思熟慮和明確的動機。

由上可知，具有反社會人格特質的犯罪人，由於其缺乏感情，因而表現出冷酷、殘忍、無恥的性格，根據重大犯罪的案例發現，犯罪人大多是具有情感上的缺陷，此種人犯罪傾向是朝多方面的，比如，暴力犯罪、性犯罪、縱火……等。上述犯罪人所具有的人格特質以往稱為無情型精神病態人格，由於具有無情型精神病態人格特質的犯罪人，其矯治可能性不高，因而有學者將其視為生來犯看待。

幻想（fantasy）：幻想是指憑想像以滿足慾望的心理活動歷程。幻想的內容可為存在的事物，也可為虛構的故事，個人可藉以暫時擺脫現實，從而減少焦慮的威脅。幻想大都屬於英雄式幻想、受難式幻想以及攻擊與破壞幻想。其中英雄式幻想如果結合智慧型犯罪，較易產生裝腔作勢革命式的犯罪行為。

固著（fixation）：固著係個人所學得的行為不能隨著時機需要而表現出應有的變通性與適應性。如果對人或對事所持的觀念或態度中，像鉛字一樣僵化不變的，便稱為刻板印象（stereotype）。刻板印象是形成偏見的主要原因。心理學上所指之固著通常是指表現發展停滯的行為方式，它不僅含有發展停滯（arrested development），而且亦指用固定習慣（fixed habits）來解決個人問題等雙重的意義。由於個人停滯的發展階段是與習慣的反應方式有密切關係。因此有些成人被描述有依賴性格（口腔性格）、強迫性格（肛門性格）、或獨裁性格（陽具性格）等。從上述人格特質可以看出在其個人之人格發展過程中有受到阻礙，致使慾力（libido）固著在某一階段上，其後凡是遇有困難狀態時，便容易倒退到上述固著階段中。邁耶（N.R.F., Maier, 1949）把挫折狀態中的無目標反應，叫做變態固著（abnormal fixation）。所謂變態固著係指個體表現的一種持續性與習慣性的非理性行為。行為表現雖極不合理，但個體無法自我控制；每遇到同樣情境，即重複出現該固著反應。因此，有所謂「無目的犯罪」，犯罪人所表現無目的放火和殺人的事件，便與其變態固著有關（山根清道，陳寶玉譯，民75年，p32）

退化（regression）：退化係指個人遭遇挫折時以較幼稚的行為應付現

實困境，藉以惹人注意或搏人同情以減低自己的焦慮。希爾嘉（Hilgard）將退化分為三類：（韓幼賢，民61，p19）

- **其一為手段動作的退化**（instrumental act regression）：即佛洛伊德所稱之對象退化（object regression）；
- **其二為年齡的退化**（age-regression）：如成人在催眠的狀況下能退回到較早的年齡，如，用兒語來說話。
- **其三為幼稚性**（primitivation）：是指一個人在緊張之下顯現某種具有幼稚性特徵的行為失常。

某些犯罪行為中，如，某些性動機挫折的成人，會表現暴露癖與戀童癖等異常行為，即是因手段動作的退化所致。此外，過度的憤怒和酒醉狀態亦會產生幼稚性或年齡退化的現象。

㈣犯罪動機的發展歷程

犯罪行為的動機與人類其他行為一樣，需要經過三個程序：

- ·因需求而引起活動。
- ·選擇目標以達到需求的滿足。
- ·開始朝向目標行為，直到滿足為止。

因此，對一個犯罪人而言，其犯罪動機的發展歷程，可以進一步分為：

- ·身心平衡階段
- ·注意階段
- ·計劃階段
- ·實施階段
- ·困擾階段

此等五個階段（馬傳鎮，民67，p71）。茲敍述如下：

身心平衡階段：個人內部既無強烈的需求，外部亦乏有利的誘因。因此，其行為是正常的。

注意階段：當個人內部有某種生理或心理需求，復有外在誘因的出現時，個人便開始注意那些與他最有關係的事物，心理學上稱為選擇性警覺

(selective vigilance)。相對地，凡會引起個人不愉快或禁忌的刺激則可能不被個人意識所接受，且不容易去看得到的，心理學上則稱為知覺的防衛 (perceptival defense)。由於此階段個人的意識已全神貫注於可能滿足其需求的事物上，亦即焦點意識 (focal conscious) 已使得個人開始處於緊張、不安的情緒狀態，並特別地對外界誘因密切予以注意。

計劃階段：個人由於需求更加迫切，情緒更為緊張，於是開始有意識地選擇或製造適合於其他犯罪手法的情境，俾能著手實施犯罪。犯罪動機強度除受個人內在需求強度的影響外，社會抑制、社會助長以及團體和社會需要都可以說是動機的社會力量。有時藥物、酗酒、心理異常亦會影響犯罪的動機。在某些激情犯或機會犯中，計劃階段可能為時較短，便直接進入行動階段，甚至計劃與實施階段合而為一。

實施階段：此時個人自律神經系統中的交感神經大為興奮，並促使腎上腺素大量分泌，血壓因而上升，呼吸量加大，脈搏跳動加快，擁有異常的衝動與力量，便實施犯罪行為。

困擾階段：犯罪人此時一切緊張的情緒均告解決，其內心至為暢快，但是犯罪後被逮捕、偵查與判刑的恐懼以及逃避法網的動機，隨之而產生，乃形成其情緒上的困擾。因而心神不定，除非最後他能逃逸至其他安全地區而不致被逮捕或被捕歸案定罪；否則，其不安的情緒將持續存在著。然而，對於犯罪行為未被發現的犯罪人而言，上述困擾階段可能未必能夠援用。因為他從犯罪得逞所伴隨的正向情緒，可能促使其開始另一波的犯罪行為。對於犯罪人而言，其犯罪行為一旦習慣化，個人內在控制能力減弱的結果，使得其經常受到需求與衝動的促動，很容易便下決心去犯罪，同時在實施犯罪過程中也不會有任何壓力和抗拒的現象發生。因而習慣犯比起初犯，更容易受到外在誘因，而在瞬間轉化為迫切的生理或心理需求，因而形成犯罪。

情緒與犯罪

(一)與犯罪最有關係的情緒反應

情緒：是指個體受到某種刺激所產生的一種身心激動狀態；情緒狀態之發生，雖為個體所能體驗，但對其所引起的生理變化與行為反應，卻不

易爲個體本身所控制，故對個體之生活適應極具影響作用。國內學者馬傳鎮歸納國內有關少年犯罪相關因素之實徵性研究報告結果顯示：少年犯在情緒控制能力、情緒穩定性、挫折容忍力、自我控制能力等方面，較一般少年更爲低劣，且具有更多的怨恨、焦慮、憤怒、憂鬱、疏離等情緒狀態（馬傳鎮，民83，p190）；可見情緒與犯罪具有密切關係。一般而言，與犯罪較有關係的情緒反應以負面（不愉快）情緒居多。由於挫折會引起憤怒與怨恨，特殊的危險會引起恐懼，威脅會引起焦慮，故憤怒、怨恨、恐懼以及焦慮等四種情緒反應，與犯罪行爲的產生最具有直接關係。茲謹述如次。：

　　憤怒：即通常所說的生氣。憤怒根據艾夫里爾（J.R . Averill, 1982）的研究發現，憤怒主要是由於人際事件所引發的，其中有半數以上引起憤怒的來源是由朋友或愛侶所引起的，僅有百分之六是由非人爲事件所引起的。在日常生活中約有不到百分之十的憤怒體驗會伴隨著身體上的攻擊。由於憤怒是在急劇且強烈下產生，所以很難控制，且容易表現出衝動的行爲。最常見的憤怒性攻擊（angry aggression）是與暴力性犯罪最有關係。根據格洛斯（A.N. Groth, 1979）對殺人犯的研究顯示，暴力行爲往往是強烈憤怒情緒的一種反應。施暴者常被描述爲處於「狂怒」或「激憤」狀態之中，在很多情況下他的目標是指向與他有親密關係的人，如，配偶。此外，有證據顯示，很多強姦行爲也顯示出憤怒性攻擊的特性。有許多強姦犯是在憤怒或受挫的狀態下，採取暴行的，他強姦的目的似乎是要傷害和侮辱被害人，而不是在發洩性慾。

　　恐懼：或稱爲畏懼，是指在主觀感受的危險情緒下，個人產生的一種強烈情緒反應。廣義地說，恐懼的對象有的是外在的事物或情境，有的則是屬於內在的。恐懼情緒的產生原本是有助於個人學習避開有傷害性的情境，但是如果個人對一般人不會感到特別害怕的情境或事物，却會不自主地感到嚴重的害怕而亟需避開該情緒或事物，且深深影響到其生活適應，便是一種不良的情緒。具有上述病徵的患者，一般稱之爲畏懼症（phobia）；對疾病的畏懼，一般稱之爲慮病症；表現出強迫性的意念或行爲的畏懼，一般稱之爲強迫症。帶有妄想症狀的畏懼症，一般稱之爲妄想性精神病。一般而言，恐懼雖不像憤怒情緒容易有攻擊行爲，惟個人處於恐懼情緒亢張時，爲了排除引起恐懼的來源，可能對造成恐懼源的人施予暴力

攻擊，甚至有些案例顯示犯罪人是在妄想意念主導下實施犯罪。

怨恨：是一種持續性的情緒，它與前述之憤怒和恐懼是一種暫時性的情緒，在本質上是有所不同。怨恨情緒往往不是短時間便能完全表露出來，而是隨時間的持續而逐漸亢張起來。當個人認為想要報復時，就會對直接侵害者或其近親施加暴力或者縱火，以發洩其內心的憤怒。根據傑金斯（R. L.M.D. Jenkins, 1973）的研究發現，犯罪少年中有百分之五十以上是屬於缺乏管教、缺乏良知良能的類型。這些犯罪少年多出自受父母排斥的家庭，他們自幼即常受人欺侮、愚弄，內心充滿怨恨及仇視；因而，時常以被害人自居，完全缺乏自制力，慣於攻擊別人，缺乏內疚感，也缺乏悔過心。從犯罪心理學的觀點，可以分析其怨恨根源，主要有三方面：（張華葆，民77，p191～192）

- 幼年因受母親排斥，無法享受親情。
- 無法仿同父母，而建立完整的超我。
- 父母之不良心態與行為，促使其自然地產生仇視、缺乏抑制力，以及慣用暴力行為。

焦慮：焦慮與恐懼雖然都是個體面臨不安或危險的情境時，所產生的情緒反應，但焦慮的原因往往是模糊的，而恐懼則多因明確的事物所引起的。個人面臨下列五種情境常易於引起強烈的焦慮：（雲五社會科學大辭典第九冊，民59，p223）

- 對於個人地位或目標具有威脅的情境。
- 可收激發具有危險性衝動（如，性與攻擊的衝動）的情境。
- 必須作重要決定的情境。
- 可能喚起以往創傷的性經驗的情境。
- 可能引起罪惡感及擔心受責罰的情境。

根據國內學者張華葆研究台灣暴力犯罪少年之心理特徵的結果顯示，暴力犯罪少年或非暴力犯罪少年，常較一般少年具有焦慮感。惟暴力犯罪少年與非暴力犯罪少年，兩者由在焦慮感方面並無顯著差異（張華葆，民77，p203～204）。

(二)情緒與激情犯

　　個人受到外在誘因的刺激，使其正常性格呈現痲痺狀態，未經思索，即將衝動的情感，瞬間化為亢張的情緒狀態，表現於外顯行為，因而犯罪者，稱之為激情犯〔中田修（中譯本），民76，p118〕。激情犯最易觸犯有關殺人、放火、傷害等罪，根據日本學者中田修的看法，激情犯可以分為原始反應型以及熱情型等兩種，其中原始反應型又可以再分為爆發反應型與短路反應型等兩種〔中田修（中譯本），民76，p118～119〕。茲說明如下：

　　原始反應型：是指憤怒、恐懼、喜悅之類情感的暫時性興奮狀態，它是一種急性的情緒。由於個體受到刺激的突然產生，以致受到強烈的情緒震撼，而使高級心理歷程完全停頓，意識便退化到原始狀態，乃任意將衝動的情緒直接反射成為行動，即是原始反應型的激情犯。原始反應型依實施犯罪行為的複雜性，又可分為爆發反應型與短路反應型等兩種。前者是個體將亢張的情緒狀態所帶來的緊張情緒，直接以單純的行動表現出來。例如，具有歇斯底里人格特質的犯罪人，常會表現情感爆發的特徵，而具有癲癇人格特質的犯罪人，則常會表現出病理性的激情。上述所謂情感爆發以及病態性激情，都是一種短暫而且劇烈的情感反應。至於短路反應型的激情犯往往在其情緒激動狀態後，便以較複雜的行動，將情緒反應直接表現於外顯行為。例如，某位少婦，因為平時常受婆婆的虐待。有一天，由於不小心打破醬油瓶，惟恐因而被苛責，乃縱火燒房子，以隱瞞上情，即是屬於短路反應型的激情犯。

　　熱情型：是指不滿、憎惡、厭恨、愛戀等情感長久持續的慢性興奮狀態。個人之所以熱情狀態能夠長久持續的原因有二：

- 導源於個人獨特的人格。
- 有許多強烈的感情，受到客觀環境的限制，無法在短期內改善或消除，只好長久持續下去。

　　熱情犯常見於感情糾紛、宗教或政治狂熱所引起的犯罪。

智能不足與犯罪

智能不足與犯罪關係

在早期犯罪學家、心理學家都認為精神耗弱 (feeblemindedness) 是導致犯罪行為的原因，他們認為犯罪人缺乏正常的智力來辨別是非或預知不良行為的嚴重後果，因此無法避開犯罪的誘惑。

葛林 (Charles Goring, 1870～1919) 是早期反對龍布羅梭之生來犯 (born criminal) 主張，最為激烈的學者。葛林曾在英國巴克赫爾斯特監獄 (parkhustt prison) 調查三千名受刑人並作統計研究，他在其研究結論中指出根本沒有生來犯之型態以及犯罪並非遺傳而來。葛林並將犯罪學之研究轉向心理特質之研究，尤其心智缺陷 (defective intelligence) 特別與犯罪行為之產生有關 (蔡德輝，民79年，p18)。與此同時，美國學者郭達德 (H.H. Goddard) 於1914年研究感化院中一百名少年犯發現，有66%是精神耗弱 (或譯低能)。其後郭達德於1920年的研究，將上述犯罪比率修正為20%。隨著智力測驗方法的進步以及採用更科學化研究方法的結果，後來的研究發現在少年犯與青年犯中，智能不足者所佔的比例稍高於成年犯，僅佔10%左右；而成年犯中，智能不足者則佔8%左右。根據日本學者桶口幸吉於1954年發現少年受刑人中智能不足者佔12%。另據日本學者中田修於1955年發現男性成年受刑人中智能不足者佔9% (馬傳鎮，民67年，p88)。可見，智能不足者之犯罪比率，如與一般人口中智能不足者所佔3%之比率相較，智能不足者確比一般人更容易犯罪。

以現代的觀點，雖認為智能不足是症狀，而不是疾病，也不是心理疾病 (《大美百科全書中文版》第十八冊，民79年，p415)。但是由於智能不足者之智力發展不良以及因其智力發展不良所帶來適應行為缺陷的現象，尤其是輕度智能不足者，其情緒與行為問題，特別受到學者所注意。早在1925年英國學者巴特 (C. Burt, 1925) 針對197名少年犯從事平均智商的研究，發現少年犯平均智商為89，亦即略低於一般少年。不過，最近三十餘

年來，學者的研究結果顯示，均認為犯罪人之智商比前期研究所發現之智商較高。如，格魯克夫婦 (C. S. Glueck & E. Glueck, 1950) 利用魏貝智力量表 (Wechsler-Bellevue Intelligence Scale) 測量五百位少年犯，結果發現少年犯之平均智商為92.4，亦即少年犯之智已達到中等水準。

　　晚近學者，遂再運用精密的控制，以比較犯罪人與一般人的不同差異，來試圖解釋犯罪人之智力水準。其中，最值得一提者是格魯克夫婦於1950年所發表的研究結果。格魯克夫婦針對五百名少年犯與五百名非少年犯所進行的配對比較研究，發現有如下數項結果：

- 少年犯之平均智商確較非少年犯略低。
- 在少年犯中智能不足者較非少年犯為多。
- 少年犯之智商分配近似常態。
- 少年犯在非文字的作業測驗上的總分遠較文字智力測驗上的總分為高。
- 少年犯在文字智力測驗上的分數顯著地低於非少年犯，但在非文字智力測驗上兩組少年無顯著差異存在。而且少年犯在兩類智力測驗的分數之散佈程度，均較一般少年為大。

　　因此，格魯克夫婦據上結論而認為：「一般反社會的男性少年犯，常用直接而具體的方式，解決問題，瞭解意義，而很少用抽象的符號思考；他們不能累積多量的符號系統或符號化之知識內容，其類化作用常限於具體的實物上。」上述觀點，目前已成為一般犯罪學者、心理學者的共同論點。換言之，即少年犯之文字智商不如其非文字智商，且其文字智商遠較常人為低劣。此一共同論點國內學者黃堅厚、簡茂發以及台灣桃園輔導院之實證研究，亦有類似的發現。

　　國內學者黃堅厚於民國47年研究少年犯之智力水準，結果發現少年犯平均智商稍低於正常青少年，但差異甚小。國內另一學者簡茂發於民國57年研究成年犯之結果顯示，在所有受刑人中，詐欺犯的平均智力高於正常人及其他罪犯，殺人犯與竊盜犯較常人為低，而所有犯罪人中以煙毒犯的智力最低。另據台灣桃園少年輔育院於民國67年所進行「台灣地區犯罪少年與一般少年心理特質與親子關係之比較研究」結果，亦證實犯罪少年之語文智商顯著地低於一般少年；但非語文智商則與一般少年無太大差異存

在。

智能不足者與犯罪種類的關係

　　智能不足者最常犯的罪行是縱火罪與性犯罪，最少犯的罪行則是詐欺罪與偽造文書罪等。在縱火罪方面，根據日本學者中田修的研究結果，發現男性縱火罪中，智能不足者佔31%，女性縱火罪中，智能不足者佔44.5%，智能不足者之縱火動機，大多為怨恨、憤怒、惡作劇，有時甚至僅為了芝麻小事，一時衝動而下手。在智能不足者之個案中常因被人輕視、虐待而衝動縱火，因而其犯罪動機，含有「弱者之報復」的性質。在性犯罪方面，智能不足者以犯強姦罪、強制猥褻罪為多。一般而言，智能不足者除衝動的控制力方面較差，在社會人際關係方面常表現出自卑感、敵意，且缺乏主動性，因而異性不易接納，而與他正常來往，以致於男性智能不足者常因性衝動無法向正常對象發洩，乃在陰暗處等待單身女子加以猥褻，或以幼童作為強姦的對象。由於其犯罪行為多是衝動性而缺乏計劃性，故以強姦未遂者居多。至於女性智能不足者，其身體發育及性生理與常人近似，由於其傾向於缺乏自制力及對性慾望與行為之控制力，因而傾向呈現性異常之危險性較大（林憲等，民76年，p178），此與日本學者廣瀨氏調查253位女性受刑人後，指出智能不足者所佔的比率高達百分之五十七，而賣淫者中比例亦不低，所得的結論相吻合。

　　此外，日本學者逸見武光（1973）曾針對專門收容智能不足之少年院進行研究，結果顯示犯竊盜罪佔50%以上，強姦、猥褻罪佔12%左右，其他的犯罪型態所佔的比率較低。智能不足者通常偏向其亟需之行竊食品或金錢為多，很少會像其他少年犯行竊後將贓物變賣花用。在性衝動方面，一般少年犯的性犯罪大多是傾向同儕女性，而智能不足之性犯罪卻以戀童癖、窺視、偷女性內衣褲的戀物症（fetishism）為多，（林憲等，民76，p171）

智能不足者的犯罪主因

智能不足者所以易於犯罪係因：

- 判斷力較低，無法預見犯罪的後果。
- 對需求缺乏抑制力，對情緒也不善於控制，有時為細故而衝動的傾向。
- 缺乏對職業與新事物的適應能力，易有挫折感。
- 由於其學習能力、社交能力與語言能力低劣，易受他人輕視、虐待，而產生不滿。
- 有些智能不足者伴有人格異常性質，易發生反社會行為。

精神病與犯罪

精神病與犯罪的關係，早在龍布羅梭時代，便已開始受到注意。龍布羅梭在其犯罪人的五大分類中，有關心神喪失犯罪人 (insane criminals)，即是指由於過度憂鬱而引起的白痴 (idiots)、低能者 (imbeciles)、偏執狂者 (paranoiacs)，以及其他由於麻瘋 (paralysis)、癡呆症 (dementia)、酗酒 (alcoholism)、癲癇 (epilepsy) 或歇斯底里症 (hysteria) 等而引起的犯罪。

根據國內學者張華葆於1977年至1982年間，在美國緬因州少年感化院的研究發現，犯罪少年中缺乏教養兼具攻擊性的犯罪少年，佔50%；群體性犯罪少年，佔24%；神經質型犯罪少年，佔8%；精神病型犯罪少年，佔18%（張華葆，民77，p148）。根據上述資料來說，精神病型犯罪少年佔犯罪少年的比例，雖然並不是很高的，但是，精神病患者中犯罪的比率，却有較一般常人偏高的趨勢，却是不爭的事實。

精神病患者之所以易於犯罪，最主要是精神病患者在症狀出現時，會因極度衝動、暴行或奇特的行為，而產生犯罪行為。惟它與一般常人的犯罪行為最大不同，便是精神病患者在其精神症狀消失時，犯罪行為通常也

就不會發生。這是因為精神病患者的原本人格特質中並沒有犯罪的負因。精神病患者的暴行通常是因下列異常而發生的：

- ·受到幻覺尤其幻聽內容的驅使。
- ·受到妄想內容的驅使。
- ·在精神極度興奮的狀態下傷害別人。
- ·受到精神病引發之衝動所驅使。

茲就精神病中與犯罪較為重要的幾個類型，依症狀分別敘述如次：

老人癡呆症

老人癡呆症，此症乃因腦細胞死亡或腦動脈硬化所引起的。最常見的老人癡呆症是腦血管性癡呆和阿茲海瑪型癡呆 (alzheimer disease) 等兩種類型。這兩種類型在東方社會中約佔老人癡呆症的90%，其中腦血管性癡呆約佔一半以上，而阿茲海瑪型則佔30%左右〔台大精神科 (15)，民82，p25〕。老人癡呆症初期的主要症狀是病態健忘，故被稱作「健忘期」。患者的健忘程度會隨著病情惡化而逐漸加重，判斷力、定向能力也緊跟著減弱。當患者對周圍事物開始不太感興趣、注意力也變差，有些患者嫉妒心會愈來愈強，甚至懷疑配偶有不貞的念頭或行為，或者是媳婦紅杏出牆，另結新歡等，而苛責他人，甚至因妄想被害、被竊、誇大而表現出對人的攻擊行為，有些人甚至會蓄意準備凶器或毒物企圖去殺人。在生理方面，有些人會食慾大增，有些人則是忘了自己才吃過東西而一直不停地吃，也有人會出現異常強烈的性需求或性活動大增，因而猥褻幼童，亦是其常見的犯罪類型。老人癡呆症的智能障礙到了相當的程度，而無法接納新的訊息，便會發生溝通上的誤會以及妄想、幻覺、意識混濁、譫妄、徘徊等精神症狀。一般而言，老人癡呆症患者在精神狀態不佳的時候，到了夜間尤其會更不穩定，最常見的症狀包括：失眠、坐立不安、幻視、譫妄狀態以及失禁的現象。一直到病況嚴重的第三期才真正進入「癡呆期」，此階段患者逐漸喪失認人的能力，有些人會出現玩自己糞便的行為甚至將糞便往周圍的人身上扔的幼稚行為。病程進入末期時，患者失去體力，進入永久的臥床狀態，最後更陷於靜呆狀態，進而「植物人」的狀態。

癲癇

癲癇（epilepsy），癲癇是由於腦損傷或其他病況引致的神經系統的異常，其特徵為腦部放電的異常。癲癇發作之形式，可分為：

- 大發作型（grand Mal）。
- 小發作型（petit Mal）。
- 心理運動型（psychomotor epilepsy）等。

一般說來，癲癇患者在大發作與小發作時，根本沒有犯罪能力，與犯罪最有關係為心理運動型。心理運動型主要特徵在於患者精神上的不安寧，發作時意識朦朧狀態，仍可繼續活動，而從事例行工作或奇特的、反社會的活動。如，梵谷把自己的耳朵割下送給妓女，事後自己卻無法記得發作時持續十幾秒鐘或幾分鐘的情形。癲癇患者較常犯殺人、傷害、猥褻、縱火等犯罪行為。此外，癲癇患者其性格屬於僵直的、細心的、不通融的，同時也是暴燥的、易怒的、爆發性的，這種性格被稱為癲癇型性格。癲癇型性格具有爆發性，因而易產生吵架、傷害以及暴行等暴力犯罪。

精神分裂症

精神分裂症，此症是以思考推理障礙為主要症狀，患者呈現症狀計有幻覺、妄想、思考錯亂及認知泛濫（cognitive flooding）等。一般認為思考障礙是因腦內細胞連結處對「多巴胺」的反應過強所造成的。此症依症狀出現的多寡與種類，可分為：

- 僵硬型或緊張型（catatonia）。
- 混亂型（disorganized）。
- 疑心型（paranoid）。
- 未分化型（undifferentiated）。
- 剩餘型（residual）等。

患者中犯罪的比率高達1/13，其中以妄想型精神分裂症為最多。妄想型精神分裂症與妄想症 (delusional disorder) 最大區別在於前者是知覺錯亂，而妄想症則是觀念錯亂。在所有精神病患中，精神分裂症患者最易發生殺人、放火、竊盜等重大犯罪行為，而政治暗殺事件中有許多事例均與此症有密切相關。精神分裂症患者所犯的重大案件，可以說大都是依據其幻覺或妄想的病態體驗而來。根據日本學者池見猛的研究發現，犯罪人中有百分之廿四是患有精神分裂症，精神分裂患者之犯罪種類有46.1%是犯殺人及殺人未遂罪，另18.6%是犯放火及放火未遂罪，17.1%是犯竊盜及竊盜未遂罪 (周震歐，民60，p85)。此外，精神分裂症患者在未發病前的犯罪行為，根據精神醫學家魏爾曼的研究發現，患者在難以認定是精神病時期之發病前期，常會有無法了解的殺人行為，魏爾曼稱為「精神分裂症前驅期的犯罪」。此種犯罪常因精神分裂症患者受制於殺人衝動所糾纏，以致在光天化日之下刺殺無辜路人的事件，迭有有聞。〔中田修（中譯本），民76，p16〕。類此案例，患者如未能予以相當期間的觀察，實難瞭解其犯罪行為係因精神病所引起的。

妄想症

妄想症 (delusional disorder)，此症是一種慢性進行，且以有系統、有組織的妄想為主的疾病。妄想症不像精神分裂症的妄想，那麼古怪 (bizarre)，它所妄想的情境是在真實生活上有的情境。妄想症可依其妄想的主題分為六大類型：

- 色情型 (erotomania)。
- 誇大型 (grandiose)。
- 嫉妒型 (jealous)。
- 迫害型 (persecutory)。
- 身體型 (somatic)。
- 尚未確定型 (unspecified)。

上述類型中以迫害型與嫉妒型最爲普遍。妄想症患者之妄想主題是由小而大，以迫害型爲例，患者起初只是認爲他人心懷不軌，不懷好意，乃採取自我保護行動，到後來便開始留意他人某一行動，以求證自己的疑點。如果上述疑點與所發現吻合時，便自認爲非替天行道或伸張主義不可。患者常於合法方法用盡時，便隨之以違法行爲加以對抗。例如，患者可能因法院判決結果不利於他，而認爲法官裁判不公，於是產生對自己案件有利的種種幻想，經年累月地控告所有關係人或各級法官，甚至爲保護自己，乃不得不以殺人或放火等行爲，對付想像中的迫害者。

情感性精神病

　　情感性精神病，習慣上將雙極型情感性精神病（bipolar Disorder）稱爲躁鬱症。所謂雙極型是指這類患者會週期性地呈現躁期及鬱期，其情感會有兩個極端的變化。但也有患者於病程中只呈現躁期，而沒有出現過鬱期，亦歸類於雙極型情感性精神病。有關情感性精神病的病因，目前醫學界偏重腦內神經傳導物質方面變化的探討，並已經發現到病患發病是與其腦內某些化學物質的作用異常有所關聯。一般而言，患者常是先發生躁症，發病時常在數日之內情緒興奮升高，急速發作，此種現象可連續維持數日至數月。發生過躁症的患者，往往也會出現鬱症。鬱期之發生較爲緩慢，經數日至數週而漸呈憂鬱狀態。躁期之主要症狀爲：活動量過度增加，精力旺盛，性需要增加，睡眠的需要量減少，好說話，滔滔不休，善辯，注意力分散不易集中，或易受外界的干擾而改變話題，喜好從事危險性高的活動，過度慷慨，隨意花錢或盲目地投資，思考飛躍，千頭萬緒，同時有許多念頭在腦中湧現流竄，自我過度膨脹，自視過高，自許爲無所不能而有誇大妄想，虛妄且不切實際。至於鬱期的主要症狀則是另一種極端的情緒表現，其症狀爲：情緒低落，心情鬱閉，悲觀，消極；對任何事情都提不起興趣，缺少決心和勇氣，優柔寡斷；對自己的能力及將來毫無信心；行動遲緩，減少；常呆坐，有時整天睡在床上不動；變得沈默寡言，甚至無言，講話聲音很小，低沈；思考遲頓，內容貧乏，簡單，缺乏活力；帶有悲觀，消極，虛無，憂鬱的色彩。嚴重時患者會產生「不如死了還好一點」的自殺念頭，甚至付諸於實現。胃口減低，食慾不振；排泄機能亦有

異常，時有便秘的現象；性慾減退，有時發生陽萎現象，女性則可能月經停止；身體疲乏不堪，四肢酸軟無力（高雄醫學院精神科，民80，p3）。惟患者在躁期與鬱期之間，往往會完全恢復其正常情形，而與常人無異。臨床醫學將躁鬱症分為：

- 混合型（mixed）。
- 躁型（manic）。
- 鬱型（depressed）。

躁鬱症與犯罪的關係，並不如精神分裂症患者的犯罪般嚴重。根據日本學者的研究發現，躁鬱症患者中其犯罪的比率，鬱型佔70%，躁型佔20%，混合型佔11%。而鬱型犯罪人中犯殺人、傷害罪佔79.1%，放火罪佔15.6%，財產罪佔5.2%。另躁型犯罪人中犯殺人及傷害罪佔39%，財產罪佔34.8%，放火罪佔26.1%。至於混合型犯罪人中犯殺人、傷害罪佔70%，放火罪佔20%，財產罪佔10%（周震歐，民60，p93）。可見鬱型及混合型犯罪人較躁型犯罪人更易犯殺人、傷害等罪，而躁型犯罪人中對殺人、傷害、放火、財產等犯罪，並未發現與罪名間有太大意義性。

精神官能症與犯罪

精神官能症（psychoneurosis）是一組疾病的統稱，它包括：焦慮性精神官能症（以緊張、不安的情緒為特徵）、歇斯底里性精神官能症（以代償性的身體與精神症狀來取代心理衝突為其特點）、畏懼性精神官能症（以不尋常的害怕為主要症狀）、強迫性精神官能症（主要臨床特點是不可抗拒的荒謬思考與行為）、憂鬱性精神官能症（以心情的低落、鬱悶為主）、衰弱性精神官能症（以全身衰弱、疲乏為特徵）、慮病性精神官能症（以執著認定有身體疾病為病狀）等類型〔台大醫院精神科（3），民81，p7〕。自1980年以後，精神官能症一詞已漸少被使用，而多半改稱如以焦慮症、身體症、解離症等名稱。惟因精神官能症一詞多年來廣被使用，精神官能症與精神病是精神疾病兩大籠統的分類，除人格異常、智能不足以及少數其他心理異常外，大部分的精神疾病都可歸入上述兩大類。故國內亦常使用精神官

能症一詞，來表示由焦慮引發生理、心理症狀之心理異常的統稱。

　　精神官能症的基本症狀是焦慮，個人在行爲型態上，便是「壓力——焦慮——逃避——增強」的因果連鎖反應。可見，精神官能症是由於個人遭遇嚴重挫折與衝突，無法立即予以合理解決，且因面臨長期情緒緊張、焦慮、恐懼、不安的壓力，而過度使用防衛方式所造成。根據1952年苟特馬裘博士（Dr. Gutfmacher）的調查研究，發現犯罪人中精神官能症患者約佔10%，其中，尤以強迫症患者最多（周震歐，民60，p101）。茲依臨床症狀分別就精神官能症與犯罪的關係，敍述如次：

焦慮症

　　焦慮症，焦慮症之主要臨床病徵爲心理上的不安、焦慮以及伴隨心理焦慮而來的身體症狀，它最主要可分成：

- 廣泛性焦慮症（泛慮症）與恐慌症。
- 畏懼症。
- 強迫症。

㈠廣泛性焦慮症與恐慌症

　　狹義的焦慮症是指廣泛性焦慮症與恐慌症（generalized anxiety disorder and panic disorder）而言。前者的症狀較廣泛、病程較慢性，而恐慌症則是陣發性的、突然的，並以心臟——呼吸系統症狀爲主要病徵。狹義的焦慮症與犯罪的關係較少，倒是對患者之學業、家庭與工作的不良影響較大。尤其恐慌症嚴重時，患者心跳急快、呼吸窒息感和死亡威脅感與心神慌亂，頗令患者及其家屬困擾不已。

㈡畏懼症

　　俗稱恐懼症，常見的畏懼症（phobic disorders）有：單純畏懼症、社交畏懼症以及懼曠症等。畏懼症所畏懼的是外在的事物或情境，因而與慮病症、強迫症之病徵是以畏懼內在的衝突與衝動是有所不同。畏懼症患者對於其畏懼所帶來的痛苦，可以因避開該外界事物或情境而得以減輕，且此症狀的出現較突然，消失也很快。因而畏懼症與犯罪的關係亦不大。

㈢強迫症

　　強迫症包含：持續出現的意念 (obsessions) 或行動 (compulsions)，
或二者都有；強迫症患者所形成強迫症狀是緩慢進行的。強迫症狀可分為
強迫思考（意念）和強迫行為（行動）。強迫思考可分成：

- 疑問。
- 意念。
- 懼怕。
- 衝動。
- 影像。

　　等五種性質，大部分患者的症狀內容都和污染和不安全有關。強迫行
為多數是伴隨著強迫思考而出現的，但也可成為單獨存在的症狀。患者常
為順應或抵消強迫思考，而衍生重複行為。強迫症與犯罪關係最為密切，
患者最容易觸犯的罪行是放火、殺人、竊盜、酗酒以及性犯罪。因而在心
理異常行為中如，偷竊狂、放火狂、病態性賭博、戀童癖、戀物癖、窺視
癖、露陰癖（暴露狂）等患者在犯罪之前，往往因無法控制內在強迫思考
的出現，，以致犯罪行為可以說是例行性的或是逃避性，具有強迫行為之
性質。

身體症

　　身體症是以表現身體症狀為主要病徵，其主要類型有：

- 轉化症。
- 慮病症。
- 體化症。

　　其中轉化症又稱為轉化型歇斯底里症，早期將歇斯底里症的主要類型
分為轉化型歇斯底里症與解離型歇斯底里症等兩種。而解離型歇斯底里症
最近已單獨劃出而另稱為解離症。身體症中僅轉化症與犯罪較有關係，患
者在正常的情況下，具有自我力量，能適當處理一切，一旦遇到不尋常的
環境壓力，則無法發揮理性的行為，就變成為崩潰境地。他們所以犯罪，

可能是在意識迷糊的解離狀態中所產生的自動行為（周震歐，民60，p109）。

解離症

解離症解離症的臨床病徵是意識領域的窄縮、記憶或人格的改變為主要的內容，其病態內容不僅旣豐富且具有神秘色彩。通常發病是突然發生的，患者很快地進入催眠狀態或突然發現他們對過去不久以前的事全無記憶，而其恢復也如發生時一樣的突然。此症可以自然發生，也可能因心理休克或外傷而引發，其主要類型有：

- 多重人格。
- 心因性漫遊症。
- 心因性失憶症。
- 自我感消失症等。

其中，心因性失憶症患者可能對過去的一切不記得，而易犯重婚罪；或者在失憶發作時，拿走他人的東西而犯竊盜罪。心因性漫遊症在發作時會離家出走，徘徊在外，其與夢遊症不同的是其行為仍能中規中矩，並不令人感到異常之處，因而可能犯重婚罪、遺棄罪等。多重人格患者由於心理衝突，期望將其好的主性格或稱之為意識性格（conscious personality）與壞的次性格或稱之為副意識性格（coconscious personality）分別成立一個人格系統，因而患者在解離狀態，易產生殺人、放火、猥褻等犯行。

憂鬱症

憂鬱症，憂鬱症的臨床病徵主要是憂傷不樂的情緒持續著，因而患者生活無趣、冷漠、自卑，甚至有自殺的傾向。憂鬱症患者在憂鬱狀態下所呈現暴行，無論是自殺或殺人，基本上都是破壞衝動的表現，惟一差別只在於導向自己或導向外界。通常自殺的心理傾向，可以說是憂鬱症的主要症狀之一。患者因長期陷入情緒低潮，在痛苦絕望中，時常存有藉自殺以解脫精神痛苦的念頭。惟有些案例顯示，患者在萌生自殺念頭時，可能出

於憐惜的動機而把自己的子女殺死，而有所謂的利他性殺人（altruistic killing）或慈悲性殺人（mercy killing）。對患者而言，在其病態的想法中，他把「自己」和「子女」視為一體，孩子是父母身體的延伸，因而殺小孩可以說是他自殺的一部分，因此先把小孩殺了然後自盡，俾能早日脫離苦海（林憲等，民76，p51）。

反社會人格異常與犯罪

反社會人格異常的意義與特徵

反社會人格異常（antisocial personality disorder）一詞，過去曾被專家、學者給予多種不同的名稱，如，不伴譫妄的狂躁瘋（manie sans delire）、悖德狂（moral insanity）、精神病態卑劣（psychopathic inferiority）、體質性卑劣（constitutional inferiority）、精神病態人格（psychopathic personality）、社會病態人格（sociopathic personality）等。上述命名都是根據不同的病原學觀點而來的，直到1968年美國精神醫學會（A.P.A.）在修訂《心理異常診斷與統計年冊》第二版（DSM－Ⅱ）時，才首次提出反社會人格（antisocial personality）的用語。1987年上述手冊第三次修訂版（DSM－Ⅲ－R）又以「反社會人格異常」術語取代原先使用的「反社會人格」用語，惟國內犯罪學者迄今仍偏好使用「精神病態人格」一詞。

根據美國精神醫學會對反社會人格異常的定義來看，反社會人格異常者除其年齡至少在18歲以上，而且反社會行為的發作不是來自精神分裂症或躁症者外，尚應從患者在15歲以前之長期品性異常（conduct disorder）以及15歲以後之工作行為的不良，對社會與人際關係規範的侵犯及衝動性等兩大層面加以考量。

反社會人格異常患者的最大特色是壓榨別人以便充實自己，其具有下列五種特質： (Carson et al., 1988, 99, p238～239)

- 道德發展不足，沒有焦慮與罪惡感。
- 行為衝動與不負責，挫折忍受力低。
- 善於擺面子並利用他人，將不為社會所容許的行為歸咎他人。
- 不理會權威，也不從自己的經驗中學習。
- 無法維持良好的人際關係。

反社會人格異常與犯罪的關係

根據廸尼茨 (Dinitz, 1980) 的報導，在美國兩性成年人中反社會人格異常的發生率為1～3％，但監獄的受刑人中佔有兩成屬於反社會人格異常〔沈政（五南版），民81年，p323〕。在監獄的受刑人中，根據研究發現，累犯和常習犯中，反社會人格異常比例偏高；而初犯與偶發犯中，反社會人格異常者，則比例較低。日本學者中田修曾研究發現多種類的犯罪人中大部分是習慣犯，約佔68％；縱火累犯中有46％；縱火初犯中有11％；遲發犯 (30歲以後才開始犯罪者) 中約有9％是反社會人格異常（精神病態人格）。而犯罪少年中，在多種類的犯罪人中，大部分是早發犯 (25歲以前即開始犯罪)，而且80％，在學期間已有不良紀錄。至於女性犯罪人中，反社會人格異常（精神病態人格）的比率，顯然比男性犯罪人為低〔中田修，（中譯本），民76，p51〕。可見，反社會人格異常對犯罪心理因素之重要性，實比精神病及精神官能症有過之而無不及；尤其在犯罪少年及累犯中更為顯著。

性犯罪

性犯罪的意義與特徵

　　性犯罪是指不依社會慣例，為滿足自己性慾而採取公開的違法行為，它不僅包括如，強姦、輪姦、亂倫、強制猥褻等以暴力手段，來求得性慾的滿足，同時也包括一般所謂「性異常」的犯罪行為在內。性異常大致上可以分為性倒錯 (paraphilias)、性功能障礙 (sexual dysfunctions) 以及其他性異常等。性犯罪與其說是犯罪行為，倒不如說主要是由於性異常所引起的。性異常中以性倒錯與犯罪行為有最直接的關係，一般心理學書籍中僅探討性異常的變態行為，因而包括：DSM－Ⅲ－R在內也把強姦、亂倫，與同性戀不當作變態行為，而視為犯罪行為。站在犯罪心理學的立場，性犯罪的範圍應較性異常為廣泛，性異常中性功能障礙以及部分性倒錯，如，戀獸癖、扮異裝癖 (transvestic fetishism) 等，雖屬於私生活的行為，並不構成犯罪行為，惟有時可能要被以違反社會秩序維護法加以處理。

　　根據日本學者山根清道針對日本少年鑑別所收容的約二千三百人所進行的研究，發現性犯罪具有以下特點：（山根清道，陳寶玉譯，民75，p255）

- ・年齡較大居多。
- ・犯罪傾向較不明顯。
- ・犯罪行為本身是積極參加。
- ・在形式上家庭是健全的。
- ・以吸食強力膠具有經驗居多。

性犯罪的犯罪心理

廣義的性異常與犯罪的關係，茲舉較重要數者，加以敘述：

(一)強姦

根據格洛斯 (A. Nicholas, Groth, 1979) 研究五百名強姦犯的結果顯示，每一強姦行為中都有攻擊和性行為的參與，但性 (sexuality) 却僅是表達其攻擊需求和感覺的工具。格洛斯並進一步分析強姦犯的類型，發覺強姦犯中有55%為權力型，40%為震怒型，而只有5%為虐待型（許春金，民77，p366）。可見強姦應視為一種暴力行為，而非性行為的表現為妥。另根據日本學者山根清道的研究，發現青少年強姦的犯罪行為傾向集團居多，占37%；而強制猥褻則以單獨進行最多，占93%。青少年強姦行為在許多狀況下，是在玩樂過程中，從眾行為而產生的，對部分的犯罪少年來說，有時他並不知道怎樣才叫強姦。（山根清道，陳寶玉譯，民75，p254）。

(二)戀童癖

性倒錯與犯罪行為關係最直接的為戀童癖、暴露癖、窺視癖以及虐待狂。其中戀童癖是以同性或異性兒童為對象，並以異性戀童癖較多。戀童癖之犯罪人的心理，大致可以分為三種類型：〔沈政（五南版），民81，p335〕。

- 是由於犯罪人社交能力不足，或與婦女性接觸時產生焦慮情緒，不能與成年女性建立感情；但他們能被成年女性或兒童引起性慾。
- 是犯罪人雖然能與成年女性建立社交關係，但他們的性慾却只能由幼童引發的。
- 是犯罪人既不能與成年女性建立任何關係，對成年女性也沒有太大性慾，唯有由幼童才能引起其性慾。

可見上述三種類型的犯罪人均難以和成年女性發生正常性關係，是其共同特點。這些犯罪人的人格特質，經常屬於強迫性人格、依賴性人格，缺乏自信，拘泥於小節，沈默寡言，不善於交際。

(三)暴露癖

是故意在異性面前顯露自己的性器官為性滿足的性異常。根據美國麻省東劍橋地區法院自1956年至1980年所審理的214名暴露癖犯罪人,並對其中37名進行追蹤治療發現,這37名中絕大多數有性功能障礙,其中有21人結過婚,有11人在一年之內離婚。已婚的犯罪人,平均每週性生活的次數少於一次,且有7人早洩,2人有周期性陽萎,一人有窺視症。上述犯罪人中大多數是溫文的,很少生氣,平時與女性接觸表現羞澀、沈默。除了偶而有暴露的行為外,其他任何表現和行為都是不惹人注目的。〔沈政(五南版),民81,p135〕。

(四)窺視癖

窺視癖與暴露癖,兩者均屬於妨害風化的輕微犯罪,患者常偷偷地看別人脫衣、洗澡,或性交。患者多半是年輕男性,如果是已婚,就很可能性生活不滿意。患者由於自尊心低落,或自覺事事不如人,但也有可能以窺視取代與異性正常的性接觸。

(五)虐待狂

患者喜歡給性伴侶身體上疼痛或心靈上的污辱,從而獲得性刺激或性滿足,有些患者有時以動物或所依戀的物件來取代人體。虐待狂通常是患者早期性興奮和高潮以及施予痛苦的不良經驗所形成,患者不僅可能因其對性的消極態度或恐懼性無能所導致,而且往往與心理異常行為有關。在人格異常中,被動——攻擊型或邊緣型人格異常患者,最容易出現性犯罪行為。他們的犯罪行為傾向暴力性的攻擊或帶有施虐性的強姦行為。另外,自戀型人格異常亦會有性犯罪行為的產生,患者在性行為中往往要求女性要恭維他,說從他身上得到前所未有的性快感,對方如果不從時,他會暴跳如雷,並對受害人進行殘酷的攻擊。上述人格異常的性犯罪往往不在性慾滿足,因而在進行強姦行為時,常以非常殘酷或粗暴的手段對待受害人,甚至造成被害人傷殘或者死亡。

㈥亂倫

亂倫（incest taboo）係指文化所禁止的家庭成員，例如，兄妹或親子間發生性關係。根據研究發現亂倫的出現率約占千分之五，惟受刑人中則高達千分之三十。亂倫中兄妹亂倫五倍於父女亂倫，母子亂倫則罕有發現。家族中亂倫的行為，根據貝格萊（Bagley, 1969）的研究發現，大致上的原因有下列數種：（韓幼賢編譯，民78，p364）。

- 偶發性的亂倫。
- 有嚴重心理異常的亂倫。
- 與戀童癖有關的亂倫。
- 有缺陷的父親模式。
- 因家庭病態和婚姻失調的亂倫。

㈦同性戀

同性戀患者以同性別為對象，從而獲得性的興奮與滿足。同性戀的型態，根據寇爾曼（James C. Coleman, 1972）的分類，計有

- 炫耀型同性戀者。
- 絕望和雙性型同性戀者。
- 隱秘型同性戀者。
- 適應型同性戀者。
- 暫時型同性戀者。
- 同性戀的娼妓。

惟一般則大致分為同性戀者型與異性戀者兩種。異性戀者同時可以從同性與異性間獲得性或愛的滿足。根據日本學者吉益脩夫的研究結果，發現同性戀患者容易因對方有了婚姻或改變初衷而有殺人或傷害的犯行，亦可能為了討好所愛之人而犯竊盜罪、詐欺罪（馬傳鎮，民64，p174）。

參考書目

周震歐編　　（民60）《犯罪心理學》台北：中央警官學校

馬傳鎮編　　（民67）《犯罪心理學》台北：憲兵學校

陳寶玉譯　　（民75）《犯罪心理學》台北：五洲

中田修　　（民76）《犯罪心理學》（再版）台北：水牛

許春金　　（民77）《犯罪學》台北：三民

蔡德輝　　（民79）《犯罪學》（修訂版）台北：五南

王元明、華意蓉譯　　（民75）《青少年犯罪心理》台北：五洲

馬傳鎮　　（民77）《少年犯罪心理與環境因素研究》南投：台灣省政府

張華葆　　（民77）《少年犯罪心理學》台北：三民

張景然　　（民81）《青少年犯罪學》台北：巨流

沈政主編　　（民81）《法律心理學》台北：五南

林天德　　（民82）《變態心理學》台北：心理

台大醫院精神科主編　　（民81）《心理衛生專輯》台北：行政院衛生署

林憲、林信男　　（民76）《精神鑑定》台北：橘井

孔繁鐘編譯　　（民80）《DSM－Ⅲ－R診斷準則手冊》（二版）台北：合記

張春興　　（民80）《現代心理學》台北：三民

邱大昕等譯　　（民81）《心理學》台北：心理

郭靜晃主編　　（民82）《心理學（上）》台北：揚智

張春興　　（民80）《張氏心理學辭典》台北：東華

林瑞祥主編　　（民81）《社會科學百科全書》台北：五南

Bartollas, Clemens (1985) *Juvenile delinquency*. New York:Macmil-
　　lan,

Costin, Frank (1989) *Abnormal psychology*. New York: John Wiley
　　& Sons.

Hagan, John (1988) *Modern criminology (2nd)*. Singapore:McGraw Hill.

Shoemaker, Donald J. (1990) *Theories of delinquency*. New York: Oxford University Press.

約翰・洛克（John Locke, 1632－1704）

在其1960年出版的「人類悟性論」(Essay
Concerning Human Understanding) 指
出人類的心智，非始自出生，乃是藉由知
覺與思考而獲得知識，主張後天的經驗主
義。

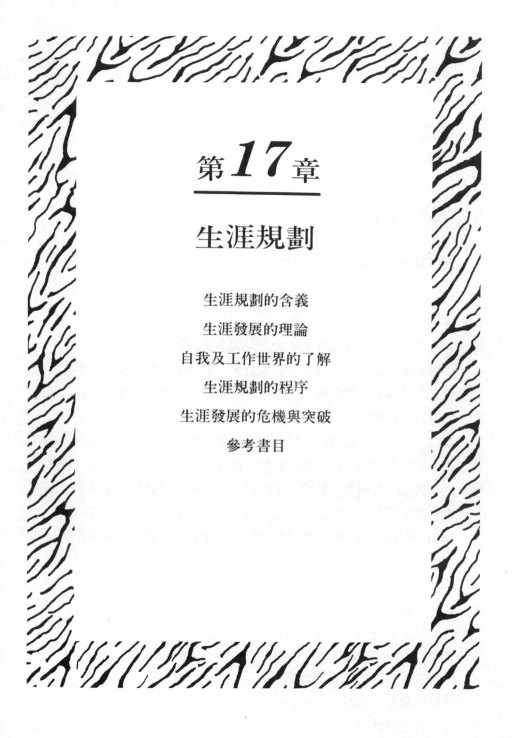

第17章

生涯規劃

一個人若是看不到未來，就掌握不住現在（金樹人，民80）。這是何其可悲的事實，這個人竟把現在的寶貴時間，作毫無目標，或錯誤目標的追尋。生涯規劃的目的，就是要讓我們了解自己、控制自己，進而駕馭自己。

生涯規劃的含義

生涯規劃的意義

　　要了解生涯規劃的意義，需先了解生涯（career）（或譯作生計）的意義。

(一)生涯的意義

　　有關生涯的意義，各專家學者有大同小異的陳述，說明如下：

　　生涯的意義比工作或職業的範圍還大，它不僅包括一個人一生所從事的工作，以及其擔任的職務、角色，但同時也涉及其他非工作／職業的活動（林幸台，民80）。

　　羅文基（民81）整理許多學者專家對生涯的意義，認為狹義的生涯係指與個人終生所從事工作或職業有關的過程，似與一般我們所謂「事業」同義。廣義的生涯則是指整體人生的發展，亦即除了終生的事業外，尚包含個人整體生活型態的開展。

　　蘇伯（Super, 1976）對生涯的說明如下：它是生活裏各種事件的演進方向與歷程，統合個人一生中各種職業和生活的角色，由此表露出個人獨特的自我發展組型；它也是人生自青春期以至在退休之後，一連串有酬或無酬職位的綜合，除了職位之外，尚包括任何和工作有關的角色，甚至也包括：副業、家庭和公民的角色。

　　麥克丹尼爾（McDaniel, 1978）認為生涯是一種生活方式的概念，包括了一生當中工作與休閒的活動。

　　蓋世貝爾斯和莫爾（Gysbers & Moore, 1981）更擴大了它的範圍，欲以生活的生計發展替代生計的含義，統整個人一生所有角色、環境與事

件對自我的影響。

綜上所述，生涯係自出生開始至退休以後的發展過程，它包括：有酬和無酬的職位，其內容涵蓋了職業、家庭、休閒、社會活動等角色。

(二)生涯發展

所謂生涯發展就是透過社會、教育以及輔導的努力，協助個人建立實際的自我觀念且熟悉以工作為導向的社會價值觀，並將其融鑄於個人價值體系內，並藉由生涯選擇、生涯規劃，以及生涯目標的追尋加以實現，俾使個人能有一成功美滿並有利於社會的生涯（楊朝祥，民79）。生涯發展具有下列之特性：

相似性：每個人的生涯發展歷程都是相似的，例如在兒童期發展自我觀念，在青少年期可作職業探索，在中年期作職業的穩定，在老年期則適應退休的生活。

獨特性：每個人的生涯發展可能受遺傳及環境的影響而有其獨特性，即使是雙胞胎也不例外，同卵雙胞胎雖然承受相同的遺傳，但日後因環境的不同，造成了不同的生涯發展。

連續性：生涯發展是連續不斷的過程，只要個體的生命存在，沒有一天是間斷的。

廣泛性：生涯發展包括個人在職業、教育、家庭、社會、休閒等各方面的進程，所以具有相當的廣泛性。

(三)生涯規劃

生涯規劃（career planning）顧名思義，即是一個人生涯過程的安善安排。在這安排下，個人能依據各計劃要點在短期內充分發揮自我潛能並運用環境資源達到各階段的生計成熟，而最終達成其既定的生涯目標（楊朝祥，民79）。由此可知，個人的生涯規劃是先訂好一個可行的生涯目標，然後運用個體的潛能和生活環境中可及的資源，睦力加以完成。

生涯規劃的重要性

生涯規劃的目的，應是幫助個人找到可以傾注一生的事業（朱湘吉，民81），可見其重要性，再分述如下：

(一)就個人方面

個人生涯規劃得宜，潛能可以發揮，無論對職業生活、身體健康、心理特質等都有莫大的幫助，依照艾力克遜（Erikson, 1963）的心理社會學說，到了成年期會完成友愛親密（intimacy）的發展目標，到了中年期會完成精力充沛（generativity）的發展目標，到了老年期則會完成完美無憾（integrity）的發展目標。反之，若規劃不當，可能造成能力無法發揮，有志難伸，間接的導致挫折感，依艾力克遜（Erikson, 1963）的心理社會學說，到了成年期會產生孤獨疏離（isolation）的心理危機，到了中年期會產生頹廢遲滯（stagnation）的心理危機，到了老年期則會產生悲觀絕望（despair）的心理危機，由此可知：生涯規劃對個人的重要性。

(二)就家庭方面

個人生涯規劃成功，在成家之後，必能因個人在發展上的順利，提升家庭的社經地位，如此可帶來婚姻幸福的正面效果，也同時可給子女一個良好的示範，子女在此種家庭中，較能獲得精神與物質的滿足，有利於成長。反之，若個人生涯規劃失敗，或欠缺有效規劃，其潛能必定無法發揮，以至於人生發展平平，甚至於落魄，相信對婚姻生活及子女成長均有不利的影響。

(三)就社會方面

根據金樹人（民80）所言，生涯輔導的社會功能可由消極與積極兩方面觀之。

就消極功能而言可分為二：

- 避免失業率的激增。
- 避免生產力的降低。

就積極功能而言可分為四：

- 奠定人力發展的基礎。
- 提升人力資源之素質。
- 充分利用人力資源。
- 調適社會變遷。

此外，若個人生涯規劃得宜，就個人而言找到合適的工作，就求才機構而言找到一個合適的人，相信對個人及機構而言，均有莫大的幫助，如此可使社會更和諧，更進步。

生涯的發展階段

在人生旅途中，因身心發展的不同，造成生涯發展也各異，孔子在論語為政篇提及：吾十有五而志於學，三十而立，四十而不惑，五十而知天命，六十而耳順，七十而從心所欲不踰矩。可算是孔子的生涯發展階段，一般而言，專家學者也提出不同的生涯發展階段，茲舉數者介紹如下：

㈠蘇伯的生涯發展五階段
蘇伯（Super, 1984）提出人生的彩虹圖，將生涯的發展階段分為五個時期，分別說明如下：

- **成長期**：以孩童時期為主。
- **試探期**：以學生時期為主。
- **建立期**：以20～30歲為主要顛峯時期。
- **維持期**：以40～45歲為主要顛峯時期。
- **衰退期**：以65歲以後為主要階段。

㈡霍爾的生涯發展三階段
霍爾（Hall, 1976）將生涯的發展階段分為三期，其任務需求說明如下：（轉引自羅文基，民81）
早期生涯：

- 培養行動技能。
- 培養某一專門能力。
- 培養創造、創新的能力。

中期生涯：

- 培養訓練和教導他人的能力。

- 更新訓練和技術的整合。
- 培養對工作和組織的寬廣視野。
- 轉換需要新技能的工作。

後期生涯：

- 從實際掌權者逐漸轉變爲提供智慧、指導和諮詢、顧問的角色。
- 開始參與組織外的活動（部分時間），重新建立自我並準備退休。

㈢林幸台的生涯發展階段

林幸台（民80）依生涯輔導目標的觀點，將生涯發展分爲五個階段，簡述如下：

兒童期（成長階段）：小學階段是奠定個人學業及社會發展基礎的時期，在此時期所形成的態度與能力將影響其未來的生計發展，因此輔導的重點應以自我觀念、現實考驗、技能培養爲主。

青少年時期（探索階段）：國中階段的學生正面臨身心變化最激烈的時期，培養興趣、澄清觀念、肯定自我、探索人生方向是其發展的重點。

青年期（自我認定與抉擇階段）：高中至大學階段爲個人尋求自我肯定、決定人生方向、步入獨立生活方式的時刻。

成年期（統整階段）：此一階段前期爲個人統整其發展結果、建立個人事業的重要關鍵時刻，而後期則進入事業穩定、繼續發展的境界，前後涵蓋時段可長達三、四十年，亦爲個人一生的最佳詮釋。

老年期（再學習階段）：此一階段必須學習面對身心狀況逐漸老化的現象，調整工作與生活步調，統整一生所作所爲，學習新的生活方式，以逐步取代往年的習慣行爲，並積極扮演其他不同的角色。

㈣各學制的生涯發展階段

以下依我國目前學制（國小、國中、高中、高等教育）四階段來談談其生涯發展目標：

國小階段的生涯發展：張裕隆（民77）提出國小階段生涯輔導的目標有23項，舉其要者說明如下：

- 懂得認識自己的能力、價值、和興趣是將來教育以及職業選擇的基

礎。

- 瞭解經由目前的計劃與準備可以達成未來的目標。
- 瞭解學校教育爲學生提供許多探索以及爲生活準備的社會。
- 體認學術上的技巧（讀、寫、算）和其他事物之間的關係，以及如何將這些東西運用在未來的教育和工作的選擇之上。
- 瞭解工作的神聖，尊敬從事各種行業的人們，以及他們爲社會所做的貢獻。

國中階段的生涯發展：李淑琦（民77）提出國中階段生涯輔導的目標如下：

- 讓學生了解其個人興趣、能力、價值觀並接觸多種不同的職業領域，以發掘較適合個人的職業。
- 輔導者能幫助學生，使學生了解不同工作的本質、不同工作對社會的貢獻及重要性以及不同工作的工作者對能力、性別等的要求。
- 使學生了解不同的教育領域會影響往後職業的層面。並讓學生由不同的工作角色中去了解不同的工作知識及技能的差異。
- 讓學生了解不同工作的工作情境爲何，工作的流程或工作的產品爲何，需要哪些特殊的技能。
- 使學生了解從事不同工作其生活型態會有差異，讓學生注意其所喜歡的生活型態是否與想從事之工作的生活型態不同。

高中階段的生涯發展：修慧蘭（民77）提出高中階段生涯輔導的目標如下：

- 了解他們自己的成就、價值觀、嗜好、期望、對職業的喜好等等之間的關係。
- 針對自己未來的目標，分析自己現有的能力，並能夠發展出一個計劃以增加自己的能力。
- 能夠經由選修適當的課程，參加建教合作或在職訓練、或研究計劃等，以及使自己充實，能符合未來工作或學校所要求的資格。
- 發展出能有效的利用休閒時間的能力。
- 若所做的選擇變成無效時，能以另一種方式來達成其在教育上或工

作上的願望。

- 確定在學校畢業後，至達到目標之間所需要的步驟。
- 對於個人的特質及成就能正確的做一概述，並能在求職或升學的面談中適當的表現出來。

高等教育的生涯輔導：季力康（民77）提出高等教育的生涯輔導目標如下：

- 幫助學生對自己專攻領域的選擇。
- 幫助學生自我評鑑和自我分析，例如，自己的強處、弱處、價值觀、動機、心理特徵和興趣。
- 幫助學生瞭解工作的世界。
- 幫助學生做決策。
- 幫助學生接觸工作的世界。
- 幫助一些特殊的學生（如，殘障、僑生等），以符合他們獨特的需求。

生涯發展的理論

有關的專家學者對生涯發展提出不同的理論，本節將擇要介紹幾種說明如下：

特質因素論

特質因素論（trait－factor theory）的代表人物為威廉遜（Williamson），以特質為描述個別差異的重要指標，而強調個人人格特質與職業選擇的關係（林幸台，民80）。此一論點，實包含下列二點意義：

每一種職業都有理想的人格特質。例如，從事推銷工作的人格特質最好是外向的、活潑的；當老師最好要有愛心、耐心及創意等。

每一個人的人格特質可能較適合從事那一種甚至數種職業。例如，外向的人可從事推銷、老師、民意代表等；而內向的人可從事校對、研究工作、電腦操作等。

此一理論的特點乃在強調人格特質與職業的密切關係，但吾人選擇職業並非只考量人格特質即可，應輔以性向、興趣、家庭及社會環境等許多因素，如此所作的生涯規劃能更符合個人之需要。

　　與特質因素論相近的類型論 (typology)，由何蘭 (Holland) 所提出，他將人格類型歸納為六種，同時在此六種人格類型中，又提出典型的職業群，說明如下：（黃德祥，民72）

　　眞實型：其人格類型為喜歡需體力的活動，富侵略性，神經組織發達，缺乏口才與交際技巧，喜歡具體而不喜歡抽象問題，不易親近。典型的職業為：勞工、機械操作員、航空人員、農人、貨物搬運人員、木匠等。

　　智慧型：其人格類型為重視工作責任，對問題深思、組織和了解世界，喜歡有意義的工作任務和反傳統的活動、抽象的觀念等。典型的職業為：物理學家、人類學家、化學家、數學家、生物學家等。

　　社交型：其人格類型為喜歡教學或治療角色，喜歡安全環境，善於口才和交際，喜歡社交，易接受女性情感等。典型職業為：臨床心理學家、諮商者、外國傳教士、教師等。

　　保守型：其人格類型為喜歡有組織的言語和數字活動，喜歡居附屬角色，藉服從達成目標。典型職業為：出納、統計員、簿記員、行政助理、郵局職員等。

　　企業型：其人格類型為具操縱、推銷、領導他人的口才。典型職業為：隨車售貨員、拍賣員、政治家、典禮主持者、採購員。

　　藝術型：其人格類型為喜歡迂迴的人際關係，喜歡透過個人表現藝術活動、處理環境問題。典型職業為：詩人、小說家、音樂家、雕刻家、劇作家、作家、舞台導演等。

社會論

　　社會論者認為個人生涯發展過程中受社會因素的影響頗大，在此所謂社會因素可包括下列數者：

　　家庭：如，父母的教育、職業、家庭經濟狀況，子女所受的家庭教育等，都會直接或間接的影響子女作生涯抉擇。

　　種族：種族的優勢與劣勢足以影響個人的資產，在美國白人總是比黑

人佔有更大的社會資源；而在台灣則平地人比山地人佔優勢，根據瞿海源
（民72）的研究顯示：在教育程度及每戶總收入上，山胞均較低。

社會階級：社會階級的決定標準在現代社會中為職業、財富、權力，及
所得是測量階級的最重要標準，而教育、家庭、宗教與住宅，則是與社會
位置最相關的指標（謝高橋，民77），這些都會影響個人的生涯發展。

學校：如，師生關係、同儕關係、學校學習風氣、教師教學態度及方
法等，都會影響個人之生涯發展。

社區：社區中之就業機會，社區中可利用之資源，對個人生涯發展亦
有影響。

認同或壓力團體：個人在所處的環境中，來自於父母、老師、長輩或其
他直接、間接對個人有影響力的人，基於個人對其所產生的認同，或他人
對自己產生的壓力，都可能影響個人的生涯抉擇。

決策論

決策論認為個人有許多職業選擇的機會，每一機會會造成不同的結
果。生涯目標或職業的抉擇必須尋求最高的效益和最小的損失，而此處所
謂的效益或損失並非純為金錢上的考慮，而是任何個人認為有價值的事
物。任何的職業或生涯途徑均可被認為是為達成某些特定的目標，如，較
高的地位、安全、社會流動，亦或獲得配偶（轉引自楊朝祥，民79）。

一般而言，吾人在作生涯抉擇時常有一些兩難的考量，例如，某種職
業待遇高，但無升遷機會；某種職業待遇低，但很安定；某種職業工作輕
鬆，但無成就感；某種工作自己很有興趣，但能力不足……，面對這些問
題，就必須有良好的決策過程，才能對自己做最佳的選擇，決策的過程大
致可分為下列幾個步驟：

確定目標：確定個人的生活目標在那裏？個人的人生觀為何？該種職
業除了滿足自己經濟的需求外，還可達成那些目標？近程的目標為何？中
長程的目標又為何？

確定問題：目前兩難的問題在哪裡？對自己的影響如何？對以後的發
展可能造成哪些障礙？

蒐集資料：針對決策的種類作正反兩面的資料收集，收集的途徑可由

訪問、徵詢、文字資料等處著手。

　　評估：就所得資料加以分析，最後作評估，就正面而言，可以有哪些利益；就反面而言，可能有哪些損失，有無補救的措施，終於完成生涯決策。

需要論

　　需要論（need theory）認為需要是選擇職業的關鍵所在，因此著重於個人心理需求的探索，特別強調家庭環境及父母管教方式對個人需求的影響以及其個人職業選擇的關聯（林幸台，民80）。

　　需要論是由羅（Roe）所提出，她研究人格本質並融合了馬斯洛（Maslow）的需求層次理論發展而成，於1957年提出職業選擇早期決定論，說明童年經驗與職業態度的關係，羅認為：（轉引自楊朝祥，民79；林幸台，民80）

- 來自愛、保護、溫暖的家庭中的孩子，日後傾向於選擇與人有關的職業，如，服務業——輔導、服務生等注意別人需要的職業。
- 來自排斥、忽視和不關心的家庭的孩子，日後傾向於選擇與人不產生關係的職業，如，戶外工作——農夫、礦工等。
- 如果孩子感到過度的被保護或要求，那麼基於防衛性，他可能選擇與人不產生關係的職業，如，一般文化工作——民俗研究等；或藝術與娛樂工作——藝術家、體育家等。
- 如果來自被排斥的家庭的孩子，為了補償也可能選擇與人有關的職業，如，商業活動——推銷、販賣等。
- 來自愛但不是關心的家庭的孩子，可能會以其能力而非個人之需要而選擇其在人際關係之方向。

分析論

　　分析論即精神分析學派之主張，其基本特色是以心理分析的方法來分析人格發展的過程、自我觀念對職業的影響以及職業發展的機會與完成的

程度，主要著重於個人動機、需要等心理動力的研究，其主要觀點為：（楊朝祥，民79）

- 職業選擇是個人人格發展的結果。
- 人依其相似的程度區分為數種人格類型，具有某種類型特質愈多愈能發展該種特殊的型態。
- 職業環境依其相似的程度，可區分為數種模式環境。
- 人和環境的配合亦可組成若干不同的結果，這些結果影響到職業的選擇，職業的穩定性和其成就，以及個人的穩定性與創造性的表現。

應用分析論從事於職業選擇的研究者不在少數，而以何蘭最有名（如本節前述），說明了某種人格特質的人，可能較傾向於從事某些職業。此一理論，告訴吾人在選擇職業時，必須把人格因素考慮進去。

發展論

發展論（developmental theory）強調職業選擇為一人生長期發展的歷程，因此特別注重個人發展階段中，自我概念以及各階段生涯發展任務與生涯成熟的意義（林幸台，民80）。這派理論的中心論點是：（楊朝祥，民79）

- 個人隨年齡的成長，產生對自己更清楚的觀念。
- 個人的職業想像是配合個人的自我想像，而作職業選擇的決定。
- 最後的職業選定是職業觀念與自我觀念的配合。

由上可知，持發展論者認為人在做生涯決定時，是一種由小到大的過程，其觀念可能由模糊而漸明朗，其思考方式可能由不成熟而趨成熟，而且目標可能由幻想漸至具體。

自我及工作世界的了解

本節旨在整理上節之理論，綜合描述影響生涯選擇的因素，並對這些因素詳加探討，以協助個人作生涯規劃。

影響生涯選擇的因素

影響個人生涯選擇的因素很多，大致可歸納下列幾類：

(一)個人因素

生理特質：個人生理特質對其生涯選擇、生涯發展的影響，最大的可能就是身體健康和性別，茲分別說明如下：

- **生理健康**：基本上生理健康的人是有利於生涯發展，無論個人作何決定，健康因素都提供正面的影響，至少沒有負面的作用。至於健康狀況不好的人，就要考慮不可從事較勞累的工作，以免傷害自己的身體。有些人在年輕時從事體力性的工作，亦要考慮步入中、老年後，體力較差、健康狀況較差後的規劃，是提早退休或發展第二職業生涯。至於少部分殘障人士，如，肢體障礙、視覺障礙、聽覺障礙、語言障礙等，其生涯發展可能大打折扣，但個人可評估自己障礙的狀況，選擇較不受障礙影響的職業，亦能創造個人發展的天地，例如，一位腳部障礙的人，他可選擇當研究員、電腦操作、寫作、設計、裝配、手工、售票人員等與腳部活動較無關的工作。

- **性別**：雖然兩性在工作上的平等權應被肯定與提倡，但因存在於兩性間生理上的差異亦是一種無法改變的事實，故在做生涯規劃時亦需考慮。一般而言，男性從事體力性的工作，女性從事較不費體力的工作，在我國勞動基準法（民國73年7月30日總統公布）亦對女工有如下之規定：對工作時間的限制（第49條）、對妊娠、分娩、哺乳時的工作規定（第50、51、52條）。生兒育女具有傳宗接代、和樂家庭的功能，夫妻在此一神聖任務之下，個人應扮演何種角色，以及

如何取得協調，亦是生涯規劃所應考慮的項目，如此的規劃才是圓滿的。

心理特質：心理特質對個人生涯發展有相當大的影響，至少包括下列幾項：

- **性向**：亦即潛在能力，選擇自己有能力的工作，不但做得快，而且做得好；相反地，若選擇自己沒有能力的工作，雖然比別人更努力做，但其成果未必比別人表現好。
- **興趣**：選擇喜歡做的工作，樂此不疲，工作時感到愉快；若是所做工作不符合自己的興趣，感到厭煩，無奈，視工作為畏途。
- **需求**：選擇符合自己需求的工作，動機強，企圖心大；相反地，若選擇不符合自己需求的工作，則缺乏工作動機，混混日子。
- **人格**：前面特質因素論已述及；人格與生涯選擇有相當的關係，違反了這層關係，不但做起來枯燥乏味，且影響成果。
- **成就動機**：成就動機強的人，必須在職業生涯中作最大的努力，追求個人的成功；但成就動機弱的人，可能只需要一份安定的工作即可，比較不急切地追求升遷或待遇的提高，甚至有些女性樂於當一般人認為較無成就感的家庭主婦。
- **自我觀念**：自我觀念清楚、堅定的人較能清楚的正確的規劃自己的未來；相反地，自我觀念不清楚的人，較無法確知未來的方向，甚至有規劃錯誤的可能。
- **價值觀**：個人的價值觀影響自己規劃未來的態度。陳英豪等（民77）即修訂工作價值觀量表乙份，提出利他主義、美的追求、創意的尋求、智性的激發、獨立性、成就感、聲望、管理的權力、經濟報酬、安全感、工作環境、與上司的關係、與同事的關係、變異性和生活方式的選擇，共十五項工作價值觀，檢驗個人工作之目的或價值在那裏。

教育程度：由於從事各種工作均需特殊的工作知識與技能，而教育與訓練則是獲得這些知識及技能之主要途徑，所以教育與訓練是生涯的準備，而就業則是教育與訓練的目的。因此，一個人所願意接受的教育程度以及所接受的訓練種類，均會影響其生涯的選擇（楊朝祥，民79）。林幸台（民80）引自國外資料，將八種職業組羣，由高學歷至低學歷分爲專業及管理至非技術之六種層次，詳列各種不同層次所可能的工作，以服務業爲例：

- **專業及管理（高級）**：社會科學家、心理治療師、社會工作督導。
- **專業及管理（一般）**：社會行政人員、典獄長、社工人員。
- **半專業及管理**：社會福利人員、護士、巡官。
- **技術**：士官長、廚師、領班、警察。
- **半技術**：司機、廚夫、消防員。
- **非技術**：清潔工人、守衛、侍者。

　　工作經驗：工作經驗愈多，愈有利生涯發展，亦即在生涯發展過程中較順暢，如無工作經驗時，則往往需要一段時日的磨練。基於此，許多學校之科系，均有實習或建教合作的安排，即幫助學生取得工作經驗。

㈡家庭因素

　　個人遺傳父母資質，自幼在家庭中成長，接受教育，是故家庭因素影響個人生涯發展甚巨，說明如下：

　　父母資質：父母資質較高者，透過遺傳，子女必得到好的資質，有利生涯發展，反之則否。

　　父母教育程度：父母教育程度高者，較能提供好的家庭教育，有利生涯發展，反之則否。

　　父母職業：有些父母之職業（如，教師），較能好好照顧子女，有利生涯發展；但有些父母之職業（如，工廠三班制之工人，醫院三班制之護士），較無法好好照顧子女，不利生涯發展。

　　家庭經濟：家庭經濟好的，較能提供子女有利的成長及學習環境，有助於子女的生涯發展，反之則否。

(三)學校因素

個人自幼稚園開始接受學校式的啓蒙教育，而後至小學、國中、高中、大學，生涯發展知識及技能的獲得，大都來自學校教育，可見學校教育之重要性，學校教育對個人生涯發展的影響至少有下列幾點：

教師的教學態度、方式：將促使學生是否獲得學習成就，以便將來至社會有所用身之處。

學校的設備：將可輔助教師的教學內容，提高學生的學習成效，以利學生未來之自我實現。

教學內容：教材是否合適？是否助於職業生活？甚至於人格的陶冶，正確觀念的灌輸，品行的導正等，均是未來個人成敗的關鍵。

生涯輔導：生涯輔導愈早實施愈好，個人就讀學校之老師若能正確的爲學生提供生涯輔導，才不至於讓學生在嘗試錯誤中學習，有利於個人生涯選擇，反之則否。

(四)社會因素

個人在家庭環境中成長，亦在社會環境中成長，所以社會因素對個人生涯發展亦不容忽視。

價值觀：「萬般皆下品，惟有讀書高」、「文憑主義」、「功利主義」、「笑貧不笑娼」等，均顯示社會的價值觀，個人既生活在此社會，耳濡目染，自然受其薰陶，進而影響生涯抉擇。

工作機會：工作機會愈多，愈有利於個人作生涯選擇，若缺少工作機會，自然限制個人的發展。

社會資源：社會資源包括：學校、圖書館、職業訓練機構、職業介紹所等，社會資源愈多，個人能有效的加以利用，自然有利於生涯發展，反之則不然。

社會經濟：在一個富裕的社會，必能提供更多的社會資源給民眾享用，民眾自然得到，有助於生涯發展，反之則否。

認識自我

認識自我可協助吾人做更正確、更符合自己狀況的生涯規劃，認識自我可從下列幾方面著手：

醫學檢查：由醫師檢查自己的生理狀況，就自己生理狀況的了解，所做的規劃，在消極方面，可以避免生理上的弱點更形惡化，例如，視力較差的人，不適合選擇需長期使用視力的工作，如，編輯、校對、駕駛等；尤其步入中老年後，身體的機器經過五六十年的使用，多多少少都會出現一些症狀，如，高血壓、糖尿病、心臟、腎臟等應及早注意，避免因職業上的壓力、工作量帶給身體負面的影響；就積極方面而言，透過身體檢查，可瞭解自己身體狀況的優點，做好生涯選擇及計劃，更能將潛能發揮得淋漓盡緻。

心理評量：瞭解自己心理特質的管道很多，心理測驗不失為一種客觀的方式，藉助於人格測驗、智力測驗、性向測驗、成就測驗、職業興趣測驗等，我們可以更進一步的瞭解自己的個性、智能發展、潛在能力、學業成就以及興趣，如此更有助於自己對未來的規劃。

自我反省：自己應該最瞭解自己，從自己的生活史、求學史以及實習、打工、做事的經驗，也可以認識自我，雖然可能較為主觀，但實為最重要的資料之一。

親朋訪談：與自己的父母、兄弟姊妹、長輩、老師、同學、朋友、同事等認識自己的人訪談，可得到一些較客觀的資料，由第三者來看自己，或許有別於自己的主觀認定，經過多人的訪談，所收集的資料是相當寶貴的，可以做為規劃自我的參考。

認識家庭

個人自幼在家庭成長，甚至長大後自組家庭，都離不開這個團體，在生涯規劃之時，吾人應瞭解本身之家庭狀況：

家庭內有形及無形的資源：父母親提供給子女有形的資源如，教育經費、創業基金；或無形的資源如：精神的支持，做人處事的指導以及工作

上的協助等。

　　夫妻之間的協調：對於結過婚的人而言，做生涯規劃的同時，最好也能考慮到配偶的問題，基於夫妻之間的協調，彼此可能亦可從對方獲得精神或人力的資源，有助於生涯規劃。

認識學校

　　學校教育除可使吾人接受有關的做人處事教育外，更可使我們獲得將來職業生涯中的專業知識和技能，故生涯規劃的成敗，學校因素亦為重要原因之一，認識學校可從下列幾方面著手：

　　認識學校資源：個人在求學中，可透過老師、學長（姊）或同學間認識學校資源，如，圖書館、輔導室（中心）、運動場所、實驗室等，同學如能在校內充分利用學校資源，必有利前程發展。

　　請求輔導室（中心）協助：由輔導老師協助你認識自己和學校提供的資源。

　　請求各科老師協助：學校各科老師學有專精，故學生可利用和老師接觸的機會，得悉各科學術領域或將來就業市場的需求性，作為學生規劃未來的參考。

認識社會資源

　　政府及民間均可能提供一些設施給民眾，民眾若能充分利用，必有助於前程規劃，比較重要的有：

　　技藝訓練機構：政府及民間社團為了培訓人民有一技之長，都會定期或不定期舉辦各種技藝訓練，如，電腦班、焊工、車床、珠算、打字等，透過技藝訓練，學得一技之長後，相信更有利於就業。

　　就業輔導機構：政府及民間為了替求才機構以及求職的人推介工作，成立青年輔導委員會，國民就業輔導中心、就業服務站和職業介紹所等機構，透過就業輔導機構的推介，幫助需要找工作的人求得一個工作機會，以利生涯發展。

大眾傳播媒體：大眾傳播媒體也提供求職的機會，幫助需要找工作的人，相信許多人因而找到理想的工作，發揮自己所長。

工作世界的瞭解

對於自我的認識之後，尚無法完全規劃未來，伍得（Wood, 1990）即提出個人內在世界與工作世界的一些關聯性，如（**表17－1**）所示。

表17-1　生涯選擇的要求

個人的內在世界	你的人格	你的興趣	你的能力	你的需求與價值觀
工作世界	職業所需特質	職業的分類與內容	職業所需能力	各類職業報酬率

由（**表17－1**）顯示，吾人對工作世界的瞭解，至少可從下列四者談起：

職業所需的特質：：每一科職業都有不同的特質，例如，老師這個職業的人格特質最好是外向的、熱心的、關懷的等；校對這個職業的人格特質最好是內向的、細心的、耐心的等。

職業的分類和內容：依據中華民國行業標準分類（行政院主計處，民76）的說明，我國職業的分類和內容說明如下：

- 農、林、漁、牧、狩獵等：如，作物栽培、家畜飼養、造林伐木、農場經營、公園規劃等。
- 礦業：如，採礦工、礦冶工程人員、礦石鑑定人員等。
- 製造業：如，操作員、技工、產品測試人員、品管人員等。
- 水電業：如，水電工、水質檢化工、水力工程師、發電工程師等。
- 營造業：如，木匠、水泥工、建築師、工程師等。
- 商業：如，出納員、銷售員、採購員、經理、廣告、設計、企業顧問、公關人員等。
- 運輸業：如，司機、卸貨員、票務員、公共汽（火）車服務員、業務員等。
- 金融保險及工商服務等：如，出納員、會計師、財務經理、查帳員、貸款徵信員、法務人員、廣告人員、產品設計員等。

・服務業：清潔工、廚工、美容師、理髮師、醫生、心理輔導員、教師、藝術表演者等。

・其他不能歸類者。

職業所需的能力：每一種職業，隨其專業度的不同，都需具備或多或少的能力，例如：教師需具備表達能力、組織能力及應變能力；會計員需具備計算能力，業務員則需具備推銷能力等。

各種職業的報酬率：一般而言，各種職業的報酬率並不一，其影響的因素不外乎：工作時間、專業度、技術性、勞心或勞力等，個人的需求與價值觀均應列入求職的考慮，如此才能使報酬率與生涯發展契合。

生涯規劃的程序

生涯規劃的程序就不同學者所提出的可能有小異，但大致的步驟是差不多的，金樹人（民80）認為生計決定的過程可分為：

- ·探索不同的可行方案。
- ·比較不同方案後果的得失。
- ·根據對後果的評估而作選擇。
- ·接受現實的考驗。
- ·評估實施的結果再作決定。

楊朝祥（民79）提出生涯計劃之步驟為：

- ·具體化、階段化目標。
- ·考慮各種途徑。
- ·選擇最適當的途徑。
- ·安排執行。
- ·評鑑與改進。

綜合以上兩位學者之觀點，加之筆者補充資料，生涯規劃的程序說明如下：

具體化目標

生涯規劃時，個人乃是依照各種主客觀的因素，先決定自己大略的方向，然後再經仔細探索，逐步將自己的目標具體化，以為生涯規劃奠定基礎（楊朝祥，民79）。

主觀因素包括：個人的年齡、身體健康狀況、性別、心理特質（人格、興趣、性向、智力、價值觀等）。

客觀因素包括：家庭社經地位、學校狀況、社區環境及國家社會狀況等。

階段化

　　生涯規劃時，要一下子對人生全程提出完整的計劃，恐非易事，亦不切實際，因此可以將之階段化，一步一步進行，更容易達成目標，階段化可分為：

　　短程計劃：針對自我發展、社會化情形、心理特質、生理特質以及家庭教育、學校教育等，根據前述具體化目標提出一個短程計劃，這個短程計劃的時間可能是一年、二年或三、五年，因人因事因狀況而有不同。例如，對一位大學二年級的學生，他的短程計劃可能就是到大四畢業這兩三年的時間，亦即他要規劃如何大學畢業，而且在學時間他要選修那些課程、要參加那些社團、在那裏實習等；此外，對於想考預官的男同學，他該如何計劃準備的方向；對於想考研究所的同學，他該如何準備；對於想出國留學的人，他該如何加強語文以及選擇學校；對於想考高普考試的同學，又該如何應付；至於畢業後想就業的同學，亦需計劃收集就業市場的資料，除了學校所修的課程外，是否應該加強某些能力，如，英日語會話、英日語書信、電腦、打字、美工設計、廣告企劃、行銷業務等，以利將來更順利的投入就業市場。

　　中程計劃：中程計劃大致是從短程計劃結束之後起的三至五年之間，中程計劃因距離現在還有一段時間，所以不需作精密的細節，只需概括性的想法就可以，甚至也可考慮多種選擇途徑，因為仍需配合短程計劃實施的狀況而定。例如，對一位大二的學生而言，中程計劃可考慮當兵（男生）時的計劃，對準備就業的同學可考慮職業探索，在三、五年內從事不同的工作試試看，對準備唸研究所的同學亦可考慮研究的方向等；當然，對大多數的同學似可考慮在畢業後的幾年完成終身大事。

　　長程計劃：長程計劃大約指十年以後的計劃，吾人可根據個人之人生目標作粗略的構想，距離現在甚遠，且人的思想、觀念以及以後的際遇仍有許多未知數，故不必作細節規劃。

　　值得一提的是：當一個人的短程目標已依計劃達成時，並非他就沒有短程目標了，此時他的中程目標可再重行調整，把一部份較迫切的計劃作為短程目標。例如，前述大二的學生可能把畢業後的三、五年當作中程計

劃的內容，如果這位大二的學生在大學畢業之後，短程計劃已完成，此時得重新規劃短程計劃，在他畢業之前的三個月或六個月開始思考畢業後的問題，例如，他計劃在兩年內求得工作上的穩定進展，三年後結婚，存錢買房子等等。

考慮各種可行的途徑

人的目標可能是唯一的，但要達成目標的途徑則應有很多種，吾人在做生涯規劃時，得衡量自己的狀況，考慮各種可行的途徑，分析各種途徑的利弊得失。例如，某生想要將來在大學院校任教職，此時他可考慮在國內或國外進修，在國內進修的好處可能是沒有語言的障礙，經濟（學費）較易負擔，缺點可能是升學管道較狹窄，各研究所研究方向不一定滿足自己，而且許多大學課程、碩士班、博士班在課程、師資亦有重複的現象；至於出國進修的優點就是可以嘗試不同的學習環境，可以強迫自己學習另一種語言，缺點就是經濟的問題，語言的問題以及適應的問題等，都會影響學習成就。

選擇最適當的途徑

根據各種可行途徑的分析，吾人更清楚各種途徑的優缺點，自己可以就最適當、最有利、最可行的途徑加以抉擇，如仍難以決定時，可再和家人、朋友、老師或輔導人員磋商，由第三者指點迷津，或許有助於自己的決定。

安排執行

既已選定執行之途徑，則需進一步將執行之步驟予以明確決定，並安排每一步驟之內容與進度，楊朝祥（民79）提出三點建議：

與階段化的目標相配合：在設計實施步驟時，必須依各階段目標之標準，將完整的執行途徑化分成數個步驟，一一達成目標。

明定每一執行步驟的具體內容：如此在執行時更能明確化。

安排預定進度表：有些進度可由自己控制，有些進度必須遵從規定，吾人必須按合理之順序做一安排，編成進度表，而後付諸實行。

評估與改進

計劃的實施，可能因為事先規劃的缺失，執行中自己或家庭環境的改變，而影響結果的達成，故在執行一段時間後，吾人必須不斷做評估，將評估結果提供改進的參考，如此可使生涯規劃更完美。

生涯發展的危機與突破

個人在生涯發展過程中，由於本身內在的因素，或外在環境的因素，均可能對個人造成一些危機，以至於影響前程規劃，但吾人若能有效加以突破，勢必這種影響會達到最少，甚至更能培養個人解決問題的能力，因此，面對這些危機或困境，吾人必須好好地面對，才能完成生涯目標。

生涯發展的危機

俞筱鈞（民73）在其所翻譯的《適應心理學》一書中提及在人類發展上會有一些重大事故或意外事件會影響人類發展：

重大事故包括：

- 傳染性疾病、瘟疫。
- 戰爭。
- 大屠殺。
- 移民、遷居。
- 政治波動、改變。
- 經濟不景氣。

意外事件包括：

- 嚴重傷害或疾病。
- 學業失敗或成就。
- 恩師良友。
- 創業機會。
- 離婚、分居。
- 中獎券。

米開羅基 (Michelozzi, 1988) 提及影響生涯發展的內在及外在障礙：

內在障礙包括：

- 恐懼不安。
- 缺乏信心。
- 缺少自覺。
- 自視甚低。
- 態度消極。
- 缺少技能。

外在障礙包括：

- 政局不安。
- 市場趨勢不明。
- 經濟衰頹。
- 社會紊亂。
- 刻板印象。
- 體能要求。

綜合以上兩位學者所述，筆者歸納生涯發展的危機說明如下：

(一)個人危機

　　身體健康：當個人身體健康出現問題時，可能警告個人要住院一段時間、多休息、不可工作過勞、減少某些食物的攝取、多運動、改變生活習慣等，如此可能造成個人生涯發展的減緩、改變，甚至於停止。

心理健康：當個人心理健康有障礙時，可能造成生涯危機，個人心理障礙，如，恐懼、不安、缺乏自信、缺乏成就動機、消極等。

學業失敗：如，考試不及格、被退學、延長畢業時限、參加升學考試落榜等，都是人生的一些挫折，亦會影響生涯發展。

缺少一技之長：缺少一技之長勢必難以找到工作，進而影響生涯發展。

⑵家庭危機

移民、遷居：個人家庭在國內遷居，多多少少會影響生涯進展，如果移民到國外去，那影響就更深遠了，至少必須有一段適應期。

婚姻不和諧：由較輕微的婚姻關係不和諧，乃至於分居、離婚，對當事者都是一個很大的打擊，自然影響到生涯的進展。

⑶社會危機

經濟不景氣：經濟不景氣可能造成物價波動，收入減少等不良後果，可能會影響個人收支之平衡，對生涯發展亦有不利的後果。

不當交友：交友不慎可能造成身敗名裂，或金錢上的損失，形成生涯危機。

⑷政治危機

政治危機輕則政情不穩定，重則發生政變，甚至於戰爭，這些對個人生涯發展都有或多或少的影響。

生涯危機的可能原因

前述已說明生涯發展的四種危機，有些危機是自己可以掌握的，但有些牽涉到其他人或社會、國家，往往自己無法控制，只能面對而提出因應之道，本單元談及生涯危機的可能原因，將偏重於與個人有關的因素加以探討：（陳如山，民81）

工作不合適：工作環境不合、工作價值體系不合、與共事者不合。

- 不良的工作習慣與態度。
- 沒有全力投入：缺乏行動力。

・缺乏創新求變動機。

・人際關係不佳。

・能力不夠。

生涯危機的突破

本單元述及生涯危機的突破，亦偏向於個人的部分，至於社會、政治上的問題往往非個人能力所能及，不在討論之列，生涯危機的突破提出下列幾點參考意見：

工作觀念的改變：許多人認為工作就是為了賺錢，這種工作觀念太狹窄了，事實上工作除了賺錢以外，還可以結交朋友，表現自己的能力獲得肯定，而且還有歸屬感——覺得自己歸屬於自己的工作單位。

排除心理障礙：設法排除自己心理的障礙（如，恐懼、不安、自卑、缺乏自信等），必要時也可請朋友、家人或心理輔導人員協助，做個心理健康的人，必有利於生涯發展。

良朋益友：結交一些良朋益友，就消極面而言，可以相互扶持，解決難題，共度難關；就積極面而言，可以攜手合作，共創未來。

時時檢討：生涯規劃時，可能有不周之處，或可能遇到其他人為不可抗拒之變數，故在生涯發展中，必須時時檢討，修正方向，必能成功。

鞭策自己：好逸惡勞是人的天性，但也因而怠忽前程，故吾人必須時時鞭策自己，以免妨礙進度，確實掌握時效，完成目標。

掌握資訊：在工商業社會中，各種資訊變化迅速，為讓個人確實與時代同步成長，就要隨時掌握資訊，因應新時代、新潮流、不致被社會所淘汰。

時間管理：時間的浪費及濫用是現代人的毛病，許多人常感空虛、寂寞；或三五好友，閒談終日，言不及義，這都是浪費時間的寫照，是故吾人應做好時間管理，確實掌握生涯進程。

有效溝通：溝通要能讓人了解、讓人接受、產生預期的反應，要了解別人（陳如山，民81），如此必能產生有利自己的生涯發展條件。

鍛鍊身體：身體健康是生涯發展成功的根本，是故吾人必須鍛鍊身體，注意健康。

精研專業與技能：對自己所學專業或技能，必須時時加以鑽研與練習，如此才不至於退化。

培養挫折容忍力：身為現代人，必須面對無數的挫折，培養挫折容忍力將有助於吾人度過難關，重新再出發。

開闊胸襟：不要為小事斤斤計較，要開闊胸襟，心懷大志，必能成大功、立大業。

參考書目

行政院主計處 （民76）《中華民國職業標準分類》（第四版）

朱湘吉 （民81）《生涯規劃與發展》（第二章）　台北：國立空中大學印行

李淑琦 （民77）〈國中階段的生涯輔導〉《測驗與輔導雙月刊》，88, 1707.

季力康 （民77）〈高等教育的生涯輔導〉《測驗與輔導雙月刊》，88, 1712.

林幸台 （民80）《生計輔導的理論與實施》台北：五南圖書出版公司發行

金樹人 （民80）《生計發展與輔導》（三版）　台北：天馬文化事業公司出版

修慧蘭 （民77）〈高中階段的生涯輔導〉《測驗與輔導雙月刊》，88, 1711.

俞筱鈞 （民73）《適應心理學》台北：中國文化大學出版部印行　123

陳如山 （民81）《生涯規劃與發展》（第十、十一章）　台北：國立空中大學印行　256－262, 333－334.

陳英豪等 （民77）《工作價值觀量表指導手冊》台北：行政院青年輔導委員會發行　5－6

張裕隆（民77）〈國小階段的生涯輔導〉《測驗與輔導雙月刊》88, 1704－1705.

黃德祥 （民72）〈荷倫德的職業抉擇理論〉《中國論壇》16(1), 61－62.

楊朝祥 （民79）《生計輔導——終生的輔導歷程》（三版）　台北：行政院青輔會發行

謝高橋 （民77）《社會學》台北：巨流圖書公司

瞿海源 （民72）〈台灣山地鄉的社會經濟地位與人口〉《中國社會學刊》，7, 157－175.

羅文基 （民81）《生涯規劃與發展》（第一章）　台北：國立空中大學印行

Erikson, E. H. (1963). *Childhood and society* (2nd ed.). New York: Norton.

Gysbers, N. C., & Moore, E. J. (1981). *Improving guidance programs.* Englewood Cliffs, NJ: Prentice－Hall.

Hall, T. D. (1976). *Career in organizations.* CA: Goodyear Publishing Co.

McDaniel, C. (1978). The practice of career guidance and counseling *INFORM,* 7, 1—2, 7—8.

Michelozzi, B. N. (1988). *Coming alive from nine to five—— The career search handbook (3rd.).* CA: Mayfield Publishing Company.

Super, D. E. (1976). Career education and the meaning of work. *Monographs on career education.* Washington, DC: The Office of Career Education, U. S. Office of Education.

Super, D. E. (1984). Career and life development. In D. Brown, L. Brooks, Associates (eds), *Career choice and development.* San Francisco, CA: Jossey—Bass.

Wood, G. (1990). *Career planning manual.* Minnesota: University of Minnesota.

艾力克·艾力克遜(Erik, H. Erikson, 1902-1993)

　　是心理社會發展論的創始者，他將佛洛
伊德（S.Freud）　的精神分析論的內涵
擴大，並適於解釋一般人（不同於佛洛
伊德適用於病態人）的人格發展。其貢獻
可與佛洛伊德，皮亞傑相媲美，其影響力
廣及心理學、社會學與教育學等多個層
面。其著名將人一生分為八個階段，每
個階段皆或多或少有統合的危機，其理
論又稱八大危機理論。

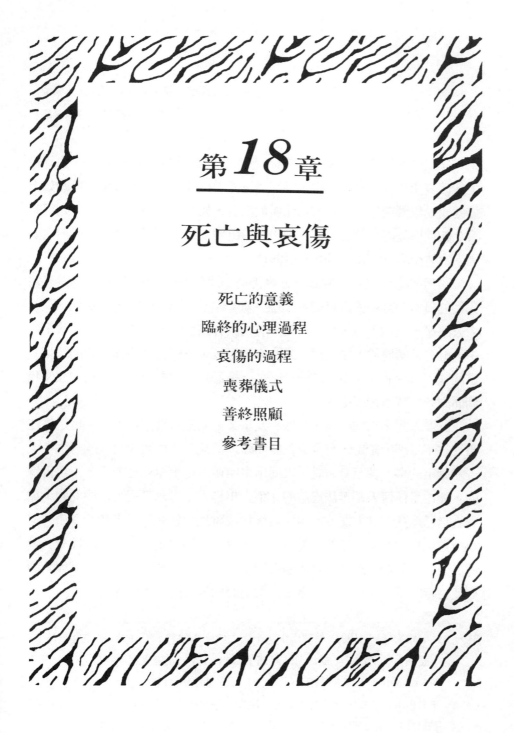

第18章

死亡與哀傷

天下最痛子別離，這樣大於心死的哀，怎能節？
怎能順變？

……黃豪顏（健康幼稚園事件罹難家屬）
摘自《跨越生命的藩籬》

　　當我們面對死亡親友的家屬時，最常說的話就是「節哀順變」。也許除
了「節哀順變」之外我們根本不知道還能說些什麼來撫慰家屬。但誠如上
述健康幼稚園罹難小朋友家長沈痛地表示，如此刻骨銘心的哀傷，如何節
哀？如何順變呢？事實上，不少研究指出親友的死亡是造成壓力的最主要
因素（Walsh & McDoldrich,1991）。

　　雖然如此，「死亡」在這個社會仍是一個禁忌的議題。對死亡的禁忌在
我們的日常語言中表露無疑。《禮記‧典禮》云「天子死曰崩，諸侯曰薨，
大夫曰卒，士曰不祿，宿人曰死。」（引自任騁，1993：385）在《禮記》
中，社會低階層的人雖然用「死」字，但後來一般百姓也極力避開「死」
這個「不吉利」的字眼（註一）。然而，規避死亡與對死亡的無知往往使我
們面對死亡時不知所措。

　　許多人對未來的學業、婚姻、及事業都充滿著理想與希望，可是這些
事往往不是那麼確定，有多少人能如願以償呢？死亡可說是人的一生中唯
一能確定的事。甚至有人說，人從出生開始就是朝著死亡前進。不可否認
的，死亡是任何人都無法逃避的。不少年輕人不曾思考過死亡的問題，總
認為自己離死亡還太遙遠。現代醫學科技雖然發達能延長人類的壽命，但
科技運用失當及光怪陸離的暴力事件，每天不知奪走了多少人的性命。因
此，使得我們親身或從大眾傳播媒體中體驗死亡的機會也增多了。與其面
對死亡時的手足無措，不如讓我們嚴肅的面對死亡、了解死亡。

註一：民俗學家任騁（1993）整理出中國士大夫與庶人代替「死」的用語，如「疾終」、
　　　「盍逝」、「物故」、「厭世」、「棄養」、「捐館舍」、「棄堂帳」、「啟手足」、「遷
　　　神」、「遷化」、「卒」、「沒」、「下世」、「謝世」、「逝世」、「升天」、「老了」、
　　　「不在了」、「丟了」、「走了」等。現在，臺北市市立殯儀館提供的服務稱「天
　　　年服務」，而臨終專業服務稱「安寧照顧」都表現出對死亡的忌諱。

本章旨在討論臨終及哀傷的心理過程、喪葬儀式的意義、同時介紹尊重生命尊嚴的「善終照顧」(Hospice Care)。在第一節中，將從各種不同的觀點討論死亡 (death) 的意義。臨終 (dying) 是人生過程中最複雜的一段時間，期間充滿著恐懼、悲痛、憤怒、絕望、怨恨、認命、抗拒、自憐、貪婪、得意、無助等情緒 (沈秋桂譯，1980)，第二節即是要探討這種百感交集的臨終過程。面對一個所愛的人死亡，猶如個人臨終一樣，也充滿著複雜的情緒，第三節所要討論的就是這種刻骨銘心的哀傷 (grief) 過程。第四節將說明喪葬儀式的社會既心理意義。最後，將簡要地介紹善終照顧的歷史淵源及哲學基礎。希望透過這樣的探討，好讓我們認真得面對死亡，而不是一味的逃避。

死亡的意義

人如何面對死亡端賴於死亡對個人的意義為何。有些人認為死亡是不吉祥的；也有些人卻認為死亡是神的旨意、是美好的。有人拼命抵抗死亡；有人欣然接受。事實上，死亡有許多不同層面的意義，這些不同的意義和個人的社會文化息息相關。

一般而言，至少可從生物面、社會面、及心理面來討論死亡 (黃慧真譯，1989)。醫學上的爭議集中於生物上的死亡何時發生、心跳何時停止、呼吸何時停止、腦波何時停止等。例如，1968年，哈佛醫學院委員會 (Harvard Medical School Committee) 把死亡定義為不可逆轉的昏迷或「腦死」，並提出在斷定死亡前必須滿足下列四個條件：

- 無感受力 (unreceptivity) 及無反應力 (unresponsivity) 亦即病人完全喪失了對外部刺激和內部需要的所有感受能力，並且由此而引起的反應功能皆全部喪失。
- 沒有任何活動 (movements) 或呼吸 (breathing)，人工輸送氧氣三分鐘或十五分鐘仍無自動呼吸恢復的跡象，此即不可逆轉的呼吸停止。

- 沒有任何的反射功能（no reflexes），瞳孔對光反射、角膜反射、眼球運動反射均消失，以及吞咽、噴嚏、發音等由腦幹支配的反射一律喪失。
- 腦波圖（electroencephalogram, EEG）電波消失。

除了符合上述四個條件外，必須在24小時或72小時內檢查多次方能確認死亡（楚多平，1991；Atchley, 1991）。

死亡的社會面則涉及相關的法律問題，如，權力與財富的重分配，及喪葬儀式的安排。尤其是現代社會中，不少人在醫院或養老院中病死或老死，臨終者往往有被隔離的現象，留下臨終者單獨面對死亡（Littlewood, 1992）。所謂「社會性死亡」（social death）即是指人尚未死亡之前但他人已不將其視為一個人，而只是一個不思考、沒有感覺的物體（Atchley, 1991）。

死亡的心理層面則包括個人瀕臨死亡以及面對親友死亡時的感受。本章將會對個人臨終的心理過程及面對親友死亡的哀傷過程做進一步的探討。

臨終的心理過程

當一個人面對自己即將死亡時，其情緒是錯綜複雜的。美國死亡學研究的開拓者之一庫布勒‧羅斯（Elisabeth Kübler-Ross）在其1969的死亡學經典作《論死亡與臨終》（*On Death and Dying*）中指出，一個臨終的人大體上會經歷五種心理狀態：

- 否認及孤離（denial and isola）。
- 憤怒（anger）。
- 討價還價（bargain）。
- 沮喪（depression）。
- 接受（acceptance）。

第一階段：否認及孤離

多數人一開始絕不相信死亡會發生在自己身上。若是病患，通常是認為醫師可能誤診，所以會再找其他的醫師再診斷，希望證明前一位醫師確實是誤診。即使死亡是事實，其反應往往是，「不，決不是我，不可能是真的。」當周圍的人也否認事實時，患者便無談論的對象。因此會覺得被遺棄、被孤立。

第二階段：憤怒

當確認自己終究要死之後，一個人憤怒、怨恨、妒羨等負面情緒反應相繼產生。當事人常自問「為什麼偏偏會是我？」。臨終者也會因自己的計劃與夢想無法實現，而感到異常挫折。尤其是許多年輕的臨終者，「心有不甘」是很普遍的反應。

第三階段：討價還價

在此一階段，人們雖能明白即將死亡的事實。其反應大都是：「這是真的，但……」。這個「但」字表明了對時間討價還價，人們希望向（死）神請願，期能延長生命的時限，或用條件跟神交換求得生命。例如，說「讓我能活著看子女結婚」、「讓我看到孫子出生」、或「讓我再活久一點，我會做好事，盡力為家庭和社會奉獻」等。

第四階段：沮喪

沮喪的階段多半為期不長，很快地臨終的人發現和神討價還價不成，自知生命所剩的時間不長。這時沮喪與無望的感覺油然而生。在此一階段臨終者感傷自己喪失一切，並且即將與親友分離。

第五階段：接受

　　最後，臨終之人明白死亡將近，告別人間的時刻到了。「接受」並不一定是欣然愉快的，有可能是一種深深的無奈感。但經歷了憤怒與沮喪之後，接受了事實較能安然的辭世。若是一個人到了最後階段仍無法接受死亡的事實，將很難心平氣和地死去。

　　雖然，庫布勒‧羅斯是描述臨終病患的一般性反應，但並非多數人面對死亡時都經歷這五個階段。事實上，有許多因素會影響一個人面對死亡時所表現出來的反應。這些因素可能包括：文化、個人人格、宗教信仰、個人的人生哲學、及病症的性質與患病的時間長短等。有些人帶著憤怒與沮喪而死亡；有些人甚至期待死亡來解除痛苦與寂寞 (Carig,1992)。

　　傅偉勳 (1993) 認為庫布勒‧羅斯的五階段模型已經歷二十幾年未加修正，是否是「放諸四海皆準」的模型應值得懷疑。也許東亞地區的人民面對死亡也有不同的反應，或許該模型僅適用於強調個人主義與自由主義色彩濃厚的西方社會。不同的文化生活模式，及九〇年代醫藥高科技對癌症的處遇，再加上國外二十多年來死亡教育的推廣。庫布勒‧羅斯的模型可能有修正的必要。

　　巴克曼 (Buckman,1988) 依據其醫學臨床經驗，認為庫布勒‧羅斯的模型所描述的是臨終病患對死亡的反應 (reactions) 類型，而不是面對死亡所經歷的心理階段 (stages)。事實上，除了庫布勒‧羅斯所描述的五種反應外，巴克曼認為臨終病患尚未其他的反應，諸如，恐懼 (fear)、焦慮 (anxiety)、希望 (hope)、罪惡感 (guilt) 等。況且任何人在同一時間都可能同時存在數種不同的心理反應。另外，病患都可能有一種不確定性 (uncertainty) 的感覺。尤其是臨終病患不僅面對生命的不確定，又要面對死後的不確定性，因為沒有人能告訴我們死後會如何。生活在不確定性當中，本身就是一種痛苦。巴克曼除了批評庫布勒‧羅斯的模型外，他從臨床經驗中歸納出臨終的三個階段。

　　第一個階段是「開始的階段」(beginning phase)，也就是一個人面對死亡的威脅 (threat) 之階段。在此階段，臨終者可能有多種反應，諸如，拒絕、憤怒、恐懼、希望、沮喪、罪惡感。同樣的，臨終病患的家屬也會

有憤怒、責備 (blame)、恐懼、及罪惡感等反應。

第二個階段是「疾病的階段」(illness phase)，即病患因身體衰弱而影響生活型態的階段。除了生理的疾病外，此階段另一個特徵是病患的不確定性。前面已提到，不確定性本身就是很大的痛苦。由於在這個階段已確定死亡是必然的事實，所以適合病患及其家屬親友做「預期性哀傷」 (anticipatory grief) (註二)。

第三是「最後階段」(final phase)，即步向死亡的階段。當病患接受死亡即將來臨時，通常會感到悲傷 (sadness)，但不是沮喪 (depression)，這種悲傷是相當自然的過程。在經歷不確定性和與死神抗爭後，病患漸趨平靜且憤怒也漸消除。巴克曼認為病患若仍充滿憤怒，則稱不上是達到最後的階段。當然並非所有人都會有悲傷的感覺。巴克曼認為具有虔誠宗教信仰的人，較不會有悲傷的感覺。而對病患家屬而言，在這一階段也會感到悲傷、憤怒、怨恨、失控 (loss of control)、以及不同類型的接受。

當然，這三個階段並無法截然劃分。巴克曼用旅行來比喻瀕死的過程。他說人生的最後階段就好像旅行，由出發點、經過中繼站、逐漸接近旅行的目的地。事實上，在面對死亡的過程中，使我們有機會回顧過去一生中的喜、怒、哀、樂，也使我們更深入地認識自己。這樣的過程往往促使我們進一步的成長，如同庫布勒·羅斯所言「死亡是成長的最後階段」 (Kubler-Ross,1975)。

雖然庫布勒·羅斯的著作已成為死亡學研究的經典之作，而臨終的五個階段也經常被引述。但她的研究成果來自於她在芝加哥工作時觀察其病患的經驗所歸納的結果，前面已提及此模式是否能「放諸四海而皆準」是值得懷疑的 (傅偉勳，1993)。

對中國人來講，多數追求有個「善終」。根據趙可式的臨床研究指出，台灣的癌症末期病人認為「善終」是指「身體平安」、「心理平安」及「思

註二：「預期性哀傷」指哀傷過程開始於死亡之前，如此可協助家屬及親友在病患死亡後的悲慟做準備。首先使用此一名詞的是林德曼 (E. Lindemann,1944)。林德曼發現有些人在親友死亡時並沒有表現出悲慟。事實上是因他們在親友死亡前已經歷過一段正常的哀傷。

想平安」(Chao,1993)。

「身體平安」包括：

- 沒有痛苦、沒有症狀。
- 不要苟延殘喘。
- 整齊、清潔、身體保持完整。
- 能動。

「心理平安」含：

- 認命。
- 不執著。
- 不孤獨。
- 完成心願。
- 再經驗自然世界的美，如，花、草、魚、鳥等。

「思想平安」則包括：

- 過一天算一天、不想。
- 有意義的人生。
- 結束痛苦。

傅偉勳（1993）認為庫伯勒‧羅斯的五階段模型過於著重負面的精神狀態。趙可式的研究則補充了中國人對死亡另一面的看法。在臨床工作上恰可提供專業人員另一種啟示。總之，了解一個人的臨終心理過程，我們無法忽略其身處的社會文化及其個別的特殊性。

哀傷的過程

哀傷的過程也像臨終過程一樣，是一些處理壓力的行為與態度。雖然不少學者提出稍有不同類型的哀傷過程，但大抵尚可分為震驚、覺悟、保護與退縮、療癒、及重建五個階段（Sanders,1989）。

第一個階段：震驚

遭遇親友猝死震驚在所難免，即使預知親友即將死亡，一旦死亡的時刻來臨仍是有許多家屬感到震驚（shock），總覺得一切尚未準備就緒。在震驚的階段通常會表現出下列幾個的特徵：

(一)不敢置信

事實上，一時不願意相信親友的死亡具有保護的作用，可免於無法承受死亡所帶來的強烈衝擊，然後才開始慢慢適應悲傷的過程。

(二)迷惑

當所愛的人去世後，本來可相互扶持的人頓時不在。失去了這個人讓人感到迷惘（confusion）、不知所措，常會有心不在焉的感覺。

(三)不眠不休

有些人為了避免想起死去的人，便不眠不休（restlessness）的工作，只怕自己片刻地停頓下來，縱使已經精疲力竭仍沒事找事做。

(四)不真實的感覺

死亡事件發生的原因會影響一個人對死亡事實的感受。親友因突發性事故而死亡，是最難令人接受的事實。因此，需要向人宣布死亡的訊息時，需注意不可太過突然。

(五)退卻與無助感

死亡的來臨往往是人所無法控制的，因無法挽回死者的生命總讓遺屬有一種無助的感覺。可能使人退化成兒童時代的心理狀況，覺得無法掌握這個世界，覺得這個世界沒有安全感，使人覺得自己非常脆弱需要仰賴他人。

(六)保持警戒狀態

因所愛的人死亡常使人感到焦慮與痛苦，也很自然地使心理經常保持警戒狀態（state of alarm）。這是自主神經系統所引發的生理反應，可能會導致食慾減低或嘔吐。

震驚階段是一段適應的過程，以保護個人免於因死亡造成重創。震驚的時間可能只有幾分鐘，也可能延續好幾天，但大都會過渡到另一個階段。

第二階段：覺悟

當葬禮結束後，親友們一一離去恢復其正常生活。這時遺屬已明白死亡是一件事實，可是死亡所造成的失落感卻洶湧而來，而遺屬必須單獨去面對這種情境。在覺悟（awareness of loss）的階段有下列基本特徵：

㈠分離焦慮

分離焦慮（separation anxiety）是第二階段的主要特徵，它是種情緒上的解組，許多時間讓人覺得處於精神崩潰的邊緣。親人的死亡有如自己的身體少了一隻手或一條腿。

㈡衝突

此一階段也存在許多內心的衝突（conflict），有些極不願孤獨的生活，但卻又痛恨跟他人共同生活。這種衝突通常很難解決，有些人一直猶豫不敢建立新的人際關係就是怕再面對另一次的失落。

㈢表現出情緒性的期待

情緒上完全接納死亡的事實需要一段漫長的時間。像有些人在用餐時似乎還感覺死者就坐在一起吃飯聊天，這種期待死者再出現往往使人更加的沮喪。

㈣壓力不斷

悲傷的過程會耗掉大量的體力，同時產生持續的壓力不斷（prolonged stress）。由於長期的壓力，減弱了免疫系統。研究亦指出死者遺屬的罹病率及死亡率也相對較高。更嚴重的是，身體與心理問題相互影響，造成個人身心惡化。

當一個人已精疲力竭時可能想要去逃避，或者嘗試去保留體力，此時這個人已開始慢慢走進另一個階段。

第三階段：保護與退縮

此一階段可說是哀傷過程中最痛苦的時間。因感覺需要單獨冷靜生活，也因此從人群中退縮。同時也因為沮喪（depression）而害怕。保護與退縮（conservation-withdrawal）階段的特徵是：

(一)退縮

當人處於危險狀態時，退縮（withdrawal）是一種自然的生物性反應。所以，亡者遺屬在經歷一段悲痛過程後，會感到疲憊且有休息的需求。就好像某些動物需要冬眠一樣，等到體力恢復後又可再動起來，同時再拾起新的希望。

(二)絕望

此處所謂的絕望（despair）並不完全是消極的，它也是種適應過程。在這階段遺屬已更清楚，縱使哭泣悲傷死者不可復生。體認到死者已永永遠遠的離去，這便是絕望的真義。

(三)社會支持減少

這段時間社會支持減少（diminished social support）的原因是親友的關心比亡者剛去世時相對減少；另外，多數親友也認為在半年或一年之間該結束悲傷的過程，但是實上要度過悲傷卻需要更長的時間。

(四)無助感

無助感（helplessness）是一種經常對事情無法掌握的心理狀態。這種感覺甚至使人對任何事都不以為然、毫不在乎，也經常推卸自己的責任，將錯誤歸咎於外在環境。

在第三階段中雖然無助感佔據遺屬的心理，但漸漸的一個人覺得需要做些改變、需要為將來打算，這時悲傷的過程進入另一個階段。

第四階段：療癒

　　一個人欲渡過悲傷過程必須要改變一些內在的概念，學習在沒有亡者的情況下過獨立的生活。在這種改變的過程中，Parkes與Weiss認為認知上接受死亡、情緒上接受死亡、因應現實改變人生觀是療癒（healing）階段的必經過程（引自Sanders,1989）。此一階段的特徵是：

(一)轉振點

　　當一個人的內心感覺需要改變，或已認清生活確實不同於往日，且已不再那麼沮喪時，如，已進入了轉振點（turning point）。除了內在的改變，外在環境也會促成改變。例如，外出渡假、換新工作、參與志願服務工作等，都可助人擺脫煩人的例行事務建立新的人際關係。

(二)採取控制

　　計畫未來本來就不是件容易的事，尤其是在悲傷的過程則更加困難。遺屬往往恐怕未來的日子比現在更糟糕，這種恐懼反造成不採取任何行動。但在療癒階段遺屬漸想重新掌握自己的生活，也許是在接管亡者所遺留下的事業中，或擔負家計與照顧子女的責任中恢復自信心。不過要恢復重新掌握生活的感覺需一段較長的時間，有賴親友持續給予適當的支持。

(三)認同的重建

　　個人的認同與其重要的他人（the significant others）有關。當一個所愛的人死亡，有時使人覺得對自己非常的陌生，因為原有的認同已不復存在。在此恢復的過程中認同的重建（identity restructuring）是十分重要，一個人學會在沒有死者的情況下建立新的認同，創造新的生活。

(四)放棄某些角色

　　認同的重建非一蹴可成，個人的成長需要懂得放棄某些角色（relinquishing roles）。丈夫死了得學會放棄做妻子的角色；子女死了得放棄做父母的角色。有了這種轉換過程，新的認同才能開始建立。

　　療癒雖需要一段較長的時間，但家屬不再鑽牛角尖，而重新找尋生活的意義時，他們對死亡的事實已具較實際的看法。漸漸的更能體會自己的

脆弱與長處，這時新生命的階段即將展開。

第五階段：重建

在認知與情緒上都已接受死亡的事實，也重新建立了自信心，對生活也產生新的意義，這時已進入悲傷的最後階段。雖然死亡的傷痕依舊存在，但是大部分的痛苦已經消失。在重建（renewal）的階段其特徵如下：

㈠重新自我了解

重新自我了解（new self-awareness）產生生命的動力，使人有重新獲得自由的感覺。體認生活有許多選擇，況且可自由抉擇，會讓人驚訝生命事實上有很多機會。

㈡接納責任

存在主義哲學家認為人無法逃避自由與孤獨，並堅持人必須為自己的生存與命運負責。遺屬若未學會獨立自主，則個人責任反而造成恐懼與不確定性。一個人若未被悲痛、罪惡感、孤獨寂寞所打倒，而能去面對這些事實接納責任（accepting responsibility）就會變得更加堅強，並且願意承擔自己的責任。

㈢適應生活中失去的部份

失去所愛的人實際上也是失去了與其有關的資源。不少單親媽媽在丈夫去世後便和夫家的關係完全斷絕。在重建的階段遺屬已找到了適當的替代資源。但並不是所有人都能獲得合適的替代資源，有些父母在喪子後，很快再度懷孕；鰥夫在喪妻後急著再找一位配偶。通常這種作法都令人失望，因為他們沒有真正去經驗悲傷過程。當一個人走過悲傷過程，到達重建階段較能明智的選擇替代資源。

走過悲傷的過程並不代表完全忘卻死者，每當重要的紀念日不免勾起一些回憶，但大部分的痛苦已不在。渡過悲傷有如經歷一場重生，過去的生活已不復現，所要面對的是一個全新的生命。

喪葬儀式

　　喪葬儀式幾乎是每個社會都存在的一種習俗。當然喪葬儀式常隨社會的變遷有所改變，例如，披麻帶孝是傳統的喪服，漸漸的越多人採用西式黑色喪服。而喪葬儀式也反映出死者或遺屬的信仰與價值觀，如，佛教徒死亡後8小時到12小時內切不可移動身體，家屬萬不可哭，與亡者生前相處不悅者不可在臨終時出現於亡者前，這反應了佛教徒對「神識」與「瞋心」的概念。但不論各個社會、宗教、習俗的儀式為何，喪葬儀式都有其基本功能。

　　喪葬儀式之心理層面的功能在於哀傷情緒正式化的表達。事實上，一個人會對死者哀傷是因對亡者有深厚的情感。就好像在大眾傳播媒體上看到「千島湖事件」的報導，一般人會寄予同情，但卻不會向受難家屬那般的傷痛欲絕，那是因為一般人與受難者平時並無感情。而一個正式化的喪葬儀式使家屬進一步確認死亡的事實，在喪葬儀式中家屬可以表達他們哀傷的情緒。同時喪葬儀式使家屬明白不必再為死者付出更多的情感，而必須與生者建立新的關係。另外，喪葬儀式也讓其他親友與社區鄰里的人對亡者致哀，甚至形成共同渡過哀傷的支持網絡 (Leming & Dickinson, 1990)。

　　就社會功能而言，喪葬儀式是死者家屬與他人共同面對死亡的社會活動。在儀式中參與者相互表達安慰與支持，因為單獨面對悲傷過程一個人必須承受所有的情緒與感覺，這可能造成重大傷害。事實上，許多人極難向他人表達悲傷的心情，況且一般人也不知道如何慰撫遺屬，喪葬儀式恰可是一個短暫的支持性團體。

　　就價值的功能而言，喪葬儀式是一個死亡與生命意義的表達場所。對無宗教信仰的人來說，死亡無異是一個生物體的終結。但對一個有宗教信仰的人，宗教儀式則可能表達出死亡後的意義。在多數人困惑於死亡後的世界時，宗教的喪葬儀式正給予一個追尋死後意義的參考架構。

雖然喪葬儀式有其上述的功能，但現代臺灣社會喪葬儀式中千奇百怪的活動，如，電子花車秀、「孝女白瓊」、「五子哭墓」等已跳脫了傳統喪葬儀式的功能，而另有其他的社會心理意義。或許這些活動有「誇富」的意含，有可能是親友不知如何向死者致哀且不知如何撫慰遺屬，而用這些活動替代。但運用這些活動在喪葬儀式中值得再深思。

善終照顧

　　善終照顧（註三）是由多種專業人員組成的服務方案，用來協助臨終病患渡過生命的最後旅途。善終照顧的主要目的是於使病患能舒適及協助病患家屬使他們有一個可依靠的環境。善終照顧適合於那些當醫生、病患、及家屬都覺得急救性的治療（curative treatment）已無效的情況。所以緩和性的治療（palliation）就成為另一種選擇，其重點在於關心病患的生活品質（quality of life）而不在於生命的延續。善終照顧的理念是，死亡是人類生命循環的一部份；在人生的這個階段我們應協助病患及其家屬擁有一個有意義、豐盛的經驗（Proffitt,1987）。

　　善終照顧起源於中世紀，當時提供給朝聖者或旅行者中途休息的地方稱為hospices，後來稱為hostels。這些地方演變成現代的醫院（hospitals）。這些設施大都由教會人士來經營以協助健康或生病的旅行者、孤兒、臨終者或一些需要幫助的人。

　　十九世紀早期，艾肯海修女（Sister Mary Aiken head）在愛爾蘭的都柏林建立一個專門照顧臨終者的地方。1906年，仁愛修女會（Sisters of Charity）在倫敦建立了聖若瑟善終院（St. Joseph's Hospice）。1967年，桑德絲（Cicely Saunders），創立了聖克里斯多福善終院（St. Christo-

---

註三：Hospice Care在國內一般翻譯成「安寧照顧」。之所以用「安寧照顧」是怕中國人避諱「死」、「終」等字。事實上，「安寧」兩個字並無法掌握Hospice的意義。倒是中國人常用的「善終」跟Hospice的意義較貼切。再加上死亡教育的基本目的就是希望我們認識死亡、面對死亡，而不是逃避、忌諱。所以作者認為使用「善終照顧」較為恰當。

pher's Hospice)，開始處理癌症病患的疼痛（pain），況且首先結合各種專業服務臨終病患，桑德絲本身就是一位護士、醫務社工員及醫生。桑德絲的開創性工作奠定了現代善終照顧的基礎（Proffitt,1987; Kulys ＆ Davis,1986）。

善終院及一般急救性醫院的不同在於其背後的哲學有所不同。「美國善終組織協會」（National Hospice Organization）揭示善終照顧有七大原則： （引自Proffitt,1987）。

善終照顧的重點包括病患及其家屬。因為死亡所引起的失落感會影響到全家人。因此必須協助病患家屬使他們能面對病患的疾病及預備死亡。

善終照顧本質上是緩和性的（palliative）而不是急救性的（curative）。治療的重點在於疼痛與其他症狀的控制，而不是手術和急救方法。因此熟悉各種症狀的控制，如，控制、嘔吐及疼痛等，病人才能有效獲得社會的、心理的及靈性上的協助。

善終照顧是由許多專業人員，如，醫生、護士、居家照顧人員、社會工作員、神職人員、及志願服務人員等組成的團隊。通常這個團隊由護士或社工員居間協調。醫生必須負責整個醫療作業的方針。

和居家照顧、醫院及護理之家的照顧不同的是，善終照顧大量使用志願服務人員。志願服務人員的工作相當有彈性，如，法律服務、音樂治療、詩歌治療，或只是家庭訪視，都是以協助病患及其家屬滿足各種需求。

善終照顧提供全天候二十四小時的服務。病患家屬們知道即使在三更半夜若有需求，他們都可以找到護士或社工員提供必要的協助。這樣的服務可以使病人在家休養而不一定在醫院或護理之家。

善終照顧是一種周延的方案。服務的對象包括在：家中、醫院、及護理之家的病患。由於善終照顧在這些場所皆提供服務，因此確保照顧的延續性，不至於因出院而無法受到照顧。

縱使在病患死後，其家屬仍受到良好的照顧。預期性的哀傷治療 （anticipatory grief counseling） 在病患未死亡前已開始。病患死亡後，則給予家屬悲慟輔導 （Bereavement care）。

所以，善終照顧是由一組專業人員，以愛心陪伴臨終者走完人生最後一程，協助他們解除身體、心理、社會、靈性上的痛苦，目標是讓病人再度擁有生命的光輝，且能生死兩無憾（鄭玲惠，1992;賴允亮，1993; Kulys & Davis,1986）。

目前國內僅有兩所稍具規模的善終病房，座落於馬偕醫院淡水分院的安寧病房設立於民國79年2月5日，是國內第一所善終病房。目前該病房僅有18個床位。耕莘醫院的聖若瑟之家於民國83年2月開始啓用，是目前在國內設備較齊全的善終病房。短期的未來將會有善終院及善終病房陸續開設。目前我們的社會需要更多的專業人員投入這個工作，也需國人對死亡有更開放的態度。如此善終照顧方能在這個社會發揮其功效。

死亡既然是大自然生命的一部份，也是人類無法規避的事實，我們不妨用最自然的心情來面對死亡。在閱讀本章後，建議讀者共同來思考一些問題：

・什麼時候第一次有意識的體會到死亡？當時的感受如何？
・最近一次經歷親友死亡的經驗爲何？
・假如自己不久即將死亡，在有限的日子裡想做些什麼事？
・假如自己死了，希望親友怎樣安排喪葬儀式？

經過了一番思考後，或許我們可進一步對過去的生命做一次反省檢討，然後準備撰寫一份「生命遺囑」，我相信會使我們現在的生活及未來的生命更有意義。

參考書目

任騁 (1993)《中國民間禁忌》臺北：漢欣文化事業有限公司。

沈秋桂譯 (1980)《末期病人的身心護理》臺北：光啓。

吳東權等著(1993)《跨越生命的藩籬：佛教生死學》高雄縣大樹鄉：佛光。

黃慧真譯 (1989)《發展心理學》臺北：桂冠。

傅偉勳 (1993)《死亡的尊嚴與生命的尊嚴》臺北：正中書局。

楚多平 (1991)《計畫死亡：死於安樂的追求》臺北：臺灣商務印書館。

賴允亮 (1993)〈安寧照顧——談癌症末期病患的照顧〉《聲洋防癌之聲》
64期，頁1-3。

鄭玲惠 (1992)〈英國安寧院介紹及國內的現況〉《社區發展季刊》第60期，
頁131-135。

Atchley, Robert C. (1991). *Social forces and aging.* (6th Ed.) Bel-
mont, CA: Wadsworth.

Buckman, Robert (1988). *I don't know what to say: How to help
and support someone who is dying.* Toronto: KeyPorter Books
Limited.

Chao, Co-shi Chantal (1993). *The meaning of good dying of
Chinese terminally ill cancer patients in Taiwan.* Ph.D. disser-
tation, Frances Payne Bolton School of Nursing, Case Western
Reserve University, Cleveland, Ohio, U.S.A.

Craig, Grance J. (1992). *Human development.* Englewood Cliffs,
NJ:Prentice Hall.

Kübler-Ross, Elisabeth (1969). *On death and dying.* New York:
MacMillan.

Kübler-Ross, Elisabeth (Ed.). (1975). *Death: The final stage of
growth.* Englewood Cliffs, NJ: Prentice-Hall.

Kulys, R. & Davis, M.A. (1986).An analysis of social services in
hospices.*Social Work,* 31(6):448-456.

Leming, Michael R. & Dickinson, George E. (1990). *Understanding dying ,death, and bereavemnt*. Fort Worth: Harcourt Brace Jovanovich College Publishers.

Littlewood, Jane (1992). *Aspects of grief: Bereavement in adult life*. New York: Tavistock.

Proffitt, L.J. (1987). Hospice. In A. Minahan, Ed., *Encyclopedia of social work*, 18 Edition. New York: NASW Press.

Sanders, Catherine M. (1989). *Grief: The mouring after*. New York: John Wiley & Sons.

Walsh, Froma & McDoldrich, Monica (Eds.). (1991). *Living beyond loss: Death in the family*. New York: W.W. Norton & Company, Inc.

心理學

心理學叢書 11

作　　者／郭靜晃博士 等著

出 版 者／揚智文化事業股份有限公司

發 行 人／葉忠賢

執行編輯／賴筱彌

文字編輯／黃美雯 林佳靜

登 記 證／局版北市業字第 1117 號

地　　址／台北縣深坑鄉北深路 3 段 260 號 8 樓

電　　話／(02)2664-7780

傳　　真／(02)2664-7633

印　　刷／偉勵彩色印刷股份有限公司

初版十二刷／2007 年 9 月

定　　價／新臺幣 600 元

I S B N：957-9091-83-8

E-mail：tn605541@ms6.tisnet.net.tw

網址：http：//www.ycrc.com.tw

國立中央圖書館出版品預行編目資料

心理學＝Psychology／郭靜晃等著．－－初版．
－－臺北市：揚智文化，1994〔民83〕
面；公分．－－（心理學叢書；11）
含參考書目
ISBN 957-9091-83-8 （精裝）

1.心理學

170   83008170